中国近代通史

（修订版）

中国社会科学院
近代史研究所 —— 编

张海鹏 主编

[第八卷]

内战与危机
（1927—1937）

杨奎松 著

江苏人民出版社

图书在版编目(CIP)数据

中国近代通史. 第八卷, 内战与危机：1927—1937 / 张海鹏主编；杨奎松著；中国社会科学院近代史研究所编. — 修订版. — 南京：江苏人民出版社, 2024.1(2025.4 重印)
ISBN 978-7-214-28303-0

Ⅰ.①中… Ⅱ.①张…②杨…③中… Ⅲ.①中国历史-近代史-1927—1937 Ⅳ.①K25

中国国家版本馆 CIP 数据核字(2023)第 166702 号

书　　名	中国近代通史·第八卷　内战与危机:1927—1937
主　　编	张海鹏
著　　者	杨奎松
责任编辑	石　路
装帧设计	刘葶葶
责任监制	王　娟
出版发行	江苏人民出版社
地　　址	南京市湖南路 1 号 A 楼,邮编:210009
照　　排	江苏凤凰制版有限公司
印　　刷	苏州市越洋印刷有限公司
开　　本	787 毫米×1000 毫米　1/16
印　　张	38.75　插页 5
字　　数	570 千字
版　　次	2024 年 1 月第 1 版
印　　次	2025 年 4 月第 3 次印刷
标准书号	ISBN 978-7-214-28303-0
定　　价	198.00 元(精装)

(江苏人民出版社图书凡印装错误可向承印厂调换)

再版前言

《中国近代通史》修订再版,我们感到欣喜,也感到惶恐。一部十卷本的通史性著作,出版十年之后还有再版的机会,说明学术界与社会上是需要的。据从各方面获得的消息,学习中国近代史的学生中,本科生、硕士生,尤其是博士生,读这个十卷本的人是不少的。许多教授都把这部书指定为学生们的必读书。对于作者而言,这无疑是令人欣喜的。但是,一部多卷本的集体著作,每卷的主持人都是大忙人,能否如期完成修订,能否使修订更好地满足读者的需要,这又是令我们惶恐的。

2006—2007年,十卷本《中国近代通史》初版由江苏人民出版社推出,2009年,凤凰出版传媒集团、江苏人民出版社又推出凤凰文库版。中国社会科学院为此书出版举办科研成果发布会和学术座谈会,在学术界与社会上引起广泛关注,不仅有多家媒体报道出版信息,而且还有不少学者在《人民日报》、《求是》杂志、《近代史研究》等报刊发表评介文章,这是始料不及的。应该说,《中国近代通史》初版的面世,在学术界产生了良好的社会反响,同时也赢得了多项荣誉(如入选首届"三个一百"原创图书出版工程、中华优秀出版物图书奖、第二届中国出版政府奖、中国社会科学院优秀科研成果二等奖等)。总体上讲,学术界和社会上的评价是正面的、肯定的,也有建设性的学术批评。所有这些,都是对我们的鼓励,都是对中国近代史学科建设的深入探讨,对推动中国近代史的学术研究是有益的。《中国近代通史》的撰写和出版,圆了近代史研究所几代人的梦想,至今也是中国近代史学界唯一一部十卷本的大型通史。出版近十年来,学术研究有了较大发展,相关的档案文献也有持续公布和新的发现,如清史编纂工程大量刊布清史档案文献史料,美国胡佛研究所公布了蒋介石的日记手稿,以及中外档案馆新发现和公布的史料等等,都为中国近代史的进一步深入研究提供了史料基础和学术路向。因此,《中国近代通史》初版在经过十年发行后,根据新材料、吸收新成果再予修订,是很有必要的。

2016年8月27日,应江苏人民出版社的邀请,《中国近代通史》课题组多位作者到南京凤凰集团,与江苏人民出版社签订出版续约,正式启动修订再版工作。南京之行,大体确定了修订的三项原则:(1)基本风格、基本观点、基本结构不变;(2)字数篇幅总体不突破原版,但各卷也可以有些弹性,允许有的卷补充内容可适当突破;(3)修订时应该注意吸收学术界有代表性的观点,不要求逐一呼应,有的可以在注释中体现。总之,考虑到各卷作者本身任务很重,大修、中修并不现实,这次修订,总体上是小修,但是允许局部大修。

自南京续约以后,各卷作者在繁忙的教学和研究工作之余,对原稿做了认真修订,在通读、通校全文后,各卷都做了不少必要的文字处理,使表述更加准确、平实,并纠正了一些明显的史实错讹,补充了部分注释的文献出处。第六、七、八、十卷还增加了第三级小标题,以与全书体例统一。除此之外,各卷还进行了若干重要修改:

第一卷调整了章节结构,把原第二章调整为第五章,原三、四、五章改为二、三、四章。也有些文字修改。

第二卷对于引用较多的李秀成的亲书供词的版本做了认真考订,对中华书局影印本《忠王李秀成自述》原有错页进行重新整理校订,改题为《李秀成亲书供词》。

第三卷深化了湘淮系洋务派关系以及张之洞从清流派向洋务派转变的分析,改写了增设洋务局的内容,补充了关于郑观应、汤寿潜、邵作舟等早期维新派思想的论述。

第四卷在第八章补写了第五节"庚子中国国会与自立军事件"。

第五卷利用新出版的《袁世凯全集》,厘清了袁世凯修改《清帝逊位诏书》的史实。

第六卷在第一章、第四章、第七章都有重要补充和修订。

第七卷在第十章增加了第三节"工农运动的中介群体"。

第八卷在第二章、第四章、第五章、第十章都有重要补充和修订。

第九卷特别说明了从1937年7月开始的全面抗战与从1931年9月开始的局部抗战,既有相当的延续性,又有极大的不同;并利用新公布的《蒋介石日记》,补充了关于中国争取苏联出兵参战、陶德曼调停、九国公约会议、"桐工作"与中日秘密接触等方面史实的论述;还在第十一章第二节增加了"收复失土与琉球问题的提出"的内容。

第十卷在第一章、第三章、第七章做了重要补充和修订。

本次修订,是在习近平新时代中国特色社会主义思想指导下进行的。原书某些带有含糊不清的、不尽准确的提法,都已经修订了。就全书而言,虽然修改幅度不是太大,尤其在补充新材料方面做得不够,但与初版相比,这个修订版还是有了一些新的面貌,为读者提供了一个更加可信的读本。

我作为《中国近代通史》全书的主编,认为有必要在序卷中阐明全书的基本的编撰原则、对中国近代史的基本观点、基本的写作体例和方法,作为各卷的原则要求。但是,在各卷写作中,不必重复这些原则和要求。这些基本的原则和要求,在课题组组成时,已提交各卷主编讨论和研究。各卷主编大体上赞成这些原则和要求。当然,这些原则主要是由本书主编提出的,体现了一种学术观点。是否妥当,还需要听取学术界批评。读者如有意见,可以提出商榷,开展正常的学术争鸣。任何学术争鸣,都是作者所欢迎的。

我们在《中国近代通史》完稿之时,就想到大概十年左右能够修订一次。这次修订,算是不忘初衷。当然,我们希望以后还有机会不断修订完善。值此修订版面世之际,我们期待能够得到学术界与社会各界人士的批评指教。

当初承担撰写任务的主要学者都是中国社会科学院近代史研究所的研究人员。现在还是这些人在参加修订,但情况已经有了很大变化。王建朗早已是近代史研究所所长,汪朝光担任了中国社会科学院世界历史研究所所长(以上两位所长新近也已退出领导岗位),杨奎松在华东师范大学担任教授，王奇生在北京大学历史系担任教授兼历史系主任，我和虞和平、姜涛、马勇、曾景忠都从近代史研究所退休了。原在华南师范大学历史文化学院担任教授的谢放也已退休。原来是副研究员的李细珠、卞修跃，如今是近代史研究所独当一面的研究员了。当初各位愉快地接受撰写任务，今天各位又愉快地接受修订任务，这是令人感动的。回顾十余年来的合作，深感这是一次很融洽的学术合作。这种合作，在一个人的学术生涯中是不可多得的。

这种合作不仅体现在本书的撰写者方面，也体现在撰写者与出版者的合作方面。当初，江苏人民出版社获悉我们正在筹划《中国近代通史》撰写的消息，立即找上门来，主动要求承担出版任务。从此，我们一拍即合。在出版《中国近代通史》的过程中，我们与江苏人民出版社的合作是非常愉快的。江苏人民出版社吴源社长和金长发主任给我们很好的支持与配合。当《中国近代通史》初版合同即将到期之时，就有几家别的出版社来联系再版事宜，我们也曾有过犹豫，但江苏人民出版社没有轻易放弃，而是努力再续前缘。徐海总经理与府建明总编辑特意到近代史研究所洽谈此事，促使我们下定了继续合作的决心。

在《中国近代通史》再版之际，我作为主持者，谨向各位合作者表示感谢！向有关单位的审读专家表示感谢！本书修订版吸收了他们提出的不少修订意见和建议。向江苏人民出版社王保顶社长、谢山青总编辑表示感谢！向阅读初版和修订版的所有读者表示感谢！

张海鹏
2018年2月21日
2023年9月7日修订

目 录

第一章　南京国民政府的建立与统一军政的努力 /001
  第一节　南京国民政府的建立与宁汉合流 /003
  第二节　从二次北伐到东北易帜 /017
  第三节　编遣之争与中原大战 /030

第二章　国民政府的对内政策与"革命外交" /045
  第一节　党治、训政与军权统治 /047
  第二节　控制城乡的能力与侧重 /064
  第三节　财经政策与税制改革 /078
  第四节　改订新约与"革命外交" /095

第三章　苏维埃革命与中共南方根据地的形成 /113
  第一节　苏维埃革命的发生与中共暴动政策的实行 /115
  第二节　农村武装割据与中共南方根据地的初创 /131
  第三节　"立三路线"与六届四中全会的召开 /144
  第四节　中共工作重心的转移与苏区红军的发展 /162

第四章　人权、民主与专制的交锋 /173
  第一节　党内抗争：第三党、改组派的骤起骤落 /175
  第二节　党外抗争：从人权运动到中国民权保障同盟 /188
  第三节　文化抗争：社会性质论战与左翼文化运动 /204
  第四节　国民党军事独裁体制的确立 /222

第五章　九一八事变与蒋介石的"安内攘外" /237

第一节　日本占领东北与伪满洲国的产生 /239

第二节　从不抵抗政策到局部抵抗的开始 /255

第三节　长城抗战与"塘沽协定" /278

第四节　察省抗日事件与福建事变 /288

第六章　舆论整合与国防建设的准备 /299

第一节　在"攘外"与"安内"问题上的舆论整合 /301

第二节　走向现代国家的曲折开端 /315

第三节　加速工业及国防建设的尝试 /331

第四节　币制改革与经济的缓慢发展 /344

第七章　中华苏维埃共和国的诞生、消亡以及红军长征 /357

第一节　中华苏维埃共和国的诞生 /359

第二节　国民党的"围剿"与苏区的反"围剿" /370

第三节　第五次反"围剿"失利与中华苏维埃共和国的消亡 /383

第四节　遵义会议与红军的万里长征 /396

第八章　华北事变与救亡运动的兴起 /409

第一节　"何梅协定""秦土协定"的产生及其背景 /411

第二节　"华北自治运动"与南京的因应 /423

第三节　一二·九运动与救亡热潮的高涨 /434

第四节　国民党五全大会与"最后关头"的提出 /446

第九章　国共两党的政策转变 /455

第一节　中共统一战线政策的形成 /457

第二节　张学良与中共的西北大联合计划 /468

第三节　国共两党的秘密接触 /478

第四节　从两广事变到绥远抗战 /492

第十章　西安事变与中国政局的重大转折 /515

第一节　西安事变的发生与解决 /517

第二节　西北善后与"三位一体"局面瓦解 /529

第三节　国共两党的曲折交涉 /550

第四节　"七君子"获释与国共合作的实现 /571

主要参考文献 /584

人名索引 /592

杀父之仇,故立志服从国民政府,对关内野心确已放弃,惟对东三省及热河地盘仍图掌握。"对此,蒋介石考虑再三,最终都采取了让步的策略,只是希望张学良能于12月29日宣布易帜,以便1929年元旦国人庆祝。张学良得到蒋介石同意将热河归入东三省和请他推荐东三省各省委员的信息后,马上于12月24日召开重要军政人员会议,决议遵循蒋介石的要求,29日宣布易帜。当天,张学良密电奉天省各官员,东三省将于本月29日同时改悬青天白日旗,希即按所告旗帜尺寸,查明制备,届时悬持。

这个时候,美、英等国抓住日本出兵山东问题不放,日本国内反对党利用济南惨案和皇姑屯事件给日本造成的困难,极力攻击田中内阁的错误政策,日本政府自顾不暇,对中国东北易帜问题明显地不如过去那样关切。这无疑也便利了张学良易帜的行动。28日,蒋介石主持国务会议,批准奉天、吉林、黑龙江、热河四省省政府主席及各厅长任命名单。次日,即29日,张学良在奉天省府礼堂举行了隆重的易帜典礼。欧美各国驻奉领事均应邀参加了典礼,国民政府代表方本仁监誓,张学良等人当场宣誓。然后,张学良发表《易帜通电》,宣告东北三省"于即日起宣布,遵守三民主义,服从国民政府,改易旗帜"。[①]

随后,国民政府于31日正式任命张学良为东北边防军司令长官,任命张作相、万福麟为副司令长官,任命翟文选、张作相、常荫槐、汤玉麟分别为奉天、吉林、黑龙江、热河省政府主席。至此,奉军正式归属于国民革命军,而中国也在辛亥革命失败、历经十几年四分五裂的局面后,初步获得了形式上的统一。

---

① 《张学良文集》(1),150页。

第三节　编遣之争与中原大战

一　蒋介石尝试"削藩"

说国民党这时只是取得了形式上的统一，理由为：一是在其一党政府的名义下，事实上各地方实力派依旧是各霸一方，与南京的关系复杂微妙；二是其党内派系纷争严重，反蒋派与拥蒋派斗争激烈，大有你死我活之势。尤其是蒋介石利用"中山舰事件"夺得党、政、军大权以来，凭借军事实力分派权力和用暴力手段压制党内各派势力的倾向日益突显，不仅使地方实力派对蒋介石多侧目而视，就是众多自视为国民党元老的老党员和许多对孙中山的建国理想有着相当抱负的年轻党员，也都对蒋介石极端反感与不满。在他们看来，党权无论如何都应当高于军权，否则就是对孙中山三民主义建国理想的严重亵渎。

蒋介石并非不想成就孙中山的建国理想，但他的军人出身和战争经验使他相信，非实现统一则不能顺利建国，而要统一就要把握住枪杆子。听任地方实力派保持割据状态，容忍党内各派系你争我夺，中国照样还会是一副"天子不尊，宗庙不安"、群雄割据、四分五裂的旧模样，权力仅及苏、浙、皖、赣、闽几省的南京国民政府根本就不可能获得中央政府的实际地位。因此，北伐战争刚一结束，蒋介石想的首先不是如何按照孙中山的建国大纲去厉行党治，而是如何才能顺利达成"削藩"，即取消各地方实力派实权的目的。

北伐结束时，除属于中央军的蒋介石第1集团军和刚刚易帜过来的张学良的东北军以外，最大的割据势力就是四大政治分会的主席。

开封政治分会主席冯玉祥掌握着第 2 集团军,据有绥远、陕西、甘肃、河南、山东 5 省,有 8 个方面军 21 个军 53 个师,另 5 个旅。太原政治分会主席阎锡山掌握着第 3 集团军,据有山西、河北、察哈尔 3 省及平津 2 市,有 9 个军 25 个师,另 8 个独立旅。武汉政治分会主席李宗仁掌握着第 4 集团军,据有湖南、湖北 2 省和冀东地区,有 16 个军 62 个师。另外,广东政治分会主席李济深掌握着第 8 路军,据有广东、广西 2 省,有 5 个军 21 个师。加上蒋介石的第 1 集团军,国民政府属下的总兵额已达到 272 个师,超过 220 万人,年需经费 30.43 亿元。仅从财政开支的角度,就必须进行裁兵,因为国民政府财政全年的收入只有 40.50 亿元,严重入不敷出。①

1928 年 7 月 6 日,蒋介石受国民政府委托,在北平碧云寺孙中山灵前举行了祭告典礼。蒋介石为主祭,冯玉祥、阎锡山为襄祭,李宗仁等各集团军重要将领及中央党部代表吴稚晖与祭。祭典的两篇祭文均以蒋介石的名义发出。一篇内容为"中国国民党中央执行委员会监察委员会谨派蒋委员中正致革命最敬礼祭告于总理之灵前",另一篇内容为"弟子蒋中正谨诣香山碧云寺致祭我总理孙先生之灵前"。当第 3 集团军前敌总指挥商震代蒋介石读完祭文后,蒋介石偕冯玉祥、阎锡山趋前恭谒孙中山遗容时,"泣不能忍,放声大恸",充分显示了蒋介石在孙中山同事、门人、继承者当中不可替代的位置。

典礼刚一结束,蒋介石就在随后举行的谈话会上提出了他的《军事善后案》,强调北伐成功后,当今最要紧的就是统一军政和实行裁兵。他的方案是,把全国 300 个师②裁掉 250 个,留 50 个,每师 1.5 万人,全国共保留军队 80 万人。裁兵的办法:将全国分为 12 个军区,各区按比例编遣,每个集团军占 1 个军区,其余 8 个军区由中央控制。这个方案明显是要削弱冯玉祥、李宗仁和阎锡山等地方实力派的军力,以加强中央政府。因为中央控制 8 个军区,加上第 1 集团军再占 1 个军区,不仅中央政府掌握的军力大增,而且作为中央军的第 1 集团军分散在 9 个军区里按比例编遣,要裁的兵也不多。相反,冯玉祥、阎锡山、李宗仁等

---

① 参见《中国国民党历次代表大会及中央全会资料》(上),538 页。
② 这是加上西南等省之后的数字。

各自只能保留几个师,这当然让他们难以接受。冯玉祥首先表示反对,主张裁兵要裁枪支不全、虚弱不堪、纪律不佳和训练太差者,否则把别人的军队裁掉,把自己的军队留着,太不公道。李宗仁、阎锡山随即附和,蒋介石的方案因此未能通过。11日,蒋介石又提出《军事整理案》,主张取消国民革命军总司令、各集团军总司令等,由上述人员及参谋长、参谋次长合组全军编遣委员会,择各集团军精锐者编为50—60个师,全国军队统一编制,打破原编制,轮番易教。此举意在将军权统一到中央来,削掉冯玉祥、李宗仁、阎锡山的军权。它自然再度遭到其他人的反对,讨论两天亦不得结果。14日再开谈话会,蒋介石发表《裁兵意见书》,强调裁兵与否已成为国家存亡之关键。最后大家妥协,一致同意在8月召开五中全会再来解决裁兵原则问题。

8月8日,国民党在南京召开统一后的二届五中全会。会议最重要的一个实质性内容,就是通过整理军事案和政治分会废存案。整理军事案制定的几项原则是:(1)军政、军令必须绝对统一;(2)全军军队数量必须在最短期间切实收缩,军费在整个预算上不得超出百分之五十;(3)军事教育必须统一,各军、各地不得自设军官学校;(4)裁兵计划必须与化兵为工、移兵垦殖、实行良政相结合。① 对于这些原则,冯玉祥、阎锡山、李宗仁等不宜公开反对,但具体到军队收缩问题上时,各方还是争吵不休。

在1929年1月召开的军事编遣会议上,经过反复讨论,冯玉祥提出了"三有三无加齐全"的裁留标准,即:有训练者编,无训练者遣;有革命者编,无革命者遣;有战功者编,无战功者遣;枪械齐全者编,不全者遣。据此,冯玉祥主张:第1、第2集团军各编12个师,第3、第4集团军各编8个师,其他部队编8个师,归中央直辖。对此,阎锡山认为不妥,他的方针是各集团军平均编裁,即第1、第2集团军各编10个师,第3、第4集团军各编8个师,其他部队编6—8个师,余6—8个师由中央直辖。蒋介石这回的策略是尽量调和各方的意见,着重引诱冯玉祥、阎锡山、李宗仁等放弃兵权,到中央来担任军政部长、内政部长和军事

---

① 参见罗家伦主编《革命文献》第21辑,1696—1697页,台北,中国国民党中央委员会党史委员会,1958。

参议院院长等虚职,最终取消政治分会的设置。

经过蒋介石的多方努力,军事编遣会议在1月17日终于通过了《国民革命军编遣进行程序大纲》,规定全国现有军队分设中央直辖各军编遣区、海军编遣区、第1编遣区和按照地区划分的5个编遣区。中央、海军和第1编遣区办事处设在南京;第2编遣区属冯玉祥的第2集团军,办事处设在开封;第3编遣区属阎锡山的第3集团军,办事处设在太原;第4编遣区属第4集团军,办事处设在汉口;第5编遣区属张学良的东北军,办事处设在沈阳;另外为川、滇、黔、康4省另设一个第6编遣区。缩编后的全国陆军步兵不得超过65个师,骑兵为8个旅,炮兵为16个团,工兵为8个团,总计兵额为80万人,军费以国家总收入的40%为限。各集团军均保留11个师,中央可控制3个编遣区。

二 武汉政治分会挑起事端

不过,冯玉祥、阎锡山、李宗仁等也很快发现了蒋的意图。因为《国民革命军编遣进行程序大纲》规定,全国编遣委员会成立之日起全国军队一切权力收归中央,国民政府将下令撤销国民革命军总司令部、各集团军总司令部、海军总司令部等,各部队只能在原地驻扎,听候点编,各集团军无权自行调动与任免军官。这样一来,冯玉祥、阎锡山、李宗仁等人的军事大权至少形式上被剥夺掉了。明白了这一点之后,冯玉祥、阎锡山、李宗仁等颇难接受。他们很快从相互争吵转为相互同情,对会议采取消极抵制态度。大纲通过归通过,大家却没有办法就具体开始编遣工作取得一致意见。随着阎锡山返回太原、冯玉祥不辞而别,会议不得不在25日宣告结束。

冯玉祥、阎锡山和李宗仁的抵制,使蒋介石大为恼火。一意想要达成大一统目标的蒋介石首先想到的就是要杀鸡儆猴。

这个时候,阎锡山的晋军远在山西、河北、察哈尔和平津地区,对南京中央政府威胁不大。冯玉祥的西北军横陈于绥远、陕西、甘肃、河南、山东一线,兵力集中,背靠晋军,在北伐中又战绩卓著,不少部队有战斗力,单靠第1集团军用军事办法来解决颇感困难。这时最容易对付也最需要解决的就是李宗仁的桂系势力。桂系这时控制着广西、湖南、湖北和冀东等地,一方面对南京中央政府威胁最大,另一方面兵力又相对分散,因为其全部20余万人里,仅被隔绝在冀东者就有3个军另2个独立旅,其中相当部分并非广西兵,而是不久前归顺的唐生智旧部。鉴于此,蒋介石认定在军事上解决桂系、夺取两湖控制权,有相当把握。

一方面要解决桂系,一方面又不能给人印象,是南京中央意图武力解决第4集团军。蒋介石采取的策略,是用暗中威胁的办法激怒武汉政治分会。他首先向经由武汉政治分会任命的湖南省主席、江西朱培德的旧部鲁涤平表示善意,并通过江西陆路向鲁涤平输送武器弹药,进行收买。鲁涤平接受蒋介石的武器弹药,自然使武汉政治分会深感紧张,因为湖南一旦为蒋介石所控制,桂系南北之间的联系纽带就会被切断。身在武汉的胡宗铎、陶钧和夏威3位军长得知此消息后,未与仍在南京的李宗仁商量,就怒不可遏地于2月中旬策动武汉政治分会撤了鲁涤平的职,另委任唐生智旧部、第35军军长何键为湖南省主席。与此同时,武汉政治分会还指派第15师师长夏威、第52师师长叶琪率军入湘,要根本解决鲁涤平的第18师。①

武汉政治分会的做法,给了蒋介石对桂系动武的口实。因为以武力方式强行任免地方官,违反了国民党二届五中全会对政治分会权限的规定和编遣会议上所作出的各部队不得擅自调动的规定。蒋介石据此首先派人去上海,请出一年多前被迫下野的唐生智,要他派代表带巨款到天津去"活动",让其旧部李品仙和廖磊在中央政府兴兵时倒戈。同时,蒋介石为防止广东政治分会到时候会站在桂系一边,假意欢迎李济深到京调处,结果是把他押到汤山软禁起来,再用重金收买了广东的陈济棠,以陈济棠替代了李济深的位置。蒋介石甚至还大胆地把工作做到了武汉政治分会的内部去。他得知桂系驻湖北的3个军中,只有第7军是中坚,军长夏威和官兵多是广西人,其他第18军、第19军军长胡宗铎、陶钧都是湖北人,且陶钧是被破格提拔起来的,第7军中一些资格老的军官对此意见很大。因此,蒋介石首先想到去拉拢胡宗铎和陶钧,密派人许以第4集团军司令和湖北省主席等职务;遭到拒绝

---

① 参见中国人民政治协商会议广西壮族自治区委员会文史资料研究委员会编《李宗仁回忆录》下册,605—607页,1980。

后,蒋介石转而根据密报,用金钱去收买了新任15师师长的李明瑞和57师师长杨腾辉。李明瑞自恃在北伐中战功赫赫而不被重用,不但对胡宗铎、陶钧有意见,对李宗仁也有意见。于是,他在与表哥俞作柏商量后,很快即表示愿意倒戈。

经过一个月紧锣密鼓的秘密活动之后,蒋介石于1929年3月21日发表了《关于湘事之声明》,以武汉政治分会不顾中央编遣会议决议之规定,擅自调动军队,扰乱湘赣,且擅自任免湖南省政府主席及全部委员为由,指责桂系破坏政治统一和中央威信。① 随即,蒋介石下令调徐州的刘峙、蚌埠的顾祝同、兖州的缪培南、庐州的朱绍良、新浦的蒋鼎文、扬州的方鼎英、芜湖的曹万顺、寿州的夏斗寅等,组成第1集团军战斗序列,集中在潜山、太湖、黄山、九江一线,由何应钦任参谋长,蒋介石亲任总指挥,向武汉推进。同时,蒋介石还下令朱培德指挥江西的军队西攻武长路,截断桂军南路,下令冯玉祥手下的韩复榘指挥第3路军,由豫南向南挺进。蒋介石以国民党中央的名义,宣布免去了李宗仁、白崇禧和李济深的职务,要他们听候查办。他还利用这一机会,通过中央政治委员会,进一步致电各政治分会、各省市政府,宣布:"查中央第189号会议议决,各政治分会延至3月15日以前裁撤。自即日起停止开会,结束裁撤,并将结束情形呈报备案。"②

三 蒋介石各个击破

1929年3月15日,是中国国民党第三次全国代表大会(以下简称"三全大会")召开的日子。但这个大会从一开始就在国民党内部遭到相当多人的抵制。第二届中央执、监委员会原有委员和候补委员80多人,除了被开除的中共党员和亲共的左派外,这时还有50余人,他们都是大会的当然代表,却有一半以上没有出席大会,原因就是多数人对大会持强烈抵制态度。除桂系委员以外,以广东国民党人为骨干的国民党改组派反对的态度最为激烈。改组派坚决反对蒋介石为加强所谓中

---

① 参见1929年3月22日《上海民国日报》。
②《国闻周报》第6卷第10期,1929年3月17日。

央权威,以所谓"从未违反本党言论或行为"为标准,主要用指派和圈定的办法来挑选三全大会的代表。① 但蒋介石这时已转而和胡汉民携手,对此不为所动,完全控制了三全大会的筹备工作。大会召开后,各种极端言论自然甚嚣尘上。有代表公然提出《严厉处置反革命分子案》,主张不要太拘泥于证据而使反革命分子漏网,"凡经省或特别市党部书面证明为反革命分子者,法院或其他法定之受理机关应以反革命罪处分之"。此案虽未成立,但大会通过的决议案仍旧坚持,中国国民党最高权力机关可以对人民之集会、结社、言论、出版等自由权加以限制;人民必须服从、拥护中国国民党,否则不得享受中华民国国民之权利等。② 在这种情况下,大会自然不会宽容任何反对派。会议很快通过了永远开除陈公博、甘乃光党籍,停止顾孟余党籍3年,书面警告汪精卫等决议,并且顺带将李宗仁、白崇禧开除出党。改组派的斗争遭到明显的挫败。

国民党三全大会28日在南京刚一闭幕,蒋介石马上就展开了讨伐桂系的军事行动。国民政府的军事讨伐一展开,蒋介石的幕后活动马上奏效。冀东李品仙首先倒戈,唐生智赶到天津重新统领旧部,白崇禧不得不只身泛海南逃,与逃往上海的李宗仁一同经香港转回广西去指挥作战。武汉的胡宗铎、陶钧指挥桂军分5路迎战中央军于鄂、豫、皖、赣交界处,正面由胡宗铎的第19军担任,右翼是陶钧的第18军,左翼是夏威的第7军。而夏威恰好生病住院,将第7军的指挥权交给了李明瑞。3月30日,蒋介石下达了攻击令。4月2日,中央军进到刘家庙后,李明瑞即指挥左翼的15师和57师向西北撤至花园、孝感一带,并公开表明了反对李宗仁、白崇禧和胡宗铎、陶钧的态度。胡宗铎、陶钧见此急忙下令全军退往鄂西方向,武汉遂告陷落。21日,胡宗铎、陶钧、夏威3人被迫通电下野,余部全都被缴械改编。

解决了湖北的桂军后,蒋介石马上就打电报给广西的黄绍竑,令其将李宗仁、白崇禧扣留后交南京国民政府查办。黄绍竑自然不会听命

---

① 据统计,三全大会全体代表452人,其中指派和圈定两项就占了317人,为代表总数的70%多。如果除去过去的中央执、监委员,指派和圈定的代表更是达到了80%以上。见《中国国民党历次代表大会及中央全会资料》(上),687—706页。
② 参见罗家伦主编《革命文献》第76辑,83页。

于蒋介石,李宗仁、白崇禧和黄绍竑决定孤注一掷,指挥广西的桂军沿西江东下进攻广州。蒋介石这时又成功地收买了湖南的何键,任命何键为讨逆军第4路总指挥,率湘军进攻桂北;任命陈济棠为讨逆军第8路总指挥,沿西江进军广西。同时,他还用军舰运李明瑞、杨腾辉部溯西江而上。至6月间,在蒋介石的分化瓦解政策下,还未经过大规模激烈交战,桂军就不战自溃,几乎全军覆灭,李宗仁、白崇禧和黄绍竑等被迫逃往香港。

　　这边桂系刚刚被打垮,那边改组派又举起了"护党救国军"的大旗,想要兴兵讨蒋。汪精卫、陈公博等所依靠的对象主要是张发奎和7月7日刚刚被国民政府任命为广西省政府主席的俞作柏。恰好蒋介石利用打败桂系的余威,于8月间不顾冯玉祥、阎锡山等人的反对,召开了编遣实施会议。在既没有李宗仁、李济深参加,也没有冯玉祥、阎锡山参加的会议上,蒋介石单方面强硬决定各编遣区保留的军队数量一律压缩到7—9个师,全国编成的军队总数增加到65个师,军人和党政人员不得互相兼职。由于蒋介石以中央的名义裁别人的兵,扩自己的兵,只限制别人,不限制自己,原本就高度重视军队和地盘的各地方实力派对此自然愤愤不平。尤其是冯玉祥部,对桂系的瓦解更是深怀惺惺相惜的感觉。第2集团军在北伐中屡经鏖战,战功卓著,却没有得到任何实惠,将领中许多人对蒋介石极其不满。3月28日,中日达成解决"济南惨案"协议,规定山东日军两个月内撤出。冯玉祥部将领、山东省政府主席孙良诚立即布告准备善后,冯玉祥并派2个师的骑兵到山东准备协同接防,又遭蒋介石的阻拦。蒋介石电令外交、陆军两部及孙良诚,告以山东接防须由中央另派负责人员。此举不能不让冯玉祥及其部属更加不安。5月5日,冯玉祥因南京国民政府克扣河南赈粮,愤而致函蒋介石,指责其不履行第1、第2集团军待遇一律的承诺。蒋介石回电辩解说:第1、第2集团军发饷未能一致,是因为环境关系,因为第1集团军多属东南地区人,生活水准一向较高,欠饷稍久即难维持,而西北士兵习劳耐苦,"此历来习惯与实际生活使然"。[①] 这种辩解自然

[①] 1929年5月18日《申报》。

更加刺激了冯玉祥和他的部下。

眼看蒋介石的威胁越来越大，冯玉祥部刘郁芬、孙良诚、韩复榘等于5月15日通电反蒋，推冯玉祥为"护党救国军"西北总司令。但蒋介石对此早有准备。这边战事尚未发动，蒋介石已先下手为强，成功地买通了韩复榘和石友三。冯玉祥变生肘腋，进退失据。24日，国民政府下令缉拿冯玉祥，冯玉祥不得不接受阎锡山的建议，于27日通电下野出洋。旋即应阎锡山之邀，避于太原。

李宗仁、冯玉祥的遭遇，更进一步引起了各地方实力派的恐惧。注意到这种情形，改组派更加积极活动，极力联络和推动汪精卫旧部张发奎、唐生智等奋起反蒋。9月17日，张发奎在改组派推动下在湖北宜昌发出通电，力主汪精卫回国主政，要求取消三全大会选出的代表。25日，在法国的汪精卫和陈公博等发表宣言予以响应，主张由国民党第二届中执委行使职权，改组国民政府，重开三全大会。27日，广西省政府主席俞作柏和第15师师长李明瑞通电响应。新一波反蒋行动就此拉开帷幕。随即，刚刚在蒋介石帮助下取得了兵权的唐生智，在河南举兵参加反蒋。冯玉祥的部下孙良诚、宋哲元、刘郁芬，阎锡山的部下商震等亦联名通电，声援张发奎。从法国赶回香港的汪精卫，转而以二届中央执监委员会的名义，委任了"护党救国军"第3至第8路总司令，即张发奎、唐生智、石友三、何键、胡宗铎、李宗仁，并有意把第1、第2路总司令的位置留给了阎锡山和冯玉祥。

10月初，冯玉祥与阎锡山达成了反蒋协议，决定重新使用过去国民军的名义，阎锡山任总司令，冯玉祥任副总司令。冯玉祥马上派部属密告宋哲元等，要其速集兵力先占郑州，伺机进攻武汉，直捣南京。9日，国民党中常会推举中央政治会议主席蒋介石为国民政府主席兼军事委员会主席和总司令。次日，宋哲元、刘郁芬等致电阎锡山、冯玉祥，指责中央"施政不顾民生，用人不求贤能，财政不公开，政治不廉洁"，随后即通电反蒋。冯玉祥军在这一波反蒋战争中首先与蒋介石的中央军在豫西展开了激烈的战斗。不料，阎锡山反蒋的态度又发生了反复。他不仅迟迟不就国民军总司令职，不发请蒋下野的通电，反而与南京的使者密切交往，表示不变更拥护中央、维护和平的态度。阎锡山的反复使一度重新鼓起勇气的冯玉祥顿时陷入一种"进退维谷,啼笑皆非,心境焦虑,殆难名状"的困境之中。① 很快,阎锡山于11月5日倒向了国民政府一边,接受了国民政府委任的陆海空军副总司令一职,冯玉祥军自此再无单独作战之勇气,不得不退回陕西以求自保。

在冯玉祥的形势岌岌可危之际,改组派的"护党救国军"才刚刚搭起了一个架子。李宗仁从香港回到广西,与从湖北转入湖南又进入广西的张发奎部组成了张桂联军,准备攻取广东。湖北的胡宗铎、安徽省政府主席石友三和负责豫西军事及善后的第5路军总指挥唐生智,这时也才正式兴兵反蒋。而各路"护党救国军"番号虽然统一起来了,作战却没有统一的指挥,仍是各行其是,最终也只能被蒋介石各个击破。1929年的一系列战争的结果,是南京国民政府明显地占据了上风。

四 中原大战一锤定音

1930年1月1日,身为国民政府主席的蒋介石发表元旦文告,宣布经过不屈不挠之努力,"叛乱党国之徒,次第削平,从今年起,当可渐现和平曙光,举训政之纲,上建设之轨"。② 令蒋介石意想不到的是,其专恃武力以削平地方实力派的做法,并没有达到预想的结果,更大规模的反抗转瞬间又爆发了。这次领头的,是1929年12月20日与张学良联名发表"号电"宣称拥护南京中央,进而在元旦当天被国民政府授予一等宝鼎勋章的阎锡山。

阎锡山所以要举旗反蒋,直接的理由是因为不赞成蒋介石坚持以武力的方式讨伐异己。实际上,在李宗仁、冯玉祥两大地方实力派被蒋介石合纵连横的策略搞垮之后,阎锡山难免会有兔死狐悲之感,害怕自己会成为蒋介石继续坚持统一军政的下一个目标。他很清楚,按照目前这种发展趋势,只要蒋介石当权一日,自己就注定了要有与蒋介石兵戎相见的一天。他也注意到原来同在北方的冯玉祥的第2集团军经过两度失败,已经不可能对自己形成威胁,而听任这支部队退往西北,自

---

① 中国第二历史档案馆:《冯玉祥日记》第3卷,68页,南京,江苏古籍出版社,1992。
② 《国闻周报》第7卷第2期,1930年1月6日。

己的军队和地盘马上就会暴露在南京中央军的威胁之下。为了维护自身的利益,阎锡山不能不试图与蒋介石一搏。在他看来,只要能够争取到理应有着同样隐忧的东北军统帅张学良的支持,再加上南方"救党护国军"和改组派的配合,打出反对蒋介石武力政策的正义旗号,事情就有可为。

1930年2月1日,阎锡山起草好了要蒋介石下野的通电稿,发给张学良,请其表示意向。苦候数日未得回音,阎锡山不得不于10日独自发出"蒸电",提出"武力统一不特不能成功,且不宜用于民主党治之下",要求蒋介石放弃武力政策,并表示愿意与蒋介石一同下野。蒋介石两天后复电阎锡山,强硬声称:政府动用武力,纯因地方反动军人凭借武力谋危党国所致,革命救国本为义务,非为权利,不容推诿卸责,以此拒绝了阎锡山的批评和要其下野的请求。阎锡山13日再电蒋介石,强调国民党的分裂、国民革命军的自相残杀、国家财政困难等种种问题,均因蒋介石专擅自为、坚持武力政策所致。双方因此你来我往,大打电报战。阎指责蒋凌驾于党国之上,且以扩张个人中心之武力为目的;蒋反驳说自己受总理之托付,服从党国之命令,执行党国所赋予之职权,为党国扫除叛逆,目的仅在造成党国健全之武力,用以"戡乱"并实现主义。阎批评蒋介石所依据的国民党三全大会不合法,称"三全大会406人,而指定者211人,圈定者122人,纯粹选出者只73人",据此以发令编遣讨伐,无异于蒋一人之命令。因而与冯玉祥等联名通电,要求党员总投票决定党统。蒋则毫不示弱地辩解说:指定圈定的办法始于党的第一次全国代表大会,并为第二届中央执行委员会常务会议所决定,今反对此种代表产生方法,无异于反对二中全会与党员全体。况且阎即因此而当选委员之一,当时亦未见阎有反对此种方法之表示,"忽于今日要挟中正同退,始振振有词,真爱党国者果如此乎?无怪论者谓:兄别有用心,仅以此为倡乱之口实而已。"①

电报战打到3月初总算告一段落,因韩复榘、石友三突然受蒋介石

---

① 《阎锡山致蒋中正电》,1930年2月10、13、18、20、24日;《蒋中正致阎锡山电》,1930年2月12、19、26日。见台北"国史馆"藏蒋中正档案《革命文献·统一时期》第7卷,29—31、48—50、55—62、67、71、74页。

策动,通电主张和平,阎锡山一度发生了动摇,于3月5日通电表示愿意下野出洋。6日阎锡山赴五台山与冯玉祥长谈,次日其亲信再见冯玉祥并长谈,阎锡山最终听从了冯玉祥的劝告,放弃了下野的想法,并开始了紧锣密鼓的反蒋准备工作。一切准备就绪后,第2、3、4集团军将领57人于15日联名通电拥护阎锡山为中华民国陆海空军总司令,冯玉祥、张学良、李宗仁为副司令。18日,汪精卫从香港发来电报,力主阎锡山从速组织政府,并力推阎锡山自任国民政府主席,以资号召。各反蒋派于是再度携手,阎锡山、冯玉祥、李宗仁于4月1日分别于太原、潼关和桂平通电就任中华民国陆海空军总司令、副司令。阎、蒋之间的电报战,至此迅速演化成反蒋派与拥蒋派之间的一场大对决,诉诸武力已成必然。阎锡山在就职通电中就明白鼓动说:"古有挟天子以令诸侯者,全国人必起而讨伐之,今有挟党部作威作福者,全国人亦当起而讨伐之。"①

对于阎锡山的义正辞严,蒋介石早有军事上的准备。阎锡山2月10日通电发出后,蒋介石即电告何成浚、刘峙抓紧拟定作战计划,并要求两人于20日前将平汉路各军集中完毕,要何应钦增调部队到徐州和宿州。与此同时,蒋介石依照其一贯的做法,迅速开始做合纵连横的工作。他再三联络张学良,要其负责处理西北事变,并通过张来牵制韩复榘、石友三,说明中央意在和平,若开启战事则责任在阎不在中央。随后,鉴于阎、冯、李等否认南京中央,自任中华民国陆海空军总司令、副司令,南京国民政府为维护其法统地位,毫不犹豫地于4月5日公开下令通缉阎锡山。

事实上,自从阎锡山与蒋介石打起电报战之后,国民党内反蒋各派势力也很快地聚集到一起来了。除汪精卫提议尽快另立国民政府以外,3月下旬改组派和西山会议派代表都赶到北平召开会议,共商组织中央扩大委员会,解决党政问题。只是由于改组派坚持以1926年在广东召开的二全大会为正统,西山会议派坚持以在上海召开的二全大会为正统,双方未能达成协议。

---

① 《国闻周报》第7卷第13期,1930年4月7日。

还在改组派和西山会议派互争正统的时候,蒋介石、阎锡山、冯玉祥大战已经于1930年5月中旬正式开打。这场史称"中原大战"的战争,分为南、北两个战场。北方的主战场在河南,支战场在山东,分别沿平汉、陇海、津浦三条铁路线进行,以陇海线为决战区,反蒋联军的主力是改编后的冯玉祥的第二方面军和阎锡山的第三方面军,再加上再度反正过来的石友三的第四方面军。南方战场在湖南,沿湘江进行,以衡阳附近为决战区,反蒋联军的主力是李宗仁的第一方面军。不过,虽然这一次反蒋各派齐心合力,准备充分,进攻却仍由南京方面发动。

南京国民政府的讨逆军还在5月1日就已经确定了进攻计划,并于11日发起了总攻。中央军与阎锡山、冯玉祥的部队首先在陇海线及鲁西皖北地区开始交战。北方战局一开,李宗仁即指挥桂系军队联合张发奎部,以主力分三路入湘,蒋介石遂令陈济棠派遣粤军援湘,同时令朱绍良部开抵汉口援湘。6月2日,第27军夏斗寅部、第31军钱大钧部在向湘潭推进的过程中与桂张联军展开恶战。5日,桂张联军攻占长沙,朱绍良、夏斗寅及钱大钧部被迫退入湖北境内,湖南守军何键部亦被迫退入湘西。随着桂军8日攻下岳阳,张发奎部击败受命来援的鲁涤平部,桂张联军大有直下武汉之势。不料负责掩护桂张联军北上的黄绍竑部未能及时赶上张发奎和白崇禧指挥的入湘部队,被粤军蒋光鼐、蔡廷锴部乘虚夺取了衡阳城,使桂张联军被截为南、北两段。由于部队辎重给养都滞留在湘桂边境,李宗仁不得不回师衡阳以打通这一关系湘桂联络的交通枢纽。结果,桂张联军7月初反攻衡阳失利,被迫退回广西全州。这样,在中原大战的南方战场上,双方交战不过两月,即以南京中央讨逆军的胜利宣告结束了。

北方战场的形势转换,较南方战场还要曲折一些。南京中央讨逆军第2军团5月中首先攻下马牧集、归德、宁陵和民权等地。5月下旬,讨逆军在兰封、杞县与反蒋联军主力发生恶战,被迫退至旧考城、民权一线构筑工事,与反蒋联军形成了长时间对峙的局面。而讨逆军第3军团分三路出击,试图攻占许昌、新郑、郑州,将河南战场的西北军分割成东、西两半。但冯玉祥亲自指挥许昌之战,致使第3军团在遭受严重伤亡后被迫全线败退。6月中旬退至漯河、北舞渡一线后,才靠阵地战立住脚跟。而在山东,晋军也于6月下旬打下了济南。

7月,反蒋联军在北方战场取得优势的情况下,改组派和西山会议派也终于找到了合作的办法,即两派联名发表宣言,粤二届发表提议召集扩大会议宣言,再由沪二届发表赞同宣言,署名皆为"中国国民党第二届中央执行委员会"。于是,两派握手言和,关于召开北平扩大会议的议决遂于7月13日宣告成立。其宣言公开否认南京举行的国民党第三次代表大会的合法性,自认承继党统,指责蒋介石"托名训政,以行专制,人民公私权利剥夺无余,甚至生命财产自由无一保障",故"同人等痛心疾首,誓为本党去此败类,为国民去一蟊贼"。①

北平扩大会议刚一结束,汪精卫即从香港动身赶赴北平。7月23日,汪精卫到达北平即与西山会议派代表谢持、邹鲁等就今后党务办法达成了一致的意见,决定要筹备召集国民会议,制定基本大法,且要另组中央政府,与南京争正统。

8月7日,扩大会议第一次会议在北平怀仁堂召开,汪精卫为主席,通过了《中央政府会议规则》等文件,并推举出常务委员会委员7人,即汪精卫、赵戴文、许崇智、王法勤、谢持、柏文蔚、茅祖权。扩大会议并决定展开党员重新登记和筹备召开第三次全国代表大会等项工作。扩大会议发表的宣言明白提出七大主张,即:国民会议为孙中山救国之唯一方案,训政时代必有约法以保障民权,地方自治没有民众参加则没有民主可言,党、政、军必须分开,反对以一党专制之名行一人专制之实,反对以集权之名行一人独裁之实,反对以党治之名排斥党外人才等。② 经过一番紧张的磋商和筹备,在9月1日召开的扩大会议第五次会议上,与会者一致通过了汪精卫起草的《国民政府组织大纲》,并推举阎锡山、冯玉祥、汪精卫、李宗仁、张学良、谢持、唐绍仪7人为国民政府委员,阎锡山被推举为政府主席。

北平国民政府的成立,表面上看使南京国民政府统一中国的政治目标严重受挫。但是,8月15日,南京中央讨逆军夺回了济南,晋军被迫退至黄河以北,军事形势却变得对反蒋联军不利了。本来就摇摆于

---

① 《国闻周报》第7卷第28期,1930年7月。
② 参见《扩大会议宣言》,见1930年8月8日《大公报》。

双方之间、更看好南京国民政府的张学良,自然对北平国民政府委员的名义不以为然。就在北平国民政府宣布政府委员名单后的第二天,即9月2日,张学良就向阎锡山的代表傅作义表示,他并没有赞同另立一个中央政府。3天后,张学良更直接致电阎锡山,称在北平组织政府并推自己为政府委员一事,事前并未与闻,实难接受。不仅如此,张学良还要求被北平国民政府委任为各部会首长的顾维钧、罗文干、汤尔和、沈鸿烈等,或马上离开北平回沈阳,或致电北平扩大会议表示婉拒。然后,张学良很快接受了蒋介石开具的条件:平津地区及黄河以北归其节制,由南京支付500万元作为出兵入关费用,再另借1000万元帮助东北整理奉票及铁路外债。

9月18日,张学良公开发出"呼吁和平,即日罢兵,静候中央(即南京国民政府——引者注)措置"的通电,同时派遣于学忠、王树常率东北边防军第1、第2军于20日后相继入关助蒋。反蒋联军在南北两面夹击下,不得不迅速撤出整个平津地区。9月21日,东北军顺利接收了天津,次日进驻了北平。10月9日,张学良在沈阳正式就任南京政府授予的陆海空军副司令职。17日,王树常在天津就任河北省主席职务;20日,于学忠就任天津卫戍司令职。两周后,反蒋联军在军事上完全失败,阎锡山、冯玉祥被迫通电下野,中原大战以反蒋派全面失败而告结束。南京国民政府自此基本上确立了自己在中国的正统地位。

第二章
国民政府的对内政策与"革命外交"

　　1928年北伐完成后,国民党即开始全面推行党治,并宣告军政时期结束,训政时期开始。但是,以党治国并不那样容易实现,不仅地方各派势力军权在握,就是站在南京中央立场上的蒋介石,也同样要依靠军权来树立中央政府的权威。在军事领袖依然威仪四方的情况下,国民党的内政改革自然难以真正达到理想的效果。无论是市、县自治的推行,还是对城乡的有效治理和对民众的有效控制,南京国民政府成立伊始,就面临着许多难以解决的麻烦和问题。但也不是所有方面毫无进展,最值得一提的还是它在财经政策和税制改革以及在与列强各国修约谈判中所取得的进展。关税自主的初步实现,厘金的废除与统税的征收,都有利于提升民族经济的竞争力,促进了民族经济的发展。而与列强各国的修约谈判,虽然没有武汉时期"革命外交"那样来得轰轰烈烈,但也在一定程度上推进了中国废除不平等条约的历史进程。

第一节　党治、训政与军权统治

一　胡汉民力推党治

依照孙中山的理想,中国最终是要建成一个实行民主政治的国家。但他认为,要达到这样的目标,必须分步骤来实现。首先是要革命,以扫荡反革命。而革命期间必重兵权,故有军政府且重军权,乃大势所趋,不可避免。革命成功,一跃而至共和宪政亦不可能,必须创一过渡时期为之补救。故军政府仍有存在之必要,惟一切军国庶政应悉归革命党完全负责,以党义训练人民,且以约法的形式详细规定政府与人民之间的权利和义务,伸民权而抑军权。直到革命成功,全国底定,各县、各省都有民意为后盾,国民也在约法自治的磨练下养成民治的基础,到那时则不难由约法而进至宪法,"民权立宪政体,可谓水到渠成而无动摇之虑了"。[①] 此即孙中山自1914年公布《中华革命党总章》时就已经明确提出的,革命必由军政而训政而宪政的革命程序论。在1924年国民党第一次代表大会实施改组之际,孙中山更在《国民政府建国大纲》[②]中具体规划了其实行办法。

北伐完成,孙中山规定的军政时期即告结束,训政阶段自应开始。而所谓训政,就是要以党代军,来负起指导政府和训练民众的责任。因此,南京方面部分国民党人在二次北伐后,很快就开始依照《国民政府

[①] 汪精卫:《民族的国民》,见1905年11月26日《民报》第2期。
[②] 孙中山:《国民政府建国大纲》,见《孙中山全集》第9卷,126—129页,北京,中华书局,1986。

建国大纲》中的规定,提出训政和党治的问题来了。

在这方面,最为积极的就是自认为国民党元老的胡汉民。还在1928年初,身在海外的胡汉民得知国内北伐和"清党"进展顺利,就曾雄心勃勃地表示,对北伐和清党,"弟无能为役","盖革命事业,其始必以军事为政治之核心";但军事胜利之后,军事同志即应将此核心"以互让互励精神移之至政治方面",以便分工合作,完成建设之使命。6月3日,眼看二次北伐即将完成,人尚在欧洲的胡汉民致电南京国民政府代主席谭延闿,强调应在二届五中全会上提出:"北伐完成,当依总理建国大纲,期主义之实现。"而主义实现的关键在于:"(一)以党统一,以党训政,培植宪政深厚之基。(二)本党重心,必求完固,党应担发动训政之全责,政府应担实行训政之全责。(三)以五权制度作训政之规模,期五权宪政最后之完成。"①

胡汉民依据《国民政府建国大纲》提出建议,主张继承孙中山的遗志,推动训政的实现,以达到恢复党权,结束北伐以来备受各方抨击的军权凌驾于党权之上的局面。他指出:一切权力应由党集中,由党发施,不仅党外无党,且党外无政,政外无党。政府由党负保姆之责,由党指导,由党拥护。在人民未经政治训练及未完全了解三民主义以前,唯有党能代表全国人民负建国之大任,也唯有党能领导全国人民向实现三民主义的目标前进。而为有利于党治的实施和避免治权过于集中,胡汉民还特别提议将本应实行于宪政期间的五院制提前至训政阶段,国民政府为五院会集之总枢纽,即合五院之组织而总称之为国民政府。五院主席即为政府常务委员,并于五常委中指定一人为政府主席。注意到国民党中央这时规定实行的还是委员制,不难了解,胡汉民的上述主张十分明显地是想要以党治来限制北伐以来过于膨胀的军权。

胡汉民的主张也得到了南京国民政府多数党政领导人的赞同。1928年6月北伐完成,接收平津后,国民政府即公开发表通电,宣布对内施政方针,表示北伐完成后将立即厉行法治,澄清吏治,结束军政,开始训政。8月8日至15日,南京的国民党人召开了二届五中全会。在

---

① 蒋永敬:《民国胡展堂先生汉民年谱》,427页,台北,台湾商务印书馆,1981。

这次会议上及随后的中常会上,通过了《政治问题决议案》《训政纲领》及《中华民国国民政府组织法》等一系列决议案。国民政府也根据国民党中央上述会议决议,颁布了一系列命令和相关的法令:

(一)决定全国完成统一之后,国民政府应设立立法、行政、司法、考试、监察五院;行政院下设内政、外交、军政、财政、农矿、工商、教育、交通、铁道、卫生十部与建设、侨务、蒙藏、劳工及禁烟五个委员会,分掌各行政事项。立法院下设法制、外交、财政、经济四个委员会(后增加军事委员会)。同时设立参谋部、训练总监部、军事参议会,直隶于国民政府。军事委员会因此于11月7日宣布结束,所管事宜分别移交军政部、参谋部、军事参议院、训练总监部办理。

(二)规定国民政府总揽中华民国治权,统率海陆空军,行使宣战、媾和、缔结条约、大赦、特赦、减刑、复权等项职权。国民政府设委员12—16人、主席委员1人。主席兼中华民国海陆空军总司令,代表国民政府接见外使并举行或参与国际典礼,为国务会议主席,与五院院长在经国务会议议决公布之法律和议决发布之命令上共同署名。主席因故不能执行职务时,由行政院长代理。

(三)国民政府以行政院为最高行政机关,以立法院为最高立法机关,以司法院为最高司法机关,以考试院为最高考试机关,以监察院为最高监察机关。行政院以正副院长、各部部长、各委员会委员长组成行政院会议,以院长为会议主席,议决提出于立法院之法律案、预算案、大赦案、宣战案、媾和案、条约案与其他重要国际事项、荐任以上行政官吏任免、各部与各委员会间不能解决的事项,或其他依法律或行政院院长认为应付会议议决的各事项。

(四)推举中央政治会议主席蒋介石为国民政府主席兼军事委员会主席和总司令,任命谭延闿、冯玉祥为行政院正、副院长,胡汉民、林森为立法院正、副院长,蔡元培、陈果夫为监察院正、副院长,戴季陶、孙科为考试院正、副院长,王宠惠、张继为司法院正、副院长。同时任命上述人等和训练总监部总监何应钦、军事参议院院长李宗仁、海军部部长杨树庄、内政部部长阎锡山、参谋总长李济深和东北边防军司令长官张学良等17人为国民政府委员。

（五）明令广东、广西、湖北、湖南、安徽、江西、江苏、浙江、福建、四川、云南、贵州、甘肃、新疆、宁夏、陕西、河南、河北、山东、山西、辽宁、吉林、黑龙江组织省政府，并明令热河、察哈尔、绥远、青海、西康5个行政区改为行省并组织省政府。另外明令上海、南京、北平、天津4个市组织特别市政府。西藏作为政教合一的特殊政制的地区，虽未照各省例组织省政府，然达赖、班禅分掌前藏、后藏政权的格局依旧，并依向例保持与中央政府的关系。①

胡汉民起草，并经10月3日国民党中央执行委员会常务委员会第172次会议通过的《训政纲领》规定：(1)训政期间，由中国国民党全国代表大会代表国民大会领导国民，行使选举、罢免、创制、复决四种政权；代表大会闭会期间，以政权付托中国国民党中央执行委员会执行之；(2)治权之行政、立法、司法、考试、监察五权付托国民政府总揽而执行之，以立宪政时期民选政府之基础；(3)指导监督国民政府重大国务之施行，由中国国民党中央执行委员会政治会议行之。②

10月25日，经国民党中央执行委员会常务委员会第179次会议通过的《中央政治会议暂行条例》则规定：国民党中央执行委员会政治会议为实施训政之最高指导监督机关，对中央执行委员会负责。凡国民党中央执行委员、监察委员及国民政府委员，均为该会议的当然委员。会议负责讨论并决定建国纲领、立法原则、施政方针、军事大计，包括决定国民政府委员、五院正副院长与委员、各部及各委员会之部长与委员长、各省政府委员与主席及厅长、各特别市市长、驻外大使与特使及公使，以及特任特派官吏之人选。政治会议不直接办理政务，亦不直接发布命令，所决定之事交由国民政府执行。

二 以党治国举步维艰

10月26日，国民政府国务会议通过《国民政府训政时期施政宣

---

① 参见《政治问题决议案》(1928年8月)，见《中国国民党历次代表大会及中央全会资料》(上)，535—537页，北京，光明日报出版社，1985；参见《中华民国国民政府组织法》(1928年10月8日)，见彭明主编《中国现代史资料选辑(1927—1931)》，35—39页，北京，中国人民大学出版社，1988。

② 参见《训政纲领》(1928年10月3日)，见彭明主编《中国现代史资料选辑(1927—1931)》，34页。

言》,宣告军政时期告终,训政时期开始。中国国民党将代行政权,而以治权授诸国民政府,并为之制定组织,设立五院,分负责任。国民党将适应形势,偃武修文,变过去武功之昭扬为今后文治之实行,着力建设。

国民党二届五中全会及其随后的一系列政治体制的设计和建构,俨然都是胡汉民在坐镇筹划与指挥,并按照胡汉民的方案实施了训政,规定了党的政治会议的最高权力地位。胡汉民亲任立法院院长,对立法表现出异常的热心。立法院成立后,通常每天都能通过法律百余条,最多时竟能通过250余条,其速度十分惊人。行政院院长谭延闿不久病故,胡汉民的地位更显突出。而他的一切努力,说到底,是想要树立党的权威,推行在党治下的法制体制。用他的话来说:"所有军政训政,皆为本党建国时期之工作,一切权力皆由党集中,由党发施,政府由党负其保姆之责,故由党指导,由党拥护。"他提出加强法制的目的,很大程度上也正在于要名正言顺地巩固党治的体制。他后来明确讲:他做立法院院长,就是因为枪杆子的权威太大,希望"借党治的掩护,完成法治,再由法治过渡到民治,使训政工作,能确实建树起来"。① 然而在实际上,在党、政、军三者的关系上,党的地位却相当尴尬。

首先,政治会议构成成分变动不定,职权范围及作用含混不清。1928年9月20日,国民党中央执行委员会常务委员会决定,中央执行委员(36人)和中央监察委员(12人)均得为政治会议委员,候补中央执行委员和候补中央监察委员均得列席政治会议。10月25日即决定所有国民政府委员均为政治会议委员。结果,政治会议委员不仅包括了中执监委员,还包括了非中执监委员,总数一度达到了72人。所谓政治会议向中央执行委员会负责,自然无从实现。1929年之后国民党中央执行委员会全会虽然开始对政治会议人数有所限制,但人数及其参加者资格的规定始终在变动之中。同时,政治会议原有的一些重要职权也陆续被取消,包括不再有决定各省省政府主席、委员,各厅厅长,各特别市市长,驻外大使、特使、公使人选的权力,不再负指导监督国民政府重大国务之施行、修正,解释中华民国国民政府组织法,以及代表国

---

① 胡汉民:《辟谬——法西斯蒂无产阶级专政与立宪政治之检讨》,见《论所谓法西斯蒂》,49页,中兴学会印行,1929。

民党全国代表大会行使政权等项责任等。这说明政治会议既不对党负责,其实际作用也十分有限。到1931年三届二次临时全会时,政治会议的职能干脆被规定为"党政间之联系机关","居于中央与国府之间,受党的指挥",其指导监督的作用即使在形式上也不复存在了。①

其次,国民党自建立南京国民政府之后,即实行党政分开原则,结果是一方面高唱以党治国,一方面却又坚持反对以党干政,这就更使党治成为一句空话。蒋介石在1928年8月召开的国民党二届五中全会上,就曾明白提出过《请规定党部与政府及政府与民众之关系及其职务案》,强调"党员党部决不能直接干涉或处理行政"的主张。② 这导致二届五中全会通过《各级党部与同级政府关系临时办法案》,要求严格区分党政关系。《临时办法案》规定:各级党部对于同级政府之举措,有认为不满意或不合时宜者,不得干预政府行为或与之冲突,只能报告上级党部,由上级党部请政府依法查办。③ 事实上,为避免年轻党员和基层党部迷信党义,坚持党权高于一切而与相对保守的各级行政机关发生冲突,蒋介石等甚至不惜再三告诫下级党部:"党权高于一切,乃指中央党权而言",并接二连三地修改相关的法令法规,限制地方党部的权力。如1926年11月颁布的《省组织法》中曾明确规定:"省政府于中国国民党中央执行委员会及省执行委员会指导监督之下受国民政府之命令管理全省政务。"到1927年7月修正时却删除了"及省执行委员会"几个字,10月再修正时"于中央执行委员会的指导监督之下"也被代之以空洞的"依中国国民党党义"几个字。到1930年2月时,因为"依党义"的说法易引起种种纠纷,因此干脆进一步将"依中国国民党党义"几个字也取消,改成更具操作性的"依国民政府建国大纲"几个字。④ 所谓党治,到这里已不见了踪影。

不仅如此,因汪精卫、胡汉民等长期以争党权为目的,造成地方众

---

① 《改进中央党部组织案》(1931年11月),见《中国国民党历次代表大会及中央全会资料》(下),9页。
② 参见《中国国民党第二届中央执行委员会第五次全体会议纪录》,162—163页,中国国民党中央秘书处编印,1928。
③ 参见《中国国民党历次代表大会及中央全会资料》(上),786页。
④ 王奇生:《党政关系:国民党党治在地方层级的运作(1927—1937)》,载《中国社会科学》2001年第3期。

多党部和党员公然向蒋介石挑战,原本就迷信枪杆子的蒋介石自然更重视军权而蔑视党权。加之训政初期,国民党近80%的党员为年轻人,思想激进,蒋介石更加相信,如果把国家大事交给他们,"直是以国家、社会全体之生命作儿戏之试验品",因而更愿意借重于相对保守稳重的政府行政人员,哪怕他们不是国民党员,以确保新政权能够实现由北洋政府统治向国民政府统治的平稳过渡。结果,表面上高唱以党治国,实际上党、政、军三者关系当中,军、政两界中没有谁真的会把党放在眼里。即使从社会民众的角度来看,政府和行政人员的地位也远高于党部和党务人员。因为不仅党务人员的薪俸及待遇大大低于行政人员,且做行政人员也无须具备党员资格,因此入党与否在实际利益上并不具有多少吸引人的地方。逐渐地,社会上开始流行一种说法,叫"学而优则仕,学而不优则党"。它典型地反映了社会上对国民党组织地位的看法。国民党党组织的地位名不符实,也和党组织的存在直接受到地方军政权力机关制约有关。最为重要的一点就是,党部并无自己的经费来源,它的经费由各级政府拨发。因此,党部和政府关系不好,难免会在经费上受到政府方面的刁难和克扣。况且,党要在地方上从事任何工作,也都必须取得政府及其军队的认可,这使党的作用更受限制。以致当时就有不少党务人员抱怨说,"本党差不多变成了政府和军队的尾巴","名为训政,实无殊于退听","各省市县党部坐拥虚位,毫无实权,绝不能过问各当地任何政务,偶一置喙,诽谤随之"。因为受制于人,"不能监督政府,只有依照政府和军队的需要去宣传"。党部要想根据党的主义、政纲为民众解除痛苦,军政当局不但不能与党部的意志一贯,还常常反其道而行之。比如,就有军队在党部人员正在向民众宣传不拉夫、不筹饷时,趁民众聚会的机会,派兵用绳子将听讲人民圈住,当场将青壮年一一捉去充当夫役。

三 蒋、胡合作的时期

国民党的党治之所以只能停留在纸面上,根本上在于其党的生存与地位,依赖于其政权的生存与地位。而其政权的存在与地位,又纯由军事革命所造成,即不得不靠枪杆子来创造和维系。如此也就不可避免地促成了国民党内军权独大的发展趋势。

但是,南京中央政府初立之际,蒋介石却尚不具备成为最高领袖的条件与可能。蒋是1925年夏靠苏联顾问鲍罗廷力推登上军事领袖的大位的,随后几年时间里,他虽几度分别取得过党政军最高统帅的名义或权位,却未能在法统上建立起稳固的威权地位,更未能摆脱党人对军人的负面印象,成为国民党正统的代言人。面对党内党外种种挑战,蒋这时还只能选择与在党内拥有较大话语权的胡汉民等携手合作。

蒋介石根本上迷信枪杆子,而能如此去做,很大程度上也与他在国民党精神领袖孙中山身边工作多年,深受国民党正统文化的熏陶有关。他虽未必完全赞同孙中山的各项政治见解与主张,但深知国民党存在的意义,十分了解孙中山所主张的"党治"的重要性。因此,蒋介石得知胡汉民愿意由欧洲回国,并来南京参与建政,不仅极表欢迎,亲赴上海迎接,而且积极推动中常会通过了胡起草的《训政纲领》,明确规定了训政期间,得由国民党全国代表大会代表国民大会领导国民,行使政权,以便训练人民行使选举、罢免、创制、复决四种权力;由国民党中央政治会议指导国民政府的工作,国民党中央政治会议并拥有对国民政府组织法修改和解释的权力。①

蒋介石赞同党治和训政,除了这是孙中山的主张外,同时也是因为,自从辛亥革命推翻清王朝,废除帝制,另立共和后,孙中山的三民主义及其造成"新中国"的中国国民党,已经成为中国革命的正统。北洋政府之所以难以稳固,各地军阀之所以非得在形式上承认国民党为正统不可,恰恰就是因为其政治号召力无可取代。这也是为什么,蒋介石开始取得国民党党政军大权后,就把自己最为信赖的陈其美的两个儿子,即陈果夫、陈立夫派去做党务工作,南京中央地位确定后,更是公开支持胡汉民倡导党治。他清楚地看到,多数地方实力派既然加入了国民党,也就意味着他们不能不受到孙中山正统及其国民党党义的极大约束。在这种情况下,对他们打出恢复党权、提升政权、消除军阀的口号,在政治上不仅合乎党义,也是民心所向。

---

① 周聿峨、陈红民:《胡汉民评传》,207页,广州,广东人民出版社,1989。

当然,蒋介石支持胡汉民也是有前提的。因为在军阀割据的背景下,国民党非得靠军事手段夺取政权、统一国家不可,因此,像蒋介石这种军事权威人物的存在不可或缺。胡汉民要想实践以党治国的梦想,也离不开党内军事统帅,如蒋介石这样的威权人物的鼎力支持。即使在北伐成功之后,情况也没有多大变化。

如前所述,1928年底北伐战争结束,国家看似初告统一,其实却又形成了几大军事中心。除以蒋介石指挥的第一集团军为核心的南京中央外,还有以冯玉祥指挥的第二集团军为核心的开封中心,以阎锡山指挥的第三集团军为核心的太原中心,以李宗仁指挥的第四集团军为核心的武汉中心,以李济深指挥的第八路军为核心的广州中心,和以张学良指挥的东北边防军为核心的奉天中心。除南京政府外,各中心几乎都同时设有政治分会,可以代行中央政府的职权。再边远一些的地区,如四川、云南、贵州、新疆等省,干脆原封不动地继续保持在当地军人的统治之下。在这种情况下,各地以军治民,以军代政,与北洋时代并无区别。胡汉民等希望的"党治",根本就无从谈起。

这也是为什么,胡汉民等明明力主党治,明确反对枪指挥党,但他却利用立法院长的职位,接连推动立法,帮助蒋树立威权地位。

比如,北伐战争结束后,蒋介石的军事委员会主席和国民革命军总司令的职务虽因军事委员会和国民革命军总司令部相继撤销而取消,但国民党中央执行委员会常务委员会授以他国民政府主席兼中华民国陆海空军总司令,加上其原有的中国国民党中央执行委员会常务委员和中央执行委员会政治会议主席两项职务,蒋的权力不仅没有削弱,而且还更加扩大了。

与此同时,国民党二届五中全会通过的《国民政府组织法》,也明文规定,国民政府主席不仅代表国民政府接见外使并举行或参与国际典礼,而且得兼中华民国陆海空军总司令,并为国务会议主席。凡"公布法律、发布命令,经国务会议议决,由国民政府主席及五院院长署名行之"。①这一规定明显也不同于过去的委员会议制的惯例,已类似于主

---

① 前引《中华民国国民政府组织法》(1928年10月8日)。

席独任制了。

不仅如此,中原大战结束后,国民党三届四中全会于1930年11月17日更通过"推选国民政府主席蒋中正同志兼行政院院长"的决议,同时决定:以后公布法律或发布命令,不必再由五院院长共同署名,只要"由国民政府主席署名,以立法院院长副署行之",或"主管院院长之副署行之"即可。这次大会还决定,以行政院会议取代原来需要由国民政府委员集体议决的国务会议,这更进一步加强了蒋的地位和权力。①

事实上,即使在蒋、胡关系破裂之前,党就已经变成了一个帮助蒋介石实现权力统一的奇特工具。蒋介石担任什么职务,党就搞什么体制,就通过种种决议赋予该职务以隆重的地位和权力。反之,若是其他人担任同项职务,党就制定法令法规来缩小其权力,甚至不惜使它完全成为一种虚位。②

四 蒋、胡翻脸的原因

胡汉民曾经是孙中山最得力的助手之一,做过广东都督、临时大总统府秘书长、广东省长,甚至代理过孙中山大元帅职。但他同时也有着很强的书生气,担任立法院长后,一心扑在立法工作上,坚信通过立法,自能"稍稍压抑枪杆子的威权,使有权者有所慑伏"。③ 但他显然没有意识到,一个凭借枪杆子建立起来的政权,终归还是要受枪杆子的左右。

蒋介石有着典型的军人式思维的特点,极端重视集权和服从。事实上,他早期的成长过程,就是先后无条件服从陈其美和孙中山的过程。而他做了黄埔军校校长,培养自己的学生和干部时,用的也是同样

---

① 《中华民国国民政府组织法(修正案)》(1930年11月17日),见《中国国民党历次代表大会及中央全会资料》(下),922—923页。
② 如1928年初谭延闿任国民政府主席时,按照《修正中华民国国民政府组织法》,政府主席没有实权,实权在身为国民党中央执行委员会和军事委员会负责人蒋介石的手中。1930年11月蒋介石兼任国民政府主席后,马上就通过国民党中央委员会两度修改了《中华民国国民政府组织法》,规定国民政府主席是国家元首,兼任陆海空军司令,且有宣战、媾和及缔结条约等权力。1931年12月蒋被迫辞去国民政府主席一职,林森继任,《中华民国国民政府组织法》即再被修改,将原来国民政府主席之权剥夺干净,规定国民政府主席"不负实际政治责任"。
③ 参见胡汉民《论所谓法茜斯蒂》,中兴学会印行,1935年,第49页,转见周聿峨、陈红民《胡汉民评传》。

的标准和办法。随着黄埔军校建立起学生军,进而日渐形成国民革命军第一军,最后变成中央军,他也始终坚持用师生关系和上下级关系这种双重关系,通过家长制式的干部管理方式,来经营和统辖这支可称之为嫡系的部队。因此,对于蒋来说,党只是一种象征着正统的名义,他如何经营和统辖中央军,他自然也就希望如何经营和统辖国民党。

很显然,抱着这样一种希望,并以其军人式的思维方式来与党内其他大佬相处,同时处心积虑地培植党羽,谋求权力,蒋与同样个性极强的胡汉民的矛盾冲突,实难避免。

还在1929年,蒋介石就在极力提高黄埔系军人地位的同时,建立起以陈果夫、陈立夫为首的CC系,用以插手和控制中央及地方党部。特别是在中原大战打败了反蒋各派之后,蒋介石更是深信自己已经树立绝对领袖的地位了。据此,他开始模仿古代圣贤,以宽宏大量的姿态,公开示好于反对派。

1930年10月3日,蒋公开致电国民政府,用罪己诏的口吻,批评自己"诚信未孚,对人处事,每多过误";提议在军事大定之后,应赦免陈炯明、阎锡山以外所有军事上、政治上的"罪犯","取消通缉,复其自由"。其当天更致电国民党中央,要求在最短时间内召开第四次全国代表大会,以便进一步讨论召集国民会议,起草宪法,"准备以国家政权奉还于全国国民"的问题。他提出:在宪法未颁布之前,则宜先行制定训政时期适用的约法。①

所谓约法,就孙中山当年的设想而言,是要以法律的形式约定政府与人民之间的权利和义务,伸民权而抑军权。蒋介石提出搞约法,当然不是想要伸张民权来约束自己的军权,而是希望借此刷新形象,提高威望,为自己的统治奠定一个法统的基础。因为他很清楚,"清党"运动的实行,使南京国民党给人以相当血腥恐怖的印象。以党治国和训政方针出台后,关于政府太过"专制"和"独裁"的批评更是劈头盖脸而来。中原大战,双方动员兵力高达160万人,不仅造成极大的物质和人员损失,而且借杀伐之气更难服人。如此变乱纷起,如不能找到拔本塞源之

---

① 1930年10月3日、8日《中央日报》及1930年10月7日《民国日报》。

计,不仅他个人威望难以树立,南京国民政府的统治也难以稳固。蒋介石的这种担心不是没有理由的。汪精卫1929年3月14日在《东方晚报》发表政治宣言,力斥南京政府不顾人民权利及生命财产,与北洋军阀时代无异。汪的话曾引起大批著名知识分子的共鸣,他们纷纷向国民政府发难。其中中国公学校长胡适就于3月26日公开致函司法院院长王宠惠,指斥上海代表陈德征在国民党三全大会上提出的《严厉处置反革命分子案》,主张法院可以不须审问,只凭党部一纸证明便可定罪处刑的意见荒谬绝伦。这一指斥,尤其引起了知识舆论界的极大反响。胡适、罗隆基、梁实秋、王造时等这时还接连在《新月》杂志撰文,强烈批评政府专制独裁,大谈人权与言论自由。胡适呼吁"快快制定约法以确定法治的基础! 快快制定约法以保障人权!"①这些都清楚地反映出,制定约法,约束政府,这时已经成为社会上一股相当普遍的政治呼声。

反对派也清楚地看到了这是用来否定南京中央法统地位的一步好棋。1930年中原大战一爆发,他们就公开组织了约法起草委员会,并最终于10月27日在太原完成并公布《中华民国约法草案》8章211条,向全国人民征求意见。草案突出强调了个人的自由权利,明确提出:"人民于法律上一律平等,无男女、种族、宗教、阶级之分";"人民之身体自己及无论何人,均不得以之为买卖、抵押、借贷之目的物";"凡逮捕拘留人民之命令,除现行犯外,限于法院";凡有犯罪嫌疑或证据被逮捕拘留者,"其所逮捕拘留之机关,至迟应于二十四小时以内提交法院审问";"人民财产所有权不受侵犯","除因犯罪所得或供犯罪使用者,不得没收";人民有通信秘密之自由、集会之自由、结社之自由、言论之自由、著作及刊行之自由、选择居住及职业之自由、信教之自由等。而在民主宪政的实施办法上,草案也提出了较为具体的措施,比如明确肯定"凡一省完全底定之日,则为训政开始之时,而军政停止之日"。训政达成,在于建立完全自治之县。标准是"全县人口调查清楚,全县土地测量完竣,全县警卫办理妥善,四境纵横之道路修筑成功;而其人民曾

---

① 胡适:《人权与约法》,载《新月》第2卷第2号。

受四权使用之训练,而完毕其国民义务,誓行革命之主义者,得选举县官,以执行一县之政事,得选举议员,以议立一县之法律"。凡一省全数之县"国民有直接选举官员之权,有直接罢免官员之权,有直接创制法律之权,有直接复决法律之权",即为宪政开始时期,"国民代表会议得选举省长为本省自治之监督";"全国有过半数省份达至宪政开始时期,即全省之地方自治完全成立时期,则开国民大会决定宪法而颁布之"。"宪法颁布之后,中央统治权则归于国民大会行使之,即国民大会对于中央政府官员有选举权、有罢免权,对中央法律有创制权、有复决权"。"宪法颁布之日,即为宪政告成之时。全国国民可依宪法行全国大选举,国民政府则于选举完毕之后三个月解职,而授政于民选之政府,是为建国之大功告成"。①

反对派的约法草案赢得了部分社会舆论和知识界的肯定。《大公报》就公开认为,这一草案"极合人权法理",甚至断言它"比较任何国家现行宪法为周密",称"吾人认该项草案至少足备现在将来讲学立法时之一种参考。国府当局近年来迭表宽大之政见,对此昔为同志今为政敌者所提之法案,今后其有恢闳容纳之机会乎?多数受治之国民,盖不胜企盼之情矣!"②

受此刺激,蒋介石相信接过约法的旗号,在政治上对自己更为有利。而南京方面既已取得中原大战的胜利,一方面赦免战败者,一方面接过约法旗号,自创约法,必能赢得举国人士之拥戴。

没想到,蒋的这一主张却受到身为立法院长的胡汉民的公开抵制。他不仅反对召开第四次代表大会,而且在11月召开的三届四中全会的开幕词中不点名地批评蒋介石不该自认为万能,一切事情都由自己担负起来。正是由于他的坚决反对,蒋介石召开国民会议、制定约法的提议遭遇红灯。会议在推举蒋介石为行政院院长之后,对蒋介石的各项主张,只接受了于次年5月5日召集国民会议一项。

---

① 《中华民国约法草案》(1930年10月27日),见《中国国民党历次代表大会及中央全会资料》(上),856—878页。
② 《汪精卫等约法草案》(社评),见1930年11月1日天津《大公报》。

五 汤山事件及其影响

1931年1月,蒋介石前脚在"国民政府纪念周"公开表示本年内将召集国民会议制定约法,胡汉民后脚就在"立法院纪念周"大唱反调,声称依据国民党的法理和孙中山总理的著作,没有国民会议制定约法的道理。他直截了当地批评说,目前军权高于一切,各项法律尚未发挥效用,徒然定出一个大法来,或有而不行,或政与法违,反而益发减低了人民对党的信用。"为党计,为法的本身计,甚至也为了目无法纪者的军阀自身计","我不主张马上有约法或宪法"。①

胡汉民如此公开地不把蒋介石放在眼里,大大出乎蒋介石的意料。蒋介石不仅深受刺激,恼羞成怒,而且深恐胡的做法会在党内开一恶例,引发连锁反应。和以往一样,蒋对此事思虑再三,反复犹豫,并强压怒气一个多月之后,到底还是按捺不住,决心要诉诸强力了。2月24日,蒋介石邀约张群等一同劝说胡汉民,不成。第二天,胡汉民又在《中央日报》发表对记者谈话,进一步表达了反对召开国民会议讨论约法的理由。蒋介石当天即制定好方案,然后发出请柬,请胡28日晚到总司令部晚餐。胡乘车刚到司令部大门,随行警卫就被解除了武装,进屋后的胡被带到等候在那里的首都警察厅厅长吴思豫面前,吴当即交给胡一封历数其罪状的《蒋介石致胡展堂书》。蒋同时通过邵元冲当面告诉胡,他的要求就是胡必须立即辞去立法院院长一职。

当晚即被软禁的胡汉民,熬至次日晨,知道事情已无可转圜,不得不答应辞职。当日上午,蒋派人将胡汉民送去汤山总司令部俱乐部看管起来。3月2日,蒋介石在国民政府纪念周上宣布了胡汉民辞职的消息,同时召开国民党中央常务委员会临时会议,推举任命林森、邵元冲为立法院正副院长,同时通过了蒋介石提议的召开国民会议、制定约法的提案。

只因主张不合,党国元老、在任立法院院长胡汉民就被行政院院长蒋介石夺去人身自由,此举不免引起政界和舆论大哗。经过紧张的串

---

① 胡汉民:《革命过程中的几件事》,载《三民主义月刊》第2卷第6期。

连和准备,1931年4月30日,邓泽如、林森、萧佛成、古应芬4人以国民党中央监察委员名义率先发难,通电弹劾蒋介石。紧接着,汪精卫以及以陈济棠为首的广东将领数十人联名发表反蒋通电。李宗仁、白崇禧、张发奎等更是随即联名通电反蒋。国民党元老唐绍仪也领衔发表通电,限令蒋介石48小时以内即行引退。5月27日,鉴于蒋介石不予理睬,反蒋各派当天在广州宣告成立了国民党中央执监委员非常会议,规定:凡是国民党一、二、三届中央执监委员,只要愿意前来反蒋的,一律为"非常会议"当然委员,进而更公开成立了广州国民政府,同南京的国民政府分庭抗礼。

在实在找不到妥协的办法后,蒋介石于5月1至2日在南京召开了三届中央第一次临时全会,宣布正式筹备国民会议,准备制定约法。然而,正如国民党中监委5月4日弹劾电所说:"夫以一国之元首,不惜躬身毁法,乃以约法号召天下,其谁信之?"①

蒋介石当然不是真的想要起草一部可以用来取信于天下的建国大法。他的主要目的不过是希望能以此来确立自己作为国民党最高领袖的法统地位。汤山事件的发生,明显地使其努力化成了泡影。因此,急忙开会通过的所谓约法,基本上只是一个急就章,完全起不到蒋介石希望的作用。

和汪精卫等人10月27日在太原制定并公布的8章211条的《中华民国约法草案》(又称《太原约法》)相比,蒋介石主导下于1931年5月21日经所谓国民会议第四次会议通过的这个"约法"——《中华民国训政时期约法》,明显地简陋多了。南京这个《中华民国训政时期约法》,总共只有8章89条。其总纲部分规定了中华民国国旗为青天白日满地红,国都定于南京,领土范围含28省并蒙古、西藏,主权属于全体国民;其余各章虽然也分别谈及人民权利义务、训政纲领、国民生计、国民教育、中央与地方权限和政府之组织等,但除有关人民权利义务一章多半参考了《中华民国约法草案》的条文外,所有内容都极其简略,其

---

① 《邓泽如、林森、萧佛成、古应芬通电》,见1931年5月4日《民国日报》。

条文的侧重点也都与其有所不同。

《中华民国约法草案》倾向于谋求政治的部分的改良。如针对现状规定"国家之国防军队,将现时之募兵制渐改为征兵制度,依法律之所定,全国分区征召,定期训练,其驻在之地以国防地带为限";"省除地方警备队外,不得自置军队及自办军官学校、军械制造厂","省不得缔结有关政治及军事之盟约";同时主张由下而上按照建国大纲规定协助人民筹备自治和实行民选,丈量土地并规定土地之价,照价征税或照价收买,"土地之岁收,地价之增益,公地之生产,山林川泽之息,矿产水力之利,皆为地方政府之所有,而用以经营地方人民之事业及育幼、养老、济贫、救灾、医病与夫种种公共之需"。而《中华民国训政时期约法》,则立足于保持现状,上述各项改良之主张多未提及,多数条文空洞而缺少操作性。对建国大纲所规定的约法的实质,即训练人民学会行使选举、罢免、创制、复决四权,顺利选举县官及议员,议定一县之法律,约定政府与人民权限以限制军权,均无任何具体的措施。甚至对《太原约法》就人民自由权利所规定的有关错捕后之国家赔偿、人民财产因公益上之必要征用征收时得出以相当价格等条文,也未予接受。相反,鉴于战争不断,除要求人民依法服兵役外,还特地增加了要人民无条件服工役的规定。

在这部"约法"中,最能反映蒋介石个人意愿的,大概只有关于国民政府主席权力之规定了。内中明文规定:"国民政府总揽中华民国之治权";"国民政府统率陆海空军";"国民政府行使宣战、媾和及缔结条约之权";"国民政府行大赦、特赦及减刑复权";"国民政府主席对内对外代表国民政府";"各院院长及各部会长,以国民政府主席之提请,由国民政府依法任免之";"公布法律、发布命令,由国民政府主席依法署名行之"。①

据此,6月14日,国民党三届五中全会进一步修订了《国民政府组织法》,规定国民政府主席除全权代表国民政府、兼任陆海空军总司令、

---

① 参见《中华民国约法草案》(1930年10月27日)及《中华民国训政时期约法》(1931年5月12日)。两文见《中国国民党历次代表大会及中央全会资料》(上),856—878、945—952页。

有权公布法律和发布命令,还可以不通过国民党中央执行委员会或政治会议,提请国民政府任免五院正副院长与陆海空军副司令及直属国民政府之各院、部、会长。至此,国民党就根本取消了本来形式上还存在的党拥有对政权指导监督职能的规定。国民党的党治,到这时几乎已经变成蒋介石个人的独裁制了。

第二节　控制城乡的能力与侧重

一　训政方针的试行

国民党自南京国民政府建立之始，即宣告实行训政，它依照的是孙中山在《国民政府建国大纲》中的主张。

孙中山的所谓训政，核心是要由党来引导人民学会行使选举、罢免、创制和复决各权，使人民可以由下至上地逐渐选举各级政府，并使之始终处于人民的监督之下，直至最终可以召开国民大会，决定宪法，实行全国大选，造成民选的中央政府。然而，南京国民政府成立之后，到处都是军权独大的局面，国民党中央不仅不可能随意向地方派出经过训练并考试合格之员去协助地方市、县人民筹办自治，即使可能派出经过训练并考试合格之员，也难以去贯彻孙中山关于要使人民享受选举、罢免、创制、复决四权，自主制定一县之法律，选举一县之官员的主张。这不仅造成了军权独大的局面，而且只能使县以下旧有的统治秩序和政治结构因军事的介入，变得更加错综复杂，难以改变。那些在国共合作期间受到共产党主导的农民运动冲击，曾经一度摧毁了旧有统治秩序的农村，在国共关系破裂后，大都又重新恢复了原状。过去服务于清政府和北京政府的县以下区、乡、村各级政权，如今只是改头换面，又服务于国民党在各地的统治机关而已。许多地方士绅及其子弟，或者是摇身一变而成了国民党员，或者进了军队，成了惹不起的一方人物。在这种情况下，国民党不要说没有党化基层政权的纲领和计划，就是有，也奈何不得各地的那些头面人物。因为，大批地方头面人物，或者与之关系密切的地方精英加入了国民党,国民党就只能借助于他们来实现对地方的统治和治理。无论是治安,还是收税,继续依靠传统势力治理地方,就使得广大农村旧有的问题、矛盾和冲突依然如故,难以解决。

当然,国民党的地方自治方针,就其政策的制定者而言,也并非只是想要虚晃一枪。根据国民党中央通过的组织法,他们也确实在市、县两级民主参政问题上做出过一些尝试或努力。1928年和1930年,国民党即曾两度修订过市组织法,专门提出了市参议会的设置问题。以后又曾公布过市议会组织法和市参议员选举法及市参议会议事规则等。依照这些法规,市参议员应由市民直接选举产生,20万人口的市为15名,超过20万人口每多5万人增加参议员1人。凡中华民国人民,无论男女,在市区域内连续居住1年以上,或有住所达2年以上,年满20岁者,经宣誓登记,均有选举市参议员之权;而任何一个有市民资格者,只要年满25岁,具有初中以上学历,曾任职业团体职员1年以上,并在地方公益事务中有显著成绩,又无劣迹,均享有被选举权。而市参议会为一市人民代表机关,有议决下列事项之权:筹备区长民选及完成市自治,议决市预算、决算,讨论市财政收入、募集市公债及其他增加市民负担的问题,讨论其他有关市公有财产及公有营业事业经营事项等。

依据上述规定,市以下之行政区,则分为区、坊、闾、邻,5户为邻,5邻为闾,20闾为坊,10坊为区。区亦规定设置区民大会、区公所、区民代表会及监察委员等。区民代表会为全区最高权力机关,以本区市公民出席投票行使选举、罢免、创制、复决四权,由区长负责召集,每年举行1次。区民代表会为全区立法机关,由区民大会选举的代表来组成。每坊2人,共20人,每年改选1人。区民代表会设主席1人,由互选产生;设监察委员2人,由区民代表会选举产生。区以下坊亦应设坊民大会、坊公所及坊监察委员会。坊民大会为全坊最高权力机构,由全坊市公民组成。坊公所置坊长1人,由坊民大会公选,下设调解委员会,委员若干人,由坊民大会选出。另设监察委员会,委员3—5人,亦由坊民大会选出。再以下,闾、邻各以居民会议为权力机关,闾设闾长1人,邻设邻长1人,均由居民会议选举产生,任期1年,不得连任。而自区以下,各级代表或委员均非公职,不享受津贴。

同样,在县一级,1928年亦公布有组织法,次年进行修订,均规定县有设置参议会之必要。以后公布的县参议会组织法、县参议员选举法,基本方面与市参议会组织法和市参议员选举法相同,只是县参议员任期为2年,而市参议员任期为1年。县参议员的名额,在人口未满15万的县为15名,超过15万者每多3万人增加参议员1名。县以下单位,则各省办法不同,广东地区县以下设区,5户为邻,5邻为里,4—10里为1个乡镇,40—50个乡镇为1个区。区有区代表大会,乡(镇)有乡(镇)民会议,里有里民会议,邻有邻民会议。其他地区则多设区、乡、闾、邻4级。每10个乡镇或50个乡镇则组成区。而县内百户以上之村则为乡,百户以上之街市则为镇。①

自1928年以后,国民党不断试图推进地方自治,制定了各种办法,且几度修订以求完善和便利实行。但实际上,这些办法在农村几乎无法切实推行,在城市中也只有个别城市进行过相应的尝试。如北平市于1928年冬即依照市组织法开始筹备自治事宜,将城、郊划为15区,以后又开始实行区坊自治职员民选,1933年3月完成市参议员选举,选出参议员37人,8月1日参议会正式成立,开始议事。上海市1930年着手将全市划为40个自治区,并开始进行坊、闾、邻之划分,却因1932年"一·二八"事变发生而停顿;7月后再行筹备,先后成立了40个区公所,坊以下则未能进行,市参议会亦未能选举成立。在县方面,只有西南政务委员会曾经着手相应的推行工作。它将广东全省划分为786个区、403个乡、784个镇、185 468个里,每县设参议会,并且还成立了省参议会。除此之外,未见有其他省、市有过类似的尝试。而西南政务委员会的这种做法,在相当程度上也是出于与南京中央分庭抗礼的一种政治需要,并没有也不可能真正从训练人民实行四权、建立基层民主政府的目的出发,因此,其选举的结果不仅没有触动县以下旧有的统治秩序,对广大农民参政意识的提升与政治地位的改善,也毫无助益。

---

① 参见《内政法规(民政类)》,内政部编印,1929。

二 推动吸收知识分子

国民党政权与社会底层相脱节,甚至相冲突,最典型的冲突反映在县以下的农村。由于战乱频繁,灾祸横行,各地地主把各方军阀的横征暴敛和苛捐杂税统统转嫁到农民头上,不可避免地一步步加速了农村的破产过程。1927—1930年,动用的兵力总数达到10万人以上的各种内战就有20次左右,1928—1934年各种水旱灾害遍及全国,灾民达数千万,仅1931—1934年全国因饥饿而死的难民就将近700万人。正是面对这种严重的情形,30年代初全国自发地组织起来帮助农民和从事乡村改良运动的团体,就达到了600多个,他们建立的乡村实验点或实验区有上千处。

对此,国民党和国民政府自然也看在眼里。还在1931年国民党四全大会的政治决议案中,就高度强调国家建设必以便利农业之发展与农民之生计为要点。1932年蒋介石也明言:中国历来以农业为立国之本,所赖以增值财富者,首推农民;国命所托,实在农村。政象的康宁与变乱,决定于农民的安乐和农村的安宁与否。据此,1932年国民政府召开了第二次全国内政会议,决议实施县政改革。1933年则进一步成立了农村复兴委员会,试图将方兴未艾的乡村改良运动纳入政府的轨道中来,通过救济农村来达到控制农村的目的。然而,国民党的这些做法仍未能真正达到效果。不仅国民党依旧无力控制县以下政权,不得不照旧借助于地主乡绅的力量;就是县政府一级,国民党对已有的体制也未能做彻底的改革,以致县政府下设各局局长因由省主管厅直接委任,全然不把县长放在眼里,且自成体系,各自为政,县长即使不贪不黑,亦难免因多方掣肘,难有作为。

相对而言,作为一个更多地依赖于城市,且与清王朝和后来的北洋政府相比具有一定现代特性的新政权,南京国民政府在城市中的作为,明显地要比它在农村的作为,要有成效一些。

首先是公务员制度的建立。南京国民政府建立不久,就着手酝酿试行西方行之有效的公务员制度,颁布了《公务员任用条例》,对各级官员的任用、选拔作出具体的规定。在一些省、市率先试行的基础上,

1931年1月8日,国民政府进一步颁布了《高等考试普通行政人员考试条例》,规定依据《考试法》,凡具有大学和专科学校毕业证书,包括具有同等学力经检定考试及格者和确有专长或著作经审查及格者,均有资格参加普通公务人员高等考试。① 这次全国性的公务人员考试于6月15日至7月5日为报名时间,7月15日为正式考试时间。此次考试全国报名并经审查合格者2185人,平均年龄28岁。其中江苏省418名,湖南省240名,浙江省219名,安徽省189名,边远省份报名较少。7月6日国民政府任命的主考官戴季陶等在国民政府大礼堂举行了隆重的宣誓就职礼,15日正式开始考试,15—22日为普通行政人员考试日期,21—30日为财务行政、教育行政、外交领事官考试日期。8月9日公布了录取名单,共录取了100名,16个省榜上有名,其中,江苏省29名,湖南省17名,福建省7名,湖北省6名,广东省6名,河南省、山西省各1名。其中在校生,尤其是名牌大学考生被录取的比例最高,如上海交通大学被录取人数占考生人数的25%,北京师范大学被录取人数占考生人数的23%,中央大学被录取人数占考生人数的16%。② 为显示考试和录取之公正,考试院院长兼本次主考官戴季陶等就考试委员会最初错登了一位本应及格人员的分数之事,向国民政府常务会议自请处分。

公务员考试任用制度的实行,在国民党山头林立、派系纷扰的情况下,严格说来并不容易落到实处。从考试院的角度看,确实坚持严格把关,一丝不苟,凡考取者,亦尽量分发安排到相应机关工作。但一来录取人数极其有限(如1931年第一次高考,2185人仅录取100人,1933年第二次高考,2630人仅录取101人),与国家每年因死亡、罢免和考察不及格而开缺需补足之数,相差不止百倍;二来即使录取,也未必能够得到相应的职位,1931年高考录取的100人中,到1934年仅8人得其所求之职,有的未能得到任用,有的虽被分派到部,却久久得不到任用。对此,考试院副院长邵元冲曾有一说明:"考试的责任固然由考试院去担负,而对所录取之人任用,就非考试院一院所能担负,而需中央

---

① 参见1931年6月13日天津《大公报》。
② 参见陈晋文《南京国民政府首届公务人员高等考试述论》,载《史学月刊》1998年第5期。

和各地方政府共同去担负的。"①这也正是国民政府严格限制录取人数的一个重要原因所在。正如胡适所说:"今日任官的方法全由于推荐介绍,而考试制度至今最多只能有万分之一的补救。"②

公务员考试制度的建立,从另一个方面也显示了南京国民政府所具有的从民国以来的"武人政治""分赃政治",向兼容"精英政治"和"专家政治"过渡的特点。事实上,单纯的公务员考试制度还只能解决一般公务员的择优录取问题,高级专门人才的利用尚须另辟途径。南京国民政府从成立之初,就很强调在不同政府部门中专业背景的重要性。如 1928 年开始组织立法院时,国民党中央政治会议就明文规定:立法委员首重其在党内之历史,但亦需要"对法律、政治、经济有相当之学识经验者"。特别是在胡汉民主持下曾经在立法方面起过重要作用的第一、二届立法院,其成员相当部分确具有某些专业背景。除首任院长胡汉民及秘书长李文范是日本东京法政大学速成班毕业外,其继任院长、副院长及其秘书长,以及经济、法制、财政、外交、军事各委员会委员长等,也多具有留学欧、美、日本的背景。第一届 49 名委员中,留学国外者多达 43%;第二届 49 名委员中,留学国外者更超过半数,为 54%。加上本国大学毕业者,在当年国民教育程度普遍较低的情况下,两届立法委员中大学以上学历者却已达到 60% 和 73% 以上了。因为强调专业知识和背景,两届立法委员中都有数人在 30 岁以下,如史尚宽因毕业于东京大学法律系,曾赴德国柏林大学进修,又在巴黎大学研究过政治经济学,29 岁就出任了立法委员。正是由于这两届立法委员具有较多的专业知识背景,且年富力强,因此不过两年时间开院会即达 121 次,制定了民法、刑法、土地法、公司法、票据法、海商法、民事诉讼法、刑事诉讼法和地方自治法等 16 种法典,奠定了国民党统治的法律基础。③

正是由于注意到南京国民政府所具有的这种特点,不少留学欧、美、日本的知识分子都曾积极倡议甚或呼吁政府应"充分实行专家政

---

① 邵元冲:《考试制度之运用与最近考试之筹备》,见 1931 年 160 期《中央周报》。
② 胡适:《公开荐举议——从古代荐举制度想到今日官邪的改正》,见 1934 年 3 月 4 日天津《大公报》。
③ 参见陈红民等《国民政府一、二两届立法院组成分析》,载《民国档案》2000 年第 2 期。

治、交通、考试、卫生、农矿，均宜用专家"。他们深知国民党难以自行废除一党专政，更无从解决内部的派系冲突，但他们相信，可以使政治与行政相分离，因为无论什么主义，总要好的行政去实施，没有行政，一切都是空谈。更何况工业革命以后，社会问题日趋复杂，工业、交通、运输的大发展，人口向工业地区的集中，以及垄断的出现等等，都极大地扩充了行政的范围。至于铁路、汽车、飞机、电报、电话、采矿、钢铁等等，更需要有专业的科学知识的人才能管理和经营，因此，使行政人员专门化，尤其必要。这些具有传统士大夫与现代专家双重身份的知识分子，通过《新月》《独立评论》《大公报》等报刊广泛论政议政，也推动了国民党对借助于专家问题的重视，并给当政者提供了选择专家的极大空间。那些与国民党有历史渊源的学者，如浙江籍的蒋梦麟、马寅初、杨端六、谢冠生等，以及与国民党高官有亲缘关系的学者，如钱昌照、沈怡、钱昌祚等，早就被政府延揽进入政坛。那些过去为北京政府服务又确有专长者，如顾维钧、罗文干、施肇基等，不久亦因国民政府急需专业人才而得以重用。蒋介石在这方面也颇为用心。1932年其重新出山后，即在庐山召集大批专家座谈，甚至请专家为他讲学。据钱昌照回忆，这一年应邀由他陪同见过蒋介石的，或专门被请来为蒋介石讲学的学者，就有王世杰、周览、徐淑希、胡适、张其昀、吴鼎昌、徐新六、杨端六、丁文江、翁文灏、顾振、范锐、吴蕴初、陈伯庄、万国鼎等二三十人。① 凡蒋介石看重之人，必再三设法邀其担任政府要职。如对翁文灏，蒋介石听其讲授中国矿产、水土状况后，马上认定其为国家急需人才。当即要翁文灏担任国防委员会秘书长，翁文灏再三推辞后，不得不答应挂名，要求具体事务由副秘书长钱昌照处理。数月后，蒋介石又要翁文灏出任教育部部长，翁文灏则以"丁忧"为借口婉拒，但最后还是被蒋介石打动，进入了政府。又如对蒋廷黻，蒋介石早就注意到其专业知识，初见面后，即表示要请其为国效力。蒋廷黻推辞说没有经验，蒋介石当即表示："你能。"他一面说，一面拿起笔写下手谕："派蒋廷黻为行政院政务处长。"② 与此同时，蒋介石还把不少专家延揽到1932年秘密成立的国防

---

① 参见钱昌照《钱昌照回忆录》，38页，北京，中国文史出版社，1998。
② 蒋廷黻：《蒋廷黻回忆录》，173页，台北，传记文学出版社，1979。

设计委员会中充任专门委员,用以推动军事、国际问题、经济及财政、原料及制造、运输交通、人口、土地、粮食、文化等小组的调查研究工作。1934年该委员会改名为资源委员会,隶属于军事委员会,成为后来主持战时实业建设的具有相当实权的重要机关。

国民党重视知识分子和专家,与其一党专政的政治体制并不矛盾。不仅如此,延揽大批知识分子和专家参政,还是其巩固一党专政体制的一个重要手段。凡从政的专家们大多会面临被要求加入国民党的问题。一些人被国民党高层人物反复动员,蒋介石有时甚至亲自出马。有的有手续,有的没手续;有的是特批,有的因某单位集体入党而亦被动入党;有的事先完全不知情,事情发生后才被告知已被介绍入党。如钱昌照任教育部常务次长后,陈布雷突然有一天打电话告诉他说,祝贺他已加入国民党。钱昌照忙问是怎么回事,陈布雷说他和张群在蒋介石主持的中央政治会议上提议介绍钱昌照入党,得到会议批准,为特别党员。

三 强化社会控制

国民党对社会精英、名流、著名知识分子和专家采取的是利用、拉拢的办法,而对付城市民众采用的主要是团体控制法,即尽可能地把不同行业的民众组织到各行业的相关团体当中,通过政府对团体的控制来达到控制民众的目的。从1928年起,南京国民政府就在着手组织和整顿社会团体。蒋介石明言:"以后各社会、各团体,一定要养成党化、军队化,党的纪律是最严的,大家都要服从三民主义和党的一切章程。"①国民党二届五中全会通过的《民众运动案》更明文规定:"人民在法律范围内,有组织团体之自由,但必须受党部之指导与政府之监督。"②1929年国民党三届二中全会则通过《人民团体组织方案》,强调国民党对依法组织之人民团体当"尽力扶植,加以指导",而对违反三民主义之团体,则尽力检举,严厉纠正。1930年国民党三届三中全会更

---

① 蒋介石:《中国建设之途径》(1928年7月18日),见张其昀主编《先"总统"蒋公全集》第1册,559页,台北,"中国文化大学"出版部,1984。
② 《中国国民党历次代表大会及中央全会资料》(上),534页。

进一步通过《训政时期民众训练方案》,规定:党部对于人民团体不受指导时,可呈准上级党部,以命令行之。1931年国民政府公布的《危害民国紧急治罪法》第六条更规定:"以危害民国为目的而组织团体或集会或宣传与三民主义不相容之主义者,处五年以上十五年以下有期徒刑。"

根据上述各种规定,国民政府从一开始就强化了对社会团体的管理和管制,明令社会各业一方面要在规定的期限内成立公会、农会和工会组织,有不愿加入行业各会者还要罚款,甚至责令停业或强迫辞职;同时又规定各会均须经市党部和社会局审核登记,并服从国民党的指导。农会只有推广合作事宜、改良土地和粮种的权利,工会和各业公会在政治上也只有合作、处理劳资纠纷的权利。在此基础上,为了更好地控制社会,国民党中央组织部还于1928年专门成立了调查科,进而更在此基础上成立了特工总部,用以对付国民党以外的各种社会团体和组织。蒋介石还在1932年3月1日亲自主持,秘密成立了所谓三民主义力行社,并发展出所谓复兴社,同时通过运作公开的社会团体"中国文化协会"等组织,来向城市中各个方面和各个领域进行渗透和施加影响。

国民党对社会团体的严密控制虽然极大地压制了社会各界在政治上的伸展,但大批社会团体的存在和国民党出于控制社会的目的所给予的扶持,也仍旧会提升市民的自治意识和组织能力,从而造成社会民众参政意识的增强。绝大多数社会团体,即使惧于政府与党部的高压,始终保持与政府合作,比如努力协助政府调处行业中各种纠纷,减轻政府压力,并向政府提供各种有关推进发展工商业、整顿市场、维持秩序的合理化建议等,但它们也还是在不同程度上具有其独立性,因而在与政府和党部的关系上,还是会存在诸多的矛盾,比如代表行业就不合理的收费、压迫以及规定,向政府进行抗争等。1933年发生在南京的社团与政府之间的对抗,就比较典型地反映出社会团体与政府之间关系的复杂情形。当时,小黄洲(今安徽滁州)农民赴南京请愿,要求政府补助由于江潮泛滥、垦地冲毁所带来的损失。南京市政府警卫在农民静坐示威时殴伤农民4人,并拘押5人。请愿农民迅速找到南京市农会,要求援助。南京市农会当即召开紧急会议,请市党部主持公道。在市党部不能解决问题的情况下,南京各区农会代表遂直接向国民政府行政院请愿。南京各有关团体这时也纷纷声援小黄洲农民,甚至要求罢黜南京市市长石瑛。此事对南京市政府造成了极大的压力。

国民党从1927年实行清党以来,就在思想文化、舆论方面实施了严密的管理政策,成立图书杂志审查委员会,大量查禁各种书刊。1929年2月由国民政府颁布的《宣传品审查条例》,对报纸、杂志、书籍、戏曲、电影和其他各种宣传品的出版、发行,都做了严格的限制。同年6月,国民政府进一步颁布了《查禁反动刊物令》《取缔销售共产书籍的法令》《销售共产书籍之办法》等项法令、法规。7月,国民党中央执行委员会常务会议更作出决议,要求将"反动刊物"汇列成表,交宣传部严密侦查,并通令各级党部。国民党中央秘书处还编印了《查禁反动刊物表》和《共产党刊物化名表》,以供各地执行机构备查。仅1929年,国民政府颁布的查禁各种书刊的通令就有30个之多。到1931年9月为止,被查禁的书刊就达到了228种之多。

四 左翼思想持续活跃

但是,由于国民党内自身就存在着左右分化的现象和思想激进的成员,因此,其这一时期的社会控制措施,主要着眼的还是政治上的异己党派,在思想文化方面限制的尺度,并不很严厉。因此,在城市中,国民党依旧时常会受到各种思想言论方面的挑战。

造成左翼激进思想广泛存在的一个重要原因,是存在着大批受到五四运动时期社会主义、无政府主义思想传播影响,包括国共合作期间受到大革命浪潮冲击的年轻学生和知识分子。他们不满于社会政治现状,看到苏联工业跃进,国力激升,因而思想上容易倾向于社会主义。与此同时,因为国民党标榜民族主义、民权主义和民生主义,惧于西方舆论,不大敢公开以思想言论定罪,因而其对思想言论的控制也还不能不保持在一定的限度以内。在这种情况下,国民党固然不断地查禁各种左翼的书刊,却仍旧有大量左翼书刊,甚至以共产党人为主导的书刊不断地涌现出来。如共产党人潘汉年、冯雪峰、成仿吾、李一氓、田汉、柔石等主编的《太阳》《创造》《洪荒》《泰东》《流沙》《日出》《文化批判》《幻洲》《战线》《畸形》《朝花》《南国》《引擎》《新思潮》《新兴文化》，林伯修（杜国庠）等主编的《我们月刊》，鲁迅等主编的《奔流》《萌芽》，蒋光慈主编的《新流》（后改名为《拓荒者》）等。而且，国民党虽然查禁书刊，却并不直接针对书刊的作者或编者，结果是一本书、一个刊物被查禁了，同样的作者或同样的编者，换一个名字又会发表或发行内容大致相同的其他的书籍或刊物。如太阳社办的《太阳月刊》被查封了，他们马上就改名为《时代文艺》接着再出；《时代文艺》被查封了，他们又改名为《海风周报》再出。又如《文化批判》被禁掉了，就改为《文化》再出；《文化》再被查禁，就再改成《思想月刊》继续出。

像中国左翼作家联盟（简称"左联"）、中国社会科学家联盟（简称"社联"）、中国左翼美术家联盟（简称"美联"）、中国左翼剧团联盟（又名为"左翼戏剧家联盟"，简称"剧联"），以及中国左翼文化总同盟等文学艺术团体，固然几乎都是在中共指导之下成立起来的，却能够在国民党的统治区生存下来，并产生了很大的影响。正是这些左翼社团创办的书店和书局，为社会上众多渴望了解激进社会主张的学生和青年提供了大量精神食粮。包括许多共产党的宣传品，也是通过这些书店或书局使用假封皮（即印上与内容不符但可以公开销售的别的书名的封皮），或改换作者的笔名，来躲避国民党人的审查的。共产党人阳翰笙对书店和书局的作用有过这样的回忆：当时"除了刊物，我们掌握的书店也很多。创造社、太阳社、我们社都有自己的出版部，实际上就是书店。还有潮风书店也是党领导的。四马路的一些小书店，也大部分和我们有关，如光华书局、现代书局、泰东书局、亚东书局。光华书局出过潘汉年和叶灵凤编的《幻洲》。这个刊物，上半部分是风花雪月，下半部分是嬉笑怒骂——骂国民党反动派。亚东书局本来是保守的，但通过阿英的关系，也给我们出了一些书"。①

---

① 中国社会科学院文学研究所《左联回忆录》编辑组编：《左联回忆录》（上），157页，北京，中国社会科学出版社，1982。

五　中国社会性质之争

南京国民政府初建时,对异己的思想言论保持着一定程度的开放性,最典型地表现在以下两个例子上。

其一是1928—1930年,国内出现了一个翻译出版马克思列宁主义著作的热潮。在这3年左右的时间里,一方面是国民党对共产党实行白色恐怖,另一方面是国内大量翻译出版马克思、恩格斯和列宁的著作。据不完全统计,光是马克思、恩格斯的著作就翻译出版了将近40种之多,列宁著作也出版了14种。而各种研究、介绍马克思主义的社会科学新书,仅在1929年就出版了将近140种之多。如果再加上各种左翼刊物大量宣传、译介马克思主义的文章,其数量就更加可观了。与此相适应,社联、左联等还合办上海华南大学,公开宣讲马克思列宁主义。学校被国民党查封后,他们仍旧利用开暑期补习班或现代学术研究所等办法来传授马克思主义的基本理论和基本观点。社联、左联的成员,以及在他们影响下的北方众多大学教师,更是经常到一些较为开放的大学,甚至是中学里去开设马列主义哲学、政治经济学课程。这也就难怪在这个时候,在国民党严格审查制度之下,却经常可以看到一些文章公开以马克思主义为号召。有人即公开讲土地革命"是中国革命在目前阶段上的主要内容",对土地革命的怀疑,"正是证明了它们已经完全脱离了马克思列宁主义的立场"。有人更声称:"全国的革命群众,深刻地感觉到,只有马克思主义方能给他们指出出路,只有它才是革命运动惟一的指南针。"①

其二是1929—1935年,中国思想界对如何认识中国社会、解决中国的问题、中国的出路何在等许多重大的思想理论问题,进行了长时间的激烈的争论。这场论战恰恰是发生在共产党人、国民党人、自由知识分子和中国的托洛茨基派之间。还在1929年,中共中央就开始提出了正确认识中国社会性质的问题。创造社主办的《新思潮》杂志1930年春应中共中央之命,就当时混沌不清的中国社会性质问题,用《中国经

---

① 《新思潮》第6期;《世界文化》创刊号,1930年9月。

济研究专号》的形式发表了一组共产党人的文章,分析论证"中国是半殖民地的国家,帝国主义在中国经济中握有最高的统治权","在全国经济生活的比重上,半封建关系仍然占着比较大的优势","中国经济,实是帝国主义侵略下的一个半殖民的半封建的经济"。故"中国资本主义独立发展的前途,是没有的"。[①] 对此,托洛茨基派通过《动力》杂志予以回应,强调帝国主义必然要破坏封建的经济基础,故中国的资本主义必然会在这一过程中得到发展与扩大,中国事实上已经进入到资本主义阶段。这场论战从1930年开始,一直断断续续地延续到1936年前后。其间,从中国社会性质论战,演进到中国社会史分期论战,更深入到中国农村社会性质论战。国共两党以及中间各派知识分子大批卷入到这场论战中来,而论战的结果,正如1935年7月沈志远在一篇文章中所说:"现在你随便拉住一个稍稍留心中国经济问题的人,问他中国经济如何,他就毫不犹豫地答复你:中国经济是半殖民地半封建性质的经济。"[②]换言之,论战极大地影响了思想文化界对中国社会性质的认识,并且前所未有地宣传了马克思主义的思想方法。而对这场论战,包括随之展开的有关中国农村社会性质的论战、文艺方向问题的论战等,国民党都没有能够从政治上公开地加以干预。

同样,国民党对青年学生的控制和教育也不成功。通过五四运动,国民党对学生在政治上的作用早就十分清楚,因此在北伐期间就提出了"党化教育"的主张。对此,著名教育家陶行知早就公开撰文表示反对,指出国家教育绝不可以党化。这是因为:(1)学生来自各党派,或以一个党派的党纲来同化全校学生,必引起家庭及学子的反动。(2)学校经费来自地方税、国家税,各党派或多或少都有贡献,拿各党共同负担经费设立的学校,来作为某个党派的武器,不甚合理。(3)初等教育和中等教育的内容,会因教育党化而丧失一些良善课程,只用某党党纲化作教材,定是造成理性不足、成见有余的狭窄国民。(4)大学教育的目的,在于用科学方法去发现新知,与党化根本抵触,倘使大学受了党化,教职员以及成年的大学生,都成了一党党员,皆奉党纲为金

---

① 高军:《中国社会性质问题论战》(资料选辑),203、209、543页,北京,人民出版社,1982。
②《新中华》(半月刊)第3卷第13期,1935年7月10日。

科玉律,就无心研究,而不能算是大学教育。所以既是大学,就不可以党化;既受党化,就不成其大学。(5)任何政党绝不可能永远执政,而教育为终身事业,不可因政权更迭,而二三年一换,甚至数月一换。在此种纷扰情形下,教职员岂能安心为国家造就人才。[①]

国民党定都南京之后,很快就组建了中华民国大学院作为全国最高学术教育行政机关,管理全国学术及教育行政事宜,以蔡元培为首任院长。但蔡元培本人就是教育家,他早年也是教育独立的倡导者,曾公开表示过:"现在是国家教育创制的开始,要撇开个人偏见、党派立场,给教育一个统一的、智慧的百年大计。"[②]他对在学校强行推行党化教育或三民主义教育自然也不十分积极。在蔡元培主持下召开的第一次全国教育会议,就明确提出应当废止"党化教育"的提法,至多可以改称为"三民主义教育"。蔡元培更将全国分为若干大学区,由大学教授组织教育委员会主持区内事务,以增强学校的独立地位。这显然与国民党党化教育的根本方针相违背。故国民党宣布训政之后,即由国民党中央训练部特设党义教育科,管理各级学校党义教育事宜,颁布党义教育实施方案,要求所有学校,不分大学中学小学,一律要以"主义为经,党纲为纬"来对学生进行宣讲和考试。该方案试图通过将国民党党纲、政策、宣言、决议以及孙中山思想和国民党史等编成党义三字经或三民主义千字经,或通过在中等、高等学校设置党义课程,聘任党义教师,甚至强迫教育机关及学校教职员一律加入国民党等办法,来贯彻其主张。在这种情况下,蔡元培增强学校独立性的种种做法自然很快就被废止了。国民政府甚至取消了大学部,改设教育部,统一管理学校,强化党义教育。但是,国民党以外反对党化教育的浪潮始终没有平息下来。不仅如此,无论国民党怎样加强党义教育、强化思想灌输、严格控制学生社团,学生运动的浪潮仍旧有增无减。特别是九一八事变后,学生运动更是风起云涌,让国民党中央和南京国民政府疲于招架。

[①] 参见陶行知《国家教育与党化教育》,见 1925 年 1 月 19 日《时事新报》。
[②] 台北《传记文学》第 1 卷第 6 期。

第三节　财经政策与税制改革

一　扩财源,增税收

南京国民政府建立初期,内忧外患,政权极不稳固。形式上虽然实现了全国统一,但中央政府权力所及仅限于长江下游数省。面对巩固政权、整军经武、安内攘外等一系列紧要事务,国民政府明显地缺少坚实的财政经济基础。特别是因为连年用兵,导致财政支出不断增多。根据1928年6月上海全国经济会议公布的资料,自1927年6月至1928年5月,政府月收入不足500万元,月平均开支却在1 600万元以上,其中87%都用在了军事方面。换言之,政府其实是在靠借款来生存和打仗。据美国学者小科布尔的研究,南京国民政府的建立,靠的就是上海银行界在1927年4月向蒋介石提供的一次300万元、一次700万元的短期贷款。政府建立起来后,仅4—9月的军费支出就高达4 000余万元,政府又是靠强行摊派认购3 000万公债、500万海关附加税,并靠银行界垫款1 300万元才得以支持下来。而即便如此,南京国民政府的财政和军费开支仍相当拮据,一些部队仍会出现无钱发饷的情况。而为了筹款,也为了自身的利益,刚刚取得政权的国民党党、政、军、警各部门甚至开始不择手段地向商人勒索钱财。在南京国民政府建立起来的最初两个月里,许多商人因此受害。驻上海的外国人士对此有过相当尖锐的批评。他们写道:"每天都有新的受害者被捕,直到捐献不同数目的现款后才得释放……蒋介石凭借这种恐怖手段搜刮的钱财,估计达到5 000万美元。在现在以前的政权从未在上海有过如此恐怖的统治。"①

为确保稳定的财政收入,国民政府建立不久就开始打税收的主意。国民政府的税收是靠间接税,如关税、盐税、各种货物税即统税。其中关税收入占到了整个财政收入的50%以上,盐税收入则占到25%左右。正因为如此,南京国民政府对关税自主和盐税征收十分积极。当然,从孙中山开始,国民党本身也早有实现关税自主的强烈愿望。蒋介石就曾明白讲过:"中国农工商业之不发达,以关税之不自主为最大原因,片面地协定关税之结果,使本国国产不能畅销,洋货充斥,输入超出输出,巨额资金外流,为经济发展之大障碍。"新政府刚一建立,就在上海以江海关二五附加税收入作为担保,发行债券,并很快于7月20日宣布将从9月1日起实行关税自主;随即规定,除原有的值百抽五的进口税外,另征附加税,以取消内地的厘金及货物税。此举虽因日本及各国列强群起反对暂缓施行,但次年6月15日,国民政府依然公开宣布了必须重订新约的意志。随后,从7月份开始,通过与各国的接洽,国民政府成功地取得了美、德、英、法等国的同意,并陆续与各国签订了友好通商条约或新关税条约,最终在相当程度上取得了关税自主权。1929年2月1日,国民政府宣布实行进口新税则,将以前划一的值百抽五税率改为差等税率,即凡进口货物均分为7类,按类别分别抽7.5%—27.5%的关税。同时,改变陆关关税比海关关税少纳1/3的做法,使之一致,取消在全国各地的对进口货物征收特税的特设机构。短短几年时间,国民政府就将关税收入从1928年的1.3亿元,增加到1931年的3.38亿元。

盐税的征收远较关税征收要复杂得多。海关关税较易征收,这主要因为海关是由中央政府控制的,虽然中原大战后期天津海关曾一度被反蒋派控制,1931年两广地区的反蒋派也曾一度影响了广州海关的税收,但总的来说,关税征收还是在国民政府的控制之下的。而当时的海关总税务司和各地海关的高级职员又多为外籍,他们通

---

① [美]小科布尔著,杨希孟译:《1927—1937年上海资本家与国民政府》,33—41页,北京,中国社会科学出版社,1988。

常不会受到政府各级官僚特权压力的影响，且较少营私舞弊，因此关税收入折损不大。而盐税则不同，完全要靠地方当局来征收，截留问题相当严重。到1927年，盐税收入已达到6 000万元，中央政府却只能收到大约300万元。虽然盐务稽征按旧例该由外籍人士参与管理，但事实上22个产盐区中的16个盐务稽核机关的职能不能正常发挥，甚至完全被地方实力派所接管。直到1931年，国民政府虽然采取了相当积极的步骤，但问题依然相当严重。1931年盐税收入为1.55亿元，而由于各地官、商、警勾结舞弊和走私盛行所造成的损失，就有7 000万元之多。

除征收关税、盐税以外，国民政府还致力裁撤厘金，开办统税。因为厘金税原本是清政府为筹措镇压太平天国运动的军费而设立的，是在主要水陆关卡向过往客商征收货物通过税，后来逐渐成为地方政府固定的财源。厘金制度的形成使各地为自身利益到处设卡。1929年，全国除东三省和山西、甘肃等省外，已知的关卡就有690余处，光是广东一省就设有115处之多。厘金局卡林立的结果，不仅要产生庞大的税吏阶层，而且其物物课税方式极大地便利了各级税吏营私舞弊、敲诈勒索。厘金制尤其严重地阻碍了中国民族工商业的发展。民族工业品在从产地到销地的过程中，逢关纳税，遇卡抽厘，于发货之地抽之，卖货之地抽之，以货易钱时、以钱换银时又复抽之；原料采购时要层层缴纳，商品流通时还要处处过关。这不仅延长了商品流通的时间和资金的周转，而且明显地使中国商品在与外国商品竞争中处于极为不利的境地。因为按照1858年《中英天津条约》的规定，外国商人在中国内地贩运货物，只需纳一次2.5%的子口税，其他各税概免。与此同时，列强有感于土货贩运成本过高，沿途局卡的检验使洋货流通不畅，因此也强烈要求中国裁厘。在1925年关税特别会议上，北京政府的代表已公开许诺于1929年1月1日裁撤厘金。在这种情况下，又考虑到中央必须增加财源的现实需要，国民政府财政部在1927年6月下旬的财政会议上明确提出了裁厘方案。其具体办法是，先将厘金由地方税变为国家税，宣布裁撤，然后以此为由，对外要求列强同意增加关税，对内以抵补裁厘损失为名举办新税——出厂税，借以增加国民政府的财政收入，缓解财政困难。

二 裁厘、统税、禁烟

1927年7月20日,国民政府在宣布实行关税自主的同时,正式宣布裁撤厘金,决定在同年9月1日,与关税自主一道,先将江苏、浙江、福建、广东、广西、安徽6省厘金进行裁撤。但裁厘后开征出厂税,不可避免地引起了广大厂商的强烈反对。因为一来出厂税扣税范围并不比厘金小,二来这次裁厘只限于东南6省,东南地区所产货物如果运到6省之外,势必一面要在本地付出厂税,一面又得在未实行裁厘的地区层层纳厘。鉴于此,国民政府不得不于8月29日紧急宣布暂缓裁厘、加关税和改出厂税。但不足一年以后,随着第二次北伐战争胜利,国家大体实现统一,财政部7月中再度召集各省财政厅长及各城市商人代表于南京召开了全国裁厘会议,通过了《裁撤国内通过税、改办特种消费税施行大纲》,决定由各省按期将厘金、由厘金改办的特种货物税、内地正杂各税捐中含有通过税性质者及落地税等诸项目裁撤,11月底以前各种局卡一律裁撤完毕。同时举办特种消费税,但其税额不得高于原有税额。这次财政部说服了各地商人代表,但却遭到了视厘金为主要财源的地方政府的抵制。1929年1月1日开始实行的《国家进出口关税税则》,显示所增关税已足以抵裁厘之损失,没有必要再办特税。故全国各商会于2月21日在上海举行联席会议,坚决反对特种消费税,结果导致国民政府第二次裁厘失败。

裁厘之难以成功,很大程度还因为军阀割据所造成的行政与法制的不统一。1930年秋,中原大战结束,地方实力派明显受到抑制,国民政府的统治进一步巩固,政局相对稳定,同时政令在大多数省份表面上可以通行后,国民党三届四次全会又再次作出裁撤厘金的决定。财政部据此于1930年12月15日电令全国:"对于全国厘金及厘金变名之统税、统捐特税、货物税、铁路货捐、邮包落地税及正杂各税捐中之含有厘金性质者,又海关之五十里外常关税及其他内地常关税、陆路边境所征国境进出口税除外,子口税、复进口税等均应于本年十二月三十一日止,一律永远废除。自三一年一月一日起,上列征收机关名色绝对不得再行存在。"①为成功实施裁厘，蒋介石并致电各省、市主席、市长，将能否裁撤厘金称之为"革命之能否完成之惟一关键"。

在宣布实施裁厘的同时，国民政府决定要实行新的统税制度。征收统税对象，主要是1928年设立的卷烟税和麦粉税，另外增加棉纱、火柴和水泥税，总共5项。

这次裁厘虽然也受到一些地方变相的抵制，但由于政府将原来属于国税的田赋划归地方，此外地方政府还可以另办营业税来抵补裁厘损失，因此最终还是取得了成功。到1931年底，从前由各省厘税机关征收的厘金以及类似厘金的正杂捐税基本上得以裁撤。这样，在中国延续了近80年的厘金制终于不复存在了。

国民政府为了扩大财源而想到的另一个办法是禁烟。财政部于1927年9月就制定并颁布了《禁烟暂行章程》，声称以三年为期禁绝鸦片，办法是规定商民领证销售鸦片，由政府抽税，第一年抽取70%，第二年抽取100%，第三年抽取200%。名为禁烟，实为敛财。此举遭到社会舆论广泛抨击。

国民政府这时只搞名义禁烟是有原因的。这时全国吸食鸦片和其他毒品者有千万人之数，撇开种、贩、制、售各环节的税收不论，据《申报》估计，仅每一瘾民每年纳税20元，即可得税款2亿元，足以承担这时政府全部军饷之半数，国民政府自然不会轻易放过这一财源。因此，禁烟条例多次修正，始终未见提出有效的禁烟措施。相反，有些规定还更加倒退了：原本禁止栽种罂粟的规定，甚至改为禁烟机关为满足制药之需，可以特许栽种或酌予收买。这种情况使得禁烟成为一种变相的生财之道，地方官吏竞相染指其间，纷纷设立禁烟机构。禁烟局下设分局，分局之下设稽查处，处之下再设稽查所，所之下又设分所，耗资至巨，所得收入却大量中饱私囊。

由于这种名义禁烟受到各方面的激烈批评，政府却并未能从中获得多少实利，最终不得不考虑采行名实相符的措施了。1928年11月，国民政府在南京召开全国禁烟会议，蒋介石在演说中公开承诺：从今以

---

① 《国闻周报》第8卷第1期，1931年1月1日。

后,国民政府绝对不从鸦片得一文钱。随后,国民政府禁烟委员会于1929年1月到1930年12月间制定和颁行了包括《修正禁烟法》在内的14种禁烟法规和规章,并宣布每年6月3日为禁烟纪念日,由各地政府和民间团体组织大规模宣传活动,使更多民众了解政府的禁烟法令。《修正禁烟法》等项法令的实施,形成了以各项单行法规和行政条例为配套的较为完整和系统的禁烟法律体系,不仅对种、贩、制、吸、藏等环节有严格的法律规定,而且对麻醉药品管理、公务人员调验、戒烟院所管理、禁烟机关职责、禁烟官员考核、禁烟经费支出及管理等诸多方面,都有了明确的规范和规定。但是,由于国民政府所辖范围有限,具体实施过程中执行不力,再加上各省财政亏空严重,一些边远省份的行政开支不靠鸦片税收几乎无法维持,因此或禁或征,地方上各行其是,全国并无统一的做法,国民政府也不得不睁一眼闭一眼,得过且过。禁烟委员会几年后也不能不承认,中央虽三令五申,但收效不大。"各地烟祸之猖獗,依然如昔,甚或过之。是以禁烟命令,几等具文。"①

三 办银行,兴工业

要满足政府财政上的需要,仅仅改革各种税制还不够,还需要直接对金融业加以控制。从国民政府公布的财政情况看,1929年度(1928年7月至1929年6月)收入为3.34亿元,支出为4.34亿元,赤字为1亿元;1930年度收入为4.84亿元,支出为5.85亿元,赤字为1.01亿元;1931年度收入为5.58亿元,支出为7.75亿元,赤字达2.17亿元。② 短短3年时间,政府的财政赤字已增加1倍以上。面对这种困窘的状况,国民政府只好靠发行债券以渡过难关。要大量发行债券,建立国家银行则势在必行。

国民政府建立之初,就任命周佩箴为中央银行筹备主任,着手组建中央银行。1928年10月22日由国民政府公布的《中央银行条例》,明

---

① 罗运炎:《中国烟禁问题》,138页,上海,大明图书公司发行,1934。见季鹏《1927—1935年国民政府禁烟述评》,载《民国档案》2000年第1期。
② 参见[美]阿瑟·恩·杨格《1927—1937年中国财政经济情况》,陈泽宪、陈霞飞译,38页,北京,中国社会科学出版社,1981。

文规定该行为特定的国家银行，由国民政府设置经营，享有发行兑换券、经理国库证券、募集或经理公债、铸造和发行国币等特权。除可经营一般银行业务外，还可以从事包括国库券及商业确实票据之买卖贴现或重贴现，办理汇兑及发行期票、汇票，以金银货及生金银作抵押为借款，代银公司收解各种票据之款项，以政府发行之证券或政府保证之各种证券作抵押为活期或定期借款等。同日颁布的《中央银行监理委员会组织条例》更规定中央银行得成立监理委员会，其由国民政府特派委员5人及财政部长，中央银行正、副行长组成，主席为财政部长，负有决策之权。① 国民政府显然希望把中央银行办成一个完全由政府支配的全国金融中心。

1928年1月，蒋介石以宋子文为财政部长，着手整理财政，统一币制，筹建国家中央银行。宋子文为在短时期内建立起中央银行，曾试图将商营的中国银行或交通银行改组为中央银行，但其必须使用中央银行之名称和政府股份须多于商股的条件，使两行望而却步。最后宋子文不得不以中央银行日发行兑换券不超过4 000万元，及银行业每日收到该兑换券均可于当天轧现等为交换条件，换得张嘉璈代表中国银行同意给政府提供一笔贷款，用以开办新银行。由于中央银行资本额十分有限，在信用方面不仅无法与实力雄厚的外国大银行抗衡，而且也无法同中国银行、交通银行等历史长、信用好的本国银行竞争，国民政府不得不于10月5日公布经修订的《中央银行条例》，删除了财政部部长指挥中央银行处理一切业务且为监理委员会当然委员及主席的条款，而规定中央银行实行总裁制，总裁由财政部长兼任，任期3年，期满后得续派连任。同时成立理事会、监事会，最高权力机构由两会和总裁共同组成。而理事会应为决策机构，凡有关中央银行业务方针审定、发放数量审定、储备集中规划、预算决算审定、各项规章编订、分支行设立与废止、资本增加等事项，均由其议决后，交总裁执行。理事定为9人，由国民政府特派，其中应有实业界、商界、银行界代表各1人，任期为3年，期满得续派连任。监事会由政府特派7人组成，其中应有实业界、

---

① 参见中国第二历史档案馆等编《中华民国金融法规档案资料选编》，520—524页，北京，中国档案出版社，1989。

商界、银行界代表各2人,国民政府审计机关代表1人。这一新的条例使中央银行内聚集起一批上海银行界、商界和实业界的精英人士,有助于中央银行树立坚实的信誉,加强与上海各界的合作。经过多方准备后,中央银行终于在1928年11月1日借上海黄浦滩路华俄道胜银行旧址正式宣告成立,宋子文自兼总裁,所有股本由政府在所发行的17年金融短期公债3 000万元内拨2 000万元指充,并向各银行押借1 000万元作为流动资金。随后,国民政府又着手改组了中国银行和交通银行,分别强制性加入官股500万元和100万元,使其成为国家特许的专业银行,隶属于财政部。①

建立国家银行,对于政府来说,最方便的就是用发行公债和库券的办法来借款或透支。从1927年到1931年这5年间,已知国民政府发行的各种债券达10亿元之多。这些债券名目繁多,但半数都用在了军费方面。而为了吸引人们投资公债的热情,国民政府采取了高利息、大折扣的优惠政策,年利率一般都在8%以上,且大都在发行公债之前先以债票向银行抵押,然后由银行陆续按市价出售,等到债券售出再结账,抵押借款一般多为对折或6折。因债券发行过多,一种债券市价最高时亦不过70—80元,低者甚至会跌到30—40元以下。结果,银行业对吸收政府债券极为热心,视为一项有利投资。到1931年底,仅上海各银行就拥有半数以上的政府公债与库券。相反,政府5年发行债券超10亿元,实际收入却仅过半数。平均每年1亿多元,偿还时却需要以票面的十足价值来计算。仅1931年应偿还额就已高达1亿多元,几与政府当年公债收入相等。而政府债券的大量被吸收,并被用于非生产性领域,也使得这一时期的中国工农业发展受到了某种程度的不良影响。但相对而言,全国的统一和国民政府在关税自主、撤废厘金、整理税收等方面的一系列措施,都对促进国民经济的发展起到了推动作用。

要想增加财政收入,最根本的还是要推动经济的发展。随着国家逐渐趋向统一,国民政府领导人也日渐开始明白其中的道理。为了推

---

① 参见中国银行行史编辑委员会编著《中国银行行史(1912—1949)》(上),157页,北京,中国金融出版社,1995。

动经济建设和经济发展,国民政府不断地根据经济建设发展的需要,设置相关的政府部门以加强指导,并切实督促管理。如1927年7月即设立了实业部,统筹全国工商实业。次年2月改称"工商部",后与农矿部合并,恢复"实业部"旧称。孔祥熙、陈公博和吴鼎昌先后担任部长。1928年初,国民政府还设立了国家建设委员会,由张静江为主席,隶属行政院,执掌全国各项建设事业。1931年9月,还进一步设立了全国经济委员会,隶属行政院,初以著名经济学家马寅初为首任主席,执掌由国家投资的建设项目,制定国家经济事业发展规划。

为有计划、有目标地发展建设事业,国民政府也先后制定过多个经济发展计划。如1928年11月7日国民党中政会通过了《建设大纲草案》,根据孙中山关于规模过大、为私人力所不能办的企业当由国家经营管理的原则,规定全国交通事业和有独占性质的公用事业,以及关系国家前途的基本工业及矿业等,悉由国家建设经营。① 同年,实业部也制定过一个《基本工业建设规划》,提出要举办国营钢铁、水电、机器制造、酸碱工业、酒精工业等工业事业。1930年,国民党中央又制定了《实业建设程序》,规定交通运输、钢铁、煤炭、电力等事业应摆在优先发展的地位,国家应全力投入这些工程的建设。1931年5月,国防会议更依据孙中山的实业计划,提出了10项建设纲要,确定了工农业生产发展目标,计划在10年内要生产钢铁1.2亿吨,要建立1470万千瓦的发电厂等。国民党二届五中全会、三届三中全会也鉴于国内工业因基础工业(如钢铁、酸碱、纸浆、细砂、酒精及水力发电等)的基本要素太不发达而难以发展,曾两度通过筹措2亿元发展9种国营基本工商业的建议。

在上述思想的指导下,国民政府对创建国营企业不遗余力,为此甚至不惜兼并和侵吞民营企业。但在1927年至1931年间,国民政府国营工矿业资本额在全国工矿业资本总额中所占比重还相当小,对民营经济的发展影响不大。那几年全国的经济增长十分明显。以1927年为100,全国工业产值1931年增长指数达到132.1,年均递增率在8%

---

① 参见孙科《建设大纲草案及其说明》,见《革命文献》第22辑,367页。

左右。而民营资本在工矿交通业的投资额就达到32 639.7万元,年增长率为13.43%,大大超过1922年至1927年年递增3.78%的速度。其间全国新设厂矿企业达到662家,资本总额25 245万元。其中民族资本的纱厂数由73家增至84家,纱锭由201.8万余枚增至258.9万余枚,分别增长了15%和22%;丝厂由92家增加到165家,丝车由2.2万余台增加到2.5万余台,分别增长79%和10%。而在机器工业方面,1924年有民族资本的船舶、轧花、缫丝、纺织、印刷、修配等机器厂284家,到1931年总数已增加到457家。①

为推进中国工业技术的进步和应用,国民政府还相继成立了一批科研机构。如1928年在南京成立了中央工业试验所(隶属经济部),该所在工业原料分析、机构设计与制造、木材、电工电子、胶体与制革、纤维、酿造与淀粉、油脂、化工药品、纺织染料、塑料、热工等方面,都取得了许多具体成果。同年6月9日又正式成立了国立中央研究院,也以从事应用性课题研究为方向,为社会生产和生活服务。工程研究所创办了钢铁试验厂,与中央合办了陶瓷试验场,与棉业统制会合办了棉纺织染实验馆等,推进了钢铁、棉纺、陶瓷、玻璃等行业新技术的研制与应用。1929年7月公布了特种工业奖励法,对近代新兴工业迫切需要的产品的工业,按工业种类及所取得的成绩给予专利、免税、减低运费等奖励。1931年5月制订了实业建设6年计划,建议以兴办急需的基本工业为主。而在此前后,建设委员会所办的长兴煤矿于1929年开工,淮南煤矿于1930年开工,实业部与华侨合资创办的中国酒精厂亦筹备完工。

当然,从1927年南京国民政府成立到1931年九一八事变期间,中国工业生产,特别是民族工业生产的发展,也还受到了当时国内和国际经济环境的一些影响。1928年"五三"惨案后掀起的抵制日货运动,对民族工业明显地产生了刺激作用。这次运动持续了一年之久,使日商纱厂库存棉纱大量积压,而华商纱厂的纱、布销路转旺。1928年以前,青岛火柴业一直由日本独霸着,1928年以后民族火柴业才得以在青岛

---

① 参见虞宝棠《国民政府与国民经济》,201页,上海,华东师范大学出版社,1998。

设厂,仅1928—1931年间,山东就增加了23家火柴厂。

对中国工业生产影响最大的,还是1929年开始的世界性经济危机。自19世纪70年代开始的金贵银贱的趋势,在1929—1931年间发展得更加明显。1924年金银比价是27.7,1929年发展到38.6,1930年进一步发展到53.4,1931年更达到70.3。金贵银贱,金汇上扬,对使用银币的中国来说,就是货币对外贬值,这自然会刺激出口而抑制进口,从而大大增强中国产品的出口竞争能力。因为中国出口商品价格是以外汇(金币)结算的,在国内却是以银圆或银两来支付的。外汇率上升,进口货付出的银价增高,其成本加重,一些过去进口有利的商品变为无利,甚至亏本,从而抑制了这些商品的进口。而银价跌落,中国出口货物所得外汇折合成银币数超过国内销售商品所得数,出口货物自然增加。但也有另外的情况,因1929年的经济危机是一次严重的生产过剩危机,主要资本主义国家批发物价指数暴跌,这就不可避免地导致一些外国商品为求出路而向中国倾销,使进口的平均价格下跌。如毛纺织品直贡呢,以1929年进口价为100,1930年为80.78,1931年仅为63.98。然而这并不意味着它一定就会造成对中国企业的破坏性冲击。如廉价小麦大量进口,使用洋麦加工成面粉有利可图,上海的面粉大厂因此获得不少好处。又如橡胶制品价格下跌,但跌落幅度不及银价,故在国内市场上,生橡胶制品的银圆价格仍有上升。结果因进口原料贱、制成品贵,也使国内橡胶业取得了较大的发展。仅1927—1931年间,上海橡胶厂就从7—8家发展到48家。

从上述情况不难看出,1929年开始的世界性经济危机其实带给中国一些重要的商机。虽然这场世界规模的经济危机使中国受到西方剩余商品的冲击,但中国原本就贫穷落后,其工业生产并没有被卷入危机,反而因危机造成的一些商机刺激了中国工业的发展。

四 首推"二五减租"

相对而言,中国的农村受到世界性经济危机的影响反而要更大一些。一方面,这几年农产品外销情况较为平稳,民族工业产品在农村销售情况也较好。1925—1931年四川年均购入棉纱值2 942万关两;

1923—1931年湖南购进国产机纱维持在750万公斤左右;1927—1931年江西购进国产面粉从130万公斤更直线上升到1 618万公斤。这些情况都对民族工业平衡发展有利。而另一方面,中国地域广阔,农村的经济状况也很不均衡。由于资本主义各国纷纷向中国大量倾销剩余农产品,粮食的进口净值由1924—1929年的年平均146 835万公斤,猛增到1932年的392 490万公斤;棉花的进口量也由1927年的12 075万公斤,增加到1931年的23 265万公斤。而且这些产品的价格还远低于本国土产之价格。当时市面上,西贡一号米每担最少9.2元,与中国米价相差无几,美棉每包34两,而陕西标准棉为32.5两;澳麦每担合4.2两,中国麦每担则要4.5两。价格既不相上下,进口农产品品质优良,交货时间准确,自然更具竞争力。经营中国农产品者,则不得不忍痛压价,自然造成成本不敷的局面。因此,中国的生丝、茶叶、棉花、大豆、花生等农产品出口之困难,便可想而知。

这种情况自然不可避免地会影响到相当部分地区的农民生活。在这些地方,中等农家之储蓄不逾一二十元,其下者竟至求一元之现金而不可得,且这种情况可谓俯拾皆是。有的地区甚至贫困到整个村子里贫苦农民连两角钱都找不到。

1927年以后的几年时间里,中国农村经济的发展虽然很不平衡,但就整个的趋势而言,农村经济明显地呈现出徘徊不前,甚至是衰退恶化的现象。

农村经济逐渐恶化,根本上与中国农村自身长期存在的问题有关。如土地与人口的比例失衡,粮食短缺;自然灾害频繁,一些地区战祸连年,造成农民赤贫,以及传统的租佃关系导致了农民生产动力不足等等。以浙江、江苏为例,土地与人口的矛盾就非常突出。据1928年民政厅调查,全国人口密度最高的省份即为江苏,其次则为浙江。人多地少,粮食自然容易短缺。以浙江为例,由于自然灾害频繁,1928—1929年,每年遭受水灾平均为33.5个县份,遭受旱灾平均为14.5个县份,遭受风灾平均为21个县份,遭受虫灾平均为30.5个县份。灾害影响到这两年的粮食生产,1928年全省产量为2 343万吨,1929年为1 984万吨,而全省粮食消费额每年则需要40 162万吨,所亏之数除了靠部分杂粮替代外,则要靠从外省调进。而租佃关系落后和土地分配不平衡,则更进一步加剧了贫苦农民的困难。据不完全统计,浙江全省农户中佃农的比重最高,占到全省农户的35%,半自耕农占33.6%,自耕农占23.6%,雇农占7.8%。无地少地的农民占整个浙江农村人口的70%左右。华北地区的情况亦相差无几。据30年代初国民政府内政部调查,在冀、鲁、豫三省中,拥有耕地在10亩以下的农户分别为51.4%、57.35%和55.01%,三省平均则为54.66%,他们所拥有的土地仅占三省全部土地的16.09%。相反,拥有耕地在50亩以上的农户,在三省中则分别为7.48%、6.65%和4.85%。而他们所拥有的土地则分别为35.38%、34.84%与28.05%。这也就是说,在冀、鲁、豫三省中,拥有50亩以上耕地、占全体农户6.32%的富农与地主,拥有全部耕地的33.12%。根据相关学者的研究成果,一般男性壮年农民每年需要粮食约在420市斤左右,而冀、鲁、豫三省耕地正常年份亩产量大约是212、282和270市斤。而一般说来,拥有土地越少的农户,越没有能力占据与保持肥沃的上等田地,其地亩越可能是下等的贫瘠地。如果把种子、肥料、赋税、摊派等开支计算在内的话,1个人所需维持生活的土地量应不能少于3—4亩。因此,以一户农户计,拥有耕地10亩以下者常年处于吃糠咽菜的半饥饿状态在所难免。

农村经济面临破产的另一个因素是土地税(即田赋)的负担对于农民过于沉重。田赋是中国历代王朝政府的主要岁入。辛亥革命后的民国政府曾确定田赋为国家税收项目,并在1913年取得了8 200万元的收益。当时为满足各省财政的需求,准许在特殊情况下加征30%或以上的数额,这使田赋平添了数不清的附加。再加上民国以来战乱频仍,军阀割据,不仅田赋正税繁重,而且摊派预征猖獗。这种摊派按亩或地丁征收,实际上就成了变相的田赋。尤其是临时军事摊派,无预定时间和数目,只要军队需要就可随时征收,任其诛求。南京国民政府成立后,把田赋划归地方,使之成为地方政府和军阀取得财政及军费开支的主要来源,这就更进一步加剧了对农民的盘剥。由于国民政府建立后对地方行政组织进行了改革,在省政府增设了土地厅、农工厅、建设厅等,在县政府增设了建设局、教育局、财政局等,并力图使区级组织正规化,还把包括乡在内的下层行政职员官僚化,其结果是省、县、区、乡组织骤然扩大,地方财政不断膨胀。为配合地方政权改革,国民政府又举办了诸如警察、治安、交通、自治、保甲和教育等种种新政,凡此无一不需庞大的财政支持。与此同时,地方军阀为保存实力,与中央抗争,乃至连年混战,也促使许多大小军阀把眼睛盯在农民身上,动辄加派溢征田赋。甘肃省当时岁入不及1 000万元,一年要承担的客军军费就达到660万元之多。它下面的一个县在1934年仅"因逼饷故拇指被军队悬梁断节者即达1 500多人"。而据相关的报道,四川某些地区,1931年时田赋已经预征到1961年了。①

对于农村问题的严重性国民政府早就有所意识,因而曾试图采取积极措施来减轻农民的负担。首先是限制田赋附加。财政部于1928年10月颁布《限制田赋附加办法八条》,其核心为"田赋正税附捐之总额不得超过现时地价之百分之一","田赋附税之总额不得超过旧有正税之数",已超过的县份要陆续核减以符合规定。凡不按此办法执行的县长,将遭撤职惩戒的处分。但此办法漏洞颇多,起不到限制的作用。由于许多地方正附税总额均未超过地价1%,而附加却超过了正税1倍以上;或正附税合计已经超过了地价的1%,附加却未超过正税,因而还要求允许加派。结果,"各省县始终没有确实遵行,田赋附加不但没有大量核减,反而日趋高翔"。不得已,同年12月,发现问题的财政部又颁布了《整理田赋办法》,规定不得随意增加赋额和惩罚贪官污吏等。而两年后,随着裁厘的实行,考虑到地方收入减少,国民政府又不能不发文同意除省正税附加外,允许县政府附加。于是各县田赋附加又纷纷而起。不得已,政府又得重申前令,限制附加。唯田赋及附加是地方财政支柱,因此尽管中央政府三令五申,人民呈控地方违法附加者仍纷至沓来。

五 土地改革之议论

要根本解决农民负担问题,土地改革当为必由之路。国民政府成

---

① 参见牛淑萍《1927至1937年南京政府田赋整理述评》,载《民国档案》1999年第2期;章有义《中国近代农业史资料》第3辑,1018页,北京,三联书店,1957。

立之初，尚没有在全国推行土地改革的现实条件，但依据孙中山的民生主义，它不能不提出平均地权和耕者有其田的主张。1928年12月26日，国民党中央执行委员会第169次政治会议提出了土地法的立法原则，并于次年1月16日第171次会议上通过。其主要内容是：(1) 征收土地税以地值为根据；(2) 土地税率采渐进办法；(3) 对于不劳而获的土地增益，行累进税；(4) 土地改良物取轻税政策；(5) 政府收用私有土地办法；(6) 免税土地；(7) 以增加地税或估高地值方法促进土地改良；(8) 土地掌管机关；(9) 土地权转移须经政府许可。其目的，在防止私人垄断土地以谋不当得利之企图，并须设法使本身非因施以资本或劳力改良之结果所得之增益归为公有，达到地尽其用，并使人民平均享受土地之权利。该原则在明确承认土地私有的情况下，给予了地方和中央政府以极大的干涉私有土地之权。①

经过1929年1月29日立法院第10次会议决议，《土地法》由吴尚鹰、王用宾、邓台荫、陈肇英、黄昌谷5人起草，并聘戴季陶、王宠惠为顾问，组织起草委员会。历时一年半，并经数十次开会讨论，于1930年6月提交立法院第94、95两次院会，最终完成了立法程序，于6月30日由国民政府正式公布。

《土地法》共计5编397条，它明确承认了土地私有权，如其第一编总则第七条即规定："中华民国领域内之土地，属于中华民国国民全体。其经人民依法取得私有权者，为私有土地。"它同时也肯定了旧有的租佃制度的合法性。如第一百七十一条指出："以自耕作为目的，约定支会地租使用他人之农地者，为耕地租用。"而为了体现孙中山平均地权的思想，该法也对土地私有权加以限制。如第八条规定：凡可通连之水运、天然形成而为公共需用之湖泽、公共交通道路、矿泉地、瀑布地、公共需用之天然资源地、名胜古迹、市镇区域之水道湖泽，其四周相当范围内之公有土地，以及其他法令禁止私有之土地，一律不得私有。第十四、十五条规定：政府对于私有土地，得斟酌地方需要、土地种类及土地性质，经中央地政机关核定后，分别限制个人或团体所有土地面积之最

---

① 参见中国农民银行经济研究处编《农村经济金融法规汇编》，103—112页，重庆，1942。

高额。超过此种最高额之私有地,由地政机关规定办法,限令于一定期内将额外土地划分出卖。如不依期限出卖,地方政府得依法征收之。第十六条规定:国民政府对于私有土地所有权之移转设定负担或租赁,认为有妨害国家政策者得制止之。第十七条规定:凡农地、林地、渔地、盐地、矿地、要塞军备区域及领域边境之土地,无论公有地或私有地,不得移转设定负担,或租赁给外国人。当然,所有这些限制不仅是有限的,而且也是具有相当大的伸缩余地的。另外,《土地法》还有一系列明确的条文主张要保护佃农的利益。①

不过,实行平均地权,按照孙中山的思想,最主要的还在于征收地价税、土地增值税及照价收买。而这必须先行办理土地所有权登记。要办登记,又须先办地籍测量。然而要测量全国土地,最快也要30年才能完成。依照《土地法》所规定的非经依法测量之土地不得为所有权之登记,则平均地权完全无法指望。而土地增值税的征收问题,规定部分免税和无法转移的土地15年之后才可征收,也与孙中山提出的土地涨价后所有利益归人民共享的原则不相符合。且土地法有意回避了累进税率,反而规定地价税率不论地产大小都用同样的税率缴纳,名义上是小农和大地主都有同样的负担,实际上是土地多者,纳税却不多,从而达不到抑制土地兼并、防止土地投机的目的。再加上该法规定的地价税率很低,市地和乡地的改良地地价税率仅为10%—20%,同时还有含混不清的"自住地及自耕地"的规定,即凡未离开所在地之市县,或3年内只要曾回其土地所在市县住上一段时间,就不能被指为"不在地主"课以重税等等用以进一步减轻地主的赋税负担的规定,结果是,这个《土地法》不仅不是抑富济贫,反而是在有形无形中帮助大地主去兼并土地。

国民政府试图减轻农民负担的另一项主要措施是"二五减租"。在这方面,浙江省政府在全国开始得最早,也最见成效。还在1927年5月27日,浙江省政府在公布的《浙江省最近政纲》中,就提出了减轻佃农租25%的主张。11月,省党政联席会议通过了1927年浙江《佃农缴

---

① 参见《土地法》,载《东方杂志》第27卷第13号,1930年7月10日。

租实施条例》,定本年正业农产之全收获量50%为最高的租额,佃农依最高租额减25%缴租。同时限制撤田、不缴租,限制预租;并为佃业纠纷规定了仲裁机构,以省党部和省政府为最终仲裁机关。次年,浙江省政府又通过了《浙江省十七年佃业缴租章程》,对1927年条例中未作规定者加以补充。"二五减租"明显地提升了佃农的地位和其对生产的兴趣,而使地主的利益受到触动,地底价明显低落,永佃权比从前大为上涨。人们的产业观念发生了变化,有产业者宁愿把田产出卖,因为有田产的业主必须负担田赋,而田产越多越容易和佃户发生纠纷。一旦佃户不缴租,就得打官司,而为了几十元收入,赔上更多的诉讼费,不仅得不偿失,而且通常情况下还未必能够打得赢。

当然,地主收入减少,不可避免地使由地主负担的田赋也会短收。而政府方面,不仅不会相应减赋,反而还因财政拮据而不得不加收建设特别附捐、自治经费、治虫费、农民银行基金、保卫附捐、飞机捐、教育亩捐等等。因此,到了1929年,浙江省政府就不赞成继续实施"二五减租"了。因为实行"二五减租"后政府税收,特别是田赋逐年减少,佃农在减租后却并无多大利益,政府反而要为调解租佃纠纷成立佃业理事局,每年耗资数十万元,颇不合算。对此,浙江省党部与省政府发生了激烈的冲突,经国民党中央派戴季陶出面调停,才找到了折中的解决办法。经国民党中央核准后规定:土地收获副产除应全归佃农外,由佃业双方就各该田亩情形,以常年正产全收获量37.5%为缴租额,自行约定新租约。不过,就具体实行的情况而言,"二五减租"其实在浙江省的大多数县中均未能够得到推行。得到推行的县,有的也只行了几个区,如萧山、诸暨、寿昌等;有的则只行了几个乡,如丽水、青田、海宁等。浙江省党部对此现象的检讨是:"此种原因,由于国民革命之势力未能深入整个下层,残余之封建分子依然具有若干统治农村之权威,减租运动在受其积极的或消极的摧残或阻碍者半;由于缴租、计算、订约种种手续过于繁琐,非一般农人所能了解,而因循不行者亦半。"①

---

① 《中农月刊》7卷2期,1946年2月28日。

第四节 改订新约与"革命外交"

一 抵制日货运动

与头绪繁多且困难重重的内政方面的问题相比,南京国民政府所面临的外交问题同样十分棘手。国民党自 1924 年改组以来一路高唱反帝口号,鼓动并吸引了广大具有强烈的民族主义情绪的民众。但是,作为革命党,国民党可以尽情地鼓吹反帝革命,从而暴露北洋政府外交上的软弱无能;而担负起执政党的角色之后,便逐渐感到要继续倡言反帝,并不那么容易。何况,蒋介石早就对武汉政府时期的"革命外交"有所领教,且深为反感,他自然相信,即使对孙中山所强调的废除不平等条约诸事,亦须按部就班地在政府指导下,与列强各国政府和平解决,绝不能诉诸民众运动。问题是,蒋介石等上层国民党领袖要着重关心政权的巩固问题,而中下层的众多国民党人却不可能骤然停止革命的惯性思维。南京国民政府建立之后,随着日本三次出兵山东和济南事件的发生,国民党上下层之间的这种矛盾的状况,就清楚地表现出来了。

日本第一次出兵山东是在 1927 年 5 月间。5 月 28 日,鉴于当时国民革命军开始向山东挺进,日本政府发表了出兵山东声明,决定派原驻满洲的第 33 旅团进驻青岛,并编组海军第 2 舰队,担任山东方面警备。此举引起中方强烈不满。不仅北京、武汉、南京三个国民政府相继向日本政府提出抗议,而且激起了中国民众的愤慨,各地民众纷纷掀起了抵制日货运动。这一事件虽然由于北伐军在徐州战役中大败,退回南京,日本政府于8月30日宣布从山东撤兵而暂告平息,但问题并没有得到解决。

日本在山东的特殊权益,是其利用第一次世界大战的机会,从德国人手中夺取的,并不具有合法性。因此,迫于各国的压力,日本政府不得不在1922年2月华盛顿会议期间与中国签署了《中日解决山东悬案条约》,承诺将德国旧租借地胶州交还中国,撤退现驻胶济铁路及其支线的日本军队和宪兵,胶济铁路及其支线一切附属财产移交中国。然而在随后具体解决山东悬案的谈判中,其利用中国政府的软弱,坚持强迫中国方面要承认日本在山东仍然享有某些特殊权益。这包括日本占领胶州湾租借地时,为方便日本移民而填平的海岸低洼地和强行购买的土地及出租的官地;济南、坊子、潍县、张店、淄川、博山、周村等处的日方产业归日本政府保留或使用,等等。日本政府正是以保护这些特殊权益来作为自己必须出兵的理由的。因此,当1928年4月南京国民政府开始再度北伐,向山东推进后,日本政府4月17日又再一次决定出兵中国山东,并于一周后,即25日就已经派兵5 000人在青岛登陆,次日一部更进驻了济南。

日本政府决定二次出兵山东的消息发表后,国民党中常委第128次会议很快就进行了讨论。蒋介石的态度很明确,一切为了北伐的胜利,为此要极力避免为日本提供干预北伐军的口实。会议据此决定为保证北伐的胜利,反对一切形式的罢工、罢课,并且不允许进行大规模的集会或示威,要求各地党部执行中央决议,督导民众运动团体以和平方法进行反日宣传活动。但这并没有能够阻止日本兵制造"五三"惨案。惨案发生后,国民党中央不能不几度召开紧急会议,研究应付办法,并且制定出了《对日经济绝交办法大要》。然而国民党还是再三强调,对日"非集全民之财力、武力,出以有训练有计划之斗争","若激于一时之愤,为无训练、无计划之动作,不特于国无益,势必堕其术中,更增困辱"。① 不料,受到北伐军"打倒列强除军阀"的激进口号激励的各地青年学生的激愤情绪却难以控制,国民党中下层党员、干部也同样难

---

① 《国民党中央关于"济南惨案"之政策方针文件一组》,载《民国档案》1993年第4期。

以抑制自己的愤慨。故5月5日之后,上海的学生就开始大规模地组织起来,纷纷以罢课、集会、示威和公开进行街头演讲的方式,表达自己的强烈愤慨。与此同时,广州、南京、南昌、芜湖、福州、梧州等地学生也纷纷召集反日群众集会。这些活动从一开始就与执行国民党中央指令的军警宪发生了冲突。国民党中央政治会议虽有临时会议,国民党中央党部和国民政府委员会虽有联席会议,一致要求各地学生停止同盟罢课、游行及检查日货,听从中央的指导,却未见明显成效。

由于事件的刺激和担心学生运动失控,国民党上海市党部率先开始把民众反日运动引向组织化。它在7日召集总商会、商民协会、农民协会、学生会、妇女协会等21个团体代表举行会议,决定建立上海各界反对日军暴行委员会(即"反日会"),并在2天后通过市民大会推荐的形式,成立了由各界代表23人组成的反日会执行委员会,下设5人组成的常务委员会作为执行机构。国民党上海市党部党务指导员兼宣传部长陈德征以《民国日报》主编的身份,作为新闻界的代表担任执行委员会主席,上海市党部党务指导委员会常务委员王松廷作为国民党代表担任副主席,上海工会整理委员会代表刘云,上海商民协会代表邬志豪,上海学生联合会常务委员、复旦大学学生陇体要,分别担任执行委员会的常务委员。反日会除有组织地开展宣传活动外,还根据国民党第134次中央常务会议制定的《对日经济绝交办法大要》,成立了对日经济绝交委员会,通过了《经济绝交进行大纲》。该大纲规定以5月16日为限,除一些必需品外,所有日本商品一律不许进口,已经进口的日本商品必须于5月31日以前到检查委员会登记,同时缴纳一般为50%的救国基金,发给流通贩卖许可证。任何违反上述规定而私自贩卖日货或代理贩卖者,即按奸商处理,并公布名单。

受上海经验的影响,南京、广州、南昌等地国民党人也先后出面成立了反日会、外交后援会、经济绝交委员会等反日团体。各地反日会的组织还于7月24日正式召开了全国反日大会,并于30日召开了第一次执行委员会会议,推举陈德征等为常务委员,王廷松为监察委员,陇体要为秘书长。其第二次执行委员会通过的《告全国民众及世界民众书》明确提出,该会主张在经济上促进绝交,提倡国货,要求关税自主,政治上反对妥协外交，要求修订不平等条约，要求日军立即全面退出山东省。会议通过并公布的《对日经济绝交计划大纲》，提出比上海反日会更具体的一系列规定，把粮食、棉花、煤炭、铁矿等出口商品定为绝对禁止品目，国内工厂无法处理的剩余产品定为相对禁止品目。除此之外的一切日本商品一律全面禁止进口。在金融部门，禁止使用日本货币，存于日本银行的储金需全部提出，中断同日本的外汇交易。在交通部门，禁止乘坐日本船舶，拒绝运输日本货物。这次经济绝交运动的结果，使日本对中国的贸易受到相当大的影响。日本—上海航线出口到中国的货物总量，"五三"惨案爆发前的1928年4月为61 000多吨，惨案爆发当月为51 800多吨，6月即猛降到28 600多吨，7月更减少到27 600多吨。而中国对日本出口商品中占有最大比重的糖，5月为25 000多吨，6月就猛降到5 500多吨，7月只剩下3 700多吨。浙江、江苏、安徽、江西、湖南、湖北等地的出口额，6月和5月相比，也猛降了一半以上，由5月份的18 704日元，大幅下降到9 169日元。①

二 展开关税谈判

由济南惨案所引起的全国性反日运动，是南京国民政府成立以后第一次群众性的维护国家主权和尊严的斗争。在此之前，蒋介石的基本方针是一切为了北伐胜利，对外要忍辱负重，即所谓"不屈何以能伸，不予何以能取，犯而不校，圣贤所尚；小不忍则乱大谋，虽贤所戒"。至济南惨案发生，蒋介石内心虽激愤异常，对日却仍旧极力谋求妥协，生怕进一步刺激日军，直接干预北伐。为此，他甚至秘密告诉负责谈判的外交部长黄郛：如日方能不妨碍北伐军继续北上，予以自由运输，"则对于反日运动，中正可以极严厉手段阻止之。如此，则向来关系依然继续，且亦加厚。中正为增进睦谊计，亦可以向日军道歉，表示真诚也"。②但是，在国人强烈的反日情绪的压力下，不论日方怎样要求，黄郛事实上都无法做出向日军道歉的举动。一方面国内反日运动此起彼

---

① 参见裴京汉《国民革命时期的反帝问题——济南惨案后的反日运动与国民政府的对策》，载《历史研究》2001年第4期。
② 沈云龙编著：《黄膺白先生年谱长编》（上），346页，台北，联经出版事业公司，1976。

伏,国民党中央和新政府都必须公开做出捍卫民族尊严的强硬姿态;另一方面在对日交涉中因受蒋介石主导,黄郛态度软弱,在日方压迫下步步退让,终未能避免惨案发生,还是不可避免地引起了国内舆论,包括国民党高层人士对他的冷嘲热讽。眼见妥协方针并无成效,而日本亦无武装干涉北伐军的意向,军事进展顺利,国家统一在即,出于塑造孙中山合法继承人的形象考虑,蒋介石马上转趋强硬,反过来要求黄郛辞职,改由当年在巴黎和会上代表南方政府,曾经表现强硬的王正廷接手外交部长一职。

王正廷于1928年6月6日被正式任命为外交部长,6月15日,他代表国民政府发表对外宣言,明言:中国80余年备受不平等条约之束缚,今当中国统一告成之际,当遵循正当之手续实行重订新约,以合乎完成平等及相互尊重主权之宗旨。7月7日,他更进一步以外交部名义,发表《废约宣言》,称:"对于一切不平等条约的废除,及双方平等互惠主权新约之重订,久已视为当务之急。"表示决心依如下三原则加以重订:(1)已届满期之条约,当然废止,另订新约;(2)尚未满期者,国民政府当以相当之手续解除而重订之;(3)旧约满期而新约未订者,另订临时办法处理一切。①

王正廷的这两个宣言一经发表,当即得到部分国民党人的热烈响应。他们随即趁热打铁,吁请中央由此开始厉行"革命外交",以伸国权,以符民意。尽管这些国民党人所主张的"革命外交",并非是要继承武汉政府时期那种根本否认以往中外条约合法性,单方面通过外交谈判逐步废除列强在华特权,通过群众运动对列强各国施以威胁性手段,逼其放弃过去条约的革命做法,但它一经提出仍在全国范围内引起了强烈的反响。

社会舆论越是强烈,王正廷也就越是雄心勃勃地要加速实现他的计划。按照他的计划,中国政府应当在1928年即完成与各国谈判收回关税自主权;1929—1930年进行撤废领事裁判权的交涉;1930—1931年着手收回租界主权并撤销外国驻军之权;1933年争取收回各国在华

---

① 中国第二历史档案馆编:《中华民国史档案资料汇编》第5辑,外交卷,33—35页,南京,江苏古籍出版社,1994。

租借地,恢复中国固有的全部领土。可以看出,王正廷的做法是想遵循国际公法。但越是这样,他想要顺利实现其计划的困难也就越明显。

1928年7月,王正廷开始分别照会商约期满的丹麦、意大利两国政府,接着又照会同样商约期满的法国、日本、比利时、西班牙、葡萄牙等国,声明与上述有关国家的旧约或商约本年6月30日已经满期,应照前述临时办法废止旧约,在平等及互相尊重领土主权的基础上另行订立新约。面对南京政府的修约要求,且迫于中国民众和舆论的压力,欧洲各国政府在坚持新约未订之前旧约继续有效的前提下,大多表示愿意根据平等互惠的原则,派出全权代表与国民政府谈判订立新约,惟日本方面指责临时办法为中国单方面所颁布,不仅使现行有效之条约失其效力,而且是蔑视国际信义之暴举,扬言要采取必要的行动来维护自己的利益。然而,在多数国家已经表态愿意谈判新约的情况下,无论是王正廷还是国民政府,都没有因为日本的激烈反对而有所退缩。何况,条约尚未期满的美国政府已率先表明了愿意与中国国民政府重订关税协定的意愿。

7月10日,美国驻华公使马克谟奉命照会国民政府,表示愿与中国订立关税新约。次日,中国赴美专使伍朝枢亦照会美国国务院,请其任命正式代表与中国商谈中美新约问题。20日,随同蒋介石等政府要人前往北平巡视的财政部长宋子文会见了马克谟,几天后即与马克谟签订了《整理中美两国关税关系之条约》,明确规定历来中、美两国所订立有效之条约内有关在中国进出口货物之税率、存票、子口税并船钞等项之各条款应即撤销作废,今后当遵循国家关税自主之原则,对于两国人民则采取互惠及国民待遇。① 条约内虽留有一条"享受与他国平等待遇"的尾巴,但中美新约的签订,到底打破了中外关税自主交涉的僵局,为实现1926年关税会议关于1929年1月1日之前恢复中国关税自主的决议开了一个好头。它对国民政府开展修约谈判,更是一个极大的鼓舞。

随后,王正廷以中美新约为样本,很快开始了与比利时、西班牙、葡

---

① 参见北京大学法律系国际法教研室编《中外旧约章汇编》(3),628—629页,北京,三联书店,1962。

萄牙、丹麦、意大利和日本等国的关税自主谈判,并在1928年年底之前连续签订了中挪、中德、中比、中意、中丹、中葡、中荷、中瑞、中法、中英、中西等11个关税平等新约。① 到1929年1月1日,中国预定实行关税自主的最后期限时,只有日本一国仍然阻挠中国实行自主。经过不懈努力后,日本方面也只是在国民政府预定延期实行新订税则的1929年2月1日前两天,即1月30日表示同意日侨可暂照中国的新税则纳税。②

三 撤废领事裁判权

在关税自主谈判的同时,外交部还开始了与有关国家关于收回其在华租界和租借地的谈判。如1929年8月31日与比利时驻华公使签订收回天津比利时租界协定,1929年10月31日与英国公使蓝普森交换收回镇江英租界的照会,1930年9月17日中英签订收回厦门英租界的协定,以及1930年4月18日中英签订关于收回威海卫专约与协定等。这些租界或租借地的收回,虽然多半是坐享前北京政府未及收获的成果或武汉政府时期民众强力外交的成绩,有关威海卫的谈判甚至还在"刘公岛续租十年"、承认英人"土地租契"和同意英国收回对威海卫的财政拨款等问题上做了过多的妥协,但是它们的收回到底也还是反映了国民政府坚持改订新约的某些实绩。

国民政府改订新约中最困难的一项是撤废领事裁判权的谈判。国民政府原以为最先在关税自主问题上向中国示以善意的美国会容易突破,故在对各国发出"裁撤领事裁判权"的照会之前,首先就试图与美国达成协议。不料美国这时在中国的侨民已有近万人之多,考虑到中国司法制度的现状,美国政府坚持不便单独废弃华盛顿会议通过的《关于在中国之领事裁判权议决案》。该决议案是建立在美、英、比、法、意、日、葡等国政府共同组织的一个调查委员会对中国的法制状况实地考察基础上形成的。1926年9月,该委员会召开的法权会议上提出的调

---

① 参见《中外旧约章汇编》(3),630—631、653—654、661—674页。
② 参见王建朗《中国废除不平等条约的历程》,250页,南昌,江西人民出版社,2000。

查报告明确认为,中国现在要求收回领事裁判权尚非其时。因为如此,最先在这一问题上做出让步的,还是那些旧约期满、必须改订新约的欧洲国家。例如,比利时最先在1928年11月22日签署的《中比通商条约》中承诺放弃在华领事裁判权。接着,国民政府与意大利、丹麦、葡萄牙、西班牙4个旧约到期国的交涉也取得了相应的进展。尽管国民政府与这5个国家改订的新约都加有附件,注明各该国侨民应于现有领事裁判权之国半数以上承认放弃是项特权时,方得受中国法律及法院之管辖,但王正廷的官邸还是因此遭到民众的冲击。不过,在给国民党中央政治会议和国民政府的呈文中,他还是信心十足地预言:只要坚持奋斗,"积极进行,预期本年以内当可成功。领判权一经撤废,租界之收回即不成问题,其余不平等各点自更迎刃而解矣。"①受此鼓舞,当年3月召开的国民党第三次全国代表大会也在国民政府的外交报告决议案中明确重申了新政权对外政策的三项基本原则:(1)从前中国与列强间所有不平等条约必须取消,重订双方平等互尊主权之条约;(2)以后中国与外国所订条约须以不害双方主权为原则;(3)中国所借外债必须以中国政治上经济上不受损失为标准而重行整理之。②

据此,1929年4月27日,国民政府再向英、美、法、荷、挪、巴六国正式发出要求撤废领事裁判权的照会,并于7月12日公开提出了次年1月1日收回司法主权的时间表和从8月30日起逐步撤销多数地区的交涉公署的计划,"以示中国取消领事裁判权之决心"。③8月,美、英、法、荷、挪五国政府复照中国政府外交部,强调中国法制尚欠完善,必须实行1926年法权会议报告书提出的建议之后,各国才能考虑逐步取消领事裁判权的办法。对此,国民政府外交部于9月5日第二次分别照会美、英、法、荷、挪五国政府,坚持称:自1926年法权会议报告书提出后,中国国内情形已有极大之变更,政治与司法之气象更焕然一

---

① 《中华民国史档案资料汇编》第5辑,外交卷,47页。
② 参见《中国国民党历次代表大会及中央全集资料》(上),651页。
③ 各省交涉员是中央政府在各地直接与各国领事办理外交的特派人员,包括在司法方面与各国领事共同拥有对一些上诉案件的裁决权。撤销交涉公署,照王正廷所说,就是因为照国际惯例,领事权限原仅限于商务,不办政治,更不涉司法。取消交涉公署即使各国领事无对待机关,不能再名正言顺地行使司法裁判权。见《一年以来外交经过及今后方针》(1929年7月12日),转见王建朗《中国废除不平等条约的历程》,258页。

新,要求各国本着友好及同情的精神,立即派出代表与中国讨论废止领事裁判权之必要办法。由于双方看法差距过大,美、英、法、荷等国继续拖延,仅于11月初复照表示愿意于适当之时与中国开始谈判。

鉴于各国列强的这种态度,已经向国民党中央政治会议和国民政府承诺"本年内当可成功"的王正廷不得不通过驻美、驻英公使正式通知两国政府:(1)中国将从1930年1月1日起废除治外法权,此后所有在华外国人都须服从中国的司法管辖;(2)在哈尔滨、天津、上海、汉口和广州五地设立新式法庭;(3)各新式法庭聘用外籍法律顾问,他们可提供审问咨询,但无权干涉审判之权;(4)外国人之间的民事诉讼案件,可由中国领土之外的外国人法庭审理,如其判决结果与中国法律或惯例相符,可由中国执行。此(3)(4)两条得在两年后进行修改。次日,中国驻法国使馆也向法国政府通报了这一决定。

迫于国民政府方面的压力,美、英两国政府在坚持不同意中国片面单方面废约的情况下,不得不曲折地表示,它们原则上不反对中国以1930年1月1日为废除领事裁判权的日期,但这种废除应该是一个渐进的过程,所以他们认为1月1日只能视为是这一过程的开始而非结束。他们愿意在中国政治形势允许的情况下,派员与中国政府进行具体的谈判。既然英、美已表明了愿意妥协的态度,国民政府自然坚持按照既定的时间表,在12月28日公开发表特令,声言自1930年1月1日起,在华外国人"应一律遵守中国中央政府及地方政府依法颁布之法令规章"。王正廷在给驻各国大使、公使的训令以及公开的解释中,也特别强调"此为原则性废除,但不坚持立即实施",各国对"政府准备之办法如有意见,亦愿于相当期内与之审议"。[①]

无论国民政府在撤废领事裁判权问题上遇到多大的阻力,它的这一系列努力毕竟迫使曾经一度准备联合抗拒的北平公使团放弃了组织联合阵线的企图,并一致认可了逐渐撤废的原则。同时,国民政府的这种努力,也极大地瓦解了美、英、法、荷、挪等国公使在上海租界临时法院司法权谈判问题上的联合阵线。该临时法院1926年8月由原上海

---

① 《外交部关于废约的宣言》(1929年12月30日),见《中华民国史档案资料汇编》第5辑,外交卷,52—53页。

公共租界会审公廨改组而成，属江苏高等法院管辖，但审判在华被告的外国人时，须由该国领事会会审，审判涉及外国人的华人诉讼案亦须由外国领事观审，法院的书记官与全体司法警察的荐派之权亦属外国领事。对此，1929年5月8日，国民政府外交部就照会美、英、法、荷、挪、巴六国，要求收回司法权。此举遭到了各国公使的联合抵制，直至12月9日才最终放弃抵制，派代表与国民政府外交部代表进行谈判。谈判中双方争论尤为激烈，先后开会28次之多，但最后各国公使还是被迫与国民政府外交部于1930年2月17日签署了《关于上海公共租界内中国法院之协定》。承认中国可以依照中国法律在上海公共租界内设置地方分院及高等法院分院各一所，其刑事判决及裁决可以上诉于中国最高法院，在法院设置的体例上与全国体例一致，普遍适用三审制；完全废除领事出庭观审或会同出庭；废除外国人书记官长制，由中国政府任命检察官若干人，依照中国法律执行职务，由法院院长委派承发吏，办理、送达一切传票及关于民事案件的文件，并由司法警察会同协助执行民事判决，租界工部局巡捕房应执行法院之判决；附属于中国审判机关的民事监管所及女监应移归各该法院，判处死刑人犯应该送交租界外中国主管机关执行；在法院执行职务的外国律师须向司法行政部呈领律师证书，遵守中国法令。① 新的协定虽然还保留了司法警察的派充和判决的执行仍须由工部局参与等条款，但此协定毕竟使中国司法机关自1843年签订《中英五口通商章程》以来第一次得以在上海租界有了自主执行职务的可能。不久，法国驻华公使代表也与国民政府外交部代表签订了《关于上海法租界内设置中国法院之协定》。随后，原上海公共租界临时法院改称"上海第一特区法院"，并设江苏高等法院第二分院受理民刑审案件，原法租界内的会审公署改称"上海第二特区法院"，并设江苏高等法院第三分院受理民刑审案件。

就在改组上海租界法院的谈判取得进展的同时，王正廷还在继续推进关于领事裁判权的谈判。1930年1月上旬，他就亲自与英国公使蓝普森在南京举行了相关的谈判。他仍旧坚持要求全面撤废领事裁判

---

① 参见《中外旧约章汇编》(3)，770—772页。

权,同意只在5个大城市中设置特别法庭,并在其中设置外国人法律顾问。蓝普森则主张分5年时间逐步地撤除领事裁判权,以案件的民事、刑事与个人身份之不同类别为顺序,逐步实施,并要求中国应任命外籍法官,英国外交人员应享有废案权,特别法庭应在12个城市中设置等。经过坚持不懈的谈判,英国方面最终作出了让步,同意放弃废案权与外籍法官,放弃逐步撤除领事裁判权的原则,设置特别法庭的城市减为10处。中国方面则同意将上海市区暂不撤废10年,天津则暂不撤废5年。到1931年6月5日,中英最终达成了妥协,草签了新约。由于美国在这一问题上紧随英国行事,因此,中英草签新约自然推动了中美新约的谈判,中美谈判也很快取得了进展。然而,国民政府与日本关于废除领事裁判权的谈判却陷入了僵局。

中日之间的交涉,最先卡在济南惨案的解决上。自王正廷接手济南惨案谈判后,始终坚持日本必须自济南撤出全部日军并赔偿中方所受损失,日本方面则坚持中国政府必须道歉、惩办祸首、赔偿日侨损失。双方始终相持不下,从1927年7月断断续续谈至1929年3月24日才最终达成妥协。28日,经双方政府批准,中日代表在南京正式换文,决定日本在济南驻军2个月内撤完,济南惨案中双方所受损害由双方任命同数委员组织调查委员会实地调查决定。该案解决后,双方又谈南京惨案、汉口惨案。对于南京惨案,双方同意仿照中英、中美南京惨案解决办法,由中方向日方略表歉意,双方合组调查委员会,调查事实并办理赔偿损失事宜。对于汉口惨案,日方最终承认道歉,并共同组织调查委员会调查损失再商赔偿。至1929年5月,即南京惨案和汉口租界事件解决方案达成后,中日两国才得以正式恢复邦交并开始交涉修约问题。[①] 恰在此时,中日间修约谈判尚未正式开始,却发生了震惊中外的中东路事件。此一事件明显地进一步刺激了日本人。

四 挑起中东路事件

中东路事件起因于对中东铁路的控制权之争。按照1924年中苏

[①] 参见《国民政府与日本解决济南事件换文》(1929年3月28日)及《国民政府与日本解决宁案换文》(1929年5月2日)。两文见《中国现代史资料选辑(1927—1931)》,107—110页。

解决悬案大纲的规定,在中国尚未能备款赎回中东铁路以前,铁路业务由两国共管,中方任理事长,苏方任副理事长。由理事长委派铁路局长1人,由苏方担任;副局长2人,中、苏各1人。以下处长、副处长等按中苏双方平等分配原则任用。而在随后苏方与张作霖政权另行签署的《奉天协定》中,表面上也是所有权中苏各半,一切事宜双方平等,但在对苏籍铁路局长权利的规定中,却接受了苏方的建议,继续沿用旧俄时期订立的临时章程,等于在事实上给了苏籍局长对中东铁路的实际控制权。条约具体实施后,中方任会长的理事会所设督办公署形同虚设,铁路财权和人事权完全掌握在苏籍局长手中,这不能不引起中方的极大不满。

张学良主政后,在中东铁路问题上也感受到同样的麻烦。他很想利用苏联在国际上的孤立地位,在收回中东路权问题上有一番作为。注意到国民政府早于1927年12月就已经宣布对苏绝交,并封闭了苏联驻华各领事馆及商业机关,特别是关内修约运动所掀起的"革命外交"浪潮影响甚大,张学良等不免态度渐趋强硬。1929年3月,在张学良的支持下,东省特区督办张景惠和中东路督办吕荣寰等开始向苏方要求限制苏籍局长的权利,包括路局一切命令与文件应由局长及中方副局长共同签字方能生效;路局各处处长、科长及沿线的段长、站长,应以半数改派华员等,然而,苏方对此断然予以拒绝,矛盾由此迅速激化。

为迫使苏联放弃对中东铁路的特权,张学良批准了采取将事态扩大化的强硬措施。负责办理对苏外交的特区教育厅厅长张国忱借口共产国际执委会在苏联驻哈尔滨领事馆内集会,于5月27日亲率哈尔滨市特警和白俄人员,强行入内进行搜查,当场抄走文件、书籍及其他物件2车,并拘捕苏联驻沈阳总领事库涅佐夫(旋被释放)、驻哈尔滨领事梅里尼可夫及馆员等39人。此举不可避免地使张学良与苏联的关系顿成水火之势。

面对张学良以武力搜查苏联驻哈外交领馆,苏联方面很快作出了激烈回应。但蒋介石这时从彻底使东北与关内中央一体化的角度,则颇愿看到东北与苏联关系紧张,故明确表示支持张学良用强力收回中东铁路。这是因为:第一,这时关内地方派系林立,政争不止,张学良若不能与南京中央政府靠在一起,难免为反对派所利用;第二,这时驻北京的公使团领袖也力促中国政府用武力封闭苏联在北京的大使馆,反映出列强各国对苏态度强硬,东北对苏采取激烈做法,有助于取得列强各国政府对南京国民政府的信任。而蒋介石和张学良这时显然相信,在国际事务中极端孤立的苏联,绝不敢在中东铁路问题上对中国动武。正因为如此,张学良7月7日亲赴北平会晤蒋介石时,蒋介石明确表态,中央政府可以拨款支持张学良对苏采取强硬方针。

正是在这种情况下,1929年7月10日,哈尔滨电话局局长沈家桢首先派员强行接管了中东铁路电信机关。同时,张景惠下令查封了苏联远东贸易局、煤油局、商船局、商业联合会等,并解散了各职工会。中东铁路督办吕荣寰则下令,路局以局长名义发下之各项命令即日起必须由华籍副局长会同签字,否则不发生效力。在遭到苏方拒绝后,吕荣寰次日下令暂停抗令不遵的苏方副理事长和局长的职务,由华籍副局长暂行代理局长职务,同时派员搜查和逮捕了苏籍人员200余人,旋将包括苏籍局长在内的60余名苏籍高级职员驱逐出境。

中国东北方面,特别是南京政府的强硬态度,导致苏方于13日当天发出强烈抗议。对此,南京方面拒不接受,且强调"此次东省搜查哈尔滨俄领馆及对于中东路之处置,本系阻止扰乱治安事件之勃发为目的,不得已而有此权宜之处置"。根本原因在于"东路苏联局长及该路重要职员对于1924年中、俄协定有中东路暂行管理协定,自始即未能切实执行","尤甚者,苏联人员辄借该路机关,作险诈违犯中、俄协定之宣传"。南京方面的照会反过来更指责"苏联国政府当局武装将我侨民拘押者,不下千余人;寓俄侨商,困处彼方,受种种压迫,以致无计谋生不能立足者,为数尤众",进而要求苏方释放一切被拘押之华侨,不得压迫旅俄侨商及团体。① 鉴于此,苏联政府第二天就召回了其驻华官员,宣布与中国断交。同时即开始向远东地区调兵遣将。

对于苏联政府的行动,南京国民政府坚持认为只是恐吓而已。因为它判断苏联在国际上极为孤立,向东北动武,不能不顾虑国际反响,

---

① 《苏联政府致国民政府照会》(1929年7月13日)、《国民政府致苏联政府复照》(1929年7月16日)。两文见《中国现代史资料选辑(1927—1931)》,110—115页。

尤其不能不顾及日本的反应。故南京国民政府公开通电,号召全国军民沉着应变,一心一德,以御外侮。南京方面没有料到的是,东北当局强行收回中东铁路以及中苏边界局势顿然紧张,反而促使日本方面高度警觉,担心此例一开,日本在中国东北的权益也将受到严重威胁。日本外务省发言人为此迅速发表谈话,警告中国政府不得侵害日人在东三省的利益,否则日本必以极端方法抵抗。

为使刚刚有些眉目的对日交涉不致半途而废,国民政府外交部19日借答复苏联17日对华绝交事发表宣言,进一步声称:"此次中东路事件之发生,乃由苏联政府违反中东铁路协定精神之全部,及指使苏俄驻哈尔滨领事馆与利用中东铁路机关及其人员之名义,为其宣传共产主义,图谋颠覆中国政府、假造各国使领馆信号、扰乱东省治安所累积之事实而起。"①同日,外交部更正式公布从哈尔滨苏联领事馆搜获的文件。其所作所为,显然是想要用反共宣传来争取国内各派、列强各国,特别是日本方面的谅解。

五 张学良被迫妥协

鉴于苏方大兵压境,并不断开枪开炮对中方施加威胁,张学良深觉形势严重,不能不一面公开发表对苏作战动员令,派王树常、胡毓坤分任东、西两路总指挥;一面转而要求中央政府出面从外交上加以斡旋,争取妥协。对此,蒋介石和王正廷颇不以为然。除蒋介石不断向张学良打气外,王正廷也几次三番告诫张学良:中东铁路问题"如不予以根本解决,势必贻患将来。既经毅然处置于前,则在未开议之先自不能稍有退让,自陷矛盾。且此时纵我勉予允认,得以开议,彼必更将肆意要挟,多方延宕。与其委曲而不能求全,曷若始终坚持,促彼觉悟。此中利害业经迭电详陈,仍希毅力主持,电饬蔡(运升)交涉员勿稍退让,务令就我范围,万一接洽决裂,窃度彼方虽严整战备,然亦为签字非战公约之国,必不敢以世界为敌,实行宣战。其可为彼方所能持以相迫者,一则虐待华侨,此层已托德使代为保护,政府当设法救济;二则密派党

---

① 《中华民国史档案资料汇编》第5辑,外交卷,1376—1378页。

人分赴我国隐图煽动,此层政府自当严饬各省戒备;三则扰乱沿边,除蒙古、新疆由政府另电各该省妥筹防御外,东北沿边即请转饬处以镇静,务期衅不我开"。①

蒋介石坚持不做退让,外交部亦态度强硬,国民党中央党部也不时发表声明,印发小册子,以鼓动民气。惟东北各将领,包括蒋介石派往东北辅助张学良的军政官员们却大多逐渐相信,坚持用武力夺取中东铁路势不可行,即使苏联让步,日本因种种原因也绝不可能任我自管。因此,他们都纷纷建议:"为今计,似宜外示坚强,内则速由外交方面秘密进行,以求得一相当解决为妥。"对此,南京方面虽然曲予接受,开始借助德国调停,并通过驻德大使蒋作宾与苏方谈判,但双方的谈判仍迟迟不能取得妥协。结果,苏联对中国东北的军事入侵也就步步升级。满洲里、绥芬河、同江等地接连发生军事冲突。直至10月12日,苏联远东特别集团军下属的黑龙江舰队和黑龙江沿岸步兵组成的战斗集团突入松花江口,包围了同江,并在航空兵的支援下,一举击沉了东北军4艘军舰和1艘拖船,并歼灭了东北军陆战大队长李泗停属下700余人。接着,苏军乘胜驱兵挺进,连续击溃了东北军自同江至富锦的驻守部队,歼灭了东北军松花江舰队的残余兵舰,占领了富锦,2天后始撤回苏境。

同江、富锦两战之后,由于南京国民政府仍旧坚持不能轻易妥协,中苏交涉仍无进展,苏军于11月中旬再度发起进攻。17日,苏军步骑兵在航空兵的掩护下,首先攻击了中国东北境内的密山,东北军死伤超过千人。同时,苏军于外贝加尔集聚8 000人的兵力,在坦克、装甲车和飞机的协同下,大规模进攻了扎赉诺尔,全歼东北军装备精良的第17旅。仅1天,第17旅即全军覆没,旅长韩光弟、副旅长魏长林、团长林选青等先后阵亡,团长张秀英等自杀。苏军随即包围了满洲里,于20日迫使东北军守军8 000余人全部投降,大批武器装备被缴获。苏军随后还乘胜追击到嵯岗站,并占领了海拉尔。

张学良对上述作战的情况深感沮丧,其给南京报告的电文称:"八

---

① 台北"国史馆"藏蒋中正档案《革命文献·统一时期》第5卷,71—72页。

月十二日,俄军二千余人与炮舰水陆并进,侵入绥滨县之中兴镇及李家油房,杀戮人民甚多……十九日俄军侵入绥滨县城,占领官署,烧毁公文,破坏监狱……二十八日俄军侵入奇乾县毕拉尔河,惨杀商民百余名,烧焚房屋甚多。十月十二日,俄军步骑三千余人,炮舰八艘,飞机二十五架侵入松花江,我炮舰一艘,改装炮舰三艘被毁,海军陆战队及陆军共死伤八百人。俄军占领同江县城,焚烧房屋甚多……三十一日,俄军兵由松花江深入一百余里,占领富锦县城,烧毁官署电台,劫商店工厂之粮食,以兵力宣传赤化主义。十一月十七日,俄军三万余人以飞机坦克车各二十余侵入满洲里及扎(赉)诺尔,卢(胪)滨县署及煤矿均被占领,电台铁路车站均被击毁,旅长一员,团长二人,均被击死,下级官佐士兵死亡一千五百余人……同日,密山县城亦被俄军据陷,并以飞机向我军猛攻,击死营长一人,连长三人,士兵三百余名,并向平阳镇一带进攻,深入内地百余里。"①

眼见东北军连遭惨重失败,张学良终于沉不住气了。他不顾蒋介石和王正廷的反对,直接指示已经中断交涉的地方交涉员蔡运升与苏方接洽,并且反对王正廷谋求诉诸非战公约组织主持公道的主张。他在11月27日的电文中强硬声称:"外(交)部在德交涉毫无结果,嗣因西北战起,俄人遂益强硬,月余以来无从办理。昨蔡交涉员在哈与俄副领事阔阔林以私人资格晤商,阔阔林云,愿奔走和平。号(20)日阔即由五站至海参崴,由该处高级军官电请苏联政府。旋得复电。阔于有(25)日返哈,送阅原电,内容计分三项:(一)华方承认根据俄中协定恢复东省冲突以前之状态。(二)对于苏联方面根据协定所推荐之正副局长,即行恢复其职权。(三)因纠纷逮捕苏联人民即行悉数释放……查俄人所提各条与主席暨外部所指之最后应付办法大致不差。弟遵照中央意旨,由地方设法了结,认为不能再缓,已致电俄外(交)部大体予以同意。"②

迫于情势,南京方面也再难阻止张学良自行其是了。经过讨论,国民政府正式任命蔡运升为谈判代表,赴伯力与苏方举行会议。12月3

---

① 台北"国史馆"藏蒋中正档案,特交文电,第18935680号。
② 台北"国史馆"藏蒋中正档案,特交文电,第18936218号。

日,双方在苏联境内的乌苏里斯克签订了《辽俄和平草约》(即《双城子草约》),规定东北当局将中东铁路理事长吕荣寰撤职,苏方推荐中苏铁路正、副新局长,双方公开声明遵守中俄、奉俄两协定。6日,东北政委会决定承认《辽俄和平草约》。22日,蔡运升与苏方代表西门诺夫斯基分别代表中苏双方签订了伯力预备会议记录,即《伯力协定》。其要点为:(1)恢复1929年7月10日以前中东路状态;(2)由苏联改派铁路正、副局长,即日就任,东铁理事会亦先行恢复;(3)两国签约后,立即恢复中苏国境和平状态,双方随即撤兵;(4)立即释放因双方冲突而逮捕的侨民及被俘官兵;(5)中国立即解除白俄军队武装,并将首领驱逐出东北境外;(6)先行恢复苏联在东北的领事馆及国营贸易机关;(7)中苏正式会议于1930年1月25日在莫斯科举行。①

中苏《伯力协定》签署之后即告生效,苏军陆续撤返,苏联新任驻哈尔滨总领事,中东铁路局局长、副局长等随即走马上任,并拜晤了张学良。然而,东北局势刚告平静,首都废除不平等条约会却认定《伯力协定》有损国权,呈请中央宣布无效,并要求撤职严办蔡运升。铁道部部长孙科也公开否认《伯力协定》之效力,反蒋各派更是同声鼓噪,认为中苏交恶纯因蒋介石、胡汉民和王正廷等独断而无能所致。对此,国民政府不得不于1930年2月8日对《伯力协定》部分地予以否定,宣称中国代表超越了权限;随后并派全权代表、东北政务委员会委员莫德惠于5月9日抵达莫斯科,与苏方全权代表加拉罕再度进行会谈。这次谈判由于国内中原大战的影响,直拖到10月中旬才得以举行第一次正式会议,第二次会议又拖到了12月初。次年4月以后,谈判才最终可以正常举行了,但围绕着国民政府提出的备价赎回中东铁路的方案,双方在许多细节上始终谈不拢。至九一八事变爆发,东三省被日本强占,苏联方面已不必再与国民政府谈判中东铁路问题了。

中苏《伯力协定》的签订,显示苏联依靠武力维护其在中国东北权益的做法取得了成功。这对高度重视在中国满蒙利益的日本是一个相当重要的信息。鉴于列强均已承认中国关税自主,并与中国签订了新

---

① 参见《中苏伯力会议议定书》(1929年12月22日),见《中外旧约章汇编》(3),737—739页。

的关税协定,日本政府在坚持日本有重要关系之不同物品于三年或一年内不增税及中方确认整理日本债权人与中国无担保及担保不足之款的条件下,在1930年5月6日也最终与国民政府正式签订了《中日关税协定》。但是,对于领事裁判权等更多地涉及其在华特权的问题,日本政府的态度变得更加强硬了。国民政府与英、美就撤废治外法权的交涉所取得的进展,丝毫没有能够促使日本做出让步。对于1930年11月王正廷提出的条约草案,日本政府拖到1931年3月才做出答复。日本方面的要求很明确,中国政府必须以承认日本在中国东三省特别区域的权益为代价,来交换日本放弃在北平、天津、汉口、广州、上海对民刑小案的领事裁判权,而且还得在各口岸设立特别法院,允许日本法官参与会审涉及日本人的民事案件,上述城市中的日本人还得享有与中国人同样的纳税、租地、设厂等权利。在王正廷明确表示中国所要收回的权利,包括日本对旅大的租借权和南满的经营权之后,日本政府的反应更加激烈。它修改后的提案不仅把其在东北的特权排除在外,而且提出,对于居住在所有租界、租借地和附属地的绝大多数日本侨民,依旧必须行使领事裁判权。①

为打破僵局,并显示决心,国民政府于1931年5月4日颁布了《管辖在华外国人实施条例》,宣布自1932年1月1日起,所有享有领事裁判权的外国人,均应受中国法院的管辖;在沈阳、天津、青岛、上海、汉口、重庆、福州、广州、昆明等地设立特别法院,受理涉及外国人的民事和刑事案件,外国人的逮捕及其房屋或办公室的搜查均应依中国刑事法典规定行之,凡构成刑事案件的外国人被搜捕后,须于24小时交到相当法院;构成民事或刑事案件的外国人可请中国或外国律师为其代理人或辩护人;触犯警章之外国人应由当地警察厅审判,惟不得判以15元以上之罚金;外国人幽禁下监的地方,得由司法部特殊命令指定之,等等。② 然而,仅仅几个月后,日本就发动了侵占中国东北的九一八事变,撤废领事裁判权的谈判再也无法继续下去,就连已经草签的中英新约也因此夭折了。国民政府推行的修约运动,至此告一段落。

---

① 参见[日]重光葵著,齐福霖等译《日本侵华内幕》,31页,北京,解放军出版社,1987。
② 参见石源华《中华民国外交史》,352页,上海,上海人民出版社,1994。

第三章
苏维埃革命与中共南方根据地的形成

　　国共关系彻底破裂之后，共产党人很快就走上了苏维埃革命的道路。在中国推行俄国的苏维埃革命模式，很快就遇到了中国政治、经济以及革命发展不平衡的问题。从南昌暴动、秋收暴动，到广州暴动，一次次武装暴动的失败，清楚地证明了在中国不可能像俄国十月革命那样，夺取一两个中心城市就能掀动起全国革命的形势。所有保留了革命火种的地方，几乎都是远离大城市和交通要道的偏僻乡村。实行农村武装割据，不可避免地成为共产党人反抗国民党统治的唯一选择。然而，无论是中共中央还是当时负有指导中国革命责任的莫斯科，都没有能够及时地认识到中国革命的这一重要特色。他们对工农红军以及农村根据地的重视，经历了一个复杂的过程。直到 1930 年秋天之后，中共中央的工作重心才开始逐渐地从城市转移到了农村。

第一节　苏维埃革命的发生与中共暴动政策的实行

一　南昌暴动的成败

还在1927年7月初,即汪精卫领导的武汉政府还没有对共产党人下逐客令的时候,无论是共产国际还是中共中央,就都已经清楚地看到国共关系全面破裂的前景了。围绕着如何应付破裂的局面,中共中央内部早就开始了讨论。大家基本上一致认为破裂后的形势对共产党人不利,共产党要重新从地下走到街上来,必须建立起自己的武装。但是,如何才能在国共关系全面破裂之后,在强敌环伺的严峻环境下建立并保持这样一支革命的武装呢？蔡和森、毛泽东等人明确认为只有"上山"一途。

"上山",就是指把有限的武装拉到南方的群山峻岭之中,依傍山地避开国民党各路大军的围攻,伺机发展壮大。然而,随着陈独秀辞去总书记职务,共产国际指派不满30岁的格鲁吉亚人罗明那兹前来担任新的国际代表,苏共中央出钱欢迎宋庆龄、邓演达及陈友仁等前往莫斯科商谈另立革命的国民党问题,武汉政府麾下第二方面军总指挥张发奎声言："第二方面军无论如何决不反对共产党,不与共产党分家。"共产党人对形势的估计又明显地变得乐观起来了。

1927年7月16日,即武汉国民党正式宣布"分共"的第二天,新组建的中共中央五人政治局①即作出决定："集合我们的武力,依张发奎

---

① 此系考虑到国共关系可能破裂的情势下,由鲍罗廷提议组成的新的中共中央常务委员会,代行政治局之权,史上又称"临时政治局"。此五人是张国焘、张太雷、李维汉、李立三、周恩来。

回粤",利用广东革命的基础,号召农民暴动,实行土地革命,建立新的革命根据地。据此,中共中央发出指示信给广东省委,说明张发奎所部第4军、第11军反对"分共",已到江西,或将回粤,要求广东省委"须有政治军事上的种种准备"。① 3天后,中共中央派中央常委李立三、中央秘书长邓中夏离开武汉前往九江,联络组织共产党人直接领导下的各种武装向张发奎部靠拢,并派聂荣臻、颜昌颐、贺昌等军事干部组成前敌军事委员会,前往张发奎部队中开展工作。

李立三、邓中夏刚到九江,即得知张发奎已表示拥汪。7月20日,李立三、邓中夏、谭平山、叶挺、聂荣臻等举行紧急会议,认为继续以张发奎为领袖发动回粤运动,推行土地革命,已很少可能。大家一致认定,应当采取独立的军事行动,把可靠的部队迅速集中到南昌去,实行暴动,解决其他各军之武装,逼迫张发奎和朱培德与我们一致,反对武汉、南京两政府,以建立新的政权为号召。②

7月24日,在共产国际代表的参与下,中共中央在武汉举行了常委会。会议赞成在南昌发动暴动,并决定为此筹措经费和组织更多的干部前往九江,以实际行动赞助国民党左派组织中国国民党革命委员会作为政权、党权和军权的最高机关。随后,周恩来被指派为前敌委员会书记,于第二天动身前往九江,具体负责领导这次暴动。

周恩来到九江后,马上召集在那里的负责干部开会传达了中共中央关于同意在南昌举行暴动和以土地革命为主要口号的指示精神。与此同时,张发奎对其所部贺龙的第20军和叶挺的第11军第24师颇不放心,一面下令要两部调往德安一带,一面派第5路军总指挥朱培德往九江,要两人速赴庐山开会。注意到张发奎可能会先行一步,共产党人不能不加紧了暴动的步伐。贺、叶两部随即抗命不遵,反而向南昌集中。27日,周恩来亦赶到南昌,组成了包括李立三、恽代英、彭湃等人在内的前敌委员会。

张发奎在庐山召集会议,是应汪精卫的要求,动员并督令各部队实

---

① 《中央致广东省委指示信》(1927年7月16日)。
② 参见《李立三报告:"八一"革命之经过与教训》(1927年10月),见南昌八一起义纪念馆编《南昌起义》,82—96页,北京,中共党史资料出版社,1987。

行"分共"。29日,在汪精卫的亲自参加下,张发奎、朱培德在会上部署了"分共"的措施,并对贺龙、叶挺两部行动表示了强烈的不满。鉴于张发奎已决定要解决贺龙、叶挺两部,且决心厉行"分共",第4军参谋长叶剑英(共产党员)在参加了会议后,迅速把这个消息转告给了南昌方面。周恩来得知情况后,当即召集起义部队领导人开会,部署了暴动计划和各部队行动任务,决定次日凌晨开始行动。

8月1日凌晨,贺龙的第20军,叶挺的第11军第24师,聂荣臻领导的第4军第25师一部,朱德领导的军官教育团留校学员和警察队、消防队等,突然发动起义,分别夺取了南昌城和德安县城。当天上午,谭平山以国民党中央委员会的名义,在原江西省政府西花厅召集中央委员及各省区、特别市、海外各党部代表联席会议。出席者约40余人,叶挺报告了起义经过,与会者随即讨论了建立新的革命政权组织——中国国民党革命委员会的问题。决定以宋庆龄、邓演达、陈友仁、张发奎、谭平山、何香凝、贺龙、叶挺、经亨颐、于右任、郭沫若、朱晖日、黄琪翔、张曙时、徐特立、恽代英、林祖涵、吴玉章、彭泽民、张国焘、李立三、周恩来、彭湃、江浩、苏兆征等人为委员,以宋庆龄、邓演达、张发奎、谭平山、恽代英、贺龙、郭沫若等人组成主席团,准备于最短期间确立一革命之新根据地,以便据以召开中国国民党第三次代表大会,讨论一切大政方针,重新选举国民党中央执行委员会,以续革命之正统。[①]

次日,中国国民党革命委员会正式举行了宣誓就职典礼,并以宋庆龄等人的名义于此前发表了《中央委员宣言》,斥责"武汉与南京所谓党部政府,皆已成为新军阀之工具,曲解三民主义,毁弃三大政策,为总理之罪人,国民革命之罪人",号召革命的国民党同志及将士,继承孙中山遗志,坚持革命的三民主义和联俄、联共、扶助农工三大政策,"继续为反帝国主义与实行解决土地问题奋斗"。

南昌起义成功之后,刘伯承被任命为参谋长,贺龙被任命为国民革命军第4集团军第二方面军总指挥,叶挺被任命为第11军军长兼代理前敌总指挥,朱德被任命为第9军副军长,周逸群被任命为第20军第

[①] 参见《中央委员及各省区、特别市、海外各党部代表联席会议宣言》(1927年8月1日),见《南昌起义》,20页。

3师师长。随即开始实施南下广东计划,决定从临川、会昌直取东江,充实力量后,再取广州。整个方针以发动土地革命、建立根据地为方向,而实际的行动却仍是以夺取中心城市为主要目标。

8月3日之后,起义部队陆续撤离南昌。由于部队接连发生叛离和逃亡事件,从南昌到临川200多里的路程,就损失了1/3以上的兵力。在临川休整和补给之后,剩下的1万余人只能选择较为偏僻的路线南下,然而仍旧不能不在会昌与敌钱大钧部发生激战。此役虽然取得了胜利,但部队也付出了伤亡1 700余人的代价。进入福建之后,由于敌情判断和军事指挥方面的失误,特别是错误地采取了分兵的策略,导致部队接连遭遇战斗失利,终被打散。叶挺等人从海口撤往香港,剩下的部队一部转入海丰和陆丰地区与当地农军会合,一部由朱德、陈毅率领,转入粤湘赣边界地区开展游击战争。

南昌起义是中国共产党人独立领导军事斗争的开始,因而也是其创立自己军队的一个重要标志。但是,南昌起义的军队毕竟还是以国民党的旧军队为基础,起义后打出来的也还是国民党的旗号,部队多数的军官和士兵更不了解共产党在其中的领导地位与革命的目的,故真正由共产党领导的军队,应当说还要属于由毛泽东指挥的在湖南实行秋收起义后改编的那支武装。

二 秋收起义的转向

湖南秋收起义的决定,是在中共中央1927年8月7日在汉口举行的一次紧急会议,即八七会议后最终确定下来的。这次会议由瞿秋白主持,共产国际代表罗明那兹唱主角,与会的中央委员除瞿秋白外,还有李维汉、张太雷、邓中夏、任弼时、苏兆征、顾顺章、罗亦农、陈乔年、蔡和森。候补中央委员有李震瀛、陆沉、毛泽东;中央监察委员有杨匏安、王荷波;共青团代表有李子芬、杨善南、陆定一。同时湖南、湖北和军委均有代表参加,他们分别是彭公达、郑超麟、王一飞。邓小平以中央秘书长的身份担任会议记录。另外,苏联驻华农民运动顾问罗摩罗佐夫和他的妻子洛蜀莫娃也出席了会议。会议选举了临时中央政治局委员,苏兆征、向忠发、瞿秋白、罗亦农、顾顺章、王荷波、李维汉、彭湃、任粥时为正式委员,邓中夏、周恩来、毛泽东、彭公达、张太雷、张国焘、李立三为候补委员。

罗明那兹在会上首先肯定了中国下一阶段革命的土地革命性质。毛泽东则突出强调了农民革命和军事革命的意义,明确指出"政权是由枪杆子中取得的"。会上通过的《最近农民斗争的决议案》明确指出:"共产党现时最主要的任务是有系统的、有计划的、尽可能的在广大区域中准备农民的暴动,利用今年秋收时期农村中阶级斗争中剧烈的关键。"八七会议后,中共中央专门作出了《中共中央关于湘鄂粤赣四省农民秋收暴动大纲》,临时中央政治局正式决定由毛泽东、彭公达具体负责重组湖南省委,并拟定出暴动的具体军事计划。

8月12日,毛泽东回到长沙,开始加紧讨论和制定秋收暴动计划。8月30日,新成立的湖南省委最终确定将全省暴动集中到湘中地区,以长沙为中心,组织前敌委员会,以毛泽东为书记;组织行动委员会,以易礼容为书记,负责指挥。"九日开始破坏铁路,十一日各县暴动,十五日长沙暴动"。① 随即,毛泽东乘火车前往安源,具体落实暴动的军事行动部署,决定兵分三路,由平江、浏阳、醴陵三个方向,取包围态势逼近并夺取长沙。暴动的主要军事力量是以共产党员卢德铭任团长的国民革命军第二方面军总指挥部警卫团,以及由平江、浏阳以及鄂南通城、崇阳的农军合编起来的部队约两个团,再加上安源煤矿的部分工人纠察队。

9月9日,湘赣边界秋收起义爆发。起义开始,邱国轩团和钟文璋团从修水进攻长寿街的行动就因邱国轩团叛变而受损失,钟文璋团长失踪,钟团损失人枪200余,余部被迫向浏阳方向转移。第二天,安源的王新亚团夜袭萍乡城亦未得手,不得不转向醴陵,因遇敌增援,又转向浏阳,占据浏阳后陷敌重围中,部队大部被打散,只有少数人得以突围。毛泽东率领的另一团在铜鼓起义,11日占领了浏阳的白沙镇,12日打下了东门市。随后也遭到敌军的包围,被迫突围而出。其余零星的农民暴动也是一哄而起,一扑即灭。原定的兵分三路逼近并夺取长

---

① 《中共湖南省委给中央的信》(1927年8月30日)。

沙的暴动计划已无从实现。5 000余人的部队,暴动几天后即锐减为1 500余人。毛泽东当机立断,改变了计划,下令各路起义军退至文家市集中,并将难以进攻长沙的情况报告了湖南省委。湖南省委因此亦停止执行原定的长沙暴动计划。

9月19日,前敌委员会于文家市通过决定,改向山区寻找落脚点,以保存革命力量。当天,中共中央对湖南停止长沙暴动和听任部队改变计划进行了严厉批评。但是,毛泽东此举成功地保存了中共历史上第一支公开打出自己旗号的武装力量——工农革命军第1军第1师。该部20日离开文家市后,一路打到永新县三湾村,虽然途中总指挥卢德铭不幸牺牲,部队只剩下不足千人,而毛泽东在三湾对剩余部队的改编,却成为此后中共创建新型军队的一个重要开端。这是因为,起义以来的这支军队,就其本质而言,基本上还是一支旧军队,不过换了共产党人来领导而已。由于部队官兵成分复杂,政治觉悟参差不齐,军官对士兵的管理全靠命令和体罚,以致全无民主气氛,内部关系紧张。毛泽东在三湾实行改编,重建了部队的军事、政治制度。对于不愿跟共产党走的,发给路费;为解决内部关系,提高士兵觉悟并发挥其主观能动性,在连以上成立士兵委员会,参与军事和经济管理;同时健全党的组织,不仅把国民革命军的党代表制度搬过来,而且把支部直接建到连上,在营、团设党委,加强党在军队指挥和管理中的地位和作用。改编后的部队随后落脚于罗霄山脉中段的井冈山,创立了中共历史上第一块农村根据地。

三 苏维埃革命的提出

井冈山农村根据地和工农革命军的创立,在一定程度上反映了相当一部分中国共产党人以及俄国共产党人对中国革命新阶段的估计。还在秋收暴动准备期间,毛泽东等人就已经在强烈地主张抛弃国民党的旗号了。毛泽东代表湖南省委给中共中央的信中明确讲:共产国际代表来湘,谈及共产国际的新训令,主张中国应实行工农兵苏维埃,"闻之距跃三百。中国客观上早已到了一九一七年,但以前总以为这是在一九〇五年,这是以前极大的错误"。"我们不应再打国民党的旗帜了","到湖南来这几天,看见唐生智的省党部是那样,而人民对之则是这样,便可以断定国民党的旗帜真不能打了,再打则必会失败"。"工农兵苏维埃完全与客观环境适合,我们此刻应有决心立即在粤湘鄂赣四省建立工农兵政权"。①

毛泽东这里所讲的"一九〇五年"和"一九一七年",指的分别是俄国1905年革命和1917年革命。前者在俄国是资产阶级民主革命阶段的象征,后者则是俄国社会主义革命的象征。1905年革命作为俄国布尔什维克领导的工人革命,是一场失败的革命,故把国共合作的破裂所导致的共产党革命的失败与之相比,实际上就等于承认中国革命处在民主革命阶段的低潮之中,还需要经过12年之久的长期斗争和准备,才有可能走向胜利的1917年革命。而继续打出国民党的旗号,也意味着中共所领导的革命还需要很长时间以后才有可能真正展开。显然,在宁、汉两地的国民党已经开始大规模屠杀共产党人之后,这是当时许多中共领导人难以相信,也无法接受的一个事实。

坚持要继续打出国民党的旗号,这其实是莫斯科,或者说是斯大林的意见。这里面无疑有策略上的考虑在内,因为国共分裂之初,一些国民党人,包括宋庆龄、邓演达等仍在积极活动,准备成立革命的国民党,国民党内部还存在着相当多左倾的力量可以争取。但与此同时,它也与斯大林对形势的估计有关。斯大林相信中国革命同俄国革命一样,需要经过三个历史阶段。第一个阶段是资产阶级、小资产阶级、无产阶级和农民阶级四个阶级联合的所谓"全民族联合战线的革命"时期。它类似于1905年的俄国革命。中国革命的广州政府时期就属于这样一个时期。第二个阶段革命开始以土地革命为中心,成为典型意义上的资产阶级民主革命,民族资产阶级"转到了反革命阵营",革命阵营只剩下了工人、农民、城市贫民和小资产阶级知识分子。它类似于俄国1917年"二月革命",即推翻沙皇统治,由社会革命党等组成克伦斯基政府的时期。中国革命的武汉政府时期就属于这样一个时期。第三个阶段是土地革命深入发展,开始超越资产阶级民主革命,把社会引向非

---

① 《湖南致中央函》(1927年8月20日),见《中共中央文件选集》第3卷,354—355页,北京,中共中央党校出版社,1989。

资本主义发展道路的苏维埃革命阶段,"不大可靠和动摇的"小资产阶级知识分子也已出于"对日益增长的土地革命的恐惧和封建地主对武汉政府的压迫"而"脱离革命",革命阵营只剩下了工人、农民和城市贫民,它接近于俄国1917年十月革命,即由布尔什维克领导的一举推翻克伦斯基临时政府的工人、士兵革命时期。在他看来,中国革命现在更"类似于布尔什维克在一九一七年七月所遭受的失败",应该要经过比俄国革命更长一些的时间,革命才有可能重新走到大街上来。而在革命高潮还没有到来的情况下,"不要太跑在前面,不要现在就成立苏维埃"。①

当然,斯大林并不否认中国存在着迅速推行苏维埃革命的客观条件。布尔什维克当年在俄国领导"七月革命"虽然一度遭受了挫折,仅仅3个月后就取得了十月革命的胜利,以"七月失败"来比喻中国革命目前的情势,亦可见斯大林对中国革命重新走向高潮颇具信心。他明确讲:"在最近的将来",一旦新的革命高潮成为事实,"成立工农代表苏维埃的问题,就可以作为当前口号、作为与资产阶级政府的对抗而提到日程上来了"。② 也正因为如此,一方面莫斯科不同意马上放弃国民党的名义,打出苏维埃的旗号,另一方面却同意共产国际指示中共要迅速开始宣传苏维埃,准备一旦革命出现高潮,即公开走上建立苏维埃的道路。③ 这种情况促使共产国际在中国的代表和中共中央很快就宣传苏维埃革命的主张了。到9月20日,莫斯科正式发出了批准打出苏维埃革命旗帜的指示,共产国际代表迅速起草了《关于"左派国民党"及苏维埃口号问题决议案》,交中共中央讨论通过。决议案宣称:鉴于现在群众看国民党的旗帜已经是资产阶级地主及反革命的象征、白色恐怖的象征,土地革命的急剧发展,已经使一切动摇犹豫的上层小资产阶级脱离革命的战线,"彻底的民权革命——扫除封建制度的土地革命,已经不用国民党做自己的旗帜",所以过去关于左派国民党运动与在其旗帜

---

① 斯大林:《时事问题简评》(1927年7月28日)及《中国问题》(1927年8月5日)。两文见《列宁斯大林论中国》,281—283页,北京,人民出版社,1953。
② 《列宁斯大林论中国》,281页,北京,人民出版社,1953。
③ 参见《联共(布)中央政治局会议第120号(特字第98号)记录》(1927年8月18日),见《共产国际、联共(布)与中国革命运动档案资料丛书》第7卷,21—22页,北京,中央文献出版社,2002。

下执行暴动的策略必须取消,"现在的任务不仅宣传苏维埃的思想,并且在革命斗争新的高潮中应成立苏维埃"。①

在国民党已经公开反共,并以"清党"的名义大量杀害共产党人的情况下,放弃国民党的名义和青天白日旗,打出工农革命的旗号,固属必要,但转而在中国广泛推行俄国的"苏维埃"革命模式,比照俄国革命的程序和经验来认识乃至于解决中国革命的问题,却不能不造成许多麻烦。

四 革命性质的争论

"苏维埃"是俄语 cовéт 的音译,原义是"会议"或"代表会议"的意思。它之成为特有名词,纯粹是俄国革命本身的产物。它是俄国 1905 年革命高潮中出现的工人代表会议的一种简称,最初只是作为罢工委员会组织起来的,后来很快发展成为具有工人起义机关和自治政府性质的一种权力机构。到 1917 年,这种劳动群众自治政府性质的政治机构再度出现,并日渐成为和上层立宪会议相抗衡乃至与政府相并立的一种事实上的政府。进而,布尔什维克利用它在苏维埃中逐渐取得的优势地位,把苏维埃变成了反政府的革命起义机关,并在革命胜利后以苏维埃作为苏联权力机构的形式和名称。作为一种权力机构的苏维埃最重要的特点,就是它不按区域,而是以生产单位为基础来选举代表的,从而保证了代表同群众之间的密切联系;它废除了资产阶级的三权分立体制,是身兼立法、行政和司法等各种权力,高度集中且具有高效率的机关;同时它完全剥夺了资产阶级以及其他一切剥削阶级在政治上的发言权,从而使共产党人找到了实现阶级专政的组织形式。

把苏维埃的革命模式搬到中国来,最大的问题在于中国的工业化程度远远达不到俄国的水平,中心城市产业工人的数量和组织远不足以发动像俄国革命那样的群众性暴动。与此同时,共产党的力量以及民众的情绪,也还远没有达到可以通过群众暴动迅速夺取中心城市的

---

① 《关于"左派国民党"及苏维埃口号问题决议案》(1927 年 9 月 20 日),见《中共中央文件选集》第 3 卷,369—371 页。

程度。尽管有了成功组织南昌起义、秋收暴动等一系列武装暴动的经历,然而所有这些暴动都清楚地暴露出城市中共产党组织极其薄弱,不仅不足以发动广大群众起义,而且虽有少量军事的支持,也远不足以真正夺取城市,更谈不到在中心城市中建立政权了。自暴动政策实施以来,除了南昌,事实上共产党人几乎没有能够在任何一个中心城市组织过有效的暴动。即使是以农民暴动为主的冲击城市的行动,也毫无成功的个案。事实上,无论中共中央多少次强调革命正处于高潮中,期望通过有组织的暴动来造成各地群众起义的局面,然而,暴动的结果,中共组织不仅没有扩大,反而日渐萎缩。据湖北省委统计,7月时武汉的党员有8 000余人,武汉国民党采取"分共"措施后迅速减少了5 000人,到8月中旬又减少了1 000余人,到9月份则只剩下约1 000人了。同样的情况,中共五大时全国有党员约50 000人,到11月间已减少了4/5,只剩下10 000人了。不要说这10 000名党员中相当部分不在城市之中,就是能够把他们集中起来,要想像俄国革命那样通过夺取一两个中心城市来取得革命成功也没有可能。

苏维埃革命的方针刚刚提出,中共领导人通过已有的一系列暴动已经清楚地注意到,中国不同于俄国,依据中国自身的条件,中国革命可能"不能有夺取首都、一击而中的发展形势"。这不免造成了共产党人思想上的极大困惑。因为已经发动的种种暴动,只是造成了一些"游击式斗争及农民割据"。它和苏维埃革命的模式,以及俄国革命的经验,相去甚远。按照苏维埃革命的方针,这种"游击式斗争及农民割据"无论如何都是要不得的,因为它根本无法满足苏维埃模式对无产阶级,即对产业工人领导地位及其在革命中的骨干作用的那种要求。从苏维埃革命模式的角度看,暴动结束后一些共产党人在偏僻的乡村所建立起来的游击队和根据地,距离无产阶级领导的革命相距甚远。①

如何使苏维埃革命这种模式适合于中国的现状?1927年11月中共中央紧急会议对此进行了讨论。会议在相当程度上肯定了目前这种以农村为主的斗争方式具有合理性。一方面强调,"现时全中国的状况

---

① 参见《中央政治局会议记录》,1927年11月27日。

是直接革命的形势";另一方面则肯定,"直接革命的形势之时期,并非几个星期或几个月的事,而是好几年的事"。既然需要好几年的时间,故现有条件下,中共革命的总策略就是要首先努力使互相隔离的零星散乱的农民暴动,变成尽可能的大范围内的农民总暴动,通过游击式的战争推动农村和城市中各种暴动的展开,进而使工人的暴动与农民暴动互相赞助、互助联络,最终造成全国总暴动的形势。不过,越是肯定革命并非一朝一夕之事,肯定中国革命不同于俄国革命,而是最大限度地发动农民暴动,许多中共领导人也就越是"感到悲观",认为"这样干不会成功"。①

没有哪个共产党人不了解,苏维埃革命本质上是一种无产阶级革命,至少也是由产业工人阶级领导和充当骨干,以中心城市领导乡村的工农革命。正是这个原因,9月苏维埃革命方针最初提出时,共产国际代表特别要在决议案中写明:苏维埃的组织应当建立在如广州、长沙等中心城市,"在小县城里面要坚决的拒绝组织苏维埃"。② 然而,仅仅两个月之后,当中共中央在11月间召开紧急会议之时,共产国际代表的提法就发生了重要的改变。他在新的决议案中明确写道:只要"暴动在一定范围的区域内得胜而有固守的规划之可能,便应当建立苏维埃"。③ 这种情况足以说明共产党人的苏维埃革命观念正在受地方暴动实际需要的影响而潜移默化地发生着改变。正是基于这样一种心态,江苏和广东两地的共产党人都大胆地开始了在农村建立苏维埃政权的具体实践。中共中央农运委员会书记、江苏省委负责人王若飞是最早开始进行这一实践的中共领导人。他在10月初就主持召开江苏省常委会,确定要在宜兴、无锡、常州、江阴、常熟五地举行暴动,建立苏维埃,而以宜兴为首发,其他各县为响应。11月1日,宜兴县各路农民暴动队伍攻占了县城,召开群众大会,宣告成立了宜兴县工农兵苏维埃政府。随后无锡、江阴、崇明等地共产党人亦先后以暴动予以响应,但

---

① 《中国现状与党的任务决议案》(1927年11月10日),见《中共中央文件选集》第3卷,453—460页。
② 《关于"左派国民党"及苏维埃口号问题决议案》(1927年9月20日),见《中共中央文件选集》第3卷,371页。
③ 《中国现状与党的任务决议案》(1927年11月10日)。

所有这些暴动几天之内就在强敌压制下失败了。而几乎与此同时,中共东江特委书记彭湃趁广东李汉魂与陈济棠两部争夺地盘相持不下,也领导海丰、陆丰农民举行了武装暴动,占领了两县县城。在得到广东省委批准后,彭湃相继在陆丰和海丰分别组建了工农兵代表大会,并成立了县苏维埃政府。这是共产党人在中国一度建立起来的第一个以"苏维埃"为标志的革命政权。

五 广州起义的失败

一方面在中国提出苏维埃革命的方针,一方面为适应中国革命的现实需要,悄然地改变苏维埃革命既定的模式,这自然不是中共中央,甚至也不是莫斯科所希望看到的。既然国民党当年能够以广州为根据地,借助于苏俄援助而逐渐发展壮大,共产党为什么不行呢?从"四一二"事变发生,两湖地区陷入困境开始,共产国际代表和中共中央就不止一次地设想过重新占领广州的问题。苏维埃革命方针刚一提出,中共中央就曾作出过建立以广州苏维埃为核心的"中国临时革命政府",并"将党中央迁往广州的部署"。很明显,只要能够夺取广州,城市领导乡村、无产阶级领导农民的问题,自然也就迎刃而解了。关于这一点,中共中央政治局于1927年11月召开的紧急会议的态度其实也没有太多的改变。会议决议也明确地认为,"没有工人阶级的领导和赞助,单纯的农民暴动是不能获得最终胜利的",因此必要要"使暴动的城市能成为自发的农民暴动的中心及指导者"。①

既然相信城市暴动必须成为农民暴动的中心及指导者,在普遍地支持各地实施暴动的情况下,中共中央无疑并没有放弃尽早夺取广州的计划。11月紧急会议召开后不久,中共中央常委会议就拟定并通过了《广东工作计划决议案》,决定要在广州举行暴动。决议明确认为:"广东工农群众之自发的暴动正在继长增高的向前发展,走向会合各地暴动成为总暴动的途径……广东省委应发表宣言,号召全省工农暴动,建立工农兵士贫民代表会议的政权。"暴动应以广州工人自主的、公开

---

① 《中国现状与党的任务决议案》(1927年11月10日)。

的、产业的、职业的、地域的工人代表会议为开始,直到形成全市的、政治的总同盟罢工,结合海陆丰之工农革命军和广州市郊及中路各县农运做扑城运动,以夺取广州政权。

根据中共中央的指示,以张太雷为书记的中共广东省委马上积极开始筹划夺取广州的武装暴动。这时已经回到广州的张发奎部,联合黄琪翔等粤军部队,利用部分粤军将领不满李济深联合桂系黄绍竑部的情绪,趁李济深离开广州、委托黄绍竑主持政治分会的机会,一举赶走了黄绍竑,占据了广州城。而李济深则在南京国民政府下辖的陈铭枢所部的支持下,联合被赶出广州的黄绍竑部大举兴兵,企图夺回广州。围绕广州的这场争夺战已不可避免。鉴于第4军主力必须北上作战,广州形势险恶,张发奎曾多次秘密地派代表与共产党人接洽,试图首先稳住广州的共产党人和共产党的工会组织,并力争取得共产党方面的谅解与合作。对此,中共广东省委坚决拒绝,并公开宣告:"共产党同任何军阀没有一点共同利益……你们,张发奎、黄琪翔及其他的先生们,是同一样的军阀,同一样的反革命。除非你们即刻释放一切革命的政治犯;即刻交还被强占的革命工会会所;完全保留并保护省港罢工工人原有的一切权利;完全恢复言论、出版、集会、示威、罢工及工人阶级组织的自由权,共产党、革命工会及广州工人代表大会完全享有公开活动的自由;逮捕一切惯于以恐怖手段对付工人的分子;即刻武装在广州工人代表大会指挥之下的工人。"①正如中共广东省委所确定的,他们深知张发奎等人是不可能答应自己的这些条件的。在11月26日晚,张太雷等人就已经同共产国际秘密派来中国的德国暴动专家纽曼一起,商定了要趁张发奎与李济深两部开战、其主力开赴前线、广州城内空虚之际夺取广州政权。对此,中共中央很快回信表示赞成。

1927年12月初,中共广东省委正式组成革命委员会,由张太雷、黄平、周文雍为委员,吴毅为秘书。同时初步拟定了一个15人的苏维埃委员会的名单,并成立了红军总指挥部及侦探、交通、宣传等部门,开始秘密印制苏维埃政府的布告和捕杀反革命分子及没收其财产的传

---

① 《中国共产党广东省委员会号召暴动宣言》(1927年11月28日),见中共中央党史资料征集委员会等编《广州起义》,89—91页,北京,中共党史资料出版社,1988。

单。暴动原定12日发动,主要依靠张发奎部队在共产党影响下的教导团和警卫团之一部。因得知张发奎的军队有调回广州的消息,临时决定提前发动。10日夜,广东省委任命的总指挥叶挺由香港秘密到达广州几个小时之后,广州暴动就在11日凌晨发动了。

暴动最初进展得相当顺利,除了长堤和西关方面战斗较为激烈、河南为军阀李福林部所控制没有拿下来外,广州市区几乎是唾手可得。11日当天,张太雷即宣告成立广州苏维埃政府,并仿照苏联分别设置了主席(苏兆征,未到前由张太雷代)、人民内务委员(黄平)、人民肃清反革命委员(杨殷)、人民土地委员(彭湃,未到前由赵自选代)、人民劳动委员(周文雍)、人民外交委员(黄平兼)、人民司法委员(陈郁)、人民经济委员(何来)、人民陆海军委员(张太雷)、秘书长(恽代英)、工农红军总司令(叶挺)、工农红军总参谋长(徐光英)。

作为中国第一个在中心城市中进行的苏维埃革命的实践,广州苏维埃政府一经成立便立即发布了一系列告民众书和宣言,以表明自己的政策。就政治措施及其政纲而言,它明确宣布广州的一切权力归代表工农兵执行政权的广州苏维埃政府;提出要"即刻封闭""反革命的工会"、"杀尽地主与富农"、"逮捕并枪毙一切反革命军官"、"一点都不怜惜的消灭一切反革命",包括"枪毙一切有一点反共产行动或宣传,或有反苏维埃的行动或宣传,及与帝国主义做反革命宣传的分子";逮捕李济深、张发奎、黄绍竑、黄琪翔、朱晖日、李宗仁、蒋介石和汪精卫,"能割取上述每要犯头颅者赏五万元"。就社会经济措施及其政纲而言,它宣告对工人即刻实行八小时工作制;"没收资本家财产,没收土地归农民、兵士";"银行、铁路、矿山、大工厂、大轮船收归国有";"消灭一切债务,禁止偿还,再取消贫苦人民的房租、捐款";没收一切阔佬的公馆、洋楼拿来做工人的寄宿舍;对农民实行"不交租、不纳税、不还债","烧尽一切田契和债约"。① 可以说,广州苏维埃政府的上述措施及施政纲领,已经大大超出了民主主义革命的内容,它实行的是剥夺剥夺者和一切剥削者均无参政权的政策,并把所有敌对势力,包括资本家、地主、富农

---

① 《广州起义》,112—126页。

和一切为国民党政府效力的人员，统统列为专政对象。这使得它明显地带有了无产阶级专政的色彩。

然而，广州暴动没有能够成功。暴动当天组织工作的混乱已暴露出暴动的筹划和民众的宣传都过于仓促，除少数部队和赤卫队外，参加暴动的上万名工人几乎处于无组织的状态，多数民众，甚至是工人，对暴动的性质和中共的要求全无了解。在这种情况下，要想在周边大批敌军的围攻下有效地坚守广州城，完全没有可能。故叶挺当晚就明确提出了避敌锋芒、转移乡下、保存实力的建议，然而他的这一建议却遭到了共产国际代表纽曼的严厉斥责。随着第二天下午河南李福林部开始进攻，起义军马上就陷入苦战之中。紧接着张发奎的部队也迅速回攻，各处要隘很快失守，张太雷等亦在街头被打死。最后，除部分武装成功突围前往海丰、陆丰，另有一部武装退到广西左、右江外，相当多的起义人员在国民党军队的反扑中被杀害。就连苏联驻广州副领事等，也因公开出面支持起义而遭杀害，并被暴尸街头。

广州作为中国革命具有象征意义的一座中心城市，在苏维埃的旗帜下成功地举行暴动的消息一经传开，立即就在中共中央和莫斯科方面引起了高度的重视。中共中央明确认为："广州市政权能否长久维持不大重要，而主要的是要扩大暴动"，因为"广州可说是全国大暴动的开始"。中共中央为此发表《告全国工农民众书》，公开号召工友、农友、士兵弟兄统统暴动起来，声称："广州暴动是广东总暴动的开始，是全国各地工农暴动的信号"，只要大家行动起来，必可组织起自己的政府——苏维埃共和国。共产国际亦向全世界工人、士兵及被压迫民众发出宣言："广州在革命争斗之中，顿开一新的局面，广州的工农夺取了政权，苏维埃革命的鲜红旗帜已经在南部中国的首要城市之中高揭起来了。广州工人空前的英勇精神实在是世界历史上伟大的事实。"尽管红色的广州已经陷落，但"我们可以断言，反革命势力在广州的胜利必不能保持得很久"，"新的争斗必然重复震动起来"，"必然比较以前更加扩大起来"。[①]

[①]《广州起义》，158—170、221页。

广州暴动失败后,到底没有能够像共产党人所希望的那样,在全国各地引发更大规模的武装暴动。这一时期共产党领导了全国大大小小近百次暴动,①然而所有这些暴动,几乎只有农民暴动有坚持下来的可能,无论是最初计划进攻城市的暴动,还是像广州暴动这样的中心城市暴动,最终也还是只有走向农村才能找到生存的空间。这种情况最终促使中共中央领导人逐渐意识到中国革命发展的不平衡性,他们开始认识到:由于工人与农民革命运动发展程度的不平衡,地域上革命运动发展程度的不平衡,以及中国经济发展不平衡所造成的许多半独立的区域的存在和"豪绅资产阶级军阀的统治"有强有弱,要想一举夺取全国政权是不可能的。中国革命的胜利,必须从一省或几省的胜利开始,乃至于从一县数县的胜利开始,逐渐走向全国。②

---

① 在1927年9—12月间比较重要的暴动就有广东东江暴动(9月、10月)、广东琼崖暴动(9月)、河南确山暴动(10月)、河北玉田暴动(10月)、陕西清涧暴动(10月)、湖北黄麻暴动(11月)、江西吉安暴动(11月),等等。到1928年底,中共组织的各地农民武装暴动达百次之多。
②《秋白给国际的报告》(1928年2月10日)。

第二节　农村武装割据与中共南方根据地的初创

一　井冈山根据地的建立

广州暴动的失利,更加说明中共在农村实行工农武装割据的重要意义。在这方面,包括毛泽东领导的井冈山根据地在内的南方各地农民武装割据,显示了旺盛的生命力。

毛泽东退至井冈山后,立即开始了大规模的根据地创建工作。与此同时,从部队生存发展需要的角度,他更是不失时机地积极向外扩展,尽力去攻占农村政治、经济、军事、文化中心的大小县城。1927年11月粤桂战争爆发,湖南军阀的部队外调,毛泽东马上抓住有利战机,于11月18日攻占了茶陵县城,建立了茶陵县人民委员会(后改为"茶陵县苏维埃政府"),政府由工农兵三方代表组成,谭震林为工人代表,李炳荣为农民代表,陈士榘为士兵代表,以谭震林为县苏维埃主席。这是湘赣边界建立的第一个县苏维埃政权。此后,应江西万安县委的要求,毛泽东率部于1928年1月从砻市出发,攻占了连接赣西南与赣南、粤北的要地遂川,发动群众,分田分地,建立乡村政权,并成立了遂川县工农兵苏维埃政府。1月下旬,万安、遂川虽然被国民党军队重新夺回,一部农军被迫与毛泽东部会合上了井冈山,但毛泽东部全师而退,既挫败了国民党军对井冈山的进犯,且打下了新城,占领了宁冈县城,在2月21日宣布成立了宁冈县工农兵苏维埃政府。到1928年2月,毛泽东已经率领秋收起义余部成功地创立了以井冈山为依托,以茶陵、遂川、宁冈三县苏维埃政府为政治中心的湘赣边界根据地,中共党的各级组织及其地方武装也先后在宁冈、永新、茶陵、遂川、万安、酃县、莲花各县得到恢复。对此,中共中央亦给予了高度的肯定,明确认为,广州暴动失败后,湖南、湖北、江西正在成为新的革命的中心区域,关系全国革命发展的前途甚大。

中共中央对湖南苏维埃革命的高度重视,推动了湖南地区的农民武装割据斗争。1928年1月,南昌起义一部在朱德率领下进入湘南,在当地共产党人的配合下,组织了宜章暴动,成立了宜章苏维埃政府。随后,朱德部与当地农民武装相互配合,接连夺占了郴州、资兴、永兴、耒阳各县城,安仁、攸县、桂东、临武、汝城、嘉禾、桂阳、常宁、茶陵、酃县各县农民亦群起响应。在此基础上,湘南特委在永兴县城召开了工农兵代表会议,成立了湘南苏维埃政府,通过了有关苏维埃政纲、工农武装、土地问题等各项文件。鉴于此,为扩大湖南农民暴动的规模,中共中央明确要求湖南省委调毛泽东部下山支援湘南暴动。

不过,这时的湘南特委因推行烧杀政策,"不惜焚毁整个的城市以分散敌人的目标",引起群众的对立情绪,造成农民反水,导致郴州县委书记和苏维埃主席等大批干部被杀,再加上湘粤两省国民党当局调集重兵分路"协剿",致使朱德部在湘南不能立足,不得不转去江西井冈山,却极大地加强了湘赣边界工农革命军的实力。朱、毛两部红军于4月底会合,于5月4日在砻市召开了会师大会,宣布两军合并,成立工农革命军第4军(后改称工农红军第4军)。朱德为军长,毛泽东为党代表兼军委书记(一个月以后改由陈毅任军委书记),王尔琢为参谋长。5月20日,召开了湘赣边界苏区党的第一次代表大会,推选出新的边界特委,毛泽东为书记。月底,湘赣边界工农兵政府宣告成立,主席袁文才,土地部长谭震林,军事部长张子清,财政部长余贲民,政法部长邓充庭,工农运动委员会主任宋乔生,青年委员会主任肖子南,妇女委员会主任吴仲莲。

井冈山位于宁冈、酃县、遂川、永新4县之交,北麓是宁冈茅坪,南麓是遂川黄坳,两地相距45公里。东麓是永新的拿山,西麓是酃县的水口,两地相距90公里。界内群峰突起,山高林密,并且到处是悬崖陡壁,山上则有水田和村庄,是理想的军事根据地。部队刚一会师,湘赣两省国民党地方部队就集中了5个团,以杨池生为总指挥,杨如轩为前线总指挥,从吉安向永新进发,试图荡平井冈山。6月22日,战斗在新七溪岭、老七溪岭打响,红4军利用地形的优势一举击溃其两个团,后又在龙源口全歼其一个团,缴枪数百枝,并乘胜把根据地扩展到宁冈、永新、莲花3个县和吉安、安福、遂川、酃县各一部,井冈山根据地由此达到了它的鼎盛时期。

二 江西、福建根据地的形成

朱、毛两部合在一起,全军已达万人之多,而井冈山地区原有人口不满两千人,产谷不满万担,国民党地方军阀又对井冈山严密封锁,日常生活用品过去就十分紧张,部队人数激增后,士兵的日常生活甚至粮食供给都成了问题。同时,井冈山地形狭长,处于水急江阔、人马无法徒涉的湘江和赣江之间,军事上回旋余地小,而距此不远的赣南地区山深林茂,物产丰富,并连接着闽西粤北广大山区,适合于游击作战,吉安的东固甚至已经建立起小块红色根据地,因而向赣南闽西发展,就成为朱、毛红军必然的一个发展方向。根据湖南省委的指示,12月在湖南平江暴动后组建的工农红军第5军由彭德怀率领来到井冈山,根据地在经济上就更加捉襟见肘。陈毅给中共中央的报告称:"在降冬之际边界丛山积雪不清,红军衣履饮食非常困难,又因敌封锁,红军未能到远地游击,以致经济没有出路,在此时期中红军官兵单衣御寒,日食红米南瓜,两月没有一文零用钱。"①

1929年1月,鉴于湘赣两省国民党地方军队准备调集两省6个旅的兵力分路再扑井冈山,井冈山前委、湘赣边界特委、红4军军委、红5军军委在宁冈柏露村举行了联席会议,决定由彭德怀、滕代远率红5军留守井冈山,毛泽东、朱德、陈毅率红4军主力下山向赣南闽西发展,一方面解决经济财政的困难,另一方面用围魏救赵的办法使敌人顾此失彼,打乱其进攻井冈山的军事部署。

红4军于1月中旬离开了井冈山,在敌人重兵围追下,几经苦战,

---

① 陈毅:《关于朱、毛的历史及其状况的报告》(1929年9月1日),载《文献和研究》1987年第4期。

终于在2月11日在赣南瑞金县大柏地成功伏击了尾追的敌军刘士毅旅大部,扭转了红军下山后的被动局面。红4军乘胜占领宁都县城后,经黄陂、小布、君埠,一周后到达吉安东固根据地,与李文林、段月泉分别领导的江西红军独立第2、第4团会合,部队得到休整,并在赣南站稳了脚跟。

在红4军休整期间,井冈山根据地失守,红5军主力也被迫下山,向赣南转移。原定内外线配合打破国民党军"围剿"井冈山的计划已无法实现,红4军遂决定向闽赣边界发展,争取"以闽西赣南20余县一大区为范围,用游击战术以发动群众,以群众公开割据,深入土地革命,建立工农政权"。3月,红4军进入福建省,在邓子恢、张鼎丞领导的闽西地方党的配合下,于3月14日在长岭寨全歼国民党省防军郭凤鸣旅,占领了闽西重镇长汀城,进而成立了长汀县革命委员会。20日,前委决定红4军在赣南、闽西发动群众进行游击战争,创建新的根据地,不再返回以井冈山为中心的湘赣边根据地。

3月下旬,红5军突围转战至江西安远,这时蒋桂战争爆发,敌人无力顾及赣南,红4军决定回师赣南与红5军会合。两军于4月1日会合后,决定红5军仍返井冈山,恢复发展湘赣边界苏区。红4军和江西红军独立第2、第4团则实行分兵:一路北上兴国县境内的古龙岗、良村一带;一路进驻当时已被红2、4团占领的兴国县城;一路留在雩都(今作"于都")县境内,创建赣南根据地。15日,兴国县革命委员会宣告成立,这是赣南第一个县级苏维埃政权。随后,雩都、宁都、永丰等县也都相继建立起了革命委员会。赣南根据地初具规模。

5月中旬,根据"争取江西,同时兼及闽西、浙西"的战略计划,红4军第二次向闽西进军。5月23日,红4军攻下了龙岩县城,26日再占永定县城,与永定地方红军会合。27日,永定县革命委员会宣告成立,以张鼎丞为主席。6月3日,红4军再下龙岩县城,两天后召开群众大会,宣布龙岩县革命委员会成立,由邓子恢任主席。一个月后,中共闽西一大在上杭蛟洋召开,通过了建立闽西统一的政权机关——闽西革命委员会(即闽西苏维埃)的决议。红4军据此与地方红军一起大规模扩大根据地,很快形成了以龙岩、上杭、永定、连城、长汀5个县为中心,拥有 80 万人口的闽西根据地。各县相继有 50 多个区、400 多个乡召开了各级工农兵代表大会,成立了从县到区到乡的苏维埃政府。

到 1930 年秋天,随着红军占领吉安,并向袁水流域扩展,赣南、闽西已初步连成一气,形成了包括兴国、雩都、宁都、瑞金、安远、寻乌等县和包括龙岩、永定、上杭、武平、长汀、连城等县在内的赣南、闽西根据地。这两个根据地的苏维埃政府亦相继成立,曾山、邓子恢分别担任两根据地苏维埃政府主席。同年 6 月,根据中共中央指示,红 4 军和由闽西地方武装编成的红 3 军合编为红军第 1 路军,随后改称"红 1 军团",朱德任总指挥,毛泽东任政治委员。此后,赣西南地方武装编成的红军第 20 军和第 22 军也划归红 1 军团建制。

彭德怀、滕代远率领的红 5 军回到井冈山后,仍感生存条件及发展受限,故决定另寻发展方向。该部原由彭德怀、滕代远、黄公略领导,以国民党湖南独立第 5 师第 1 团以及该师第 3 团第 3 营、师辖随营学校等共 2500 余人在湖南平江起义而成。起义后原计划以平江为中心建立根据地,因湖南国民党当局大举围攻,红 5 军战斗失利而被迫撤出,不得不将第 1、2、3 纵队交由黄公略率领,留在湘鄂赣边区,化整为零坚持活动,部队主力近千人则转去了井冈山。这时,彭德怀等得知湘鄂赣边黄公略部已成气候,遂再度决定返回湘鄂赣边以求发展。部队 8 月 8 日从永新出发,经莲花,转萍乡,克万载,辗转征战,终于与黄公略所部红军支队重新会合。两部改编后,仍称红 5 军,下辖 5 个纵队,彭德怀任军长,黄公略任副军长,滕代远任党代表。红 5 军随后分兵鄂东南、湘鄂赣边界和赣南三处开展游击战争,以创建根据地。到 1929 年秋冬,湘鄂赣边界根据地已经扩大到十几个县的范围,包括平江、浏阳、修水、铜鼓、万载、武宁、宜春、宜丰、通城、通山、大冶、阳新、崇阳等县。1930 年春,根据中共中央命令,红 5 军等部在湖北大冶宣布成立红 3 军团,下辖红 5 军、红 8 军,彭德怀任总指挥,滕代远任政治委员。由湘鄂赣边独立师和一部分游击队编成的红 16 军,也归属红 3 军团建制。

就在朱、毛红军及赣南、闽西根据地,以及彭德怀等湘鄂赣边根据地初创之际,中共领导的其他地区的农村武装割据也在蓬蓬勃勃地发展。其中闽浙赣根据地、鄂豫皖根据地、湘鄂西根据地、左右江根据地和东江根据地的发展较为引人注目。

闽浙赣根据地的创立,是从信江根据地、赣东北根据地逐渐发展起来的。信江根据地的形成始于1927年底。11月7日,中共赣西特委、万安县委组织了万安暴动。随后,中共江西横峰区委书记方志敏发动了弋阳、横峰、贵溪、铅山、上饶5县的年关暴动,并成立了弋横中心县委。1928年1月11日,中共中央致信江西省委,要求赣西南地区尽快实行武装割据,以造成湘、鄂、赣3省联合暴动的局面。2月7日,江西省委提出计划:以江西西南为总暴动的发动地,西北、东北为主要的响应区域,以南昌、九江及南浔路一带为全省暴动的终点。中共中央和江西省委的计划推动了江西农民武装割据斗争的进一步开展。5月间,弋阳、横峰举行了第一次工农兵代表大会,成立了苏维埃政府。经过数月艰苦的反"围剿"作战,组成了江西红军独立第5团,邱金辉任团长。到1929年初,农民武装斗争已经遍及信江流域8个县的范围,中共中央因此批准成立信江特委。2月,信江地区中共第一次党代表大会在弋阳九区召开,会上正式组成了信江特委,方志敏任书记。同年9月,根据中共江西省委的决定,在弋阳县漆工镇湖塘村召开的第一届信江工农兵代表大会上,成立了以方志敏为主席的信江苏维埃政府,并颁布了临时土地法及其他各项法令。

在信江根据地初步形成后,由中共信江特委和信江苏维埃政府领导的红1团进一步向外扩张和发展根据地。继弋阳、横峰、贵溪、德兴4县建立苏维埃政府之后,上饶、万年、余江、乐平4个县也相继在1930年上半年建立了苏维埃政权。当年7月,根据中共中央的决定,在原江西红军独立1团的基础上成立了工农红军第10军,周建屏任军长,吴先民代理政治委员,胡庭铨任前委书记。信江特委也应中共中央的指示,改组为赣东北特委,以唐在刚为书记。8月1日,信江特区苏维埃政府改为赣东北革命委员会,以方志敏为主席。根据地因之也扩大到了闽北、浙西、赣东北地区,形成了闽浙赣根据地。

三 鄂豫皖根据地的初建

鄂豫皖根据地创立于1927年9月。当时,黄安、麻城、黄冈、黄梅、信阳、确山、潢川、固始等县都曾爆发过共产党组织的农民武装起义。11月,黄安、麻城两县农民武装暴动取得成功,建立了黄安县农民政府和工农革命军鄂东军。它虽然不足一个月即被国民党军队所镇压,但剩下的百余人转移到黄陂县北部的木兰山区,仍坚持武装斗争,并建立起工农革命军第7军。以后,该军转战于黄安、麻城、光山3县边界,不断壮大,开辟了以柴山堡为中心的游击根据地,部队改编为工农红军第11军第31师。1929年5月中共鄂豫皖特区区委发动了商城县南部丁家埠民团兵变,基本控制了商南地区,成立了工农红军第11军第32师。该部随后转移到豫东南和皖西六安、霍山等县开展游击战争,逐步建立起以商南斑竹园为中心的小块根据地。这以后红32师与红31师互相策应与配合,使鄂豫边区和豫东南割据区域得以扩大,在当年9月将鄂东北特委改组为鄂豫边区特委,统管黄安、麻城、罗田、黄陂、商城、光山、罗山、黄冈8个县区。11月,中共在河南光山县南部胡子石召开鄂豫边第一次代表大会,选举产生了以徐朋人、王平章、徐宝珊3人为常委的特委常务委员会。12月,中共鄂豫边区特委更组织召开了鄂豫边区第一次工农兵代表大会,成立了鄂豫边区革命委员会,建立了统一的鄂豫边区根据地政权机关。革命委员会主席为曹学楷,下设军事、外交、土地、财政、经济、文化、肃反7个委员会,徐向前、曹学楷、吴焕先、郑行瑞、郑新民、戴季伦、熊少山等分任各委员会主席。这标志着豫东南、鄂豫边区两块根据地在组织上实现了统一。

受鄂豫边区农民武装割据斗争的影响,皖西中共六安中心县委也于1929年底相继发动了独山暴动和六安、霍山农民暴动,并于次年1月20日成立了工农红军第11军第33师。以后与六安、霍山毗邻的霍邱、潜山、尧冲亦发生农民武装暴动,并在此基础上组成了工农革命军,后改编为红军第11军第34师。到4、5月间,皖西六安、霍山、霍邱3县就有18个区分别建立起了区乡一级的革命委员会。

由于鄂豫皖根据地东临津浦线,西扼京汉线,北及陇海线,南近长江,处于东西南北交通之咽喉,且与京汉线以西的湘鄂西根据地和长江以南的湘鄂赣及赣东北根据地遥相呼应,严重威胁着国民党的统治中心,因此为中共中央所高度重视。1930年2月底,中共中央专门召开会议,具体讨论了划鄂豫皖为特区、成立中共鄂豫皖特委和改编鄂豫皖红军等问题,决定将湖北黄安、麻城、黄陂、黄冈、孝感、罗田(后加应山、安陆)、河南商城、光山、潢川、固始、息县(后加罗山)、安徽六安、英山、霍山、霍邱、颖上、寿县、合肥等县,统一划为鄂豫皖特别区。接着,中共中央特派曹大骏、许继慎、熊受暄等到达鄂豫皖,传达并贯彻上述指示,成立了中共鄂豫皖特别区委员会,由郭述申、许继慎、曹大骏、何玉琳、王平章、姜镜堂、周纯全、甘元景、徐朋人等组成常务委员会,以郭述申为书记。同时,将红31师、红32师、红33师合编为中国工农红军第1军,许继慎任军长,徐向前任副军长,曹大骏任政治委员。红1军前敌委员会直接隶属中央军委,与边界特委、湖北省委不发生直接领导关系。而4月由阳新地区北渡长江转战到蕲春、黄梅、广济地区的红军第8军第4、5纵队,则与当地游击队合编为红15军,蔡申熙任军长,陈奇任政治委员,并将蕲春、黄梅地区与鄂豫皖特别区实行了合并,统一领导。

6月下旬,鄂豫皖特委在河南光山县召开了鄂豫皖边区第一次工农兵代表大会,正式选举成立了鄂豫皖边区苏维埃政府,甘元景为政府主席。这样,就形成了以大别山为中心的鄂豫皖根据地。此后,红1军与红15军于1931年初在黄麻地区会合,再合编为红4军,邝继勋任军长,余笃三任政治委员,徐向前任参谋长。

湘鄂西根据地的开创是在1927年12月以后。它位于长江和汉水之间,是以洪湖为中心,由湘鄂边、鄂西北、鄂北的一些零散的小块根据地所组成。最初,中共鄂中特委领导了武装暴动,攻占了沔阳县城,监利和沔阳两县暴动武装合并编成工农革命军第5军。注意到这种情况,中共中央迅速派洪湖边起家的贺龙携周逸群等南昌暴动后脱离部队的军事干部前往鄂西,转往湘西桑植发动武装起义。周逸群为中共湘西北特委书记,贺龙为委员。回去后仅一个月时间,贺龙就召集了3 000人,成立了工农革命军,贺龙任司令,贺锦斋任师长。当年7月中共湘西北特委与中共湘西特委合并,成立湘西前委,贺龙任书记。8月正式成立了工农革命军第4军,贺龙为军长,黄鳌任参谋长。由于战争受挫,第4军遭受重大损失,军参谋长黄鳌和师长贺锦斋相继牺牲,部队只剩下不到200人，不得不退入桑植、鹤峰两县的深山老林中休整。

1929年1月，贺龙率第4军打下了鹤峰县城，并于几天后成立了县苏维埃政府。随后虽被迫撤出，一个月后又再次攻占该城，并召开了全县党的第一次代表会议和第一次苏维埃代表大会。6月，贺龙又攻克桑植县城，并成立了桑植县苏维埃政府。如此一来，桑植、鹤峰两县连成了一片，初步形成了湘鄂边区根据地。而红4军以此为基础，接着向周边地区扩展。再加上周逸群率部在湖北荆门、当阳、远安一带打游击，逐渐形成了鄂西根据地。1929年中共鄂西特委将各个游击队合编为红军鄂西游击总队，周逸群任总队长，段德昌任参谋长，这样就初步形成了以洪湖为中心，包括湖南华容、南县、安乡县在内的湘鄂西根据地。红军鄂西游击总队也于1929年12月改编为红军中央独立第1师，两个月后又受命扩编为中国工农红军第6军，孙德清任军长（不久因病离职，邝继勋继），周逸群兼任政治委员。红6军成立后，先后攻占沔阳、潜江、石首、华容等县镇，相继建立起各县苏维埃政权。据中央巡视员9月初报告称：湘鄂西根据地以江陵县郝穴、龙西地区为割据中心区域，龙南区内亦呈割据形势，所领导的有组织的群众在20 000人上下，石首东、北两区也是割据的形势，所领导的有组织的群众在5 000人以下；监利农村更是几乎全部完成割据，沔阳大部分地区也已割据，华容、石首交界的东山也出现了割据区域。到1930年初，潜江、石首、调弦、江陵、沔阳等地均陆续建立了苏维埃政权。1930年4月，根据地召开了包括江陵、石首、监利、沔阳和潜江在内的五县工农兵贫民代表大会，选举成立了鄂西五县苏维埃联县政府，周逸群任主席。进而湘鄂边的红4军与红6军在湖北公安会师，部队扩大到上万人，合编为红2军团（红4军同时改称红2军），贺龙任总指挥，周逸群任政治委员，并组成了红2军团前敌委员会，周逸群任书记。湘鄂边、鄂西根据地从此连成一片，鄂西特委亦很快改组为湘鄂西特委，邓中夏任书记，并兼任红2军团政治委员、前敌委员会书记；周逸群任军委代理书记。10月，湘鄂西第二次工农兵贫民代表大会在监利县城茶庵庙召开，24个县、市800余名代表参加了大会，会议通过了《湘鄂西苏维埃法令》，并产生了湘鄂西联县苏维埃政府，周逸群为政府主席。

四 广东、广西根据地的诞生

左、右江根据地地处黔、滇、桂三省交界处，与法属殖民地越南相邻。它形成于蒋桂战争之后。当时，靠站在蒋介石中央政府一边反对李宗仁、白崇禧，取得了广西省政府主席和第4编遣区主任的俞作柏、李明瑞，因与南京政府和新桂系颇多矛盾，过去又曾深受共产党影响，俞作柏弟弟俞作豫即共产党员，故希望借助于中共加强自己的力量。广东省委得知后，先后派出邓小平、贺昌、龚楚、陈豪人、张云逸、徐开先、叶季壮、袁任远、何世昌、袁池烈等干部前去广西，对俞作柏、李明瑞展开工作。在俞作柏、李明瑞的安排下，一批共产党员得以出任了广西省政府机要秘书、南宁市公安局局长、广西教导总队副主任、广西警备第4大队队长等要职。经过3个月左右的工作，中共就在南宁掌握了数千武装力量。随着俞作柏、李明瑞参加张发奎反蒋失利，蒋、粤军队进逼南宁，邓小平等力劝俞作柏、李明瑞撤出南宁，开往左右江地区。1929年10月，共产党人掌握的第4、第5警备大队及教导总队、警卫队等一路护送俞作柏、李明瑞前往左江龙州，另一路由邓小平、张云逸率领，护送从南宁军械库运出来的枪支弹药前往右江百色。11月，中共中央批准了在左右江地区武装起义的计划。12月11日，以邓小平为书记的中共广西前敌委员会发动了百色起义，正式宣告组成中国工农红军第7军，张云逸任军长，邓小平任军前委书记，陈豪人任军政治部主任。当天在恩隆县平马镇经正书院举行了右江地区第一届工农兵代表大会，宣告成立了右江苏维埃政府，雷经天任主席，韦拔群、陈洪涛等为委员。随后，右江地区14个县都在红7军帮助下先后成立了县苏维埃政府或县革命委员会。右江根据地由此形成。

百色起义后，邓小平进一步对在左江龙州的俞作柏和李明瑞展开工作。同时，通过俞作豫掌握的部队，帮助地方建立农民赤卫军和左江工农赤卫大队，成立龙州县委，发展各地党组织。1930年2月1日，俞作豫、李明瑞等发动了龙州起义，当天宣告成立中国工农红军第8军，由俞作豫任军长，邓小平兼政治委员，何世昌任政治部主任。李明瑞则担任红7、红8两军的总指挥。而当天宣布成立的左江革命委员会，则以左江特委书记王逸任为主席。在此之后,左江地区多数县都相继成立了革命委员会。左江根据地由于国民党新桂系的大举进攻,一个月之后失败了,但右江根据地仍得以保持。

东江根据地包括广东省东部绝大部分地区,它最初是在中共中央和中共广东省委直接部署下创立起来的。主要有:包括海丰、陆丰2县及惠阳、紫金2县在内的海陆丰根据地;揭阳、丰顺、五华3县边界根据地;潮阳、普宁、惠来3县边界根据地;梅县、大埔、丰顺3县边界根据地;蕉岭、平远、寻邬3县边界根据地;潮安、澄海、饶平3县边界根据地;饶平、大埔与福建平和、诏安边界根据地;陆丰、惠来2县边界根据地。其中海陆丰揭、丰、华的八乡山和潮、普、惠的大南山,是东江根据地的中心地区。从1927年11月海陆丰苏维埃政府建立开始,中共广东省委和东江特委就明确提出了要将苏维埃区域扩大到整个东江地区的设想。之后,普宁、惠来也相继建立了苏维埃政府,与海陆丰连成一片,基本上实现了4县割据。此后还在丰顺、五华、紫金、惠阳、揭阳等县建立了一批区、乡苏维埃政权。但是,这一阶段的创建根据地,到1928年8月前后陷于失败。

海陆丰根据地失败后,五华县革命委员会主席、工农革命军东路第7团团长古大存却在五华、丰顺、揭阳3县边界的八乡山坚持了下来,并成功地发动了梅县南部的畲坑暴动,从而使五华、丰顺、梅县、兴宁、大埔、揭阳、潮安7县的共产党人闻风而至,成立了中共7县联合委员会,以古大存为7县联委书记。进而在10月间先后成立了丰顺、五华2县的革命委员会,创建了包括八乡山和铜鼓嶂、九龙嶂在内的新的根据地。

1929年秋天,中共东江特委在八乡山设立了东江红军总指挥部,中共东江特委常委、军委书记古大存任总指挥,下辖红军第46、47团。而为了扩大东江根据地,中共中央这时下令红4军从闽西向东江出击。在朱德、陈毅率领下的红4军3个纵队于10月24日进抵蕉岭,然后经平远于次日下午攻占了梅县县城。红4军此次南下东江作战虽然最终未能取得成功,但促进了东江根据地的建立和发展。1929年12月东江特委开始筹备召开东江第一次工农兵代表大会。1930年5月,大会在八乡山滩下庄屋坪隆正式召开,并正式成立了东江苏维埃政府,陈魁亚任政府常务委员会委员长,古大存、陈耀潮为副委员长。这个时候,东江地区的五华、兴宁、龙川、梅县、大埔、丰顺,以及海丰、陆丰、惠阳、紫金等小块根据地又相继建立起来。饶平、平和、大埔、诏安几县的农民武装斗争也得到了恢复和发展。

除了上述南方根据地成功创立,共产党人在其他地区所领导的武装暴动亦此起彼伏,试图造成武装割据的局面。尽管这些大大小小多达数百次的武装暴动一时没有能够达到创造工农武装割据的目的,却有一些地区成功地保存了部分队伍,坚持了武装斗争,从而为以后根据地的创立打下了重要的基础。地处天涯海角的琼崖农民武装斗争和地处西北偏远地区的陕西兵变,即是如此。

海南岛共产党人的武装反抗,最早开始于1927年7月18日。在此之前,由于蒋介石发动了"四一二"事变,广东李济深亦发动"四一五"事变,驻琼崖的国民党第33团团长黄镇球等也于4月20日发动事变,从海口、府城开始捕杀共产党人。当时琼崖特委成立了琼崖肃反委员会,并领导琼山、文昌、琼东、乐会、万宁、陵水、澄迈各县组建了工农武装,统一称为"琼崖工农讨逆军"。7月18日,陵水县工农讨逆军趁国民党驻军调防之机,在暴动农民配合下一举攻占了陵水县城,宣布成立陵水县人民委员会。此举虽遭失败,却开了琼崖武装暴动之先河。

中共"八七"会议后,为响应中共中央关于湘、粤、鄂、赣4省农民秋收暴动的号召,琼崖特委根据中共广东省委指示,于9月发动了全琼农民武装总暴动。琼崖工农讨逆军也由此改称"工农革命军",以冯平为总司令,王文明为党代表,下设东、中、西三路总指挥部。东路工农革命军从1927年11月21日开始,向陵水、三亚、万宁3县猛攻,先后占领陵水和三亚两城,从乐会县的阳江墟到琼南的三亚,沿海一带一时基本上均为东路工农革命军所控制。东路军于12月中旬在陵水召开了工农兵代表大会,宣布成立陵水县苏维埃政府。1928年2月底,全琼工农革命军改称为"琼崖工农红军",冯平任总司令兼西路总指挥,符节任政治部主任;东路总指挥由梁秉枢担任,中路总指挥由谭明新担任,红军总人数达1400余人。

琼崖农民武装割据运动的迅猛发展，迫使广东国民党人下决心集中兵力进行镇压。由于国民党军4个团4000余人渡海而来，连同琼崖各县地主武装，力量大大超过红军，经过8个多月的反"围剿"斗争后，琼崖红军遭受了巨大的损失。琼崖红军总司令冯平、政治部主任符节等先后牺牲。最后，根据地基本丧失，琼崖苏维埃政府主席王文明和红军东路总指挥梁秉枢等率领仅存的数百名红军和赤卫队员等不得不转移到定安县南部的母瑞山区去开辟新的根据地，坚持斗争。

陕西地区共产党所发动的兵变，首先是从陕北开始的。1927年10月12日，共产党通过所掌握的井岳秀部驻清涧第11旅李象第9营发动起义，之后马上移往延川、延长、宜川一带，试图实行武装割据。不料该部在宜川城遭受重大打击而失败。12月，共产党人又在韩城运动部队发动了第二次兵变，并据此组成了西北工农革命军游击支队，由唐澍、谢子长分任正、副指挥，阎揆要任参谋长。然而，一个月后部队再遭重创，被迫遣散。1928年1月，中共陕西省委仍决定发动全省武装暴动，并确定以渭南、华县为中心，以华阴、临潼、蓝田、固市为暴动的重点区域。在准备了几个月之后，以华县许权中旅部分官兵实行兵变为主。由刘志丹率领的数百官兵起义后，在华县瓜坡镇宣告成立了西北工农革命军，刘志丹任军事委员会主席。陕东特委和西北工农革命军随后在渭南到华县一带，在暴动农民的协助下，先后成立了一些乡、村苏维埃政权。但这次暴动也只坚持了一个月左右，即在国民党军的进攻下遭受挫折。工农革命军被迫退出了渭华地区，并取消了革命军的番号，以后改称"陕甘游击队"。这支游击队随后与渭北旬邑农民暴动失败后残余的队伍相结合，继续坚持武装斗争，并最终在甘肃陇东地区坚持了下来，以后又逐步转移到陕北开展游击战争。

第三节 "立三路线"与六届四中全会的召开

一 中共六大的政策方针

中共南方农村根据地的创立和工农红军的发展,并不能使共产国际以及中共中央很快放弃对苏维埃革命模式的坚持。1928年6月18日至7月11日,联共(布)中央政治局和共产国际通过各种办法,将中共领导人及其各地代表100余人秘密运送到莫斯科,召开中共第六次全国代表大会。瞿秋白代表中共中央为大会做了题为"中国革命与共产党"的报告,周恩来做了关于组织问题和军事问题的报告,刘伯承做了军事问题的补充报告。共产国际主席布哈林则为大会做了政治报告,并在大会结束之际就政治报告讨论的情况对大会做了总结。

这次大会对于刚刚经历过一系列惨痛失败的中国共产党人而言,是具有相当重要意义的。它在莫斯科的成功召开显然振奋了党的领导层的斗争意志,而从斯大林到布哈林耐心地听取中共代表提出的种种问题,深入浅出地答疑解惑,显然也解决了不少共产党人长期以来在理论和实践过程中迷惑不解的问题。大会在中共中央以及中共代表思想观念上所造成的最重要的影响,则是明确了中国革命的民主革命性质,限定了现阶段革命的目标和任务。它使代表们第一次公开承认,中国革命还没有到"直接革命的形势",第一次不再幻想一步踏上俄国十月革命的历史阶段,第一次在一定程度上开始从正面肯定中国革命不同于俄国革命的那些特殊形式。

关于这方面的看法,在大会的《政治议决案》中都有明白的解说。

议决案肯定地指出：中国现时没有革命高潮，"武装暴动在全国范围的意义，还只是宣传口号"，"党的总路线是争取群众"，故必须反对盲动主义。大会肯定了中国已经出现的农民武装割据现象和农村苏维埃区域的意义，强调"农民斗争，则至今保存的苏维埃政权的根据地（南方各省），及其少数工农革命军"，势必要成为未来新的革命高潮的"重要成分"。在这种情况下，它明确认为：当前的主要任务，就是要"发展苏维埃的根据地，夺取新的区域，巩固新的区域"，"最大限度的发展正式的工农革命军——红军"，"建立苏维埃的政权机关，引进广大群众参加管理政事"。而在"现在阶级斗争日趋激烈的条件下，建立一县或数县的苏维埃区域是有可能的"。与此同时，议决案明确指出：中国革命的性质，并不因国共关系的破裂和苏维埃革命的展开，就从民主革命转向了社会主义革命。"中国革命现阶段的性质是资产阶级性的民权革命"。当前中国革命的中心任务应当是"驱逐帝国主义者，达到中国的真正统一；推翻地主阶级私有土地制度，实行土地革命；力争建立工农兵代表会议（苏维埃）的政权"。而争取民众的具体要求和斗争口号也应当限定在以下10个方面：(1) 推翻帝国主义的统治；(2) 没收外国资本的企业和银行；(3) 统一中国，承认民族自决权；(4) 推翻军阀国民党政府；(5) 建立工农兵代表会议；(6) 实行8小时工作制，增加工资、失业救济与社会保险等；(7) 没收一切地主阶级的土地，耕地归农；(8) 改善兵士生活，给兵士土地和工作；(9) 取消一切苛捐杂税，实行统一的累进税；(10)联合世界无产阶级和苏联。大会直截了当地要求"保存商业的货物交易，战胜均产主义的倾向——均分小资产阶级财产的倾向（如均分小商人小手工业主等的财产）"等。①

正是基于这样一种基调，大会讨论并通过了《政治议决案》《苏维埃政权组织问题决议案》《土地问题议决案》《农民运动决议案》《军事工作决议案》《职工运动决议案》等16个决议案，同时还修改了党的章程，选举了新的中央委员会，并根据苏联党和共产国际的提议，把工人出身的政治局委员向忠发推上了总书记的位置。这次大会的各项文件和决议

---

① 中共六大《政治议决案》(1928年7月9日)，见《中共中央文件选集》第4卷，298—320页，北京，中共中央党校出版社，1989。

案基本上都是由苏联和共产国际专家代为起草,瞿秋白参与了文件起草工作。莫斯科方面坚持大会代表、中共中央委员以及党的领导层要突出工人成分,从中可以清楚地看出,在苏联党和共产国际领导人实际策划、组织和主导下的这次大会,对俄国苏维埃革命的模式仍旧相当坚持。它意味着,大会没有也不可能改变苏维埃革命模式中的城市中心观点,即城市领导农村、工人领导农民的观念;没有也不可能完全改变苏维埃革命模式中排除资产阶级乃至于小资产阶级,超越民主革命阶段的种种做法和观念。

关于这种情况,在大会决议以及布哈林的报告和谈话当中,表现得也很明显。在谈到农村武装割据的作用时,大会《政治议决案》明确指出:"各省自发的农民游击战争……能够变成全国胜利的民众暴动的出发点,只有在下列条件之下,就是和无产阶级的城市的新的革命高潮相联结起来",才是可能的。对于工农红军的存在,大会在高度肯定的同时,却相信它只能作为革命的一种补充手段来发挥作用,真正的革命还是要像俄国那样,通过群众暴动来解决问题。因此,就连布哈林也不大相信中国红军能够在脱离城市的农村环境中长期生存下去。他指出的生存策略是:今天在这个村子杀一杀鸡,喝一喝鸡汤;明天去那个村子杀一杀鸡,喝一喝鸡汤。等到中心城市的群众发动起来了,革命达到高潮,"我们放一个号炮,便可以进行总攻击"了,红军这个时候自然可以担负起配合工人暴动夺取中心城市的作用。

至于对资产阶级的态度,无论大会各项决议如何肯定中国的民主革命性质,依照俄国革命的经验,布哈林仍旧坚持把中国的民族资产阶级看成"是我们最无情最残酷的敌人"。对于小资产阶级,布哈林也毫不怀疑,整个上层小资产阶级和民族资产阶级一样反动。他唯一有所保留的只是对中下层小资产阶级的态度,但当中共代表提出"如果工农群众强烈要求实行势必会侵犯到小资产阶级利益的平均主义的政策,对小资产阶级应当采取何种态度"时,他则毫不犹豫地答复说:如果真的发生这种情况,共产党人只能牺牲与小资产阶级的关系,而不能怜惜他们。[①]

[①]《国际代表在中国共产党第六次全国代表大会上关于政治报告的结论》(1928年6月29日)。

十分明显,苏维埃革命的民主主义性质虽然在这次大会上得到了明确的肯定,然而对于何为革命的动力,何为革命的对象,与会者依旧混淆不清。据此通过的六大议决案,中国苏维埃革命的动力并不含有理应为资产阶级民主革命重要成员的资产阶级。大会明确认为,中国的苏维埃革命,其实就是工农革命;苏维埃革命的动力,只有工人和农民。甚至对于农民而言,也必须要加以清楚地划分,因为革命的农民主要也只是指农村中的贫农和雇农,中农只能被视为不十分可靠的同盟者,而富农则应被视为剥削阶级的一部分。如此一来,苏维埃革命的对象,自然也就不仅是议决案中所规定的帝国主义和地主阶级,它还不可避免地包括军阀国民党在内,包括民族资产阶级以及上层小资产阶级在内;并且,民族资产阶级和上层小资产阶级还是"最危险的敌人之一"。①

中共对苏维埃革命形式的坚持,很快就反映到中国革命的具体实践当中去了。中共六大召开的过程中,恰好发生了济南惨案。日本大举出兵中国山东,国民党领导下的民众组织和各地舆论掀起了反日运动的热潮,使一向以彻底反帝为号召的共产党人处于相当困难的地位。这时留守在国内的中共中央明确发出通告,承认"这一反帝运动,确实被国民党领导了"。为此,留守中央决定改变此前与国民党及其一切资产阶级、小资产阶级团体划清界限的做法,让党员"加入国民党所组织的反日团体","运用群众的统一战线揭破反动领袖的假面具而取得其群众,也就是取得公开的地位以便到群众中去活动"。具体做法就是通过"检查日货焚烧日货阻运日货……等类激烈的动作,以惹起许多小的冲突",暴露国民党妥协投降,从而达到揭破国民党假面具的目的。②

中共策略的调整,迅速改变了它在群众反日运动中的被动局面。在5月30日和6月3日这两天,由于中共的参加,上海反日大同盟和工人反日后援会等组织成功地动员了上千群众上街举行反日示威,同时还有一些工厂的工人进行了反日罢工,群众反日斗争的方式也开始突破了上海市政府的限制。面对这种形势,留守中央进一步提出的调整策略的方案,中心在于要"把反帝运动和民权运动汇合起来并且联系

---

① 参见中共六大《政治议决案》(1928年7月9日)。
② 《中央通告第四十八号》(1928年5月18日),见《中共中央文件选集》第4卷,209—216页。

到工农小资产阶级本身的利益以发动城市广大的群众"。基于这样一种目的,它明确提出了"要求公开外交""恢复民众运动""实行民众政权"和"召集国民会议选举全国政府"等一系列明显地具有改良性质的斗争口号,力图"使之成为目前民众的要求,在这种要求之下起而斗争"。①

留守中央为适应国内政治斗争形势而作出的这些策略调整,很快就受到共产国际的领导机关的严厉批评。瞿秋白甚至明确认为:这是"机会主义重新抬头"和"新的右倾"的表现,说提出这些口号就"意味着否定和取消苏维埃的口号"。中共六届一中全会产生的以向忠发为首的新的中共中央于9月初一回到国内,也明确地批评了留守中央的上述做法。它进一步明确提出:苏维埃革命必须最鲜明、最彻底地打出阶级斗争与民族斗争的旗帜,不能拐弯抹角,"不应采取'统一战线'的口号",尤其不应突出反日而不反其他帝国主义和假反帝的国民党及各种改良主义派别,甚至于"竟跟着资产阶级于不知不觉中做了美帝国主义在华发展的工具","使革命的反帝运动变成了反革命的作用"。②

中共六大给中国共产党人提出的苏维埃革命的目标十分明确,就是要积蓄力量,准备迎接革命高潮的到来,发动武装起义,推翻地主资产阶级的南京政府。因此,新的中共中央回国之后再三强调:"如果中国共产党不能夺取千万群众团结在它的周围,如果中国无产阶级不能强健起它的革命领导,工农兵士群众不能在无产阶级很正确的政策领导之下,广大的斗争起来,则中国统治各阶级的混战,帝国主义争中国的大战,便是爆发,也不会于中国革命有多大的助益。"③但是,自1927年宁汉合流之后,尽管国民党内部依旧矛盾重重,中央与地方实力派之间战事不断,国家至少在形式上已经开始统一于南京国民政府之下,并且开始了一系列在政治、经济和外交方面加强国家统一的步骤。这些步骤使得社会政治经济状况开始有所改善,从而也就使得辛亥革命以来饱受分裂和战乱之苦的社会各阶层群众很快开始对国家的和平统一

---

① 《中央通告第五十四号》(1928年6月21日),见《中共中央文件选集》第4卷,266—277页。
② 《中央通告第三号》(1928年9月18日)及《中央通告第二十号》(1928年11月30日),两文见《中共中央文件选集》第4卷,613—620页。
③ 《中央通告第二十号》(1928年11月30日),见《中共中央文件选集》第4卷,723—746页。

前景寄予了强烈的期望,削弱了他们的革命热情;力图通过和平改良与合法斗争来实现国家政治稳定和民族经济复兴的主张,日渐在资产阶级、小资产阶级群众当中,包括在大批知识分子当中,占了上风。这种情况,即使六大后的新的中共中央,也不能不看在眼里。他们工作了一年多之后,清楚地注意到,整个1928年,"民族资本的状况,的确比较一九二七年是进步了些"。民族资产阶级的力量一天天"突飞的进展"着,1929年民族资本的发展势头比1928年还要明显得多。国民党内部的利害冲突,很明显地已经成为民族资产阶级与地主买办资产阶级之间的斗争。南京政府为保护民族资产阶级的利益,势必"要相当的打击封建势力,改良农民生活,排斥帝国主义势力,实行关税自主等"。民族资产阶级与地主买办资产阶级之间的矛盾"是根本不能调协的"。加上"美帝国主义不但要求中国,而且要求世界和平",支持中国民族资产阶级统一中国,就更是不可避免地会推动南京政府"要和买办地主阶级发生激烈的斗争,同时要引起帝国主义内部的激烈的冲突"。① 当然,中共中央绝不会为在美国支持下的民族资产阶级同地主买办资产阶级之间的这种斗争感到丝毫的鼓舞。恰恰相反,一心指望积蓄群众力量以发动武装暴动夺取政权的中共中央,对南京政府的日渐巩固和统一深感忧虑。中共中央明白地告诫各级党员:务必要把这种"与我们理论上差不多,但政纲则不同"的民族资产阶级及其派别,"视为我们目前争夺广大群众最严重的敌人",因为"民族资产阶级在最近几年的发展中,在全国政治生活中已经取得了有力的地位,至少在最近的期间以内他成了一切政治事变的主要动力之一"。②

相信中国在南京政府的指导下正在逐渐走上资本主义道路,这等于说中国存在着土耳其基玛尔式的发展前途,即有资产阶级单独领导民主革命走向成功的可能性。这同样不符合中共六大所提出的关于苏维埃革命的动力、对象、任务和目标的种种规定。因此,1929年2月8日,在反复讨论和统一认识之后,共产国际就"中国革命现势、前途和目

---

① 《中央通告第三十号》(1929年2月8日),见《中共中央文件选集》第5卷,44—54页,北京,中共中央党校出版社,1989。
② 《中央通告第三十三号》(1929年3月15日)及《中央通告第三十四号》(1929年4月10日)。两文见《中共中央文件选集》第5卷,55—77、110—125页。

前任务"发出了致中共中央的指示信。信中明确提出：必须反对那种"以为在中国，已经开始资本主义'健全'底纪元，已经开辟政治经济和平发展底道路"的右倾危险。它指出："中国资产阶级和国民党政府，不但没有解决中国资产阶级民主革命底基本问题，并且也不能解决这些基本问题。一切关于中国有基玛尔式的发展之可能的说法，都是毫无根据的空谈。"它们充其量只是"用表面上反对帝国主义的态度来遮盖着它对于帝国主义的忠诚孝顺，替帝国主义开辟道路，来使中国遭受殖民地地位的束缚"。中国民族资产阶级也好，各派军阀和地主豪绅势力也好，都不过是帝国主义"内部斗争的现成工具"，夸大中国民族资产阶级在统一中国和打击豪绅地主、买办阶级方面的作用，是完全错误的，因为中国的资产阶级既然已经"转入反革命的营垒，投降在帝国主义面前"，它就"再不肯为消灭封建残余而斗争了"，"再也不能而且不愿推翻帝国主义在华的统治了"。同样，帝国主义的政策也是要加紧对中国的殖民制度的束缚，区别的只是方法而已。"统一中国与推翻帝国主义在华统治"，"是和土地革命及消灭一切封建残余密切联系着，分割不开的"三大革命任务，"只有革命高潮中涌现出来的工农专政政府"，才能根本解决这些问题。①

莫斯科一再反对中共中央强调南京国民政府的稳定、发展与改良的作用，在某种程度上也是基于反对托洛茨基派的政治需要。

托洛茨基是联共（布）党的最主要领袖之一，俄国十月革命时，他实际上是彼得堡起义的领导人；十月革命后，他先后担任过工农政府外交人民委员和陆海军人民委员。1918年担任共和国军事委员会的首任军委主席，1919年成为俄共（布）新成立的政治局委员，以后并兼任共产国际执委会委员。列宁病逝后，他与斯大林围绕着党内民主问题、一国建成社会主义的理论问题，以及中国革命问题等发生了激烈的争论，最终被总书记斯大林开除出党并流放到国外。然而，托洛茨基的同情者和支持者却遍布于各国共产党当中。在中国党内的同情者，就明确认为中国正在走上资本主义道路，目前并无革命形势，"没有意外因素

---

① 《共产国际执委会与中国共产党书》(1929年2月8日)，见《中共中央文件选集》第5卷，605—617页。

来干涉,革命、暴动、苏维埃是谈不上的"。中国共产党人目前应当模仿俄国党1905年革命失败后的策略,以"国民会议"号召、动员和组织群众以合法斗争来争取民主与自由。托洛茨基对中国现状和革命任务的看法,明显地与中共党内不少人的看法接近,从而也就不可避免地在中共党内造成了托派小组织。包括陈独秀在内的一些共产党人,开始公开地对共产国际的指示表示怀疑。陈独秀明确提出:国民党目前已经不再是各个阶级的政治联盟了,大革命的失败实际上已经开始了中国历史上的一大转变时期,资产阶级在政治上对各阶级取得了优势地位,形成了以自己为中心、为领导的国民党南京政府,不仅帝国主义施以让步与帮助,封建残余势力也受到了沉重的打击,中国正在资本主义化的过程中。① 不难看出,中共中央的观点之所以会受到共产国际的严厉批评与纠正,正是因为它很容易滑到托派的观点上去。

二 "武装保卫苏联"口号的提出

1929年5月27日,中国东北当局强行搜查了哈尔滨苏联领事馆,随后更于7月10日强行接管了中东铁路,制造了中东路事件。面对这种情况,中共中央明确认为这是整个帝国主义进攻苏联计划的一部分。出于保卫苏联的需要,几天后它就在上海组织了总行动委员会(简称"总行委"),并由罗登贤、李立三、李维汉三人组成了主席团。总行委极力发动上海工人总罢工,并以"反对帝国主义、国民党进攻苏联"为口号,组织了几百人的示威游行。然而,陈独秀等人却明确反对中共中央的这种做法。他在7月28日即致信中共中央,批评中共中央不知道"讲求策略","只是拿世界革命做出发点,拿'反对进攻苏联'、'拥护苏联'做动员群众的中心口号",而无视民众更能接受的其实还是国民党"拥护中国""拥护民族利益"的口号。中共中央对此强硬地答复称:陈独秀的主张是"降低我们的口号,跟着群众的落后意识跑",是试图"如社会民主党一样以欺骗的方法来取得群众"。陈独秀对此亦反批评说:中共中央完全不看事实,反以主观为客观,不懂得在阶级斗争中夹杂着

---

① 参见《陈独秀关于中国革命问题致中共中央的信》(1929年8月5日)。

民族问题、必须"予以特别的戒心和注意",反而盲目地以为"广大群众都认识苏联是中国解放的朋友"。①

陈独秀对苏维埃革命方针的怀疑,以及对中共中央在中东路事件问题上的尖锐批评,使之在客观上站到了党内反对派的一边。和托洛茨基派的问题联系在一起,自然而然地被中共中央看成是"以托洛茨基主义来掩饰机会主义的错误,完全离开中共六次大会以至国际的路线,并以许多挑拨的言辞来制造党内的纠纷"。随着共产国际执委会第10次全会发出"反右倾""反调和"的号召,中共中央很快于10月20日通过决定将陈独秀开除出党。紧接着,中共江苏省委也于次日通过了开除与陈独秀有相同倾向的彭述之等4人党籍的决定。中共中央在随后发给下级支部的文件中更明确指出:陈独秀等人在中东路问题上的态度,"是党内一些动摇的机会主义分子的立场的最露骨的表现",是"一小撮托洛茨基反对派立场的大暴露"。

共产国际执委会第10次全会的决议,在相当大程度上促使中共中央开始左倾。这是因为,曾经主持过中共六大的共产国际领导人布哈林这时因为与斯大林在社会主义改造及其如何对待富农等问题上意见分歧,被解除了职务,并被指斥为"共产国际内部的一切右派分子的重心"。共产国际新的领导集体为避免与布哈林的错误相联系,亦转而左倾,要求各国党要坚决反对一切右倾观点、取消派分子、调和派分子,断言"目前时期最大的危险是各国共产党落后于群众革命运动发展速度的危险(尾巴主义)"。很快,共产国际针对中国革命问题发出指示,强调中国现在的危机和革命高涨,"已经可以开始而且应当开始准备群众去用革命方法推翻地主资产阶级联盟底政权,去建立苏维埃形式的工农专政"了。共产国际的这种态度,对已经接连受到共产国际批评的中共中央来说,不能不是当头棒喝。

共产国际执委会第10次全会决议刚到不久,共产国际派驻上海的远东局也马上表态反对右倾。远东局通过决议,指责中共中央在富农问题、赤色工会问题以及利用国民党广西省主席俞作柏暴动的问题上

---

① 《中共中央复陈独秀的信》(1929年8月3日)及《陈独秀致中共中央的信》(1929年8月11日)。

都犯了右倾的错误。针对远东局的指责,本来就担心被扣上右倾帽子的中共中央不能不奋起抵抗。他们转而批评远东局曾经试图取消游击战争,远东局则怀疑中共中央对陈独秀的处理过于简单化,双方都指责对方"是一贯的右倾路线"。双方为此接连召开了三次联席会议,争论激烈。共产国际有关中国革命问题的指示到达后,中共中央更不能不努力改变过去对形势的估计,极力搜寻一切可能代表革命形势高涨的苗头和征兆。

三 "立三路线"的发生及经过

1930年2月,一场新的危机露头了。蒋介石与阎锡山、冯玉祥、李宗仁等逐渐拉开了国民党历史上规模最大的一场内战,即中原大战的帷幕。双方动员了上百万人,战事波及十几个省区。这种情况不能不极大地鼓舞了共产党人。

战争从来都是共产党人借以判断革命形势成熟与否和加剧革命步骤的重要依据。所谓战争引起革命、革命制止战争,这本来就是列宁主义的一个重要观点。在共产国际极力反对右倾,一再提醒共产党不得落后于群众革命运动发展速度的情况下,中共中央自然会牢牢抓住这一重要的国内战争形势来推动革命的进展。中共中央政治局委员、宣传部长李立三很快针对这一形势明确提出:这场国民党自身的大混战,势必会在全国范围内造成革命的高潮。我们必须准备组织全国的总暴动。鉴于经济恐慌极其严重的湖北可能成为这场混战的重要战场,周围地区工农红军发展又快,应考虑以湖北为中心的暴动方针,并辅之以顺直、广东和江苏,而以湖南、江西、山东、满洲及广西为配合。中共中央政治局随后通过的决议亦对此明确肯定,并且更进一步把这一暴动准备具体化了,提出了"组织政治罢工""组织地方暴动""组织兵变"和"集中红军攻坚"四大口号,并以此为"我们目前的中心策略",决心"以主观力量,造成直接革命形势,夺取政权"。①

---

① 《柏山在中央政治局会议上的政治报告》(1930年2月17日)及《中央通告第七十号》(1930年2月26日),两文见《中共中央文件选集》第6卷,25—35页。

根据中共中央的部署,南方各地红军主力先后得到命令,分别向武汉、南昌及广州等中心城市方向发展。同时,中共中央召集军委、农委、总工会及地方党的各种会议,开始具体部署中心城市的暴动与红军进攻的配合问题。李立三等人非常清楚这时中心城市的大多数工人群众并没有被组织在共产党领导的工会之中,要想像俄国革命那样主要依靠中心城市民众的暴动来夺取政权是不可能的。因此,他明确提出,中国革命与俄国革命不同,中国红军是为夺取政权而产生出来的,是工农革命的军队,红军只要能打下大城市,我们未必非要机械地等着把城市里的工人都组织起来,发动政治总罢工再来夺取政权。因为,"在当前存在着白色恐怖和迫害的条件下,把几十万名工人组织到红色工会中去是完全不可能的"。

1930年3月5日,中共上海党组织指挥祥昌纱厂罢工工人冲厂,与工头及巡捕发生冲突,一名工人被巡捕开枪打死,数人受伤。此事激起了相当的反响。3月8日,上千工人和学生拥上南京路,并引起大批民众围观,十余辆电车被砸,群众与警察及巡捕再度发生了冲突。随后因南京和记蛋厂资本家雇用流氓打伤工人,引起南京学生及工人不满。4月5日,因资本家请来日本水兵登岸压迫罢工工人,大批学生赶往声援,与警察发生冲突。得知此一消息的上海青年学生迅速起而响应,四处讲演、集会,开展抗议活动。① 一边是中原大战大规模展开,一边是上海、南京等中心城市发生大规模的工人和学生的示威游行,这些都进一步激发了中共中央的革命情绪。向忠发即明确提出:现在形势下再说革命形势正在复兴已经不够了,"如果明天有几万人上街可说是革命高潮到了"。

针对当前形势,李立三在4月7日提出了一整套推动中国革命的新设想。他确信:(1) 没有一省、数省在革命高潮之中,而其他省份不在革命高潮中的情况,革命高潮是在全国平衡发展着的;(2) 各省国民党统治的情形、程度虽不同,其日趋崩溃则为共同的前途;(3) 一省、数省的胜利,必然引起全国反革命势力的联合反扑,造成空前残酷的战

---

① 参见1930年3月6、9、10日,4月5、6日《申报》。

争,不存在一省、数省革命政权单独存在的可能。据此,他认为,中国是帝国主义矛盾最尖锐的地方,同时也是帝国主义统治相对薄弱的地方。由于其矛盾尖锐而统治相对薄弱,中国必然是世界革命首先爆发的地区。而由于中国革命的任何胜利,都会带来国内的残酷战争,并使帝国主义之间的矛盾得以充分暴露,因此它势必会引起全世界的阶级战争,促成西方无产阶级与东方殖民地革命的大爆发。如此,中国革命在一省、数省的首先胜利,就是世界革命的开始。而中国革命能否最终取得决定性的胜利,又不能不取决于世界革命能否取得胜利。在这种情况下,考虑到中国革命在一省、数省的首先胜利,必然会带来残酷的阶级战争和世界革命,中国共产党虽不能立即宣布没收一切私有财产和宣布社会主义政纲,却必须要建立最集中的无产阶级专政的政权,并且必须要没收一切中外资本家的财产。换言之,中国革命在一省、数省首先胜利,就意味着中国革命从民主革命向社会主义革命转变的开始。①

5月,共产党在上海发动的工人运动取得了明显的进展。电汽车工人罢工坚持了3周,取得了胜利。赤色工会组织利用"五一""五卅"等工人运动纪念日,成功地组织了有上千人参加的示威斗争。上海的党组织一个月内也因此增加了240人,仅产业支部即增加了17个。这种情况使中共中央对革命形势的发展更感乐观了。尽管李立三对城市工人斗争高涨程度并不满意,认为"还未到革命高潮的时候",但中共中央内部多数人却坚信过分强调城市工人政治罢工的规模太过机械了,不能说工人运动还落后于农民斗争,客观上工农兵的斗争正在全面发展和高涨之中,已经可以看见革命高潮了。6月11日,中共中央在政治局会议上通过了一个重要决议案,一方面承认今天还不是革命高潮,通过暴动夺取政权还不是行动口号,另一方面却宣布说,"只要在产业区域或政治中心爆发了一个伟大的工人斗争,便马上可以形成革命高潮——直接革命的形势",即可以通过武装暴动来夺取政权了。为此,决议要求各地党组织,不仅要以武汉为中心来争取在一省、数省首先胜利,而且全国"任何一个省区都必须积极准备争取一省胜利的暴动"。

---

① 参见《柏山在中央政治局会议上的报告》(1930年4月7日)。

中共中央随后还特别致电共产国际主席团："中国革命猛烈发展,已接近直接革命形势,中央决定坚决执行对军阀战争的失败主义的路线,极力争取一省与几省的首先胜利,要求在国际对中国问题的决议上确定这一路线。"①

中共中央6月11日的决议遭到了远东局的反对,远东局不仅扣发了中共中央的电报,而且要求中共中央立即停止下发这一决议。其理由是,这一决议高估了当前中国革命的发展形势,无视共产国际有关文件所强调的中国革命发展不平衡的说法。对此,中共中央提出了强烈的抗议,声称："我们认为现在已经是积极准备争取一省与几省首先胜利,建立全国革命政权的时候了,党的任务决不是准备夺取部分的政权,如果认为现在还是准备夺取部分的政权,无疑是对革命形势估量不足的右倾观念……中央为对革命负责、对无产阶级负责、对国际负责,已经决定即刻发出这一决议,不能接受远东局停止发出的提议。"②而事实上,中共中央已经开始着手组织兵士暴动和要求红军发动对中心城市的进攻了。

1930年7月间,中共中央召开了全国组织会议。会议的统计资料显示,党员的数量从2月份的71 119人已增加到193 422人,净增12万余人。其中,产业工人占党员总数的1.2%,增加1倍左右。赤色工会会员也从无到有,达到60 000人的规模,在中心城市里则达到20 000人左右。而在上海,共产党人已经在总共130多个工厂中的30多个工厂里取得了重要影响。据此,中共中央于16日致电共产国际主席团,开始明确提出,因为革命突飞猛进的发展形势,已有很大可能实现南京兵暴、上海总同盟罢工和武汉武装暴动的首先胜利,建立全国苏维埃政权。电报要求联共(布)和共产国际立即从人力、物力等各个方面支援中国革命。对此,共产国际执委会于23日明确回电反对,称："我们坚

---

① 《新的革命高潮与一省或几省首先胜利——政治局会议通过目前政治任务的决议》(1930年6月11日),见《中共中央文件选集》第6卷,115—135页。
② 《中共中央政治局给共产国际执行委员会远东局的信》(1930年6月11日),见《共产国际、联共(布)与中国革命档案资料丛书》第9卷,183—184页。

决反对在目前条件下在南京、武昌举行暴动以及在上海举行总罢工。"①

7月27日,按照中共中央指示发动进攻中心城市的红军第3军团,趁国民党何键部队开出长沙参加中原大战之际,打下了长沙城。这在国内外都引起了巨大的震动,更极大地坚定了中共中央必欲夺取武汉的决心。

8月1日,中共中央政治局召开专门会议讨论刚刚收到的共产国际的来电。来电强调中共组织还过于薄弱,缺乏广泛的工人基础,没有争取到工人群众的大多数,只靠少数先锋队绝不能领导工人群众的武装暴动,因此目前的暴动路线是盲动的和脱离实际的。与会者在讨论中承认自己在组织上暂时还没有能够夺取工人阶级的大多数,目前也还没有广大的政治罢工,因此革命高潮还没有到来。但是,他们相信,根据几个月的形势发展和工作成效,在一两个月内,仅上海党组织就可以发展出3 000—5 000名工人党员,一旦革命高潮到来,发展20 000—30 000名工人党员也是有可能的。因此,只要发生重大事变,党在几天之内或数周之间就可以组织起数十万甚至数百万的工人群众。② 结果,共产国际的来电不仅没有减弱中共中央推动在全国范围暴动的热情,反而促使它更进一步把暴动的部署具体推进到北平、天津、郑州、开封、唐山以至满洲去。中共中央甚至相信,北方的客观形势,与南方的形势绝对是一样的。即使满洲的暴动可能引起日本很剧烈地向苏联进攻,成为国际战争的序幕,但按照李立三对中国革命势必引发世界革命的估计,它恰恰可以掀动国际无产阶级对帝国主义的决战。因此,他明确认为,这样的战略正是国际路线,是不会错的。李立三批评共产国际对长沙事件太轻视,并且是"对中国革命的估量的不足"。他认为共产国际"必须采取积极进攻路线","苏联必须积极准备战争",中国暴动一起,蒙古就应出兵中国北方,苏联则应在满洲与日本作战。只有这样,才"可以得到更快的成功"。为了达此目的,李立三甚至扬言:必须据此

---

① 《共产国际执行委员会给中共中央的电报》(1930年7月23日),见《共产国际、联共(布)与中国革命档案资料丛书》第9卷,225页。
② 参见《斯托利亚尔给洛佐夫斯基的信》(1930年8月5日),见《共产国际、联共(布)与中国革命档案资料丛书》第9卷,260—262页。

"与国际力争"。故中共中央随即电告共产国际主席团,称现在红军在全国已有"二十二军计三十余万人","有组织的武装农民有五百万,有组织的群众三千余万",十余万国民党伤兵及镇江、汉口驻军的大部分在我们的影响之下,长沙、大冶、沙市已攻占,南昌、九江指日可下,京汉路已切断,广大工人"都要求武装,要求暴动",故请求共产国际务必"批准中央的决定"。①

按照惯例,作为共产国际下属支部之一的中国共产党的中央会议记录及各项重要文件都要送交远东局,由远东局审查并翻译后报送共产国际。中共中央8月1日和3日的会议记录送到远东局后,马上就引起了远东局的强烈不满。8月5日,远东局代表在向莫斯科紧急报告中共中央政治局会议相关言论的同时,郑重致信中共中央委员和中共中央政治局委员,宣称以李立三为代表的中共中央正在冒险卷入反对共产国际的斗争,因为李立三在会议发言中公然宣称:共产国际不了解中国的形势,如果我们偏离政治局的路线而忠实于共产国际的电报,我们就会对中国革命犯罪。故其坚持命令全国准备过左行动和没有群众参加的暴动,调动红军和着手发动世界战争,甚至"怂恿政治局作出关于苏军出兵和苏联对世界帝国主义宣战的决议"。②

远东局和中共中央政治局围绕着暴动政策发生了激烈的争论。中共中央完全不顾远东局的反对,坚持贯彻暴动方针,全面打乱了党的各个系统的组织体系,组成了专门用于全国性总暴动的中央总行委。中共中央总书记向忠发8月8日直接致函斯大林,宣称:"武汉和南京工人要求立即举行暴动……广大农民群众起来反对军阀,坚决向武汉进攻。红军第二军和第六军攻克沙市,第八军占领大冶,第一军打下孝感、黄安(应为"花园"——引者注)……军阀们完全无法指靠他们在南京和武汉的军队,因为武汉多数部队处于我们的影响之下,南京的情况同样如此,那里士兵倾向我们,他们越来越响亮地提出了举行武装暴动

---

① 《中共中央政治局给共产国际主席团的报告》(1930年8月5日)及《目前政治形势与党在准备武装暴动中的任务——李立三一九三〇年八月六日在中央行动委员会上的报告》(1930年8月6日)。两文见《中共中央文件选集》第6卷,220—222、223—242页。
② 《斯托利亚尔给洛佐夫斯基的信》(1930年8月5日)及《共产国际执委会远东局给中共中央委员和中共中央政治局委员的信》(1930年8月5日)。

的要求……现时的形势无疑证明举行暴动必需的条件业已成熟,现在的问题只是哪一天和哪一刻举行暴动。远东局的同志们对罢工运动的巨大规模表示怀疑,他们不懂得在如此激烈阶级斗争条件下的总罢工,必须使武装暴动早日爆发,甚至与武装暴动同时爆发。上海正是形成了这样危急的形势,那里的罢工浪潮异常高涨,党在各工厂中成立了工厂委员会,保证在最短期间完全能爆发总罢工……中央考虑到客观条件业已成熟,认为必须积极准备武汉和南京的暴动,尤其是组织作为决定暴动胜利前提的上海总罢工。我们曾将这一决定向共产国际作过报告,而共产国际执委会主席团不同意这一决定,我理解这是因为共产国际执委会当时对中国的实际状况了解不够详细,没有收到关于革命飞速发展的详细报告,因此共产国际执委会才给我们下达了这样的指示。所以,除了给共产国际执委会写了关于中国目前形势的专门一封信并请求批准中央的决定外,我们还请求您给予支持。这不仅对于中国革命,而且对于世界革命都是十分重要的问题。"①

中共中央8月8日的信毫无疑问与实际情况不符。红军并未攻占这许多城市,长沙早已被迫放弃,在南京也仅有几个支部在驻军中活动,甚至一直认为形势最为成熟的武汉,军队工作同样十分薄弱,全市所有党员加起来也"仅有同志四十人"。但他们显然并不认为这是多大的问题。还没有收到莫斯科方面的回电,他们就急不可待地发出时局宣言,公开宣告:"革命的国内战争已经开始了",我们必须"准备全中国的武装暴动"。为此,中共中央要求红5军"反攻长沙","扑灭何键","迅占岳州,向武汉进迫";红2、红6军进攻沙市、宜昌,必要时可直取汉阳;红1军"切断京汉线,进攻武汉";红3、红4军攻占南昌及九江后,亦与红8军会合后进逼武汉。而武汉党组织,则应"猛烈的扩大组织","十倍努力扩大"工人运动,准备"敌人忙于应战时,武汉举行伟大的暴动"。②

---

① 《向忠发给斯大林的信》(1930年8月8日),见《共产国际、联共(布)与中国革命档案资料丛书》第9卷,281—284页。
② 参见《中央给长江局的指示》(1930年8月10日)及《中国共产党对目前时局宣言》(1930年8月14日)。两文见《中共中央文件选集》第6卷,247—249、250—264页。

四 莫斯科的强力干预

中共中央一味坚持全国暴动的做法,受到联共(布)中央的严厉批评。8月13日,斯大林在给莫洛托夫的电报中严厉地批评说:"中国人的倾向是荒诞和危险的。在当前形势下,在中国举行总暴动,简直是胡闹。"25日,联共(布)中央政治局会议审定通过了以共产国际执委会名义发出的电报指示,指示称:"李立三同志根本不想尊重事实,在苏维埃地区还没有真正的苏维埃政府,还没有真正的红军,而在中国其他地方还没有工业中心城市无产阶级的群众性发动,在农村还没有千百万群众的强烈骚动。所有这一切只有在共产党实行正确政策的情况下才会出现,但是现在还没有出现。然而,帝国主义者目前光是在汉口一个地方就有相当于10个师的兵力,在上海也不少。在这种情况下还没有占领大城市的重大机会。现在号召工人在汉口、上海、北京、奉天等大城市举行武装暴动(就像李立三所希望的那样)是最有害的冒险主义。"因此,莫斯科要求李立三马上离开中共中央,前往苏联。①

莫斯科方面的严厉态度,再加上红军再度进攻长沙失利,南京党组织遭受严重挫折,终于使中共中央放弃了原定的暴动计划,开始重新认识中国革命的形势和任务。根据共产国际的要求,中共中央在周恩来和瞿秋白先后从苏联回来之后,于9月24—28日召开了六届三中全会。会议承认"中央的策略与工作布置犯了冒险倾向的错误",李立三也在会上做了自我批评。会后,根据共产国际的要求,李立三被解除了职务,动身离开上海,前往莫斯科。

然而,仅仅承认中央在策略与工作布置上犯了冒险倾向的错误,显然是不能被共产国际所接受的。随着中共中央8月1日和3日等一系列政治局会议记录被译成俄文摘要送交联共(布)中央政治局,李立三的问题立刻就被提到整个路线错误的高度上来了。共产国际在随后给中共中央的指示中明确认为:中共中央的这次错误,"并不只是个别的

---

① 《联共(布)中央政治局会议第5号记录》(1930年8月25日),见《共产国际、联共(布)与中国革命档案资料丛书》第9卷,330—331页。

错误,它造出了许多错误观点的整个系统,定下了反马克思列宁主义的方针",其行为更是敌视布尔什维主义和敌视共产国际的。① 根据这一指示,过去曾经受到中央压制的大批留苏回国学生干部迅速发起了声讨"立三路线"的斗争。他们宣称"立三同志代表的路线是托洛茨基主义、陈独秀主义和布朗基主义等等的混合物",要求中共中央立即"公布立三路线的错误实质"及他们与立三同志争论的真相,撤销过去中央给予他们的处罚。与此同时,从中央直属机关支部、军委、交通系统工作人员,到江苏省委、全总党团及部分苏区干部,都开始纷纷写信,甚或要求共产国际出面否定三中全会了。因为他们认为三中全会并没有从根本上认识李立三错误的实质,并且保护了犯错误的领导人。

在这种情况下,中共中央政治局被迫于12月9日做出决议,公开承认三中全会的路线"不正确",犯了调和主义的错误,表示将在一周内召集紧急会议,重新成立一个正确的政治决议案。但由于党内反对三中全会的力量很难协调,秘密潜来上海的共产国际东方部副部长米夫不得不撇开积极反对三中全会调和主义的全总党团书记罗章龙和"海总"党团书记陈郁等人,决心用改组政治局的办法,保留三中全会选出的主要领导干部,同时把政治嗅觉灵敏、能够不折不扣地执行共产国际路线的留苏学生塞进中央委员会和中央政治局中。

1931年1月7日,在米夫和共产国际远东局代表的一手操办下,扩大的四中全会在上海秘密召开。尽管会议仍邀请了罗章龙、何孟雄等一批持不同意见的代表,但由于会议的内容、议程以及改组后的政治局委员、候补委员和补选的中央委员名单早已内定,因此反对者一开始就处于少数。最后,罗章龙等人不得不用放弃表决权的方式来表示抗议,个别代表还大吵大闹退出会场。然而无论如何,这次会议达到了米夫等人所希望的目的,即把陈绍禹(王明)、沈泽民、夏曦等人推举为中央委员,让与米夫走得最近的陈绍禹当上了政治局委员。

---

① 《共产国际执委关于立三路线问题给中共中央的信》(1930年11月16日),见《中共中央文件选集》第6卷,645页。

第四节　中共工作重心的转移与苏区红军的发展

一　中共工作重心的转移

1931年1月8日,即六届四中全会召开的第二天,何孟雄、林育南等18位中共地方党的领导人就发出《告同志书》,强烈抗议远东局和中共中央强行召开四中全会,片面改组政治局。

随后,全总党团、海总党团、上海外县委员会、上海工联党团等亦相继作出决议,反对四中全会。政治局委员徐锡根、王克全等也公开表示反对四中全会。

几天后,这些党内反对派联合起来,不断召开会议,研究对抗办法并上书共产国际。全总党团会议在远东局代表出席并极力施压的情况下,与会代表群起抗议,谴责四中全会是米夫和陈绍禹玩弄的政治把戏。在会议通过的决议里,全总党团不仅要求撤销执行立三路线、调和主义的中共中央政治局多数领导人,反对"引进同样犯有坚决执行立三路线、调和主义、丝毫无实际工作经验的陈韶玉(即陈绍禹——引者注)等负政治局领导重责",而且抗议国际代表"对于多数同志们提出的政治意见,不采用党内正确的思想斗争的方式,而实行一种无原则的谩骂、挑拨、诬蔑同志的宣传和煽动,并且一再强迫同志通过其无理由的决议"。他们要求"国际撤换四中全会主要错误责任的代表,另派真正能够执行国际路线的代表来领导中国革命"。①

---

① 《何孟雄文集》,241页,北京,人民出版社,1986;《全总党团对于四中全会扩大会议决议案》(1931年1月17日)。

面对来自中共党内大批中高层干部的强烈反对,米夫及远东局一时陷入相当尴尬的境地。坚持六届四中全会的合法性,党内势必出现严重分裂;接受反对派的要求,不仅共产国际代表尊严尽失,原定的扶植留苏学生干部的目标不能实现,而且会危及日后共产国际代表机构和中共中央之间的关系。正在此时,林育南、何孟雄等来自江苏省委、全总、上总、左联、反帝大同盟党团等20多名重要负责干部,于1月17日秘密举行反对四中全会的联席会议时被国民党特务逮捕,进而很快被杀害,使党内反对四中全会的力量受到了沉重打击。远东局的态度亦因此而逐渐转为强硬。特别是王克全公开宣称否认四中全会以后的政治局和经过陈绍禹改组过的江苏省委,煽动下级区委反对派干部抵制新的省委;罗章龙等到处散发《力争紧急会议反对四中全会报告大纲》的小册子,号召全党同志根本废除政治上、组织上已经完全破产的中共中央政治局,召开紧急会议以挽救党。这些都明显地变成了一种有组织的分裂行为。对此,中共中央根据远东局的建议,强硬地宣布将罗章龙等人开除出中央委员会,并取消其党籍,将王克全开除出政治局和中央委员会,并对有其他类似分裂行为者均施以同样严厉的处罚。

中共中央的严厉态度并没有能够阻止党的分裂。罗章龙等很快争取到江苏省委以下及各地工会系统中相当一部分中高层干部,组成了"中国共产党非常委员会",继续向共产国际进行申诉,并公然与中共中央对抗。与此同时,这个委员会还派遣干部去各地争取基层组织和干部、党员,原工会系统的组织有相当一部分被归入其麾下。这种情况不能不使1930年刚刚发展起来的中共在中心城市的工会组织因分裂而遭受严重的损失。据2月底的统计,仅上海一地,赤色工会会员数就从1930年的大约2000人,骤减到只有513人了。随之而来的思想混乱、工作情绪低落,更使相当一批干部、党员感到苦闷和无出路。于是,自首变节之风平地而起。4月间,多年负责中央保卫及情报工作的政治局委员顾顺章被捕后叛变,迫使中共中央将近一个月时间无法从事正常工作。两个月后,中共中央总书记向忠发也被捕变节,以致中共中央在将近5个月的时间呈陷于半瘫痪状态,所有在上海活动时间较长的中央负责干部都不得不撤离或转移了。中共城市工作从此在相当长的一段时间里一蹶不振。

当然,中共城市工作在1931年以后极大削弱,也有其工作重心转移的背景。1930年以前,中共中央一直把建立根据地的工作看成是"割据保守"观念,对红军亦因其农民军队性质而不甚重视。用周恩来的话来说,自中共六大以来,中共中央政治局就不接受建立苏维埃根据地的观念。"政治局把建立根据地看作是把革命限制在固定的地区和不让革命运动向根据地以外发展"的割据保守观念。正因为如此,中共中央始终热衷于夺取中心城市,"把一些军,特别是3、4和5军(在赣南——引者注)调来调去,未在任何地方巩固胜利成果,未在任何地方给农民提供发挥积极性的机会"。①

二 斯大林建议先农村后城市

严格说来,红3军、红4军和红5军并非没有在建立根据地的问题上发挥作用,但中共中央对根据地和红军作用的认识确如周恩来所说的那样,的确没有给予相当的重视。最典型的就是共产国际提出在上海召开全国性的苏维埃区域代表会议,进而确定一巩固的根据地召开正式会议之后,莫斯科相当重视,甚至预先就组织了专门委员会进行研究,提供各种决议案的草案,并且在其各种机关报上大力加以宣传,然而中共中央却并不十分热心。原因是,他们相信在农村根据地而不是中心城市组织全国性的苏维埃政权,哪怕只是召开全国性的苏维埃代表大会,都是不适宜的,它只会助长党内的割据保守倾向。因此,中共中央从一开始就力主在上海开会,只派代表去苏区参观,自然它也就不会计划在上海开准备会了。

按照中共中央1930年2月3日政治局会议讨论的结果,全国苏维埃区域代表大会将于1930年5月1日在上海召开。"这一大会的召集将以全国总工会、中国共产党为主要的发起者,各地苏维埃区域及红军亦将被邀请列名"。7日,以任弼时为主席的筹委会开会,周恩来出席

---

① 《马马耶夫给马季亚尔的信》(1930年8月31日),见《共产国际、联共(布)与中国革命档案资料丛书》第9卷,339—340页。

并作报告,对会议日期、代表名额分配、会议议程和决议草案等问题做了说明。15日,中共中央政治局常委会进一步提出了给全国苏代会的决议草案。3月,由于工作关系,罗章龙接任筹委会主任,林育南担任筹委会秘书长。由于远东局坚持要求按照共产国际原定方针,在上海召开准备会,去苏区开正式大会,中共中央才不得不于3月20日又将会议改称为"中华工农兵会议(苏维埃)第一次全国代表大会准备委员会会议"。然而事实上,当拖到5月19日,在各地所到正式代表仅几个人、其他多为非正式代表的情况下,中共中央为避免麻烦,又把准备会开成了正式的大会,会议名称又改回为"苏维埃区域代表大会"。

中共中央改"中华工农兵会议(苏维埃)第一次全国代表大会准备委员会会议"为"苏维埃区域代表大会准备委员会会议",还含有更深一层的考虑。那就是,苏代会召开之际,正值中共中央全力迎接革命高潮之时。它正准备夺取武汉等中心城市,争取全国暴动,进而推动世界革命,当然不希望看到在农村根据地召集中华苏维埃第一次全国代表大会。把上海的准备会搞成"苏维埃区域代表大会",显示对根据地工作的重视,也就够了。而在根本上,正如当时以李立三为首的中共中央于6月12日给共产国际主席团的电报中所说的那样,中共中央"不同意建立苏维埃根据地等类的割据观念"。

对于改"中华工农兵会议(苏维埃)第一次全国代表大会准备委员会会议"为"苏维埃区域代表大会准备委员会会议",远东局明确认为不妥。远东局指出:这"不仅是一个政治损失,而且是一个政治错误",因为事实上它完全失去了宣传上的效果,不具有重大影响的意义。随着远东局坚持要再度召开中华工农兵会议(苏维埃)第一次全国代表大会准备委员会会议,以便正式召开全国代表大会,建立苏维埃中央政府,中共中央更加坚信必须要加紧推动一省、数省的首先胜利,即必须夺取一重要城市,如湖北沙市、宜昌,来建立作为全国政权的苏维埃中央政府,然后再把它移到中心城市武汉去。总之,不能把中央政府建到农村去,因为它与苏维埃政权的性质不相适应。

中共中央的这一观点与斯大林这时的看法相去甚远。还在1930年5月间,斯大林就与周恩来等人在莫斯科谈到过中国革命的特点和意义问题。他在突出强调中国革命发展不平衡的同时,明确认为,中国是一落后国家,它与西欧不同,德国工人在柏林暴动即可夺取全国,在中国却只能一省一省地取得胜利。这就要求中共必须从敌人统治最薄弱,而党的工作最发达的地域发动广泛的群众斗争,创立和扩大红军,巩固党的领导,逐渐开辟和扩张革命根据地,一步一步有力地向外发展,直至夺取中心城市。因此,他相信,红军是中国革命的希望所在,应视为中心问题。他举吴佩孚为例,称吴当年还能在四川存在,中国(共产)党总不会不如吴佩孚,只要有四川这样大的一块地方就有办法。

对斯大林的这种设想,联共(布)领导人最初也还不能完全理解。当中共中央来电询问可否建立中华苏维埃共和国临时中央政府时,联共(布)多数领导人仍然认为:"在目前条件下成立苏维埃中央(临时)革命政府为时过早,因为苏维埃政权尚未扩展到任何一个大工业中心城市和行政中心城市。"经过斯大林修改之后,共产国际执委会东方书记处6月19日发出的回电才改变了这一说法,强调了在农村根据地建立中华苏维埃共和国临时中央政府的必要性。它指出:"我们认为,只要保证我们在苏区中央(临时)革命政府内的影响,就可以成立这样的政府。"当然,"苏维埃政权要扩展到一个大工业中心城市和行政中心城市",但目前应当首先在苏维埃成立有权威的中央局,采取一切措施尽可能加强红军,现在就必须最大限度地集中和保证党对红军的领导。进而根据军事政治形势的发展,将注意力和力量集中在夺取一个中心城市上来。①

三 工作重心的彻底转变

注意到中共中央对在巩固的农村根据地建立临时中央政府问题表示怀疑,共产国际再度致电中共中央,强调在苏区建立中华苏维埃共和国临时中央政府的问题。电报指出:"我们认为,在最有生活保障的地区建立完全服从共产党的领导并能成为工农苏维埃政府支柱的真正的

---

① 《共产国际执行委员会东方书记处给中共中央的电报》(1930年6月19日),见《共产国际、联共(布)与中国革命档案资料丛书》第9卷,175页。

红军,就可以成立这样的政府。"当然,我们应当将苏维埃政权扩大到一个大工业中心城市和行政中心城市中去,使之成为我们在苏区发挥领导作用的最可靠的保障。只要军事、政治形势的变化适合于这样做,就必须集中注意力和精力去夺取这样一个中心城市。① 紧接着通过的关于中国问题的决议案,更具体地说明了实行这一策略的几个步骤,即:(1)组织并巩固苏维埃中央政府,以此作为号召群众与国民党政权相对抗的一面旗帜;(2)使红军强大到在将来依照军事、政治的环境而能够占领一个或几个工业的、行政的中心城市;(3)把无产阶级领导的农民斗争浪潮扩大到新的区域去;(4)加紧组织和推动城市工人的大规模政治斗争。②

进入到8月份,眼看中共中央急于在各中心城市组织暴动和兵变,调动各路红军攻打大城市,莫斯科方面更进一步强调了红军和根据地的重要性。8月8日,共产国际给中共中央的电报中指出:"建立一支坚强的、组织严密的、政治上坚定的、有充分供应保障的红军,是中共工作中目前的中心环节,正确而有力地完成这项任务能保证群众性的革命运动取得进一步的发展……为此必须选择和开辟能保证组建和加强这种军队的根据地。对根据地的基本要求是:相当程度的农民运动,从容组建的可能性,获得武器的前景和保证今后能夺取一个有足够工人居民的大的行政政治中心的发展前景。目前显然赣南、闽南、粤东北地区首先能够成为这样的根据地……另一个后备根据地应是湘鄂川边区及其附近地区。"③

8月下旬,周恩来被派回国,马上就开始贯彻共产国际提出的这一思想。在周恩来传达莫斯科的提议时,政治局大多数人"不接受这个方针",他们相信建立根据地等于是把革命限制在固定的地区和不让革命运动向外发展,因而是典型的割据观念。对此,共产国际的态度很明

---

① 《共产国际执行委员会给中共中央的电报》(1930年7月10日前),见《共产国际、联共(布)与中国革命档案资料丛书》第9卷,216页。
② 参见《共产国际执委会政治秘书处关于中国问题的决议案》(1930年7月23日),见《共产国际、联共(布)与中国革命档案资料丛书》第9卷,278—280页。
③ 《共产国际执行委员会给中共中央政治局的电报》(1930年8月8日),见《共产国际、联共(布)与中国革命档案资料丛书》第9卷,278页。

确:"建立根据地的问题不仅不排除扩大根据地的必要性,而且是扩大根据地的必要前提……只有占领具有足够社会经济前提的地区,才能保证党对农民运动的领导,才能保证无产阶级对运动的领导,才能保证进行土地革命的地域范围的扩大。"按照共产国际要求召开的六届三中全会最终接受了上述方针,会议明确肯定:"当前第一等重要的任务是建立巩固的阵地,就是建立集中统一的真正和工农群众密切联系的苏维埃临时中央政府,在最有保障的地域——苏维埃的根据地,创造并且巩固真正坚强的,政治上军事上有充分无产阶级领导的红军,以便依照军事政治的环境,进而占领一个或几个工业政治中心。"①

事实上,在1930年夏天联共(布)中央开始提出中国革命首重根据地和红军的观点时,他们还没有能够完全摆脱传统的中心城市论。在他们的指示和文件中,还时常可以看到对中心城市作用的突出强调。即一方面认为农村根据地更重要,另一方面也还是不忘说明中心城市的核心与领导的地位。最典型的莫如远东局10月间对中共中央的批评,它明确认为中共中央不应该"不去夺取县城和建立连成一片的苏区,而是热衷于攻占大城市",同时却又不得不强调"不夺取大城市而要建立巩固的和持久的苏维埃根据地自然是不可能的,舍此也不可能有苏维埃政权在中国领土的扩大"。但这种情况在10月间却得到了根本性的改变。共产国际这时发出的针对"立三路线"的指示信,第一次明白提出了要以农民运动来包围城市,最终夺取城市的思想。它指出:"正是重要的工业中心城市,也就是无产阶级的中心城市,不但在帝国主义武力干涉的直接打击之下,而且帝国主义对于工商业行政的中心城市,有直接和经常的军事政治的控制",不仅工人还没有力量通过暴动来夺取城市,就是红军也还没有力量去攻占它们。因此,中国革命"必须开展暂时还不是苏维埃区域的乡村之中的农民运动,发展游击战争,用农民的骚动像一个箍的一样的去围绕城市,以及大城市和最大的城市;组织军阀军队里的我们力量,十倍加强我们在这些军队里的工作,就是去捣乱国民党的政权,到处去动摇国民党的政权。只有这样,

---

① 周恩来:《目前红军的中心任务及其几个根本问题》(1930年9月30日)、《中央通告第九十一号》(1930年10月12日),两文见《中共中央文件选集》第6卷,414—426页。

才能够准备工业中心的大城市的暴动,用暴动起来的工人和红军占领这些城市"。①

发展农村根据地的方针,从1930年10月之后已开始成为共产党人自上而下的共同使命。出于对根据地的重视,共产国际开始着手帮助中国党建立通往根据地的固定的交通路线,选择有能力的干部进入根据地开展工作。共产国际并且试图派遣自己的代表到根据地去。中共中央也第一次开始真正重视苏区、红军及其政权工作,迅速组成了苏区中央局,以加强对根据地和红军的领导,下决心要在湘鄂赣边建立统一的中央苏区根据地,并以此为依托,把红军建设成能够担负大规模国内战争任务和争取全国革命总的胜利的强大武装力量。

当然,由于六届三中全会选举的中央政治局只存在了3个月多一点的时间,这样一系列转移工作重心的任务事实上最终是由1931年1月7日产生的六届四中全会的新的政治局来完成的。也正因为如此,派往各苏区去负责的主要领导干部,相当多数都是从莫斯科回来的干部和留苏学生。考虑到共产国际的建议,中共中央任命毛泽东为苏区中央局代理书记和苏维埃中央军委主席,但仍然派出了一个以留苏学生为主的中央代表团;对鄂豫皖苏区,则指定由新近从莫斯科回国的政治局委员张国焘任中共鄂豫皖中央分局书记和军委会主席,并指定从莫斯科回国不久的留苏学生陈昌浩、沈泽民担任中共鄂豫皖中央分局委员,陈昌浩兼少共鄂豫皖中央分局书记;对湘鄂西苏区,则指定从莫斯科回国不久的夏曦担任中共湘鄂西分局书记。根据共产国际的要求,中共中央自1930年底1931年初开始,先后把60%的党务人才、城市工人骨干派遣到各个苏区去了。单是1931年1月下旬至2月下旬,中共中央就派出了63名军事人员和近200名工人前往各个苏区。

把大批党的各级干部和城市工人骨干派去农村的结果,是城市工作受到明显的削弱。据1931年4月的统计,全国中共党员除苏区外,仅有不足11 500人,其中城市中的党员数仅4 000人左右,其中工人党

---

① 《共产国际执行委员会远东局给中共中央政治局的信》(1930年10月30日),见《共产国际、联共(布)与中国革命档案资料丛书》第9卷,444页;《共产国际执委关于立三路线问题给中共中央的信》(1930年10月16日收到),见《中共中央文件选集》第6卷,644—655页。

员不足一半,受共产党领导的有组织的工人,除满洲外,尚不足千人,而这个数字还在不断减少。上海赤色工会会员数从2月到4月间就从513人减少到只有300人左右。再加上由于六届四中全会造成的党的严重分裂,许多干部党员惧于对"立三路线"和"调和路线"的批判,工作态度消极;党的中央机关又因政治局委员、情报部门负责人顾顺章4月被捕叛变,中共中央总书记向忠发6月被捕变节,不能不导致中共在城市中的工作逐渐地开始萎缩,群众基础越来越小。与此相反,当时国民党仅在上海就已经建立起120多个工会组织。他们通过支持各工厂工人的经济斗争以及反帝斗争,要求8小时工作制、劳动立法等,动辄就可以发动起数千工人示威游行。六届四中全会以后的中共中央之所以不得不通过一些强迫命令的方式,要求下级党员干部和赤色群众骨干去冒险举行各种飞行集会来显示自己的存在,也实在是不得已的一种办法。

四 苏区与红军的大发展

与中共城市工作萎缩形成明显对照的,是工作重点转移后共产党在红军、苏区及其政权建设方面取得的明显进展。自1930年12月下旬至1931年9月中旬,红军在江西根据地连续进行了大规模的运动战,接连粉碎了国民党军发动的三次"围剿",歼敌数以万计,将赣西南与闽西根据地连成了一片,形成了以瑞金为中心,包括4个县、区,拥有数十万人口和5万名主力红军的相对稳定的中央根据地。① 进入1932年,随着红军不断地向周边地区扩展,到该年秋天,中央苏区的人口已达到百万以上。到1933年秋天,中央苏区更进入到鼎盛时期。据不同的统计,其全盛时至少也有21个县(黎川、广昌、瑞金、兴国、宁都、石

---

① 按照一些学者的说法,1931年红军第三次反"围剿"胜利之后,江西中央苏区已经扩大到21个县,拥有250万人口了。(见戴向青等《中央革命根据地史稿》,354页,上海,上海人民出版社,1986。)但笔者的估计稍有不同。查苏区中央局第三次反"围剿"后于10月3日给中共中央的电报可知,此时"除瑞金全县赤化外,石汀雩会四县大部尚是白色"。至于上述书中所举其他各县,如建宁、寻邬、安远、信丰、宁化、清流、归化等,还都在国民党控制之下。电报称:对这些地区"须用一长时间去争取他"。结合中央巡视员欧阳钦9月1日的报告,似可断定,此时除瑞金外,周围各县多数尚处于拉锯状态中,一时还未能成为真正的根据地。故红一方面军10月的具体计划为,第一期先肃清石城、长汀、雩都、会昌四县之"白色据点";第二期完成武平、宁化、清流、归化、泰宁、建宁、寻邬、安远、信丰、南康、赣州、大余、上犹、崇义、遂川、万安等县赤化任务。宁化、清流、归化等县被赤化,已经是次年7月间的事情了。

城、雩都、信丰、会昌、安远、寻邬、建宁、泰宁、宁化、清流、长汀、连城、上杭、龙岩、永定、归化),占地总面积5万平方公里,人口250万。至多则可能达到4个省区(江西、福建、闽赣、粤赣)60个县(兴国、博生、胜利、瑞金、公略、永丰、万泰、新淦、崇仁、宜黄、乐安、杨殷、南丰、广昌、康都、石城、洛口、长胜、赣县、龙冈、赤水、太雷、长汀、宁化、上杭、龙岩、永定、武平、兆征、汀东、连城、彭湃、泉上、代英、新泉、清流、归化、崇安、铅山、上铅、广丰、建阳、邵武、光泽、广埔、贵南、黎川、建宁、泰宁、资溪、东方、建东、金南、会昌、门岭、西江、寻邬、安远、雩都、信康),占地总面积约8万平方公里,总人口超过了450万。①

与此同时,湘赣、湘鄂赣、赣东北、鄂豫皖及湘西根据地也都得到了相应的发展。1931年底,湘赣苏区占据了将近10个县,面积2万多平方公里,拥有人口近百万;湘鄂赣苏区1931年7月成立省苏维埃政府时,下辖18个县苏维埃政府,拥有人口亦在百万之众;赣东北苏区在第三次反"围剿"时遭受严重损失,但1932年以后逐渐复苏,在1933年也进入全盛时期,据有20余县,人口总数上百万;鄂豫皖苏区因"立三路线"盲动受损,1930年12月、1931年3月和9月又遭受国民党连续三次"围剿",但苏区仍得到了迅速的发展,1931年底苏区达到全盛期,建立县级政权26个,总面积4万平方公里,拥有人口300余万。

全国红军的发展也是一样的情况。1930年8月23日,中央苏区红军红1军团和红3军团合编成红一方面军,总兵力约4万人。经过1930年12月至1931年9月三次反"围剿"作战,总人数有所下降,大约3万人。但随后,国民党第26军在宁都起义,组成红5军团,加入红一方面军,红军主力又发展到5万人。此后中央苏区不断扩大,扩红运动不断展开,到1933年6月,中央苏区红军部队总人数已发展到12万人以上,其中红一方面军主力7万余人,地方部队近5万人。湘赣苏区红军主力是1930年9月成立的红军湘东独立师,仅2个团的兵力。1931年2月发展到3个团,1 000余人。1932年7月发展到2个师,合编成红8军,2 800余人。一年后湘赣、湘鄂赣红军合编为红6军团,辖

---

① 参见舒龙、凌步机主编《中华苏维埃共和国史》,130—133页,南京,江苏人民出版社,1999。

3个师,约4000人。1930年6月湘鄂赣苏区红军主力组建成红3军团,辖3个军。后红3军团与红1军团合编成红一方面军,湘鄂赣苏区主力为红16军,辖2个师。1932年发展到7500余人,加上3个独立师,红军达到1.5万人。2个独立师改编为红18军后,红16军与红18军于1933年与湘赣苏区红8军合并,编成红6军团,红16师留湘鄂赣苏区,红18师开赴湘赣苏区。赣东北苏区主力红军为1930年7月编成的红10军,6000人。1933年改为红11军,调入中央苏区,加入红一方面军序列。新编红10军留在赣东北苏区。1933年春,新编红10军发展到2500人,编成2个师。鄂豫皖苏区红军主力是1930年3月编成的红1军,下辖3个师和1个独立旅,共2000余人。1931年新编的红15军与红1军合编,组成红4军,全军1.2万余人。三次反"围剿"之后,新成立红25军,进而于1931年11月合组成红四方面军,辖红4军和红25军,共3万余人。到1932年6月,红四方面军已发展到辖有2个军、1个少共国际团和4个独立师的规模,共有10个师,约4.5万人。总计全国红军(包括主力红军和地方红军)到1933年已经发展到28万余人。

第四章
人权、民主与专制的交锋

国民党南京政权的统治,不仅引起了共产党人的武装反抗,而且其最初残酷的镇压手段和专制特点,也一度在国民党内以及在中间阶层内部引起了相当广泛的怀疑和抵制。邓演达的第三党是最早从国民党内部反抗蒋介石军事专制统治的一股力量,但随着邓演达被蒋介石捕杀,第三党的政治理念便失去了付诸实践的组织基础。改组派在党内的抗争,与其说是对蒋介石军事专制的反抗,不如说是汪精卫一派人失去权力后在政治上的一种发泄。真正从政治理念上向国民党的专制统治公开发出抗议的,最初反倒是以胡适为首的一批自由派知识分子。由胡适发起的人权运动,直截了当地揭露和批评了国民党及其南京政府公开或秘密践踏人权、无视法治的专制残暴本质。尽管这场呼吁人权和法治的运动没有能够取得实际的成果,最终还是被国民党压制了下去,但它鲜明地提出的人权主张,对宋庆龄等人随后公开打出中国民权保障同盟的大旗,做了极好的社会舆论的铺垫工作。当然,国民党特务没有因为宋庆龄是先总理夫人的身份就放松了对宋庆龄领导的民权保障同盟的压迫。同盟秘书长杨杏佛被暗杀,最终促使这个由大批社会名流组成的社会团体无法再公开地存在下去。在整个 20 年代末和 30 年代上半期,还能坚持公开地同国民党的专制统治抗争的,怕是只有左翼文化运动一股力量了。一方面国民党用各种残酷手段打杀一切异己力量,另一方面左翼知识人还能公开传播马克思的唯物史观等学说,并以之为武器来论辩中国社会及其中国革命的性质等问题,这确是一种很奇特的现象。

第一节　党内抗争：第三党、改组派的骤起骤落

一　第三党的崛起与失败

1927年"四一二"事变和"七一五"分共之后,部分国民党左派和从中共游离出来的人员,既不赞同共产党的激进革命,也不赞成蒋介石、汪精卫等背离孙中山的三民主义,从革命的立场倒退,因而独树一帜,开始组织中国国民党临时行动委员会,自主代行第二届中央执行委员会职权,筹备第三次全国代表大会,准备选举正式中央执行委员会,建立以农工为中心的平民政权,以实现孙中山的三民主义。邓演达即为该组织事实上的领导人。

邓演达,保定军校毕业,曾任黄埔军校教育长,北伐战争开始时担任国民革命军总政治部主任。在中国国民党二届三中全会上当选为中央执行委员,随后担任过国民党中央政治委员会委员、中央军事委员会主席团成员和中央农民部长等职。还在蒋介石发动"四一二"事变之前,邓演达就公开表示了对蒋介石一系列言行的批评态度。"四一二"事变之后,他在武汉政府当中是最坚决维护国共合作和农工政策的领导人之一。注意到汪精卫在唐生智等军事领导人的压力下开始排斥农工政策和共产党,他因无力回天又不愿听任武汉国民党走向反共,一怒之下去了苏联。出国前夕,他专门给武汉国民党中央执行委员会写了一封语重心长的告别信,强调"总理的三民主义是我们革命的张本,照着总理的三民主义去做,必然可以得到大多数民众——尤其是农工群众的拥护,可以完成国民革命",任何倒行逆施,"不独党的革命意义和

权威被消灭,而且必然招致反革命的结果"。

在苏联,邓演达与宋庆龄、陈友仁等于11月1日联名发表了《对中国及世界革命民众宣言》,严厉批评蒋介石、汪精卫"实已成为旧势力之化身,军阀之工具,民众之仇敌",公开表示有必要组织"中国国民党临时行动委员会",代行第二届中央执行委员会职权,筹备第三次全国代表大会,选出正式的中央执行委员会,以实现孙中山三民主义的革命纲领。与此同时,谭平山、章伯钧、季方、彭泽民等则在与邓演达密切联络后,率先在国内与从国民党里游离出来的激进分子以及个别共产党的脱党分子秘密筹组新党。他们相信,1924年以后改组的国民党依然是一个多阶级的政党,党内各分子各本其阶级的利益,发挥其各阶级的属性,故改组开始即起纠纷,革命发展,更呈分化。中国革命要成功,必须创立一个建筑于伟大的革命阶级,即劳动平民阶级之上的政党。只有在中国建立起一个"劳动平民阶级的政党",才能领导革命走向胜利。据此,他们于1928年春在上海秘密召开了中华革命党成立大会,谭平山、章伯钧、季方、郑太朴、朱蕴山、邓初民、张申府等为中央领导机构成员,邓演达则被选为中央总负责人,邓演达回国前由谭平山暂代。6月,中华革命党发表《中华革命党宣言草案》。他们公开声明:中华革命党"是劳动平民阶级的政党,农业劳动者,是构成劳动平民阶级最大的成分。故中华革命党,就是农民本身的政党;故土地革命,是中华革命党最大的任务;耕者有其田,是中华革命党的中心政策"。①

中华革命党在上海设立了临时行动委员会。季方发行了名为《灯塔》和《突击》的机关刊物。各省也相继设立了临时行动委员会。江西、福建、江苏、四川、广东、湖北、湖南等地都有组织,且十分活跃。1930年春,该党在福建地区就已经发展党员2 580人,在四川发展了760余人,在江苏和上海发展了650余人,在广东和香港发展了400余人。连同其他地区,总计有党员4 680人。

邓演达于1927年夏出国,到1930年春天才从欧洲返回国内。1930年9月1日,邓演达在上海主持召开了有十几个省、区代表参加

---

① 《中华革命党宣言草案》,见陈竹筠、陈起城选编《中国民主党派历史资料选辑》(下),128页,上海,华东师范大学出版社,1985。

的中华革命党全国干部会议,会议通过了邓演达起草的《我们的政治主张》,并原则通过了《组织工作大纲》《宣传大纲》《各地民运工作纲要》《军事运动方针》等重要文件。同时根据邓演达的提议,决定将党名改为"中国国民党临时行动委员会",以便更多地吸引国民党内左倾的分子加入自己的组织当中来。会议选举了党的中央临时机构,由25人组成临时行动干事会,邓演达被选为总干事,郑太朴任组织委员会主任,李世璋任青年委员会主任。另外还决定成立中央、上海、北平、香港4个直属的区干部会,出版《革命行动》(半月刊)和《行动日报》,作为中央干部会机关刊物和机关报。前者由邓演达亲任主编,后者由李世璋任主编。

中国国民党临时行动委员会既反对蒋介石国民党的专制独裁统治,同时也反对共产党靠武装暴动在农村建立根据地和在中国推行他们认为不切实际的共产主义革命。正是这种独特的立场,使其又被称为"第三党"。他们批评共产党坚持拥护苏联的态度与中国民族解放、平民解放的革命主旨背道而驰,认为"苏维埃"革命不仅在物质上否定中国现存文明,在精神上也有辱中华民族和中国人民。他们确信,中国社会经济还处在农业、手工业生产的阶段上,相应地,中国的政治组织依旧是封建官僚式的,血缘关系是支配社会生活的中心,因此,中国社会还处在前资本主义时代;加上帝国主义的压迫,中国社会的实质应该是半殖民、半独立的封建势力起支配作用的社会。因此,中国革命的对象,应当是帝国主义者、封建军阀地主以及依附于前两者的反动资产阶级。革命的动力应当是直接或间接从事生产过程的工人、手工业者、自耕农、佃农、雇农以及设计生产、管理生产、担任运输分配等等及其他辅助社会生产的职业人员。由于工人、农民人数众多,争斗较勇,自然是平民群众的重心和平民政权的基础。中国革命的基本任务就是要唤醒和组织广大的平民群众,来同帝国主义抗争。同时举行平民革命,推翻南京政府和一切反动的统治势力,夺取政权,建立以工农为重心的平民政权。这种平民政权,应主要由职业组织(如工会、农会),其次由准职业组织(如学生会、妇女会、士兵会等)按一定比例推举出代表,分别组成各级权力机关,从乡民大会,到县民大会,到省民大会,直至最高国家权力机关的国民大会,从而使政权和人民的利益能够相互结合起来。进而一方面从耕者有其田逐步过渡到土地国有;另一方面从国家资本主义逐步过渡到社会主义,即要利用国家的力量发展生产、统制生产,使生产组织化和社会化。①

在邓演达的领导下,中国国民党临时行动委员会很快在南京、北平、广东、四川、福建、江西、浙江、山东、河南等14个省、市建立了组织,并相继形成了上海、香港、北平和沈阳几大活动中心。其宣传也发生了极大的效力,仅《行动日报》的发行量就从最初的几百份猛增到上万份之多。它对国民党最具杀伤力的,还是邓演达身为黄埔军校教育长的背景。由于邓演达在黄埔同学中间具有相当的威望,他成功地于1930年夏秋之交秘密组织了黄埔革命同学会,并分别设立了中央、南方、北方三个区执行委员会。每个区执行委员会以下还有省、市分会,分会下还设有小组。正是由于邓演达的威望和组织的成功,在全国上万名黄埔系军人当中,半数都对黄埔革命同学会表示同情。仅蒋介石最信任的第18军里面,就有数十人成了中国国民党临时行动委员会的秘密党员。第19路军的陈铭枢、蒋光鼐、蔡廷锴等重要将领,更是与邓演达时常有密函往来。武汉中央军事政治学校分校代理教育长胡伯翰甚至明确表示,愿意把武汉方面的军队带动起来参加中国国民党临时行动委员会的反蒋行动。另外,冯玉祥、杨虎城、邓宝珊等也都曾暗中联络邓演达和中国国民党临时行动委员会,表示愿意与邓演达等一道行动。

1931年春,蒋介石软禁胡汉民一事引起宁粤分裂,国民党内不愿与蒋介石共事的中央执行委员很快就在广州召开了中央执监委非常会议,提出了另组国民政府的政治目标。中国国民党临时行动委员会也趁机很快组织起以邓演达为首的军事委员会,讨论和制定了全国性的武装起义计划。他们决定,由陈铭枢到江西吉安指挥第19路军停止对红军的"围剿",带部队从吉安经泰和、赣州入广东,举起反蒋旗帜,与广东部队联合,在南方建立反蒋基地。邓演达则去江西陈诚的第18军驻地临川、清江一带组织起义,攻取南昌。同时组织武汉、西安和华北方

---

① 参见《中国国民党临时行动委员会政治主张》(1930年9月1日),见《中国农工民主党历史教学参考资料》(民主革命时期),1982年中国人民大学校内用书,61—93页。

面各部队一起响应,迫使蒋介石下台。但是,由于蒋介石通过叛徒掌握了邓演达的行踪,于8月17日,即国民党临时行动委员会在上海愚园路愚园坊20号举行干部讲习班结业式时,捕获了赴会致贺辞的邓演达和十余名重要干部,这一起义计划最终流产。虽经宋庆龄、孙科、陈友仁等设法营救,但在4个月后,即蒋介石被迫下野前夕的11月29日,他还是下令将邓演达秘密杀害于南京麒麟门外的沙子岗。

邓演达的被害,使中国国民党临时行动委员会受到很大打击。它虽然再度在上海召开了全国代表大会,曾任武汉政府第二方面军第4军军长的黄琪翔在事实上成为党的最高负责人,但党的组织却开始处于分裂状态,且缺少了邓演达的临时行动委员会再难以在黄埔同学当中形成号召力了。当然,它在福建省仍然保持着相当的机构和人员,他们在后来福建事变中发挥了一定的作用。

二 改组派的形成和主张

除了第三党,国民党内部这段时间还形成了另外一个公开主张按照1924年改组精神重新改组国民党、实际上反对国民党内军事独裁倾向的政治集团,即国民党改组派。国民党改组派形成于1928年冬天,其正式名称为"中国国民党改组同志会"。主要人物是汪精卫及其主要拥护者,如陈公博、王乐平、王法勤、甘乃光、顾孟余、朱霁青、潘云超、陈树人等。1928年8月宁汉双方在庐山举行会议,宣告宁汉合作之后,在新组成的国民党特委会里,这些人没有能够获得实权,故愤而南下广州,被称为"粤方委员"。而广州暴动发生后,他们再度随汪精卫转往上海,但1928年2月由蒋介石主导的国民党二届四中全会明文规定对国民党党员进行重新登记,而登记对象仅限于从同盟会到1924年改组时的党员。结果,这些在1924年国民党改组后加入国民党的国民党中委,自然再度被排斥在重新改组的国民党和国民政府权力机构之外。为了抗议蒋介石等人独裁专制、排斥异己的做法,他们在国民党二届四中全会召开后不久,就开始提出了改组国民党的口号。

1928年3—4月,陈公博在上海孙伏园主办的《贡献》杂志上发表了《国民革命的危机和我们的错误》一文,公开提出:"党内除充满了地方主义和个人主义之外,找不到三民主义、党纲、政策,中国国民党今日只有一条出路,就是'党的改组'。"这个改组,应以1924年孙中山对国民党的改组为榜样,即应"从民国十三年重新干起"。①

陈公博的这篇文章实际上在很大程度上反映了汪精卫这时的政治态度,而汪精卫多年以来在政治上就代表了相当一批国民党人的利益和主张。特别是蒋介石1926年以后逐渐走上军事独裁的道路,以军领政,甚至以军代党,早就在党内引起了强烈的不满。如今南京国民政府成立,蒋介石及其军事领袖当政的形势已经一目了然。在国民党内许多人看来,这完全是换汤不换药。对于他们来说,中央政权的取得,并不能使他们感到丝毫安慰。恰恰相反,他们当年就是因为不满中国军人当政、军阀割据的状况,才投身到孙中山的国民党中来的,希望通过孙中山所主张的国民革命,彻底改变中国军阀当道的政治局面,在中国真正实现民族独立、民权自由和民生平等的三大目标。如今蒋介石重蹈覆辙,汪精卫一派领导人再度倡导改组,不能不在国民党内激起巨大反响。主张仿照1924年情形再度改组国民党的呼声一时间此起彼伏,宣传改组主张的刊物迅速出笼。

1928年5月7日,陈公博创办的《革命评论》周刊正式出刊,许德珩、施存统、刘侃云、萧淑宇等较为激进的一批国民党人为其撰稿。6月1日,顾孟余也创办了《前进》半月刊(第4期后改月刊),潘云超、王乐平等人为主要的撰稿人。《革命评论》上的文章为最尖刻和激烈,是国民党内鼓吹改组主张的最有力的阵地。陈公博在《革命评论》创刊号上发表《今后的国民党》一文,尖锐指出:国民党已经完全背离了孙中山当年改组时的初衷,变成一盘散沙,混乱不堪,内部猜忌重重,冲突甚至战争持续不断。在不久的将来,国民党在政治上恐怕更加不堪,改组国民党已是大势所趋。② 由于这两个刊物上发表了众多抨击现状、鼓吹民主政治和反对专制独裁的文章,明显地受到年轻一代国民党人的好评。有人回忆说:"《革命评论》出版后沉闷悲愤(的)南京青年好似久干得霖雨,各自眉飞色舞,议论纷纭,在茶楼、饭馆、公园等处常有三五成

---

① 《贡献》第2卷第5期,1928年4月15日。
② 参见陈公博《今后的国民党》,载《革命评论》第1期,1928年5月7日。

群的青年一面读《革命评论》，一面高谈党事，有些沉默过的人，现在也大骂其腐朽的党政当局了。"①

在蒋介石的压迫之下，《革命评论》办至9月即告停刊，但其思想鼓动却促进了改组派的形成。8月27日，陈公博等宣传改组国民党不足4个月时间，收到的要求改组国民党的信件即达2 252封之多，可见改组之说影响之大。3个月之后，陈公博、顾孟余、王法勤、王乐平、白云梯、朱霁青、潘云超、郭春涛等在上海集会，经过3天的讨论，制定了《中国国民党改组同志会会章》，正式宣告成立中国国民党改组同志会（简称"同志会"）。同志会的总部设在上海，内分总务、组织、宣传3个部。总务部由王法勤、潘云超负责；组织部由王乐平、朱霁青负责；宣传部由顾孟余、陈公博负责。总部之下，各省、市及海外亦设有支部，支部之下再设分部，分部之下还有小组。汪精卫这时虽在国外，仍被奉为改组派的当然领袖。

改组派总部正式成立后，立即利用国民党原有地方组织的关系和人脉，筹建和发展其组织。发展对象多为国民党各级机构的干部和被蒋系清除出党的国民党党员、干部及青年知识分子。由于得到一些地方机构的主要负责人的支持，改组派组织发展相当快。它在南京、北平、上海、天津、江苏、安徽、浙江、江西、湖南、广东、四川、河南、山东、山西、绥远、辽宁等省、市很快就建立起了改组派的支部。其极盛时期，会员达到近1万人，几乎凡是有国民党组织的地方，都秘密地建立起了改组派的支部或分部。1929年2月，改组派为了重新决定纲领，准备改组中国国民党，在上海召开了中国国民党改组同志会第一次全国代表大会，就党务、政治、会务、工人、农民、商民、青年、妇女、经济、军事、外交、政制、耕地等方面，分别作出决议。会议发表了《中国国民党改组同志会第一次全国代表大会宣言》，全面宣告了它的政治主张。这一宣言明确指出："至于今日，中国国民党已被军阀、官僚、政客、买办、劣绅、土豪所侵蚀盘踞、盗窃、把持，孙总理之三民主义，已被他们所篡改，第一、第二次代表大会决定的纲领，已被他们所唾弃……整个的党早已破碎

---

① 何汉文：《改组派回忆录》，载《文史资料选辑》第17辑，170—172页；陈公博：《寒风集》，276页，上海，地方行政社，1944。

不完……今日南京的中央,已成为一个反动势力的大本营,对帝国主义是投降,对一切封建势力是屈服。"广大国民党党员面对这种情形,堕落的堕落,失望的失望,组织小团体的组织小团体,加入第三党的加入第三党,加入共产党的加入共产党,国民党的招牌继续挂着,实际上已经失去了灵魂。只有重新整饬担任革命的中国国民党大本营,并且毫不犹豫地继承第一、第二次代表大会的系统而重新改组,"恢复十三年国民党改组精神",党才能起死回生。

改组派的具体主张包含有下列内容:(1)主张国民党要代表农工、小市民的利益,重新恢复农民、工人、商民运动。他们认为:"国民党的本身建筑于农工和小资产阶级之上",故本党本应代表农工、小市民的利益而奋斗。但今日的南京国民党政权却摧残甚至完全取缔民众运动,这只会使广大民众对国民党不满和厌恶,以致跟着共产党去反抗国民党的压迫。因此,他们主张"迅速恢复各民众的组织",同时在农村"继续消灭劣绅土豪势力","积极组织农村的合作事业","执行百分之二十的减租,严禁乡村间的超规定的高利贷",主张"平均地权",奖励佃农和自耕农的生产力;在城市"建立工会和地方的合作事业,减低工人的生活费","厉行工人强迫保险法","设立工人艺术补习学校,促进工人的生产知识","奖励商人的投资","保护和奖励私人资本"等。(2)主张铲除新旧军阀,实现国家的统一。他们指出:今天中国旧的军阀未灭,新的军阀又生,而军阀不去,不仅中国永远不能统一,而且必定会再演混战局面,陷民众于水火之中。他们力主"为解除劳苦民众的压迫,应努力铲除一切新旧军阀"。(3)主张恢复国民党的民权主义,反对个人专制独裁。他们认为,改组后的国民党,在组织上的根本原则就是民主集权制。第一次代表大会就是这个组织原则的充分体现,而今国民党已经抛弃了这种民权精神,"集权还有人记得,民主都似乎忘记了",结果不惟军人当道、官僚主义盛行,而且一个党部便是一个特殊势力或特殊人物的支配物了,党员和党部大半变成了拥护个人的工具。他们坚持要"以党治国,以党建国",坚决反对党附属于军队或附属于政府,主张非党员不得充任政务官,现役军人不得兼任省政府主席,要求废止指派圈定制,恢复选举制,给予党员在不违背本党主义范围内有发表意见之自由,主张党部必须绝对保持其独立的性质,实行党的专政。①

改组派最初对蒋介石保持着沉默静观的态度,因此在《革命评论》初办之际,蒋介石为了拉住汪精卫一派人,还特别通过财政部长宋子文给了改组派每月3500元的赞助。但由于蒋介石很快便和胡汉民走到一起,再加上《革命评论》言辞激烈,蒋介石转而对其采取了压迫的态度。这促使改组派一成立就展开了积极的反蒋活动。

三 反蒋联合与改组派的瓦解

1928年10月25日,国民党中常会第179次会议讨论国民党第三次代表大会代表的产生办法。蒋介石为控制三大,操纵会议,通过了一个由国民党中央指派圈定代表的决议,并且明确规定代表必须从未有违反本党言论或行为者。通过这种办法,由蒋介石、胡汉民控制的代表资格审查委员会最终将产生代表406人,其中指派211人,圈定122人,两者占了代表总数的82%。通过选举产生的代表只有73人,仅占总数的18%。蒋、胡的这种做法,自然而然地遭到了改组派的强烈反对。改组派利用各种刊物,公开喊出要求党内民主、反对圈定指派代表,反对一手包办三全大会的口号。1928年11月2日,南京改组派成功策动南京特别市党务指导委员会委员集体辞职,以示对中常会指派圈定代表决议的抗议。他们发表的辞职呈文指责蒋介石等将党员的选举权完全剥夺。几天后,南京市各区党部代表30余人赴中央党部递交抗议书,抗议中央剥夺党员的合法权利。眼看蒋介石等人拒绝修改代表产生办法,在三全大会召开几天前,汪精卫、陈公博、顾孟余等14名第二届中央执监委员在上海联名发表了《关于最近党务政治宣言》,严厉指责蒋介石、胡汉民等违反本党民主原则,声明对此次大会誓不承认。② 而三全大会召开的前一天,南京市党部在夫子庙贡院大礼堂召开代表大会,改组派代表提出《抗议中央指派圈定三代会代表案》,讨论

---

① 参见《中国国民党改组同志会第一次代表大会宣言》(1929年2月),见中国科学院历史所第三所南京史料整理处选辑《中国现代政治史资料汇编》第2辑,第6册,1957。
② 参见《民意》周刊第2—4期合刊,1929年3月31日。

过程中会场大乱,对立的两派大打出手,中央政治学校训育处副处长谷正纲在内的多名改组派分子被打伤。

1929年3月15日,蒋介石等无视国民党内强烈的反对声浪,如期召开了国民党三全大会。改组派为对抗蒋、胡一手包办的三全大会,在上海法租界迈尔西爱路314号设立了联络点,纠集20多个省(市)党部和海外总支部,成立了改组派的外围组织"中国国民党各省市党部海外总支部联合办事处",并公开发表宣言,斥责三全大会,坚决主张"打倒非法的第三次全国代表大会及其所产生的伪中央"。① 但是,掌握着国民党党政军大权的蒋介石毫不退让。3月20日,三全大会通过决议,永远开除陈公博、甘乃光党籍,开除顾孟余党籍3年,对汪精卫给予书面警告。② 随后,国民党中央党部更发表《检举改组派令》,称改组派"发亡党亡国之言论,争取政权","罪大恶极","应严加取缔,以遏乱萌",要求各地"严密检举该反动派之行动言论,随时呈报,以凭核办"。③

改组派鉴于在政治上无力制约蒋介石,不得不开始考虑从事军事反蒋活动。为了打倒蒋介石,他们开始不惜与地方军阀进行合作。利用冯玉祥、阎锡山、张发奎、唐生智、何键等地方实力派与蒋介石在编遣军队问题上的种种矛盾,改组派于1929年5月在上海发起成立了中国国民党护党革命大同盟,并为此发表了宣言。宣言公开提出"组织护党革命军,直捣南京政府","铲除叛徒蒋中正一切势力","欢迎汪精卫、宋庆龄及一切革命领袖归国护党"。④ 当年9月17日,在改组派的策动下,与汪精卫最接近的张发奎所部第4师揭旗反蒋,通电提出护党三项主张:(1)三全大会违法乱纪,应立即解散,再行依法召集;(2)根本铲除侵蚀国民党的腐化分子;(3)敦请汪精卫回国主持大计。⑤ 27日,广西省主席俞作柏亦通电响应。与此同时,汪精卫、陈公博、顾孟余等12人眼见军事反蒋开始,更联名发表《中国国民党第二届中央执监委员会

---

① 《民意》周刊第5—6期合刊,1929年5月15日。
② 参见《中国国民党历次代表大会及中央全会资料》(上),675页,北京,光明日报出版社,1985。
③ 转见郭绪印主编《国民党派系斗争史》,66页,上海,上海人民出版社,1992。
④ 同上,68—69页。
⑤ 同上,70页。

最近对时局宣言》，历数蒋介石任用私人、贪赃枉法、滥借外债、横征暴敛、非法没收、滥捕滥杀、秘密缔结卖国条约、托名训政而厉行专制、借编遣扩充私人武力、包办三全大会十大罪状，公开宣告准备以第二届中央执行委员会名义行使职权，改组政府，并筹备另开国民党三大。而汪精卫更是兴冲冲地于10月上旬自法国赶回香港，准备亲自领导护党运动。

经过一番联络，汪精卫成功劝说桂系等众多西南将领投身反蒋运动。11月7日，汪精卫以上海中国国民党二届中央执监委员会的名义，委任张发奎为护党救国军第3路军总司令，李宗仁为第8路军总司令兼传达所长，唐生智、石友三、胡宗铎、何键等分别为第4、5、6、7路军总司令。据此，11月17日，李宗仁、张发奎联名发出讨蒋通电。张桂联军正式组成。12月初，石友三在浦口通电反蒋就任护党救国军第5路军总司令。唐生智亦于同时联合四川刘文辉、湖南何键等52名将领通电拥汪，并就任护党救国军第4路军总司令。韩复榘、马鸿逵、孙魁元等北方将领随后亦纷纷通电，响应石、唐。但事实上，反蒋势力各打各的算盘，军事上完全没有一致行动，很快就被蒋介石各个击破。与此同时，蒋介石亦先后对改组派采取行动。先是封了其设在上海的"干部训练所"——大陆大学，然后又封了上海改组派总部。对改组派在各地的骨干更是大肆开除、通缉和逮捕。国民党第39次中常会即以"勾结军阀余孽""颠覆党国"等罪名，决议通缉陈公博、王法勤、柏文蔚、朱霁青、白云梯、王乐平、顾孟余、陈树人、潘云超、郭春涛10人。第52次中常会又作出决议永远开除王乐平、王法勤等人的党籍。第58次中常会作出决议永远开除汪精卫党籍。而北平的谷正鼎，上海的邢琬，江苏的卢印泉，南京的罗方中、朱伦、林凡野，中央军校的罗子实，中央政校的窦培恩等数十名改组派骨干均被逮捕。为杀一儆百，蒋介石还于1930年2月18日晚遣人闯入改组派总部办事处，公然刺杀了改组派总部负责人王乐平和当时在场的2名黄埔军校毕业生。遭此残酷镇压，改组派各级组织很快就陷于瘫痪。

1930年2月，蒋、阎关系恶化。至3月15日，鹿钟麟、商震等57名将领联名通电驱蒋，同时推举阎锡山为中华民国海陆空军总司令，冯玉祥、李宗仁为副总司令。汪精卫、陈公博等又加紧活动,并与各方达成妥协,决定汪主党、阎主政、冯主军,并决定在北平召开中央干部扩大会议,由扩大会议产生新的中央政府,与南京蒋介石政府分庭抗礼。而汪精卫、陈公博等人此举也彻底暴露了他们政治主张的虚伪性,从而引起众多为了民主信念而加入改组派的基层会员的强烈反感,许多人愤而宣布退出了改组派。

5月11日,中原大战打响后,军事上反蒋派最初进展顺利,却由于改组派与西山会议派争党统争个不休,一直无法建立计划中的中央政府。7月13日,在汪精卫的力主妥协之后,改组派与西山会议派总算取得了谅解,国民党中央党部扩大会议在北平正式宣布成立,并发表了有30人署名的扩大会议党务联合宣言。10天后,汪精卫抵达北平。8月7日,在汪精卫的主持下,扩大会议在中南海怀仁堂举行了第一次正式会议,决定由汪精卫、赵戴文、许崇智、王法勤、谢持、柏文蔚和茅祖权7人组成扩大会议常务委员会,负责主持扩大会议的一切事务。常务委员会下设组织、宣传两部和民众运动委员会。组织部由汪精卫兼秘书主任,委员为汪精卫、邹鲁、赵丕廉、陈公博、朱霁青;宣传部由顾孟余兼秘书主任,委员为顾孟余、张知本、薛笃弼、潘云超、傅汝霖。民众运动委员会由覃振兼秘书主任,委员为覃振、白云梯、陈嘉祐、陈树人、商震。由改组派领袖汪精卫起草的扩大会议宣言,明确提出了解决党政问题的7项基本条件。它们是:(1)筹备召开国民会议,以各种职业团体为构成分子。(2)制定基本大法,确定政府机关之组织及人民公私权利之保障,由国民会议公决。(3)民众运动、民众组织,应按建国大纲由地方自治做起。(4)各级党部对于政府及政治,立于指导监督地位,不直接干涉政务。(5)不以党部代替民意机关。(6)贯彻以党治国,即以党义治国的原则,集中人才,以收群策群力之效。(7)中央与地方的关系,按照建国大纲规定采取均权制度,不偏于中央集权或地方分权。①

9月1日,扩大会议第五次正式会议公布了《国民政府组织大纲》,

---

① 参见《大公报》1930年7月29日、8月8日。

宣布成立国民政府。阎锡山任主席,冯玉祥、汪精卫、李宗仁、张学良(未参加)、唐绍仪(未就职)、谢持为委员(后增刘文辉、石友三)。国民政府下设内政、外交、财政、司法、陆军、海军、教育、交通、农矿、工商、国营实业11个部,1个监察院,以及立法、考试、军事、蒙藏、侨务5个委员会。当然,这些机构事实上均未成立,连人选也未及确定,整个战争就失利了。8月初,蒋介石开始反攻。14日,济南失守。8月下旬,陈公博等赴北戴河劝说张学良遭到失败。9月18日,就在阎锡山、汪精卫等匆匆在北平宣誓就任国民政府主席及委员职后不过一周多的时间,张学良宣布出兵入关拥蒋。至此,中原大战的形势急转直下,北平危在旦夕,汪精卫等不得不乘车经石家庄转去太原。到太原之后,扩大会议除了炮制出一部《中华民国约法草案》外,已再无用处了。随着10月底反蒋军事上彻底失败,改组派领导人不得不纷纷离开太原,再度亡命。1931年1月1日,为了换取蒋介石的谅解,汪精卫在香港公开发表宣言,解散改组同志会。自此,改组派遂彻底消失了。

第二节　党外抗争：从人权运动到中国民权保障同盟

一　胡适与"新月"人权运动

除了国民党内部的政治反对派，国民党的一党专政，特别是对人民权利的无情剥夺，在社会上也引起了强烈的抵触和反抗。最早公开向国民党的专制统治发出抗争的呼喊的，是以胡适为代表的新月派及其人权运动。

新月派又称"人权派"，它是由胡适等一批有共同理想、不满国民党统治现状的大学教授集合起来，以胡适主办的《新月》月刊和新月书店为阵地，发表主张人权的文章而得名的。胡适、徐志摩等人早在1923年就在北京成立过一个新月社，后来发展成为新月俱乐部。1927年春，新月社成员胡适、徐志摩、闻一多、丁西林、叶公超、潘光旦、刘英士等聚集上海后，联合在南京教书的梁实秋等，又在上海创办了新月书店。一年之后的1928年3月，他们创办了《新月》月刊。《新月》一创刊，就针对当时激进的革命思潮和国民党"清党"的残酷现实，委婉地发出不满的声音了。其创刊词写道："我们正逢着一个荒歉的年头……一个混乱的年头，一切价值的标准，是颠倒了的。"偏激的主义和标语破坏了维系社会纲纪的感情，使仇恨超过了情爱，因此，为了消灭一切侵蚀思想与生活的病菌，我们"不能不醒起，不能不奋争，尤其在人与生的尊严与健康受凌辱与侵袭的时日！"①

---

① 《"新月"的态度》，载《新月》创刊号，1928年3月10日。

由于《新月》对国民党的态度最初比较含混,且在开始办刊的一年时间里,很少直接涉及政治话题,因此,其否认文学阶级性的办刊方针和主旨遭到以倡导无产阶级文学自诩的创造社和鲁迅等人的激烈批评。但是,胡适等人的自由主义立场,不仅难以接受共产党人的阶级斗争学说,而且也无法容忍国民党人肆意剥夺人民的自由和权利。眼见国民党接连通过《共产党自首法》《防制共产党办法》《宣传品审查条例》《处理归国留俄学生暂行办法》,并通过所谓《训政纲领》,否认约法,变本加厉地推行党治,限制人民自由,1928年底,胡适等人已经准备另外创办一份周刊或旬刊,来作为他们"站立在时代的低洼里几个多少不合时宜的书生"发表其"偶尔想说的'平'话的阵地"。定名为《平论》的期刊虽未能问世,但以平社名义组织的聚餐会却把他们更进一步凝聚在了一起。

促使胡适出面批评国民党当局的,是1929年3月26日刊登在上海《民国日报》上的一则报道。报道称,上海特别市教育部长陈德征向当时正在召开的国民党三全大会提出了一项严厉处置反革命分子的议案,议案主张凡共产党、国家主义者、第三党及一切违反三民主义的分子,均属反革命分子,应毫不犹豫地予以严厉处置。要求"凡经省及特别市党部书面证明为反革命分子者,法院或其他法定之受理机关应以反革命罪处分之"。① 胡适读到这则消息,当即上书司法院院长王宠惠,同时送交国闻通讯社转送各报,尖锐批评只凭党部一纸证明便可定罪处刑的做法,指出这在世界法制史上闻所未闻。这封信自然被报刊检查人员扣了下来,但陈德征得到了胡适的文章,更在《民国日报》上撰文痛斥胡适,称"在以中国国民党治中国的今日……违反总理遗教,便是违反法律,违反法律,便要处以国法。这是一定的道理,不容胡说博士来胡说"。② 胡适对此深为愤慨。

4月20日,国民政府意外地发出一道命令,声称:"凡在中华民国法权管辖范围之内,无论个人或团体不得以非法行为侵害他人身体自

---

① 1929年3月26日《民国日报》。
② 曹伯言整理:《胡适日记全编》(5),379页,合肥,安徽教育出版社,2001。

由及财产,违者将依法严行惩办不贷。"①国民党人一面随意以党划线,随意定人罪名,一面却又高谈"依法",扬言要保护人权和财产,这更让胡适哭笑不得。26日,马君武来见胡适,明确提出:"此时应有一个大运动起来,明白否认一党专政,取消现有的党的组织,以宪法为号召,恢复民国初年的局面。"马君武的观点与胡适一拍即合,胡适终于下决心要通过写文章来和国民党人理论一番了。

5月6日,胡适起草《人权与约法》一文,交《新月》第2卷第2期发表。他在文章中针对国民政府4月20日令,明确指出"人权的保障和法治的确定不是一纸模糊的命令所能办到的"。只要坚持以党划线,无论什么人,一贴上"反动分子""共产嫌疑"等招牌,便没有人权的保障,在侮辱身体、剥夺自由、没收财产都不算非法行为的情况下,空言个人或团体不得侵害他人身体自由及财产,是毫无意义的。他指出:"在今日如果真要保障人权,如果真要确立法治基础,第一件应该制定一个中华民国的宪法。至少,也应该制定所谓训政时期的约法。"应以约法规定政府的权限,如有侵犯人权的,无论何人,包括国民政府主席在内,都要受法律的制裁。②

胡适大声疾呼"快快制定约法以确定法治基础! 快快制定约法以保障人权!",马上就引起了各方的反响。平社同仁也相继参加了要求保障人权的论战行列。梁实秋紧跟胡适,在《新月》第2卷第3期上发表了《论思想统一》一文;罗隆基接连在《新月》上发表了《论人权》《告压迫言论自由者》《我对党务上的"尽情批评"》等文章。他们在文章中明确指出:"人权破产,是中国目前不可掩盖的事实。"争取人权,就是争取生存权、劳动权、财产权、受教育权、思想言论自由权、出版集会结社的自由权。人权就是做人的必需的条件,包括衣食住的权利、身体安全获得确实保障的权利,个人能够"成就至善之我"的权利,确保人的这些权利是国家和法律不可推卸的责任。罗隆基效仿欧美的宪法,参照法国《人权宣言》提出了《人权三十五条》,对人权保障作了具体的说明,即:全民国家,主权在民,国家的功用就是保障全体国民的人权的,人民在

---

① 韩信夫、姜克夫主编:《中华民国大事记》(2),985页,北京,中国文史出版社,1997。
② 胡适:《人权与约法》,载《新月》第2卷第2期,1929年5月10日。

法律上一律平等，其权利不能用任何宗教或政治信仰的理由，或因社会阶级及男女的区别来加以限制；政府必须要对全体国民负责任，而不能只是对某些个人或某一部分国民的团体负责任；所谓以党治国、一党独裁，实际上就是军人治党、党员治国，无非是将全体国民分成两类，绝大多数非党员的普通百姓，不能行使政权，只能纳捐、缴税、当兵、供差，而十余万党员则执掌政权，对普通百姓专制独裁。这种办法，不仅是对民主政治的反动，而且也是中国过去吏治走不通的一条死路。事实上，中国近年来政治之混乱腐败，纯粹是从中央到地方的各级政权操纵在毫无政治知识的武人和官吏手里，攘权夺利、鱼肉百姓造成的。不从法治上解决问题，想要靠党治来训练人民走上民主之路，完全是本末倒置。罗隆基等明确认为，人权产生法律，法律保障人权，两者相辅相成。争法治首先就要争宪法，因为宪法说到底就是人民给政府立下的法律，它规定着政府各机关的权限，使它们不能逾越。他们还指出，民治制度本身就是最好的政治训练，何况今天最需要接受政治训练的，恰恰是政府与党部诸公，他们应当首先学会在宪法或约法之下过有法治的生活。"没有宪法或约法，则训政只是专制，决不能训练人民走上民主的路。"①

胡适等人公开鼓吹"人权"和"法治"，尽管他们明确声明这只是提出讨论，且是为国民党计，但仍极大地触痛了国民党人的神经。国民党中央机关报《中央日报》于8月9—10日公开发表文章批评胡适的《人权与约法》一文，《民国日报》以及《新生命》等报刊也紧随其后，对《新月》杂志的文章逐一进行驳斥；与此同时，上海、北平、天津、青岛、江苏等地国民党党部还纷纷呈文或作出决议，要求查封新月书店，严惩"反革命之胡适"，撤销胡适中国公学校长职务，"迅将胡适逮捕解京"。9月21日，国民党中央训练部致函国民政府，要求对胡适严加警告。根据国民政府的旨意，教育部遂于10月4日奉令警告胡适。至11月，国民党中央宣传部还特别出版了《评胡适反党义近著》一书，指斥胡适等人"反对革命的哲学理论""反对革命的政法理论"，却信奉欧美民治主

---

① 参见胡适《人权与约法》及《我们什么时候才可有宪法？》，罗隆基《论人权》，梁实秋《论思想统一》。均见《人权论集》，5—7、10—12、14—15、33—36、41—44页，上海，新月书店，1930。

义的谬说;声称胡适反对一党专政,有使中国社会从此失去重心而陷于万劫不复之地的严重危险。1930年1月,胡适等不畏压力,将《新月》杂志上发表的胡适、梁实秋、罗隆基3人的文章结集,以"人权论集"为书名公开出版。对此,国民党上海特别市党部等更是发出一片鼓噪之声。国民党中宣部密令没收并焚毁刊有胡、罗文章的《新月》杂志。

为了避免殃及中国公学,胡适辞去了校长一职。但是,胡适等人并没有因此表现退缩。1930年4月,胡适在平社聚餐会上提出:在新的一年里,要以"我们怎样解决中国的问题"为题,分别准备论文,提出报告,进行讨论。他首先以《我们走哪条路》作为引论在平社聚会中进行了讨论。这些讨论的文章很清楚地表明了他们的理想,即希望用几十年的时间,通过演进的方式,铲除贫穷、疾病、愚昧、贪污和扰乱,进而建立一个治安的、普遍繁荣的、文明的和现代的统一国家。所谓治安,就是有良好的法律政治、长期的和平和最低限度的卫生行政;所谓普遍繁荣,就是有安定的生活、发达的工商业、便利安全的交通、公道的经济制度和公共的救济事业;所谓文明,就是有普遍的义务教育、健全的中等教育、高深的大学教育以及文化各方面的提高与普及;所谓现代,就是有一切适应现代环境需要的政治制度、司法制度和经济制度、教育制度、卫生行政、学术研究、文化设备等。在这些文章中,他们继续批评国民党。郑放翁在《制度与民生》一文中尖锐地指出:制度可以使人为恶,亦可使人为善,可以亡强盛之国,亦可以兴弱国之民。而中国过去的人治制度,恰恰在使一班外交家、狗官僚、鸟部长、猪代表,不受社会与法律的制裁而得以为恶,使一班老百姓避危就安,避穷就得,不问国事,而成为一盘散沙的弱国之民。罗隆基在《我们要什么样的政治制度》一文中,更是直接抨击国民党"党高于国""党权高于国权"的主张,根本否认训政的必要。他甚至公然扬言:"今日中国的政治,只有问制度不问人的一条路。制度上了轨道,谁来,我们都拥护。没有适合时代的制度,谁来,我们总是反对。"①

胡适等人争取人权和法治的斗争终于遭到了国民党人的粗暴镇

---

① 潘光旦:《中国问题》,3—12、34—37、56—70页,上海,新月书店,1930。

压。1930年11月4日,上海警备司令部根据国民党特别市党部及八区党部的控告,下令公安局逮捕了罗隆基。此后胡适虽然利用他与宋子文的关系将罗隆基保释了出来,但是1931年1月11日,教育部还是下令罗隆基所在的光华大学,解除了罗隆基的教职。胡适百般活动,也未得结果。而胡汉民更是在立法院的纪念周讲演中大骂胡适"甘心做帝国主义的走狗,以国家民族为牺牲","居心之险恶,行为之卑劣,真可以'不与共中国'"。①

在这种情况下,胡适等人不得不开始软化自己的立场了。1930年底,胡适决定应北京大学之请,出任文学院院长兼中国文学系主任,离沪去平。《新月》杂志的编辑主任工作转手交给了罗隆基,胡适再不发表任何论政的文字了,平社的活动也因此而告停顿。真正还在那里为争取人权和法治而奋斗着的,只有一个罗隆基了。

二 宋庆龄与民权保障同盟

1930年秋冬,随着中原大战结束,蒋介石公开表示要准备制定训政时期约法,这得到了罗隆基等人的欢迎。但是,次年5月5日由国民会议通过的《训政时期约法》,只是在表面上规定中华民国的主权属于全体国民,以及非经法律许可不得侵犯居民的人身及言论自由,同时依旧规定训政时期由中国国民党全国代表大会代表国民大会行使中央统治权,其闭幕时,职权由中国国民党中央委员会行使。罗隆基对此毫不客气地提出了批评。他发表了《对训政时期约法的批评》一文,直截了当地揭露约法只有主权在民的虚文,没有人民行使主权的实质,对人民的权利左手与之,右手取之。其所规定的政府组织及其职权只能造成两种结果:或者是一个独夫专制的政府,或者是一个多头专制的政府,绝对走不上民主政治的轨道。之后,罗隆基发表了《什么是法治》一文,说明国民党那一套表面文章与法治毫不沾边。罗隆基的文章自然再度触犯了国民党当局。这两期杂志不仅被没收,新月书店也一度被查抄。

1931年7月23日,在幕后对新月派颇多同情和支持的宋子文在

---

① 《胡适日记》(5),875—880页。

上海北站遭到暗杀未遂,其秘书唐腴庐中枪身亡。这一事件,再加上《新月》杂志和书店所遭受的越来越公开的镇压,使平社越来越多的同仁灰心丧气了。徐志摩、邵洵美等明确主张改组《新月》,提出《新月》今后应不谈政治。于是,胡适等人争取人权与法治的斗争从此偃旗息鼓。

胡适等人发起的人权运动虽然被国民党当局压制下去了,但是争取人权的斗争却并没有因此而消失。1931年九一八事变发生后,宋庆龄从欧洲回到国内,马上就投入到营救邓演达的斗争中去。邓演达被蒋介石下令杀害之后,宋庆龄痛感国民党一党专政对异己势力之凶残,决心不顾一切出面为政治犯的命运而奔走呼号。几经努力之后,她终于在1932年12月与蔡元培、杨杏佛、鲁迅等联合发起组织了中国民权保障同盟。

宋庆龄出面组织民权保障同盟,在背后其实还有共产国际的作用在里面。因为几年来太多的共产党人被国民党当局逮捕和杀害,事实证明,靠中共活动于个别捕头或监狱看守以减轻损失,并不能起太大作用,因此很需要宋庆龄这样同情共产党的人,利用其地位、声望和与国民党上层的关系,来帮助营救被捕的共产党人。

1932年12月17日,同盟筹委会推举宋庆龄为总会主席,蔡元培为副主席,杨杏佛为总干事,并通过了《中国民权保障同盟宣言》。宣言指出:"中国民众以革命的大牺牲所要求之民权,至今尚未实现,实为最可痛心之事……我辈深知对此种状态,欲为有效与充分之改革,惟有努力改造产生此种状态之环境。"故同盟决心:"(一)为国内政治犯之释放与非法的拘禁酷刑及杀戮之废除而奋斗,本同盟愿首先效力于大多数无名与不为社会注意之狱囚;(二)予国内政治犯以法律及其他之援助,并调查监狱状况,刊布关于国内压迫民权之事实以唤起社会之公意;(三)协助为结社集会自由、言论自由、出版自由诸民权努力之一切奋斗。"①就在筹委会开会的当天,宋庆龄、蔡元培等就以民权保障同盟筹委会的名义致电蒋介石,抗议北平当局逮捕许德珩、侯外庐、马哲民等教授和其他爱国师生。12天后,同盟发起人又在上海南京路华安大

---

① 陈漱渝等编:《中国民权保障同盟》,4页,北京,中国社会科学出版社,1979。

厦举行记者招待会,宋庆龄和蔡元培先后发表讲话,公开解释组织同盟的目的。宋庆龄说:"这个同盟不是一个政党。它的目的不是领导中国人民大众去做政治与经济的斗争,因而它的目的不在领导夺取政权的斗争。"成立该同盟仅仅是为了争取民主权利,为了推动实现中国的统一、独立和完整,以及人民自治的权利。而蔡元培则更明白地指出,"我等愿意保障的是人权",因此,既不拘泥于国家的界限,也不专为一党一派的人效力。凡人权受蹂躏者,都在同盟关心和救济的范围之内。

1933年1月17日,中国民权保障同盟上海分会正式在上海亚尔培路131号的中央研究院开成立大会。蔡元培、杨杏佛、林语堂、鲁迅、周建人、王造时以及外国记者伊罗生、史沫特莱等参加了成立大会。会议发表的宣言具体提出了"要求言论自由、出版自由及不受强力干涉,自由发表意见与对妨害争取幸福之社会势力自由揭露及批评之权"。会议选举宋庆龄、蔡元培、林语堂、伊罗生、邹韬奋、陈彬和、胡愈之、鲁迅等9人为执行委员,选举王造时、吴汉祺、全增嘏3人为宣传委员,选举周树人、林众可、张志韩3人为调查委员,选举张志让、郭蔚然、沈钧儒3人为法律委员。①

在上海分会成立两周后,同盟北平分会也宣告成立。会议通过了《危害民国紧急治罪法应即废止》等5项决议案,胡适、成舍我、陈博生、徐旭生、许德珩、任叔永(鸿隽)、蒋梦麟、李济之、马幼渔9人为执行委员。2月1日,同盟北平分会举行第一次执委会,最早发起争取人权运动的胡适被推为主席,李济之为副主席,会议并通过了就江苏镇江《江声日报》经理兼主编刘煜生1月21日被当局杀害一事,"请中央撤惩顾祝同,并请监察院彻底弹劾"的通电。②

刘煜生是被江苏省政府主席顾祝同以违反《出版法》为名下令拘押,后又依据所谓《危害民国紧急治罪法》将其枪杀的。刘煜生的所谓罪状,主要是在该报副刊《铁犁》上刊登了一些有激进色彩的文字,如"地上泛起工潮,添上一片红","铁的纪律","奴隶们争斗吧,一切旧的

---

① 1933年3月,根据会章关于盟员不能同时兼任中央和分会执委的规定,宋庆龄等7人被免去了上海分会的执委职务,另外增选了郁达夫、洪深、吴迈、沈钧儒、王造时、钱华、宁明予7人为执行委员。
② 1933年2月2日北平《民国日报》。

马上都被冲倒,时代已敲起丧钟,一切眼前就要葬送"等,被江苏省当局解读为"有宣传共产,颠覆国民政府之故意"。联系到刘1927年在当地曾组织过工会,当时"各地工会均系共党所组织,则刘煜生过去之行径,已足证明其为共党"。①

刘煜生被捕后,曾于狱中"泣血"上书国民党监察院院长于右任,申诉自己无辜。于右任接到刘煜生的上书,即派遣调查员马震赴镇江调查。因顾祝同恰好不在江苏,省府秘书长金体乾、秘书姚鹤雏、保安处秘书冯沛三等都借口案情重大,对人犯须"绝对隔离、案卷亦绝对秘密",拒绝了马震调卷审阅的要求。而省府人员所谓的案情重大,据刘煜生妻张若男称,不过是因为刘煜生在该报报道过省府鸦片公卖的秘闻,得罪了顾祝同,顾祝同因此才借文字狱罗织罪名,必欲杀之而后快。此事揭露后,舆论哗然。再加上此时又传来《时事新报》驻京记者王慰三被枪杀案,造成新闻界人人自危,各地同仁纷纷发电抗议,甚至就连这时仍在立法院院长位置上的胡汉民也看不下去,有电报痛陈:"数年以来,人民言论、出版、居住之自由为军人剥夺净尽,纲纪坠毁,民无死所。刘、王之死,张宗昌之杀林、邵,亦不过是于党徽之下效野蛮残暴之行为。视党何如,自视又如何。"②

中国民权保障同盟于1933年2月1日在上海华安大厦召开大型记者会,就刘煜生案发表中英文宣言,尖锐指出:"顾祝同滥用权力,既非法拘禁刘煜生至五月之久,又悍然抗拒监察院之调查","此种蹂躏人权、破坏法纪、黑暗暴行,已明白证明顾祝同实质上与北洋军阀毫无二致,也即为我全国人民之公敌。为维护人权,对于顾祝同之军阀暴行,全国人民,应共起而作坚决之抗争","政府如无以裁制此种暴行,实为政府之大羞"。宣言要求政府:(1)迅将顾祝同及有关系负责人员免职,并依法惩办;(2)公布顾祝同所认为"宣传共产"之《江声日报》副刊所刊载诸文;(3)切实保障民权,务使以后不再有同类之事实发生。③

---

① 1933年1月27日《顾祝同致行政院呈》,见《中华民国史档案资料汇编》第五辑第一编,310-311页,南京,江苏古籍出版社,1987。
② 1933年1—2月《顾祝同令枪杀镇江〈江声日报〉编辑刘煜生案有关文电》,见《中华民国史档案资料汇编》第五辑第一编,307—317页。
③ 参见1933年1月31日《中国民权保障同盟会宣言》。

民权保障同盟在营救共产党人方面更是不遗余力。1933年3月，陈赓、罗登贤、余文化、廖承志等在上海被捕，同盟马上召开临时执委会，并邀请上海著名律师出席，商讨营救工作。当上海第二特区法院即将开庭审理此案时，同盟即公开发表宣言为这4人辩护。宣言称："吾国为农工运动及反帝国主义奋斗而被拘禁私刑杀戮者，已成司空见惯的事实"，"即使被告为共产党员，或曾参加反帝或工人运动，亦非法律所不许，苟无特别活动，应即立刻释放"。宋庆龄自己还亲自发表告中国人民书，她说，"这个事件是中国政府与帝国主义分子狼狈为奸，压迫中国人民的反帝抗日战士的鲜明例证"，这几位共产党人"正如所有与他们遭受同样命运的同志们一样，不是罪犯，而是中国人民最高尚的代表人物"，"如果我们容许这些革命战士们被逮捕，被监禁，甚至被害，那就容许了可恶的反动势力摧残中国民族生命的根苗"。①

由于廖承志是何香凝的儿子，再加上宋庆龄等人在国民党上层的活动，廖承志当天就被释放了。但另外3人仍被押往南京警备司令部军事监狱。为营救他们，民权保障同盟于4月3日召开了全国执委会与上海分会的联席会议，组成了营救政治犯委员会，推举宋庆龄等7人为委员。5日，宋庆龄、杨杏佛、沈钧儒、伊罗生4人赶往南京，当晚通过关系探视了陈赓，以确保3人不致突遭杀害或受到刑讯。随后，他们先后会见了司法部部长罗文干和行政院院长汪精卫，要求释放3人，同时强烈呼吁废止刑讯逼供，禁止给政治犯上镣铐，给予政治犯阅报读书的自由等。

陈赓等人案发生不久，接着又发生了左翼作家丁玲和潘梓年被国民党特务密捕案，蔡元培、杨杏佛、胡愈之、邹韬奋等闻讯亦迅速发起营救。他们组织了"丁、潘保障委员会"，发表募捐启事，并发动了文艺界38人联名致电当局要求立即释放丁、潘两人。在此前后，宋庆龄、蔡元培等还特别关注于中共中央前总书记陈独秀被捕案和共产国际在中国的工作人员牛兰夫妇被捕案。对于牛兰案，宋庆龄等尤其奔走呼号，组织营救委员会，并辗转于南京、苏州等地监狱，公开要求善待牛兰夫妇。

---

① 1933年3月31日《申报》。

这一营救活动自然得到了共产国际在国际上的积极配合,因而产生了相当大的影响。而他们的种种言论和行动,更是极大地刺激了国民党。南京及北平国民党党部均再三警告蔡元培等人,并指斥中国民权保障同盟为非法,应即废止或予取缔。

中国民权保障同盟之所以能够在当政者对政治上异己者厉行白色恐怖的情况下,公开活动并团结了大批社会名流,根本上在于它是承认国民党训政时期的"约法",并以"约法"为武器来向国民党当局争人权的。但也正因为如此,同盟的组织者及其参加者的目的和对同盟任务的认识也就各有不同。宋庆龄以及鲁迅等人从一开始就认定了同盟应当成为保护共产党人及其革命志士、同反动的国民党政权作斗争的一种工具,而胡适等人则确信同盟必须在现有的法律制度的前提下,致力于改善现有体制,同一切暴力的、不人道的现象作斗争。这种情况不可避免地使这一组织内部从一开始就存在着巨大的隔阂与矛盾。

同盟成立之初,宋庆龄就收到了北平陆军反省院中政治犯刘尊棋根据狱中党组织的指示,用英文写出的两封信件,历数狱中残酷异常的种种私刑。接信后,宋庆龄极为重视,立即提交同盟执委会讨论,并决定派总干事杨杏佛利用赴北平参加同盟北平分会成立大会的机会,调查北平监狱实况,进行营救活动。就在中国民权保障同盟北平分会于1933年1月31日下午宣告成立之后,当晚7时就议决要视察北平监狱。杨杏佛马上在晚上11时去见了张学良。张学良因与宋庆龄有私交,与胡适也有往来,因此同意他们次日视察监狱,并派外事秘书王卓然陪同。第二天,从上午10时至下午2时,杨杏佛、胡适以及《世界日报》社长成舍我3人与王卓然一道,参观了包括北平陆军反省院等几所监狱。反省院共有监犯91名,另女犯1名,全是共产党嫌疑犯。参观过程中,不少人与胡适、杨杏佛等作了详谈,诉说了种种不人道的待遇,主要是脚上带镣,屋小人多,潮湿黑暗,缺乏取暖设备,伙食被克扣,营养不良,可以读书却不许看报。胡适等离开后,反省院中原中共河北省委委员韩麟符进一步写信给胡适,提出改善监狱的几项建议:"一、凡爱国学生及嫌疑犯和判刑已久者,请求当局释放,俾得共赴国难;二、保释重病者;三、读书看报写作,在不犯禁限度内允许自由;四、改良饮食,添加运动,准予随时接见亲友;五、下镣以重人格人命。"总之,胡适等此行,没有发现反省院里有滥施酷刑的情况。

2月4日,胡适收到宋庆龄等寄来的刘尊棋以反省院政治犯名义控诉反省院滥施酷刑的英文信,收到宋庆龄、史沫特莱两人所附请北平分会向当局提出严重抗议,要求废除种种私刑,并"立即无条件的释放一切政治犯"的信件。胡适对宋庆龄转来的信的真实性颇感怀疑。他当天即给蔡元培、林语堂去信,说明:"读此三项文件,真感觉失望。反省院是我们(杏佛、成平、我)三人前几天亲去调查的。有许多犯人和我们很详切的谈话;杏佛当能详告你们诸位。他们诉说院中苦痛,最大者为脚上带锁,与饮食营养不足二事。但(无)一人说及有何种私刑吊打,如孙夫人所得 Appeal 中所说的。谈话时,有一人名刘质文(即刘尊棋——引者注),是曾做苏联通信社翻译的,他与我英文谈话甚久,倘有此种酷刑,他尽可用英语向我诉说。依我的观察,反省院在已决犯中无用此种私刑拷打之需要。"①

此信还未发出,第二天,英文《燕京报》和《大陆报》均已发表了宋庆龄发来的控诉状。胡适当即再函蔡元培、林语堂两先生并公开在《燕京报》上发文加以澄清。其文除进一步说明他们亲眼所见的情况外,还特别提到了当天早晨收到的韩麟符寄来的有真实签名的信件,称:"他在信内提出了改善监狱的五项建议,叵是并没有提到那些酷刑的事。"他指出:"送交孙夫人的那封呼吁书十分可能是一封伪造的匿名信,而她又没有采取实地调查的步骤来加以核实。仅只两天之前,有一封同样的文件,据称是'北平姚家井河北省第一监狱全体政治犯'发出的,寄给本市一家中文日报的编辑要求发表。信封上的地址是我的寓所米粮库四号,信件本身是由一个名叫肇音的署名,他写下这个地址以表示他住在我家里,并且信中说这个文件是胡适博士交给他发表的!显然,孙夫人收到的文件,也是这类东西。"胡适在文末特别说明:"我写这封信,并没有意思认为此地监狱的情况是满意的。民权保障同盟北平分会将尽一切努力来改善那些情况。然而我不愿依据假话来进行改善。我憎恨

---

① 《胡适致蔡元培、林语堂》(1933年2月4日),见耿云志主编《胡适论争集》(下),1976页,北京,中国社会科学出版社,1998。

残暴，但我也憎恨虚妄。"①

胡适的信，引起了民权保障同盟高层的极大重视。林语堂复函称："接信后蔡、杨及弟皆认为事情极其严重，须彻查来源，弟个人且主张负责纠正。"杨杏佛也函告胡适：他已向会中诸人说明，匿名控诉状所云之酷刑，"即使有之，必在入反省院前，不能笼统便加入反省院也"。他并且指出："弟等奔走此会，吃力不讨好，尤为所谓极左者所不满，然集中有心人争取最低限度之人权，不得不苦斗到底。"2月13日，同盟执委会开会讨论胡适的信，史沫特莱"甚为焦急，详述此项文件发表之经过"。蔡元培等会后对此向胡适详做说明：对于史沫特莱提出会议之英文控诉状，只因与会者早就听说中国各监狱或军法处常滥施此等酷刑，故当时未曾质疑，即委托陈彬和和史沫特莱分别起草中英文稿，送各报登载，中文本因有新闻检查未能登出，英文报则有采载者。"故此文若不宜由本会发表，其过失当由本会全体职员负责，决非一二人之过，亦决非一二人擅用本会名义之结果也"，"如将来再收到此种文件，自当审慎考核，不轻发表"。②

但是，这场争论并没有因此而结束。上海民权保障同盟委托史沫特莱在英文《大陆报》上针对胡适对反省院滥施酷刑一事的澄清，发表了一份声明，认为在同盟准备视察监狱之前几天，监狱当局已经得到消息，因而预先做了布置，把真实情况掩盖了起来。对此，胡适非常不满。他公开指出："这个声明是完全不符事实的。同盟于一月三十日方才成立，组织一个委员会视察监狱是当天晚上七时才作出决定的。杨铨先生随即于当夜十一时去见了少帅，获得允许于次日视察监狱。因此，这次视察一如这一类视察所希望的那样，是一次出其不意的视察。"他尖锐地批评说："改良不能以虚构事实为依据。这封信和《大陆报》通信中那些夸张不实的内容，只能给希望把事情办好的人增加困难。"对此，杨杏佛不能不再函胡适详加解释，说明此文纯由史沫特莱起草和删节，因忙未经委员会详阅校正，以致出现一些错误，如将几小时前错写成"几

---

① 《胡适致〈燕京新闻〉编辑部》(1932年2月)，见《胡适论争集》(下)，1972页。
② 《蔡元培、林语堂致胡适》(1933年2月13日)、《杨杏佛致胡适》(1933年2月14日)。两文见《胡适论争集》(下)，1990—1991页。

天前",且其他语气间亦与委员会之初衷有所出入等。然胡适对此不仅颇难谅解,而且对杨杏佛亦开始怀有成见。①

而更大的争论却是发生在《中国民权保障同盟宣言》之第一项上,即关于"本会目的乃在一切政治犯之释放"这一点。还在争论发生之初,胡适就敏感地意识到同盟内部在政治犯问题上存在着巨大的分歧,故他在事发之后即公开表示,对于政治犯,"当沪总会成立之时,对此问题并未规定原则。本人意见,对政府逮捕政治犯,并不是无条件的反对,但必须具有四个原则:(一)逮捕前必须得有确实证据;(二)逮捕后须遵守约法于二十四小时内移送法院;(三)法院侦查有证据者,公开审判,无证据者,即令取保开释;(四)判罪之后,必须予以人道的待遇"。② 但同盟随后发表的宣言却明显地与胡适的想法相左。他因此开始怀疑同盟会的立场和倾向与自己的想法不合。

胡适就此公开阐述了他的看法和观点。除了重申他关于对政治犯问题的四项原则外,他解释说:"我是赞成这个民权保障运动的。我承认这是我们中国人从实际生活里感觉到保障权利的需要的起点。从这个幼稚的起点,也许可以渐渐训练我们养成一点爱护自己权利并且尊重别人权利的习惯,渐渐训练我们自己做成一个爱护自己所应有又敢抗争自己所谓是的民族……但我们观察今日参加这个民权保障运动的人的言论,不能不感觉他们似乎犯了一个大毛病,就是把民权保障的问题完全看作政治的问题,而不肯看作法律的问题。这是错的。只有法治是永久而普遍的民权保障。离开了法律来谈民权的保障,就成了'公有公的道理,婆有婆的道理',永远成了个缠夹二先生,永远没有出路。前日报载同盟的总会宣言有要求'立即无条件的释放一切政治犯'的话,这正是一个好例子。这不是保障民权,这是对一个政府要求革命的自由权。一个政府要存在,自然不能不制裁一切推翻政府或反抗政府的行动。向政府要求革命的自由权,岂不是与虎谋皮?谋虎皮的人,应该准备被虎咬,这是作政治运动的人自身应该的责任。"问题仅仅在于,

---

① 参见《胡适为政治犯问题发表谈话》,见 1933 年 2 月 22 日上海《字林西报》;《杨杏佛致胡适》(1933 年 2 月 23 日),见《胡适论争集》(下),1978、1991—1992 页。
② 1933 年 2 月 6 日北平《民国日报》。

"一个政府应该有权对付那些威胁它本身生存的行为,但政治嫌疑犯必须如其它罪犯一样,应当得到法律的保障。"就这一点而言,"同盟不应如某些团体所提出的那样,提出释放一切政治犯,不予依法治罪的要求。"对于政治犯,我们所能做的,只能是应当想办法保障他们在法律上应有的权利,若"离开了这个立场,我们只可以去革命,但不能算是做民权保障运动"。在他看来,同盟不应该把眼睛只盯着政治犯,因为,"除了政治犯之外,民权保障同盟可以做的事情多着哩。如现行法律的研究,司法行政的调查,一切障碍民权的法令的废止或修改,一切监狱生活的调查与改良,义务的法律辩护的便利,言论出版学术思想以及集会结社的自由的提倡……这都是我们可以努力的方向"。①

胡适公开批评同盟总会并反对总会宣言的言论,不可避免地引起了总会内部的强烈不满。胡适对《字林西报》记者的谈话发表当天,总会就去电胡适,要求他说明谈话中反对本会主张释放政治犯,并提议四项原则的内容,"是否尊意"。杨杏佛也于次日写信给胡适,说明:"二月二十一日《字林西报》载兄谈话,对会中发表监犯书指为伪造及反对会中主张释放政治犯,执委会特开会讨论,极以如此对外公开反对会章,批评会务,必为反对者张目,且开会员不经会议、各自立异之例,均甚焦灼,已由会电询谈话真相,甚望有以解释,勿使此会因内部异议而瓦解也。"②

显然,胡适认为他的观点已经讲得很清楚,总会诸人既然不能理解,自亦不必再做解释。而胡适对总会的电报不做回应,宋庆龄再以她和蔡元培两主席身份于28日又电胡适,措辞强硬地提出:"释放政治犯,会章万难变更。会员在报章攻击同盟,尤背组织常规,请公开更正,否则唯有自由出会,以全会章。盼即复电。"③对此,胡适仍不作答。于是,3月3日,同盟执委会召开会议,开除了胡适会员的资格。3月17日,同盟举行全体会员大会,对执委会的决议予以追认。随后,同盟执委会还印发了《关于民权保障及释放政治犯的两封公开信》,重申并进

---

① 胡适:《民权的保障》,载《独立评论》第38期,1933年2月。
② 《中国民权保障同盟致胡适》(1933年2月22日)、《杨杏佛致胡适》(1933年2月23日)。两文见《胡适论争集》(下),1991—1992页。
③ 《宋庆龄、蔡元培致胡适》(1933年2月28日),见《胡适论争集》(下),1992页。

一步阐述了同盟关于要求即刻无条件释放一切政治犯的立场。

胡适遭开除后,以胡适为中心,由40余位教授、校长组成的北平分会迅即解体。为重建北平分会,总干事杨杏佛再度北上,力图有所推动,结果一无所成。不仅如此,上海总会内部也出现分裂的趋势。蔡元培与林语堂也萌生退意。就在同盟举行全体会员大会追认开除胡适决议的当天,蔡元培即致信胡适称:"弟与语堂亦已觉悟此团体之不足有为;但骤告脱离,亦成笑柄;当逐渐摆脱耳。"不久后,蔡元培即辞去了副主席一职,他和林语堂等从此也与同盟若即若离了。实际上,3个月之后,即由于6月18日杨杏佛被国民党特务刺杀,中国民权保障同盟作为一个组织也很快就不复存在了。

第三节　文化抗争：社会性质论战与左翼文化运动

一　马列著作的大量出版

在经历了五四运动和轰轰烈烈的国民革命运动之后,深受革命思想冲击的大批知识分子眼看国家战乱不断,政治独裁黑暗,民主得不到,人权无保障,备感苦闷。他们不可避免地想要向着他们认为理想的方向去寻求真理,寻求出路。而国民党这时在政治上,包括在思想言论上虽然对异己势力采取高压的政策,但并没有放弃过去的革命旗号和追求民族独立、民权平等、民生幸福的口号,国民党内一些思想派别甚至依旧在公开主张唯物论和社会主义。正是由于这种情况,国民党一方面公开反共反苏,另一方面却在相当程度上容许马克思主义的传播和思想文化运动中各种流派的争论继续存在。如此也就形成了一种很特殊的现象,即在国民党白色恐怖之下,处于地下状态的共产党人和相当数量的左翼知识分子,在思想文化领域里依旧在进行抗争,社会上的思想文化潮流因此也明显地呈现左倾和多元化的特点,与国民党极力推行的党治主张愈走愈远。

在这方面一个最突出的表现,就是马克思、恩格斯、列宁著作翻译出版和相关研究著述的发表。从 1928 年到 1931 年,即在国民党厉行"清党"、大力推行党治和训政的过程中,中国却出现了翻译和出版马克思、恩格斯、列宁著作的热潮。据统计,在这三四年时间里,新翻译出版的马克思、恩格斯著作就有五六十种。其中包括:马克思的《政治经济学批判》(郭沫若等译),马克思的《神圣家族》(李一氓译),马克思的《哥达纲领批判》(李一氓译),恩格斯的《社会主义从空想到科学的发展》(朱镜我译为《社会主义的发展》,黄思越译为《社会主义发展史纲》),马克思的《哲学的贫困》(李铁译为《〈哲学的贫困〉底拔萃》、杜竹君译为《哲学之贫困》、许德珩译为《哲学之贫困》),恩格斯的《劳动在从猿到人转变过程中的作用》(陆一远译为《马克思主义的人种由来说》、成嵩译为《从猿到人》),恩格斯的《反杜林论》(吴黎平、钱铁如译),恩格斯的《家族、私有制和国家的起源》(杨贤江译为《家族私有财产及国家之起源》),恩格斯的《路德维希·费尔巴哈和德国古典哲学的终结》(彭嘉生译为《费尔巴哈论》、向省吾译为《费尔巴哈与古典哲学底终末》),马克思的《路易·波拿巴的雾月十八日》(陈仲涛译为《拿破仑第三政变记》),马克思的《资本论》第一卷第一册(陈启修译),恩格斯的《自然辩证法》(杜畏之译为《辩证唯物论的宇宙观与近代自然科学之发展》),列宁的《国家与革命》(中外研究会出版),列宁的《帝国主义是资本主义的最高阶段》(刘野平译为《资本主义最后阶段:帝国主义论》),列宁的《两个策略》(陈文瑞译),列宁的《卡尔·马克思》(冯雪峰译为《科学的社会主义之梗概》),列宁的《唯物论与经验批判论》(笛秋、朱铁笙译),列宁的《俄国资本主义的发展》(彭苇秋等译)。

伴随着马克思、恩格斯等人的著作大量出版,介绍和研究马克思主义的著作论集也相当流行。像李达、王静、张粟合译的河上肇的《马克思主义经济学基础理论》,李达、钱铁如合译的杉山荣的《社会科学概论》,屈章译的梅林的《历史的唯物主义》,吴念慈译的普列汉诺夫的《史的一元论》。上海泰东书局从1928年下半年起就陆续出版发行了一套"马克斯研究丛书",共10册。其中有《马克斯的经济概念》《马克斯的社会民族及国家概念》《马克斯的国家发展过程》《马克斯的伦理概念》《马克斯的唯物历史理论》《马克斯的阶级斗争理论》《马克斯的工资价格及利润》《马克斯的工资劳动与资本》等。而从1930年开始,上海明日书店也陆续出版发行了一套有22本之多的"科学的社会科学丛书",其中有《唯物史观的基础》《唯物史观的哲学》《唯物史观的认识论》《唯物史观的社会思想史》《唯物史观的艺术论》《唯物史观的社会思想史》《唯物史观的经济思想史》《唯物史观的社会问题》等。中国的知识分子也自己创办刊物,发表论文,或出版专著。如瞿秋白的《唯物论的宇宙观概说》《马克思主义之概念》,李达的《社会主义之基础知识》,张心如的《无产阶级的哲学》《苏俄哲学潮流概论》,张其珂的《理论与实践——从辩证唯物论的立场出发》等均属专著。1928年,成仿吾等人的创造社创办了《文化批判》月刊,被禁后又改名为《思想》月刊继续出版,发表了《科学的社会主义观》《辩证法的唯物论》《唯物史的构成过程》《金融资本与帝国主义》《意识形态的变革与唯物辩证法》等许多宣传、介绍马克思主义的文章。

中共上海党的地下组织对传播和宣传马克思列宁主义更是不遗余力。1928年中共就在上海成立了地下出版社,对外的牌子是"无产阶级书店",秘密或公开印制马克思主义书籍和共产国际以及中共自己的各种文件。一年后,该书店被查封,中共又成立了华兴书局,继续出版发行马克思主义的理论著作。它先后出版了列宁的《国家与革命》《两个策略》《革命与考茨基》《左派幼稚病》《三个国际》等重要著作,并且编辑出版了一本《马克斯主义的基础》的小册子,收集了马克思、恩格斯的6篇论著,其中有马克思、恩格斯的《共产党宣言》及其3篇序言、恩格斯的《共产主义原理》和马克思的《雇佣劳动与资本》。编者公开号召读者:"劳苦群众的知识分子、革命的青年战士,迅速动员其伟大的科学研究精神,从社会经济进化上,从人类历史的发展上,从阶级斗争的规律上去认识无产阶级科学的社会主义的马克斯主义。这是我们思想上的武装,这是我们推翻资本主义及战胜资本主义的辩护士的重要工具。"①

二 社会性质论战的发生

马克思主义理论观点的广泛传播与宣传,不可避免地加剧了各派知识分子对国民党统治的合法性与共产党暴力革命的合理性的怀疑与争论。中国社会往何处去?这个问题现实地摆在了大批关心国家、民

---

① 中共中央马恩列斯著作编译局马恩室编:《马克思恩格斯著作在中国的传播》,278页,北京,人民出版社,1983。

族命运的知识分子面前。

1928年1月,国民党人陶希圣、周佛海等就在上海创办了《新生命》杂志,开始致力于为国民党统治的合法性寻找理论根据。陶希圣接连发表了《中国社会到底是什么社会?》和《中国之商人资本及地主与农民》等文章,并且出版了《中国社会之史的分析》和《中国社会与中国革命》两本论文集。陶希圣的基本思想是,中国当前的社会是帝国主义侵略下的封建社会,但这种帝国主义的侵略,更多地还是来自外国商业资本利用种种不平等条约在中国巧取豪夺。中国社会的封建性,就其制度而言已遭破坏,存在的只是一些封建势力。这些封建势力并非是农村中的地主阶级,更多还是那些"以政治力量执行土地所有权并保障其身份的信仰的士大夫阶级"。而于1928年5月开始兴起的国民党改组派,也利用其在上海创办的《革命评论》和《前进》等杂志,宣传"中国现在绝没有封建阶级",不能把中国与欧洲的封建制度相提并论;强调"打倒帝国主义,决非简单的争政治上的自由,最要紧的还是争经济上的自由"。为此,中国必须发展国家资本和社会资本,而要发展国家资本和社会资本,中国不仅不应当鼓励和制造阶级斗争,相反应当鼓励和加强阶级间的协调与融合。

以胡适为代表的自由派知识分子,这时也在积极探寻救国之道。他们从1928年到1930年间反复讨论中国的现状和救中国的方法。胡适认为:中国目前的敌人只有五个,即贫穷、疾病、愚昧、贪污、扰乱。他指出:"这五大仇敌之中,资本主义不在内,因为我们还没有资格谈资本主义。资产阶级也不在内,因为我们只有几个小富人,哪有资产阶级?封建势力也不在内,因为封建制度早已在两千年前崩坏了。帝国主义也不在内,因为帝国主义不能侵害那五鬼不入之国。"他因此明确批评共产党和部分国民党人高唱的反帝反封建革命,说那只是"悬空捏造革命对象"来鼓吹革命。他认为:中国目前的问题首先在于扫除这五大恶魔,但也正因为如此,那种以暴力的革命为号召的观点都是错误的,因为"他们都不是暴力的革命所能打倒的"。要打倒贫穷、疾病、愚昧、贪污和扰乱这五大恶魔,只有一条路,那就是"集合全国的人才智力,充分采用世界的科学知识与方法,一步一步的作自觉的改革,在自觉的指导之下一点一滴的收不断的改革之全功"。①

与此同时,由于联共(布)党内斯大林一派和托洛茨基一派公开分裂而导致的争论,也极大地影响到中共内部。托洛茨基公开指责以斯大林为首的共产国际在指导中国革命问题上犯了严重错误,导致了中国革命的失败;而南京政府成立后的中国已经进入到俄国1905年革命失败后的局面之中,即"资本主义关系在中国无条件的占优势和占直接的统治地位",重要的农民区域开始完全依赖市场,从而使中国农村在各方面越来越隶属于城市了,在这种情况下,中共革命的主要任务应当逐渐转向直接反对资产阶级的革命,当前则应该努力争取公开地位,为团结一切小资产阶级及其势力,以国民会议为中心口号,通过合法和半合法的斗争来宣传和争取群众。显然,托洛茨基的这一观点得到了中共党内一部分人的积极拥护和响应。特别是以前总书记陈独秀为首的一些党的活跃分子站在托洛茨基观点一边,对中共正在积极推动的事实上以土地革命为中心的苏维埃革命运动,明显地构成了内在的破坏力。

所有这些都迫使中共必须要做出回应,甚至是回击。1929年10月,中共首先展开了清除党内托洛茨基派别的斗争,并因此将陈独秀等人的观点定性为"取消主义",意即认定陈独秀等人的主张实为试图取消工农推翻国民党统治的暴力革命。11月,在中共中央文化工作委员会的指导下,以朱镜我为主编,王学文、潘文郁、吴亮平、李一氓等人在内,创办了《新思潮》月刊。他们通过这一刊物,一方面全力翻译介绍马克思主义的著作文章,另一方面侧重于对党内托洛茨基派以及国民党新生命派和改组派等展开批判和论战。1930年3月,中共中央宣传部部长李立三在党中央机关刊物《布尔塞维克》第3卷第2—3期合刊上发表了《中国革命根本问题》,揭开了被后人称为"中国社会性质问题论战"的序幕。因《布尔塞维克》是秘密刊物,无法造成广泛的影响,故潘文郁、王学文等随即受命在《新思潮》第5期上公开发表文章以阐述中共中央关于中国革命的根本主张。而为了统一领导这一斗争,中共中

---

① 胡适:《我们走哪条路?》,见蔡尚思主编《中国现代思想史资料简编》第3卷,176、185—186页,杭州,浙江人民出版社,1983。

央还提议将从事哲学社会科学的共产党人和激进学者组织起来。1930年5月30日,中国社会科学家联盟(简称"社联")正式宣告成立,并且公开通过了要以马克思主义的观点对各种非马克思主义思想和假马克思主义理论进行批判的《中国社会科学家联盟纲领》,表明了他们必欲在实践中同一切反对中国革命的思想派别坚决斗争的立场。纲领明确指出,中国社会科学家的主要任务就是:"一、以马克思主义的观点,分析中国及国际的政治经济,促进中国革命。二、研究并介绍马克思主义理论,使它普及于一般。三、严厉地驳斥一切非马克思主义的思想——如民族改良主义、自由主义,及假马克思主义的理论——如社会民主主义、托洛茨基主义及机会主义。四、有系统地领导中国的新兴社会主义科学运动的发展,扩大正确的马克思主义的宣传。五、……努力参加中国无产阶级解放运动的实际斗争。"①

李立三等人对各派观点的辩驳和反击是抓住了中国社会性质这一中心问题而展开的。他们在《新思潮》第5期的"编辑后记"中明白地讲:今天那些"主张中国是资本主义的社会,因而说现在的统治阶级是资本家的民族资产阶级",认为"资产阶级性的民权革命已经完成其任务,目前没有任何的革命征兆"的理论家们,根本就是想要反对中共六大所提出的中国革命十大政纲,取消中国革命。要说明其理论的谬误,就"要理解中国革命的性质"和"现代中国的实际社会的阶段性"。而要理解中国革命的性质,了解现代中国的实际社会的阶段性,就"必须分析中国社会的经济的结构及其特殊的性质"。他们通过实际的数字和具体的分析,着重说明了这一问题。他们指出:"中国是半殖民地的国家,帝国主义在中国经济中握有最高的统治权","在全国经济生活的比重上,半封建关系仍然占着比较大的优势",故"中国经济,实是帝国主义侵略下的一个半殖民地的封建的经济"。他们认为:帝国主义对中国封建经济发生影响主要表现在两个方面,一方面帝国主义通过它所传播的新式的资本主义生产技术,打击且破坏了中国封建关系的行会制度和自然经济,在推动中国经济组织向进步的道路上发展起了积极的

---

① 《世界文化》第1期,1930年9月10日。

作用。这一作用的结果,就是促进了中国革命的开始,使中国民族资本在城市中有了相当的发展,并且在农村中已经孕育了它的种子,把中国推向了向资本主义发展的过程。但另一方面,帝国主义各国在中国长期争夺的结果,造成它们不能不在相当程度上保护中国的封建制度,以维护各自的特殊权益,这种情况不仅极大地压抑和束缚了中国民族资本主义的发展,而且促使继续得以在农村中保持其特殊地位的封建势力,为了自身的生存和巩固,变本加厉地增高了中国的地租和苛捐杂税,从而自然加重了地主阶级对整个农民的盘剥。因此,他们坚信:"中国经济,实在处于国内封建(半封建)的势力和国外帝国主义二重势力压迫之下。"据此,他们明确认为中国经济的发展,"若保持着目前这一种帝国主义的特权,保持着中国经济中的封建势力,照这样下去,这只有使整个中国经济完全走到帝国主义的统治之下","走向殖民地","中国民众将要长(期)受帝国主义的剥夺,长(期)受现在这些封建关系的束缚"。相反,如果采取革命的方式,首先"肃清一切帝国主义的特权,肃清中国军阀官僚地主豪绅之一切的剥夺",即"在根本上推翻帝国主义及肃清中国封建势力",彻底改变生产关系,走集体化的社会主义生产道路,才有可能提出改造生产技术的问题,中国的经济发展才有前途。①

《新思潮》的两篇文章在思想界引起了广泛的重视。托洛茨基派的严灵峰、任曙、刘镜园等于1930年7月创办了自己的刊物《动力》,也开始作出回应。主编《读书杂志》的神州国光社的王锡礼注意到这一讨论的价值,邀请各派人士在该杂志上发表文章,讨论中国社会史问题。1931年8月该杂志第1卷第4—5期以"中国社会史论战专号"第一辑为名正式出版。王锡礼在其开篇序言《中国社会史论战序幕》一文中说:"关于中国经济性质问题,现在已经逼着任何阶级的学者要求答复。"为什么要说明这个问题,因为要找出中国社会的前途。"我们可以在'中国社会的前途'的总问题中,随便拈出几个问题来考察。一、中国革命高潮是否到来? 二、中国革命的性质,是资本主义革命? 抑是社会

---

① 潘东周:《中国经济的性质》;王学文:《中国资本主义在中国经济中的地位其发展及其前途》。两文见高军编《中国社会性质问题论战》(资料选辑),191—195、204—205、209—211页,北京,人民出版社,1982。

主义革命？三、中国革命的对象是否帝国主义封建势力？""要解答第一个问题,就得了解革命的条件是否具备。要解答第二个问题,就得了解中国现在是封建社会,抑是资本主义社会。要解答第三个问题,就得了解帝国主义在中国所发生的作用以及封建势力是否存在。总之,我们要知道应当如何推动社会,就应当把握社会的动向;要把握社会动向,就应当理解社会的结构,尤其是其基础的结构。"该杂志之后又于1932年3月、8月和1933年4月,将第2卷第2—3期合刊,第2卷第7—8期合刊,第3卷第3—4期合刊,编为"中国社会史论战专号"第二、三、四辑,大大推动了这一问题的争论。

参加到这场争论中来并在该杂志上发表文章的有：新生命派陶希圣等,托洛茨基派任曙、严灵峰、李季、王宜昌、杜畏之等,神州国光社的王锡礼、胡秋原等,共产党人张闻天（化名刘梦云）、熊得山、刘苏华等。另外还有其他一些激进的知识分子、中间派或无党派人士,影响面相当广泛。北平、天津等地的社会科学界人士也纷纷卷入到这场争论中来,如翦伯赞等人在天津创办了《丰台》旬刊,吴承仕、孙席珍等人创办了《文史》,再加上《三民半月刊》《晨报》《益世报》等的参与,使这场论战很快达到了高潮。

在这场论战中,有关中国社会性质的论战主要集中在托派与中共之间。托派坚持中国已经是资本主义社会,商品经济的发展已经破坏了中国自给自足的封建经济体系,因此,中国工人阶级当前的任务,主要已不是反对封建主义,而是反对整个的资本主义。那种否认中国革命的反资本主义的社会革命性质,否认中国革命的唯一道路要走无产阶级革命和无产阶级专政道路,试图以工农民主革命来达成革命目标的人,才是真正的取消派![1] 对此,张闻天、王学文、刘苏华、钱亦石等相继给予了严厉的批驳。他们指出：商品经济并不就是资本主义经济。"帝国主义所以在中国创造最小限度的资本主义的企业与资本主义的关系,并不是为了要发展中国的资本主义使中国变成一个资本主义国家,而是为了要使中国变成它的殖民地,变成它的附庸。为了这一点,

---

[1] 参见任曙《中国经济研究绪论》,见《中国社会性质问题论战》上册,471页;刘镜园《中国经济的分析及其前途之预测》,载《读书杂志》第2卷第2—3期合刊,1932年3月。

它不但不愿意发展中国的资本主义,而且尽量的阻碍中国资本主义的独立发展"。而帝国主义的商品输入,不仅没有加速农村的资本主义化,反而加剧了农民的破产。各国列强也正是靠确保和加深殖民地和半殖民地对其的依赖性,来增大其剥削的。他们在文章中几乎是公开地认为国民党南京政府是中国封建残余势力的代表,因而公开宣传:中国现阶段革命只能是在无产阶级领导下,以打倒帝国主义和封建剥削为目的的资产阶级民主革命。只不过由于资产阶级退出了革命,这场革命的动力只能是工农阶级,因此它所要建立的政权,也只能是工农民主专政,而不能是无产阶级专政。只有当这场以土地革命为中心的任务成功之后,中国才能够在无产阶级的领导下,进一步把革命引向社会主义和无产阶级专政。他们指出:任何否认中国革命的反帝反封建性质的人,其实就是"企图否定工农民主革命运动","企图取消现在中国的苏维埃政权",实际上也就是要"讴歌与祈祷'国民党政权万岁'!"①

通过这场有关中国社会性质问题的论战,共产党人成功地宣传了马克思主义历史进化的观点,从而也不可避免地引发了关于中国社会史分期的论战。1930年,郭沫若将其东渡日本时所写的几篇文章结集出版,名为《中国古代社会研究》。他运用马克思主义的社会进化阶段论观点,明确提出中国古代社会的发展与欧洲古代社会的发展具有相同的规律性,即认为中国也曾经历了从氏族社会,到奴隶社会,到封建社会,最后到资本主义社会这样一个历史过程。他通过对古代史的考察,认定殷代是氏族社会,西周是奴隶制社会,春秋以后是封建社会,清末开始中国则逐渐进入资本制社会。对此,各派知识分子的看法则颇有不同。无论是陶希圣,还是王锡礼,或是李季,他们大多认为中国从氏族社会进入到封建社会中间没有经历过奴隶制阶段,周朝是典型的封建制社会,然而秦汉以后至清朝,则与欧洲的封建制已大不同,或者可称之为商业资本主义社会,或者可称之为前资本主义社会。所不同的只在于,李季等人认为夏至殷末一段,或可移之为亚细亚生产方式的阶段。而所谓前资本主义社会,又可视为专制主义社会。对此,吕振

---

① 刘梦云:《中国经济之性质问题的研究》及刘苏华《唯物辩证法与严灵峰》。两文见《中国社会性质问题论战》下册,531—532、571、715、721—722、724页。

羽、翦伯赞等人做了大量的辩驳工作。他们依据马克思主义关于欧洲历史进化阶段的观点，从农业生产力发展的角度，论述生产关系转变的必然过程，说明氏族社会经过奴隶制社会走向封建制社会这一历史的规律性，中国也不能例外。他们明确认为，否认中国有过奴隶制度，否认中国经历过长期的封建社会过程，根本上是企图否认中国自有文明以来长期存在着阶级和阶级斗争。但是，"实际上，在东方，尤其在中国的历史，完全是地主与农民之间的矛盾中以及在他们不断的斗争中发展着，而且理解这些斗争的内容，就是理解东方诸国家，尤其是中国的历史发展的锁匙"。①

除了社会史分期问题以外，这场论战还引发了关于中国农村社会性质的论战。就在中国社会性质问题论战开始之初，被蔡元培聘为中央研究院社会科学研究所副所长的中共秘密党员陈翰笙正领着其属下王寅生、钱俊瑞、薛暮桥、张锡昌、刘端生等人在各地农村进行实地调查。随后，他们更进一步与其他农村经济研究方面卓有成绩的吴觉农、孙晓村、冯和法等人一起，成立了中国农村经济研究会，以陈翰笙为主席，接受中共左翼文化总同盟的领导。该研究会在1934年开始出版《中国农村》月刊，由薛暮桥专职主持，孙晓村、冯和法为对外的代表。而原在中研院社会科学研究所的孙冶方、骆漠耕、徐雪寒和石西民等也来到上海，一同投身于研究会及为月刊撰稿的工作。这场争论所针对的是托派学者坚持认为资本主义生产方式在中国已经占了优势，"中国的一般的经济关系，无论在城市或乡村，都是资本主义的"。农村经济研究会的会员们用通过调查所得到的大量的事实来说明：中国农村同整个中国一样，仍然是半封建社会，"资本主义的生产方式在中国农村里面虽然相当存在，可是资本主义的矛盾还没有变成中国农村中一切矛盾的支配形态，而榨取剩余生产物的基础，主要地还在土地所有"。而辨认某一社会的经济结构或社会性质，要着重看生产关系本身，特别是要着眼于生产手段的所有者与直接生产者之间的对立关系，以及剩余生产物被榨取的形态。中国农村的阶级关系，非常明显地不是企业

---

① 翦伯赞：《关于"封建主义破灭论"之批判》，见蔡尚思主编《中国现代思想史资料简编》第3辑，856页。

主与雇佣劳动者的关系,而主要是地主阶级的土地占有和无地少地的农民饱受地主剥削的关系。中国农村中划分阶级的主要标准,也还是土地的占有情况,而并非是其他工业化生产资料的占有情况。因此,解决农民的土地问题,依旧是中国革命当前阶段的最核心的问题,它同时也就规定了当前中国革命的性质还只能是反帝反封建的民主革命,而不能是以资本主义为主要对象的社会主义革命。①

三 左翼文化群体的形成

除了中国社会科学家联盟和中国农村经济研究会以外,这个时候的中国左翼美术家联盟、中国左翼戏剧家联盟、中国新闻记者联盟、中国教育家联盟、世界语联盟等中共秘密领导下的文化团体,在政治上也十分活跃。而其中最值得一提的,则是由大批激进的青年文化工作者组成的中国左翼作家联盟(简称"左联")。

国共关系破裂后,一大批过去在国民革命中从事文化宣传的激进青年聚集到上海,从最初的苦闷中摆脱出来,开始拿起笔做刀枪,加入向国民党统治做抗争的行列之中去了。他们以《创造月刊》和《太阳月刊》为阵地,开始重新投身于革命斗争之中。他们公开地为自己鼓气:"我们也不要悲观,也不要徘徊,也不要惧怕,也不要落后。我们相信黑夜终有黎明的时候,正义也将不终屈服于恶魔手。"②

随着《创造月刊》《太阳月刊》的出版,大批带有激进的革命色彩的文艺刊物相继问世,并产生了很大的影响。如阳翰笙、李一氓合编的《流沙》半月刊;杜国庠、洪灵菲创办的《我们月刊》;鲁迅主编的《奔流》月刊;郁达夫、夏莱蒂主编的《大众文艺》;鲁迅、冯雪峰、柔石主编的《萌芽月刊》;蒋光慈主编的《新流月报》,以及田汉、夏衍、冯乃超、潘汉年、潘梓年、欧阳予倩、胡也频、马彦祥、左明、沈从文等人主编或出版的《南国月刊》《艺术月刊》《文艺讲座》《泰东月刊》《战线》《洪荒》《山雨》《春

---

① 参见王宜昌《论现阶段的中国农村经济研究》,载天津《益世报》副刊第55期,1935年3月16日;王景波《中国农村问题的研究之试述》,载《中国农村》第1卷第10期,1935年7月10日;陶直夫《中国农村社会性质与农业改造问题》,载《中国农村》第1卷第11期,1935年8月20日。
② 《太阳月刊》创刊号,1928年1月1日。

潮》《戏剧》《红星》《现代戏剧》《南国周刊》《人间》《戏剧与文艺》《无轨列车》《文学周报》《新妇女杂志》《语丝》《北新》等。这些刊物发表了大量革命小说、诗歌和其他多种形式的文艺作品。其中较有影响的有蒋光慈的《短裤党》《咆哮了的土地》;胡也频的《到莫斯科去》《光明在我们的前面》;柔石的《二月》《为奴隶的母亲》;洪灵菲的《流亡》《转变》;阳翰笙的《两个女性》《女囚》;叶绍钧的《倪焕之》;丁玲的《莎菲女士的日记》;孟超的《冲突》;殷夫的《孩儿塔》,等等。他们以小说和诗歌的形式,用充满"革命浪漫蒂克"的笔触和标语口号化的语言,去描写面对革命成功与挫折的青年学生、工人和农民,描写革命与恋爱的关系,以展现他们所主张的普罗文学,即无产阶级革命文学的特色。

无产阶级革命文学的主张,说到底其实就是强调文学的阶级性。这一主张刚一提出,就受到了来自各方面的质疑和反对。特别是徐志摩为《新月》上所写的发刊词,把革命文学批评为"功利派""偏激派""标语派""主义派",认为置身于这种派别之中的人"凌辱和侵袭"了"人生的尊严和健康"。而梁实秋在《新月》上发表的《文学与革命》一文,更是极力宣传"人性是测量文学的惟一的标准",要求文学家不要带有固定的阶级观念,更不要有为某一阶级谋利益的成见,批评"革命文学"这个名词本身就不能成立。① 为此,鲁迅与梁实秋之间发生了一场激烈的笔战。鲁迅的观点很明确:"穷人决无开交易所折本的懊恼,煤油大王哪会知道北京捡煤渣老婆子身受的酸辛,饥区的灾民,大约总不去种兰花,像阔人的老太爷一样,贾府上的焦大,也不爱林妹妹的。"文学家固然往往会自以为自己是自由的、超阶级的,实际上,他却始终受其本身的阶级意识的影响与支配。梁实秋标榜自己是超阶级的,但他的文章"以资产为文明的祖宗,指穷人为劣败的渣滓,只要一瞥,就知道是资产家的斗争的'武器'"。②

为了便于对文化界斗争的领导,中共中央于1929年秋决定以聚集有夏衍、冯乃超、彭康、阳翰笙、冯雪峰、钱杏邨、蒋光慈、洪灵菲、柔石、

---

① 《新月》月刊第1卷第4期,1928年6月10日。
② 鲁迅:《"硬译"与"文学的阶级性"》,见《鲁迅全集》第4卷,205—206页,北京,人民文学出版社,1981。

戴平万等文化人的中共上海闸北区第三街道支部为中心，联络文艺界左派人士。进而又将其改为文化支部，由中央文化委员会的潘汉年担任该支部的书记。1930年3月2日，在经过相当一段时间的筹备之后，在中共文委的直接指导下，中国左翼作家联盟宣告成立。当天到会40余人，鲁迅、沈端先、钱杏邨3人组成主席团，冯乃超、郑伯奇报告筹备经过，鲁迅、彭康、田汉、华汉等发表了演说。会议选举了由沈端先、冯乃超、钱杏邨、鲁迅、田汉、郑伯奇、洪灵菲7人组成的常务委员会，周全平、蒋光慈为候补委员。会议通过的左联的理论纲领和行动纲领要点，明白提出要"站在无产阶级的解放斗争的战线上，确立马克思主义的艺术理论及批评理论"，使艺术成为"反封建阶级的、反资产阶级的、反对'稳固社会地位'的小资产阶级的倾向"的武器。①

左联成立后，很快投身于中共所领导的反对国民党统治的斗争之中去了。他们所形成的一个又一个决议，特别是关于形势的分析和政治任务的规定，几乎全是对中共中央文件的摹写。由于坚持一切文学都是政治的工具，因此茅盾按照文学的规律写出的小说《蚀》，也就受到盟员们的激烈批评。由于他们所办的杂志恨不能把一切作品都变成机关枪和迫击炮，结果通常出上一二期就被查封了。再加上中共中央把文化人当成普通政治干部来使用，依靠他们大搞飞行集会，散发传单，张贴标语，组织罢工、罢课，使盟员不能不受到很大损失。仅仅一年之后，"左联的阵容已经非常零落"，"公开的刊物完全没有了"。② 这种情况直到淞沪抗战发生，南京政府对上海的控制放松，整个舆论开始趋向活跃，而中共临时中央的负责人之一张闻天出面批评文艺战线上的关门主义，才使得左翼文化人过多投身于政治斗争和四面树敌的倾向得以改变。从1932年底和1933年初开始，以鲁迅为首的左翼文化人开始在过去不允许发表文章的国民党报刊和其他中间性刊物上大量地发表文章了。由于这些报刊发行范围广得多，因此，左翼作家的影响又重新扩大了起来。特别是以鲁迅为代表的杂文创作很快达到了它的鼎盛时期。几年间，仅鲁迅结集的杂文集就有《三闲集》《二心集》《南腔北调

---

① 《中国左翼作家联盟的成立》，载《拓荒者》第1卷第3期，1930年3月10日。
② 夏衍：《"左联"成立前后》，见《左联回忆录》，51页，北京，中国社会科学出版社，1982。

集》《伪自由书》《准风月谈》《花边文学》《且介亭杂文》《且介亭杂文二集》《且介亭杂文末编》等。瞿秋白则有《乱弹》,徐懋庸则有《不惊人集》《打杂集》《街头文谈》;唐弢则有《推背集》《海天集》等。与同一时期林语堂和周作人等人的杂文相比,他们的作品不仅没有士大夫的书卷气和那种闲适情调,而且各有鲜明的特点。"鲁迅杂文将思想家、小说家、诗人气质熔为一炉,汪洋恣肆中见出深沉、冷隽、犀利,自成一路,雄踞群峰之上;瞿秋白杂文显现出政治家与诗人的敏感及理论家的理性光芒;茅盾、郁达夫、郭沫若、冯雪峰、叶圣陶等文学宿将,观察高屋建瓴,笔端变化自如,流露出一种高远、通脱的豪气;唐弢、徐懋庸、廖沫沙、胡风、聂绀弩、柯灵、夏衍、周木斋、徐诗荃、王任叔、夏征农、楼适夷、魏猛克、任白戈、张天翼、林焕平、林淡秋、孟超等一大批青年杂文家目光敏锐,文风泼辣,促迫中透露出逼人的锋芒;阿英、曹聚仁、陈望道、陈子展、邹韬奋、夏丏尊、陶行知、丰子恺、许钦文、孔另境、张友渔等作家、专家、学者,视点独特,发语奇警,行文老到之中往往带有一种'学究气',别具一番风姿;还有巴金、柳湜等青年作家,文笔细腻,情感深挚,多在描叙中见威慑,更富散文气息;老舍虽然与林语堂主办的几家刊物联系较密,个别篇章也有油滑之气,但在总的思想倾向上则与左翼更为接近。"①总之,以鲁迅为代表的这一批杂文实际上"是匕首,是投枪,能和读者一同杀出一条生存的血路",其强烈的现实性、鲜明的政治倾向性和思想的深邃、议论的尖锐、视野的广阔、驳诘的机智与形式的多样化,在中国的杂文史上独树一帜。

除杂文外,1932年以后左翼文化人的小说创作也同样是强烈的现实性与艺术性的结合。左翼文化作品的这种政治特色,无疑是受到了1931年11月左联所通过的《中国无产阶级革命文学的新任务》的决议的影响。因为这一决议明确规定了无产阶级作家当前必须要完成的六大任务,即:(1) 加紧反对帝国主义;(2) 加紧反对豪绅、地主、资产阶级、军阀、国民党的政权;(3) 宣传苏维埃革命以及煽动与组织为苏维埃政权的一切斗争;(4) 组织工农兵通信员运动、壁报运动及其他工人

---

① 张华主编:《中国现代杂文史》,116—117页,西安,西北大学出版社,1987。

农民的文化组织,并由此促成无产阶级作家及指导者之产生,扩大无产阶级革命文学在工农大众中的影响;(5)参加苏维埃政权下以及非苏维埃区域内一切劳苦大众的文化教育;(6)反对民族主义、法西斯主义、取消派以及一切反革命的思想和文学,反对统治阶级文化上的恐怖手段与欺骗政策。为了完成上述任务,决议更进一步规定了作家写作取材所必须注意的五大范围,即:(1)反帝国主义的题材;(2)反对军阀地主资本家政权以及军阀混战的题材;(3)苏维埃革命运动的题材;(4)国民党军队"剿共"杀人的题材;(5)城乡阶级压迫、阶级斗争、工农平民生活现状的题材。决议要求:"现在必须将那些'身边琐事'的、小资产知识分子式的'革命的兴奋和幻灭'、'恋爱和革命的冲突'之类等等定型的虚伪的题材抛去。"①

即使在如此政治化的要求之下,左翼作家这一时期仍创作了一系列有相当影响的文艺作品。如茅盾的《子夜》《春蚕》《秋收》《残冬》《多角关系》,叶紫的《丰收》《火》《电网外》,洪深的《五奎桥》《青龙潭》《香稻米》,吴组缃的《一千八百担》《天下太平》《樊家铺》,蒋牧良的《三七租》《懒捐》《集成四公》《雷》《报复》《干塘》,田汉的《乱钟》,李辉英的《最后一课》,葛琴的《总退却》,阳翰笙的《义勇军》,张天翼的《齿轮》,萧军的《八月的乡村》,萧红的《生死场》,端木蕻良的《浑河的急流》《遥远的风沙》,罗烽的《呼兰河边》。在这些小说里,作家们背负着神圣的使命感,自觉地拿文学作武器。他们通过对生活社会中的事件、人物进行阶级分析和政治解剖,来理清人物之间的关系,探明事件的来踪去影和政治意义,找出联系一事物与他事物的枢纽,辨析革命的动向,批判落后,摒弃腐朽,讴歌革命。他们力图鲜明地表现自己所追求的人民性、阶级性、党性、时代性和真实性的高度统一。而这一时期左翼作家的文学作品,明显地比1931年以前的文学作品更文学化、更艺术化了。在整个文学创作的这种时代氛围的影响下,一些并非左翼的文学家也同样走上了现实主义的写作道路,并且创作了一批堪称史诗的长篇巨制。如老舍的《离婚》《牛天赐传》《骆驼祥子》,从不同的视角、不同的层面来观

---

① 《文学导报》第1卷第8期,1931年11月15日。

照市民社会,"在中国现代小说史上,在所提供的市民人物的丰富性与生动性方面几乎找不到另一位作家可与老舍匹敌"。① 巴金的"激流三部曲"《家》《春》《秋》,则用生动的艺术笔触,透过四川一个家族的崩溃,揭示了在一个动荡和分裂的时代里,一批又一批青年如何挣脱家庭的羁绊而走向社会。它被译成数十种语言,在各国读者中流传,获得了极高的荣誉。李劼人的长篇历史小说《死水微澜》《暴风雨前》和《大波》以大气度、大手笔、大结构,从平常小事琐事入手,活脱脱地写出了一部四川的近代史稿。

除了杂文和小说创作,这一时期夏衍的报告文学《包身工》,曹禺的话剧《雷雨》《日出》和《原野》,蔡楚生、沈西苓、袁牧之分别编导的电影《渔光曲》《十字街头》《马路天使》,都在中国文学、戏剧和电影史上成为具有里程碑意义的作品。在袁牧之编剧、应云卫导演的《桃李劫》和夏衍编剧、许幸之导演的《风云儿女》中,由田汉作词、聂耳作曲的主题歌《毕业歌》与《义勇军进行曲》,则以其充满爱国激情的歌词和悦耳上口的曲调,一时间风行全国,成为经久不衰的名曲。

四 中国文化本位主义的提出

这一时期无论是社会科学界,还是在文化界,左翼的影响和势力都明显地占据着重要的地位,甚至极大地左右着思想理论和文艺创作的导向。这种情况自然会引起国民党当局的严重关切与担忧。基于党治和训政的思想,国民党中央宣传部早在1929年就意识到与共产党争夺思想文化阵地的紧迫性。当年6月召开了全国宣传会议,蒋介石亲临大会训话,当天即通过了三民主义文艺决议案,规定要以三民主义文艺为本党之文艺政策,要根据中国现状和世界潮流,建设三民主义的新文学。然而,这个三民主义文艺或文学,既没有理论,也没有创作,到底只流于口号,最后一无所成。于是就又有潘公展、范争波等国民党人打出"民族主义文艺"的旗号,一边宣称要铲除左翼的普罗文学,一边咒骂以胡适为代表的新月派遭人厌恶。他们利用《前锋周报》《前锋月刊》和

---

① 赵园:《论小说十家》,22页,杭州,浙江文艺出版社,1987。

《现代文学评论》等刊物,提倡王道精神和忠孝、仁爱、信义、和平的道德,称此为中华民族五千年绵延不绝的命脉,但他们同样没有系统的文艺思想和理论,其少数几部值得一提的作品,如《刹那的革命》《国门之战》《准备》《黄人之血》等,无论就其艺术水准还是就其文字的煽动力和感染力来说,都远不及左翼文学家的作品,因而它也无法与左翼文学相抗衡。

眼见思想文化阵地大部被左翼所占据,蒋介石在军事"剿共"取得初步成效之后,即开始倡导"新生活运动",强调要改造社会,复兴民族,必须"明礼义,知廉耻,负责任,守纪律"。为配合蒋介石的新生活运动,夺取思想文化阵地,CC系头子陈立夫于1934年春即开始大谈文化建设问题,很快成立了中国文化建设协会,并创办了机关刊物《文化建设》。他说:"吾国民族固有之特性,可以'大''刚''中''正'四字赅括之。"惟其大而能容,惟其刚而能勇,惟其中而不偏,惟其正故能和;"然则今日吾民族之大刚中正四大特性,果何在乎?""吾国民族对于德性智能四者,既已完全失去,民族之将来果何在耶?"故"今日欲救中国,一方面须将中国固有之文化从根救起,一方面对于西方文明,须迎头赶上"。①

在陈立夫等人的推动下,1935年1月10日,来自北平、上海、南京的10名教授,即王新命、何炳松、武堉干、孙寒冰、黄文山、陶希圣、章益、陈高佣、樊仲云、萨孟武,在由陈立夫任理事长的中国文化建设协会机关刊物《文化建设》上,联名发表了《中国本位的文化建设宣言》(通称"十教授宣言")。宣言劈头就说:"在文化的领域中,我们看不见现在的中国了。"并提出:"要使中国能在文化的领域中抬头,要使中国的政治、社会和思想都具有中国的特征,必须从事于中国本位的文化建设。"所谓中国本位,就是指"中国是中国,不是任何一个地域,因而有它自己的特殊性。同时,中国是现在的中国,不是过去的中国,自有其一定的时代性。所以我们特别注意于此时此地的需要,就是中国本位的基础。"对于中国古代的思想制度,要加以检讨,存其所当存,去其所当去;对于

---

① 陈立夫:《文化建设之前夜》,载《华侨半月刊》第46期,1934年5月1日。

英美德意和苏俄的文化,吸收其所当吸收。既不闭关自守,也不盲目模仿,把握现在,创造将来。①

"十教授宣言"因得到官方的支持和鼓励,一时引发了广泛的讨论。各日报、杂志几乎争相转载,并举行各种座谈会,发表一系列文章,开展了热烈的讨论。但是,中国本位文化建设的主张,实际上仍是一种模糊含混的意见,并未提出任何可操作的方案。而所谓"以新生活运动做实行新文化的实行初步",说到底不过是贯彻蒋介石提倡的"礼义廉耻"传统道德的一个步骤。这也就难怪一些国民党军政大员这时要主张"尊孔读经",而国民政府也根据蒋介石的提议,规定每年8月27日孔子生日为"国定纪念日"了。胡适对此有过尖刻的批评。他指出:十教授所谓中国本位的文化建设,不过是洋务维新时期中学为体西学为用的翻版,"说话是全变了,精神还是那位劝学篇的作者的精神","笔下尽管宣言'不守旧',其实还是他们的保守心理在那里作怪","何键陈济棠戴传贤诸公的文化建设宣言也只是要护持那个'中国本位',萨孟武何炳松诸公的文化建设宣言也只是要护持那个'中国本位'","时髦的人当然不肯老老实实的主张复古,所以他们的保守心理都托庇于折衷调和的烟幕弹之下"。②

当然,胡适反对中国本位的文化建设,主张的是全盘西化,或叫"充分世界化"。此论提出,又不免惹出一场更广范围的争论来。但无论如何,中国本位文化建设论也好,全盘西化论也好,这些争论还仅限于少数教授学者中间,对当时条件下左翼文化运动异常活跃的情况,并未造成任何的影响。

---

① 参见《中国本位的文化建设宣言》,载《文化建设》第1卷第4期,1935年1月10日。
② 胡适:《试评所谓"中国本位的文化建设"》,见1935年3月31日《大公报》。

第四节　国民党军事独裁体制的确立

一　思想钳制愈演愈烈

左翼思想文化运动的活跃,让南京政府和国民党深感头疼。自1928年以来,国民党一直在强化宣传管制的措施。从颁布宣传部组织条例,到设立中央宣传委员会、中央图书杂志审查委员会,陆续将宣传部、社会部、军委政治部、行政院内政部、教育部等机构联合起来,制定法规并监管审查所有思想言论问题。从《审查刊物条例》,到《宣传品审查条例》,一直到1930年12月16日南京国民政府正式颁布的《出版法》,已不断在借助法律的形式来对报刊和书籍的出版、发行施加种种限制。规定任何机关、团体或个人出版刊物,都必须于首次发行期15日前,以书面形式向所在的省政府或中央直辖市政府转内政部申请登记。凡"意图破坏中国国民党或三民主义","意图颠覆国民政府或损害中华民国利益"的出版物,一概不得出版。"各刊物立论取材,须绝对以不违反本党之义政策为最高宗旨"等等。①此后,它又颁布了《出版法施行细则》等项法规,对《出版法》中的原则和办法进一步具体化,规定"未经许可出版之书籍概行扣押","凡经许可出版之书籍,如出版后与核准之原稿不符,内政部得予以禁止或扣押之"。②

《出版法》施行后,仅1931年一年时间,被南京政府查禁的书刊就

---

① 方汉奇主编:《中国新闻事业通史》,北京:中国人民大学出版社,2004年,第278页。
② 《国民党政府的出版法》(1930年),张静庐辑注:《中国现代出版史料》,乙编,北京:中华书局,1955年,第510-521页。

有228种之多。其中,以"共党宣传刊物""宣传共产主义""鼓吹阶级斗争""提倡无产阶级专政""普罗文艺作品"等名义被查禁的就有140多种。如果从1929年开始计算,到1931年,光是被查禁的这类报刊就已经达到230余种之多了。①

国民党当局的文化镇压政策在1933年开始达到高峰。当年4月,由北平文化界人士发起安葬李大钊,北平军警竟向送葬队伍开枪,造成青年学生和文化界人士多人受伤,左联作家洪灵菲遭杀害。5月,左联作家丁玲、潘梓年、应修人被捕,应修人当场被杀。此后,左翼作家和文化人楼适夷、任钧、艾青、穆木天、许德珩、马哲民、侯外庐等相继被捕。6月18日,中国民权保障同盟总干事杨杏佛被暗杀。这一连串镇压行径,都是针对左翼文化运动的。

根据国民党高层的秘密指令,国民党各地军警开始密查"共党之通告议案等秘密文件及宣传品"和"普罗文艺刊物"。据武汉警备司令部呈报称:"普罗文学全系挑拨阶级感情,企图煽动斗争,以推翻现有一切制度,其为祸之烈,不可言喻。"但此类刊物虽"煽动力甚强,危险性甚大",却"又是闪避政府之注意","非组织专审机关,聘任对于此类文艺素有认识者若干人,悉心审查",并"通饬各省严密查禁",则不易应付。据此,南京政府行政院正式决定:"(一)内政部审查此类刊物时,须更严密,毋使漏网;(二)建议中央积极施行民族文学之计划;(三)由教育部密令各学校,注意学生思想及关于阅读之指导;(四)中央宣传委员会及内政部决定已禁之出版物现仍流行市面者,应由各执行机关切实认真取缔。"②国民党中央宣传委员会随后向上海市党部发出查禁反动书刊的密令称:"查上海各书局出版共产党及左倾作家之文艺作品,为数仍多。兹经调查,其内容鼓吹阶级斗争者,计一百四十九种。……即希严行查禁,并勒令缴毁各刊物底版,以绝根据。"

由于这一指令,1934年2月19日,上海各书店均收到国民党上海

---

① 《国民党反动政府查禁二百二十八种书刊目录》,1931年,《中国现代出版史料》,乙编,173—189页;李默等整理:《国民党反动派查禁报刊目录(1929—1931)》;《国民党反动派查禁书刊补遗(1929—1931)》,《中国现代出版史料》,丁编,153—171页。
② 《国民党反动政府查禁普罗文艺密令》(1933年10月30日),见《中国现代出版史料》,乙编,170—172页。

市党部的正式公文,要求查禁收缴书籍149种,其中涉及作家28人,包括鲁迅、郭沫若、茅盾、田汉、陈望道、沈端先、楼建南、柔石、丁玲、胡也频、蒋光慈、周起应(周扬)、华汉、洪灵菲、巴金、冯雪峰、钱杏邨、潘汉年、潘梓年、王独清等。①

1934年5月,国民党中宣部为更严格控制图书杂志的出版,进一步成立了图书杂志审查委员会,不仅进一步公布了《图书杂志审查办法》,而且修订强化了新闻检查办法,规定凡出版的图书杂志以及报刊文章,包括各种宣传品,以及戏曲电影等等,均应于付印前"将稿本呈送中央宣传部图书杂志审查委员会声请审查"。②

二 国民党特务组织初现

国民党用于控制思想文化的机构,除了中央宣传部和省、市党部以外,还在相当程度上借助于严密的特务组织。CC系陈果夫、陈立夫领导下的国民党中央组织部党务调查科就常被用来对付左翼文化人及其相关的社会团体。

国民党中央组织部党务调查科是陈果夫于二届四中全会后任中央民众训练委员会委员、常委,并兼国民党中央组织部副部长时所设立的。鉴于调查科的重要性,他将其弟陈立夫调来充任调查科主任。其最初的任务就是调查党内派系隶属情况,收集国民党内异己派系的情报,同时收集共产党和其他党派的情报,配合国民党军警机关对付一切异己势力。据此,陈果夫及其弟弟首先调集大批精干人员充实调查科,并在南京中山东路的中央饭店旁设立了秘密办公处,随后更向一些重要地区如上海、武汉等地派出了特派员。因陈立夫调任国民政府军事委员会机要秘书科主任兼国民复兴委员会秘书长,调查科主任改派CC派骨干担任,最后由其表弟徐恩曾接手掌管。1931年陈立夫就任中央组织部副部长,以后更升任部长,调查科随后也得以扩大为调查处,在

---

① 鲁迅:《且介亭杂文二集后记》,《鲁迅全集》第6卷,466—475页,北京,人民文学出版社,1981。
② 《国民党中宣部的图书杂志审查办法》(1934年),见《中国现代出版史料》,乙编,525—527页。

各省、市党部内均设立调查部,并得以在地方党政机关指定专人为肃反委员,这就形成了一个以调查处为中心的遍布全国的CC特务系统。而1932年,蒋介石为"围剿"苏区,要求调查科密切配合,陈果夫、陈立夫又进一步设立了特务工作总部,仍以徐恩曾为主任,下设书记室、设计委员会和情报科等部门。书记室以濮孟九为书记,王思诚为副书记,专门负责侦查、破坏共产党及其他异己党派的组织,指引逮捕、关押乃至杀害异己分子,包括对被捕人员进行审理说服,即劝降诱叛工作。设计委员会以张冲为主任,对特工总部中重大问题进行咨询,参与设计,向总部或陈果夫、陈立夫提供意见或建议。情报科以刘桂为科长,在各大城市设有情报站,通过专用电台与南京情报总台直接联系,负责刺探、搜集共产党及其他各党派团体的情报,将所得情报逐日编成《每日情报》分送陈果夫、陈立夫等过目,遇有特别重要的情报则抄报蒋介石。

除了陈果夫、陈立夫领导下的这种专门的特务组织,事实上整个CC系在一定程度上也带有特务组织的某些特点。CC成立于1927年11月,原本是陈果夫、陈立夫为协助当年8月下野的蒋介石重新夺取权力而结成的一个国民党内部的秘密组织,取名为"中央俱乐部"(英文为Central Club,简称CC)。最初只有三四十人,后发展到100余人。蒋介石复职后,这些人大多被委以重任,赴各地就职,俱乐部名义上不复存在,实际上原来的成员依旧在陈果夫、陈立夫的控制之下。而且,由于陈果夫代理中央组织部部长,他们中许多人得以主持中央和地方的清党委员会,通过党务整理,轻而易举地掌控了许多地方的党部和组织部。陈果夫、陈立夫以及CC系的影响和吸引力自然使更多的国民党人趋之若鹜。

为帮助蒋介石取得独裁地位,陈果夫、陈立夫特别羡慕意大利墨索里尼法西斯党的模式,因而于1932年秘密成立了青天白日团和中国国民党忠实同志会,尊奉蒋介石为最高领袖,以陈果夫、陈立夫为正、副干事长,张厉生、张道藩、余井塘、叶秀峰、徐恩曾为常务干事。他们仿效意大利法西斯和传统帮会的做法,入团、入会者要举行仪式,宣誓绝对拥护蒋介石为国民党的唯一领袖,一切唯蒋命是从,若有违背,愿受严厉制裁。通过这两个组织,CC在各省、市发展起一系列秘密的地方分会或外围组织,如各省、市的忠实同志会,上海的干社,北平、天津的诚社等。由于所有加入该系统的分子都被要求绝对忠实于蒋介石,并有义务维护蒋介石的地位,因此,根据国民党党章中"党团运用"的规定,这些加入者实际上都负有按照上级要求对党外人士或异己分子进行监视、调查和随时向上级报告的责任。

但 CC 系还仅仅是蒋介石用来掌控党的系统的一个工具,军人出身的蒋介石更看重的还是对军队的掌控。为了保证军权不失,以便东山再起,他在1927年8月下野时特别布置其侍从副官胡靖安召集一批忠实于他的黄埔军校学生在上海收集各种情报。1928年初蒋介石复任国民革命军总司令等职后,在上海收集情报出色的黄埔六期学生戴笠被其看中,被委以国民革命军总司令部上尉参谋等职,接替了胡靖安主持情报工作。1931年底,戴笠被进一步任命为陆海军总司令部密查组组长,蒋介石也因此有了另外一个以军事目标为主的特务组织。恰恰在这个时候,蒋介石再度被迫下野,滕杰、贺衷寒、康泽、邓文仪、戴笠、桂永清、曾扩情、郑介民等很快组织了一个以黄埔学生为骨干的中华复兴社。其核心组织为三民主义力行社,中层为复兴社,外围为革命同志会、忠义救国会,其最高领导机构为干事会。蒋介石亲任复兴社主席,贺衷寒、酆悌、滕杰、潘佑强、周复、康泽、桂永清、邱开基、郑介民为干事,戴笠、叶维、干国勋、赵范生、侯志明为候补干事;贺衷寒、酆悌、滕杰为常务干事,滕杰为书记,侯志明为助理书记。下设组织处、训练处、宣传处、特务处、总务处和检察委员会,周复为组织处长,桂永清为训练处长,康泽为宣传处长,戴笠为特务处长,侯志明为总务处长,梁干乔、郑介民、周复、康泽、李秉中为检察委员会委员。①

力行社的宗旨就是要通过这些黄埔军人骨干来树立蒋介石的绝对权威,从而帮助蒋介石有效地掌控军权。因此,它力主仿效法西斯主义,以蒋介石为中心偶像来解决国民党长期分裂的问题。凡入社者,都要宣誓无条件地效忠蒋介石。誓词内容为:"余誓以至诚,遵守中华复

---

① 参见康泽等《中华复兴社的内幕》,见《文史资料存稿选编》(特工组织)(上),313页,322页,北京,中国文史出版社,2002。

兴社社章,服从领袖命令,并绝对保守秘密,如违誓言,愿极严厉的制裁。"①复兴社并且刻意模仿德、意法西斯的做法,言及蒋介石必称领袖,提到委员长必立正或腰挺胸以示尊敬。

为便于监督军队内部的异己势力,蒋介石一面成立复兴社,一面仍然通过在黄埔系中期别较低(六期)的戴笠手下的特务处来监视军内的情况。特务处下设一室二科,唐纵任书记室书记。第一科负责侦查,郑介民为科长。第二科负责执行,邱开基任科长。后又增加第三科,掌管通讯,梁干乔为科长。特务处的主要任务是:搜集情报;策反对立面的人物,瓦解其组织;从事绑架、暗杀、逮捕、监视等特殊行动。特务处直接对蒋介石负责,而蒋介石亦为戴笠安排了一个国民政府军事委员会调查统计局第二处处长的职务,使之得以政府正式机构的招牌和身份来掩护秘密的力行社特务组织,并能名正言顺地取得编制和经费。因此,复兴社很容易地就在军、警、宪部门建立了特务机构,如在宪兵司令部设立政训处,在宪兵团、营两级设政治训练员,在各省保安处设立谍报股,股长由该地特务站(组)长兼任。在一些地方派系的军队当中,戴笠也得以名正言顺地派人设立了政训处,并在军官中安插了专门的人员。所有在军、警、宪系统设置的特务机构和派遣人员,其编制和经费由各该部门负责,人员配备和活动却由特务处安排和指挥。当然,力行社特务处实际上的活动范围早就超出了军、警、宪的范围,它逐渐地在各省、市都设立了特务的区和站,各区、站长均挂名力行社外围组织复兴社省、市支社干事会的干事。

戴笠所领导的这个特务处无疑是蒋介石清除异己势力最重要的一个工具。它和复兴社结合在一起,表现得非常活跃。不仅组织逮捕左翼作家,甚至直接参与暗杀民主人士,如1933年6月刺杀中国民权保障同盟秘书长杨杏佛,11月刺杀上海申报馆主持人史量才等。在军事"剿共"方面,复兴社专门仿照意大利黑衫党的黑衫队组织了一支别动队,通过短期训练,培训特工人员。结业学员以中队、分队、小队、小组等编制,组成"剿匪别动总队",以康泽为总队长,携带各种手枪、炸弹和

---

① 康泽等:《中华复兴社的内幕》,见《文史资料存稿选编》(特工组织)(上),323页。

轻便通信工具,潜入苏区,刺探情报,进行破坏和暗杀,并且参与对收复区的控制。同时,特务处在各大中城市通过特务网严密侦察和监视中共的活动,破坏中共地下组织和外围组织,捕杀共产党人。它尤其注意利诱并瓦解在中共影响下的"革命黄埔同学会",先后促使该会主持人余洒度、俞墉、陈烈、黄雍等向南京政府自首。在对付国民党内部反对派方面,特务处更是发挥了特殊的作用。比如1933年福建事变发生前,戴笠就事先通过打入第19路军的特务分子获得了情报,使蒋介石早有准备。当第19路军与苏区红军签订了反日反蒋协定之后,南昌行营调查科特工更通过破译电码的办法获知了这一情况。当蒋介石开始对福建展开军事进攻之后,戴笠更是成功地安排特务潜入第19路军中策反了毛维寿等将领,使第19路军很快瓦解,福建政府因而失败。1936年两广事变时,蒋介石也是通过戴笠手下的特务成功地策反了陈济棠的空军和高级军官,使广东方面迅速归于瓦解。①

三 农村保甲制度再现

除了通过特务分子来对付一切异己势力,南京政府还特别注意与活动在农村的中共争夺农民,而其控制农村居民的手法主要有二:一是组织民团和保安队为己所用,二是实行保甲制度。

农村中的民团组织古已有之。注意到国民党在农村中影响力小,控制力弱,早在"清党"期间,蒋介石就极力主张江苏、浙江和安徽诸省应迅速在各县"编练民团"。他的说法是:"今日各地警察腐败已极,欲求整顿,非经长时间之教练不可,故为今之计,莫若兴保甲,办团练。"②据此,1929年7月,南京政府还专门公布了《县保卫团法》,试图规范民团组织,使之真正成为确保国民党对农村控制的一种变相的警察。其中明确规定:"凡各县原有之乡团,及其他一切自卫组织,均应依本法之规定,改组为保卫团……各县保卫团之组制,每闾为一牌,以闾长为牌长;每乡或镇为一甲,以乡长或镇长为甲长;每区为一区团,以区长为区

---

① 参见周天度等《中华民国史》第三编第二卷,303—325页,北京,中华书局,2002。
② 《蒋总司令致薛笃弼部长指示北伐成功后之内政要务电》(1928年5月23日),见秦孝仪主编《中华民国重要史料初编》绪编(三),398—399页,台北,中国国民党中央委员会党史委员会,1981。

团长;县为总团,以县长为总团长。"①

此种办法便利了对农村各种势力的统合,但同时也更加便利了地方豪绅进行利益洗牌,合法把持政权,鱼肉乡民。蒋介石很快也发现了这一现象,并不胜厌恶。他曾明白写道:"各地方之民团,虽极为发达,而其腐败情形,与弊害之大,亦不堪殚述。一县之内,各区各乡,自为主宰,甚至一村一姓,均据为私有,十九皆为土劣豪猾所把持操纵,形成零碎分割之状态,编制参差,枪械窳敝,勒收捐税,敛财中饱,实际毫无力量,动辄闻警先逃。邻县邻乡之匪警,尤视为秦越,不相救助,绝对不能保护地方。而平时则官吏被胁持,民众受其压迫,不惟无益,适成祸胎。"鉴于此,1931年,以蒋介石为总司令的豫鄂皖"剿匪"总司令部公布了《剿匪区内各省民团整理条例》,训令各省执行。其中心意图就是想要将各地武装民团一律改为保安队,统一编制,均归政府统辖。它规定,保安队以县为单位,每县设一个保安团,编为保安总队或保安大队。甲种保安总队辖4—6个中队以上,乙种保安总队辖6—9个中队。甲种保安大队辖4—6个中队,乙种保安大队辖2—4个中队。每一中队总计官兵为117人。省以下保安队统归省保安处长统辖,以下为各区行政专员兼区保安司令,再下则为各县县长、保安总(副)队长、保安大(副)队长以及保安中队长。"保安队各负本县清剿匪共,维持治安之责任。但遇邻县联防会剿时,应受区保安司令之指挥。遇大军驻在本区或本县作战时,应随同区保安司令共受驻军高级将领之指挥,不分畛域,尽力协助。"而以往乡镇以下的民团组织,则一律改为壮丁队或曰"铲共义勇队",一保编为一小队,一乡或镇有二保以上者合编为一联队,一区合编成一区队,一县合编成一总队。这些壮丁队的官兵和队员概无给养和职衔。其任务主要是:"一、编成巡察队,专任巡逻、放哨、侦查、搜捕及一切警戒事项;二、编成通信队,专任联络、报信、转递公文及一切通报事项;三、编成守护队,专任防御工事、电杆、桥梁及一切交通设备之守护事项;四、编成运输队,专任军实军粮之分站运输及其他一切协助事项;五、编成工程队,专任防匪碉楼、堡塞或其他工事之

---

① 见戴鸿映编《旧中国治安法规选编》,208—212页,北京,群众出版社,1985。

设备暨过境公路干线或本地方应备支线之修筑、缮补事项；六、编成消防队，专任水、火、风灾之警戒及救护、抢险事项。"不仅如此，所有队员还要实行联保连坐切结，确保队员之间能"互相劝勉监视，绝无通匪或纵匪情事，如有违犯者"，则"负连坐切结之责"。①

用民团在农村中替代警察的做法，取得了一定的成效。到1934年间，仅江苏、浙江、福建、湖北、河南、安徽、江西和湖南8省，就已经组织起规模庞大的有1700万人之多的保安团。鉴于保安团已成为地方一支数量可观的武装团体，蒋介石在这一年6月专门召集了上述8省的保安会议，并在他的主持下通过了《各省保安制度改进大纲》，明确将保安团的指挥权统一到由其呈请国民政府任命的各省政府主席来兼充，具体则由省政府保安处秉承全省保安司令之命掌理全省保安事宜。保安队的职能，就是要"执行宪兵警察职务以保卫地方之安宁，并普及国民教育与确立宪兵制度之基础"。

与"编民团"相配合的，则是"兴保甲"。保甲制度同样是中国古已有之的一种地方管理制度和历代统治者用来统制民力、实行人口军事化管理的一种办法。蒋介石自督促编民团之日起，即大力推动订立保甲办法。1928年10月，国民党二届中常会第179次会议通过的《下层工作纲领案》，就把保甲运动列为全国七项运动之一。但这一运动事实上始终未能真正推行开来。各地虽也有施行保甲制度者，却无统一的保甲法规。有以5—10家为1甲，30—50家为1保者；有以25家为1牌，由数牌而合1甲者；也有以整村为1甲者。多数地区更实行闾邻制，5户1邻，5邻1闾，闾以上则为区或乡（镇），区以上则为县。近代保甲制度的推行，则在1931年夏天以后。当时，蒋介石开始对江西苏区发动第三次军事"围剿"，针对苏区及其周边地区农民大多拥护红军的情况，闾邻制度显然难以适应其需要，故他下大力在江西各县推动建立保甲制度。1932年6月，蒋介石发动第四次"围剿"时，进一步将在江西试行的保甲法规加以修订，于8月以豫、鄂、皖三省"剿匪"总司令部名义颁布了《剿匪区内各县编查保甲户口条例》，并制订了各路完成

---

① 《剿匪区内各省民团整理条例》，见中国第二历史档案馆编《国民党政府政治制度档案史料选编》（上），455—456页，合肥，安徽教育出版社，1994。

保甲限期进度表,要求各路进"剿"军必须在当年9—11月间就开始编查。至1933年,豫、鄂、皖三省的编查保甲、清查户口工作基本完成。其后,江西、福建等省亦开始编查。1934年,国民党中政会第432次会议则决定由行政院通令在全国各省切实办理地方保甲。行政院据此于同年12月通知各省普遍实行保甲制度。到1936年底,全国十几个省、市均已先后推行了保甲制度。

国民政府建立保甲制度,主要目的在于编保甲,清查户口和订立规约,联保连坐,以协助军队完成"剿匪"清乡的工作。其编组的基本形式是十进位制,即以户为单位,设有户长,通常每10户为1甲,设甲长1人;每10甲为1保,设保长1人;10保以上即为乡镇。为确保不出现死角,各县得由县长派员充任保甲户口编查委员,分赴各区,会同保甲长挨户清查人口,各户成员逐一登记。最后再由当局编造清册,按编定各户发给门牌,令各户钉挂于户外显眼处,以便于军警及保甲长随时检查。即使是寺庙里的僧尼、水上漂泊的船民或公署兵营中的公务人员,均属在编之列。而保甲编定后,即由保长负责召集甲长开会,订立保甲规约,硬性规定各户所应承担的义务,包括有责任协同盘查境内出入人员,遇有形迹可疑分子必须报告,以至帮助捉拿;对"匪患"则必须进行警戒,通报情况,协助搜查,同时还应协助修筑碉堡、公路和帮助维护其他交通设施。凡订立规约者,即与其他签约人共具了保结,互相担保不做违法之事,一旦违反就要遭连坐的处罚。一人犯法,全家有罪;一户犯法,则全甲有罪。除联保连坐以外,共具保结者,青壮年还须承担劳役和出丁等义务。如保甲内凡满18岁以上,又在45岁以下的男子,都有参加壮丁队的义务,平时接受军事、政治训练,必要时编成武装民团,分区分期集合训练,承担救灾"御匪"、建碉筑堡、巡查地方和接受军警长官指挥参加搜捕、"追剿"等项工作。

保卫团和保甲制度的推行,意在强化对地方民众的统治,而蒋介石同时也通过种种办法,在一步步加强其对中央政权的掌控。

四 蒋介石独裁地位的形成

蒋介石登上国民党最高军事领导地位,始于1925年广州政府成立。但他出任军事委员会主席时,当时的组织法还明文规定军事委员会实行合议制,凡决议均得由出席委员会三分之二通过方为有效。

1926年"三二〇"事变后,蒋一度大权在握,出任军事委员会主席并兼国民革命军总司令。而他以北伐作战需要为由,转将军事委员会下辖各部门改归总司令部领导,因而名正言顺地将军委会机关和权力统统握在了自己的手中。

此后,因国民党内部分裂,蒋介石权力地位不稳,军委会的权力也一度受限,甚至整个机构被取消。等到九一八事变发生,蒋重回军事最高统帅地位,他对实现绝对的权力控制就变得更加执着了。

1932年3月18日蒋介石就任军事委员会委员长职,并兼任参谋本部参谋总长。名义上他既非政府首脑,也非国民党领袖。且按照国民党四届二中全会1932年3月5日通过和7月16日修改后的《国民政府军委暂行组织大纲》的规定,军事委员会应隶属于国民政府,委员长及其委员均得由国民党中央政治会议选定,国民政府特任。但是,蒋介石却通过不断扩充军事委员会委员长的权力,一步步攫取了从中央到地方的实际控制权。

比如,他有效地利用了军事委员会委员长的特权,以便利军事委员长处理各相关地区对内、对外军事行动,及监督指挥当地党政军事务的需要,陆续在全国各要害城市设立了许多派出机关,如洛阳行营、南昌行营、广州行营、四川行营、西安行营、武昌行营等等。

又比如,他以地方需要以军事手段绥靖为由,把全国各地划分为若干绥靖区,如豫、鄂、赣、闽、湘、陕、甘、广州、南宁、北平、太原、豫皖、川康、贵滇黔、冀察等,然后以军事委员会的名义分别设立绥靖公署,规定各绥靖主任由国民政府特派,惟隶属于军事委员会委员长并受其指挥。

再比如,他借助军事委员会统辖各地卫戍司令部的权力,陆续将各省划分成若干行政区,编成各省和大卫戍区保安司令部,省设保安司令,县设保安总队,进而形成了一个极为庞大和严密的军事统治网,蒋总揽军权,自然也就在实际上控制了全国党政军民。

蒋是那种永远都不放心把重要事情交给别人来做,总是习惯于揽权在手的领导人。形式上他是军事委员长,其实他早就在干预党政外交等各方面的事务。看似为领导"剿共"军事，蒋先后兼了两个"剿匪"总司令部的总司令，即豫鄂皖三省"剿匪"总司令部和西北"剿匪"总司令部的总司令，实际上"剿总"有全权处置军事行动区内所有党政军民及其相关事务。看似为应对日本威胁华北，蒋专设了军事委员会北平分会并亲兼委员长，实际上他此举也是旨在总揽包括对日军事、外交、政治、经济在内一切事宜的处置之权。

由此亦不难了解，在蒋介石重新执掌军事委员会后，军委会机构较前一直在膨胀，除办公厅、第一、二、三厅和参谋本部、训练总监部、军事参议院等部门外，蒋又在军委会和参谋本部下增设了许多机构。如航空委员会、资源委员会、国防设计委员会、禁烟总会、审计厅等，职权涉及党、政、财政、教育等诸多领域。

如此尚且不足，为便利自己出行在外随时掌控应对各方情况起见，蒋介石还把侍从秘书、副官、随行参谋和侍卫人员等组织在一起，成立了一个侍从室。侍从室最初属南昌行营编制，以后则正式改组为国民政府军事委员会委员长侍从室。下设一处、二处，除设有侍卫长统一指挥警卫大队和侍一处第三组负责蒋介石驻留和行动安全外，一处掌军事，晏道刚、钱大钧先后任主任；二处掌政治、党务，陈布雷任主任。处主任直接对蒋介石负责。1936年蒋介石兼任行政院院长后，侍从室的职权进一步扩大到党、政、财、文各方面，直接参与策划机密要事，掌握高级官员考核任免，拟发命令文电，完全凌驾于院、部、会等机关之上。一处第二组为蒋介石的军事参谋，直接参与包括军政、军令、军训、国防设计、绥靖、运输、空军、海军、军法、人事、情报等事宜的参谋决策之权；二处第四组则负责参与主管政治、党务、秘书等项事务。蒋介石甚至一度设立了二处第五组，用来储备干部。陈布雷兼组长，组内设侍从秘书，无定员，无定职，一律享有上校待遇，备蒋介石召见咨询，陆续派往其他部门工作。直到蒋介石完全掌握了党、政、军大权，凡属国民政府军事委员会和行政院所属机关、部队及中央和地方其他行政单位高级军、政主管官员的任免，都必须由蒋介石亲自核定。

当然，在经历几年摸索和两度下野的波折后，蒋介石还格外开始重视加强中央军的建设。1928年夏天，他就秘密聘请德国军事顾问帮助训练效忠于中央的部队，包括创办特种兵学校。1930年5月，曾任德国陆军军务局局长的盖尔格·佛采尔将军应聘来华担任军事顾问团团长，使德国国防部正式介入了顾问团事务，佛采尔还帮助蒋介石训练了后来成为中央军教导师的第87师和第88师，并亲任中央军校总教官。1934年春，蒋介石又力邀曾任德国国防军总参谋长、总司令的赛克特将军和他的副手冯·法肯豪森来华担任军事顾问。蒋介石特地为赛克特成立了总顾问办公厅，以法肯豪森为总顾问参谋长。德国顾问团也因此扩展为5个部门，共有顾问61名。蒋介石也因此得以大量从德国购买军火。1934年初一次就向德国国防部订购了22辆6吨级中型坦克、22辆2吨级轻型坦克，以及坦克炮弹16 060发；订购了轻机关枪5 000挺；20响驳壳枪10 000枝和子弹500万发；订购德国二四年式七九步枪10 000枝。正是在德国军事顾问的建议和帮助下，蒋介石成功地创建了他的中央军体系，并初步实现了整编陆军的计划。

  1932年6月4日，蒋介石发出通令，对陆军实行统一编制，以军为直辖单位，隶属于军政部。据此编成了48个军96个师，后又不断扩建，不足1年已达到60余军。各军长直属于军政部，各师长对军长负责，军长不得再兼师长。1935年3月，蒋介石进一步下令成立陆军整理处，以陈诚为处长，负责全国陆军的整顿和训练。第一期整编陆军10个师，称为"调整师"，到1936年底共整编了20个调整师，全部配置了德国装备，从而形成了完全不同于地方杂牌军的中央军体系。根据计划，蒋介石决定要在以后两年里每年再整编20个师，连同已经调整完的20个师，共60个师，以作国防之基干。与此同时，对地方军队，蒋介石也决定补充装备，将各师单位编制划一，作为预备队及守护地方之用，称为"整理师"。

  连同特种兵以及空军和海军等，国民政府在1937年7月之前，已经编成装甲兵1个团，炮兵4个旅又20个独立团，铁道兵1个团，装甲汽车兵1个团，通讯兵2个团，工兵2个团，已整理连同未整理陆军共计步兵182个师又46个独立旅，骑兵9个师又6个独立旅，总共170余万人；编成空军9个大队31个中队，其中有航空机大队3个、驱逐机大队3个、侦察机大队2个、攻击机大队1个，外加4个运输机队，总计有各种飞机600余架;编成海军舰队3个,拥有新旧舰艇66艘,连同鱼雷快艇12艘在内,排水量总共为59 034吨。

蒋介石上述种种努力,都明显地受到了欧洲法西斯主义运动和铁血主义思潮的刺激与影响。还在1931年5月,他就曲折地宣称:落后国家及民族,必须要"经过有效能的统治权之施行",才能挽救国家于危难。等到1934年9月,他已经可以直截了当地告诉在庐山受训的军官们了,即:"无论专制国家、民主国家,乃至于社会主义国家,都必须有一个元首或领袖,在帝制国家里,称为皇帝与天子,〔在〕民主国家,便称为大总统与主席。"一年后他在对他支持下的秘密组织"蓝衣社"的成员的讲话中,干脆直言相告说:"今日中国所需要的不是讨论未来中国将实行何种理想的主义,而是需要眼下将能救中国的某种方法……法西斯主义是一种对衰弱社会的刺激。……在中国现阶段的紧急形势下,法西斯主义是最适合的一种奇妙的药方,而且是能够救中国的唯一思想。"①

而为了实现这一目标,蒋在他下野复职前后,专门秘密策动他信赖的黄埔军校学生骨干,组成了一个叫"中华民族复兴社"的团体,蒋兼任社长,指定康泽等人为干事会干事,以滕杰为书记,以戴笠为特务长助理。随着组织迅速扩大,1932年4月1日,依照"党内有党""核心有圈"的原则,蒋又亲自划定最核心的300人,成立了"三民主义力行社"。同时在复兴社外围,进一步成立了"革命青年同志会""革命军人同志会",两年后又增设"中国革命同志会""忠义救国会"和"中国文化学会"等组织,以便更广泛地争取青年和军人。复兴社的基本主张,就是"一个主义、一个政党、一个领袖"。在他们的宣传文字中,大量充斥着"独裁是这个时代进步的手段",以及"必须有流血的决心——用空前无比的暴力去消灭一切人民之敌"等等。该组织几年时间里,就发展到近10万成员,并经由党政管道,几乎控制了政府与社会的各个方面。②

---

① 转见马振犊《国民党特务活动史》,10—11页,北京,九州出版社,2008年。
② 转见马振犊《国民党特务活动史》,15—16页。

第五章
九一八事变与
蒋介石的"安内攘外"

1931年九一八事变的发生,使中华民族进入到一个严重危机的关头。面对日本军阀武力吞并中国东三省,制造伪满洲国,作为中央政府的南京国民政府的政策受到极大考验。东三省的沦陷和求助国际联盟干预的无效,迫使国民政府逐渐放弃了"不抵抗政策",转向了"一面抵抗,一面交涉"的两面政策。淞沪抗战所掀起的抗日浪潮,明显地激发了国人的救亡热情,因而也不可避免地加剧了人们在内外政策上的争执与分歧。强调中日力量对比悬殊,主张对日应暂取妥协态度,安内方能攘外,统一始能御侮的,以及为保存一己实力,不愿轻言牺牲的军政领导人,都不能不处于巨大的社会舆论压力之下。从"九一八"的不抵抗到"一·二八"的淞沪之战,从热河沦陷到长城抗战,都显示了国民政府的对日政策在国人救亡情绪高涨压力下,不能不从不抵抗逐渐走向局部抵抗的重要变化。但是,从求助国联干预,到上海停战,再到屈辱的塘沽协议签字,蒋介石显然并没有放弃其备受争议的"安内攘外"政策。在这种情况下,地方实力派冯玉祥独树一帜地发起组织察哈尔抗日同盟军,陈铭枢、李济深、蔡廷锴等以反日反蒋为号召发动福建事变,也是很自然的事情。

第一节　日本占领东北与伪满洲国的产生

一　九一八事变的由来

日本侵略中国之心由来已久。还在1927年6月27日至7月7日,即国民革命军刚刚跨过长江、宁汉两政府分裂对峙、中国内部形势尚不十分明朗的情形之下,日本田中内阁就专门开会,研究其东方政策,通过了《对华政策纲领》。在这个对外公开的文件当中,日本政府很清楚地表明了其必欲控制中国满蒙地区的决心。文件宣称:最近,趁中国政局不稳之机,不逞之徒往往一哄而起,扰乱治安,有引发不幸国际事件之虞。一旦日本在中国的权益及日侨的生命财产可能受到非法侵害,日本必将断然采取自卫措施以维护之。而涉及满蒙地区,"特别是东三省,由于在国防和国民的生存上有着重大的利害关系,我国不仅要予以特殊的考虑,而且要使该地维护和平与发展经济","万一动乱波及满蒙,治安混乱,我国在该地之特殊地位与权益有受侵害之虞时,不问来自何方,均将予以防护;而且为了保护这块国内外人士安居、发展之地,应当有不失时机地采取适当措施的思想准备"。①

日本内阁东方会议结束后,田中义一首相根据会议讨论的精神,拟成一个题为《帝国对满蒙之积极根本政策》(亦称《田中奏折》)的文件,奏呈日本天皇。在这个后来对其真伪问题引起过极大争议的所谓《田中奏折》当中,日本侵略中国的野心暴露无遗。它明确认为,"欲征服支

---

① 日本外务省编:《日本外交年表并主要文书》(下),101—102页,东京,原书房,1965。

那，必先征服满蒙，如欲征服世界，必先征服支那。倘支那完全可被我国征服，其他如小中亚细亚及印度南洋等，异服之民族必畏我敬我而降于我，使世界知东亚为我国之东亚，永不敢向我侵犯"，而如今征服满蒙，亦有正当之理由，因"所谓满蒙者，依历史，非支那之领土，亦非支那特殊区域"，"我国此后如有机会时，必须阐明其满蒙领土权之真相与世界知道"，故日本应全力扩大在满蒙之权益，包括铁路建筑权，土地商租权，交通、外贸、金融权，以及在满蒙各个部门设置日本顾问或教官。当然，欲以铁与血确保东三省为日本所掌握，日本与坚持门户开放主义的美国必有一场角逐，"将来欲制支那，必以打倒美国势力为先决问题"，必要时甚至"不得不与美国一战"。①

《田中奏折》得以披露，据称是旅日华人从日本皇宫里偷偷抄录出来的。由于抄录的原因，字句行文有诸多不合日文语法之处，故日本朝野长期以来均否认或怀疑此一文件的真实性。但是，日本侵略中国，乃至称霸世界的野心，却已经被历史事实所证实。故无论此文件内容是否真实，它所反映出来的日本军阀和部分政客的政治图谋，却基本上是准确的。

1929年，资本主义各国爆发了严重的经济危机。这次空前严重的经济危机持续了4年之久，整个资本主义世界的工业生产下降了40%，世界贸易下降了65%。这场危机自然也波及日本。据日本农林省发表的经济调查报告，日本农家年平均所得由1925年的将近1 800元，1928年的1 500元，到1931年已降低至600余元，收入减少几达2/3。② 这种情况不能不使原本就认为必须解决地域狭小、人口众多、资源匮乏问题的众多日本人更加急切地赞成向外扩张的主张。而向外扩张，日本人最看好的就是中国东北。因为，按照他们中许多人的看法，中国早在1900年就丧失了对东北的管辖权，而日本在1904年为从俄国人手里夺取对东北的特殊权益，至少付出了20万人死伤和17亿日元战费的代价；况且此时的中国东北已经有120万日本移民，日本必须为此负起责任。因此，日本政要及其各色人等，到处公开演讲，发表文

---

① 见《时事月报》第1卷第2期，1929年12月。
② 参见[日]中村隆英《昭和经济史》，50页，东京，岩波书店，1987。

章，散发小册子，或者宣传解决日本目前经济困难局面的根本政策不外乎是向中国满蒙扩张；或者公然声称日本对满蒙开发有重大贡献，满蒙与日本有特殊关系，是日本的生命线。

但在这个问题上更为激进的还是日本军方。早在1917年，日本为了与大力扩张海军的美国抗衡，一度大举增加军费开支，扩建海军。从1917年到1921年其军费总支出占国家支出总额的43.54%，占国民收入总额的7.72%。由于这种军事竞争远不是日本所能承受的，故当美国倡议召开华盛顿会议，提出缩减有关各国海军军备的方案时，日本当时的政党内阁很痛快地接受了会议所通过的文件。然而，此举却不可避免地在从军事竞争中得到极大好处的军人当中引起了强烈的反响。特别是关东军，坚信战争不可避免，为了应战必须抓紧控制中国，尤其应当把中国东北作为扩大日本经济规模的广大市场和应付未来战争的资源供应地。故关东军参谋石原莞尔早在1929年7月就起草了《关东军占领满蒙计划》，明确提出了"扫荡军阀官僚，没收其公私财产，巧妙解除中国军队武装"，然后由关东军出面实施最简明的军政，维持中国东北治安的方案。关东军司令部随后也进一步具体规划了在非常情况下自行颠覆张学良政权、占领满蒙的种种办法。日本军部对此自然也颇为热心，秘密炮制了《昭和六年度形势判断》《解决满洲问题方策大纲》等文件，提出了组织亲日政权、建立独立国、必要时不惜将中国东北并入日本版图的政治构想。① 随着1930年日本军方在宪政辩论中取得了干政的舆论基础，随着由日本部分激进校尉级军官为核心组成的极端军国主义组织"樱花会"的诞生，日本军人为所欲为的时代迅速到来了。日本关东军利用日本与张学良在东北问题上的矛盾冲突，一步步地制造了九一八事变。

日本关东军首先制造的是万宝山事件，这是为其武装进攻中国东北制造舆论的一次尝试。万宝山位于长春市以北的长春县第三区境内，当地的朝鲜移民与中国农民之间在水利灌溉问题上久有矛盾。1931年5月，双方再度发生纠纷，并形成械斗，互有伤亡。此一事件经

---

① 参见[日]小林龙夫等《现代史资料》第7卷，161页，东京，美铃书房，1985。

过日本舆论界的有意渲染,在日本占领下的朝鲜国内引发了大规模的排华事件,一周之内大批华人被杀,上千华人受伤。日本关东军更是据此大造舆论,扬言非在东北造成不可动摇之新势力则不足以"保护韩民",更不足以保证日本在满蒙之特权不受侵害。

而恰在万宝山事件扩大为朝鲜排华浪潮之际,中国东北又发生了东北军处死日本间谍中村的事件。日本向中国派遣间谍,刺探情报和进行侦察,也是由来已久的事情了。还在1879—1880年间,日本军部参谋本部长山县有朋,就曾先后派人到中国调查中国的军备情况,他们回国后写成《邻邦兵备略》。以后,日本军方更是经常向中国各地派遣情报人员,进行特务活动。张学良为防范日本情报人员在东北各处活动,曾特意发布了一些禁令,特别禁止外国人到大兴安岭地区旅行。但是,日本参谋本部为刺探大兴安岭地区的军事情报,不顾张学良的禁令,仍派遣人前往大兴安岭地区进行军事侦察。1931年春,中村震太郎大尉带退伍骑兵曹长井杉延太郎和1名蒙古向导及1名白俄人,化装成中国人,从海拉尔出发,至兴安岭、索伦山一带进行军事地理调查。侦察任务完成后,中村一行在返回途中,被驻防当地的屯垦军第3团发现并捕获。在确认其特务身份后,基于对日本侵略者的仇恨,该团团长关玉衡当晚就下令将4人一并处死。此一事件马上被日本关东军所利用。

日本关东军得知中村一行人失踪后,立即展开调查,并很快查出中村被杀的情况,随即一面向中国东北边防军提出严重交涉,一面公开扬言要从解决中村事件开始,逐项解决过去10多年来没有解决的300多项关于满蒙问题的悬案。为适应这一形势,日本关东军军部还在8月1日进行了重要人事调整。本庄繁中将任关东军司令官,建川美次少将任关东军参谋本部作战部长,今村均任参谋本部作战课长。就在本庄繁到东北正式就任的前两天,即8月18日,曾在中国居住过18年、被日本陆军界视为"中国通"的天津特务机关长土肥原贤二大佐,也被调到中国东北,就任奉天特务机关长。

自9月上旬开始,日本关东军开始在沈阳北边门外架起机枪,并在沈阳城边接连进行攻城和巷战演习。而驻沈阳总领事亦发现"关东军,正在集结军队,提取弹药器材,有于近期采取军事行动之势"。币原外相对此颇为担心,当即向陆相南次郎询问情况。而元老西园寺公望也得到消息,特地告诫南次郎务必管束其部下。鉴于此,陆相与参谋总长商量后,决定派作战部部长建川美次前往东北制止关东军的行动。然而,建川不仅没有制止的意图,反而将消息透露给关东军方面,他的态度是:"如果能干得好就干;如果不行,以停止为好。"①

终于,1931年9月18日,经过长期精心策划后,日本关东军以参谋板垣征四郎为首的一批中下级军官,在本庄繁等高级将领的纵容下,蓄意制造了柳条湖事件,借机发动了对中国东北的大规模入侵。

二 关东军占领沈阳经过

柳条湖位于沈阳北郊,距沈阳东北军驻地北大营仅3华里。1931年春,板垣征四郎等人就拟定出制造柳条湖事件的概略计划,并且很快确定了9月28日为具体行动时间。不料,该计划9月中旬泄露,日本外相币原喜重郎向陆相南次郎提出质询,板垣等不得不急忙提前行动。板垣征四郎还特别选择了本庄繁不在司令部的日子,以便他可代行其职,同时亦可免除本庄繁的责任。

9月18日,日本关东军独立守备队第2大队第3中队队长川岛大尉带领105名士兵,在距柳条湖约6华里、距北大营约8华里的文官屯设置了前哨指挥所。第3中队河本末守中尉等率领部分士兵前往柳条湖附近属于南满铁路的一段铁轨处进行爆炸并担任警戒。晚10时20分,河本末守等炸断了铁轨,同时在爆炸现场附近扔下3具身着中国士兵服装的尸体,以便嫁祸于中国军队。

参与策划这一事件的花谷正战后在回忆当时的情景时说:

十八日夜,弯月挂起,高粱地黑沉沉一片;疏星点点,长空欲坠。岛本大队川岛中队的河本末守中尉,以巡视铁路为名,率领部下数名向柳

---

① 中国社会科学院近代史研究所:《日本侵华七十年史》,322—323页,北京,中国社会科学出版社,1992。

条湖方向走去。一边从侧面观察北大营的兵营,一边选了个离兵营约八百米的往南去的地点。在这里,河本亲自把骑兵用的小型炸药安放在铁轨下,并点了火。时间是10点多钟,爆炸时轰的一声,炸断的铁轨和枕木四处飞散。

不管怎么说,也没有炸死张作霖时那么大的规模。这一次,不仅没有必要把火车炸翻,而且必须做到,使在南满铁路线上驰骋的列车免受损害。因此让工兵作了计算,直线单面铁轨即使炸断一小段,高速行驶的火车暂时倾斜一下后,还可以通过,根据调查所得的这个安全长度,规定了所需的炸药数量。

在炸毁铁轨的同时,用随身携带的电话机向岛本大队本部和奉天特务机关报告。这时,待在铁路爆破点以北约四公里的文官屯的川岛中队长,立即率兵南下,开始袭击北大营。今田大尉不但在现场附近监督爆破作业,而且他本人是一个精通剑术的人,发起冲锋时,他亲自挥舞着日本军刀,杀进了北大营。片冈、奥户、中野等雄峰会的浪人也从中协助。在特务机关里,对此一无所知的岛本大队长,参加宴会回来正在熟睡,得到紧急报告后,慌忙赶到现场。这时板垣代理军司令官业已下达命令,令第29联队和岛本大队,立即集合部队参加战斗。①

正因为如此,爆炸发生不到1小时,奉天特务机关辅助官花谷正就同时向关东军参谋长三宅光治和日本陆军大臣南次郎发出电报称:"十八日午后十时半左右,于奉天北面的北大营两侧,暴虐的中国军队,破坏我南满铁路,袭击我守备队,同赶赴现场的我守备队某部发生冲突。"他更进一步谎报说:"北大营的中国军队炸毁我南满铁路,其兵力有三四连,现已陆续逃回营房,我虎石台中队于十一时许,在与北大营之敌军五六百人作战中,已将该营之一角予以占领,而敌仍在不断增加机关枪和大炮,我连队目前在苦战中。"而事实上,爆炸发生时,北大营驻军第7旅旅长王以哲不在军中,参谋长赵镇藩得知附近南满铁路发生爆炸,日军开始攻击行动后,才下令部队进入预定阵地,并向旅长和东北

---

① [日]花谷正:《满洲事变是这样策划的》,见[日]粟屋宪太郎《文献昭和史》第2卷,101页,东京,平凡社,1975。

边防军总参谋长荣臻报告。在此之前,张学良已屡次有电令"不与抵抗",如 7 月 6 日令:"此时如与日本开战,我方必败,败则日本将对我要求割地偿款,东北将万劫不复,宜亟力避冲突。"9 月 6 日令:"无论日人如何寻事,须万分容忍,不与抵抗,以免事态扩大。"故荣臻的反应自然也是要求部队不准抵抗,力避冲突。① 最终,部队未加抵抗即撤出了北大营,进而亦放弃了沈阳城。而板垣征四郎却利用本庄繁在旅顺的机会,假借川岛和花谷等人的报告,以代理关东军司令官和先遣参谋的名义,调动独立守备队第 2、5 大队,步兵第 29 联队分别攻击北大营和沈阳城,同时命令第 2 师团主力进行增援。本庄繁在旅顺得到报告后,也毫不犹豫地发出电令,要第 2 师团及独立守备队第 1、5 大队,连同第 6 大队两个中队,迅速增援沈阳。为了阻止东北军主力从锦州方向回援沈阳,同时完全控制南满铁路沿线,本庄繁还下令独立守备队第 3 大队迅速占领营口,第 4 大队进攻凤凰城并占领安东,并要原准备增援沈阳日军的第 3 旅团第 4 联队及骑兵第 2 联队等主力攻击长春附近中国守军,以夺取长春。他还电告日本驻朝鲜军司令官林铣十郎中将迅速派部队增援关东军。本庄繁对事变的这种处置,清楚地显示出其纵使事先不了解板垣征四郎等人的具体预谋,却也早有一遇事变即力求扩大事态夺取整个南满的作战准备。

19 日凌晨,日军守备队第 2 大队即完全占领了北大营,而会攻沈阳城垣的日军第 29 联队也分兵三路进入沈阳,一举夺取了东北边防军司令长官公署、省政府、宪兵总司令部电话局、东三省官银号、中国银行和交通银行,以及张学良官邸和沈阳兵工厂、制炮厂等,沈阳城一夜之间已落入日本关东军之手。与此同时,安东、营口、凤凰城也在 19 日凌晨和上午分别落入日军之手。长春在中国守军进行了一段时间的抵抗后,也于 19 日下午被日军占领了。当天晚上,关东军参谋板垣征四郎、石原莞尔、花谷正与参谋本部作战部长建川美次少将等,急切地就下一步行动进行了磋商。板垣等力主把满洲并入日本版图,建川则考虑到

---

① 除张学良 7 月 6 日令外,张还于 9 月 6 日令:"我军与日军相处须格外谨慎,无论受何挑衅,俱应忍耐,不准冲突","对日人,无论其如何寻事,我方务须万分容忍,不可与之反抗,致酿事端。"转见张友坤、钱进主编《张学良年谱》(上),562、572 页,北京,社会科学文献出版社,1996。

国际的反响,主张把清朝末代皇帝溥仪抬出来,建立一个受日本支配的傀儡政权。最后,关东军接受了建川的提议,确定了《满洲问题解决方案》,决定成立一个在日本扶植下以宣统皇帝为元首,领有东北四省,包括内蒙古的新政权,国防和外交则交由日本帝国掌握。①

对于日本关东军的行动,日本军部于19日晨7时紧急开会讨论本庄繁的电报。会议一致决定支持关东军的行动,并同意向中国东北增兵。日本内阁于当日上午10时也召开紧急会议,但会议在对关东军的行动表示肯定的同时,却不赞成马上占领整个满洲,要求陆相和参谋总长训令关东军贯彻"不扩大方针"。对于内阁的决定,日本军部明显持不赞成的态度。军部桥本欣五郎当天给关东军的电报中特别就此解释说:"参谋本部停止军事行动的命令是对付内阁会议的表面文章,参谋本部的意思并不想停止军事行动。"②

一方面日本军部不想就此罢手,另一方面沈阳和长春的夺取刺激了吉林和哈尔滨等地的日本特务机关和日本侨民,他们很快制造事端,然后诬指中国军队所为,致电关东军司令官要求保护。原本还把行动限制在南满的本庄繁,很快于21日凌晨作出了出兵吉林的决定。由于代理吉林省主席职务的吉林边防署司令熙洽主动率部队撤出吉林,日军第2师团第二天就兵不血刃地占领了吉林。在东北,不过一周时间,从南到北,辽宁、吉林两省30余座城市、10余条铁路线,就这样轻易地沦入日本人之手。

三　国际联盟出面干预

但是,日本对东北三省的侵略不能不受到相当一部分国际舆论和列强政府的反对。九一八事变发生之际,恰逢国际联盟(简称"国联")理事会改选之时。改选后的常任理事国为英国、法国、德国、意大利、日本5国,中国、西班牙、爱尔兰、巴拿马、挪威、危地马拉、南斯拉夫、秘鲁、波兰9国为非常任理事国。九一八事变发生次日,中国政府就要求

---

① 参见[日]小林龙夫等《现代史资料》第7卷,189页。
② 复旦大学历史系编译:《日本帝国主义对外侵略史料选编》,39页,上海,上海人民出版社,1975。

中国驻国联代表施肇基通报情况,要求国联主持公道,促使日本撤兵。日本代表对此提出辩驳,指责中国军队挑起事端,且不能负起保护日本在东北的权益和侨民生命安全的责任。9月21日,施肇基明确提议由国际组织国联调查团前往东北调查事实真相。22日,在中日两国代表各执一词的情况下,国联通过决议,向中日两国政府发出内容相同的"紧急警告",要求两国政府务须避免一切可能使事态扩大、足以妨害和平解决的行为,双方同时撤兵,并使两国人民生命财产不受伤害。对此,中日两国政府都公开表示了赞同的态度。而事实上,日本关东军在中国东北的军事行动并没有有所收敛。在中国方面的强烈要求下,国联于9月30日再度通过决议,限令日本在其侨民能够得到中国军队保护的前提下,必须于10月14日撤兵。然而,国联决议刚一通过,本庄繁就明确告诉满铁总裁内田康哉:这一次是解决帝国多年悬案,永远使中国本土与满蒙脱离关系,确保帝国利益的唯一大好时机。① 可见日本关东军夺取整个东北三省的决心早已下定。因此,日本政府虽然表示接受国联的决议,事实上却无法说服军方,不能不依照军方的意见照会国联理事会,称中国不能保护日侨,故日本无法实现撤兵的决定。在这种情况下,日本关东军自然更加肆无忌惮地加紧了夺取辽宁锦州和黑龙江省的军事行动。

锦州为辽西重镇,交通要塞,不占领锦州,日本关东军不能完成对辽宁省乃至整个东北三省的完全占领。但对锦州及辽西地区的任何进占,都可能会被认为是针对榆关乃至意图把战争引向关内的行为,因此不仅日本内阁不赞成,就是日本军部也犹豫不决。然而必欲乘势夺取中国东北的日本关东军,却绝不愿任凭锦州掌握在中国人手里。10月8日,日本关东军就开始轰炸东北边防公署和辽宁省政府两个行署所在地锦州,并袭击了打虎山和沟帮子车站。此举果然引起了国际反响。美国首先作出强烈反应。美国国务卿史汀生向日本驻美大使出渊胜次就日本轰炸锦州一事提出了质询和抗议,美国政府并且于9日致函国联理事会,希望国联在权限许可的条件下向日本施加压力。国联理事

---

① 参见《日本侵华七十年史》,329页。

会据此于13日开会,再次讨论中国问题。至24日,国联理事会以13票赞成、日本1票反对的表决通过了新的决议,要求日本在11月16日下次会议召开前必须撤兵。① 日本政府自然不会轻易接受国联的决议,故日本内阁26日发表声明,反诬中国收回国权运动渐趋极端,破坏了日本国民的权益,强调只有国民政府承诺永不抗日,取缔抵制日货运动,承认不平等条约所规定的日本在中国东北的特殊权益,日本政府才能考虑国联的建议。然而,美国和国联的态度到底还是使关东军放慢了夺取锦州的速度。在日本高层的压力下,关东军不得不很快把进攻的重心转移到黑龙江省去了。

　　黑龙江省与苏联接壤,属于俄国的势力范围。根据协议,苏联这时还控制着那里的中东铁路。出兵黑龙江,稍有不慎就可能与苏联发生冲突。因此,九一八事变发生几天后,注意到事态迅速扩大,日军参谋总长金谷范三就电告关东军司令官本庄繁,不得出兵哈尔滨。日本政府还通过驻苏大使向苏方保证,日军将不会越过松花江、洮儿河向北进攻。因此,关东军只用了一周时间就拿下了辽宁和吉林两省大部地区,却未能马上对黑龙江采取行动。但板垣征四郎等关东军参谋人员,坚决反对以南北满划线,求得与苏联的妥协。因此,他们强烈建议避开哈尔滨,并以汉奸军队打头阵,沿洮昂铁路向黑龙江省出击。此一建议得到了本庄繁的认可,夺取黑龙江省的作战由此开始实施。

　　日本关东军这时利用原洮辽镇守使张海鹏的部队来进攻齐齐哈尔,自己则绕过哈尔滨,沿洮安、昂溪线北进,以为后盾。齐齐哈尔地处松辽平原,只有嫩江为天然屏障,张海鹏部进至嫩江边,即遭遇到黑河警备司令、第3旅旅长马占山部的拦截。马部与张的伪军隔河对峙。张部企图通过嫩江大桥过江,未能得逞。马占山的抵抗赢得全国舆论的热烈响应与支持,这使马部的抗日热情更加高涨,马占山因此下令拆毁了大桥的3个桥孔,试图根本阻止日军过江。在这种情况下,日本关东军只好直接出面了。27日,关东军通过驻齐齐哈尔特务机关长林义秀少佐通知这时已经就任黑龙江省代主席的马占山,声称洮昂铁路系

---

① 参见《日本侵华七十年史》,330页。

满铁贷款所建,现在债务尚未还清,破坏嫩江铁路桥就是侵害日本财产,限中方于10月28日至11月3日一周时间内马上修复,否则日方将派兵掩护修桥。马占山对此漠然处之,未做答复。日方遂于11月2日发出最后通牒,要求马部撤至离铁路桥10公里以外地方,否则,日方将使用武力对付嫩江北岸的中国守军。次日,在没有得到马占山答复的情况下,由日本关东军第2师团一部主力组成的嫩江支队,掩护张海鹏部向马占山部发起了进攻。马部奋起抵抗,苦战连日,给日伪军以重创,仅日军即死伤700余人。这是自九一八事变以来,中国军队的首次反抗。

关东军首次遭到军事抵抗,由于兵力准备不足,不得不暂时停止了进攻,重新调集兵力。此一挫折亦刺激了日本军部。军部此前坚决反对关东军进占北满,担心引起日苏冲突。双方为要不要占领齐齐哈尔等问题争执不下。而这时,因得到苏联政府将严格采取不干涉政策的声明,军部的态度迅速改变。日本陆相电告关东军,限马占山3天之内作出保证:马上撤退到齐齐哈尔以北,且不再向中东路以南出兵,不妨碍洮昂铁路的运行,否则关东军即可自主行动。据此,日本关东军于15日向中国黑龙江省政府发出了最后通牒,要求马占山下野,马部全部退出齐齐哈尔。限期一到,日本关东军就于11月18日拂晓发动了大举进攻。经过一天激战后,马占山部因伤亡过重而被迫撤往海伦,齐齐哈尔即告沦陷。马占山随后也因形势所迫一度同意与已经依附日本的前东北特别行政区长官张景惠合作。

占领齐齐哈尔之后,日本方面一反常态地在11月21日向国联理事会提出,它不再反对国联派调查团前往中国东北地区。而与此同时,日本关东军却再度转而开始准备对锦州发起进攻。注意到这种情况,中国驻国联代表奉命于11月25日向国联提出"划锦州为中立区"的建议,即中国守军撤至山海关,日本向国联保证不占领锦州,不干涉中国的行政权,日军于15天内全部撤出占领区,由国联派军队驻扎中立区。①

---

① 参见顾维钧《顾维钧回忆录》第1册,422页,北京,中华书局,1983。

就在国联还在为中立区一事讨论不休的时候,11月27日,日本关东军混成第4旅团等已开进辽西地区,前锋进抵打虎山、沟帮子一线,做好了对锦州的中国守军作战的准备。但是,这个时候国联内部关于锦州中立区问题的讨论还是使日本处于相当不利的地位,日本内阁依旧反对关东军马上采取军事行动,日本关东军夺取锦州的计划因此再度停顿了下来。

12月10日,国联理事会通过决议,决定派一调查团前往中国东北进行调查。该团由5人组成,团长是英国前驻印度总督李顿,团员为美国前驻菲律宾总督麦考益少将,法国前驻印支司令克劳德中将,德国前驻东非总督希尼,意大利下议院议员、前外交官马柯迪。中国代表顾维钧和日本代表、驻土耳其大使吉田射三郎则以顾问身份参加这一调查团。

四 日本强行建立"满洲国"

国联关于向中国东北派遣调查团的决议,促使日本军方愈益决心要把对满洲的占领完整化,以造成满洲事实上已经脱离中国本土的印象。而这一主张,早在九一八事变后,关东军司令部的参谋们就已经明确地提了出来。板垣等还制订了《满蒙共和国统治大纲草案》等,提交日本军部及外务省讨论。所有方案都明确提出应当乘机使满蒙脱离中国本土,并建立起表面上是中国人统治、实际上是由日本控制的统一的满蒙政权。日本天皇这时终于被军方的想法所触动,不想看到日军占领满洲的计划半途而废,故正式批准紧急增调大量炮兵和战车前往中国东北,以便在国联调查团到达中国之前,完成对满洲的全面控制。这样一来,关东军进攻锦州的行动自然获得了批准。

12月17日,日本关东军首先发起了进攻锦州的外围战。眼看日军来势凶猛,张学良21日即电令第1军司令于学忠:我驻关外部队,因目前政府方针未定,近当日军来攻,自不能固守锦州,应使撤进关内。[①] 蒋介石力劝张学良督师抵抗,国民党四届一中全会第二次会议也专门

---

① 参见《张学良年谱》(上),599页。

通过决议,要求张学良率东北军坚守锦州。国民政府亦于同时电令张学良竭尽全力,积极抵抗。再加上国内舆论情绪激烈,国民党元老吴稚晖、邹鲁等公开抨击张学良"不抵抗",张学良不得不做出保卫锦州的姿态。但事实上,他一面公开调动关内部队做出关外作战状,一面则要求南京于一周内拨调大批械弹和增派大批援军北上。与此同时,他仍对保卫锦州的可行性颇多怀疑,故致电国民政府称:日军倾全国之力来攻锦州,我仅一隅之师,实力相较,众寡悬殊,况我军款弹两缺,即举东北军官兵尽数牺牲,亦难防守,"究应如何处理,敬请统筹全局"。① 在这种情况下,日本关东军于1932年1月1日动用了3个师团的兵力对锦州发起总攻后,十余万东北守军仅稍事抵抗就撤出了战斗。3日下午,日军顺利开进锦州城,并尾随东北守军迅速占领了整个辽西地区。至此,辽宁省全部为日军所占领。

东三省最后沦陷的是作为东北特别行政区的哈尔滨。因哈尔滨是中东铁路的总汇,又是华洋杂处的国际市场,故日军没有采取武力占领的做法。但锦州和辽西占领之后,哈尔滨已势在必夺。这时,东北军第24旅一个团在旅长李杜率领下,与第28旅旅长丁超等都退到哈尔滨,成立了吉林省自卫军总司令部,推李杜为总司令,丁超为护路军总司令,决心守城。2月1日,日本关东军命令第2师团经双城堡向哈尔滨推进。双城堡守军顽强坚守一天之后,因伤亡惨重而退往哈尔滨。哈尔滨守军也在4日坚守一天之后,不得不全线撤退。至此,东三省全部沦入日本人手中。

就在日本关东军加紧向哈尔滨推进之际,日本政府还加紧了扶植伪满洲国的行动。事实上,东北各地被占领后,日本关东军就先后在各地扶植起各种名号的伪政权,并且还在9月30日就派遣专人赶赴天津,力劝寓居在天津日租界的清朝末代皇帝溥仪前往东北。11月10日晚即将溥仪偷经海河到大沽口换乘日本商船,送往东北。只是由于当时东北尚未完全占领,且国际舆论亦不大有利,故没有实行拥立溥仪在满洲"建国"的计划。然而,随着国联决定成立调查团,3月将到达

---

① 《张学良年谱》(上),600—601页。

东北,关东军决定最迟在3月上旬,即国联调查团到达东北之前,成立伪满洲国。1月6日,基于板垣带回东京的关东军具体方案,日本陆军省、海军省和外务省与参谋本部一同制定出了《中国问题处理纲要》,明确规定要将东北从中国主权下分离出来成为一个"国家",其政治、经济、国防、交通、通信等均受日本控制,并由日本人直接参与其"中央"与地方的行政事务。

1932年1月13日,板垣带着《中国问题处理纲要》返回沈阳。22日,即国联调查团于日内瓦正式宣告成立的次日,关东军参谋长三宅光治依据《中国问题处理纲要》主持召开了所谓"建国幕僚会议",具体讨论和落实建立伪满洲国等事宜。经过一连串的会议与协商,日本关东军内部达成了一致的意见。据此,关东军于2月16日指使张景惠召集臧式毅、熙洽、马占山等四巨头在沈阳大和旅馆举行"建国会议"。会议由板垣主持,本庄繁、三宅光治和土肥原等均出席了会议。会议根据关东军的意见决定即日成立"东北行政委员会",指定张景惠为委员长,臧式毅、熙洽、马占山和内蒙古哲里木盟齐王、呼伦贝尔盟凌升,以及热河的汤玉麟为委员,作为筹备建立伪满洲国的公开机关。两天后,关东军以伪东北行政委员会的名义发表宣言,宣布"东北四省和一个特别行政区及蒙古各王公组织一个机关,名曰东北行政委员会。本会成立的同时,通电内外,从此与国民政府脱离关系,东北省区完全独立"。25日,关东军进一步以伪东北行政委员会的名义,发表了"满洲建国方案"。规定"国名"为"满洲国";元首称号为"执政";"国旗"为"红蓝白黑满地黄的五色旗";年号为"大同";首都定于长春,改称"新京"。① 3月1日,张景惠根据关东军提供的文字,以伪满洲国政府的名义发表宣言,宣告"满洲国"正式成立。9日,早在1931年11月13日就已经被日本人秘密接运到东北去的宣统皇帝溥仪在长春执政府举行了就职典礼。第二天,板垣在第一次伪国务会议上代表日本关东军宣布了伪官吏的名单,并经溥仪签字认可。名单如下:

伪国务总理兼文教部总长郑孝胥;

---

① [日]小林龙夫等:《现代史资料》第7卷,385、391—392页。

伪民政部总长兼奉天省省长臧式毅；

伪军政部总长兼黑龙江省省长马占山（未到任）；

伪财政部总长兼吉林省省长熙洽；

伪外交部总长谢介石；

伪司法部总长冯涵清；

伪实业部总长张燕卿；

伪交通部总长丁鉴修；

伪兴安总局长齐默特色木丕勒（齐王）；

伪总务厅长驹井德三；

伪立法院长赵欣伯；

伪监察院长于冲汉；

伪最高法院长林棨；

伪最高检查厅长李盘；

伪参议府议长兼北满特区长官张景惠。

对于关东军事前未向溥仪和"建国会议"四巨头通报此项重要任命一事，熙洽当场提出质询。关东军统治部长、伪总务厅长驹井德三强硬地答复称："这是日本军司令官本庄繁的指定，现在是责任内阁，为什么要向执政报告？满洲是日本在日俄战时，以十万头颅和多少亿的金钱大牺牲换来的，日本人就是满洲人。这个办法是既定方针，你们要反对是不行的。"两天后，关东军司令官干脆通知伪国务会议，把总务厅长改为总务长官，负责签署伪国务院各项文件，实为掌握一切行政大权。随后，东北各省也都照此办理，各省均设总务厅，日本首席顾问任厅长，代表日本关东军掌管一切行政权力。中国人充任的执政、总理、总长、省长等，都是徒有虚名。不仅如此，按照日本关东军的要求，溥仪还在这一天以"换文"的形式，与日本签订了一个秘密条约。内中规定：(1)"满洲国"日后之"国防"及维持治安委托日本，经费则由"满洲国"负担；(2)铁路、港湾、水路、航空线等之管理并新路之布施，均委请日本及日本指定之机关；(3)日本军队认为必要之各种设施，"满洲国"竭力援助；(4)日本人在"满洲国"可任参议和其他"中央"及地方各官署之官吏，关东军司令官有保荐权和解职权；(5)以上各项在将来"两国"

缔结正式条约时为立约之根本。①

面积相当于日本本土3倍的中国东北地区由此正式沦为日本的殖民地。而原本对此犹豫不决的日本内阁,这时也迅速承认了日本关东军的这一做法。1932年3月12日,犬养毅内阁会议通过了《满蒙问题的处理方针纲要》,指出目前满蒙的状况已成为从中国本部政权分离出来的一个独立的政权统治地区,日本应加以诱导,使之逐渐具有一个国家的实质。且考虑到满蒙地区是日本对俄、对华的国防第一线,故还有增加驻满陆军兵力和海军的必要。当然,由于日本内阁这时还顾虑国联的反应,且李顿调查团已到东京,故日本政府基于策略考虑没有公开承认"满洲国"。半年之后,随着较多考虑国际关系的犬养毅被刺身亡,斋藤实接任首相,其在"满洲国"问题上的态度,明显要较犬养毅强硬许多。斋藤内阁于8月8日任命武藤信义大将为驻"满洲国"特命全权大使。武藤同时接替本庄繁任关东军司令官,并担任关东厅长官。9月15日,武藤信义与伪国务总理郑孝胥在长春签订了《日满议定书》,规定:伪满并重和确认日本国或日本臣民在"满洲国"领域内根据以往日中两国间的条约、协议及其他条款,以及公私契约所享有的一切权利和利益;日本国军队驻扎在"满洲国"境内,日满共同负担防卫"满洲国"的责任。这一文件以条约的形式确认了日本在中国东北的控制权,接替本庄繁就任关东军司令官和关东厅长官的武藤信义,也因此在事实上成了"满洲国"的太上皇。

就在武藤信义与伪满总理签订《日满议定书》的当天,日本政府就发表声明,正式承认了"满洲国"。1934年初,日方还同意将"满洲国"更名为"满洲帝国"。溥仪被迫退位22年后,终于又圆了自己的"皇帝梦"。他于3月1日在日伪高官的陪同下,到长春郊外的天坛告天,正式即"皇帝"位,年号"康德"。

---

① 周天度等:《中华民国史》第三编第二卷,122—123页,北京,中华书局,2002。

第二节　从不抵抗政策到局部抵抗的开始

一　张学良、蒋介石不抵抗的原因

东三省的沦陷历时 4 个月零 18 天,但中国军队在主要城市所做的武装抵抗,前后加起来却连 18 天都不到。沈阳、长春、吉林等中心城市守军不是弃城而去,就是不战而降。仅有的战斗就是马占山率领的一部东北军坚守嫩江桥之役和李杜、丁超所部为守住双城堡和哈尔滨所进行的短暂的抵抗。这时在东北的日本关东军总共只有 10 400 人。东北军的总兵力则有近 30 万人之多。其中虽有 1/3 的主力因中原大战关系和张学良受命出任北平军分会代理委员长之职而调入关内,但留在关外的部队数量仍是日本关东军的十多倍,只是无论装备或战斗力,都不是很强,再加上十余万人分散在东三省大小二三十个城市里和交通要道附近,自然很容易被装备和战斗力远较东北军更优的日军各个击破。嫩江桥之役和双城堡—哈尔滨守卫战,东北军部队作战不可谓不顽强,然而与日本关东军都只打了一两天即告失利,可见东北军和日本关东军比较,在实力上确有相当大的差距。但问题的关键不在于此,而在于沈阳、长春、吉林,也包括锦州,这些中心城市遭到日军进攻之时,守城的东北军主力几乎没有实行任何有效的抵抗。后来围绕着嫩江桥—齐齐哈尔和双城堡—哈尔滨所发生的战斗,不过是在东北大部沦陷、散在该地区的东北军已经基本上各自为战的情况下,纯粹只是个别旅一级军官自主的抵抗行为,并非真正有组织的抵抗。

围绕着 1932 年 1 月初锦州弃守问题的争论,最典型地反映了国民政府和国民党人在国内舆论的强大压力下，由主张不抵抗转向倾向于局部抵抗的政策变动过程。国民党对九一八事变采取不抵抗政策，有多方面的原因：

其一，无论蒋介石也好，张学良也好，在事变爆发初期都相信这不过是偶发事件，中国方面只要不做过激反应，就不会使事态扩大。在这方面的先例是，国民政府1928年对日军制造的济南惨案采取不抵抗政策，虽然一段时间里中国山东的主权受到了侵害，但毕竟避免了事态的扩大，最终日本还不得不在国际舆论的压力下撤回了军队。万宝山事件和中村事件一发生，蒋介石就电告张学良"应予不抵抗，力避冲突"，① 也正是基于这样一种经验，他们深信采取不抵抗的态度，就可以消弭战祸于万一，却没有料到日本关东军其实早有预谋，就是要趁机夺取整个东北地区。

其二，国民党对国际干预充满幻想，寄希望于日本不会置国联的态度于不顾而贸然行事。这显然也与以往的经验有关。因为1922年华盛顿会议曾经有效地迫使日本放弃了自1915年就攫取到手的中国胶东半岛的特殊权益。而中国东北又是英、美等大国格外关注、坚持必须实行门户开放政策的地区，南京国民政府自然相信国际社会绝不会对日本在中国东北的行为置之不理。因此事变一发生，南京政府马上就向国联提起控诉，要求国际干预。国联也确实通过了一些决议，并且组成了李顿调查团到中国来。然而实际情况是，一方面调查团来华时日本已经夺取了整个东北地区，另一方面其调查后所提交的报告书也没有能够保持一种公正的立场，而是顾虑到大国间关系，不得不采取了一些为日本非法行为辩解的陈述方法，既认为日本的行为不能认为合法，又强调日军的行动带有自卫性质；既承认中国对东北三省的领土主权，又强调日本在东北有特殊地位和特殊需要。② 即便如此，日本也还是拒绝接受。最后，当国联于1933年2月17日通过决议，要求日本将侵入中国东北的军队撤回到铁路区域之内之后，日本枢密院干脆于3月27日作出决定：退出国联，不再接受国联的任何决议和约束。

---

① 《张学良年谱》（上），569页。
② 国际联盟：《国联调查团报告书》，33—121页，上海，光明书局，1932。

其三，中国东北自近代以来，一直处于割据状态，且被日、俄据为各自势力范围，中央政府长期以来实力不济，鞭长莫及。南京国民政府刚刚取得中央政权，自身的巩固尚未完成，关内的统一还任重道远，难免会有弃卒保车的心态，幻想用暂时牺牲关外能够换取关内的统一与巩固。但没有料到日本人的胃口并不仅仅在于一个东北三省，它还得寸进尺，一步步地把侵略的矛头伸到关内来了。

其四，国民党对日本军方充满幻想。蒋介石这时一直在试图与日本军方建立战略伙伴关系，不仅向日本陆军省购买大量军火，商谈合建兵工厂事宜，而且签订军事教育交流协议，礼聘日本军官以军事顾问身份来华工作。仅1930年一年中，国民政府与日本陆军省之间就签订了16份武器买卖协议，当年中国向日本购买一般武器的总金额接近600万两，占当年中国向外购买武器总金额的37.5%，比第二输入国德国多了183万两。蒋介石自然认为东北的情势只要不弄到开战的地步，日本军方就不会不顾它与中国方面的这种交易而扩大事态。没想到日本军方丝毫也没有因此就束缚住自己的手脚。

其五，想要保存军事实力，意图先安内后攘外。在这方面，身为"东北王"的张学良明白表示过，在中央政府和全国没有下决心抗日之前，单让一个东北军为抗日而牺牲，是他难以接受的。1929年中东路事件的惨败，极大地削弱了他对东北国防力量的信心。对日关系固然较对苏关系更为严重，吸取对苏作战的教训，张学良毫无对日作战的打算。① 因此，万宝山事件发生后，张学良当即电告东北政务委员会："此时如与日本开战，我方必败，败则日方将对我要求割地赔款，东北将万劫不复。宜亟力避冲突。"② 直到9月6日，张学良仍旧在电令东北方面"对于日人，无论其如何寻衅，我方务须万万容忍，不可与之反抗，致酿事端"。③ 由此不难想见，九一八事变后，整个东北军上层乃至张学

---

① 1930年东北军入关前，张学良将兵力主要部署在从山海关到辽河的北宁路沿线和中东路沿线地区，奉天只留了17 000人，与朝鲜接壤的边境地区只部署了6 000人。参见土田哲夫《张学良与不抵抗政策》，见漠笛编《张学良生涯论集》，57—58页，北京，光明日报出版社，1991。
② 吴相湘编著：《第二次中日战争史》(上)，83—84页，台北，综合月刊社，1973。
③ 参见中央档案馆等编《日本帝国主义侵华档案资料选编——"九一八"事变》，67页，北京，中华书局，1988。

良的态度会是怎样。直至锦州保卫战,东北军在国人众目睽睽之下临阵撤兵,更是再清楚不过地反映出张学良害怕东北军"瓦碎"①的这种心态。

在中央政府方面,因一年前国民党地方势力几度"剿共"失利,国民党已经认定红军及其南方根据地已成"肘腋之患",故而正式宣布"肃清匪共"为今后"首要之急务"。九一八事变发生3个月前,国民党三届五中全会就已发出《为一致努力扑灭赤匪告全国同胞书》,要求全党全国同仇敌忾,群策群力。蒋介石随即就任南昌党政委员会委员长,开始督师"剿共"。九一八事变发生时,蒋介石正在江西指挥"剿共"。因此,万宝山事件刚一发生,蒋介石就电告南京政府以及张学良:"现非对日作战之时,以平定内乱为第一……发生全国的排日运动时,恐被共产党利用,呈共匪之跋扈,同时对于中日纷争,更有导入一层纷乱之虞。故官民须协力抑制排日运动,宜隐忍自重,以待机会。"②中村事件后,蒋介石深恐事态扩大,特地电告张学良:"无论日本军队此后如何在东北寻衅,我方应予不抵抗,力避冲突,吾兄万勿逞一时之愤,置国家民族于不顾。"③

在蒋介石看来,日本在东北的挑衅行为,乃至各国对取消不平等条约谈判之态度犹豫,根本上还是因为中国自身内部不统一。为此,他公开发表了《告全国同胞一致安内攘外电》,告诫国人:"惟攘外应先安内,去腐乃能防虫。此次如无粤叛变,朝鲜惨案即无由而生,法权收回问题亦早已解决,不平等条约之取消自无疑义。故不先剿灭赤匪,恢复民族之元气,则不能御侮。不先削平叛逆,完成国家之统一,即不能攘外。"④即使是在九一八事变发生两个月之后,整个东北几近沦陷,他在外交部长顾维钧的就职会上,仍旧公开将"攘外必先安内,统一方能御侮"定为一时期之"国策"。他解释说:"未有国不统一而能取胜于外者,故今日之对外,无论用军事方式解决,或用外交方式解决,皆非先求国

---

① 张学良曾表示,玉碎可以,瓦碎则不必。"玉碎"是指全国抗日,"瓦碎"则是指东北军单独抵抗。参见《王化一日记辑》,载《辽宁文史资料》第17辑,275页。
② 《张学良年谱》(上),563页。
③ 《张学良年谱》(上),569页。
④ 1931年7月27日《大公报》。

内统一不为功。盖主战固须先求国内之统一,即主和亦非求国内之统一,决不能言和。是以不能战,固不能言和,而不统一,更不能言和与言战也。"①总之,在蒋介石看来,暂时对日忍痛含愤,逆来顺受,保存政府实力,达成关内的统一,才是阻止日本进一步南侵,包括未来解决东北问题的关键所在。

二 南京政府内外交困

九一八事变的爆发,使全国各界为之震动,群情激愤,各地学生的情绪尤为激昂。南京中央大学学生上千人刚一得知事变的消息,就拥上街头,斥责政府对日妥协,委曲求全。激动的学生甚至冲到外交部,痛殴了外交部长王正廷。上海各大中学生也纷纷组织请愿团,成千上万拥向南京,一边游行示威,痛斥政府无能,一边向中央政府和中央党部请愿,要求武装抗日。北平、天津等地学生,亦随之效仿,登车南下,致使铁路交通严重受阻。民情激愤,蒋介石自然无法视而不见。九一八事变刚一发生,他就授意南京国民党中央致电广州国民党中监委非常会议,表示希望捐弃前嫌,共谋国内和平统一。而广东方面国民党人同样也深感压力,因而复电南京,表示愿意在蒋介石下野和以统一会议产生的统一政府的前提下,取消广州国民政府。9月28日,即在蒋介石暗立"遗嘱","期于十年之内,湔雪今日无上之耻辱"的同一天,南京方面代表陈铭枢、蔡元培和张继与广东方面代表汪精卫、李文范、孙科在香港举行了秘密会谈,第一次就统一问题达成了默契。② 紧接着双方到广州再谈,广东方面的国民党人明确提出:释放胡汉民,蒋介石必须于10月5日发表下野通电,第19路军卫戍宁沪。以此作为愿意进一步赴南京商谈的条件。

面对现实的状况和巨大的社会舆论压力,蒋介石被迫作出了妥协。1931年10月13日,蒋介石屈尊前往软禁胡汉民的汤山向他道歉,表示"过去之是非曲直,皆归一人任之,并自承错误"。次日,胡汉民恢复

---

① 1931年12月1日《申报》。
② 杨天石:《蒋氏秘档与蒋介石真相》,352页,北京,社会科学文献出版社,2002。

自由,由南京到了上海,结束了7个多月的幽禁生活。27日,宁粤代表聚集上海,召开和平会议,讨论统一问题。至11月7日,双方终于达成妥协,作出如下决定:(1)南京国民党中央和广州国民党中监委非常会议分别于所在地召开国民党第四次代表大会,两会一切提案均交第四届中央第一次会议时处理。四届中央委员共160人,一、二、三届中央委员(共产党人除外)全部在数,同时双方再各推24人。四届一中全会修改国民政府组织法,并改组政府。(2)南京国民政府改组后,广州国民政府当然取消;修改国民政府组织法时,决定海陆空军总司令。

1931年11月12—23日,南京国民党中央首先召开了第四次代表大会。11月18日至12月5日,广东国民党中监委非常会议也召开了第四次代表大会。两个代表大会都高唱:"非先团结内部,解决本党的纠纷,不能抵御外侮。"但事实上,其内部依旧勾心斗角,内讧不断。尤其是广东军事领袖陈济棠等,对蒋介石没有下野心怀不满,严厉指责上海和会谈判代表孙科等人,导致汪精卫、孙科、陈友仁、李文范、梁寒操等百余人以拥护上海和会为名,退出大会,出走香港,然后聚集上海,于12月3日独树一帜地又召开了一个第四次代表大会,自行选举了10名中央委员、14名候补中央委员,要求广东国民党中监委非常会议第四次代表大会予以承认。此举自然遭到广东国民党人的强烈反对。国难当头,国民党谋求自身统一,竟弄出3个代表大会来,足见其内部权力争夺已经到了何等严重的地步。

眼见国民党统一的希望又将破灭,蒋介石终于明白自己非下野不可了。12月15日,他反复犹豫后,宣布辞去国民政府主席、行政院长、陆海空军总司令职务,这才使各方的争斗一时间没有了对象。22日,被蒋介石在日记中痛斥为"可怜、可笑、可咄、可憎"的国民党"腐恶败类""蝇集一堂",召开了统一的四届一中全会。在新推举的国民党中央执行委员会9名常务委员中,蒋介石再次当选,其余8人是胡汉民、汪精卫、于右任、叶楚伧、顾孟余、居正、孙科、陈果夫。按照新的中央政治会议组织原则,中央政治会议设常务委员3人,开会时轮流担任主席,即蒋介石与汪精卫、胡汉民三分天下。1932年1月1日,根据四届一中全会的推举,林森就任国民政府主席,孙科就任行政院院长,张继就任立法院院长,伍朝枢就任司法院院长,戴季陶就任考试院院长,于右任就任监察院院长,新一届中央政府改组成功,广东通电取消在粤之中央党部及国民政府,国民党在形式上重新归于统一。

孙科内阁上台,自然要一改旧政府遭人诟病的种种错误做法。而最重要的就是对日态度。新旧政府交替之际,恰好是日本关东军开始进攻锦州之时,各地学生、工人大批组团拥向南京,催逼国民政府和国民党中央党部对日实行抵抗。继王正廷后,蔡元培和陈铭枢亦遭痛殴。而专职负责东北及华北军政的张学良却对保卫锦州态度消极,在蒋介石宣布下野的同一天,他也提出要辞去陆海空军副总司令职。虽经国民政府另行任命为北平绥靖公署主任和北平政务委员会委员长,仍旧执掌东北和华北军政大权,但他对国民政府的守锦方针仍不以为然,坚持直接与日方交涉,谋求"锦州中立化"。就在日本坚持要夺取锦州,而国民政府及国内各界纷纷致电呼吁东北军保卫锦州之际,张学良却明令守锦部队在日军进攻时撤至关内。其理由是:"我以东北一隅之兵,敌强邻全国之力,强弱之势,相去悬绝,无论如何振奋,亦必无侥幸之理!"①

12月28日,关东军开始大举向锦州推进。次日荣臻受命指挥守锦部队全线撤退。日军随即于1932年1月2日不战而取锦州,新任外交部长的陈友仁对此激愤不已,公开指责张学良必须对此负责。上海各大学学生抗日救国联合会甚至致电张学良,斥之为国民当共弃之败类,并要求国民政府枪毙张学良,出兵收复失地。张学良对此却也是一肚子牢骚。他一边鼓动东北军下级军官发表宣言,抨击中央政府,称"自一中全会开会之后,三次转中央,请发弹药接济,无一应者,是中央抗日能力,仅于一纸电文,数张标语";一边则公开为自己辩护,称自己始终奉命御侮保疆,屡饬前方将士严行抵抗,有案可查。"无如日兵厚集兵力,武器精新",而守军饷弹两缺,虽经奋战,实难坚守。②

新政府上台次日,张学良即不战而弃锦州,这让孙科、陈友仁等十分恼怒。在此之前,因日本政友会总裁、与国民党人关系密切且力主中

---

① 《中华民国资料丛稿·大事记》第17辑,244页,北京,中华书局,1989。
② 《张学良年谱》(上),601、604页。

日亲善的犬养毅出任日本内阁总理大臣,预定出任行政院长的孙科在南京与其密使萱野长知展开谈判,双方内定任命居正为东北政务委员会主席,居正到任后即商定日本撤兵事宜,同时改组东北各省行政组织,并按照日方要求查办张学良,解决中日两国间所有悬案。① 不料,这一秘密协议不仅未能取得日本军界、政界的认可,相反还为张学良所侦知,促成张学良在日军大规模进攻锦州前夕就开始将守锦部队悄悄撤至关内,从而加速了锦州的沦陷。为展示新政府抗日的决心,孙科和外交部长陈友仁不得不明确提出用对日断交来打破中日僵局的主张。

正在这个时候,在上海竟又意外地发生了"日僧事件"。新政府对"日僧事件"的处置,最终引发了淞沪抗战。

三 蒋、汪决心"一面抵抗,一面交涉"

九一八事变的发生,极大地刺激了在上海的日本侨民。上海日侨因万宝山事件和九一八事变,直接感受到了上海反日和抵制日货运动的强烈冲击。上海这时已经是日本在华最大的贸易、航运和制造业中心,日本各大商业垄断企业大多在上海设有经营机构,仅日资的纺织厂在上海就有30家。其在上海港就占有10个码头,仅次于英国而居第二位。正因为如此,1930年上海每月平均进口总额的29%来自日本商品,到1931年底降到只有3%。中国沿海和长江一带的日本航运业以及上百家日本人经营的工厂都受到了沉重打击,"日清轮船公司"的轮船全部停航。到12月底,日资工厂90%被迫关闭。这种情况不可避免地造成了上海日侨的极度恐慌。日本驻华公使重光葵也因此奉令向国民政府提出抗议,威胁说,中国政府如果继续默许排日运动进一步发展,中日两国间将有最不幸之重大事件发生。受到九一八事变的鼓舞和日本政府强硬态度的激励,日本侨民于10月和11月间接连在上海举行日侨大会,通过宣言和决议,措辞强硬地扬言要惩罚中国。用重光葵的说法:"上海的日本人看到日军在满洲采取强硬态度,消除了满洲

---

① 参见黄自进《蒋介石与"九一八"事变:不抵抗责任的探讨》,见台北纪念辛亥革命90周年国际学术研讨会论文,2001。

的排日运动,也维护了日本的利益,他们认为采用同样的手段在上海也会成功。"于是,日本在上海驻军中的一些青年军官和上海日侨中的强硬分子相互结合起来,开始四处寻衅闹事。在日本驻上海领事馆武官辅助官兼上海特务机关长田中隆吉助手的蓄意煽动下,1932年1月18日,日本日莲宗极右翼代表人物、上海日莲宗妙法寺和尚天崎启升等5人,故意向抗日情绪激昂的杨树浦马玉山路三友实业社工人义勇军挑衅。结果导致双方互殴,日僧3人被殴伤,1人伤重不治身亡。此即所谓"日僧事件"。

1月19日,日本众多侨民聚集到虹口日本人俱乐部开会,要求中国方面惩办殴打日僧的凶手并赔偿损失,向日方道歉。20日凌晨,包括日本宪兵军官在内的数十名日本人为报复三友实业社,潜入工厂,纵火焚烧厂房,再度导致冲突发生,公共租界1名华捕被打死,伤2人。当天中午,上千名日侨以"日僧事件"为由,在公共租界日侨俱乐部召开日侨大会,决定吁请帝国陆海军立即增兵,并采取强硬手段对付中国。23日之后,日本大批海军陆战队士兵在上海登陆,至27日,日本增调至上海的兵力已有军舰30余艘,飞机40架,铁甲车数十辆,陆战队6 000人。在这种情况下,日本驻上海总领事的态度自然更加强硬,他不仅要求上海市政府就"日僧事件"道歉、赔偿和惩凶,而且要求中方必须取缔一切排日侮日行动,彻底取消一切以抗日为目的各种民间团体。对此,国民政府并不打算示弱。尽管上海市市长吴铁城表示,可以就事件本身进行调查,事实确凿的话,可以同意日方要求,但取缔民众运动一项仍须依法办理。日方毫不妥协,坚持必须接受全部条件。27日,日方向上海市政府发出了最后通牒,限24小时以内答复。在日方强大压力下,吴铁城于28日午后复文全盘接受了日方的要求。然而,当天23时5分,日本方面又发出致吴铁城等公告,要求中国方面将闸北方面所有中国军队及其敌对设施从速撤离。5分钟后,即吴铁城尚未收到该公告时,日本海军陆战队就进占了天通庵车站。进而以天通庵为据点,分三路开始全线进攻闸北方面的中国守军。战争由此开始了。

这时布防上海的是刚刚调到京沪一带的第19路军。由于部队调来上海不久,该军直到开战前两周才意识到日军的进攻不可避免,必须开始进行应战的部署。23日,第19路军在龙华警备司令部召开了驻上海部队营长以上干部紧急会议,进行了具体的部署与动员。军长蔡廷锴在会上慷慨陈词,说:"日本人这几天在上海处处都在同我们寻衅,处处都在压迫我们,商店被其滋扰,人民被其侮辱,并加派兵船及飞机、母舰来沪,大有占据上海的企图。我最近和戴司令一再商量,觉得实在忍不下去,所以下了一个决心,就是决心去死。"上海警备司令戴戟的讲话更加激动人心,他说:"自从东三省问题发生后,兄弟就觉得做中国人实在该死,尤其做军人,更其受刺激的难过。兄弟个人觉得良心上的责罚,真是痛苦。""天下兴亡,匹夫有责,成败何足计,生死何足论,只有尽我辈军人守土御侮的天职,与倭奴一决死战,才是真正的办法。"第19路军总指挥蒋光鼐最后则鼓动军官们为第19路军、为个人的人格名誉而战。他宣称:"十九路军是很负名誉的军队,现恰驻扎在上海。此时,真是十九路军生死存亡的关头,也可说是我们国家生死存亡的关头。到这种时期,我们军人只有根据着自己的人格、责任、职守、声誉来死力抵抗了!从物质方面来说,我们当然还不如他。但我们有这种决死的精神,就是全部牺牲亦所不惜。我们的死,可唤醒国魂!我们的血,可寒敌胆!一定可得到最后的胜利!"①

当天,陈铭枢、蒋光鼐、蔡廷锴、戴戟等第19路军高级将领还公开发表了《告十九路军全体同志书》和《告淞沪民众书》,慷慨激昂地表示:"宁为玉碎而荣死,不为瓦全而偷生。本总指挥、军长、司令愿与我亲爱之淞沪同胞,携手努力,维持必要之治安,作最后有秩序之决斗……我们不要感觉我们物资敌不过人,我们要以伟大牺牲精神来战胜一切,我们必定能操胜算,我们必定能救中国。"②

对于日本人在上海的挑衅、增兵和即将到来的战争危险,国民政府的态度也表现得较过去更为强硬。这是因为,九一八事变以来接连丧城失地,引发全国抗日潮流极度高涨,已经极大地影响到国人对中央政府的信任度。尤其是锦州不战而弃,国内舆论大哗,斥责之声此起彼

---

① 中国科学院历史所第三所南京史料整理处选辑:《中国现代政治史资料汇编》第2辑,第29册。
② 上海社会科学院历史研究所编:《"九一八"—"一·二八"上海军民抗日运动史料》,187页,上海社会科学院出版社,1986。

伏，而国联决议对日本全无约束力，其侵略势头反而有增无减，国民党领导人这时也深感不抵抗政策难以继续了。何况"九一八"之后，原本因蒋介石软禁胡汉民而引起对立的宁、粤两个政府都要为自己争取党内及社会舆论的支持与同情，任何过分软弱与退让的态度都会使自己处于不利的地位，因此，即使实际上担负着中央政府责任的南京国民政府，也不能不迅速改变那种不抵抗的政策。蒋介石与张学良在锦州问题上的不同态度，就反映了这种情况。而以戴季陶为委员长的特种外交委员会还特别提出了《处理时局之根本方针》的报告，在继续主张"尽力顾虑实际利害""决不先对日宣战"和"须尽力维持各国对我之好感"的同时，明确认为："至万不得已时，虽在军事上为民意而牺牲，亦所不恤，惟必须筹划取得真实之牺牲代价。"①

1932年1月13日，眼见形势紧迫，特委会已乱了手脚，蒋介石从隐居的老家溪口来到杭州，公开表示"愿以在野之身，尽个人之责"。15日，蒋介石亲笔致函汪精卫，转托陈铭枢交顾孟余给汪精卫，拉他来改组政府。汪精卫得蒋介石函后，16日当天即赴杭州与蒋介石晤面，双方当即达成一致意见。18日，蒋介石请孙科等赴杭，力推汪精卫主持大计。21日，蒋介石以国民党中央政治会议常务委员的身份重返南京，并在24日的特委会上，与汪精卫联手，否决了孙科内阁提出的对日断交案。陈友仁、孙科随即请辞。27日，中央政治会议决定取消特委会。28日，中央常务委员会开会，决定同意孙科辞职，选任汪精卫为行政院院长。3月1日，国民党在洛阳召开四届二中全会，蒋介石重新当选为军事委员会委员长，掌握了军事大权。

蒋、汪政府组成过程中，恰好爆发了淞沪抗战。蒋介石、汪精卫等国民党最高领导人都公开对外发表谈话，表明了他们不同于以前的对日态度。其核心就是"一面抵抗，一面交涉"和"不绝交、不宣战、不讲和、不订约"的方针。与在东北问题上不抵抗政策不同，新的方针明显地是准备抵抗的，只是这种抵抗仍旧是有限度的和局部的，即是准备在不绝交、不宣战的前提下对日本进一步的侵略进行抵抗。但蒋介石也

---

① 《革命文献》第35辑，第1228页。

公开宣称:中国要争取国际的干预,却不等于一味地等待国际干预以及对日不做抵抗;不仅要抵抗日本进一步的入侵,而且"若国际之约束无效,交涉之结果不利,日本帝国主义复怙恶不悛,非完成其侵略压迫之野心不止,则我亦惟本不屈服之决心,始终不与之妥协。而且朝野一致,作最大努力之抵抗"。① 这个谈话反映了国民党当局这时在对日问题上的基本态度。

当然,蒋介石、国民党在上海问题上的态度,也是其自身利益需要的一种反映。上海毕竟是中国金融贸易的中心和国民政府财政税收最主要的来源地,并且是南京及其南京国民党这时有效统治区域的核心所在。听凭日本侵占上海,就等于放弃南京和在经济上极大地依附于上海的整个江浙地区,也就等于要了南京国民政府的命根子。蒋介石当然不会在上海问题上实行不抵抗政策。早在九一八事变发生之初,蒋介石就对参谋长关于日方可能会对我要塞、兵工厂和各重要机关实行威胁或袭击的报告中明白地批示:"如日军越轨行动,我军应以武装自卫可也。"10月6日,当发现日舰大举来沪,且有其陆战队将在上海登陆的消息后,蒋介石也当即指示上海市市长张群:"日本军队如果至华界挑衅,我军警应预定一防御线,集中配备,俟其进攻,即行抵抗。"②1932年1月,新政府组成之后,国民党人在上海问题上的态度也一如既往。汪精卫和受命接任上海市长的吴铁城都曾对记者提出的关于"如果日人不顾一切而大举骚扰"上海的问题坦言相告,"为自卫当然抵抗","此事中央政府早有命令,如果有人侵入内地领土,决采正常防卫"。③

因此,"日僧事件"刚一发生,注意到日本海军蓄意挑衅,把侵略战火燃到上海来的企图之后,国民党中央就确定了要实行抵抗的态度。但这种抵抗态度,到底还是与第19路军将领和全国舆论所希望进行的那种全面的抵抗有相当的距离。蒋介石、汪精卫等人的基本看法仍旧是要"顾虑实际利害"与现实的力量对比,不能干以卵击石、得不偿失的

---

① 1931年12月7日《申报》及1932年1月21—23日《时事新报》。
② 秦孝仪主编:《中华民国重要史料初编》绪编(一),290—291页,台北,中国国民党中央委员会党史委员会,1981。
③ 秦孝仪主编:《中华民国重要史料初编》绪编(一),285—286页;《革命文献》第36辑,第1428页。

蠢事。故抵抗是必要的,因为不抵抗就不足以表现出自己的决心,从而遏制日本的侵略野心;但抵抗又必须是有限度的,不能太过刺激日本军阀,使本来可以遏制在局部和有限的冲突扩大成全面的战争。而以中日力量的对比,这种战争一旦发生,在中国尚未完成统一,南京国民党实际上只控制着华东、华中大部与华北、华南小部的情况下,它势必要导致南京国民党中央政权的垮台和国民党统治的全面崩溃。这也就是在临战前几天第19路军在前线慷慨激昂地准备血战到底,而国民党当局在南京却力主"一面抵抗,一面交涉",强调必须坚持"先安内,后攘外",甚至想要通过制止民众抗日运动和将第19路军调离上海来消弭可能到来的战祸的原因。1月23日,吴铁城根据与蔡廷锴和戴戟的讨论结果,告知南京:如不接受日方全部要求,日本海军陆战队必定会有所行动。他们决定,一旦日军侵入华界,第19路军即将实行抵抗。对此,南京行政院长孙科与汪精卫、蒋介石紧急磋商后明确要求吴铁城采取缓和态度,称:"我方应以保全上海经济中心为前提,对日方要求只有采取和缓态度,应即召集各界婉为解说,万不能发生冲突,致使沪市受暴力夺取。至不得已时,可设法使反日运动表面冷静,或使秘密化,不用任何团体名义,俾无所借口。"①南京方面为此还专门派张静江、居正、叶楚伧等前往上海传达中央旨意,进行劝说。这也就是吴铁城最终表示接受日方全部要求,且根据南京国民政府命令,公告取消一切抗日团体的原因所在。

要设法避免与日军发生大规模冲突,仅仅答应向日方道歉、赔偿、惩凶和取缔一切抗日团体以外,还必须设法将不受南京中央控制的第19路军撤离淞沪前线,使之不与日军发生直接接触。为此,南京方面于24日特派军政部长何应钦赶往上海,当面要求蔡廷锴、戴戟等将已经推进布防于真如镇一带的部队于最短期间撤防南翔以西地区,重新布防。同时急调宪兵第6团于27日赶往上海,命令第19路军将已经部署在日军进攻必经之路闸北一带的部队防务移交给该团接收。然而,让何应钦没有想到的是,宪兵第6团先头部队虽于28日夜赶到上

---

① 《日本帝国主义侵华档案资料选编——"九一八"事变》,531页。

海真如镇第19路军临时指挥部,而此时日军已经开始对闸北大举进攻了,换防之令只好作废。

四 淞沪抗战意外爆发

日军对闸北的全面进攻发起于1932年1月28日晚11时30分左右。一路沿天通庵路向上海北站侧后,一路由吟桂路西进转入横浜路,一路由虬江路直扑上海北站,三路均以装甲车开道,并附以数百名日军。第19路军沉着应战,用机关枪和手榴弹狙击日军,成功地打退了日军的进攻。29日凌晨1时45分左右,日军又向第19路军守军正面发起第二波冲锋,双方激烈交火后展开了白刃战,天通庵车站一度失守。在第19路军一部预备队赶来参战后,日军才最终被击退。凌晨5时30分左右,日军在出动飞机轰炸后,又发动了第三波冲锋。对此,第19路军在正面防守的同时,出其不意地以一支部队杀向日军侧背,日军猝不及防,慌忙撤退。当天上午10时左右,日军在飞机轰炸之后再度发起进攻,商务印书馆总厂和东方图书馆均被炸中起火,上海北站也一度失守。在反复争夺后,日军终于被第19路军击退。当晚,在第19路军发动反攻的情况下,日军被迫全部退出了闸北地区。

日军这时在上海的兵力除了24艘军舰和20余架飞机,用于地面作战的只有1800余名海军陆战队员和三四千名武装的日侨。负责指挥的海军少将盐泽辛一发动进攻时完全不把中国军队放在眼里,以为凭借这几千日本人就能够轻易地拿下闸北地区。没想到,经过十几个小时的战斗,付出了数百人伤亡的沉重代价,却没有攻破中国军队的防线。在这种情况下,日方不得不决定停止进攻,以同意英、美领事出面调停为幌子,以便争取时间从国内增派部队前来上海。故还在29日下午,日方就接受了英、美两国驻沪总领事提出的方案,与第19路军达成了从当晚8时开始暂时停战的协议。31日,英、美两国总领事再度出面约中日当局在英国驻沪总领事馆磋商避免作战办法,公共租界英军司令提议日军退至1月28日以前的位置,中国军队也退至安全地带,设立由中立国军队保护的中立区。日方对此表示反对,但愿意请示本国政府,故中日军队又得以继续停战3天。眼看停战期限将到,英、美、法、意等国驻沪总领事于2月2日共同提出新的停战办法:(1)双方立即停止各种暴力行动。(2)双方不再动员或准备任何敌对行为。(3)在沪中日作战人员,退出彼此作战地点。(4)设立中立区域,分离双方作战人员以保护公共租界,该区域由中立国军警驻防,各种办法由领事团拟定。(5)两国一经接受该项条件,不先提出要求或保留,即根据非战公约及12月19日国联决议案之精神,在中立国观察员或参与者协助之下迅速进行商议,以解决一切悬案。对此,日本方面只表示可以接受(1)(3)(4)项。①

时至此时,日本方面已赢得数天时间,得以从国内增调约5 000名陆战队员和30余架飞机及2艘航空母舰、4艘巡洋舰、4艘驱逐舰与1艘水雷船。故停战尚未期满,日军就再度向闸北、八字桥、江湾一线发动了进攻。日军航空队和20余艘军舰还猛烈攻击了吴淞炮台。次日,日军更全面发起总攻。从上午7时开始,日军以3 000兵力集中进攻闸北上海北站、宝山路、西宝兴路第19路军阵地,激战一天,中国军队阵地失而复得。而吴淞方面激战的结果是,在日军十余艘军舰和飞机的狂轰滥炸之下,炮台几乎全毁,要塞司令失踪,士兵亦四散,但协助防守炮台的第19路军成功阻止了日军登陆的企图。

面对淞沪抗战的爆发,蒋介石、国民党中政会以及国民政府外交部等都先后表明了坚决抵抗的态度。蒋介石尤其担心日本有侵占整个东南的企图,因而明确主张迁移政府,"与倭长期作战"。其在《告全国将士电》中公开宣告:"我全军革命将士处此国亡种灭、患迫燃眉之时,皆应为国家争人格,为民族求生存,为革命尽责任,抱宁为玉碎、毋为瓦全之决心,以与此破坏和平,蔑弃信义之暴日相周旋。"国民党中政会亦为淞沪抗战事推举蒋介石、冯玉祥、何应钦、朱培德、李宗仁为军事委员会委员,决议将政府迁至洛阳,以免受日舰的威胁,同时公开表明了"有关主权领土,决不能丝毫让步,对暴力来侵犯时,必须抵抗"的态度。国民政府外交部也专门就淞沪事变发表宣言,强调:"对于日本武装军队之攻击,当继续严予抵抗。"②国民政府各院、部、会等机关更是从1月30

---

① 参见《日本帝国主义侵华档案资料选编——"九一八"事变》,599页。
②《中华民国重要史料初编》绪编(一),430、432—433页。

日起,陆续从南京移至洛阳,国民政府主席林森、行政院长汪精卫等,连同政府所有职员及所有印信和案卷,也都输送到了洛阳。南京只留军政部和外交部,以便工作。

但由于坚信对日作战必须"顾虑实际利害"和现实力量对比,害怕过分强硬会造成不利结果,蒋介石等依旧坚持要"一面抵抗,一面交涉"的方针。战斗刚打了一天,发现日军主动接受了自29日晚暂时停战的情况,国民党中马上就有人开始对和平抱以希望了。特别是直接负责淞沪战役指挥的何应钦,这时尤其不愿看到战事扩大和延续。30日,中央军第261旅旅长宋希濂请求参战,何应钦不加分析地予以拒绝。次日何应钦电告吴铁城等:"我国目前一切均无准备,战事延长扩大,均非所利,各国领事既出面调停,请兄等酌量情形,斟接受……望蒋总指挥、蔡军长、戴司令通令所部严守纪律与秩序,非有长官命令,不得任意射击,在前线部队,尤须遵守。"2日,知英、美、法、意提出停战方案,他更电告第19路军将领:"如敌允撤兵,我亦不反对,除戒备外,暂行停止进攻。"对此,蒋介石显然也是同意的。他在2月4日的日记中写道:"只要不丧国权,不失守土,日寇不提难以接受之条件,我方即可乘英美干涉之机,与之交涉;不可以各国干涉,而我反出以强硬,致生不利影响也。"①

蒋介石的上述日记是在3日日军增兵数千再度发起进攻之后写下的,足见他这时对英、美各国的调停依旧寄予强烈的希望,认为有可能在不丧国权和不失守土的条件下,与日本达成停战。但是,蒋介石很清楚,要想在不失颜面的情况下与日本妥协,军事上能够守得住才是关键。因此,日军新的进攻刚一开始,蒋介石亦开始准备增兵和制定作战计划。他明确告诉陈铭枢:"如倭以两师以上陆军参战,则我方应另定计划与之正式作战,飞机与陆军须预定协同作战计划,突然进攻使敌猝不及防也。"为此,他一面急调正在江西"剿共"前线的蒋鼎文第9师赴沪增援;下令将散驻京沪、京杭线上的第87、第88两师合编成第5军,交中央陆军军官学校教育长张治中率领参战;指示何应钦为第19路军

---

① 《"九一八"—"一·二八"上海军民抗日运动史料》,269、271页;[日]古屋奎二:《蒋"总统"秘录》第8册,156—157页,台北,"中央日报社"译印,1977。

调拨炮兵增援,并准备出动飞机作战,一面去电激励第19路军将领:"兄等恶战苦斗,已经一周,每念将士牺牲之大,效命之忠,辄为悲痛。"国民政府主席林森、行政院长汪精卫亦随即电告第19路军,已令财政部拨款5万元慰劳前线将士。① 与此同时,为防万一让日本人知道中国抵抗的决心,军事委员会还通电将全国划分为4个防区:第一个防区为黄河以北,以张学良为司令长官;第二个防区为黄河以南,以蒋介石为司令长官;第三个防区为长江以南及浙、闽两省,以何应钦为司令长官;第四防区为两广,以陈济棠为司令长官。军事委员会决定:"各司令长官除酌留部队绥靖地方外,均应将防区内兵力集结,以便与暴日相周旋。同时,并电令川、湘、黔、鄂、陕、豫各省出兵作总预备队。"②

由于日军不仅坚持不撤兵,而且增兵不断,直接负责淞沪抗战指挥之责的蒋介石、何应钦这时公开宣示抵抗的决心。他们明白表示:"日既在沪不肯撤兵,我方只有抵抗到底……为求洽而不可得,欲忍辱而不可能,势非积极准备军事彻底抗战,再无交涉妥协之望。"并再三勉励前线将士"共同团结奋斗","表现民族革命精神",同时他们也暂时不顾"先安内,后攘外"的方针,开始从"剿共"前线大批抽调中央军。据已有资料,蒋介石曾先后命令第1师、第9师、第10师、第83师星夜开赴浙江和上海近郊,并命令由蚌埠调至苏州、无锡一线的第47师立即抽调一个团去上海归第19路军指挥。包括处于"剿共"前线的第18军,蒋介石也要求该军要设法抽身,"如不得已,令其先击破攻赣之匪后,再行出发亦可"。同时,考虑到第19路军兵员的巨大损失,他还早早就指示上官云相、刘峙等从中央军中挑选了2 000名士兵先行补充第19路军,并要他们另外代募新兵5 000人。对于第19路军和第5军战斗中大量消耗的武器弹药,更是源源不断地大量接济,使之在与日军的激战中始终保持着相当强的火力。淞沪抗战期间,国民政府先后补充给第19路军步枪1 500枝,机关枪130挺,各种火炮73门,各种枪弹1 109万发,各种炮弹73 400颗,手榴弹167 000余枚。补充第5军步枪1 600余枝,机关枪12挺,各种枪弹763万发,各种炮弹16 000余颗,手榴弹5

---

① 《中华民国重要史料初编》绪编(一),446—447页。
② 韩信夫、姜克夫主编:《中华民国大事记》(1),319页,北京,中国文史出版社,1997。

万枚。①

不过,淞沪抗战在军事上所取得的成功,已经大大超出了何应钦等人的预计。越是如此,他们也就越是希望能够乘胜收兵。因为他们心理上认定中国打不过日本,真的把日本打急了,不顾一切地增兵上海,那时反而没有体面地停战的可能了。因此,当发现日军第24旅团1万人陆续在上海登陆,其第9师团2万人也渐次到达之后,何应钦首先就沉不住气了。他从2月8日起接连电告吴铁城等:"我国对外一切军事,平时毫无准备,兄等所深悉。是以此次淞沪事件,弟曾迭电商酌适可而止,盖期早得收束,为国家多留一份元气也。""日陆军源源而来,战事若再持久,我方必失败无疑。请兄力排众议,照迭电乘我军在优越地位时设法转圜停战,万勿犹豫,致逸良机。""至所谓适可而止者,盖本自卫限度,勿使事态扩大,而期得到各国同情,予暴日以悟境,稍戢凶锋,另图解决和平。"中日问题必须通过外交方式来解决,单纯军事手段必使整个国家"糜烂而不可收拾也"。②

其实,蒋介石在这方面也同样心存顾虑,深信中国一切不如人,故既怕败,又怕胜。这导致他与何应钦一样,在军事指挥上谨小慎微,要抵抗,又害怕把日本人打痛了。其2月9日给何应钦、陈铭枢的电报就特别强调:"如日陆军既加入参战,则我军应即缩短战线,重新布置,必立于进可战或退可守之地,且使无论和战皆不失于被动地位为要。"③何应钦更是坚持以不败为前提,故在日本陆军参战后再三要求第19路军"酌量后退",仅以吴淞、江湾、天通庵之线作为前进阵地,而将主要阵地后移到杨家行、大场、真如一线,并在浏河、嘉定、南翔建立第二道防线,前线兵力的配置不宜过厚,须将重兵置于后方;尤其是在南市方向万勿主动挑战,以免事态扩大。注意到第19路军有与日军决战的心理准备和计划时,蒋、何亦总是强调:"沪事以十九路军保持十余日来之胜利,能趁此收手,避免再与决战为主……我军进攻,无论如何牺牲,亦不能达到任何目的。在全盘计划未定以前,仍取攻势防御为要。"④

---

① 参见《日本帝国主义侵华档案资料选编——"九一八"事变》,594—595页。
② 《"九一八"—"一·二八"上海军民抗日运动史料》,275、276—277页。
③ 《中华民国重要史料初编》绪编(一),451页。
④ 《"九一八"—"一·二八"上海军民抗日运动史料》,278—279页。

蒋介石、何应钦这时在军事上的保守谨慎,还源于其对日军意图判断有误。他们认为日军进攻淞沪的目的,"不外占领南京,控制长江流域",故在军事部署上不敢在上海投入太多的兵力,随时准备日军突破淞沪,或南下西渡黄浦江,向纵深发展,夺取南京。因为京沪杭防区只有第19路军和第87、第88两个缺编的师,这不足5个师的兵力在战争一爆发就先后投入淞沪防线,后方自然出现一个真空地带。因此,淞沪抗战刚一爆发,国民政府就被迫迁都洛阳,并紧急从附近地区和"剿共"前线抽调兵力填防京沪杭防区,准备应付日军向南京甚至武汉推进。而因为担心日方寻找借口扩大战争至武汉及整个长江中下游,国民政府甚至在日方威胁下要求正在开往武汉准备转运上海的第4军暂停北上,留驻萍乡协同"剿赤"。对于京沪杭的布防,国民政府则任命陈铭枢担任京沪铁路方面防卫,为左翼军总指挥;任命蒋鼎文为右翼军总指挥,率第2、第14军由"剿共"前线移师沪杭,在川沙、枫泾、吴江构筑第一线阵地,在嘉善、平湖、乍浦构筑第二线阵地。其所调第1、第9、第10、第83各师,亦大都首先填防于京沪之间各战略要点布防,结果战争期间蒋、何确实大力增调援兵,连同第5军的2个师在内,所调援兵10个师以上。但因太过考虑后方的兵力,再加上一些部队调动颇费周折,这些援兵多半未能完全到达上海前线。真正在淞沪浴血奋战的,只是第19路军和第5军而已。仅靠这不足5个师的兵力在上海不分昼夜地持续与不断增多的优势日军浴血鏖战,后果可想而知。

自2月7日起,第19路军即遭到日本陆军第24混成旅团的猛烈进攻。日军在野村吉三郎海军中将的指挥下,把主攻方向转到吴淞和江湾方向。中日军队在蕴藻浜一带连日激战,日军仍未得手。不得已,日本方面再派第9师团长植田谦吉中将为司令官,率该师团于13—15日在上海登陆。18日晚,植田谦吉向第19路军发出要求中国军队从租界境界线北撤20公里的最后通牒被拒绝后,于20日凌晨下达了总攻击令。日军以闸北八字桥方面海军陆战队8 000人为一翼,以蕴藻浜南岸至张华浜车站一线第24混成旅团6 000人为另一翼,以江湾至庙行方面的第9师团为主攻方向,试图向庙行镇南端来一个中央突破,从南北两面消灭在江湾与闸北的第19路军和刚刚在杨家行、吴淞地区部署完毕的第5军。

日军的这次大规模进攻行动,再度遭到中国军队的顽强抵抗。20日晨,日军向吴淞、江湾、闸北全线进攻,主攻方向是江湾、庙行方面。日军动用了几乎全部火力,包括军舰、飞机、坦克和大炮,向中国军队阵地猛攻。但激战至晚,中方全线未退寸土。次日再战,植田限令夺取江湾,然而日军炮火虽尽毁江湾车站附近建筑,并造成中方守军的重大伤亡,却仍未能达到目的。由于江湾、庙行久攻不下,22日日军以数千兵力进攻八字桥,上万兵力进攻江湾,另以30 000兵力于凌晨乘雾猛攻江湾西北的麦家宅,企图由此直下大场,以截断闸北与吴淞之间的联络。上午9时日军终于突破麦家宅阵地,并逼近李家楼。第5军随即调集兵力从三面夹击突入的日军,终于迫使日军退却,恢复了防线,并将一部分日军包围于庙行东北的金穆宅。这一天双方互有攻防,战斗空前激烈,两军死伤都在2 000人以上。

五 上海停战协定的达成

经过22日庙行镇激战,植田也不能不承认以现有兵力无法达到目的,故被迫再向东京要求增兵。此后两天中,日军除全力解救被围金穆宅的小部日军,并最终将大部救出外,多数部队转入休整状态。25日,植田在援军到来前最后一次下总攻击令,以求一逞。他集中了百余门重炮轰击中方阵地,中方庙行前线金家塘防线被突破,一度大部防线被迫后撤。但中午时分,中方预备队赶到,第5军庙行镇主力亦随之出击策应,终将阵地夺回,迫使日军重新退回出发地。

中国军队在上海的顽强抵抗,使日军进攻连遭挫折,让日本军界和政界都颇为震惊。23日,日本内阁开会批准进一步抽调第11师团和第14师团30 000余人增援上海日军,并决定由前田中内阁陆军大将白川义则充任上海派遣军总司令,以陆军大将菱刈隆为总指挥。而与此同时,日本内阁也批准了日本海军司令野村和日本首相私人代表松冈洋右应英国驻华舰队司令凯莱之请,与中方外交代表顾维钧商谈停战事宜。双方于28日晚商定:(1)双方同时撤兵。(2)日本不提议永久撤除吴淞或狮子林炮台之问题。(3)中日合组委员会,邀第三国视察员参加,监视双方撤兵。(4)撤退区域由中国继续行使警察行政权。(5)中国军队退至真如,日本军队退至公共租界及越界筑路地段;完竣后,中国军队退至南翔,日本军队退回舰上。

  对此,日本上海派遣军总司令白川义则大将等明确反对。他率第11师团先遣兵团于29日抵达上海当天,就马上发动了新一轮进攻,并将刚刚到达的增援部队也投入了战斗,目的就是想要通过战争把中国军队彻底逐出上海。当然,日军29日的进攻仍旧没有取得进展,反而损失了联队长林崛大佐,并伤亡近千士兵。但是,随着第11师团大部和第14师团援军赶至上海,日本上海派遣军总兵力近6万人,而中方第19路军和第5军虽经不断补充,仅剩不足4万人了。再加上防守的战线绵延百余里,部队持续战斗已一个月之久,整个防线变得岌岌可危。白川义则和菱刈隆到上海后就迅速发现了中方防守的薄弱之处,故于3月1日集中了1万兵力乘船抵浏河,一举突破了只有1个营守军防守的浏河防线,随即突向浮桥镇,直下茜泾,迅速开始形成对中方自吴淞、庙行、江湾、闸北至大场、真如第一道防线侧后的包围态势。而这一天,疲惫不堪且半数已经丧失战斗力的第5军和第19路军右翼第78师已再难以承受优势日军的强攻了,军预备队这时也已用尽,因而几处防线都遭日军突破。蒋介石原本答应30日前后将会到来的援军这时仍未到达。① 在这种情况下,蒋光鼐总指挥被迫下达了总退却令,要求前线部队当晚将主力迅速撤向黄渡、方泰镇、嘉定和太仓之线。在撤退过程中,第19路军基本上保持了建制,但第5军遭敌突袭,嘉定城被日军占领。随后,日军第9师团进至南翔一带,第11师团进至嘉定一带,第24混成旅团进至真如一带,第44联队及陆战队一部占据着吴淞,闸北一带由陆战队主力所控制。而中方军队则退至青阳港、陆家桥、白茆新市、常熟一线。

  3月2日晚,日方在确定胜局之后,向中方提出了立即停止敌对行为的4项条件。其内容为:"(一)倘中国保证将其军队由上海撤退至若干之距离(距离由中日当局决定),则日本允停战若干时(时期由中日

---

① 蒋介石2月26日曾电告前方称:我军后方援队,只能在29日和3月1日运来前线,其他则非到6日不能参加战斗。参见《中华民国重要史料初编》绪编(一),462页。

当局议定),在未续有办法以前,中日军队各守原防,关于停战细目,由中日军事当局商定。(二)在停战期内,中日在上海开圆桌会议,由各关系国代表参加讨论,以其对于左段[该文件为竖排,故(三)为左段——引者注]所开中日军队撤退办法,连同恢复并维持上海及附近和平与秩序办法,以及保障上海公共租界法租界并界内外人生命财产及利益,得一协议。(三)撤兵(连便衣队在内)应由中国军队开始撤退,至一指定之距离,俟中国军队撤退查明属实后,日本军队即撤至上海及吴淞区域,可一俟平常状态恢复后,日本军队再由上海及吴淞区域内撤退。(四)倘有一方破坏停战条件,他方应有行动之自由;又第一段所开议定之停战期满时,双方均得自由行动。"①中国政府对日本此种条件,自然无法接受。

鉴于中国不接受这一条件,日本上海派遣军于3日再度对中国守军发起了攻击。在中国军队已经被迫撤出上海的情况下,日方却提出远远超出前此中日争议范围的要求讨论事关整个租界的新的谈判条件,这不仅遭到美国的公开反对,而且也直接影响到国联的态度。事实上,日本这时并没有扩大事态的意图,其制造上海事变的主要目的原本只是想要尽可能转移国联及其国际舆论对满洲问题的视线。3月1日关东军刚刚宣告了伪满洲国的成立,溥仪尚未就职,国联调查团又刚刚抵达日本,日本政府自然不同意上海派遣军太过激烈的做法,故明确要求其代表重新回到谈判桌上去。

3月14日,日本驻华公使重光葵在英国驻上海总领事馆与中方代表、外交部次长郭泰祺举行了第一次非正式会谈。双方确定了三项基本原则,即:中国军队留驻现在位置至协议签订时为止;日本军队撤退至公共租界及虹口越界筑路地带,一如1月28日前之状态(部分日军可暂时驻于上述区域毗连地带);由中立国人士组成联合委员会证明双方的撤军。又经过两次非正式会谈之后,3月24日,上海停战会议在上海英国领事馆正式举行。这一谈判从3月24日一直谈到5月5日才最终达成了《淞沪停战协议》。该协议共5条,内容包括"停战情形遇

---

① 1932年3月6日《申报》。

有疑问发生时,由与会友邦代表查明之","中国军队在本协议所涉及区域内之常态恢复,未经决定办法以前,留驻其现在的地位",日本军队则须撤退至事变发生前之"公共租界及虹口方面之越界筑路地段",以恢复原状。①

上海停战协议签字的第二天,即5月6日,日方代表宣布日军即日起开始撤退。至此,淞沪抗战算是正式画上了一个句号。第19路军被迫后撤。这一举动曾引起社会各界乃至国民党内部对蒋介石、汪精卫政府的强烈批评,认为政府增兵不力,有误国之嫌。但中日停战谈判达成协议,日本被迫撤军,中国既不赔款也不割让领土,社会舆论对此却评价不一。部分知识分子肯定政府的态度;而上海各界民众初知协议内容时却群情激愤,致使谈判代表郭泰祺被群殴。对南京心存异志的两广方面更是公开指责汪精卫等:"苟非丧权辱国,何以必要绝对秘密,急行签字?"②汪精卫再三解释停战协议不含政治条件,与东北的继续抵抗可以同时并行,绝无丧权辱国之举。而监察院长于右任还是在21日以"停战协议未经立法院通过"为由,弹劾汪的违法行为,呈请依法惩戒。③这一波政潮虽然很快平息,但上海停战协议对中方的损害却是持久的。因为作为主权国家,中国政府不仅失去了在上海的驻兵权,且无权宣布上海常态的恢复,无权过问一切有关停战的疑问。更有甚者,在未公开的协议附件中,中方还同意日本军队可以使用淞沪铁路,而中方不在浦东地区、苏州河南部地区驻扎军队。

---

① 复旦大学历史系编译:《日本帝国主义对外侵略史料选编》,51—53页,上海,上海人民出版社,1975。
② 胡适:《上海战事的结束》,载《独立评论》第1号,1932年5月22日;《上海停战协议签字》,见《大公报》(社评),1932年5月6日。
③ 参见汪兆铭《上海停战撤兵协议之经过》,载《革命文献》第36辑,1606页。

第三节　长城抗战与"塘沽协定"

一　张学良力抗蒋、汪

淞沪抗战虽然最终在军事上未能取得成功,但是中国军队以弱抗强,成功抵抗日本大规模进犯 30 余天,却极大地激励了全国民众的爱国热情,推动了抗日救亡运动的形成。上海各行各业几乎都成立了各种旨在援助中国军队抗日的组织,如义勇军、救护队、消防队等。上海中华国民救国会、上海市总工会、上海市木业和上海市商会组织了数千义勇军和童子军投入前线。而为抗日将士举行的各种募捐和捐款,实业界自发成立的上海地方维持会,上海以及全国各地大学生和各社会团体所举行的各种形式的支持抗战的活动,都清楚地反映出国人救亡意识的空前高涨。

不过,基于"攘外必先安内"的方针,国民政府这时最担心的还是直接威胁着以南京、上海为中心的中央军控制范围,亦即江、浙、皖地区周边中共南方各苏区及其红军两年来迅速的发展壮大。上海这边刚刚停战,国民政府就分别设立了豫鄂皖"剿匪"总司令部和闽赣"剿匪"总司令部,蒋介石、何应钦分任两总司令,并加紧开始部署对这两大苏区红军的第四次"围剿"。他们公开告诫称,淞沪抗战期间闽赣苏区红军大举围攻赣州,极大地牵制了中央军北上增援,这种情况说明:"倭寇深入,赤匪猖獗,吾人攘外,必须安内。"蒋介石在庐山召开的鄂豫湘皖赣五省"剿匪"会议上并特别分析说明:鄂豫湘皖赣几省为全国中枢,"必须早日将匪类肃清,然后始能充实力量对外"。这是因为,中国要抵抗日本，必须要有自强的空间和机会。把"匪区"收复过来，才能得到足够的空间，供未来对日战争时在军事上与日本进行周旋。对此，上海的各大报刊也多表认同，声称："沪战无援，误在共党"，"匪患一日不除，政府一日不能专心对外"，等等。①

大张旗鼓地组织"剿共"战争，很大程度上也和蒋这时"对日力求缓和"②的外交策略有关。但日本方面从参谋本部，到海军部，再到关东军、天津驻屯军，在对华方针上不仅都极其亢奋，而且各有各的主张，完全不理会政府的外交考量。因此，就在蒋介石开始对鄂豫皖和湘鄂西苏区全面"围剿"之际，日本关东军就秣马厉兵，又开始着手进攻热河省了。

热河省原本为内蒙古昭乌达盟与卓索图盟的牧场，地处辽宁、察哈尔两省之间，南界河北，北界蒙古，既是东北的重要屏障，也是沟通关内外的咽喉之地，1929 年划入东北，合称"东四省"，对满洲而言战略地位极为重要。特别是东北被日本占领后，留在东北的 30 万义勇军，都要通过山海关和热河省得到关内的补给，而这支义勇军对"满洲国"的威胁极大，非遏制住这种抗日武装，日本人在东北就绝无宁日。因此，还在 1931 年 11 月，日本关东军策划成立伪满洲国时，就把热河省划入了未来伪满洲国的版图。只因淞沪战争爆发和国联调查团碍手，而未能采取行动。淞沪战争刚一结束，日本军部就应关东军的要求，向满洲增兵 5 个师团 10 个混成旅，使关东军得以抽出以第 6、第 8 两个师团为主干的 2 万兵力用于进攻热河。热河形势已危若累卵。

1932 年 6 月 7 日，蒋介石亲赴汉口，发动对鄂豫皖苏区的第四次"围剿"。这时，他已清楚地意识到日本关东军的必欲夺取热河的企图。6 月中旬，蒋介石、汪精卫在庐山会商形势，汪精卫提议命令张学良务必首先解除曾派代表参加伪满洲国"建国"会议的汤玉麟的热河省主席职务，并进兵热河，以确保热河不失。然而汤玉麟为张学良父执辈，张身为东北军大家长，不想因撤汤而伤了内部的和气，故只要汤保证不投靠日本人，他就不愿对汤采取行动。何况张学良对派东北军主力去直

---

① 转见《大公报》1932 年 6 月 22 日；《申报》1932 年 6 月 10、15 日。
② 蒋介石日记手稿，1932 年 8 月 30 日条，原件藏美国斯坦福大学胡佛研究中心。

接守卫热河也颇多顾虑,深知热河防守在军事上颇多困难,故更乐得让首鼠两端的汤在自己与日本人之间做一缓冲。①故他与汤达成的妥协是,汤让张学良派嫡系第6、第7旅进驻热河,张对汤过去的动摇则既往不咎。汪精卫庐山会商之后即转赴北平,一面与国联调查团会晤,一面与张学良讨论热河防守问题及撤换汤玉麟问题。不料,汪、张二人竟因此闹得不欢而散。据张回忆称,汪声称中央决定要在华北与日军一战,胜负在所不计,张当时即问:中央是否有与日本决战的准备?汪答:尚无充分准备,但为应对国内舆论必须如此做。张对此明确表示反对,称自己断然不会为了这样的目的去牺牲东北军将士的性命。②

蒋介石对张学良的态度极为不满,因他深知汤不仅政治上动摇,而且带头贩卖烟土,克扣军饷,其数万兵力中真能作战者寥寥。故蒋不仅再三要求张务必解除汤玉麟职位,且注意到张学良担心独力对日损失太大的心理,7月初就明确表示中央军愿意给以援助。他委婉建议张派3个旅进驻热河附近,他亦派中央军开到热河附近,待两军部署妥当之后,即迅速开入热河,把汤逼出热河,从而加强热河的防守。但张对此不仅没有接受,而且坚持非得汤同意不能派兵进入热河。

张学良对处置汤投鼠忌器,下不了决心,还有一层原因,就是怕把东北军主力调入热河作战会便宜了觊觎其位的阎锡山和韩复榘,弄丢了平津。何况东北军主力北上,同时将中央军引入热河,这也是张学良的大忌。一旦中央军入热,则意味着中央的势力不仅进到华北,而且也进到了他的势力范围中来,这难免会威胁到他对东北的控制。故张借口派兵入热,反易引起日本关东军进攻,对向热河增兵一事迟迟无所动作。只是在7月底,当日军进占朝阳后,才在汤的同意下派了2个旅增防热河。

对此,就连并不懂得军事的一些知识分子也看出问题来了。丁文江就在《独立评论》上接连撰文,公开批评:"热河部队,只有四步兵旅、

---

① 关于热河军事防守不易的问题,可见之于何柱国的说明。何柱国称:热河多山地,乍看似乎易守难攻,其实,"山地多,死角也多,容易突破,所以守的方面非有纵深配备不可。但战线甚长,事实上不可能处处都有纵深配备,因此反而易攻难守"。参见何柱国《榆关失陷前后》,载《文史资料选辑》第37辑,55页。
② 参见张学良《杂忆随感漫录——张学良自传体遗著》,张之宇校注,127—128页,台北,历史智库,2002。

六骑兵旅,合计不过两万枝枪……朝阳北票的守兵,一共不及四千多枪,日本如在锦县义县进兵,该地防军,就没有抵抗的能力!……我们现在将二十旅兵力,全放在冀察两省,而将热河交给汤玉麟去防守,这是什么战略?我不懂!"①蒋介石也气得在日记中不止一次地斥责张学良"畏缩不前","总是纨绔公子耳","诚等于卖国矣"。②

二 热河不战而弃

时任行政院长的汪精卫对张学良推诿拖延,更是极端不满。眼看热河形势紧急,各界批评之声不绝如缕,他不惜借张学良为出兵向中央催要巨额军费一事,于8月6日一连发表5则辞职通电,公开将张的军。他声言自己坚持要辞去行政院长一职,实在是因张学良抗命不遵。而张学良"去岁放弃沈阳,再失锦州",如今热河告急,不仅按兵不动,且"欲借抵抗之名,以事聚敛",让人忍无可忍。为不使热河、平津为东北锦州之续,他愿辞去行政院长一职,以换取张学良同时辞职让贤。③ 对此,张学良自然不能接受,亦通电回击,且为自己向中央要钱进行辩解,称"自卫必先准备,准备非财莫举"。汪精卫辞职原本就是想借机将地方实力派抗命中央的内情曝光,张学良的答复正中其下怀。他因此复电历数张执掌河北、热河、察哈尔等省军政以来,一切国家税收悉被截留的情况,称"一旦疆场有事,中央责以防御,则请饷之电,来如雪片","请而不遂,则一切责任归之中央",此情此理何在?在他看来,"今日而欲抵抗强敌,惟一办法在打破各省军人割据之局面,使中央能聚全国之财,运全国之兵,以为全国争存亡"。因为事实很清楚,正是因为各地军政不能统一,两广扣留税款,东北军经费取之于华北,山东、湖北、福建等省均截用或擅扣税款,而中央政府财政基本上只能靠关税和统税的收入。他之辞职,其实不过是希望中央能就此免去张职,"以为打破军人割据局面之发轫"。④

---

① 《独立评论》第13号,1932年8月18日;《独立评论》第19号,1932年9月25日。
② 蒋介石日记手稿,1932年7月20日条,12月9日条,原件藏美国斯坦福大学胡佛研究中心。
③ 《汪精卫致张学良电》(1932年8月6日),见毕万闻主编《张学良文集》(1),605页,北京,新华出版社,1992。
④ 《汪精卫致中执会驳张电》(1932年8月8日),见《张学良文集》(1),608—609页。

汪、张内讧之时，蒋介石正在"剿共"前线。他一面电汪，强调"剿匪正在进行之中，北方倭寇方张，热河危在旦夕，如我中央政局动摇，不惟有碍剿匪，而且徒张寇焰"，要汪收回辞意，回京主持；一面电张，提出三策：(1) 不辞职而带兵入热抗日；(2) 辞职而带兵入热抗日；(3) 辞职而改组北平绥靖公署。在他看来，无论张辞职与否，都应于3日以内亲率所部急趋热河，以最秘密、最敏捷之方法行之，不宜稍涉游移，如此对内对外才有说辞。但张因受汪指责实无台阶好下，故对蒋电同样不能接受。他公开表示：除非政府筹集大宗现款，使东北军的粮秣饷糈足三五个月之用，并有充足之飞机、枪弹等军实到手，否则他断难率士卒出关应战，宁愿辞职。① 时至于此，蒋介石亦不得不请张辞职。16日，国民政府明令准张辞去北平绥靖公署主任职。汪精卫目的已达，遂于17日返京，出席中政会。想不到17日以宋哲元为首的57名将领联名通电留张，扬言要与张同进退。大敌当前，蒋介石不得不再给张以代行国民政府军事委员会北平分会委员长职，仍旧主持北平军政。张的明去实留，让汪无论如何咽不下这口气。他重新表示不再回任。蒋慰留不成，也不同意汪辞，而是继续保留了汪的行政院长一职，暂以财政部长宋子文来代理。

1932年底，日本驻榆关铁路守备队队长落合甚太郎，因不满犬养毅内阁惧于国联调查团，不敢夺取热河，遂仿照九一八事变，自令宪兵于1933年1月1日在其司令部门前和附近分投数枚炸弹，然后指称东北军守军何柱国旅所为，要求该旅交出山海关南门，并撤出榆关。未得中方守军答复，日军即于次日晨发起攻击。3日，日军第8师团8个中队，连同守备队，在海空军配合下，夺取了山海关，守军石世安团伤亡过半。

山海关轻易失守，平津地区门户洞开，蒋介石当即电张称："榆关既失，情势愈重，不可以寻常视之。此后倭寇必以真面目攻取平津，我方不能不迅下决心，从速处置。"②加以社会各界舆论对此强烈关注，张学良不能不开始关注热河的防守问题。他一方面宣布向热河增兵数旅，

---

① 参见《一月来的中国》，见《申报月刊》第1卷第3号，146页；《北平华觉明致汉口何成浚真电》(1932年8月11日)，见台北"国史馆"藏阎锡山档案，各方往来电，微卷第62卷。
② 《中华民国重要史料初编》绪编(一)，571页。

一方面则敦请蒋介石北上统筹。蒋介石这时却不肯轻易停止正在进行的"剿共"战争。他估计东北军既已增兵热河,除非日本再从国内调来几个师团,以关东军现有兵力应当不会再大举攻热。故蒋并未离开"剿共"前线,而是派陆军大学校长杨杰代其前往北平,协助张学良。同时,蒋还让代理行政院长宋子文前往北平为张打气。宋子文特地与张学良一道赴热河前线进行了视察。回到北平后,两人还联名发表通电,慷慨激昂,声称:"舍牺牲无以救死,但有一兵一卒,亦必再接再厉。"

然而,宋、张两人联名通电不数日,日本关东军即于2月23日下达总攻击令,不足10日即轻取北票、开鲁、朝阳、下洼子、凌南、凌源及赤峰。热河的东北军多半望风而逃,汤玉麟临逃时还不忘征集卡车把他藏在热河首府承德的烟土悉数拉走。日军一部仅128人,未经任何抵抗,长驱直入地于3月4日开进了热河首府承德。整个热河保卫战,守军不下8万人,不仅挡不住1万余日军,而且仅10天即告全省沦陷,此种情形与淞沪抗战大相径庭,故完全出乎国人预料。一时间国内舆论大哗,群起而攻。张学良早就因不抵抗受人指责,如今10天即丢热河,自然状极狼狈。

三 坚守长城两个月

日军攻热,蒋介石即秘密调中央军3个师北上,并将何应钦从江西"剿共"前线派往北平负责指挥。随后,蒋自己亦动身北来,以期督促张学良入热督阵,却不料中央军尚在途中,东北军早已放弃了热河。3月7日,在各界舆论的强烈谴责下,张学良被迫提出辞呈。蒋次日亦赶到石家庄,决意接受张学良辞职,且有心取消北平军分会,设平津察戒严司令部,以何应钦为司令,从而使平津直隶于中央控制之下。对此,何应钦极为慎重,深恐东北军将领不服,蒋随即放弃了这一提议。9日,蒋介石在保定见张学良,正式表达了希望看到张下野的态度。两天后,张学良被迫发表通电引咎辞职。12日,国民政府下令批准张的辞呈,何应钦正式兼代国民政府军事委员会北平分会委员长之职。

张学良辞职后,东北军重组为4个军,以于学忠、万福麟、何柱国、王以哲分任各军军长,归北平军分会指挥。蒋介石同时再调两个师增援,并先后召见了太原绥靖公署主任阎锡山、山东省政府主席韩复榘、河北省政府主席于学忠,以及宋哲元、庞炳勋、秦德纯等将领,商谈抵抗日军进一步向长城以内推进的问题。据此,中央军徐庭瑶第17军驻密云,守古北口、南天门、石匣镇一线;西北军宋哲元第29军等援喜峰口,守罗文峪;王以哲、何柱国、万福麟等东北军分守滦东、冷口、界岭口一线。长城抗战由此拉开帷幕。

日军占领承德后,即乘势向长城一线推进,试图控制长城东段各关口。就在张学良见蒋当日,日军混成第14旅一部已追击东北军万福麟部至喜峰口,恰逢宋哲元第29军先头部队赶到,并于当晚组织大刀队发起攻击,才夺回了被日军占领的口门各制高点。随后两天,第29军与进攻日军展开激战,宋哲元再度利用大刀队夜袭日军,成功地守住了喜峰口,取得了长城抗战的第一个胜利。

日军进攻热河之际,日内瓦国联特别大会首次通过全体决议谴责日本,故日本内阁乃至于天皇,都对热河之战用兵范围有所限制,不赞成越过长城界限,顾虑招致国联的进一步干预。但日本军方对此颇为不满,日本参谋本部密令奉天特务机关长板垣征四郎去天津组织天津特务机关,同时收买煽动华北地方势力在平津一带制造事端。为配合此一计划,3月下旬,日本关东军司令官武藤信义不顾日本内阁的规定,下令关东军越过长城线向滦东地区进攻。31日凌晨,日军第6师团岩田支队由九门口、义院口向石门寨猛进,守军何柱国部稍事抵抗后退守海阳、秦皇岛一线,日军次日即占领了石门寨。一周后,日军第6师团主力第33旅团在混成第14、第33旅团各一部的配合下,对冷口、界岭口方向中国守军发起猛攻,中方守军顽强抵抗,经过将近3天的激战,日军才突破了中国守军的防线,迫使商震部退过滦河。日军随即向纵深发展,占领了建昌营和迁安,进一步威胁到滦河西岸守军阵地侧背,其主力更绕到喜峰口后背,对防守喜峰口的宋哲元部形成了前后夹击之势。结果,宋哲元的第29军、驻守界岭口的第53军杨正治部,以及东北军何柱国部和王以哲部,均先后被迫退向滦西。4月17日,日军全部占领了滦东地区。但就在日军准备自昌黎、抚宁、留守营、建昌营至抬头营建立一阵线时,在日本天皇的干预下,关东军司令部不得不于 20 日晚下令所部全部退出滦东,返回长城一线。

但是,日本关东军对中国长城守军的进攻并未因此停止。就在其东线越过长城的部队受命退回长城一线之日,板垣征四郎密报已策动张敬尧等计划于 4 月 21 日在北平发动变乱。为了牵制平津中国守军,并促反蒋的地方实力派发难,武藤信义下令第 8 师团猛攻中央军防守的南天门阵地。南天门这时是由徐庭瑶所属黄杰的第 2 师担负防守任务的,该师奋勇抗击数天,终因伤亡严重,于 26 日交防于刘戡的第 83 师。第 83 师接连抵抗了 3 天,最后亦因伤亡过大,被迫于 28 日放弃南天门,退往新开岭防守。而板垣所报所谓张敬尧等将发动叛乱的消息却无一实现。但武藤信义仍顽固地想要推动华北地方实力派的分化,他依据参谋本部的意见于 30 日下令,为使中国华北当局屈服,促使华中、华南分裂,第 8 师团应向石匣镇、新开岭进攻,第 6 师团应向桃林、石门寨、建昌营进攻。

四 被迫签署《塘沽协定》

日本陆军参谋本部之所以必欲打破中方的长城防线,这时的基本意图是要迫使中国华北当局与日本关东军订立一项有利于确保"满洲国"安全的停战协议。按照预想,这一协议主要应包含以下内容:(1) 中国须将其军队自动撤至宣化、顺义、三河、玉田、滦县、乐亭各县之西南,并不得对于撤退地方再有进出。(2) 中国对于事实上之排日取缔,必须保证。

得此命令后,日军 5 月 11 日即强渡滦河,一举击破了东北军于学忠、王以哲两部的防线,扫清了长驱平津的主要障碍。紧接着,武藤信义于 15 日公开表态称:"假如中国军队断绝并放弃其从前之挑战态度,则我军有即速开回长城线之可能,因本军本务,只在维持满洲国内之治安……但若中国军队仍不改变其态度,则本军亦不得不反复地继续作战。"①

实际上,还在日本关东军第一次退出滦东前后,中国方面就秘密开

---

① [日]小林龙夫等:《现代史资料》第 7 卷,515—516 页。

始了与日方的停战交涉。最初由武官根本博提出停战线在永平、玉田、顺义一线。至南天门阵地丢失,日本关东军再度提出停战线,已进至密云、平谷、玉田与滦河之右岸。不料,日本驻北平武官永津佐比重对此坚决反对,强调华北的中国军队派别分歧,军心不稳,何应钦无力统帅,关东军应全力拿下密云,同时增兵向平津示威,迫使中国军队进一步后撤,于是才有了参谋本部要求中国军队撤至宣化、顺义、三河、玉田、滦县一线的提议。不仅如此,日方一面派驻上海武官根本博与黄郛接洽,派驻北平武官永津佐比重与何应钦手下参谋熊斌进行接洽,一面却对中国守军跟进追击,先后占领了丰润、沙河、密云、三河、遵化、蓟县、唐山、香河等地。由于北平门户大开,平津乃至华北危在旦夕,不得已,何应钦于5月21日召开军事会议,决定由徐庭瑶固守北平,其他军政机关全部移往保定。汪精卫亦不能不授权中方谈判代表、北平政务整理委员会委员长黄郛称:"除签字于承认伪国、割让四省之条约外,其他条件皆可答应。"①

日方这时由武藤转达永津的停战条件为:(1)中国军队速撤至延庆、顺义、宁河、芦台线之西之南,此后不得越线前进;(2)中国军队照线退却,日军不续追击;(3)日方于确认第一项条件实行后,自动撤退至长城线。② 据此,永津等密邀受命到北平组成行政院政务整理委员会并任委员长的黄郛,当夜与日方举行秘密会谈。因担心事机迫切,深信永津等关于日军天明即将大举进攻的威胁,黄郛在反复商谈不得结果的情况下,于凌晨时分最终依据日方条件与永津等达成了口头协议。当天,何应钦等将日方条件分别电告了蒋、汪。汪精卫态度坚决,回电表示:"弟决同负责,请坚决进行为要。"蒋介石则稍有顾虑,但也仅限于强调此种条款"形诸文字总以为不妥"。他亦深信:"事已至此,委曲求全,原非得已。"③

在蒋、汪认可日方条件后,5月31日,中日双方代表,即中方代表熊斌中将,日方代表冈村宁次少将,在塘沽举行了正式谈判。冈村宁次

---

① 《汪精卫致黄郛养电》,《黄膺白先生年谱长编》,台北:联经出版事业公司,1976年,第559页。
② 参见[日]小林龙夫等《现代史资料》第7卷,556页。
③ 《黄膺白先生年谱长编》,561页,台北,联经出版事业公司,1976。

的态度极为强硬,声称日方协议是最后方案,没有更改的余地,中方只能回答"是"或者"否",且必须在两小时之内作出回答。在这种强力威逼下,中方代表屈辱地在日方提案上签了字。该协定内容为:

一、中国军即撤退至延庆、昌平、高丽营、顺义、通州、香河、宝坻、林亭口、宁河、芦台所连之线以西、以南地区,不得前进,又不行一切挑战扰乱之举动。

二、日本军为确悉第一项协议实行之情形,可用飞机或其他方法施行视察,中国方面应行保护,并予以便利。

三、日本军确认中国军已撤至第一项协议之线时,不超越该线续行追击,且自动概归还至长城之线。

四、长城线以南第一项协议之线之北,及以东域内之治安维持,由中国警察机关任之。右列之警察机关(该文件为竖排,故前句为右列——引者注),不得以刺激日本军感情之武力团体担任。

五、本协议签字后,即生效力。①

协定签字后,根据中方代表的要求,日方只同意在协定之外补充说明一条,即"万一撤兵地域之治安发生扰害非警察力量所能镇压,应由双方协议之后再作处置"。

"塘沽协定"的文字,充满了日本关东军对中国军队的轻蔑和污辱。它的签订,不仅承认了长城一线为日军占领线,在事实上认可了日本对东北四省的非法侵占,而且使中国失去冀东滦县、昌黎、乐亭、抚宁、迁安、卢龙、宁河、丰润、玉田、遵化、宝坻、通县、三河、平谷、怀柔、香河、蓟县、密云、顺义、都山和兴隆等20余县的完全治权。在此区域内,中国不得有军队,即使地方警察也必须于事实上仰承日方旨意,否则必受"刺激感情"的指责,承担破坏停战协定的责任。它无疑以协定的形式,为日军进一步向华北扩张打开了方便之门。这样一种协定的签订,不可避免地会引起社会各界和民众的广泛不满。

---

① 《黄膺白先生年谱长编》,565页。

第四节 察省抗日事件与福建事变

一 冯玉祥揭旗抗日

3月初,区区百余日兵即夺占了热河,而后东北军、29军及中央军联手设防长城,不过两月亦被突破,至5月底被迫签署屈辱丧权的"塘沽协定",华北几省乃至平津地区的形势自然变得空前严峻。

因中原大战失利,先后隐居山西汾阳和泰山的冯玉祥这时开始坐卧不安,准备出山。还在1932年10月,因其旧部宋哲元出任察哈尔省(简称"察省")政府主席,察省又地处抗日前线,冯玉祥就从泰山移住到张家口来了。其选择到张家口来出山,自然不仅仅是注意到随着热河及华北局势急剧恶化,察哈尔省将会成为日本关东军下一步进攻的目标,更重要的还是想要利用张家口和外蒙古交通运输上的便利,故伎重演,来取得苏联的援助。

为了求得苏联的帮助,冯玉祥开始秘密寻找共产党的关系,力图借助于共产党的帮助,一方面组织抗日武装,另一方面则可求得苏联和共产国际的谅解,重建国际路线。中共北方党组织得知冯玉祥的这一想法后,也很明确地表示愿意帮助其实现联苏的愿望。因此,双方一拍即合,北方特科的代表报告称:"他愿给我们北方的党每月帮助一万元的工作费,并且要求我们的党派去大批的同志到张垣(即张家口——引者注)冯的部下做工作,他还愿意请些俄国教官,叫我们的党去给他设法,还说准备在张垣组织新的政府。"①因此,中共很快派了张慕陶、武止戈、吴化之、张存实、宣侠父、许权中等到张家口,帮助冯玉祥组建察哈尔抗日同盟军。以后,中共河北省委还专门成立了前线工作委员会,由柯庆施负责党在张家口地区的工作,并从北平、陕西等地抽调谢子长、阎红彦、刘仁等到部队中开展工作。

1933年4月,即热河失守后不久,冯玉祥开始组建起自己的部队,其重要干部方振武、吉鸿昌、高树勋、孙良诚等也都先后抵达张家口。4月下旬,日本关东军第8师团在进攻南天门的同时,把战火烧到察哈尔省来了。29日,察省重镇多伦被陷。随后,日伪军继续南犯,于5月20日和24日又进一步攻占了宝昌和沽源,且有进一步向张家口推进的迹象。鉴于此,冯玉祥在沽源弃守的当天即召开前来响应其抗日号召的各方代表会议,决定组织察哈尔抗日同盟军,自己做总司令。两天后,冯玉祥通电全国,宣告察哈尔抗日同盟军正式成立,同时批评"握政府大权者,以不抵抗而弃三省,以假抵抗而失热河,以不彻底的局部抵抗而受挫于淞沪平津","初无抗日之决心,始终未尝实行整个作战计划,且因待遇不公之故饥军实难作战,中间虽有几部忠勇卫国武士,自动奋战,获得一时局部胜利,终以后援不继而挫折","即就此次北方战事而言,全国陆军用之于抗日者,不及二十分之一",而他冯玉祥,愿"率领志同道合之战士及民众,结成抗日战线,武装保卫察省,进而收复失地,求取中国之独立自由"。②

据随后公布的察哈尔抗日同盟军组成人员及序列可知,同盟军总司令为冯玉祥,总参谋长为邱山宁。下辖第1、2、4、5、6、16、18军,及第5路军、骑兵挺进军、察哈尔自卫军、抗日救国军和蒙古军等,号称10万人。其中,第1军军长佟麟阁,第2军军长吉鸿昌,第4军军长米文和,第5军军长阮玄武,第6军军长张凌云,第16军军长李忠义,第18军军长黄守中,第5路军总指挥邓文,骑兵挺进军总指挥孙良诚,察哈尔自卫军军长张砺生,抗日救国军总指挥方振武。由察哈尔抗日同盟军第一次军民代表大会选举产生的抗日同盟军军事委员会,负责处理

---

① 马少峰:《关于张家口事变经过的报告》,1934年1月30日。
② 赵谨三:《察哈尔抗日实录》,204—207页,上海,军学社,1933。

同盟军的军事、政治、财政、外交等重大事务。冯玉祥、方振武、孙良诚、吉鸿昌、张允荣、邓文、佟麟阁、张人杰、邱山宁、宣侠父、张慕陶11人为常务委员,冯玉祥为常务委员会主席。而大会通过的《关于民众抗日同盟军纲领决议案》等文件,则标明了同盟军的政治态度。决议案共13条,主要内容为:

(一)同盟军为革命军民之联合战线,以外抗暴日,内除国贼为宗旨;

(二)同盟军否认一切卖国协议,并反对任何方式之妥协;

(三)同盟军誓以武力收复失地;

(四)同盟军主张对日断绝国交;

(五)同盟军主张联合全世界反帝国主义势力共同奋斗,以完成中国之独立与自由;

(六)同盟军为完成抗日任务计,必须肃清汉奸国贼;

(七)实现抗日救国的民众政权;

(八)取消苛捐杂税,改善工农、贫民、士兵生活;

(九)释放因反抗帝国主义及汉奸国贼而被拘禁之政治犯;

(十)保障抗日民众集会、结社、言论、出版、武装之自由。

察哈尔抗日同盟军成立后,经过将近一个月的整顿、训练和补给,来自各个方面、五花八门的部队初步具备了一定的作战能力。6月20日,冯玉祥任命吉鸿昌为北路前敌总指挥,邓文为左副指挥,李忠义为右副指挥,并派方振武为北路前敌总司令,兵分三路北上,准备作战。22日,同盟军先头部队张砺生部进逼康保,经过激烈战斗,消灭伪军崔兴武一部,收复了康保。23日,吉鸿昌率部直趋宝昌,李忠义率部挺进沽源,先后克复沽源和宝昌。察东三县相继收复,使军心大振,同盟军主力迅速向多伦进发。多伦因有日军驻守,且其第8师团一部占据着丰宁,与多伦互为犄角,故同盟军的进攻遇到极大阻力。7月7日,吉鸿昌率部分三路进攻多伦,经过两天三夜激战,久攻未下。11日,同盟军又数度攻城,因遭日机轰炸,仍未达到目的。但同盟军仍不气馁,12日通过潜入城里的内应,实施里外夹攻,最终迫使日伪军残部从东门逃出,成功地收复了多伦。多伦的收复,充分显示了抗日同盟军的作用,在全国激起了强烈的反响,北平、天津、上海各大报刊均以大字标题刊登了同盟军收复多伦的消息。天津《益世报》的社评反映了国人当时对这一事件的振奋心情。社评称:"'九一八'起直至今日,我们只有失陷领土的故事,并没有什么人做过收复失地的工作……有之,吉鸿昌收复多伦为第一次。"①国民党高级将领李烈钧、程潜、蒋光鼐、蔡廷锴、李宗仁、李济深、陈铭枢等,也先后电贺冯玉祥克复多伦。受此鼓舞,冯玉祥于27日在张家口公开成立了"收复东北四省计划委员会",声称将全力以赴,收复东北。

二 同盟军半途夭折

然而,冯玉祥以抗日为号召,独树一帜,东山再起,不可避免地激起了南京国民政府的强烈不满,认为冯玉祥等人是以抗日为名,存心挑战中央权威。从1933年1月开始,蒋介石、汪精卫、何应钦等就接连派出王法勤、黄少谷、李烈钧等人前往张家口游说冯玉祥,劝冯离察进京。察哈尔抗日同盟军成立后,蒋介石断言冯玉祥"割据称乱",必然给日本侵略察哈尔造成口实,因此下令集结兵力,以对付同盟军。7月初,何应钦下令组成察哈尔"剿匪"司令部,以庞炳勋为总司令。为"剿灭"同盟军,南京国民政府先后要庞炳勋率第40军、冯钦哉率第7军、万福麟率第119师、徐庭瑶率第25师、何遂率第55军一部及冯占海部,于13日前分别开赴下花园、涿鹿、沙城、怀来、独石口和龙关等地集结待命。进而又命令宋哲元、王以哲、傅作义等部入察。到7月底,政府军入察部队已有16个师、15万人,对同盟军形成了强大的压力。再加上日本方面一面向何应钦提出警告,认为同盟军夺取多伦是违反"塘沽协定",一面派出两个旅团及伪军向察哈尔边境推进,从而使同盟军很快陷于政府军和日军的两面夹击之中。惟冯玉祥在日本武力讹诈和政治威逼下终未动摇,日方提出"三日不答复,即以全力取察省",冯玉祥则复以日本"三日速觉悟,否则即以全力夺热河"。同时冯玉祥也迅速向多伦

---

① 1933年7月16日天津《益世报》。

和沽源增兵防敌。

冯玉祥揭旗抗日和察哈尔抗日同盟军收复察东数县的行动，极大地鼓舞了国民党的反蒋派。与蒋介石和南京国民政府颇多冲突的国民党西南政务委员会公开支持冯玉祥，力劝庞炳勋、关麟征、冯钦哉等"应以国家为前提，以民意为向背，不宜为个人所利用，为乱命所操持"。胡汉民等更是始终与冯玉祥热电联络，筹组西南反蒋联军，计划与冯军南北夹击，师出武汉。只因陈济棠不热心，而未能成事。故此时，胡汉民更联络李宗仁、白崇禧等公开告诫蒋介石等，称：若南京国民党中央和政府一味冥顽，抑内媚外，"我西南为党国生存计，为民族前途计，决取断然处置"。

由于国民党内部反对动武者甚多，加以西南不稳，社会各界亦力主以政治解决政府与察省抗日之间的矛盾，蒋介石、汪精卫亦不敢轻易言战，但加紧了对冯玉祥的劝说和在同盟军内部的收买分化工作。冯占海、李忠义等均被收买，邓文则被暗杀，同盟军各将领之间很快出现严重分歧。冯玉祥也在黄郛的劝说下提出，在蒋下令停止对察用兵、让宋哲元回察主政和保留同盟军的条件下，他本人进退不成问题。

至此，蒋、汪于7月28日联名致电冯玉祥，公开否认有对察用兵之说，并提出了解决察事四原则：(1)勿擅立各种军政名义，致使察省脱离中央，妨害统一政令，以致成为第二傀儡政府；(2)勿妨害中央边防计划，致外强中干，沦察省为热河之续；(3)勿滥收散军土匪，重劳民力负担，且为地方秩序之患；(4)勿引用共产党头目，煽扬赤焰，贻华北以无穷之祸。①

察哈尔抗日同盟军的内部分化，还在于原本推动冯玉祥抗日的中共北方党组织，特别是河北前委的态度也发生了变化。

这是因为，共产国际驻上海的远东局与中共上海中央局这时奉行的是工农革命的阶级标准，只承认联合下层士兵的必要，认定冯玉祥与蒋介石及其他国民党军阀没有两样，"始终是我们的阶级敌人"。因此，它们告诫北方党"对冯等不应有丝毫幻想"，强调与冯建立关系的目的，

---

① 参见1933年7月30日《华北日报》。

仅仅是为了便利我们在军队中的工作,为了争取士兵群众。①

注意到抗日同盟军准备挥师北上,中共临时中央即明确表示反对,不仅强调多伦是日本进攻蒙古的要道,关东军不会放弃,而且提出应当首先出发攻打南京政府,以"促成瓦解国民党的军队而将士兵团结到我们影响之下",争取在河北和山西东北部实现土地革命,创造直南、直中新苏区。

同盟军收复察东各县后,中共临时中央更进一步提出应在张家口同盟军内部组织暴动的设想,声称:组织抗日同盟军是以在华北创造新苏区为目的的,"不去推翻国民党的统治,则我们反对日本和其他一切帝国主义的战斗是不能胜利的";冯玉祥等人坚持让同盟军向日伪作战,包含着严重的阴谋;我们"必须抢在冯企图摧残我们之前,先发制人",最迟到9月应当发动这场兵变,为此我们必须促成同盟军与南京军队之间开战,不惜逮捕冯及其他要人,然后带着暴动后的部队离开张家口,经过绥远,向山西、河北边界发展,使之成为一支北方的红军。②

在这种情况下,中共人员在同盟军里的工作自然要同冯玉祥发生冲突,而冯玉祥所希望的苏援,也不可能到来。实际上,苏共中央机关报这时也公开发表文章,斥责冯玉祥及其同盟军,认为他们是有意想要挑起苏日冲突。③

注意到如此形势,8月3日,在何应钦提出冯即日取消同盟军总司令名义,让出张垣、宣化,让宋哲元回察,过渡时期察省军政暂由佟麟阁维持三条件后,冯玉祥不得不下决心取消同盟军名义,并离察出走。

4日,冯密派代表到沙城与庞炳勋、关麟征接洽,同意接受何应钦的办法。5日,宋哲元通电复职,冯在说服大部分军政人员之后,发表了通电,宣布即日起收束军事,察省一切军政交宋哲元办理。7日,宋哲元部的冯治安师接防张家口。9日,宋哲元派秦德纯接收察省军政各机关。当天,冯玉祥撤销抗日同盟军总部,辞去总司令职,随后于14

---

① 《中央驻北方代表田夫致中央信第15号》(1933年6月27日);《中央给北方代表田夫同志的信》(1933年7月3日)。
② 参见《中央给北方代表田夫的信》(1933年7月3日、7月17日),《中央八月份第一号指示信》(1933年8月3日),《中央八月份第二号指示信》(1933年8月9日)。
③ 参见[苏]哈马丹《中国军阀屈膝投降》,见1933年6月4日《真理报》。

日离开张家口,重上泰山过隐居生活。

三 福建事变再起

冯玉祥的下野给中共河北前委提供了公开反对他的口实。8月16日,受中共河北前委影响的方振武、吉鸿昌等部一万余人转移到张北附近,发出通电,坚持抗日,由方振武代理总司令。随后更成立了新的革命军事委员会,由柯庆施、吉鸿昌、张慕陶、许权中、宣侠父、刘振远和柳青庭7人组成常委会,决定以商都为中心创建根据地。不料,国民党政府军已捷足先登,该部不得不转而东进,转战于丰宁、独石口、怀柔和密云等处。中共河北前委不顾方振武、张允荣等将领的反对,公开在士兵当中宣传打倒国民党和冯玉祥的口号。最终,这支部队在前委的影响下,放弃了抗日的旗帜,公开打出"讨贼联军"的旗号,以推翻南京政府为目标,决心以卵击石地去进攻北平,首先推翻何应钦。结果,只剩不足7 000人的部队在小汤山地区被国民党军重重包围,损失殆尽。前委书记柯庆施在部队失败前的10月2日以赴北平汇报工作为由离队而去,方振武、吉鸿昌随后亦在北平慈善团体的帮助下离开。剩下的队伍战到10月中旬已无战力,共产党员、吉鸿昌总指挥部参谋长武止戈和曾任冯玉祥交通员的张金瑞,均在战斗中牺牲。16日,残余的部队被迫缴械。①

察哈尔抗日同盟军的兴起,早就刺激了历经淞沪抗战辉煌的第19路军将领。第19路军自上海停战后即被调至福建省,担任"剿共"使命。从山海关失守,到热河沦陷,第19路军将士再三要求离开福建,前往华北前线。长城抗战打响,第19路军上下更是情绪激昂,跃跃欲试。蒋介石迫于舆论压力,被迫允许第19路军抽调志愿官兵组成援热先遣队两个纵队北上抗日,不料部队行军至湖南时,长城各口已失。"塘沽协定"签字后,援热先遣队被命令火速回闽。但广东、广西和福建三省军政负责人对"塘沽协定"均表激愤,曾开会提出兴兵讨蒋计划。只因陈济棠

---

① 方振武被迫流亡国外,1941年12月太平洋战争爆发后意图回国参加抗日,在香港被国民党特务暗杀。吉鸿昌潜回天津,很快即被逮捕,于1934年11月24日在北平被杀。

不愿马上和南京闹翻,使计划未能成立。此时恰逢不满蒋介石的陈铭枢回国,联络同样不满蒋介石的李济深等密谋发难。受到冯玉祥联络共产党成功发起抗日同盟军一事鼓舞,陈铭枢、李济深先后秘密寻找中共中央,但都未成功。最后,陈铭枢赶赴福建,找到私交甚好的第19路军将领蒋光鼐、蔡廷锴,推动蒋、蔡两人走上联共反蒋抗日道路,进而由第19路军派代表陈公培越过前线,就近直接与红军军部建立联系。

陈公培9月22日到达红军驻地王台,中共中央得到消息后指示军团长彭德怀与之接洽。因注意到蒋介石正在组织对中央苏区的第五次"围剿",共产国际远东局同意中央红军在作出小的让步的前提下,尽快与第19路军达成停战协议,故双方的接洽比较顺利。第19路军将领在与陈铭枢商量后,于10月下旬正式派总部秘书长徐名鸿为全权代表,由陈公培陪同赴瑞金与中华苏维埃临时中央政府及工农红军全权代表、中央局宣传部长潘汉年进行谈判。26日,双方正式签署了《中华苏维埃共和国临时中央政府及工农红军与福建政府及第19路军抗日作战协议》(即《反日反蒋的初步协议》)。其主要内容是:

(1)双方立即停止军事行动,暂时划定军事疆界线;(2)双方恢复输出输入之商品贸易,并采取互助合作原则;(3)福建方面立即释放政治犯;(4)福建方面赞同其境内革命的一切组织之活动,并允许出版、言论、结社、集会、罢工之自由;(5)福建方面应发表反蒋宣言,并立即进行反日反蒋军事准备;(6)双方互派常驻代表;(7)双方给予代表发护照通行证,保护安全;(8)双方对于协议交涉应严守秘密;(9)双方及早另订具体作战协议;(10)双方贸易关系,另订商务条约。①

第19路军刚与红军达成协议,陈铭枢、李济深等就迫不及待地开始具体讨论在福州组织抗日反蒋的人民革命政权等问题,决定迅速起事。11月18日,李济深、陈铭枢、黄琪翔、蒋光鼐、蔡廷锴、徐谦、陈友仁、李章达及第19路军高级将领聚集福州鼓山开会,经过激烈争论后

---

① 福建省档案馆编:《福建事变档案资料》,195—196页,福州,福建人民出版社,1984。

达成了一致的意见,决定11月20日即召开临时代表大会,发出通电,公开树起抗日反蒋的旗帜。

1933年11月20日上午,福州民众数万人聚集城南公共体育场,参加中国全国人民临时代表大会。21日下午,主席团会议推定李济深、陈铭枢、蒋光鼐、蔡廷锴、陈友仁、徐谦、戴戟、黄琪翔、李章达、何公敢、余心清11人组成中央委员会。22日,中华共和国人民革命政府宣告成立,以李济深为政府主席,下设经济委员会、文化委员会、军事委员会、内政部、外交部、农工部、最高法院。其中内政部和农工部缓设,军事委员会主席由李济深兼,陈铭枢任政治部主任,黄琪翔任参谋团主任,蔡廷锴任人民革命军第一方面军总司令兼第19路军总指挥。经济委员会主任由余心清担任,下设劳动、土地、商务三个委员会,分别由蒋光鼐、章伯钧、许锡清任主任。文化委员会主席为陈铭枢,外交部长为陈友仁,财政部长为蒋光鼐,最高法院院长为徐谦。此外设国家保卫局,由李章达主持。彭泽湘任政府秘书长。人民革命政府宣告成立之日,还发表了《对内通电——宣布政府今后之使命》和《对外宣言——警告列强勿与蒋合作》。

与此同时,参加福建事变的领导人集体宣布退出国民党,发起组织"生产人民党",以陈铭枢为总书记。其党纲和党章中明确规定,中国革命即民族革命,在经济上求中国工业化,在政治上要实现民主政治。党要以直接生产的农工及由农工出身的任武装保护的士兵为基本成分。根据这一方针,中华共和国人民革命政府成立伊始,就宣告废除南京国民政府年号,定1933年为中华共和国元年,以福州为首都,同时宣布取消青天白日旗,不挂孙中山遗像,停止每周的总理纪念活动,取消党国旗,新的国旗为上红下蓝中嵌一颗黄色五星。其通过的各项宣言文件都体现了生产人民党的政治主张。它主要包括以下三个方面:

(一)规定中国为中华全国生产的人民之民主共和国,最高权力机关为生产的农工及共同支持社会结构之商学兵之代表大会。对内不分种族、性别、职业,除背叛民族、剥削农工者外,都有绝对自由平等权。对外以国家独立不容侵犯为最高原则。

(二)规定其施政纲领在于:排除帝国主义在中国的势力;否认一

切帝国主义者强制订立的不平等条约;发展人民经济,实现彻底的民主政权;实行计口授田,以达到农业共营国营之目的;发展民族资本,奖励工业建设;肉体劳动与精神劳动均受最大之保护。

(三)宣布当前政治任务在于:打倒以南京国民政府为中心之国民党系统,于最短期间召集第一次全国生产人民代表大会,制定宪法,解决国是。同时号召全国反帝反南京政府之革命势力,立即组织人民革命政府。①

福建人民革命政府和生产人民党,公开打出否定国民党的旗号,废止中华民国法统,取消总理遗嘱,甚至取下孙中山遗像,从一开始就使自己在政治上陷入了孤立。人民革命政府宣告成立当天,蒋介石就发表《告十九路军全体将士书》等,斥责陈铭枢等人"联共叛党""降敌通匪"。汪精卫亦公开讲演,斥责福建事变是"继袁世凯以来所谓洪宪,张勋复辟,成立苏维埃、伪满之后第五次变更国体制度的叛国行为"。国民党中常会则通过决议,将陈铭枢、李济深、陈友仁等永远开除出党,并公开予以通缉。而那些公开不满蒋介石或公开要求改组中央党部,曾与陈铭枢、李济深等暗约的国民党内反对派,这时也大都站到了坚决反对的立场上。胡汉民、李烈钧和两广军政领导人等都对其变更国体、废弃国旗、取消国民党、放弃孙中山三民主义的做法严重反感。第19路军和福建人民革命政府试图结为同盟的两广军政领导人得知福建人民革命政府的政策后,几乎马上就发表通电,公开指责福建政府领导人"倒行逆施",其"背叛主义,招致外寇,煽动赤祸,为患无穷"。②

四 第19路军全面失败

为镇压福建事变,蒋介石迅速从进攻中央苏区的主力中抽调了9个师,并从南京、杭州抽调了2个师,合计11个师约15万中央军,分3路向福建进攻。其中蒋鼎文为第1路军总指挥,率李玉堂第3师、李延年第9师,由江西南城转进闽北浦城;张治中为第4路军总指挥,率王

---

① 《福建事变档案资料》,12—13页。
② 蒋光鼐:《对十九路军与"福建事变"的补充》,载《文史资料选辑》第59辑,130页。

敬久第87师、孙元良第88师,由南京、杭州进抵闽北浦城、建瓯一带;卫立煌为第5路军总指挥,率冷欣第4师、李默庵第10师、宋希濂第36师、刘戡第83师、汤恩伯第89师,分批从江西抚州经邵武、顺昌,与原驻闽北的刘和鼎部会合。另以毛邦初为空军指挥官,以陈绍宽为海军指挥官,从空中和海上配合地面部队进行侦察、封锁和轰炸。蒋介石则自任"讨逆军"总司令。

面对国民党中央军15万人三路大军,福建第19路军能够作战的部队不过5万人,且处处设防,形势上极其被动。鉴于这种情况,福建政府军委会经过多次讨论,最后决定放弃建阳、建瓯、浦城、崇安、邵武、松溪、顺昌、将乐、泰宁、永安等地,将2/3的主力集中起来保卫福州。

随着1934年1月5日中央军顺利夺取闽北重镇延平,7日攻陷水口,第19路军已无法据守福州了。于是,军委会决定部队立即向闽南撤退,争取背靠广东与苏区。但12日福州重要屏障古田被攻占,闽北尽失,福州不保,第19路军和福建人民革命政府当晚分路向漳州、泉州撤退。次日,蔡廷锴等通电表示将在漳州设人民政府,泉州设总部。李济深、陈铭枢、蒋光鼐、黄琪翔、陈友仁、徐谦、余心清、章伯钧、胡秋原、梅龚彬、何公敢等人民革命政府领导人则分别乘飞机、轮船、汽车离开了福州。

16日,福州被中央军占领。第19路军将领随即发生分化。蔡廷锴无法指挥部队,只身前往闽西龙岩,与周力行团会合。第2军军长毛维寿在戴笠派特务的策反下,决心脱离人民革命政府,进而派代表与南京方面接洽,随即投靠了中央军。

30日,中央军进抵泉州后,南京方面正式宣布取消第19路军番号,任命毛维寿、张炎为第7路军总指挥及副总指挥。之后,更进一步将19路军原有各师集体缴械,强令各师分赴河南归德、开封等地整训。整训过程中即将连、营以上军官全部清除,换成中央军的人。

1934年2月上旬,蔡廷锴将退至龙岩的最后几千官兵,交陈济棠收编,福建事变至此即告完全失败,第19路军最后一支军队也不复存在了①。

---

① 见薛谋成、郑全备选编《"福建事变"资料选编》,南昌:江西人民出版社,1984年,第231—232页。

第六章
舆论整合与国防建设的准备

面对日本步步入侵,坚持"安内攘外"政策的南京政府,不仅在外交上承受着巨大的压力,在国内舆论上也不可避免地要面对来自各方面的强烈指责。究竟是应当先"安内"还是应当先"攘外",这个问题始终在政府与民众之间,同时也在知识分子中间存在着不同的看法。但是很明显,有相当一批知识分子对南京政府的苦心渐渐抱以理解的态度。蒋廷黻所谓"必须先保存这个国家,别的等到将来再说"的说法,就反映了这一部分知识分子这时的心理。在他们看来,国家的统一和建设才是当务之急。他们显然对南京政府在法制、教育、科研以及工业和国防建设方面的努力给予了极大的关注和支持。"九一八"以及"一·二八"事变之后,大批社会精英和专门人才被延揽或吸收到南京政府加速发展经济和提升国力的事业中去了。为了应付可能到来的中日之间大规模的战争,南京政府也确实在各个方面加紧作出努力,力图缩小中日两国力量对比上的巨大差距。这种尝试尽管并不十分成功,且问题甚多,但毕竟也取得了一些成绩。

第一节 在"攘外"与"安内"问题上的舆论整合

一 国人对一致对日的渴望

南京国民政府对日本侵略"逆来顺受","以待国际公理之判断"的态度,非常不得人心。由于日本入侵不断扩大,不仅各反蒋派借机想方设法抨击中央政府,整个社会舆论也受此持续刺激而对南京充满了愤怒和不信任。

最典型的就是日本入侵东北最初几个月,眼看日本关东军如入无人之境,大批青年学生和知识分子极受刺激,很快就掀起了声势浩大的抗日救亡运动。他们一方面积极发起和组织各种反日团体,一方面打电报、发宣言,甚至断手指、写血书,来表达他们誓与日本侵略者不共戴天的坚强决心。一些有名的知识分子,如天津北洋工学院院长王季绪、北平清华大学讲师吴其昌全家,还公开宣布绝食,甚至于举家南下,到南京中山陵前痛哭,以此来表示他们对于当局不抵抗主义的不满。

学生这一波请愿风潮也迅速从南京刮到上海、杭州、北平、济南、武汉、太原等地,不仅出现了各地 10 万学生卧轨拦车上京请愿的场面,而且还先后发生了请愿学生打伤国民政府外交部长及其他高级领导人、冲击国民党中央党部、捣毁中央日报社的激烈举动。从这时部分青年学生赴京请愿团体所散发的宣传品上可以看出,他们之所以如此冲动,就是因为对国民政府采取不抵抗主义和单纯依赖国际联盟来解决问题的做法极端反感。他们声称:"现在日本帝国主义加紧向我们进攻了,国际联盟就是企图瓜分中国的机关!不斗争就是死亡!"因此,他们公开"命令政府立即收回东北失地,立即退出国联,立即全国总动员对日本绝交"。他们甚至威胁南京政府,如果政府不能执行这种主张,他们就要要求:"(一)政府交还政权与人民;(二)罢税,罢工,罢课;(三)自动组织起来,反抗日本帝国主义。"而"如果政府不能执行这种决议,我们就要联合起来打倒他!"①

当然,大多数知识分子,哪怕是激烈主张抗日的知识分子,也并不都是相信,对日宣战就能解决问题。同激进的青年学生站在一起的上海光华大学教授王造时、罗隆基以及《生活周刊》主编邹韬奋等,在当时知识分子中是属于观点比较激进的一派。他们认为:中国虽弱,却绝不是不能对日宣战,以中国之大,"日本现在是吞并不了中国的",它充其量只能"蚕食中国"。因此,对日宣战总比不抵抗要强得多。因为中国大,且民心可用,长期坚持下来,日本自然难以维持,结果将"促成日本帝国主义之必然的崩溃"。② 然而,即使是他们,这时也公开承认,对日宣战,战争的结果多半将是中国"完全失败","大受牺牲"。他们坚持宣战的观点仅仅在于,必须坚决阻止日本蚕食中国。在此过程中,一方面要"把这件事情扩大范围,变成国际上的重大问题,使列强共同起来干涉日本的行动",另一方面就是要借抗日激发国民爱国热忱,化除党见,造成国家统一的基础。③

由此不难看出,即使这个时候最为激进的知识分子,也并非不赞成南京政府把问题提交到国联去,请列强各国向日本施压和干涉。他们与南京政府不同的仅仅在于,他们相信东北原本就是日本的势力范围,如果不把战争引向内地,使之严重威胁到列强在中国的利益,列强各国是不会对日本进行干预的。

也正因为如此,这时多数知识分子都赞同或支持南京政府安内和统一,只不过较为激进的知识分子相信,"先安内后攘外"、先统一后御侮是本末倒置。在他们看来,既然日本入侵,正好可以"借对外的机会来解决内政的问题"。辛亥以来,中国始终处于兵连祸结、党同伐异、四

---

① 1935年12月5日《南京晚报》。
② 《抗日旬刊献辞》,载《抗日旬刊》第1期,1931年9月。
③ 王造时:《中国存亡在此两举》,载《抗日旬刊》第1期,1931年9月。

分五裂的混乱之中,几乎所有爱国的知识分子都强烈地盼望着中国能够尽快实现统一。国民党成功完成北伐并建立起中央政府之后,许多人都一度对之抱以热切的希望,没想到国民党自己也是派系纷呈,争权夺利,以致兵连祸结,愈演愈烈。如今大敌当前,终于为一般要求国民党放弃内争、革新政治的爱国知识分子,提供了一个捐弃前嫌的重要机会。他们相信,对日宣战能够解决内部不统一的问题,因为谁都明白,对日作战,"必须集中全国力量,上下一致,万众一心",因此,"集中全国力量,上下一致,万众一心",必然成为大势所趋。国民党只要能够"取消一党专政,集中全国人才,组织国防政府"①,国民政府就完全可以乘此机会以抗日为号召,统一中国各派政治势力。

主张"立息内争,共御外侮",迅速实现全国统一,这在"九一八"之后已经成为广大知识界的一种异常强烈的共同愿望和要求。在有王造时、罗隆基等署名的上海大学教授联名给国民党中央的上书中,除了要求政府对日必须坚持无条件撤兵及保留赔偿、道歉诸条件万不可稍有让步外,更多地提出的其实还是内政问题,即要求集中全国贤能,组织国防政府;尊重人民固有之权利,切实保障人民在法律上应享的一切自由。在这里,主张统一并取消"党治"的要求跃然纸上,而宣战要求事实上却被外交解决的倾向取代了。正如此时《大公报》社论所说:"统一之局,迟迟不成,内外人心,惶惑不定,以之对外,如何有力?"这是人人都明白的道理。②

二 各界所希望的安内统一

九一八事变发生不过一个多月之后,在民间舆论中那种强烈求战的呼声明显地开始弱了下去。能战固然好,但以现在中国四分五裂的混乱虚弱局面,岂是对日宣战所能骤然改变的?且主战者也明白承认,战端一开,非五年十年不能有结果,如此国家统一和建设又岂能有所成就?国家不统一、不建设就没有实力,没有实力又如何能够以武力收复

---

① 前引《抗日旬刊献辞》:《中国存亡在此两举》。
② 《大公报》1931年10月27日;《申报》1931年10月7日。

失地？于是，所谓"我方既无武力夺回之成算，结果仍必归之外交解决"之说，又颇得一部分知识界名流的赞同。甚至，注意到日本方面于10月间公开发表了解决满洲事变的五项条件，自由主义知识分子的代表胡适甚至直接致函国民党领导人，主张不失时机地对日直接交涉，力求与之达成妥协。①

日本这时向中国及国联提出的解决满洲事变的条件是："（一）否认相互之侵略政策及行动；（二）尊重中国领土之保存；（三）彻底取缔妨害相互通商自由及煽动国际的憎恶之念之有组织的运动；（四）对于满洲各地之帝国臣民之一切和平之业务与（予）以有效的保护；（五）尊重帝国在满洲之条约上的权益。"②对于这样一种完全抹煞日本侵略行为，并且要求中国变相承认早已臭名昭著的"二十一条"，给予日本在满洲以特殊权益的解决办法，不仅国人，就是南京政府在国联的代表也是持断然拒绝态度的。但胡适却认为，与其让日本占领东北，不如承认1915年《中日条约》，如果这样可以恢复东北三省的领土与行政权的完整，"我们实在想不出有何理由可以固执这条约的否认"。③ 显然，在胡适等人看来，这应该不失为暂时制止日本继续侵占中国领土的一种必要的外交策略。只是，胡适等人的意见，在当时国内反日浪潮高涨的情况下，自然没人理睬。

1932年10月下旬，黑龙江马占山部打响了抵抗日本侵略的第一枪，国内求战之声顿时一浪高过一浪，就连南京政府为阻止日军推进而向国联提出的划锦州为中立区的建议也因国内各界的强烈反对而不了了之。舆论的作用，促使国民党第四次代表大会的代表们专门通过了一个《请蒋主席速北上保卫国土收复失地案》，并公开宣言"准备武力收回东三省"。会议还宣布，要尽快召集国难会议，邀集国内社会各界名流学者共同商讨救亡御侮之策。

在国民党代表大会宣布要武力"收复失地"后不几天，蒋介石就公开宣布了其既定的"国策"，即："攘外必先安内，统一方能御侮，未有国

---

① 参见《独立评论》第173号，1935年1月27日。
② 1931年10月28日《大公报》。
③ 胡适：《论对日外交方针》，载《独立评论》第5号，1932年6月19日。

不统一而能取胜于外者。故今日之对外，无论用军事方式解决，或用外交方式解决，皆非先求国内之统一，不能为功。"

大多数知识分子并不反对以安内统一作为攘外御侮的基本前提。问题在于，应以何种手段来"安内"，又将在何种前提下来"统一"？

还在蒋介石发表上述谈话之前，人们其实已经在强调对日作战应有准备。而备战之道是：第一在改革政制，唤起民众；第二在开放党禁，改组政府。融合了大批主战和主和的名流学者参加的中华民国国难救济会于1931年12月20日成立之际公开宣言："人必自侮而后人侮之，人必自伐而后人伐之……国内一部分人之集团，标榜党治，自居于统治阶级，而忽视大多数国民之国家主人地位，此其自侮一；此一部分之集团……行使统治权时惟务挥霍……粉饰太平，以相炫耀，此其自侮二；既成一党，而党内派别分歧，门户鼎立……竞夺公私各权，此其自侮三；党外人民，则回复民国以前专制时代不谈政治之状态，对于国家大政，或钳口结舌，或动为腹诽……此其自侮四。"而今"惟有立时解除党禁，进行制宪，以树立百年根本大计"。其目前最低限度，亦应"从速禁止各党部迫压民众，干涉行政，并保障人民结社集会及一切自由"，同时"即日归政全民，召集国民会议，产生救国政府"。①

不难看出，目睹国民党几年来厉行专制统治，自身却争权夺利，混战不已，众多知识分子都相信，非乘此机会促使国民党开放党禁，成立一个无党派的"国防政府"，不能集中全国人才很好地领导整个国家走出困境。② 而思想左倾的知识分子，这时更是相信应当首先建立一个"民主政府"，或先"召集普选全权的国民会议"，以便发动民众，使之自动武装起来，以担任对日宣战的责任。

由此可见，人们这时固然也在不同程度上主张安内与统一，但与蒋介石及南京政府的统一之道却完全背道而驰。

---

① 《中华民国国难救济会会务报告·第一次》，1932年5月。
② 中国社会科学院近代史研究所中华民国史组编：《胡适来往书信选》(中)，104页，北京，中华书局，1979—1980。

三 废止内战运动的兴起

就在南京政府宣布"准备武力收回东三省"之后不几天,辽西重镇锦州就被日军轻而易举地占领了,这对广大爱国知识分子在心理上不能不是一次重大打击。他们由此对于依靠国民党政府实现御侮救亡更加怀疑,而对于取消党治更有切肤之感。1932年1月28日上海事变爆发,"十九路军抗命应战于前,国家中枢改弦易辙以东电响应于后",于是人们又相信"政府卒以民意为归依矣",从而欢呼"是诚暴日入寇一百四十日以来最可欣慰之事"。一时间,人们怀着无限激动的心情大声疾呼:"自此以往,已无复枝节之讨论,及政策之选择,我全国国民之前,只有一条死里求生之路,所有阶级利害,党派感情,思想派别,个人爱憎,事实上完全一扫,盖整个民族将被摧毁,受蹂躏,左倾右倾,皆成废话,资本劳工,同受牺牲","今日无论何党何派,新旧左右,皆当集中目标,齐赴国难","此诚理有固然势所必至也"。① 然而,一个多月之后,当他们发现"我国军队不以战败而退,突以后援不继而退,驯至前功尽弃",于是又痛心不已,并且不能不重新注意到南京政府"无以洗刷其无志御侮之嫌疑"。②

上海抗战的失利,使社会各界,特别是广大爱国知识分子深受刺激,从而加剧了他们对于取消党治、实行民主宪政的强烈渴望。北平、上海两地被邀参加国难会议的社会名流学者纷纷聚会,讨论改革内政的办法。人们几乎一致主张:对日作正当防御,抵抗到底;从速结束党治,实施民治。而结束党治的办法有:"曰厉行政权治权在民之原则也;曰国民党决议案对国民不生效力也;曰停止国库或公款支付党费也;曰出版及政治结社之自由也;曰废弃国民党之开会仪式也。"而根本解决,则非实行宪政不可。③ 一时间,各种报纸杂志大谈民主自由与开放党禁问题,国民党四届二中全会也不得不含糊其词地表示愿意实行宪政。但实际上南京政府却明确反对在国难会议上讨论任何政治问题,以致

---

① 1932年2月2日、20日《大公报》。
② 1932年3月5日《时事新报》。
③ 参见1932年3月23日《时事新报》。

当行政院长汪精卫宣布限定讨论范围仅为御侮、救灾和绥靖三事后,大批知识界代表拒绝出席。到 4 月 7 日开会时,到会人数竟只有原定人数的 1/3。

南京政府必欲坚持一党专政的顽固态度在 1932 年 4—5 月可以说是暴露无遗了。尽管国难会上并没有人公然要求开放政权或取消党禁,充其量只是有些代表提出了早日结束训政和开放言论自由的主张,但会议之后国民党人还是不依不饶,接连在各种场合对这些代表痛加斥责。而当 4 月下旬国民党内部也有人主张提早结束训政、实行宪政之后,汪精卫等则赤裸裸地表示:"如果没有国民党,就断然没有中华民国……党亡而国亦随之。"这就给社会各界名流学者借机发起的民主宪政运动当头一击。很快,人们的态度明显转向激烈了。一向温和的马季廉公开主张:"现在我们人民要自动组织一个能够肩荷政治责任的团体,要自动设置一个代表民意的机关。到了相当时期,如果政府再不能尽他的职责,我们便只好自动组织有力的政府。"①而王造时、张君劢、张东荪等则尖锐地指出:"国民党的统治已经到了日暮途穷,非变不可了。而变的方法……只有两条路可走:一是结束训政,实行宪政,使各党各派有公开平等竞争的机会,使政治争斗的方式用口笔去代替枪炮,使一般国民来做各党各派最后的仲裁者。还有一条路,是用武力去推翻现状,建立新政权,这就是革命。"王造时甚至扬言,他虽然主张先用和平方法来改良,但"如果和平方法不能走通,我是没有理由可以反对革命的"。②

当然,不满归不满,大敌当前,大批中间派知识分子到底还是不愿看到国内出现混乱。以胡适为代表的自由派知识分子明确认为:"督促政府早日实现宪政"固属必要,但方法上目前多半还只能"忠告现在掌握政权的国民党至少先在党内建立和平方式改换政权的制度"。这也就是说,在他们看来,中国社会所面临的主要问题,还是日趋严重的外患与此起彼伏的内战,民主问题、宪政问题到底还在其次。扬言"不倚傍任何党派"而聚集在《独立评论》杂志周围的自由派知识分子丁文江、

---

① 马季廉:《挽救国难的一个私案》,载《国闻周报》第 9 卷第 32 期,1932 年 9 月 1 日。
② 王造时:《我为什么主张宪政》,载《再生》第 1 卷第 5 期,1932 年 9 月 20 日。

翁文灏、蒋廷黻、傅斯年等,公开主张对民主和宪政不宜操之过急。丁文江明确认为:"好的政府固是我们所希望,而没有了政府乃是万万不得了的……在外患危急的时候,我们没有替代它的方法和能力,当然不愿意推翻它……今日之局,国民党一经塌台,更要增加十倍的紊乱。"①

5月下旬以后,喧嚣一时的民主宪政运动迅速被废止内战运动取代了。这个由上海民族资产阶级发起的以和平的"不合作"作为制裁内战手段的运动,很快得到了知识界的赞同,因而很快形成了浩大的声势。

四 蒋介石拒绝停止"剿共"

中国这时的内战主要有两种,一种是国民党南京政府与国民党各派系之间的内讧,一种则是国民党对共产党的战争。由于后一种向来被南京政府以"剿匪"论之,因此,"废止内战大同盟"上海总会成立之际,竟不得不明确规定"将内战意义确定为非剿匪性质之战事行动"。不过,要把反共战争排斥在内战的范围之外,这在相当一批爱国知识分子看来却是不可思议的。从民主政治的观点出发,他们无论如何不能理解,为什么国民党南京政府就不能容许一个反对自己的党派的合法存在?早在他们提出开放党禁、团结御侮的问题之际,他们就明确反对把共产党目之为"匪",断言共产党是"有严密之组织,有共信之主义,有实行之政纲,而又有国际背景"的政党,不仅"不能目之为匪",而且绝不是"剿所可灭"的。他们宣称,覆巢之下无完卵,不仅"共产党亦要国家,需舞台,此时应停止一切破坏工作,一致对外",就是国民党也应该改变政策,允许共产党合法存在并作政治竞争,否则,"一致对外,徒成虚话"。② 至废战运动兴起,丁文江等更进一步公开要求政府"正式承认共产党不是匪,是政敌"。胡适甚至明确指出:"共产党是贪污苛暴的政府造成的,是日日年年苛捐重税而不行一丝一毫善政的政府造成的,是内乱造成的,是政府军队'赍寇兵,资盗粮'造成的",因此他主张南京政

---

① 丁文江:《中国政治的出路》,载《独立评论》第11号,1932年7月31日。
② 1932年4月12日《申报》。

府"停止一切武力剿匪的计划和行动",切实去改良政治并且给人民以利益。显而易见,人们这时对南京政府的"剿共"内战深为不满。他们清楚地知道,中国的安内统一,根本问题其实并不在于共产党,而是国民党自身的制度和政策问题,由于中国到处是贪官污吏的横征暴敛,即使没有共产党,也还是干柴遍野,"遇风可燃"。《大公报》记者说得好:"中国五千年不闻共产党,而亡国数度,是足知剿共纵奏凯歌,亦未必免于亡。"①

要解决国共内战问题,仅仅要求南京国民政府停止"剿共"还不行,还必须让与国民党不共戴天的共产党人了解国家目前的危险局面,以民族作为出发点。对此,尽管一些舆论颇感悲观,声称共产党高唱世界革命、劳工无国界,如何向其"唤起民族意识,停止赤化斗争",但还是有相当一批中间派知识分子相信,共产党也是中国人,他们领导人也会了解国家目前的危难局面,"以民族作为出发点,无论如何利害错综,然总可以寻得一个一致点"。② 因此,他们甚至提议派代表前往"赤区"去与共产党的领导人进行接洽,以便商量一个停止内战、一致对外的办法。不论国共两党之间是否能够达成一种谅解,至少应该实现一种暂时的妥协。丁文江说:目前情况下的任何"剿共"战争,都不会有结果,相反,只会使国家实力受到更大的削弱。为此,他要求国民党不仅能够允许共产党的存在,而且应该允许共产党在不向国民党进攻的条件下保持局部的割据,"做它共产主义的实验",即所谓"两害取轻"。③ 为此,他于1933年1月公开发表了《假如我是蒋介石》一文,提出:假如他是蒋介石,第一要立刻完成国民党内部的团结;第二要立谋军事将领的合作;第三则要立即与共产党商量休战,休战的惟一条件是在抗日期间彼此互不攻击。④

随着部分知识分子竭力鼓吹促成国共两党的妥协,要求停止"剿共"战争的呼声渐渐形成一种不小的声势。鉴于"剿共"战争"事实上牵

---

① 1932年6月19日《大公报》。
② 参见《我们要说的话》,载《再生》创刊号,1932年5月20日。
③ 丁文江:《抗日剿匪与中央的政局》,载《独立评论》第19号,1932年9月25日;丁文江:《废止内战运动》,载《独立评论》第25号,1932年11月6日。
④ 丁文江:《假如我是蒋介石》,载《独立评论》第35号,1933年1月15日。

制数十万军队,使不能北来守土",因此各界人士也日渐认识到这场战争对于抵抗日寇的极大危害,把国共内战排除在外的"废止内战大同盟"中也有人公然提出了《请政府容共废战以收复东北案》。而一些报纸记者固然不敢公开主张"容共",却也拐弯抹角地要求南京政府"开放党禁",试图先创造一个使共产党能够"不以武装暴动为手段"生存的政治前提。他们的理由很明白,即"对外是中国人与日本人的生存竞争,对内是中国人与中国人的主义竞争","在民族生存竞争上,不能谈妥协,同族的主义竞争上,尽可谈妥协"。因此,他们认为南京政府应"停止'赤匪''共匪'这一切名词,尽可公开的大胆的与共党负责领袖,谋有条件的政治妥协",因为"彼共党者,亦中国人也,操纵其间者,亦多属知识分子也",只要有人沟通意见,未必不可以"开辟交涉之路"。①

但是,到1933年春,国民党第四次"围剿"在中共的鄂豫皖苏区初步得手,对中共江西中央苏区的第五次"围剿"计划业已开始制订,蒋介石正在沾沾自喜之中,他当然不会理睬任何停止"剿共"的意见。4月10日,蒋介石针对喧嚣一时的废止内战的呼声,在南昌公开发表谈话宣布:"抗日必先剿匪……在匪未清前,绝对不言抗日。"蒋介石的谈话清楚地表明了南京政府必欲坚持"剿共"战争的决心,从而使得中间派知识分子谋求停止"剿共"内战的努力迅速化为泡影。

五 "独立评论"派的妥协

1932年,胡适概括:"中国当前惟一的大问题,就是:怎样建立一个统一的国家,怎样组织一个可以肩负救国大责任的统一政府?"②胡适是热心于建立西方民主制度的重要人物,而且也是在自由主义知识分子当中少有的不赞同无条件拥护专制政府的人,然而他在这里也没有为"统一"设定必要的政治前提。这自然不是一种疏忽。胡适尚且如此,1933年以后自由派知识分子多半转向理解和支持国民党的专制体制,也就不难想象了。

---

① 1933年4月12日天津《益世报》。
② 胡适:《统一之路》,载《独立评论》第28号,1932年11月27日。

随着九一八事变之后日本日益加剧对中国的武装侵略，多数知识分子不能不日益感觉到全国上下团结统一、一致对外的极端重要性。因此,在相当多的中间派知识分子的思想中,实现中国的统一已经或多或少地成了当务之急。在统一的前提下,他们要求民主自由,主张实行宪政,并且希望共产党也能够以合法政党的形式参加在法律范围内的政治竞争,但是,统一毕竟是第一位的。他们明确认为,没有统一,四分五裂,就不成为一个完整意义上的独立国家;没有统一,争战不已,就无法进行应有的建设,因此就不能变成一个现代意义上的国家,就没有与日本抗衡的实力。在这种情况下,他们固然在民主宪政以及停止内战等等问题上不时地与国民党南京政府发生着矛盾,但他们多半不愿意因此与政府发生冲突,以致破坏本来就不是十分稳定的南京政府的统治。结果,当冯玉祥高举"抗日救国"旗帜组织察哈尔抗日同盟军时,他们中的一些人公开地对冯玉祥与南京中央政府处于对立状态而倍感"惋惜"。当第19路军及国民党各派领导人在福建以"取消党治"为号召而发动事变、自立政府时,他们更是对这种反中央的行为表示强烈不满。以蒋廷黻为代表的一派人的观点是:"这个政府够脆弱了,不可叫他更脆弱;这个国家够破碎了,不可叫他更破碎。"无论什么口号,只要引起内战,都是罪恶。一句话:"必须先保存这个国家,别的等到将来再说!"①

从激烈批评国民党一党专政、领袖独裁、侵犯人权,到不愿看到国民党政府塌台,以致出现无政府或多政府的混乱局面,被日本人所利用,再到渐渐地走到主张支持国民党专制体制,并且为国民党建立专制体制寻找理论的和历史的依据,相当一部分自由派知识分子经历了这样一种思想转变的过程。以1933年蒋廷黻发表《革命与专制》一文为契机,丁文江、钱端升等都积极撰文,力倡在中国建立"新式独裁"之必要与必须。据他们说,时至今日,这已经是一个不可免的阶段了,因为中国到处都是大大小小的武装集团。非如此,绝不足以建立一个统一的中国。

---

① 蒋廷黻:《这一星期》,载《独立评论》第59号,1933年7月16日。

"必须先保存这个国家,别的等到将来再说",这句话典型地反映出一部分中间派知识分子的矛盾心理。他们不是不要"别的",问题是他们认定了中国正处在灭亡的边缘,要救亡只能先承认既成的事实,在现有的条件下求生存,其他一切都谈不上。清华大学教授蒋廷黻有一句著名的话:"未失的疆土是我们的出路。"他的观点很明确:既然中国没有武力收复失地的可能,那就应当千方百计不顾一切地保住现有的国土,并且全力以赴,以至不择手段地谋求统一和增强国力的办法。正是出于这种考虑,即使胡适并不赞同丁文江、蒋廷黻等人同情国民党维持专制统治的意见,但以他为代表的相当一批自由派知识分子也同样反对那些主张另起炉灶的意见,他们甚至积极支持南京政府对日本采取妥协政策,力图以此来换取日本在事实上承认中国领土和主权的完整,相信这样至少可以避免日本的进一步侵略,使中国能够保有足以复兴国力的资本。当南京政府尚不敢违反民意与日本商谈东北问题时,是他们率先提出对日直接交涉,不惜以承认日本在东北特殊权益来换取日本放弃对于东北三省领土与行政主权的要求。当国联报告书发表后,国人普遍指责报告书"维护日本利益"并变相"建议国际共管中国"之时,又是他们公开站出来为报告书辩护,称报告书主张东北自治正可以取消"满洲国","使中国的主权与行政重新行使于东三省",因此完全可以考虑。①

对于日本的野心,胡适等人当然看得十分清楚。正是由于他们预见到日本有灭亡中国的可能,因此才积极主张"在不丧失领土主权范围之内与日本妥协"。他们固然也主张守卫热河,但这并不意味着他们相信能够守得住热河。他们的想法只是"应该使敌人出最高的代价来买它,不能拱手送予他"。因为他们相信,无论是以中国的武器装备和士兵训练,还是以中国的财政收入和政治状况,中国都绝对没有打败日本的可能。丁文江甚至说:"我们的二百万兵,抵不上日本的十万。"②热河失守以后,他们的看法明显地更加悲观了。他们认为,热河失陷以后,不仅中国从此很难促使世界对日本进行制裁,而且再没有和日本直

---

① 参见胡适《一个代表世界公论的报告》,载《独立评论》第21号,1932年10月9日。
② 丁文江:《抗日的效能与青年的责任》,载《独立评论》第37号,1933年2月17日。

接交涉东北问题的可能了;中国多半只能"准备更大更惨的牺牲",准备做1914年的比利时或做1871年的法国,准备等候4年或48年再来收回失地。① 毫无疑问,为了保全尚未丧失的领土,他们相信有必要再次倡言对日妥协。因此,甚至当一些人在报上坚定地主张中国人应当破釜沉舟与日本作持久战时,胡适竟然怒气冲冲地把对方教训了一通,说"我的理智决不能允许我希望'脱开赤膊,提起铁匠铺打的大刀'的好汉",使用"大车骆驼和人"的运输方式,凭着侥幸来与现代化的日本军队作战。② 1933年5月29日,当胡适得知南京政府即将与日本达成关于华北地区的停战协定之际,他立即举双手赞成,并公开主张:"我们必须充分明白平津与华北是不可抛弃的……如果此时的停战办法可以保全平津与华北,这就是为国家减轻了一桩绝大的损失,是我们应该谅解的。"相反,那种"准备牺牲平津,准备牺牲华北,步步抵抗,决不作任何局部的妥协"的主张,只能使中国更加失去更多的复兴的资本。③

1933年5月31日,因长城抗战失利,南京政府被迫与日本签订了"塘沽协定"。由于协定被形容成仅仅是一种纯军事性质的东西,因此在国内各报刊上没有引起如同过去一样激烈的反响。但十分明显,人们之间的观点仍然相差甚远。在得知协定签订后,《独立评论》上的一篇文章如释重负一般地声称:"什么'长期抵抗',现在总算不谈了","其实屈服并不一定是失策,能屈能伸,却是大丈夫的本色"。他们甚至批评南京政府妥协得太晚了,断言早在辽宁就该妥协,至少也应该在锦州、在长城一线就妥协。他们还指责国内反对妥协的人对东北四省的丧失"至少要负一半的责任",因为他们已经得出结论,"这种局部的、无充分军事、经济、政治及外交预备的战争,纵能得着一时的小胜利,终究徒给敌人蚕食的机会",而如果早日妥协,或许东北还不至于亡。④ 当天津《益世报》的记者对此深表怀疑,批评他们的观点不过是40年前李

---

① 比利时于1914年第一次世界大战开始时被德国占领,4年之后,即大战结束才在协约国的帮助下复国。法国在1871年曾被迫割让两省给普鲁士,直到48年之后,即第一次世界大战结束后的1919年巴黎和会上才得以正式收回两省。
② 胡适:《我的意见也不过如此》,载《独立评论》第46号,1933年4月16日。
③ 胡适:《保全华北的重要》,载《独立评论》第52号,1933年6月4日。
④ 参见涛鸣《我对于停战协定的感想》,载《独立评论》第55号,1933年6月18日。

鸿章的老调重弹之后,蒋廷黻更是坦言相告:"如果中国近代史能够给我们一点教训的话,其最大的就是:在中国没有现代化到相当程度以前,与外人妥协固吃亏,与外人战争更加吃亏……李鸿章的大失败——甲午战争——正由于他的不妥协。"①

蒋廷黻等人在"新式独裁"以及对日妥协等问题上对以蒋介石为代表的南京国民党政权的充分理解和支持,不可避免地使蒋介石逐渐开始重视他们的作用,并最终把他们中一些人拉入到自己的政权中去了。而随着"塘沽协定"签订后一段时间里中日关系表面上风平浪静,国内各界,包括知识界在内,御侮救亡的紧迫感明显地减弱了。蒋廷黻等人的观点自然更具影响,更有市场。不仅如此,国内甚至已经有人开始跟着日本人讨论起"中日亲善"的问题来了。一些报纸、刊物也明显地开始对日本国内"文人"与"武人"在对华政策上的矛盾发生兴趣,甚至试图通过所谓"王道"的说教来启发日本"文人"的觉悟,制止日本"武人"的"霸道"了。

---

① 蒋廷黻:《这一星期》,载《独立评论》第62号,1933年8月6日。

第二节　走向现代国家的曲折开端

一　现代司法的初建

这个时候,中国相当一批中间派知识分子在抗日问题上之所以态度悲观,除了他们对国家分裂的现状充满忧虑外,很大程度上还在于这些大多有着海外留学背景,至少也是已经大量接受了西方观念的学者、教授们早已习惯于用一种现代的眼光看待中国与日本及欧美各国之间的差距。无论是蒋廷黻还是王造时,无论他们对国民政府的对日政策有着怎样不同的看法,他们其实同样相信,以一个积贫积弱、整个社会基本上还处在中世纪的物质和精神状态之中的落后之国,去抵抗一个高度现代化的强国,无异于以卵击石。他们之间的重要分歧,并不在于要不要抵抗,甚至也不在于他们对国家的现状有多么不同的看法,他们实际上都相信,安内统一和增强国力是中国当务之急。问题是,他们对日本侵略中国的时间表有不同的看法。王造时等不相信日本会让中国赢得时间来造成现代国家的基础,而以蒋廷黻为代表的一批留洋归国的学者、教授却相信通过外交的努力,应当可以延缓日本侵略的步伐,从而争取在一个统一的政府即南京中央政府的领导下推进国家在政治、法制、经济以及社会各方面的建设,使之逐渐接近一个现代国家。显然,这也正是为什么,《塘沽协定》签订后,中日关系稍一缓和,蒋廷黻等人的看法会渐据主流的原因所在。

蒋廷黻等之所以会对南京国民政府寄予期望,当然不是看好国民党的独裁统治,而是因为他们注意到,无论国民党内部怎样争权夺利,内讧不已,也不论其是否说多做少,甚至言行不一,以蒋介石为首的南京中央政府毕竟在一点一点地推进着国家的统一,并且在坚持专制独裁制度的同时,虽非情愿却不得不小心翼翼地模仿西方来推进国家的现代化。而这些点滴的进步,在他们看来,一方面是国内现有其他政治势力所达不到的,另一方面,中国也唯有如此,才可能逐渐生长出可能与日本相抗衡的条件。回顾南京国民政府几年来在各方面的努力,他们显然相信中国也只能寄希望于这个政府了。

比如,胡适等人虽然在很长一段时间极端不满国民党的法制建设,但这个时候,他们却开始注意到,南京政府刚一成立,其实即在加紧法制建设,相继制定和颁布了各种法律、法规。像《中华民国刑法》就颁布于1928年3月10日,并于同年9月1日宣告施行。此法较之于晚清时期脱胎于日本旧刑法并在中国施行20余年的《暂行新刑律》,自然要更加符合时新的西法,且更贴近中国的国情。虽然新刑法起草时间短促,问题仍多,但几年来,立法院大量参考了刚刚公布不久的各国新刑法,包括1932年波兰刑法,1931年日本刑法修正案,1930年意大利刑法,1928年西班牙刑法,1927年德国刑法草案,以及1926年苏联刑法等,对新刑法几度修订。修改草案先后易稿4次,召开各方会议148次之多,至1934年11月修订工作始告一段落,并于1935年1月才再度公布,当年7月1日宣告施行。新法虽然继续保留了《危害民国紧急治罪法》《惩治盗匪暂行条例》等特殊刑法中的规定,但已将之容纳于内乱罪、外患罪、妨害秩序罪、强盗及掳人勒索罪等各章中。修订的刑法还仿照西方最新立法的内容,增加了对少年犯的感化教育、对精神病人的监护,以及对吸食鸦片和其他毒品者及酗酒者施行禁戒,对感染有性病及麻风病者强制治疗等处分办法。

与此同时,为区别民事与刑事案件,清末即有《民律》之草拟,中华民国开国后亦有《民法草案》之提出,却均未正式颁行。而南京政府成立后,即着手进行了《中华民国民法法典》的制定工作,起草者将民法与商法合一,在注重法理的同时照顾到与习惯法相兼顾。内分债权编、物权编、亲属编、继承编等各编,特别注意纠正宗法观念,不承认宗亲、外亲和妻亲之旧俗,仅将亲属分为血亲与姻亲两类;该法还废除"宗祧继承",只肯定财产继承;对子女继承权问题,废除传统的男子独占制,规定无论男女在财产继承上均享有同等权利,且明定配偶间有互相继承遗产的权利。这些规定,都明显贴近了现代西方法律的精神。

除了刑法、民法等大法,南京国民政府还格外注重各项专门法的制定工作。如《劳工法》《工会法》《工厂法》《土地法》《诉讼法》等,均先后出台并颁布施行。其《工会法》虽然严格限制工会活动范围,但亦不能不以法律的形式允许工人有组织工会的权利。其《工厂法》则明确规定保护女工及童工,如凡不满14岁之男女均不得被雇为工人;14岁以上未满16岁者,则为童工,只得从事轻便工作。女工以从事轻便工作为限。成年工人每日工作时间亦明文规定不应超过8小时。其《诉讼法》则依据1930年颁布的《法院组织法》立法原则,废弃了清末以来各地施行的四级三审,改为三级三审制,力求简化程序,减轻诉讼人的负担。[①] 凡民刑轻微案件,均以高等法院第二审为终审,不得再上诉于最高法院。凡重大政治刑事案件,其第一审即为高等法院管辖,而以最高法院第二审为终审。地方法院之审判,也以独任制为原则,只有案情重大者,才得用三人合议制。案件特别轻微者,亦可采用简易诉讼程序快速审结。

在这个时期,法律制度在中国仍在缓慢建设的过程中。由于国民党以军领政,厉行一党专政、领袖独裁,加以地方实力派尾大不掉,形同军阀,置法律如儿戏的情况比比皆是。但是,国民政府的上述努力,仍然有其积极的意义。过去,全国1 700多个县设有地方法院者不过10%—20%,80%以上的县仍采用县长兼理司法制度。进至1936年4月,国民政府已明令各省必须于3个月后分3期筹设县司法处,作为在全国各县普遍设立地方法院的一种过渡形式。1年以后,已成立县司法处620多个。同时,法制的推行,要求各级法官亦须经过考试方可从事相应的工作。故起草、修订各类法律的同时,国民政府于1929年即

[①] 晚清以来的法院设置为四级制,最高为大理院,以下依次为高等厅、地方厅和初级厅。所谓三审则是指:由初级管辖之案件,当由初级厅为第一审,地方厅为第二审,高等厅为第三审;由地方管辖之案件,则由地方厅为第一审,高等厅为第二审,大理院为第三审。1927年国民政府改地方厅为地方法院,改高等厅为高等法院,改大理院为最高法院。3年后又废除了初级管辖与地方管辖之分,明定地方法院为法院之最低一级单位,如此则为三级三审制。

开始举办法官训练所。第一批入学考试及格者184人,次年152人。至1937年共办过4个班,培养了446名法官。1932年,国民政府颁布了司法官任用暂行标准14条,进一步强化了司法人员的任职资格。为提高现有司法人员的水平,从1936年起,还由法官训练所承担起了调训现任法院推事及检察官的工作,以100人为一班,轮番训练,至1937年已办2个推事班、2个检察官班。

而司法制度的建立,相应地也推动了律师制度的形成。到1937年上半年,全国已有律师公会120余所。对律师资格的要求,也逐步严格。1927年曾规定,凡在国内外修过3年法政学者皆可取得律师资格;1933年则宣布,非专修法律专业者今后不得担任律师。

二 "五五宪草"的形成

1935年,经国民党第五次全国代表大会及五届一中全会做出决议,复经国民党中常会通过后送交立法院三读修正通过,于次年5月5日,国民政府正式公布《中华民国宪法草案》(简称"五五宪草")。此一宪草的形成经过及其内容虽备受争议,相当一部分知识分子基于其尚属草案,国民党当局亦承诺会依宪政进程逐渐完善,故大体上还是予以了肯定。

1931年5月制定的《中华民国训政时期约法》第八十六条已对制定宪草有所规定。内称:"宪法草案,当本于建国大纲,及训政、宪政两时期之成绩,由立法院议定,随时宣传于民众,以备到时采择施行。""九一八"和"一·二八"事变后,面对亡国危险,国内要求抗日救亡,迫切要求联合国内各种力量,建立统一政府,因而实行宪政的呼声日渐高涨。孙中山的儿子,当时也是国民党领导人之一的孙科亦公开响应舆论的呼吁,主张召集四届三中全会,实行宪政。在随后召开的四届三中全会上,他更联合伍朝枢、马超俊等20余名中央执行委员,联名提出《集中国力挽救危亡案》,其中特别提出:"为集中民族力量,彻底抵抗外患,挽救危亡,应于最近期间,积极遵行建国大纲所规定之地方自治工作,以继续实行宪政开始之筹备。"主张1933年1—6月为宪法起草时间,1933年10月10日应将宪法草案发表,以备国民研讨,作为提交国民代表大会的准备;且应于1934年4月召开第一届国民代表大会,议决宪法,并决定颁布日期,力争于1934年10月10日为宪政开始时期。①

该提案在国民党四届三中全会上获得通过,会议决定由立法院起草宪法草案,1935年2月开国民大会,议决宪法,并决定宪法颁布日期。据此,1933年1月出任立法院长的孙科很快集中了张知本、吴经熊、焦易堂等36位相关专家,成立了宪法起草委员会,并于6月7日将初稿以起草委员会副委员长吴经熊个人名义发表征求意见。经过广泛听取社会批评意见和内部开会讨论修改,1934年2月23日完成了《中华民国宪法草案初稿》,于3月1日由立法院在报章上公布。

该草案初稿公布后,再度收到各界大量批评意见和建议,孙科旋于6月再度邀请傅秉常、林彬、陶履谦等36人组成宪草初稿审查委员会,并以三人为初步审查委员,整理各方提出的批评或修改意见218条交委员会讨论。经过八次会议研讨后,决定采用意见216条,重新形成《中华民国宪法草案初稿审查修正案》,于7月再由立法院在报章上公布,并印送各方征求意见。经过上述民主程序之后,立法院最终于10月16日完成三读,正式议定《中华民国宪法草案》,于11月9日送呈国民政府转国民党中央审核。

1934年12月10日,国民党四届五中全会召开,决定将宪法草案提交中央常务委员会审查。1935年10月,国民党中常会完成审查工作,并专门作出决议,提出宪法草案应注意与建国大纲及训政时期约法之精神相符,对政府行政权力限制不宜有刚性规定等意见,立法院据此再度逐条审查,于10月下旬完成三读,交11月1日召开的国民党四届六中全会讨论通过。四届六中全会通过后,11月12日国民党五大召开,通过《召集国民大会及宣布宪法草案案》。之后,再于12月2日召开的五届一中全会上通过了《召集国民大会及宣布宪法草案办法》和《召集国民大会日期及宣布宪法草案补充办法》等决议案,正式决定于1936年5月5日公布《中华民国宪法草案》(简称《五五宪草》),11月

---

① 参见《中国国民党历次会议宣言及重要决议案汇编》第2册,552页,中国国民党中央执行委员会编印,1941。

12日开国民大会。①

《五五宪草》共8章148条。第一章总纲,规定国体、主权、领土、民族、国旗及国都。第二章人民之权利义务,规定:"中华民国人民在法律上一律平等;人民有居住、迁徙、言论、著作、出版、通信、信仰宗教、集会、结社之自由,非依法律不得限制之";有财产、请愿、选举、罢免、创制、复决、考试等权利。第三章规定国民大会之组织职权及会期,代表之选举任期。第四章规定总统及行政、立法、司法、考试、监察各院之职权责任,总统、副总统及各院院长、立法委员、监察委员的任期。第五章规定省、县、市府的职权,省长、县长、市长、省议员、县议员、市议员的任期及选举。第六章规定中华民国之经济应以民生主义为基础,以谋国民生计之均足,并规定平均地权、节制资本、发展生产事业等事项。第七章规定教育宗旨,以及人民受教育机会一律平等,教育经费之保障,教育事业、学术研究之奖励等。第八章规定宪法的效力、解释、修正等。

《五五宪草》起草制定历时三年,开会百余次,广泛征求了社会各界的意见,数易其稿,在形式上和文字上具有某些民主的色彩。其所规定的中央政体,也属于一种民主政体,这正是它在部分知识分子当中受到肯定的主要原因。尽管事实上围绕着人民权利一章,一方面充分肯定人民应有的各种权利,一方面又以"非依法律不得限制"变相地允许立法机关制定种种单行法和特别法限制人民的权利,故社会各界对此意见不一,争论颇多。但其明文肯定人民的各种自由权,并以根本大法的形式确定中华民国为民主宪政体制,使倡导民主、自由和人权的各界人士有法可依,客观上仍有其一定的价值。

三 党化教育的兴废

除部分自由派知识分子最关心的国家司法制度以外,像教育和科学研究也是他们关注的重点。国民党内部对于教育宗旨,究竟是"党化教育""党义教育"还是"三民主义教育",历来存在争议。还在广州政府

---

① 参见荣孟源主编《中国国民党历次代表大会及中央全会资料》(下),310—313、384—385页,北京,光明日报出版社,1985。

时期,国民党人即提出"党化教育"问题,但南京政府成立后,在蔡元培主持下召开的全国教育会议却公开主张今后中华民国的教育宗旨应为"三民主义教育"。其具体实施则落实为15项原则,即发扬民族精神、提高国民道德、注重国民体格锻炼、提倡科学精神、厉行普及教育、男女教育机会均等、注重民族教育的发展、推广职业教育和训练服从纪律的习惯、团体协作的精神和行使政权的能力等等。这一方针虽然受到部分国民党人的公开批评,认为其没有突显党的地位和作用,"实有背于本党以党治国之主旨",但在1929年国民党第三次全国代表大会上,"三民主义教育"的教育宗旨还是得到了相当的认可。大会通过的《确定教育宗旨及其实施方针案》明确规定:"中华民国之教育,根据三民主义,以充实人民生活,扶植社会生存,发展国民生计,延续民族生命为目的;务期民族独立、民权普遍、民生发展,以促进世界大同。"其实施方针共9条,主要要求各级学校应把三民主义教学与全部课外作业相联系;普通教育应以培养儿童及青年"忠孝仁爱信义和平"之国民道德为目的;大学及专门教育应注重实用科学,培养学生的专门知识技能;师范教育以培养道德上和学术上最健全,且具有独立工作能力的师资为主;农业教育则应着重于农民生产技能之提高和农民经济生活之改善。①

与此相适应,南京国民政府成立后,没有完全延续广州政府时期教育行政委员会和武汉政府教育部的教育行政组织形式,而是模仿法国大学院制度,于1927年10月1日正式组建了大学院,以为全国最高学术和教育行政机关,蔡元培担任院长。院长以下再设教育行政部、学术研究院和国立学术机关。一年以后,由于蔡元培的改革受到批评,蔡元培等相继辞去大学院院长的职务,新改组的政府屈从于党内的压力,废止了大学院制,另设教育部,以蒋梦麟为部长,但教育的改革已成大势所趋,并未因此而完全中断。

以初等教育而言,中国自清末即有西式小学的创办,但直到南京国民政府建立时,中国的初等教育,无论是教材还是形式,都远未统一。南京国民政府成立后,陆续颁布了小学暂行条例、小学法、修正小学规

---

① 参见陈青之《中国教育史》(民国丛书第一编48),754—755页,上海,上海书店,1989。

程、实施义务教育暂行办法大纲和施行细则等,以统一初等教育。在学制上,国民政府各种法令、法规明确规定:幼稚园修业2年,招收满4岁至6岁的学童;小学修业6年,前4年为初级小学,后2年为高级小学,招收满6岁至12岁的学童;条件有限者或基于义务教育的目的,可单独设立初级小学或简易小学,甚至短期小学,但不得单独设立高级小学。在课程设置上,由蔡元培主持的大学院特聘有关专家学者担任起草和修订等工作,于1928年8月颁布了全国统一的《幼稚园及小学课程暂行标准》。这一标准由于没有突出"党义教育",受到党内部分人的批评。次年由教育部颁布的小学课程暂行标准,就增加了"党义"一科。但随着国民党三大确定三民主义教育的方针,1932年教育部颁行的《幼稚园课程标准》及《小学课程标准》,即取消了党义一科,而将其融入国语、社会、自然等科目之中。新的标准中幼稚园的规定课程为音乐、故事和儿歌、游戏、常识、劳作;小学规定课程则为公民训练、国语、社会、自然常识、算术、劳作、美术、卫生、体育、音乐等。强调公民训练和劳作,其目的就在于具备整洁卫生的习惯、快乐活泼的精神、礼义廉耻的观念、节俭劳动的习惯、生活合作的知识、奉公守法的品德与爱国爱集体的思想等。为加强小学教育和义务教育,国民政府教育部强化了对师资的要求。凡任小学校教员或专科教员者,均须有师范学校或大学教育学院教育科系毕业的背景,否则必须经过主管教育行政机关所组织的小学教员检定委员会之检定。至1934年,全国幼稚园及小学教职员人数已达到57万人,幼稚园和小学生在学人数也持续增加。据不完全统计,1929年在学儿童占学龄儿童的17.1%,1930年增至21.8%,1931年增至22.16%,1932年增至24.79%,1934年增至26.27%,1935年增至28.91%,1936年增至30.88%。如加上义务教育推行后增设的短期小学中的学童,实际上1934年在学儿童所占学龄儿童的比例,已达35.91%,1936年则达43.42%了。①

中学教育基于国民政府公布的中华民国教育宗旨,即"充实人民生活,扶植社会生存,发展国民生计,延续民族生命为目的;务期民族独

---

① 参见周予同《中国现代教育史》(民国丛书第一编49),114页,上海,上海书店,1989;陈青之《中国教育史》,767—770页。

立、民权普遍、民生发展,以促进世界大同",鉴于民族危机的现实,特别注重培养学生的民族精神和生产技能。1932年国民党四届三中全会就此明确提出:今后普通教育当"注重发扬民族精神,灌输民族思想,以及恢复人民之民族自信力,而达到中华民族独立自由平等之目的"。同时,亦"应注重养成学生的生产技能及劳动习惯,使学校毕业之学生,均为生产分子"。强调培养学生的生产技能,根本在于中国当时的高等教育还远不能满足大批中等学校学生的升学深造的需要。因此,面对这一现实情况,1931年教育部特地颁文限制各省、市普通中学的设立,鼓励增设职业学校和在普通中学中设立职业科目,在乡村中学还要求增设或附设乡村师范或职业科。1932年7月,国民政府公布了《职业学校法》,共17条。次年3月进一步公布了职业学校规程,6月还发布了有关中小学师范职业学校规程注意事项,9月公布了职业学校实习规程,10月公布了各省市推进职业教育规程、各省市职业学校职业科师资检定及训练大纲、职业科教学科目及时数概要,等等。从国民政府颁发的有关各省市中等学校设置及经费支配办法中可以看出,其对职业教育的重视远超过普通中等教育。因其经费支配中用于职业教育者明显增加了,用于普通中等教育者明显减少了,依照这种办法,国民政府提供给各省市的中等教育经费,普通中学只能使用其中的40%,而师范学校则可用到25%,职业学校可用到35%。由于相信中等教育对国家极端重要,因此,国民政府明显地对中等教育严加垄断,不仅三令五申不得擅设私立中学,更要求考生不要投考未经立案的私立中学。在师资问题上,国民政府于1932年11月专门通过《中等学校教职员服务及待遇办法大纲》,废除了过去的钟点制,改为对教师在课程设置上的专任制,一方面为稳定教师队伍,另一方面也意在强化教师对学校和学生的责任感,使教师在对学生传输知识的同时,也负起训管之责。在课程设置上,国民政府特别强调统一和必修。除"党义"一科经历了加入后又被取消的情况外,其他课程的设置前后变动不大。所有普通中学都必须将公民、国文、史地、英语、算学和自然(含理化)列为必修外,同时对劳作、图画、音乐和体育的要求也都有统一的要求。同时,在原有体育训练科目的基础上,又针对初、高中分别增设了童子军训练和军事训练的科目。①

四 高等教育的推进

自中华民国成立以来，高等教育制度历经变革。1912年，政府就已宣布改革学校系统，颁布了大学令和专门学校令。1913年又进一步将大学分为文、理、法、商、医、农、工等科，以文、理两科为主，文科兼法、商两科，理科兼医、农、工一科以上者才能称之为大学。其余单科者，如农业、工业、商业、法政、医学、药学、商船、音乐、外国语等，则为专门学校。1927年南京国民政府建立后，大学院成立并负责管理全国学术及教育行政事宜。根据院长蔡元培的建议，于6月拟定大学区组织条例，模仿法国学制，实行大学区制，首先在广东、江苏、浙江三省试行。1928年1月，大学院进一步将大学区组织条例加以修订，规定大学名称即以所辖区域的名称为名，并规定暂在浙江、江苏两省试行。在江苏，将国立东南大学和江苏省立各专科学校合并为江苏大学（后因学生反对改名为"中央大学"）；在浙江，将浙江省立各专科学校合并为浙江大学。而这一年9月，北平政治分会也通过决议，将其所辖区域内的大学和专门学校合并为北平大学。此举在三地均遭到学生的激烈反对，至1929年6月不得不停止试行。7月26日，国民政府公布大学组织法。8月又公布大学规程。其主要内容是将大学分为国立、省立、市立和私立4种。大学各科改称学院，如文、理、法、教育、农、工、商、医各学院，凡具备3个学院以上（得包含理学院或农、工、医各学院之一）者，均可称为大学。规定教员分教授、副教授、讲师、助教4种职称，兼任教员不得超过全体教员的1/3。大学修业年限，医学院5年以上，其余为4年，专科学校修业年限为2年或3年（医学专科学校应为5年）。凡专科学校之设立，均应以教授应用科学、培养技术人才为目的。②

国民政府对高等教育的经费投入逐年增加。1928年仅为1 024万元，1934年增至1 812万元，1936年增为2 295万元，8年增长一倍以

---

① 参见周予同《中国现代教育史》，164—166页；陈青之《中国教育史》，770—774页。
② 参见陈青之《中国教育史》，759—762页。

上,增速超过同期学生增长速度。

经过几年的摸索和试验,高等教育的发展取得了明显的成绩。公立和私立学校的发展比较顺利,各主要大学的科研工作也得到了相应的开展。清华大学、北京大学、中山大学、交通大学、北平师范大学、北洋工学院等,以及私立的如南开大学、辅仁大学、燕京大学、东吴大学等,都成立了自己的研究所,多者达十二三个。教育部为此亦于1934年制定了《大学研究院暂行组织规程》,规定各大学应努力发展研究院,以便招收大学本科毕业生,研究高深学术,并供给教员以研究的便利。提出争取从1936年开始,每年新成立大学4—6所。凡兼有3个研究所者,均得称为研究院。当然,实际掌握并不十分严格,从得到批准和相应资助的大学研究院即可了解这种情况。如:清华大学研究院,内含文科研究所(中国文学部、外国语文部和历史部)、理科研究所(物理部、化学部、算学部、生物部)、法科研究所(政治部、经济部);北京大学研究院,内含文科研究所(中国文学部、史学部)、理科研究所(数学部、物理部)、法科研究所(暂不招生);中山大学研究院,内含文科研究所(中国语言文学部、历史部)、教育研究所(教育学部、教育心理部)、农科研究所(农林植物部、土壤部);中央大学研究院,内含理科研究所(算学部)、农科研究所(农艺部);武汉大学研究院,内含工科研究所(土木工程部)、法科研究所(经济部);北洋工学院研究院,内含工科研究所(采矿冶金部);南开大学研究院,内含商科研究所(经济部)、理科研究部(化学工程部);燕京大学研究院,内含理科研究所(化学部、生物学部)、法科研究所(政治学部)、文科研究所(历史部);东吴大学研究院,内含法科研究所(法律学部);金陵大学研究院,内含理科研究所(化学部)、农科研究所(农业经济部)、文科研究所(历史部);岭南大学研究院,内含理科研究所(生物部、化学部)。据教育部统计,全国专科以上学校教员中,1934—1936年间作专题研究者有1 066人,占全体大学教员总数的14％强,其中理、工、医、农等实科研究课题有754项,文法类有370项,实科研究占有绝对主导地位。

在大学院所中,清华大学的物理学研究在当时国内堪称一流。吴有训、叶企孙、赵忠尧、萨本栋、周培源等,均为国内物理学一流人才。

除吴有训、赵忠尧等在国际物理学界有较大影响外,该所还培养了一批优秀人才,如施士元、王淦昌、赵九章、何汝楫、张宗燧、钱伟长、钱三强、王大珩等,均成为中国物理学界的栋梁之材。北平协和医学院则在生物化学领域居于国内领先地位,赵承嘏、吴宪、张锡钧、陈克恢等均学有专长。北京大学汪敬熙对大脑皮层的构造有深入研究,曾昭抡、孙承谔在有机化学方面取得了相当成果。清华大学的熊庆来是中国数学研究的奠基人之一,该研究部的郑之蕃、赵访熊、华罗庚和研究生陈省身,以及浙江大学的陈建功、苏步青等,都是在国际数学界取得了重要成绩的一代专才。而在人文科学研究方面,大学中的学术人才就更是占尽优势。如胡适、孟森、顾颉刚、嵇文甫、陈垣、蒋廷黻、陈寅恪、金毓黻、吕振羽、梁漱溟、冯友兰、汤用彤、金岳霖、潘光旦、吴景超、俞平伯、朱自清、黄侃、何廉、马寅初、陈岱孙、周甦生、张奚若等,都是史学、哲学、社会学、语言学、文学、经济学、法学方面的领军人物。

大学教育的正规化和研究所的相继设立,使得学位授予工作日渐重要起来。1935年4月,国民政府明确规定,各校得开始授予学位。学位分为学士、硕士、博士3级,获有硕士学位并在研究院继续研究2年以上,或在高校任教3年以上者,经审查合格均可申请授予博士学位。学士学位,凡有权授予的学校可从当年7月1日开始正式授予。研究生在校期限原则上初为3年,后改定为2年。中国高等学校学位授予工作,亦由此逐渐实行起来。但研究生教育这时尚在起步阶段,清华大学自1929年起开始招收研究生,到1935年在校研究生已有55人,全国研究生总数则达到数百人。

五 学术研究的推进

就学术研究而言,南京国民政府建立之初即给予了相当的重视。在此之前,无论政府还是民间,对自然科学的研究都没有给予足够的关注。五四运动之后,国内各界对科学的重要性已有相当认识,但正式的研究机构却屈指可数,影响甚微。南京政府刚一成立,就在1927年7月8日公布的《大学组织法》中明确提出要设立中央研究院。10月,中华民国大学院成立后不久,蔡元培院长亲自召集王世杰、宋梧生、吴承洛、张奚若等数十名学术界知名人士组成中研院筹备会及各专门委员会，筹设理化实业研究所、社会科学研究所、地质调查所和观象台4个研究机构。次年，大学院改组为教育部后，国民党中央政治会议又通过了中央研究院组织法，并于当年11月正式公布。该法规定中央研究院为中华民国最高学术研究机关，直属国民政府，其任务主要在实行科学研究和指导、联络、奖励学术研究。其评议会应为全国最高学术评议机关，中央研究院院长蔡元培为评议长，并聘任专门学者30人组成评议会。该院下设物理、化学、工程、地质、天文、气象、教育、动物、植物、历史、语言、国文、考古、心理学、社会科学各研究所。该规定指出，于必要时可加设其他研究所。国内学术专家、科学研究机关或团体，以及外国科学专家、学术上有重要发明或贡献者，经评议会通过，都得被选为该院个人名誉会员、团体名誉会员或名誉通讯员等。

国民政府对学术研究的关注，从其经费支持上即能看得很清楚。中央研究院（简称"中研院"）成立之初，政府核准的经费即为120万元，即每月10万元。除1927年度因内战原因，中研院实得经费为每月5万元以外，1928年度以后每月均在10万元以上，以后还有所提高。以当时物价水平，这笔经费对吸引人才和保证研究人员全身心投入学术研究，显然有相当作用。以1929年为例，中研院研究员最高一级薪金达每月500元，助理人员的最低月薪为60元，而当年国内一个五口之家的平均月收入仅12.21元，收入较高的上海银行界职员也在100元以下。当时收入最高的大学教授月薪在200—400元，可见在中研院工作的收入确实不菲。除了政府经费以外，中研院还受到了社会各界，特别是庚款基金管理机关的重要资助。如中华教育文化基金董事会从1929年起，分3年补助中研院物理、化学、工程3所50万元建设经费，并资助历史语言研究所每年3万元。中英庚款董事会则从1934年起，分3年补助中研院科学仪器设备制造费10万元，同时还积极赞助中研院的试验场、实验馆以及田野考古工作。①

中央研究院正式宣告成立为1928年6月7日，但就在它成立前

---

① 参见周天度等《中华民国史》第三编第二卷，1037—1039页，北京，中华书局，2002。

后,各研究所就已经开始设立并开展学术研究工作了。1928年1月设立了地质研究所,5月设立了社会科学研究所,7月设立了物理研究所、化学研究所、工程研究所,10月设立了历史语言研究所,1929年2月设立了天文研究所、气象研究所,5月设立了心理研究所,1930年1月设立了自然历史博物馆(后改为动植物研究所)。由于蔡元培坚持学术自由,兼容并包,广罗人才,因此各研究院内汇集了一大批十分优秀的学术人才。如物理学家丁燮林,化学家王琎、庄长恭,工程学家周仁、王季同,地质学家李四光、翁文灏,气象学家竺可桢、涂长望,动物学家王家楫,天文学家高鲁,历史学家傅斯年、陈垣、陈寅恪,经济学家陈翰笙,社会学家陶孟和,语言学家赵元任,考古学家李济,等等,均为当时国内顶级的学术人才。到1931年,全院已有研究人员235人,其中专任研究员53人,特约研究员50人,兼任研究员4人,名誉研究员2人。其中,历史语言研究所和考古研究所均为院里实力最强的研究所之一。梁思永和李济等主持的山东龙山的发掘工作,发掘出中国第一处新石器时代遗址;他们主持的河南安阳殷墟发掘工作,发掘出殷代宫廷建筑遗址、王陵墓葬和大批刻字甲骨、石器、陶器和铜器等,证实了殷商文化的存在,并将中国有文字可考的历史向前推进了1 000年。至抗战前夕,历史语言研究所出版各类专著(包括论文集)17种,研究所集刊7卷,收入论文183篇,出版史料丛书5种36册,在中研院各研究所中成绩斐然。地质研究所成立以后,研究人员即分赴各省进行实地考察研究,足迹遍及大江南北十数个省份,调查路线,勘测矿产,研究地形地貌,对江西庐山、南岭西段以及宁镇山脉的考察尤为详尽。1936年,李四光完成和出版了中国人自己撰写的第一部地质学专著——《中国地质学》。气象研究所的高空测候和历代气候状况及各地雨量、水旱灾情况的研究,都取得了重要的成绩。其与各地合作,设立气象观测所,培训测候人员,使全国范围内天气预报的科学程度与准确度大为提高。工程研究所在上海先后建成陶瓷试验场、钢铁试验场和棉纺织染实验馆,对于提高国内陶瓷、钢铁和棉纺工业的水平,引进国外新技术,都发挥了重要作用。①

---

① 参见《中华民国史》第三编第二卷,1040—1045页。

中央研究院的成立,也推动了其他科研机构的产生。鉴于平津地区还集中有不少专门人才,国民政府于中央研究院成立后不久,即决定设立北平研究院。1929年9月9日,北平研究院正式成立,设有物理学、化学、生物学、动物学、植物学、地质学6个研究所,以后又增设了镭射研究所、药物学研究所和史学研究所。到1938年,该所共有研究员35人、助理员约50人,核定经费每月5万元,实发3万元左右。该研究院在物理、化学、地质等方面取得了相当的成绩。尤其是镭射研究所,它是中国独有的一门专门研究放射性物质及X光的学科,代表了中国科学研究的新的方向,该所所长严济慈1935年当选为法国物理学会理事,在西方国家刊物上发表了大量物理学研究论文,在国际物理学界有一定影响。

受到国民政府重视学术研究的影响,各地政府、各级机关、企业实体以及广大学者同仁,也纷纷成立各种学术团体和研究机构。1928年全国共有学术团体和研究机构41个,到1933年已增至100个,1935年更达到144个,8年里增加了2.5倍。中央政府有实业部地质调查所,年经费6万元,集合了丁文江、翁文灏、杨钟健、黄汲清、裴文中等一批著名学者,与中央和地方各大地质研究机构通力合作,在矿产、古生物学、岩石、地文、土壤、工程地质等方面展开了广泛的调查研究,绘制了一批全国地质图。其发掘的第一个北京猿人头盖骨化石,以及当时所知中国最早的石器和人类用火遗迹等,成为研究人类进化的最重要材料之一。由当时工商部长孔祥熙呈请设立、在实业部领导下的中央工业试验所,常年经费为9万余元,主要从事新式造纸技术和汽油、柴油替代品的试验,以及耐火材料的研究和活性炭的研制等。在农矿部指导下的中央农业试验所则为全国稻麦杂粮和蔬菜等优良新品种的培育与推广、蚕桑优化、药剂治虫、家畜防疫等作出了许多努力。同时,地方政府也设立众多的工业试验所、化学试验所、地质调查所,民间创办有中国西部科学院、北平静生生物调查所、黄海化学工业研究社、中华化学工业研究所、中国科学社生物研究所、中国营造学社、中国物理学会、中国化学会、中国经济学会、中国植物学会、中国工程师学会、中国纺织学会、中国古物保管委员会、上海雷斯德医学研究院等。仅在

1934年，中央研究院、北平研究院、实业部地质调查所等23个全国主要学术机构年经费已达280多万元，全国科研经费超过400万元。1937年2月，国民党五届三中全会通过设置"总理纪念奖金"的议案，准备拨置300万元奖励基金，以息金奖励社会科学、自然科学及文艺、教育方面有突出成绩者。这也就难怪全面抗战爆发前的几年里，大批留学生学成归国，全国仅专门从事自然科学研究者，就已经超过了3万人。

第三节　加速工业及国防建设的尝试

一　加强军工与国防建设

蒋介石和南京国民政府坚持"攘外必先安内"的方针,根本上是基于"力不如人"的思想。这里的所谓"力",在蒋介石看来,首先就是指国力,其次则是指军力。国力不如日本,军事上又不是日本的对手,与其战则必败,自不如先谋求自身内部的统一、政权的巩固、工业的振兴、战力的提升,然后再逐步凭借实力与日本抗争。正是基于这样一种观念,南京国民政府在对日妥协退让的同时,也在不声不响地进行着强国的尝试。

鉴于战争迫在眉睫,国民政府首先着眼的自然是军事工业的建设与开发。国民政府最初成立时,军政部兵工署所属的兵工厂主要是汉阳、上海、南京、济南、巩县和华阴6厂,另有上海炼钢厂和开封炼硝厂等。这些工厂多创办于清朝,机器老旧,品质低下,生产的武器种类也主要只是一些制式不一的步枪和机关枪而已。由于兵器制式不一,大量还购自外国,各部队所拥有的武器种类陈杂不齐,零件不能互换,枪弹更不能通用,一旦发生对外战争,势必直接影响到部队的作战能力。淞沪抗战的爆发,使国民政府深切地感到武器弹药生产的迫切性,故开始着力于兵工厂的制造计划。

1933年1月,美国哈佛大学博士出身,并曾赴德国柏林大学学习军事的俞大维就任兵工署署长,他一边推动兵器的研究、制造、补给保养一元化,一面大力整顿各兵工厂,推行制式武器之统一。在德国兵工署的帮助下,经过几年的努力,中国的武器制造明显地有了起色。1934年12月22日,军事委员会召集有关单位讨论各式兵器战术要求诸问题,决定统一部队的武器制式。准备逐步定型并大量制造自己设计或仿造的诸如中正式步枪、捷克式轻机枪、二四式马克沁重机枪、八二迫击炮等制式兵器。制式武器中,步、机枪口径均为7.9毫米,枪弹能互相通用。1935年,以德国1924年式短管毛瑟枪为蓝本研制的七九步枪正式开始投入大批量生产,逐渐取代了各部队原先使用的八八式、九八式及元年式七九步枪,成为中央军制式武器。同年,仿制捷克式ZB26七九轻机关枪成功,开始适量生产。同年,还根据德国兵工署提供的技术资料,成功仿造出德国1908年式马克沁重机关枪,并投入生产。加上这时中国已能模仿法国1930年式八一迫击炮生产技术生产八二迫击炮,并能自行生产从7.5厘米到15厘米的要塞炮弹和10—1000千克的飞机炸弹、毒气弹、燃烧弹及照明弹等,中国轻型武器弹药的生产已经有了一个初步的基础。这些无疑为后来的抗日战争中的枪械弹药补充带来了很大的便利。

除此之外,空军在飞机制造和航空器材生产方面,也取得了一定的进展。除原有的韶关飞机制造厂,1934年国民政府还先后与美国和意大利的厂商签订了合办杭州和南昌飞机制造厂的协定。到1937年8月,杭州飞机制造厂不仅建立了起来,而且连同大修在内,已经生产和修理了200架飞机。南昌飞机制造厂虽未能大批投入生产,但也制造出萨夫亚S81式轰炸机3架。海军方面,虽只有江南造船所一家工厂,但到1937年上半年,也已成功制造出2艘巡洋舰、4艘炮舰、10艘炮艇,并改造完成2艘巡洋舰、4艘炮舰和5艘炮艇。①

推进兵工生产毕竟远水不救近火,随着淞沪战争的发生,国民政府军事委员会已经开始高度重视全国性的防御问题。淞沪战争一爆发,它就通令实施全国防卫计划,将全国划分为4个防卫区和1个预备区,集结兵力,"以便与暴日周旋"。1932年5月,国民政府基于淞沪战争的教训,还开始展开了区域性国防计划的制定,决定在江苏、浙江、山

---

① 参见刘维开《从"九一八"到"七七"——国难期间应变图存问题之研究》,226—234页,台北,"国史馆"印行,1995。

东、河南、湖北、安徽、江西、福建各个紧密关系到国家政治、经济中心地区的省份，进行力所能及的国防建设。蒋介石明确要求参谋本部拟定相应的国防计划，争取在5年内使上述各省的国防建设有较大的进步。经过两年之久的研究，此项计划于1934年完成。1933年长城抗战发生后，蒋介石一面提议制定上海防御方案，决定在苏州、杭嘉、南京三地区各驻一个师，以防范战事扩大至上海；一面下令制定华北国防计划。1934年3月，他在批示《民国二十三年度国防大纲》时，将全国划分为沿海、沿江、沿陇海线、沿津浦线、沿胶济线、沿平汉线、沿平绥线、沿京沪杭线、沿杭江线及江浙皖闽赣边区10个国防区。1935年军事委员会制订的《民国二十四年度国防计划大纲》，则进一步将全国划为3道防卫区域，以察冀晋绥区、山东区、江浙区、福建区、粤桂区为第一线；以察冀区、山东区、河南区、安徽区、江西区、湖南区为第二线；以晋绥区、宁夏区、甘肃区、陕西区、湖北区、四川区、贵州区、云南区为第三线。大纲要求各区陆军应利用地区建筑道路，集结物资，完成作战的前期准备。大纲并根据对日作战的需要，制定了甲、乙两案。《民国二十五年国防计划大纲》据此更进一步将全国划分为4个区域，即：抗战区，包括察、绥、冀、晋、鲁、豫、江、浙、闽；警备区，包括皖、赣、湘、桂；绥靖区，包括甘、陕、川、宁；预备区，包括陕、川、鄂、湘、桂、赣、云、新、青、藏、康。设置军事委员会为最高统帅机关的同时，设冀察、晋绥、山东、江浙、福建、粤桂6个国防军总指挥部，一个由陕、甘、川、鄂、湘、赣、云、贵8省组成的预备军总指挥部。《民国二十六年国防计划大纲》提出的对日作战方案则更具体。其甲案取守势，强调以平汉路为重点，集中兵力与日军进行会战，万一失利，则向预设阵地后退，"于不得已，实行持久战，逐次消耗敌军战斗力，乘机转移攻势"，歼灭日军。乙案则以拒敌入侵为目标，主取攻势。计划将全国分为山东、冀察、河南、晋绥、徐海、江浙、闽粤7个作战区，及陕甘宁青、湘鄂赣皖、川康、滇黔、广西5个警备区，部署5个方面军在各区担负战斗任务。[①]

国民政府的对日作战思想，着重于防御战和持久战，故沿海、沿江

---

① 参见陈谦平《试论抗战前国民党政府的国防建设》，载《南京大学学报》1987年第1期。

要塞及其国防工事的建设,就成为这一时期着眼的一个重点。淞沪抗战发生后,吴淞要塞区的主要炮台即被日军摧毁,长江门户洞开,而长江方面其他江防要塞,如江阴、镇江、江宁、武汉等区,以及沿海的镇海、虎门、长洲等处,除武汉要塞曾于1929—1930年间修筑过以外,其余各区要塞还都是清朝光绪年间所筑的露天式炮台,且年久失修,火炮陈旧,早已失去要塞价值。再加上江苏至山东漫长的海岸线无任何防御设施,一旦战事爆发,日军便可轻易实施登陆。在此情况下,军事委员会不得不先后成立了江防要塞实施委员会和城塞组,负责统筹修筑炮台、增装新炮和修理整建国防设施等项工作。蒋介石对此高度重视并反复督促,他于1933年3月明确要求军事委员会派遣海陆军相关人员赴江苏、安徽、江西和湖北各地江岸察看构筑潜伏式炮兵阵地的适合地点。10月他又提出,江海各要塞应以江阴、江宁要塞为中心,乍浦与镇海为南区,海州与通州为北区,芜湖与马当为西区,"可先定一中南北西各区之整个方案与修筑步骤之计划,同时定一各要塞各步计划之图案与详细方案,如现无此要塞图案之顾问,则不惜重资另聘,并须从速也。然后照所定之案,逐步施行"。①据此,国民政府开始大量从德国等国购置重炮,并在各要塞区成立了工程处,展开了新建和修理要塞的工作。至1937年上半年,全国已有江宁、镇江、江阴、宁波、虎门、马尾、南通、连云港等9个要塞区整建完毕,拥有炮台41座、各种要塞炮273门。②

随着江海要塞修建工作的展开,国民政府也开始着手大规模构筑侧重于城防和交通线防御的国防工事。构筑这种以钢筋水泥结构为主的防御工事,主要目的是为陆军提供重兵器掩体、机关枪掩体、炮兵观测所、指挥所、掩蔽部等,要求能够承受步兵各种枪炮及百磅以下的飞机炸弹的攻击。至1937年上半年,已经完成的国防工事计有:江浙区的首都阵地、南通据点、京沪阵地、沪杭阵地、京杭阵地、宁波阵地、温台据点,河南区的豫北阵地、归亳阵地、开郑阵地、巩洛阵地,晋绥区的晋

---

① 秦孝仪主编:《中华民国重要史料初编》绪编(三),298页,台北,中国国民党中央委员会党史委员会,1981。
② 参见陈谦平《试论抗战前国民党政府的国防建设》,载《南京大学学报》1987年第1期。

东阵地、晋北阵地、绥东阵地、绥北阵地,徐海区的徐州阵地。另外,武汉区亦沿武胜关至城陵矶、田家镇一带,构筑了武汉外围的国防工事。

二 制定户籍法与兵役法

与此同时,国民政府也开始着手军事整理工作,以求增强军队的战斗力。1933年4月由军事委员会提出的《军事整理草案》指出:"抗日剿共,为目前军事上之两大目标,国家养兵百余万,而近年来能使用于抗日者,约三十余万,使用于剿共者三十余万,其余大半数之部队,则多为维持地方之用,然而即上述三种任务,以此多量之部队,尚不能胜任愉快,则不能不归咎于军队质之不精,故急宜整理者一也。近年以来,军费占收入百分之八十以上,因而政治无从建设,经济随而破产,结果,则军队亦必随而崩溃消灭,故为国家政治经济计,为军队本身计,急宜整理者二也。"而整理的目的,则在于"就目前各部队现有之经费,按适于国际战争之编制,实行现时颁发之饷章,酌予编并,而后加以物质之补充,及严格之纪律、技术之训练,务于最短时间,能完成抗日剿共任务之使用"。① 这一整理工作在6月召开的战后国防整理会议中最初确定为10个师的整理计划。一年以后,又进一步确定为60个师的整理计划,即准备利用3—4年的时间,分6—8期,每期编6—10师,最终将全国的军队编成60个陆军师。而为了应付"国际战争",即对日作战的需要,军政部亦决定要花几年时间整建完成一定数量的炮兵、装甲兵、铁道兵和通信兵等特种独立部队。

在这方面,空军的发展更受到重视。至1934年5月航空署改组为航空委员会的时候,南京中央直属的空军已有轰炸、航空、侦察、驱逐等共6个中队。随着军事整理工作的展开和统一局面的初步形成,2年之后,国民政府属下的空军部队已拥有各式飞机314架。其中编为3个轰炸机大队、3个驱逐机大队、2个侦察机大队、1个攻击机大队,共辖27个中队,另外还有4个直辖中队,总共有31个中队。除新疆、西藏以外,全国各省还陆续建起了260多个机场,仅由航空委员会保管的

---

① 《中华民国重要史料初编》绪编(三),200页。

场、站就达到130多处。同时,航空委员会还派遣了将近90人分别前往意大利、德国和美国等国家学习飞行与航空机械等专门技术。①

为了提升部队的战斗力,南京国民政府还在兵制上进行了一定程度的改革。自清朝中期以来,中国一直习用的是募兵制。在募兵制的情况下,当兵不是国民为国家所必尽的一种义务,而成了一种挣钱谋生的职业,因此士兵很难在思想上树立起保家卫国的观念,兵员在素质上难以提高。当兵既然是为了谋生,自然也就成了少数无法在农村谋生的人的事情。民间不存在后备兵员,战争一来,兵力动员马上就成为问题。对募兵制的这种弊端和征兵制的好处,国人早有了解,一时却很难改变。正如1928年立法院军事委员会提议拟订兵役法草案中所说:"吾国征兵之议喧嚣已久,本党政纲业经规定,然卒未能实施者,以兹事体大,户籍法未定也。"因此,南京国民政府成立不久,就已经提出了实行兵役制的问题,只是它不能不先行建立户籍制度。

户籍制度的建立,哪怕是户籍法的起草与实施,也是一件要投入相当多的人力和物力的事情。因此,虽然1928年立法院已经通过决议从事起草户籍法,但直到4年之后,即1932年12月,国民政府立法院才最终公布了《户籍法》。《户籍法》公布后,内政部又要制定实施细则。结果《户籍法》的具体实施一直拖到了1934年。国民政府在1934年4月27日才得以正式通令从当年7月1日开始实施《户籍法》。而实际上,《户籍法》在各地具体实施,仍需要一个相当长的过程。

《户籍法》开始推行后,兵役法的制订和推行就有了一定的可能性。在此之前,军政部曾拟定《陆军兵役法草案》,实际上其做法仍属募兵性质,故立法院法制委员会、军事委员会和自治法起草委员会一致认为它与孙中山的主张不合,故再将此一草案交中央政治委员会审核。经政治委员会审议后,提出兵役法原则5项,其中仍保留了募兵的成分。该原则一方面规定"中华民国之男子均有服兵役之义务",另一方面则将兵役分为国民兵役与常备兵役两种。前者凡年满18—45岁之男子,除非自愿充任常备兵,否则都得接受国民军事教育,并于国家需要时服国

---

① 参见刘维开《从"九一八"到"七七"——国难期间应变图存问题之研究》,205—206页。

民兵役。而常备兵役,则凡年满 20—25 岁之男子且经体验合格者,均可充任。一、二等兵服兵役 2 年,余为 3 年。此法于 1933 年 6 月 17 日经国民政府正式公布,经 1935 年 3 月 2 日修正并定于 1936 年 3 月 1 日施行。《兵役法》共 12 条,将兵役分为国民兵役与常备兵役两种。国民兵役是基础兵役,凡年满 18—45 岁的男子应征入伍后为现役,为期 3 年,期满后为正役,为期 6 年,平时在乡应赴规定之演习,战时召集回营。正役期满为续役,至 40 岁为止,任务同正役。但《兵役法》并不彻底,因该法规定:"在地方自治未完成之区域,得就年龄合格、志愿服兵役之男子募充之。"

1935 年 11 月,国民党五大通过了《请改良兵役制度,实行征兵案》和《应速行全国征兵制案》,确定 1936 年为《兵役法》实行之年。次年 3 月,兵役主管机关根据《全国陆军整理计划》所规定的将全国陆军整编为 60 个师的规划,把全国分为 60 个师管区和 11 个预备师管区,每个师管区以配备一个调整师为主,一个整理师为从,实施征兵、训练国民兵役和管理退伍在乡军人等措施。军政部为此从 1936 年起在江苏、浙江、安徽、江西、河南、湖北 6 省成立了淮阳、徐海、温处、金严、安庐、芜湖、淮泗、寻饶、豫东、安徽、豫西、豫南、襄郧共 12 个师管区。7 月起,各地兵役机关开始调查、检查、抽签等征兵事宜。9 月 8 日,国民政府发布《推行兵役制度昭告国民令》,宣告:"凡我国民须知服兵役为人人应尽之义务。际此国步艰屯之时,宜有发愤自强之计。征兵制度为充实自卫力量根本要图,各国行之已久,急起直追,未容再缓。务期全国人民一致醒悟,共策进行。其依法应服兵役者,尤当淬砺奋发,踊跃应征。"至 12 月,全国共完成征兵近 5 万人。中国 18 岁以上男子开始尽义务服兵役,即由此开其端。次年春天,军政部又进一步在江苏、江西、河南、湖北、湖南、福建等成立了金陵、南抚、赣南、豫北、荆宜、衡郴、宝永、建延 8 个师管区,在上述各省以及四川、贵州、陕西、甘肃、广东、广西、云南、山东、河北、山西、绥远、宁夏等省还另外成立了预定的师管区,设置了 19 个师管区筹备处,以便广泛推行征兵事宜。①

---

① 参见刘维开《从"九一八"到"七七"——国难期间应变图存问题之研究》,219—221 页;《中华民国史档案资料汇编》第 5 辑第 1 编军事(1),220—221 页,南京,江苏古籍出版社,1998。

征兵固然能够使兵员的质量得到一定的保证,但要提高士兵的战斗能力,还必须要进行相应的教育和训练。由于初办征兵,可担任练兵的军训教官严重欠缺。在此之前,蒋介石明确提出:"高中及大学生毕业时,应先习军事教育三个月,方给文凭。"中央应设一国民军事训练处,"将全国优秀者轮流军训"。据此,国民政府自1934年起就已经开始在江苏、浙江、安徽、福建、江西、山东、山西、河北、云南等省及南京、上海、青岛三市各高中以上学校中推行军事训练,每届毕业学生临毕业前都必须集中受训3个月时间,高中及相当高中受训合格者即为预备军士,专科以上学校受训合格者即为预备军官。到1936年,已经训练高中学生22万人,专科以上学生6万余人。培养出预备军士17 490人,预备军官887人。1937年全面抗战爆发前,更进一步培养出预备军士224 000人和预备军官64 340人。但是,在全国范围内实施兵役法,想要指望训练总监部提供给各学校的为数不多的军事教育官,无论如何是不可能的。因此,国民政府不得不首先统一培养各县军训教官,然后分配给各省任用。在1936年间,根据新颁布的《壮丁训练实施纲要》,当年还训练完毕壮丁50余万人,正在训练者还有约100万人。训练总监部还分4期举办训练班,培养了大批军训教官。

三 创设军官培训制度

要提升部队的战斗力,除了改善兵源和实施一般性的军事教育,包括军校和军队教育计划之外,国民政府军委会还特别重视军官的训练。从1933年起,军委会每年夏天都在江西庐山举办庐山军官训练团。第一期的庐山军官训练团分3期举行,每期为14天,于两个半月内全部训练完毕,受训军官多为上校以下少尉以上之各级军官。第一期有22个师送学员受训,受训人数为1 840人;第二期又加入10个师,受训人员增加至2 757人;第三期再增加4个师,受训人员增加至3 241人。庐山军官训练团最初是针对第五次"围剿"作战而设计的,因此,最初的设计旨在"坚定其对于主义之信仰,陶冶其高尚之道德。同时涵养其精诚团结与牺牲奋斗之精神,并锻炼健全体力,增进其对匪作战之技能"。受训单位多为驻赣、粤、闽、湘、鄂5省的"剿共"部队,受训人员多为中下级军官。其训练方式、动作以及各种战术都是针对与红军作战的需要而设定的。而第二年度庐山军官训练团举办时,因"围剿"南方根据地的"剿共"作战告一段落,情况就不同了,其内容的设计开始直接针对未来的对日战争了。训练工作仍分3期进行,每期3周,蒋介石亲任训练团团长,陈诚为副团长兼教育长。受训单位已扩展到全国各部队,包括东北军、晋军、西北军、中央军各军系。参训的著名将领就有中央军系的桂永清、孙元良、黄杰、霍揆彰,东北军系的何柱国、缪澂流、何立中、沈克、万耀煌,西北军系的孙桐萱、刘汝明,晋绥军系的孙楚、杨耀芳、李生达,以及第17路军系的朱耀华等。蒋介石对此亦十分满意,他在1934年7月9日开学典礼的讲演中不无兴奋地宣称:"此次开办军官团,是我们中华民国全国的军官集合在一个地方来受训的第一回,其意义为何等重大!"他明确要求各派的军官们,"认定自己是一个中华民国的国民,是中华民国国民革命的军人,要来担负复兴民族,完成革命,实现总理的三民主义之责任,竭尽我们做国民做军人和做革命党员的本分"。随后,他还特别就应付可能出现的对日作战问题做了"抵御外侮与复兴民族"的专题演讲,着重说明了在中日两国力量悬殊的情况下,他对未来中国以空间换时间、以劣势胜优势的应付日本的政略和战略构想。①

1935年,因蒋介石随"追剿"红军的中央军入川,再加上日本发动华北事变,暑期军官训练团遂移到四川峨眉山举行,着重教育训练川、滇、黔等西南各省的地方军官。蒋介石自兼训练团团长,四川省主席刘湘为副团长,陈诚为教育长。针对当时日本制造华北事变情势严峻的情况,蒋介石在演讲中明确表示:"我们本部十八省,那怕失去了十五省,只要川滇黔三省能够巩固无羔,一定可以战胜强敌,恢复一切的失地,复兴国家,完成革命!"②庐山军官训练团以及峨眉山军官训练团的最大成绩,就是在一定程度上打破了军队派系之间的畛域,使过去老死不相往来,甚至相互敌视的军官们之间有了交流和熟悉的机会,从而使

---

① 参见《先"总统"蒋公思想言论总集》第12卷,279—280、302—304页,台北,中国国民党中央委员会党史委员会编印,1984。
② 《先"总统"蒋公思想言论总集》第13卷,349页。

不少军官加强了国家的观念,同时也相应地提高了蒋介石在地方派系军人中的威望。一位受训的东北军军官曾经写道:"庐山训练的最大成果,为大家都感觉国家需要统一,要统一由军人做起,尤其统一意志集中力量,才能御侮图存,在精神上、意志上趋向于中心信仰最高领袖,每个受训学员都有一种新的醒悟。"①

四 强化经济规划与发展

准备对日作战,要指望在武器生产方面赶上日本,指望靠加强海防、江防、城防工事及要塞,乃至改革兵制、训练军官,就能够在两军对峙中使自己处于优势地位,几乎是不可能的。不仅这时国民政府能够投入到武器研发生产以及要塞、城防工事上去的财力极其有限,而且兵员的素质和军官爱国心与团结心的养成,也远不是一朝一夕的事情。蒋介石等人对此自然也心知肚明。何况他们深知中日两国的差距,远不是一个武器和训练的问题,更主要还是国力的悬殊。要提升中国的国力,根本上还必须以工业和交通的发展为基础,全面加强经济和国防建设。

还在1931年4月,即九一八事变爆发之前,国民政府就采纳了国际联盟派遣来华的专家沙特爵士的建议,成立了全国经济委员会,决定以其为经济计划制订及施行机关,统筹国营经济,直隶于行政院。但由于种种原因,其工作并未展开。九一八事变后,迫于形势,国民政府于9月26日正式任命蒋介石、宋子文、刘尚清、连声海、王伯群、孔祥熙、李书华、张人杰、张学良、李煜瀛、张嘉璈、李铭、周作民、晏阳初、虞和德、吴鼎昌、荣宗敬为全国经济委员会委员,以蒋介石和宋子文分别为正、副委员长,朱家骅为秘书长。将近两个月之后,则进一步成立了筹备处;两年之后,即1933年10月,该委员会才得以最终宣告成立,由汪精卫、孙科、宋子文、黄绍竑、朱家骅、王世杰、张人杰、孔祥熙、邵元冲、张嘉璈、周作民、晏阳初、吴鼎昌、荣宗敬、陈立夫、钱新之、陈光甫、刘鸿生、史量才、王晓籁、徐新六、叶恭绰、叶琢堂、彭学沛等为委员。成立之

---

① 万耀煌:《万耀煌将军日记》(上),173页,台北,湖北文献社,1978。

后,即开始设立专门的审议机构,如公路委员会、水利委员会、卫生委员会、教育委员会、农村建设委员会、湖北堤工专款保管委员会、棉业统制委员会、蚕丝改良委员会,另外还设立了实施机构,如公路处、水利处、卫生实验处、农业处、信托处、江西办事处、西北办事处、驻沪办事处等。这些机构的设置和工作,对运输交通、农业水利以及其他重要生产事业的发展和改良,都发生了相当的作用。

不过,相对于全国经济委员会而言,蒋介石显然更加重视全国资源的整合和利用,以及国家基本工业的规划与建设。就在"一·二八"事变发生之际,即蒋介石刚刚就任军事委员会委员长后不久,他就邀请国民党中央监察委员吴稚晖、张静江、黄郛到南京,详细讨论国家的分期建设计划问题。蒋介石还特别与黄郛单独商谈国防问题,黄郛随即提出组织国防设计委员会的建议,并由其连襟钱昌照向蒋上条陈,得到采纳。1932年11月1日,参谋本部创设的国防设计委员会正式成立,由蒋介石亲兼委员长,秘书长翁文灏,副秘书长钱昌照。它网罗了相当一批知名的专家、学者,如丁文江、翁文灏、胡适、蒋梦麟、徐新六、刘鸿生、穆藕初等,负责参与调查全国资源及工业情况,并研究设计与国防有关的工业建设方案。国防设计委员会的各项调查研究工作计划,从一开始就是针对日本"将由东北进扰天津,更中窥青岛,南犯淞沪浏河及乍浦,或更扰及福州"这一可能性而拟订的。委员会中设有军事、国际、教育文化、经济与财政、原料及制造、交通运输、土地粮食及人口等7个小组,并着重开展了专门人才和西北地区资源的调查研究工作。1935年4月,南京政府的军事机构进行大改组,国防设计委员会由参谋本部改隶军事委员会,与兵工署资源司合并,更名为"资源委员会",仍由蒋介石亲兼委员长,翁文灏、钱昌照分任正、副秘书长。其工作性质也发生了重要的改变,原来的军事、国际关系、教育文化三部分工作均告结束,集中全力直接负责重工业及国防工业的建设。1936年3月,资源委员会拟定出一项重工业建设计划,计划在3年时间里,完成江西吉安钨铁厂,湖南湘潭炼锑厂,湖南湘潭和安徽马鞍山钢铁厂,湖北灵乡和湖南茶陵铁矿,湖北大冶、阳新和四川彭县铜矿厂,湖南常宁水口山和广西贵县铅矿厂,江西高坑、天河和湖南谭家山、河南禹县煤矿,以及其他各种氮气厂、飞机发动机厂、工具机厂、造船厂、电工器材厂、水电厂等等厂矿的开发建设和扩建工程,以奠定冶金、燃料、化学、机器和电气5种工业的基础,争取尽快实现自给自足。1937年2月,国民党五届三中全会据此特别通过《五年建设计划》,不仅批准了资源委员会的重工业建设计划,而且力主中央政府立即全力推进钢铁、机器、电力、制酸、制碱、酒精、染料、造纸、人造丝及炼油等基础工业的建立和发展。由于各方面高度重视,资源委员会的上述计划很快就得到了落实。无论在冶金工业、机器制造工业、电气工业,还是化学工业和染料工业方面,计划中的项目都相继开始进入到筹备甚至是实际作业的过程了。

"兵马未到,粮草先行"。不论是从工业发展的角度,还是从国防需要的角度,交通建设都是基础要件。对此,孙中山在被国民党奉为圭臬的《实业计划》一文中,就曾明确指出:"谋国家之建设者,必先致力于交通。"1931年11月国民党三届二次临时会议通过的《依据训政时期约法关于国民生计之规定确定其实施方针案》,就明确提出了近期发展铁路交通的目标,即整理现有铁路线,完成早在建设中的粤汉、陇海两铁路线,努力建设由广东至云南,由云南至四川,再由四川至陕西并与陇海线相接的铁路线。淞沪抗战开始后,南京至上海的铁路交通问题益显突出,1932年国民党四届三次会议对此极为重视,明确要求国民政府积极建设京沪、沪杭甬两条铁路线。到1936年底,上述几项铁路建设计划相当部分已得到实现。粤汉铁路全线通车,陇海铁路也东展至连云港,浙赣铁路通车到南昌。同时建成同蒲、苏嘉、杭甬等铁路线。受此鼓舞,1937年2月国民党五届三中全会通过由蒋介石等提出的《中国经济建设方案》的提案,明确主张对铁路的修筑,"应以国防运输及沟通经济中心为原则,使成为全国交通干线",力争用5年时间修筑8 139公里的铁路线。铁道部据此拟定的铁路修建计划,准备在5年之内修筑广州至赣州、广州至梅县、贵阳至昆明、自成渝线至隆昌和贵阳、自粤汉线之衡阳至桂林、自贵阳至柳州和桂林、海南岛之海口至榆林、粤汉路之黄埔支线,以及津浦路之蚌埠至正阳关支线等9条铁路线,共8 500公里。①

---

① 刘维开:《从"九一八"到"七七"——国难期间应变图存问题之研究》,240—241页。

上述铁路修建计划因为全面抗战很快爆发而未能具体实施。但公路建设方面的进展则较为明显。自1932年开始，全国经济委员会就已经着手推动公路建设，力图建成全国性的公路系统。当年5月，该会即会同江苏、浙江和安徽三省省政府，组织了苏、浙、皖三省道路专门委员会，主持兴造京杭、沪杭、苏嘉、京芜、宜长、杭徽等6条重要公路。同年11月，国民政府出于"剿共"的需要，由军事委员会出面，在汉口召开苏、浙、皖、赣、鄂、湘、豫七省公路会议，决定在1936年以前由全国经济委员会分期督造完成这七省的公路联络网。此项计划意在兴造京陕、汴粤、京川、洛韶、商祁、京鲁、京闽、海郑、沪桂、京沪等11条公路干线，连同60条公路支线，总长22 300余公里。1934年6月，随着"剿共"战争范围的扩展和修建全国公路网的需要，全国经济委员会进一步将陕、甘、闽三省以及赣、粤、闽边各公路加入督造范围，并将由苏、浙、皖三省道路专门委员会改组而成的苏、浙、皖、赣、湘、鄂、豫七省公路专门委员会，改组为公路委员会，采取中央与地方合作进行的方针，推进公路网的建设。而为开发西北，全国经济委员会直接主持了西兰和西汉两条公路的建设，并协助修建了由绥远至新疆、山西、甘肃至新疆、青海等各条公路。1935年中央军尾随红军进入西南各省后，军事委员会委员长行营亦专设川黔公路监理处，于1935—1936年间修通了川陕、川鄂、川湘、川黔、川滇、川康及黔湘、黔桂、黔滇等长达6 000余公里的公路。至1937年上半年，全国公路里程已经达到11万公里之多，原来漫无系统、互不联系的各省公路线路已基本贯通，全国公路网也已初具规模。

第四节　币制改革与经济的缓慢发展

一　统一币制的努力

国民政府的抗战准备,其实最关键的还在于经济能否保持稳定和发展。但经济的稳定和发展,很大程度上又取决于中国自身能不能形成一个统一的国内市场。长期的军阀割据,不仅便利了列强在政治上欺压中国,而且极大地阻碍了中国在经济上的稳定和发展。而要想在中国建立统一的国内市场,一个最基本的要件就要先把货币统一起来。这是因为,这个时候的多种不同的银两、银圆、铜币和各式纸币都在市场上并行流通,严重地阻碍着商品交换和贸易发展。经济学家马寅初曾经具体描绘过货币不统一所造成的严重弊端。他指出:"国内货币之不统一,人所尽知,各省往来,几若异国,故规元不能通用于汉口,洋例(汉口通用的一种银两计算单位)不能通用于上海,即以京津论,相距不过数百里,费时不到四小时,然以两地银本位币之不同,金融运用,遂发生许多难题。"①如北京商人向天津商人采办货物 50 万元,天津商人向北京商人采办货物 100 万元,两相对抵,则津商欠京商 50 万元。在正常情况下,津商只要支付给京商 50 万元现款即可。但北京一向使用长锭十路银(重 10 两),天津使用行平白宝(重 50 两),其惯例是"天津不用锭,北京不用宝"。因此津商所欠京商 50 万元,就要靠津商用宝银在

---

① 人民银行总行金融研究所金融历史研究室编:《近代中国的金融市场》,10 页,北京,中国金融出版社,1989。

钱庄或银行兑换成锭银,然后再付给京商。如此兑换,津商要受到钱庄或银行折扣的盘剥,吃亏不小。因此,津商如利小,自然就不会再来向京商采办货物;反过来,京商也不会找津商采办货物。同样,如果东北商人欠上海商人货款100万元,偿抵现款也同样麻烦。因为东北禁止现银出关,每人出关时只能带银50元,而东北流行的奉票也不能用于上海,自然不被沪商所接受。因此如果真要解决付款问题,就只有间接汇兑,即东北商人先用奉票购买日金送至大连,托朝鲜银行汇至日本,再从日本汇至上海,沪商将日元卖出兑换成上海通用的规元,才能完成。如此往来,不仅被银行从中盘剥,而且受日本制约。长此以往,中国国内商品流通受阻,国内贸易不能畅行,自然也就为外货挤入和倾销大开方便之门。对于这种情况,南京政府刚一成立,财政部长宋子文就已经给予了高度重视。在1928年6月的全国经济会议上,他就提出了统一币制、整理滥币的问题。在7月召开的全国财政会议上就已经通过了改革币制的方针。

整理币制,根本上是要统一纸币的发行权。按当时的情况,要马上做到这一点几乎不可能。即使中央银行成立,并经国民政府宣布其拥有纸币发行权,要想禁止割据一方的地方军阀发行货币,也不是一件容易的事情。因此,宋子文只能采取循序渐进的办法,首先整理前汉口中央银行纸币及财政部在汉口时期向中国银行、交通银行所借纸币。财政部通过发行民国17年金融公债4 500万元,收回了尚在市面上流通的中央银行、中国银行、交通银行钞票,进而宣布废除了此种纸币,成功地完成了整理工作。与此同时,宋子文以财政部名义接管了北伐时期由国民政府总司令部发行以充军饷用的中央辅币券兑换事宜,在北伐战事所经地区设置兑换所,经过一年左右时间,陆续将中央辅币券全数收回,予以封存,不再流通。

在陆续将一些仍在流通,但已无银行支持的纸币回收整理的同时,宋子文把更多的精力用在了采行金本位和废两改元的问题上。采行金本位,就是要把中国自古以来以白银为货币、以白银重量计值、以两为本位的货币制度,改为国际上较为流行的金本位制。此一改革计划是在美国著名货币专家甘末尔博士的指导之下进行的。虽然由于很快发生世界性经济危机、英国放弃金本位制,以及无法筹到足够的储备金等原因,这一改革未能实现,但是,国民政府于1930年2月1日起宣布将海关进口税改为征收价值较稳定的金单位,进而财政部亦宣布商人完税可以在以银洋、英镑和美元向海关兑换关金券的同时,再直接购买并开立关金券活期存款户头,以防汇价涨落,从而使关金券逐渐进入市场而成为实际支付工具。这仍旧有利于动摇传统的银本位制。

采行金本位制未能成功,宋子文并没有改变统一币制的决心。经过几年时间的慎重准备,鉴于九一八事变后洋厘骤跌,上海银圆过剩,城乡银两渐趋枯竭,而上海造币厂在担任过美国国家造币厂厂长的罗伯特·格兰特的指导下改造成中央造币厂的准备工作已经完成,1932年7月7日,宋子文正式宣布将废除银两,完全采用银圆,统一币制。1933年3月1日,中央造币厂正式开铸统一的标准的银圆。一周后国民政府公布《银本位币铸造条件》,宣布银本位币之铸造专属于中央造币厂。根据财政部的命令,3月10日上海各业首先开始实行银圆本位,银钱业取消洋厘行市,同日海关税收亦改收银圆。4月6日,在上海试行的基础上,国民政府发布训令:所有公私款项之收付及一切交易均改用银币,不得再用银两。由于整个准备工作较为充分,废两改元一举取得了成功。它不仅使货币计算单位由繁变简,使不同的银圆归于统一,便利了民众的生活,而且大大提升并巩固了中央政权的地位,促进了国内贸易的发展,为整个国内市场乃至整个国家的日趋统一创造了有利的条件。

废两改元虽然在经济上和政治上都具有积极意义,但是,中国不是产银国而是用银国,继续实行银本位币制,难免会继续受到世界银价不稳定的影响而使中国的经济难以保持稳定。在1929—1933年整个资本主义经济危机的过程中,世界市场上的银价时涨时落,对中国经济造成很大影响;再加上列强各国为了转嫁经济危机,纷纷放弃金本位,并采取货币贬值的政策,从而造成中国银圆价格大幅抬高,国货出口成本加大,而外国商品却得以大量对华倾销,国内农、工、商各业受到沉重打击。1934年6月,年产银量占世界总产量66%的美国宣布实施《购银法案》,授权其财政部可以高价购买国外白银,此举造成世界银价飞涨,中国汇价因此而激升,且大批白银外流。从1934年7月1日到10月15日,仅3个半月时间,中国白银外流量就达到2亿元以上。这种情况不可避免地造成人心恐慌,在各大城市相继出现了白银挤兑风潮,造成不少银行停业或倒闭。1935年仅上海一地就有14家银行被迫停业,其资本额总计达210万元。而白银大量外流,导致白银准备锐减,从而导致通货奇缺,物价持续跌落,1935年比1932年至少下跌了23.9%。商业的不景气,自然牵连到工业不景气,仅上海一地,1935年就有238家工厂倒闭,829家工厂被迫改组。为遏制白银外流,财政部从1934年10月5日起采取紧急措施征收银出口税和平衡税,规定凡运银本位币或厂条出口,征出口税7.75%,运大条宝银及其他银类出口,征出口税10%。但事实上,美国并没有因为中国加征白银出口税而停购白银,反而继续增加白银的收购量,世界的银价因此继续上涨,结果是加征出口税和开征平衡税只能促使内外勾结的走私活动进一步猖獗,并不能遏制白银的大量外流。仅1934年12月就有价值2 000万元的白银走私出口。①

白银大量外流,直接损害了中国的国民经济。根据中国政府通过驻美大使递交给美国国务院的一份备忘录,1934年白银的出口量已是历史最高纪录1907年的5倍。1934年下半年的对外贸易比上半年下降了16%,实业债券下降了10%,上海地价下降了15%,工业证券下降了7%,商业倒闭的情况在各地蔓延。② 在这种情况下,国民政府不得不下决心实施法币改革。

二 法币改革的推行

1934年10月,为彻底解决因银本位制而造成的金融危机,蒋介石在汉口秘密召集宋子文、孔祥熙进行磋商,决定实施法币改革,彻底废除银本位制。据此,国民政府一方面由宋子文与美籍顾问杨格等人着手规划和草拟各种币制改革方案,一方面极力邀请美、英等国派财政专

---

① 参见[美]杨格《1927—1937年中国财政经济情况》,238页,北京,中国社会科学出版社,1980。
② 参见中国人民银行总行参事室编《中华民国货币史资料(1924—1949)》第2辑,118页,上海,上海人民出版社,1991。

家来华协助。由于英国在中国的投资远远超过其他欧美国家,在中国的经济权益最大,因此,英国方面一直对美国实施白银政策、迫使中国对白银出口征税高度关切。它为此专门成立了一个委员会,由财政、外交和殖民各部以及英格兰银行等部门的官员组成,探讨缓解中国经济危机的可能出路。1935年3月3日,英国政府提议由英、美、法、日4国共同援助中国,但日本坚决反对,美国亦态度消极,此举自然未能成功。

美国不顾中国方面的严重危机,坚持利己的白银政策,不可避免地引起越来越多的中国经济学家以及银行家、企业家和商人们的强烈不满。这不可避免地导致了反美情绪的出现,各大报纸都纷纷撰文指责美国是造成中国经济危机的最大祸首,一些人甚至公开提出了抵制美货的问题。这种情况不能不使英国感到担忧。为避免和美国一样在远东处于不利地位,英国政府决定派遣英国第一流财政专家、政府首席经济顾问李滋罗斯爵士来华,考察英国在华贸易情况,并协助中国政府解决财政与金融问题。

李滋罗斯及英国财政部官员帕奇和英格兰银行的罗杰士等一行于1935年9月21日抵达上海。李滋罗斯来华的一个重要使命,就是秘密协助中国的财政部制定法币改革的方案。经过反复协商和论证,并且在吸收了各方的意见之后,国民政府财政部于11月3日正式宣布实施法币改革。财政部当天发出的《财政部改革币制令》宣布:"一、自本年十一月四日起,以中央、中国、交通三银行所发行之钞票定为法币。所有完粮纳税公私款项之收付,概以法币为限,不得行使现金,违者全数没收,以防白银之偷漏。如有故存隐匿、意图偷漏者,应准照危害民国紧急治罪法处治。二、中央、中国、交通三银行以外,曾经财政部核准发行之银行钞票,现在流通者,将其照常行使,其发行数额,即以截至十一月三日止的流通之总额为限,不得增发,由财政部酌定限期,逐渐以中央钞票换回,并将流通总额之法定准备金,连同已印未发之新钞,及已发收回之旧钞,如数交由发行准备管理委员会保管。其核准印制中的新钞,并俟印就时,一并照交保管。"①为保证法币政策顺利推行,财

---

① 《财政部改革币制令》(1935年11月3日),见《中华民国史》第三编第二卷,885页。

政部在发布实施法币令的同时,时任财政部长的孔祥熙专电各省主席、各市长、各司令、绥靖主任等,要求严饬所属,剀切晓谕,俾众周知,并转令军、警,对中央、中国、交通银行分行及其他银行予以保护。蒋介石也电令各地军政机关切实协助,并对各银行严加保护。

根据国民政府公布的《兑换法币办法》,自1935年11月4日起,3个月内各地银钱行号、商店及其他公共团体和个人持有银币、厂条、生银、银锭、银块及其他银类者,均应就近交各地兑换机关换取法币;各代理机关,如中央、中国、交通三银行委托之银行及其他支行或代理兑换机关收兑的银币、厂条、生银等,应即送交附近中央、中国、交通三银行兑换法币。但是,法币的推行并非一切顺利。法币改革的突然实施,也促成了各类奸商抬价居奇,扰乱金融市场,南京政府的一些官员也乘机大捞了一把。他们和不法商人相勾结,操纵部分商品的价格,以致粮价一时猛涨,影响了城市居民的正常生活。另外,许多民众长期习惯使用银币,对政府用不兑现的纸币代替铸币向来持怀疑甚至抵制态度,这对政府强行推行法币的政策实施,不能不产生一定的阻力。更为重要的是,一些省份,特别是偏远地区的省份仍存在着割据现象,贯彻的难度不一。如河北、山东、山西、绥远、甘肃、宁夏以及北平、天津等省、市,对法币政策基本赞成,却不同意将库存及兑换的白银运出该地,对取消省地银行发钞权也心有不甘,因此对中央法币政策暗中抵制。如冀察政务委员会不仅不让中央接收河北省银行,而且在1936年5月23日明令河北省银行为发行钞券的统一机关。山西和绥远因在"山西王"阎锡山的控制下,法币政策公布后,阎锡山就立即在山西成立了"实物准备库",发行土货券,凡欲购买该库所有晋省土产者,须以现款向晋银号调换土货券,方可购买。其控制下的四大银号亦不顾中央禁令继续发行纸币。据称到1937年,山西省银号发行的新省币即达2 500余万元,铁路银号新发行纸币1 000余万元,垦业、盐业两银号也各发行新币500余万元。四大银号共发行新币达4 500余万元。而广东、广西和云南则干脆明确采取了抵制的态度。1935年11月4日财政部发布法币令,6日,广东省政府规定实行6条管理通货办法,明确规定从11月7日起,以广东省银行之银毫券、大洋券及广州市立银行之凭票为法定货币,所有完粮纳税、一切公私款项之收付,概以此三币为限。13日,又颁布广东法币发行准备管理委员会组织章程,明定发行管理准备委员会由广东省政府、商会及金融界领袖专家组成,奉广东省政府命令,保管准备金。广西和云南的做法亦是如此。面对这种情况,国民政府亦不能不采取灵活变通的办法,或把兑换的时间适度延长,或听任少数地方变相地保持旧有的币制。

但是,法币改革毕竟是中国货币金融史上的一次重大变革。近代以来,随着军阀割据的形成,军阀们纷纷发行纸币以自肥,全国有数十家银行在发行纸币。除最具代表性的沪钞、津钞、汉钞、渝钞、粤钞、晋绥钞外,仅广东汕头一地,就有42家钱庄在发行纸币。一地通行的纸币,一出境即同废纸。甚至一省之内(如四川)甲地与乙地的纸币亦不能通融。省与省如同国与国,出入省境必须兑换对方通用的货币,否则寸步难行。南京国民政府成立之后,曾多次明令各地银行非经财政部审核通过,不得私自发行纸币,但是截至1935年11月3日,经财政部核准发行纸币的商业银行和省银行仅有浙江兴业、四明、中国农工、中国通商、边业、大中、中南、浙江地方、北洋保商等12家,其他地方银行却不听政令,我行我素,甚至发行额根本不受准备金的限制。广东省发行毫币24 958万元,现金准备只有1 074万元。四川地方银行发行主辅币钞票33 076 841.70元,准备金只有3 067 904.98元,短缺达30 008 900余元。1935年广西银行在没有增加一分准备金的情况下,只因白崇禧的干预,就发行了纸币103 748 075张,总量达79 924 807元。① 这些情况都严重地影响甚至阻碍了中国的经济建设和经济发展。改变这种情况乃是大势所趋,不得不然。事实上,南京政府自成立以来,就一直在向着这个方向努力,财政部为此甚至不惜花130万元的高薪聘请美国甘末尔博士等财政专家来华协助改革,并早就出台过一个由中央银行独立发行钞票的币制改革方案,但始终未能付诸实施,一个重要原因,就是因为政治和军事的统一尚未能够取得,地方仍可置中央于不顾而自行其是。1935年的法币改革之所以能够推行,一个重要

---

① 参见张连红《南京国民政府法币政策的实施与各省地方政府的反应》,载《民国档案》2000年第2期。注:因纸币币值大小不同,故纸币发行的张数与实际的元数并不等值。

原因，也正在于国民政府的政令和军令已经可以通行于全国各主要省份。政治和军事的统一真正解决了，币制统一问题自然可以迎刃而解。

以币制最为混乱的四川省为例。1935年中央军入川前，四川不仅对中央的币制改革不感兴趣，就是省内各地的货币亦是乱成一团。中央军以"围剿"红军的借口进入四川之后，四川逐渐被纳入中央的体系之中，失去了与南京政府抗衡的可能，川币的统一也就成为可能。中央军入川不过半年时间，蒋介石就以军事委员会委员长的名义发出布告，限令川省过去使用的所有货币一概作废，自9月15日起，一切公私交易均须以中央钞为本位，当地钞票10元换中央钞8元，限11月20日调换完毕，逾期不换者作废。命令发布之后，虽也产生了一些骚动，但很快均被平息，中央钞很快取代了四川过去各式各样的钞票。由此可见，凡南京中央政府政令、军令得以通行之地，法币改革均可顺利实施。故各主要省份，如江苏、浙江、安徽、江西、福建、湖南、湖北、四川、贵州、河南以及上海等省、市，对实施法币改革均无困难。河北、北平、天津等地，因在中央政令、军令可以贯彻的范围之内，故其变相抵制也只是暂时现象。广东、广西等省的抵制，随着1936年两广事变被平息，自然也就不复存在了。

三　国民党垄断资本的形成

法币改革对国民经济发展的作用是明显的。它不仅迅速化解了金融危机，而且通过加大货币流量的办法，使原本不断下跌的物价得以迅速回升，重新刺激了工、农、商各业的发展，使国民经济渐趋繁荣。它改变了社会经济生活中大量使用笨重且不统一的金属货币的习惯，不仅顺应了历史潮流，也便利了商品交换，同样对经济生活益处极大。而废除银本位制，实行白银国有，卖银换汇，稳定法币汇价和金融行市，也有利于对外贸易的发展和国际收支平衡。尤其值得一提的是，通过法币改革，国民政府将全国存银1/3以上统统收归国库，不仅有力地保证了法币的发行，而且也极大地促成了汇价的稳定。这是因为，由于有数额庞大的白银在手，中央、中国和交通三银行也就有了无限制买卖外汇的基金，可以很容易地稳定汇价，建立法币的国际信誉。事实上，从法币正式发行的第二天起,中央银行就开始每日挂牌公布汇价。当时规定法币1元等于英镑1先令2.5便士。据此换算,每100法币等于29.75美元,等于103日元。由于外汇储备充足,汇价得以长期保持稳定,法币对英镑、美元和日元的比价,一直到1938年3月都很少变动。

当然,如此巨量的白银封藏国内,仍有相当风险,一旦遇到国际银价下跌,就难免会造成严重损失;何况,中日战争随时可能爆发,一旦战事发生,白银不及外运,更是不堪设想。因此,国民政府从法币政策实施之初,就一边借助于英国政府的帮助,一边又暗中与白银大国美国密切相商,请其收购白银。1935年11月13日,两国正式签订协议,美方同意以每盎司6.625角向中国购买白银5000万盎司,要求中国所得款项悉数作为稳定新币值之用。4个月后,中国又派陈光甫等赴美,再次请求美国收购中国的白银。5月15日,双方正式签订《中美货币协定》,美国再以每盎司4.5角向中国购买白银7500万盎司。另以5000万盎司为担保,贷给中国2000万美元。美国政府的条件是,南京政府答应扩大白银用途,维持货币制度独立,保证法币不与世界任何货币集团连锁,且至少保持25%的白银作为发行法币的准备金。如此一来,中国的法币准备金不仅有大量白银作基础,而且可用大量外汇充之;中国的法币不仅与英镑挂钩,而且以美元集团为后盾,其稳定度自然更高。依赖于英镑、美元的法币虽然仍摆脱不了外币的影响,做不到十分独立,国民政府以白银兑换的黄金和外汇也基本上存放于外国,70%存放于美国,30%存放于伦敦,其受制于美、英十分明显,但在当时条件下,这种做法客观上不无积极作用。这是因为,随着日本发动全面侵华战争,法币与英镑和美元挂钩,黄金和外汇存放在美、英,这些大大加强了中国与英、美等国的政治经济联系,并有利于国民政府采取不屈服的武装抵抗的立场。

实际上,国民政府实行法币改革的好处还不止这些。由于政府银行独享货币发行权,原为地方及商业银行分占的发行利润大部已归政府所有;法币发行且由最初的白银十足准备,改为收回6元银币,发行10元法币,降低了40%。政府再将白银换成美元和黄金,其财富大大增加,从而不仅使金融危机和政府财政困难迅速解决,而且到1936年秋天,中国的旧外债大部分已经清偿。① 而对国民政府更为重要的一点还在于,地方上货币发行权被取消,白银又被收为国有,其财政上不得不更加依附于中央,各省之间因货币、市场的统一,商品交换、经济交流更加密切;随着法币流通范围的扩大,民众对法币信用的依赖程度提高,政府的威信也有所提高,这些都使国民政府同地方政府、同全体国民的关系密切起来,无形中加强了全国经济、政治、思想的实质上的统一,也有利于对付来自日本的大规模军事入侵。

从关税自主,到裁撤厘金统一税收,到废两改元统一货币,到实行法币政策,再加上发展金融,建立国家银行,注重交通建设,增修铁路、公路,开辟航空线路,一个统一的国内市场已日渐形成,中国的国力逐渐加强。

就中央政府而言,经过多年的经营,南京政府还在金融、军工、工矿、商业和交通各部门,成功地创立了官营经济的重要基础。到1936年,国营或曰官营资本已经在金融、军工、交通运输以及商业等行业中取得了垄断的地位。金融业和军工业不用说了,在工矿业方面,南京政府最重要的措施,就是通过建设委员会、国家银行、实业部、资源委员会等,没收和筹建了一大批国营企业。国民政府的官营事业,首先来自没收北洋军阀的官办企业,其次也有相当部分是靠没收涉嫌违法或亏本的商办企业。如金陵电灯管厂,原是建立于民国初年的官营企业,1928年被建设委员会接收合并,改为首都电厂,资产额不过50万元。经过建设委员会发行公债,扩充发电能力,到1937年其资产已经增至1300万元。又如湖南长兴煤矿、江苏戚墅堰发电厂等,原为商办或合资企业,均被南京政府收归国有,交由建设委员会接办。同时,建设委员会还自办一批工矿企业,如淮南煤矿和电机制造厂等。南京政府通过国家银行的金融独占地位向工业领域扩张,则更为方便。

到1937年上半年为止,中国银行和交通银行利用债务关系或通过破产收买的方式取得的民营纺织厂就在15家以上。1937年3月,中

---

① 按照杨格的说法,"如果不是由于战争(即抗日战争——引者注)的干扰,这些旧债,除去日本的债权因日本侵略满洲和华北而缓议之外,其他都是不久即可清偿解决的"。见杨格《1927—1937年中国财政经济情况》,155页。

国银行还趁南洋兄弟烟草公司资金周转不灵之机,以每股5元的低价(当时的票面值是15元,市场价是7.8元),购买了该公司20万股,控制了这家当时中国最大的民营卷烟厂。几乎同时,渤海化学公司破产,中国银行承付该公司债款120万元,就控制了该公司。资源委员会和实业部则大半是通过投资或合营方式来创建企业的。实业部属下三大工厂,中央机器制造厂是由英庚款项内拨付投资的,中国酒精厂是与华侨及沪商合办的,中国植物油料厂则是与川、鄂、湘、浙、皖、赣6省政府及油商合组的。资源委员会办厂的启动资金,则来自德国向中国提供的1亿金马克信用贷款中的一部分,以后南京政府又拨款3 000万元,资源委员会据此得以陆续建厂25家。在商业方面,南京政府早就开始实行商业统制政策,1933年全国经济委员会即设立了棉业统制委员会,从事棉种改良,规定棉价,组织银行贷款等。次年,经济委员会又设立了蚕丝改良委员会,重点是统制产销,尤其是统制茧行,统一收购,垄断市场。1936年,资源委员会垄断了全国钨、锑的生产和出口。孔祥熙控制的天津祥记商行,专门从事匹头、颜料、煤油等商品的买卖,在全国各大城市都设有商号。宋子文任董事长的中国棉业公司开张第一年贸易额就超过2 000万元,原棉交易总额即达1 300万元,经销纱布即达500万元,信托业务300万元,已是当时中国最大的商业垄断组织之一。1937年,宋子文又在广州成立了华南米业公司,资本1 000万元,垄断了华中、华南大米的运输和销售。再加上南京政府先后设立的中国粮食公司、中国植物油料公司、上海中央鱼市场股份有限公司、中国茶叶股份公司等商业垄断机构,商业领域的许多行业其实已经被政府或官僚资本所控制。

四 对民营经济的扶持

就民营经济而言,由于南京政府再三颁布法令,奖励人民投资创办各种新兴工业、小工业和手工业,包括鼓励华侨回国兴办实业,减免捐税等,在这种情况下,民族工业的发展也开始逐渐从经济危机和外商挤压中复苏过来,颇有奋起之势。如1927年全国华商纱厂拥有纱锭数为209.90万枚,1936年达到274.60万枚,增加了近31%;华商纱厂布机数由1927年的1.35万台,增加到1936年的2.55万台。又如,从1931年到1936年,华商电厂发电量年平均增长率都在13%以上。再如机器缫丝业,1929年是中国历史上桑蚕丝产量最高的一年,华商丝厂达到360家,有丝车12万部,生产厂丝8.94万公担。后因世界经济危机,丝的需求量骤减,再加上日本改进了制丝技术,人造丝大量侵占真丝市场,华丝难与竞争,导致大批丝厂倒闭或停产。到1935年下半年以后,华丝再现起色,1936年全国开工丝厂又达到180余家,厂丝总量又达到7.08万公担,接近于1929年水平。再比如,面粉业在1931年以前较为发展,全国面粉厂157家,仅华商就占148家。受东北沦陷影响,关内面粉业销路受阻,再加上日粉入口可免税,欧美过剩面粉向中国倾销,导致华商工厂大批停业。至1933年,南京政府改订关税税则,每担面粉进口加征进口税,1935年又对出口面粉实行退税办法,并全数退还运销东北所征的税款,大力调整铁路运费,积极支持民营面粉业,从而使面粉业渡过难关。到1936年,全国机器面粉工厂实存152家,日生产能力达到45万包以上。同样,火柴业也受到政府政策的全力扶持和挽救。1928年全国有火柴厂180家,资本总额2 400余万元,后受到瑞典火柴倾销打击而纷纷倒闭。对此,国民政府给予了大力扶持,1930年12月,政府将火柴进口税率由7.5%提高到40%,加强国产火柴的竞争力,使进口火柴从1930年的1.77万箱减少到1933年的1 461箱。同时,国内华商亦实行产销联营,抑制同行竞争,从而使相当数量的火柴厂得以维持和发展。

南京政府对农村也采取了一些有利的政策。其中最主要的就是鼓励农村信用、运销和供给合作事业。1931年,国民政府公布了《农村合作社暂行规程》,1933年又设立鄂、豫、皖、赣4省农民银行,并成立了农村复兴委员会,1934年更颁布了《合作社法》等。所有这些措施,都推动了以农民集体信用向银行取得低息贷款,避免高利贷,和通过集体贩卖、购买,避免商业资本中间盘剥的合作式生产经营形式的推广。到1936年底,合作社已经发展到16个省份,合作社数达到了37 318个,参加合作社的农民数量达到164万人,农村合作事业显然获得一定程度的发展。

这个时期民族经济的发展也在一定程度上得益于国内民族主义情绪的高涨。"五卅"惨案、九一八事变、"一·二八"事变以及华北事变和一二·九运动的发生，激发起国民广泛的民族主义热潮，国内接连出现抵制外货、提倡国货运动，这些都为中国的民族工业发展提供了重要的机会。特别是在包括国家趋于统一、法币改革在内的一系列政治经济积极因素的推动下，经济增长的这种趋势就更加明显了。仅上海一地开设的机器厂，1935—1937年就达到87家，超过了过去10年的总和。1935年以前，国人投资工业资本极少有超过百万元的，而1935年以后国人投资资本达百万元，甚至千万元的工厂很多。如中央机器厂、中国酒精厂、永利公司铔厂等资本都在千万元以上。受此影响，工矿业生产量这时也逐年增加。电力、水泥、火柴、棉纱等均较前有明显增长，而交通、贸易也都有了一定的发展。农业生产的增长尤其明显。中国粮、棉第一次实现自给，农产品输入逐年减少。如1933年输入稻米1 295 400吨，1937年已减至345 725吨；1933年输入小麦1 353 062吨，1937年已减至86 767吨；1933年输入棉花120 606吨，1937年则减至15 318吨。十分明显，尽管这个时候中国的经济增长速度仍旧很慢，工业产值只占到国民经济总产值的10%左右，对外国资金、技术、市场的依赖程度过大，且官僚资本的膨胀对民族工业的发展具有相当的阻碍，但是，如果1937年不爆发"七七"事变，中国经济的发展和国力的提升，应该还有相当的空间。

第七章
中华苏维埃共和国的诞生、消亡以及红军长征

推翻南京国民政府,建立崭新的中华苏维埃共和国,取代中华民国,这是共产党人自1927年9月开始公开打出苏维埃革命旗号后始终追求的一个革命目标。随着南方各地农村根据地的先后建立和工农红军的日渐壮大,这一目标有了实现的可能。1931年11月7日,经过一年半的长时间筹备,"中华苏维埃共和国"的旗帜终于在江西瑞金的上空升了起来。为了苏维埃革命的最后胜利,无数共产党人和农民士兵倒在了国民党人的枪口之下。但是,由于种种主客观的原因,"中华苏维埃共和国"仅仅存在了几年时间。在辗转寻找新的立脚点的长途征战中,中共中央和红军也还尝试着坚持苏维埃革命的旗号,在陕北最后一个根据地里,苏维埃制度曾经坚持到1937年初。然而,作为一个国家形态的政治符号,它事实上已经随着中央红军撤出中央苏区开始长征,以及很快到来的政策变动,归于消亡了。但共产党人的命运转折,却也正是酝酿于这惨痛的失败之中。

第一节　中华苏维埃共和国的诞生

一　筹备建立全国"苏维埃"

还在1930年5月,中共中央就召开全国苏维埃区域代表大会,作出了将于本年11月7日召开第一次全国工农兵贫民苏维埃代表大会的决议。为具体实现这一计划,大会决定由中共中央、少共中央等9个单位的代表组成苏维埃代表大会中央准备委员会临时常委会(简称"中准会"),以领导第一次苏维埃代表大会的筹备工作。

7月23日,苏维埃代表大会中央准备委员会临时常委会第一次会议在上海召开。会议通过的工作计划大纲决定,8月20日召开第一次全国苏维埃代表大会中央准备委员会会议,随即向全国各地党、政、军、民、团各单位发出邀请,宣布即将召开的中准会会议的主要任务就是准备召开全国苏维埃代表大会,进而建立全国苏维埃政权。而7月27日,红军第3军团出人意料地趁着湖南省主席何键受命率部参加中原大战的时机,一举打下了长沙城。红军虽然很快撤出,但红军敢于并且能够拿下一个重要省会,显然更加激发了中共中央想要在中心城市建立全国性的苏维埃政权的强烈愿望。

由于在当时条件下各地代表无法及时赶到,8月20日召开中准会会议的计划未能实现。中共中央明显地有些迫不及待了,它不想等到全国苏维埃代表大会召开再来成立全国性的苏维埃政权。它在于8月29日给长江局并转湘省委、湘鄂赣前委及行委的信中,要求红军主力再次攻打长沙,目的就是"占领长沙后便立刻召集广大的群众大会,宣告成立'中华苏维埃共和国中央工农革命委员会'（这是中央临时政权——引者注）","并以临时政府的名义宣布劳动法、土地法、经济政策等等法令",同时"积极准备全国苏维埃代表大会,在一个月内召集,以成立'中华苏维埃共和国'的中央正式政府"。之所以急于这样做,是因为"在现时以国内战争消灭军阀战争,以苏维埃的中央政权与国民党的反动政权对立起来,有绝大的政治意义"。①

调动红军再度攻打长沙没有成功,中共中央于9月12日终于开成了第一次全国苏维埃代表大会中央准备委员会全体会议。会议通过了中准会的工作报告,明确提议"将中央准备委员会移到赤色区域去,公开的号召广大群众起来,准备全国苏维埃大会"。而在非苏区设中准会办事处,代表中准会筹备苏维埃代表大会。按照中准会第一号布告,原定11月7日举行的全国苏维埃代表大会延期到12月11日,即广州暴动纪念日举行。会议还通过了《中华苏维埃共和国立法大纲草案》和《各级准备会组织大纲》,选举了全国苏维埃代表大会中央准备委员会委员25人。全国苏维埃代表大会中央准备委员会就此宣告组成。

随着9月下旬中共六届三中全会的举行,召开全国苏维埃代表大会和建立苏维埃中央政府的工作更加紧锣密鼓地筹备起来。9月23日,中共中央发表了《加紧准备全国苏维埃代表大会的工作》的通告,宣称准备全国苏维埃代表大会的工作,是党在发动广大群众积极准备武装暴动中一切工作中的中心工作,每个党员必须有明确的政权观念,"为建立苏维埃中央政府作拼死奋斗"。25日,中共中央机关报《红旗日报》发表了中共中央拟定、提交全国苏维埃第一次代表大会审议的《中华苏维埃共和国根本法（宪法）大纲草案》。之后,《红旗日报》接连发表了6篇相关的社论和大量基层单位拥护苏维埃代表大会的消息。10月9日,《红旗日报》发表了《中国工农兵会议（苏维埃）代表大会选举原则》,规定全国共划9个选区,代表名额以每20万人选举1个代表的标准分配,预计选举代表249名,其中工人占12.5%,农民占75%,红军占10%,贫民占2.5%。②

---

① 《中央给长江局并转湘省委、湘鄂赣前委及行委的信》(1930年8月29日)。
② 参见1930年9月25、30日,10月1、5、9、29日《红旗日报》。

由于1930年10月,国民党反动派以江西省主席、第9路军鲁涤平为总司令,对江西南部苏区发动大规模"围剿",10月18日,中准会不得不决定将全国苏维埃代表大会延期至1931年2月7日,即"二七"惨案纪念日举行。之后,六届三中全会被指责为"调和路线",1931年1月7日召开了六届四中全会,关于召开全国苏维埃代表大会的工作转而交由六届四中全会选举的中共中央政治局负责。新的中央政治局于1月20日通过决议,决定改变大会的筹备方式,"委托苏区中央局领导召集","委托苏维埃运动委员会党团最后起草的苏维埃大会决议草案,交由最近的政治局会议批准"。上海的中准会和各级中准会,均改为"拥护苏维埃运动委员会"。全国苏维埃代表大会也随即被延至"红五月"召开。

二 "中华苏维埃共和国"诞生

自1931年2月起,中央苏区就开始面临由何应钦指挥的湘、鄂、赣、闽4省的"围剿"。4月1日,何应钦下达了总攻击令,"限各路于月内克复各县,会师武昌,于国民会议开会前肃清朱毛"。在这种情况下,"红五月"召开大会的计划再度被迫延迟。直到6月16日,即第二次反"围剿"胜利结束之后,中共中央在给苏区各级党部及红军的训令中,再度决定必须在8月1日以前开成大会。训令明确批评了各地对这一工作的拖延和懈怠,指出:"国际屡次指示中国党在苏维埃区域必须建立起临时中央政府,中央亦屡次指示中央苏区要定期召集全国苏维埃代表大会,并要其他苏区选举代表到中央苏区去。各苏区党部对于这一任务的执行却非常迟缓,直到现在各地代表大会还多未开成"。因此,"江西中央苏区必须在八一以前开成全国苏维埃代表大会,成立中华苏维埃共和国临时中央政府"。[①]

但是,从7月开始,鉴于第二次"围剿"失败,国民党方面又组织了第三次"围剿"作战。至9月中旬,这次"围剿"行动又以失败而告结束。

---

① 《中央给苏区各级党部红军的训令》(1931年6月16日),见《中共中央文件选集》第7卷,312—313页,北京,中共中央党校出版社,1991。

在此期间要召开全国苏维埃代表大会显然没有可能,故苏区中央局在7月1日再度将大会召开的时间推迟至俄国十月革命纪念日,即11月7日。中共中央对延期明显地感到不满,它在8月30日的指示和9月20日的决议案中再三督促苏区中央局再不得延期,称:全国苏维埃代表大会未能如期召开是政治上的一大损失,这固然与国民党发动第三次"围剿"的妨碍有关,但"敌人的进攻,愈显示出两个政权(苏维埃政权与国民党政权)对抗意义的重大"。因此,无论如何,苏区中央局必须下决心"使苏维埃临时中央政府在十月革命节召集的全苏大会中产生出来,而不再延期",各地党组织都要"坚决与那些借口军事紧张而推迟这一工作的错误倾向作斗争"。①

经过一系列曲折的过程,1931年11月7日,中华工农兵苏维埃第一次全国代表大会终于在江西瑞金叶坪谢氏宗祠隆重召开了。当天叶坪红旗飘扬,人山人海,"黎明举行阅兵典礼,晚间举行提灯庆祝"。大会的主要任务就是选举苏维埃中央政府,并审议通过中共中央提交的劳动法、土地法、红军法、经济政策、少数民族问题、工农检查处等法令草案。当天下午2时大会正式举行,首先选出37位主席团成员,常务主席毛泽东以及项英、任弼时、朱德、张鼎丞、陈正人、周以粟、邓广仁(即邓发)坐在第一排,由项英致开幕词。12—18日,会议分别听取了由毛泽东作的《政治问题报告》、项英作的《劳动法报告》、张鼎丞作的《土地法报告》、朱德作的《红军问题报告》、周以粟作的《经济政策报告》、王稼祥作的《少数民族问题报告》、邓广仁作的《工农检查处报告》。19日,大会选举了中华苏维埃共和国中央执行委员会委员63人。次日大会闭幕,毛泽东致闭幕词。

中华苏维埃第一次全国代表大会闭幕后,11月27日,中华苏维埃共和国中央执行委员会举行了第一次会议,选举毛泽东为中央执行委员会主席,项英、张国焘为副主席;同时选举毛泽东任中央人民委员会主席,项英、张国焘任副主席。这次会议任命的政府各部门负责人分

---

① 《中央给苏区中央局并红军总前委的指示信》(1931年8月30日)及《由于工农红军冲破第三次"围剿"及革命危机逐渐成熟而产生的党的紧急任务》(1931年9月20日),两文见《中共中央文件选集》第7卷,370、410页。

别为：

外交人民委员：王稼祥；

军事人民委员：朱德；

劳动人民委员：项英；

土地人民委员：张鼎丞；

财政人民委员：邓子恢；

司法人民委员：张国焘（未到任时暂由梁柏台主持）；

内务人民委员：周以粟；

教育人民委员：瞿秋白（未到任时暂由徐特立代理）；

工农检察人民委员：何叔衡；

中央国家政治保卫局局长：邓广仁；

执行部部长：李克农。

几乎与此同时，中华苏维埃共和国临时中央政府还组成了中央革命军事委员会，主席朱德，副主席王稼祥、彭德怀；毛泽东、林彪、叶剑英、周恩来、邵式平、孔荷宠、徐祥谦（徐向前）、张国焘、关向应、王盛荣等为委员。其所属各部负责人分别为：

总政治部正、副主任：王稼祥、贺昌（1931年底由聂荣臻继任）；

总参谋部部长：叶剑英（后改为总参谋长，由刘伯承继仟）；

总经理部（后改为总供给部）部长：范树德；

总卫生处处长：贺诚；

红军中央军事政治学校校长：萧劲光（1931年底刘伯承任校长兼政治委员）。

中华苏维埃共和国的成立，使中共领导的苏维埃根据地有了一个法定的统一的政治实体，扩大了中共在全国的影响，标志着中共的苏维埃革命实践发展到了极致。尽管这种苏维埃革命已经在城市中心论及其暴动夺取政权等问题上突破了俄国的模式，开始具有某些中国的特色，但无论是它的名称、形式或基本的指导思想，还都鲜明地保留着俄国革命的烙印。不仅如此，作为共产国际下级支部的中国共产党，它关于中华苏维埃第一次全国代表大会的几乎全部重要的法案或决议，都是参考苏联的相关法案，并由共产国际代表们审议过的。对于刚刚开始建立自己的政权且处于战争环境之中,既缺乏经验也缺少相应知识的中共中央来说,这固然是一种不得已的做法,但它们不可避免地会带有相当严重的俄国味道,而在相当程度上脱离中国革命的实际需要,也是可想而知的。在这方面,《中华苏维埃共和国宪法大纲》就是一个很典型的例子。

《中华苏维埃共和国宪法大纲》明确规定:中华苏维埃共和国是工人和农民的民主专政的国家,这个专政的目的,不仅要消灭一切封建残余,赶走帝国主义列强在华势力,统一中国,而且还要限制资本主义的发展,转变到无产阶级专政,以便领导广大农民和劳苦群众走向社会主义制度。因此,"苏维埃全部政权是属于工人、农民、红军兵士及一切劳苦民众的","军阀、官僚、地主、豪绅、资本家、富农、僧侣及一切剥削人的人和反革命分子,是没有选派代表参加政权和政治自由的权利的"。为了确保实现无产阶级专政和社会主义制度,"中国苏维埃政权在选举时给予无产阶级以特别的权利,增多无产阶级代表的比例名额"。① 基于《中华苏维埃共和国宪法大纲》的相关规定,代表大会通过的《中华苏维埃共和国土地法令》也制定了相当激进的政策。

中国的苏维埃革命,在中心城市暴动政策逐渐停止下来之后,实际上更多地只是表现为一种土地革命了。由于"中国农民之中至少有四分之三是无地的农民和少地的农民",早在中共六大时中共其实就曾经肯定过这一点,即"农民的土地革命,仍旧是中国革命现时阶段的主要内容",而"中国土地关系的根本问题,就是土地所有制度的问题"。据此,当年通过的《土地问题议决案》曾明确规定过没收豪绅、地主及祠堂、庙宇、教堂及其他公产、官荒地或无主土地,分配给无地和少地农民使用的方针。当时这一文件的制定,就是由苏联专家主持的。因此,它依照苏联的经验规定:中共应"帮助革命的农民去消灭土地私有权,把一切土地变为社会的共有财产",一旦"苏维埃政权巩固后,即当实现土地国有"。② 这一政策性规定因影响到农民武装割据形成后中共最初

---

① 《中央给苏区中央局第7号电》(1931年11月5日)及《中华苏维埃共和国宪法大纲》(1931年11月7日),两文见《中共中央文件选集》第7卷,492—494、732—736页。
② 《土地问题议决案》(1928年7月),见《中共中央文件选集》第5卷,329—331、352—353页。

的一部土地法——《井冈山土地法》，就作出了没收土地归苏维埃政府所有、农民只有使用权、禁止土地买卖的规定。1929年的土地法限制了土地没收的范围，规定只没收地主和一切公共的土地，但受到当时苏联集体化运动的影响，不能不加入了没收富农土地的规定。在没收土地问题上的这种政策摇摆也直接影响到地方党对农民中不同阶层的态度，在大多数根据地都出现过将中农与富农画等号的情况，不仅要求平分土地，而且硬性规定把中农排除在自己的阶级队伍之外，不接收其入党，甚至不允许其参加红军。到1930年7月共产国际作出决定，放弃土地国有化政策，不没收富农特别是中农的土地之后，1931年2月8日中共苏区中央局第一次正式肯定了农民取得土地所有权的正当性。但是，随着共产国际执委会1930年10月再度强调苏联的经验，提出平均分配所有土地，包括富农甚至是中农和贫农土地，中共中央很快就又在远东局的推动下，发布了扩大没收土地范围和地主不分田、富农分坏田的方针。十分明显，全国苏维埃第一次代表大会的土地法令，正是在这样一种情势下产生出来的。它明文规定：所有封建地主、豪绅、军阀、官僚及其他大私有主，包括富农和一切反革命组织的参与者及白军武装队伍的参加者的土地，均应无条件地没收。地主不得分配土地，富农只能分得较坏的劳动份地。①

中华苏维埃共和国诞生之时，全国已经先后成立过湖南省、赣东北、湘鄂赣、鄂豫皖、湘鄂西等省苏维埃政权和闽西等边区的苏维埃政府，而县一级的苏维埃政府则已有300多个。随着中华苏维埃共和国临时中央政府的建立，一些地区又进一步依照中共中央的要求，建立了省一级苏维埃政权。江西省苏维埃政府最初产生于1930年10月7日，临时中央政府建立后，为完备政府产生的形式，又于1932年5月1日在江西省兴国县召开了江西省第一次工农兵代表大会，选举产生了新的江西省苏维埃政府执行委员会，仍以曾山为政府主席，以胡海、陈正人和吴家俊为政府副主席。福建省苏维埃政府则产生于1932年3月18日的福建省第一次工农兵代表大会，会议选举了35人的执行委

---

① 参见《中华苏维埃共和国土地法令》(1931年12月1日)，见《中共中央文件选集》第7卷，777—779页。

员会,张鼎丞为政府主席,阙继明、张思垣为政府副主席。闽赣省苏维埃政府产生于1933年12月于福建省建宁县召开的闽赣省第一次工农兵代表大会,邵式平为省苏维埃政府主席,祝维垣为副主席。粤赣省苏维埃政府正式产生于1933年12月23日召开的粤赣省第一次工农兵代表大会,钟世斌任主席,王孚善、邓学林任副主席。

三 苏维埃制度的特点

和以往中国的政治制度相比,苏维埃制度明显地具有自己的特点。

第一,它实行的是各级代表会议制度,大量吸收工农群众参加政权并管理自己的国家。其地方各级苏维埃代表大会直至全国苏维埃代表大会,大多是由下而上选举产生的,与国民党依靠地方士绅维持自己对农村的统治不同,它把政权直接建立到了农民中间。乡村苏维埃政权是苏区社会最基本的行政组织,红军进到一个地方,"即派大批同志去乡村组织苏维埃,首先召集一个群众大会,宣传苏维埃的意义,即时由群众中选举委员即产生执委"。[①] 而由于有了最基层的政权组织,中共能够轻而易举地宣传、动员和组织农民。中国最早的基层民众选举的尝试,就是从苏区开始的。多数基层参加投票的选民都在选民总数的80%以上。按照地方苏维埃组织法和中央苏维埃组织法的规定,从乡到区到县到省,均选举组成苏维埃代表大会,并均由下一级代表大会按一定比例组成上一级代表大会。如在最基层,工人13人、士兵25人、农民50人选举推选代表1名。在农村,通常以村为基本选举单位进行选举,推举出代表参加乡苏维埃代表大会,再由乡推举一定比例的代表组成区苏维埃代表大会。依此类推,中华苏维埃全国代表大会是中华苏维埃共和国最高政权机构,它则是由各省苏维埃代表大会选举的代表来组成的。各级苏维埃代表除了要将选举他们的选民的意见提到大会中讨论以外,还要将上一级苏维埃所要进行的工作,经过苏维埃代表大会讨论后,传达贯彻到自己所代表的选民中去。而最基层的乡代表会议,每10天应由乡主席召集这些基层代表开会一次(非常会议除

[①] 杨克敏:《关于湘赣边苏区情况的综合报告》(1929年2月25日)。

外),会议可根据要讨论的内容,有针对地到村子里去举行。乡苏维埃每个月须向选民报告工作一次。而由乡苏维埃政府主席从各村代表中指定的苏维埃代表主任,在乡苏维埃主席领导下,分配并领导各代表的工作,必要时还可召开村民会议,解决当地的有关问题。每个村代表则应负责联系与领导30—70个居民。按照规定,这种制度明显地赋予了代表会议议政和行政一体的职能,使之成为议决和处理全乡重要事务的一种权力组织,代表也就相应具有了议政和执行的双重身份,自然更加加强了民众与政权之间的联系。

第二,它坚持贯彻工农贫苦民众当家做主的方针,极大地提升了穷人的政治地位。据毛泽东1930年10—11月的调查报告可知,1930年兴国县永丰区第一乡10名乡政府委员中,出身贫农者6人,中农2人,小知识分子和富农各1人;吉水县水南区第八乡木口村的7名村政府人员中,出身贫农、中农者各3人,小地主1人。[①] 1931年湘赣苏区县委一级干部146人中,产业工人3人,手工业工人28人,苦力工人3人,店员工人3人,雇农10人,贫农64人,中农10人,兵士2人,知识分子20人,富农1人,商人2人。这种情况不可避免地从整体上提升了下层阶级的政治地位,改变了过去多半只有富裕阶层才可能流向省、县、区等政治经济中心,贫苦阶层的民众普遍受到压抑的情况。而没收地主、富农土地重新分配,地主不分田,富农分坏田,甚至被戴上白布条、被管制、被送去劳役队做苦役,甚或动辄被消灭肉体等等,都极其彻底地颠覆了历代农村的统治秩序。

第三,它把政权直接建到乡乃至村中,最大可能地加强了上级政权与基层民众之间的联系。加强基层政权会大量增加脱产人员,从而加重农民的负担。但苏维埃共和国初创之时,正值战争,财政状况不允许政府较多地增加脱产人员,故对此曾给予了相当的重视。1931年11月临时中央政府成立后,中央各部门全部集中在一个大祠堂里,每个部只有一个十几平方米的小房间,几张桌子和凳子,加上一部电话机。工作人员,包括部长在内也只有数人,至多十余人。对地方苏维埃政府的

[①] 参见毛泽东《兴国调查》(1930年10月)及《木口村调查》(1930年11月21日),见《毛泽东农村调查文集》,244、283页,北京,人民出版社,1982。

工作人员,临时中央政府也有明文规定:省苏维埃90人,县苏维埃25人,区苏维埃15人之内,乡苏维埃则一般只配工作人员3人(即乡苏主席、交通、工作人员各1人)。到1933年秋天中央苏区鼎盛时期,苏维埃政府系统省、县两级也只有干部1800人,乡干部也只有1万人左右。

由于乡苏维埃干部较少,故通常乡政府内都不设科。遇有临时性事务,即由乡代表和各村推举的工农积极分子组织临时委员会来办理。由于种种原因,这种经常的或临时性的委员会也可以多达20个以上,如扩红、优红、慰红、赤色戒严、防空防毒、没收征发、国有财产、农业税征收、公债、农业生产、开荒、山林、水利、土地登记、查田、教育、卫生、桥路、粮食、备荒、户口、义务劳动、运输、选举、工农检查等。由此不难看出,乡一级苏维埃政权的作用相当关键。

乡苏维埃除了担负对上级政府交办任务的接收、布置、落实,以及对下级民众工作进行检查、总结并上报等大量具体的行政性事务工作外,还承担着管理、反映和满足群众基本生活需求的职能。这包括主持分配土地、山林及没收的财物,规划和领导农业生产,组织合作社,调剂粮食、劳力和生产工具,管理市场,发行政府公债,兴修水利、桥梁、道路,帮助群众解决穿衣、吃饭、住房以及学龄儿童上学等问题。至于进行人口、土地、婚姻、生死、契约、文书及工商业登记、核发路条及通告证等,更是相当繁杂。

乡苏维埃还有一个重要的职能,就是建立和管理民众武装。由于战争的关系,各级苏维埃政府都高度重视农民的军事化问题。除了老弱病残幼和地主、富农家庭的人员,几乎所有农村的男女群众,都被纳入准军事组织之中去了。8—15岁者加入童子军,6—12岁者加入少年先锋队,24—50岁者加入赤卫队。赤卫队不仅有保护地方之责,而且又是省军区、军分区地方武装体系中的基层组织,可因需要随时外调执行勤务和补充主力部队或地方部队。而少先队或童子军在乡村户口检查、出入人员查验和站岗放哨方面,也发挥着重要的作用。①

也正是由于乡苏维埃政权直接扎根于农村贫苦民众之中,其干部

---

① 参见何友良《中国苏维埃区域社会变动史》,84—92、94—104页,北京,当代中国出版社,1996。

或代表大多直接来自当地的贫苦农民,又直接服务于贫苦农民,广大农民依靠苏维埃政权在政治上、经济上又获得了种种利益,因而为了保卫自身的利益积极主动地参政参军,从而自然而然地形成了良好的军民关系和干群关系的基础。再加上从中央到地方格外注意教育军队和干部,并制订了种种加强军民关系和干群关系的办法,这就更使得那些较为巩固的苏区中的军民关系和干群关系,在相当一段时期里几乎达到了水乳交融的地步。

可以想见,中共和苏维埃共和国的各种政策主张和法令、法规,以及意识形态,之所以能够在乡村中顺利地得到推行和灌输,苏区社会之所以能够在那样落后的环境条件下高效率地运转,乡苏维埃政权功不可没。而这样一种制度受到最底层贫苦农民的拥护和支持,与国民党利用地主、士绅进行统治造成许多地方的农民对国民政府的隔阂和对立形成鲜明对照。1930年至1933年底,大批受难的民众从国民党统治区逃往苏区,就最明显不过地反映了底层民众对苏维埃制度的认可。

第二节 国民党的"围剿"与苏区的反"围剿"

一 国共两党的力量对比

中华苏维埃共和国在红军武装割据的南方众多偏远农村,得到了广大贫苦农民的认同,从而取得了不断发展壮大的社会基础。而它由小到大的迅速发展,渐渐威胁到国民党的统治,从而引起了南京国民政府的高度重视。一个中华苏维埃共和国,一个中华民国,两个政权的较量与决战,不可避免地越来越临近。但这毕竟是一场事关政治、军事和经济的全面较量。在这样一场拼实力的较量中,主要建立在贫苦农民的拥护与支持之上的苏维埃政权俨然处于下风。因为,1931年以后的国民党已经基本上扫除了国内最主要的反对势力的威胁,掌握了全国绝大部分政治、军事、经济乃至外交的资源。

中共南方农村根据地的发展与壮大有着极其特殊的政治和地理的因素。关于这一点,毛泽东早在1928年在井冈山时就曾经有过客观的分析。根据地的存在与发展首先得益于中国地域辽阔,而经济和政治的发展又极不平衡,多数地区,特别是远离中心城市的偏远农村和山区,不仅交通阻隔,而且始终处于自给自足的自然经济的状态中,便利于造成割据的局面。自近代以来,中国长期处于军阀割据的分裂状态,且通常以省为界独霸一方,互为防范;各省边界地区因偏僻落后,为三不管地界,以致常被土匪盘踞,此即为重要原因。南京国民政府建立之后,这种情况并未发生本质的变化,各种政治、军事势力或致力于争夺中央政权,或致力于防卫其交通干线及城市,很难有余力把其统治伸入到其所占区域的偏远角落,这样才有了共产党在农村实行武装割据的客观条件。井冈山恰好位于湘赣两省边界,距离大城市和交通要道较远,对两省地方实力派的统治一时不构成有力威胁;它又盛产稻、油、茶等重要农作物,可以为红军提供足够的给养,自然有着武装割据的较好条件。中共南方各个根据地能够在南方各省交界处得以建立与发展,都与这种客观的情势有关。

但是,在闽、赣、湘、鄂几省交界地区建立根据地,仍有诸多不利因素。首先,中共几块根据地虽然都处于几省偏远地区,但仍属中国心脏地带,对国民党的统治及其国家整个交通大动脉和主要中心城市,均容易构成重大威胁。随着各个根据地和红军的不断发展壮大,国民党中央政府势必会逐渐重视并以大力来加以"清剿"。这种"共进国进"的关系几乎不可能有任何改变。

以中央根据地三次反"围剿"为例。第一次国民党军出动兵力10万人,红军主力伤亡约2 000人;第二次国民党军兵力增至20万人,红军主力伤亡即增长了1倍,达到4 000人;第三次国民党军兵力增至近30万,红军主力伤亡达到了6 000人之多。总计从1930年底到1931年夏秋,三次反"围剿",红军主力伤亡12 000人,其中死亡约2 000人,残废1 000多人,并且阵亡军长1人、师长2人,中下级干部伤亡数目尤其大。此仅就兵力损耗而言。此外,第一次反"围剿"之后,国民党紧接着就发动了第二次"围剿",根据地还来不及恢复,一方面部队伤病员大增,兵员急需补充,另一方面筹款及物资供给日渐困难,以致士兵每天的伙食标准降至0.1元乃至于0.08元,生活费完全停发,月耗总计已不足18万元。此外,地方政府及赤卫队经费亦须补助,"兵兴之后,宣告免收土地税","红色区域无款可筹",苏区政权及武装月需最低30万元,全部要靠红军在敌人"围剿"间隙中向外扩张或到白区去打土豪才能获得。

红军最初能够从井冈山到赣南、闽西,保持着旺盛的生命力,很大程度在于其以保存实力为原则的机动灵活的战略战术。由于从来不死守一城一地,敢于大胆地使用游击战术,从内线跳到外线去作战,因而使国民党围攻的部队常常处于被动挨打的境地。由于不死守根据地,经常主动地跳到外线作战和解决给养等问题,这也就在相当程度上缓解了根据地内部资源紧缺的矛盾,减少了根据地农民的负担和压力。再加上国民党军队进入苏区,通常会采用"平毁净尽,格杀无余"的政策,①这就使从土地革命中得到实惠的广大贫苦农民更加拥护共产党,宁愿不惜一切帮助红军。但是,无论是出于主动的游击战术,还是利用战争间隙跳出国民党军封锁线去白区打土豪取资财,毕竟范围有限,数量有限,不足持久。且扩张越多,战争越多,政权、武装等各种消耗和负担也就会相应地增多,仅靠在周边地区打土豪也不是解决问题的长久之计。

早在中共六大召开时,共产国际领导人就已经看到了这样的问题,他们当时曾经反对集中较大规模的红军,主张把武装分散在许多区域,对建立和保持农村根据地不抱幻想,正是因为他们"觉得在一个农民区域中,若集聚了那么多不生产的群众、红军,虽然他们再红些,再数倍的红,但他们终是些活的人,需要饮食的",他们必定会"是农民之一个很大的负担",难免要和农民"发生相当的误会"。所以布哈林当时即告诫中国的红军不要在一个地方久住,"经相当的时间再转一个地方,到这个地方住一些时,杀一杀土豪劣绅,吃一吃饭,喝一喝鸡汤,再到另外一个地方","照样的杀土豪,吃鸡,过了相当时间之后再前进"。② 然而,中国农村武装割据的成功,南方各个根据地的创立,乃至红军成建制后能生存下来并且发展起来,这些最终改变了共产国际领导人的看法。他们甚至开始相信走农村包围城市的道路是中国革命的一种特色,因而不惜根本改变以往的看法,下决心要在中国创造一种新的革命模式,先建立农村中的苏维埃政权,然后以这样一个新的政权来与统治阶级的中央政权"进行决战"。这种情况不能不使问题更加复杂化起来了。

1930年以后,共产国际以十分严厉的态度制止了以李立三为代表的中共中央企图发动全国暴动,夺取若干大城市的冒险计划。斯大林明确要求中共应集中力量发展红军,争取建立巩固的农村根据地。但是,他们同样急于在中国建立一个全国性的苏维埃中央政府,而这在相

---

① 参见《陆军第十六军第五十三师"剿匪"纪实》,载《江西党史资料》第19辑,237页。
② 《布哈林在中共六大上关于政治报告的结论》(1928年6月29日)。

当程度上仍旧说明，他们对中国革命形势的看法是过度乐观了。它显然没有意识到，中华苏维埃共和国的建立，会在很大程度上束缚住共产党人的思想和红军的手脚。过去，红军作战可以不受地域限制，不必死守一城一地，主动地由内线而外线，甚至进行游击作战。中华苏维埃共和国建立起来之后，这些苏区、根据地等等，实际上就成了苏维埃共和国现有的疆域和领土，作为党和国家的最高指挥者显然很难单纯从军事的角度去考虑应付国民党"围剿"的问题了，一切都不能不开始政治化了。红军的进退胜负，将不再只是军事问题或实力消长的问题，而将成为关系到整个国家命运的问题了。也就是说，中华苏维埃共和国的建立，不可避免地会使红军和根据地，特别是中央红军和中央苏区，逐渐地失去其原有的灵活和流动的特点，而被一种政治的和地理的抽象概念牢牢地束缚起来。不仅如此，国家概念的提出，还必然会激起共产党人进攻和决战的强烈心理，从而再度诱发苏维埃革命模式本身具有的那种激进的意识，对形势发展、敌我力量对比以及阶级关系的状况等等，发生过左的估计。

二 "进攻路线"的提出与实施

还在1931年6月，即中华苏维埃共和国尚未宣告成立之前，中共中央就已经在强调所谓"进攻路线"了。它在责令"江西中央苏区必须在八一以前开成全国苏维埃代表大会，成立中华苏维埃共和国中央临时政府"的同时，明显地开始主张改变此前红军军事上灵活的策略，要求红军必须"日益向外发展，日益扩大他的领域而威胁着中心城市"，必须致力于"击破敌人主力以至完全消灭他们"。它特别提醒说："即使红军在某些根据地受了一些挫折，或者敌人以极大部队压迫较小集团的红军，红军也不能远离根据地去躲避"，必须以坚壁清野和群众游击战争的方法来困扰敌人，抽调出红军主力"来给敌人以不及预料的反攻"。[①] 8月30日，当中共中央了解到"中央苏区至今还没有建立巩固

---

① 《中央给苏区各级党部及红军的训令》(1931年6月16日)，见《中共中央文件选集》第7卷，319—320页。

的根据地",红军"困于长期的内线作战,很困难的向外发展"时,依旧主张"红军在冲破三次'围剿'后,必须向外发展,必须占领一个两个顶大的城市";甚至提出:"愈因敌人进攻的激烈,愈显示出两个政权对抗意义的重大","必须有一群众的苏维埃政府来领导这一推翻帝国主义国民党统治的国内战争与发展土地革命"。而其解决军事危机的办法,却是"努力发展苏区内部的阶级斗争","组织群众的团结力量","尽量扩大和加强群众的自卫能力"。在他们看来,只有愈加紧苏区内部阶级斗争,"群众的发动力和团结力才愈加强",从而"使他们自动的去发展游击战争,阻碍敌人的前进";而只要群众都自觉地投身于革命战争了,就不愁打不败敌人。①

9月中旬,由于国民党广东、广西地方实力派联合发动讨蒋战争,日本关东军又在北方悍然攻占中国东北沈阳等地,蒋介石对红军的第三次"围剿"受挫而中止,中共中央更进一步充满幻想地开始提出革命与反革命的决战问题来了。中共中央认为:目前中国千百万劳苦群众的革命怒潮突飞猛进地发展着,全国革命的形势正在由不平衡走向平衡,"中国政治形势的中心的中心,是反革命与革命的决死的斗争";国民党已经再不能挽救他们的死运了,红军必须乘此机会"尽可能的把零碎的分散的苏区打成一片",并"在政治军事顺利的条件下,取得一两个中心的或次要的城市"。因此,中华苏维埃共和国刚一宣告建成,它就迫不及待地提出了所谓总决战的任务,强调争取一省数省首先胜利已成今天行动的总方针了。在此总方针之下,大江以南的中央苏区必须与湘赣边苏区打成一片,进而与湘鄂赣、赣东北两苏区密切联系起来;大江以北则应以鄂豫皖苏区为中心,使皖西北与鄂东苏区与鄂豫皖联成一片,并与鄂北鄂西密切联系,造成包围京汉路南段与威胁长江的整个局面。总之,"保守和等待,是苏维埃运动前进的罪人",必须最坚决地毫不畏惧地对于我们的敌人采取积极进攻的策略,"任何放弃现有根据地的企图应受到严厉的打击"。②

---

① 《中央给苏区中央局并红军总前委的指示信》(1931年8月30日),见《中共中央文件选集》第7卷,361—375页。
② 《中央给各苏区、各省委及红军各军政治委员的训令》(1931年12月4日)、《中央委员会为目前时局告同志书》(1931年12月11日)。两文见《中共中央文件选集》第7卷,535—543页,544—549页。

1931年6月以后,由于向忠发和共产国际远东局重要成员相继在上海被捕,中共中央主要领导成员纷纷隐蔽起来,中共中央的工作暂时靠各部联席会议来维持。8月间,远东局建议中央主要领导人周恩来、陈绍禹等转往中央苏区,①由生面孔另组临时中央,留在上海继续正常工作,故9月以后就产生了由远东局指定的以刚回国不久的留苏学生为主的临时中央政治局。牵头的秦邦宪(即博古)年仅24岁,除工人出身的卢福坦一人外,其他几人,如张闻天(即洛甫)、康生、陈云、李竹生等,也都相当年轻,缺少足够的工作经验,但充满革命的激情。

临时中央组成之际,恰逢世界资本主义经济危机恶果显露,而日本侵略中国东北,激起国内民众的强烈反日热潮,罢工、罢课、抵制日货、进京请愿、组织反日团体和宣传抗日主张的斗争风起云涌。世界资本主义经济空前衰退,苏联社会主义建设却蒸蒸日上。日本在这个时候发动侵略中国东北的战争,这不能不促使习惯于站在世界无产阶级的祖国——苏联立场上考虑问题的留苏学生们怀疑,"现在日本帝国主义实行占领中国东三省,不过是帝国主义进攻苏联计划之更进一步的实现",因为"苏联无产阶级专政日益巩固,社会主义建设得到空前的胜利,五年计划立刻就要完成,这对于帝国主义非常不利,而且含着极大的危险。各帝国主义都拼命计划想消灭苏联,以图挽救他们垂死的命运"。②而基于"中国各派国民党及各派军阀根本都是帝国主义的走狗"的观点,他们坚信:"要求投降帝国主义的国民党起来反对帝国主义,无异于向国民党引颈就戮。"国内反日运动导致民众不断与南京国民政府发生冲突,出现捣毁国民党南京市党部、殴伤国民政府外交部长王正廷等重要官员、一些大城市陷入混乱、蒋介石不得不宣布辞职下野的客观情势,这一切极大地激励了临时中央的领导人,他们由此得出结论,认为群众斗争已经"走上了直接反国民党的冲突","统治阶级的崩溃和革命危机的成熟"正在到来。因此,他们对建立中华苏维埃共和国来取代中华民国更具信心与热情,坚信:"只有苏维埃政府能够领导全

---

① 周恩来1931年12月进入中央苏区,陈绍禹因要求去苏联得到批准,后赴莫斯科,未去苏区。
② 《中国共产党为日本帝国主义强暴占领东三省事件宣言》(1931年9月20日),见《中共中央文件选集》第7卷,396—400页。

中国的革命民众,对帝国主义宣战,而取得中国民族的自由与独立。"①

正是由于从共产国际到临时中央在九一八事变后都是这样一种认识方法,因此,当1932年1月28日日军大举进犯中国的最大城市上海、国民党守军奋起抵抗之际,共产国际和临时中央却相信类似俄国十月革命那样的机会来了。因为,俄国的十月革命就是利用了民众对第一次世界大战期间俄国与德国之间的残酷战争的厌恶与反感,发动中心城市民众暴动而取得成功的。上海抗战一发生,共产国际马上就发来电报,主张立即在中国已有军事力量的各大工业城市,"首先在闸北、吴淞、上海与南京""创立革命军事委员会","逮捕国民党军队的投降的高级军官及卖国贼",进而组织全国的革命军事委员会,"起来推翻南京国民党政府,宣布自己为革命的民众政权"。②

根据共产国际的指示精神,临时中央开始积极在上海组织发动了对抗战士兵的宣传攻势,大量印发各种传单,并极力组织自己的义勇军,建立革命军事委员会。他们公开号召士兵"反抗国民党军阀的撤兵命令,枪毙反动的军官,持枪到闸北、吴淞、南市去,与民众一起继续与帝国主义决战到底"。③然而事实上,共产国际和临时中央的这一计划并未产生任何影响。"一·二八"事变期间,中共只组织到义勇军700人,有长短枪不足百枝,打入第19路军去做争取士兵工作的不过百人左右,且基本上只是在做运输物资和弹药的工作,并不能真正接近到前线和士兵。临时中央虽一度力图造成武装暴动,宣布建立苏维埃政权,提出派义勇军去闸北和南市抢夺武器,开展游击战争,最终都只是纸上谈兵而已。

中华苏维埃共和国的建立和"进攻路线"、决战思想的提出,显然进一步加剧了共产党人与国民党人之间你死我活的对抗心理。上海抗战刚一结束,中华苏维埃共和国临时中央政府就发表了对日宣战的宣言。

---

① 参见《中国共产党为日本帝国主义强暴占领东三省事件宣言》(1931年9月20日)及《中国共产党为反抗帝国主义、国民党一致压迫与屠杀中国革命民众宣言》(1931年10月12日),两文见《中共中央文件选集》第7卷,431—433页。
② 《共产国际政治秘书处致中共中央电》(1932年2月)。
③ 《请看!!! 反日战争如何能够胜利?》(1932年2月26日)及《中华苏维埃共和国临时中央政府告上海民众书》(1932年3月5日),两文见《中共中央文件选集》第8卷,142—145页。

宣言号召广大民众:"积极进行革命战争,夺取中心城市,来摧毁国民党的统治。"他们深信:"现在全国力量的对比,是已经与三次战争时不同了的,是更有利于红军的发展,有利于革命的。目前应该采取积极的进攻策略,消灭敌人的武力,扩大苏区,夺取一二中心城市,来发展革命的一省数省的胜利。"据此,苏区中央局作出决定,准备"坚决进行胜利的进攻,争取苏区的扩大,争取闽赣湘鄂苏区打成一片,争取中心城市——赣州、吉安、抚州、南昌与江西及其邻近省区的首先胜利"。①

然而,红军扩大苏区、攻打中心城市的计划尚未开始,随着上海抗战的结束,蒋介石又重新上台,并再度调集大军,开始策划第四次"围剿"了。

三 鄂豫皖及湘鄂西苏区的陷落

国民党第四次"围剿"的首要目标,是直接威胁武汉和平汉线的湘鄂西、湘鄂赣几块苏区。5月21日,蒋介石亲自就任鄂豫皖"剿匪"总司令,并亲自部署,严令中、左、右三路各军限期于6月底在安庆、武汉、浦口集结完毕,分头并进,步步为营。7月14日,蒋介石指挥以中央军为主的26个师5个旅约30万人发起"围剿"行动。8月10日,国民党中央军卫立煌第6纵队在河口地区与红军独立第1师接触后,即向红安方向急进。第二天该部及其所属李默庵、汤恩伯等部与红四方面军正面交手。13日,因形势不利,红军放弃红安转向七里坪。15日,国民党中央军陈继承第2纵队及其所属黄杰等部进至七里坪一带,遭遇红军全力抵抗,使黄杰师受到沉重打击,6名团长悉数伤亡。但17日卫立煌部由红安北出,与陈继承部形成夹击之势,红四方面军不得不再度转移。9月1日,国民党中央军张钫第1纵队与陈继承第2纵队靠拢由北向南,卫立煌第6纵队则由南向上,会攻鄂豫皖根据地的政治中心新集。经过数天激战后,为避免陷入敌之包围,张国焘决定亲率中央分局、鄂豫皖省委和省苏维埃政府等机关撤出新集地区,随红四方面军主

---

① 《中华苏维埃共和国临时中央政府宣布对日战争宣言》(1932年4月15日)、《中央给苏区中央局的指示电》(1932年5月20日)、《苏区中央局关于争取和完成江西及其邻近省区革命首先胜利的决议》(1932年6月27日),三文见《中共中央文件选集》第8卷,641—645、220—222页。

力经白雀园、余家集、挥旗山、汤家汇,向皖西之金家寨转移。

新集陷落后,国民党军第2、6纵队马不停蹄尾随追击,并以第1纵队在北面商城、苏仙石一线堵击。同时,国民党中央军王均纵队、上官云相纵队先后进占独山、麻埠、罗田、黄山等地。在国民党军前堵后追,苏区重要县、镇相继易手的情况下,张国焘不得不要求中央"紧急动员各区红军及工农群众急起策应"。对此,苏区中央局建议鄂豫皖苏区采取诱敌深入和运动战的战术,争取疲劳与分散敌人,在运动中选择敌人薄弱部分予以猛烈打击,力求各个击破。但是,鄂豫皖红军已经失去了可以依靠的大部分根据地,且处于国民党中央军各路纵队的分割包围之下,非跳到外线去已难以获得击破敌人的重大战机了。

9月底,红四方面军主力经东、西界岭南下,直趋英山县境,试图打击上官云相纵队,未能得手。10月上旬,红军辗转返回红安地区,8日在红安以西河口地区与国民党中央军胡宗南等部遭遇。激战2天之后,眼看陈继承部快速逼近,甚至马鸿逵也从北向南压来,中共鄂豫皖中央分局不得不召开会议,议决部队转移到外线作战。会后,在中央分局和红四方面军总部的率领下,红军第10、11、12、73师,外加一个少共国际团,共2万余人,于10月11日分左、右两路向西转移,于12日夜越过了平汉铁路,到达四姑墩地区,决定转向鄂豫边区休整待机。部队随后向西北方向的枣阳转进。不意至枣阳以南即遭遇国民党军李默庵、蒋伏生、萧之楚3个师外加罗启疆旅的追堵,红四方面军主力不得不于19日拂晓与之展开激战,20日突围至枣阳东之土桥铺,又遇国民党刘振华部据险阻断渡河点。在敌前后夹击的情况下,红四方面军主力突破了刘振华部的拦截,夺路进入河南境内,经新野、邓县进至淅川以南的宋湾。① 经过此役,鄂豫皖红军主力已无法在原有苏区立足,不

---

① 参见《中央局转发鄂豫皖分局关于四方面军在随枣地区与敌激战情形电》(1932年10月31日),见中国工农红军第四方面军战史编辑委员会:《中国工农红军第四方面军战史资料选编(鄂豫皖时期·下)》,695页,北京,解放军出版社,1993。中国工农红军第四方面军战史编辑委员会编写的《中国工农红军第四方面军战史》(解放军出版社1991年版)190—191页对红军这时在随枣地区作战情况的描写与此一电报及国民党军第44师战斗详报(见《中国工农红军第四方面军战史资料选编(附卷)》222—224页)所反映的情况有相当大的出入,作战对象和目的都有不同。因《战史》一书对这一史实的说明既未引证文献史料,亦未注明其说法之依据,而上述电文及国民党军所留战斗详报所述情形相同,故《战史》一书中的史实似未可尽信。

得不向西北转移,力求摆脱国民党中央军主力的追击。1932年12月,红四方面军由陕南翻过巴山天堑,进入川北,通过两河口,先后夺取了通江、南江和巴中县城,创立了新的川陕根据地,在成立了以旷继勋为主席的川陕省临时革命委员会之后,很快又于1933年2月7日召开了中共川陕省第一次党代表大会,并在会后召集了川陕省第一次工农兵代表大会,成立了以熊国炳为主席的川陕省苏维埃政府正式成立前的当地最高政权机关。

就在鄂豫皖苏区被国民党军打破的几乎同时,蒋介石还分兵向湘鄂西苏区发动了大举进攻,并很快就攻入到洪湖根据地的中心区域。到9月初,苏区大部分地区已告沦陷,仅伤病员就有2000多人成了俘虏。原本兵力不多的洪湖地区的红军在遭受严重损失后缩编为独立师向西北方向退却,退出了湘鄂西,在大洪山与红3军主力会合,经由豫西南、陕南,沿川鄂边境南下,历时两个多月转进到湘鄂边的鹤峰地区,暂时摆脱了国民党军的追击。

鄂豫皖苏区和湘鄂西苏区的陷落,彻底解除了苏区和红军对国民党在华中地区的统治,特别是对中心城市武汉和贯穿南北的重要交通线平汉铁路所构成的越来越严重的威胁。国民党军对鄂豫皖苏区和湘鄂西苏区的这次"围剿"能够成功,中共方面自身固然存在一些不足,如对敌估计不足,发动赤区群众反包围不够,发动白区士兵斗争的工作不够,开展游击战争不够,以及指挥不力等等,①但是,国民党方面第一次以中央军为主力来对红军作战,也是相当关键的原因。国民党中央军较之地方实力派的杂牌军的最大特点是训练正规,装备精良,火力强大,机动性好,还有空中支援,尤其是能够严格服从蒋介石的统一调度指挥。相比较之下,鄂豫皖红军这时主要是靠从地主土豪或国民党杂牌军手中夺取武器,一方面拥有的武器制式不一,长短不一,弹药自然

---

① 有关军事失败的原因,中共中央以及鄂豫皖分局等当时就有检讨。参见《中央局转发鄂豫皖分局关于未能冲破敌人包围的原因电》(1932年11月13日)、《中央局转发鄂豫皖分局关于未能冲破敌人包围的原因电》(1932年12月14日)、《中央给鄂豫皖省委的军事指令》(1933年3月10日)等。见《中国工农红军第四方面军战史资料选编(鄂豫皖时期·下)》,696、700、717—712页。

严重缺乏；①另一方面自动火器极少，除了每师有四五门迫击炮，有较大杀伤力的各种炮几乎没有，因此火力明显不强。再加上部队两年来战斗频繁，损补速度极快，系统训练跟不上，班、排战术运用和单兵作战技能的掌握不够，自然会造成部队整体战斗力不如国民党中央军。鄂豫皖红军后来在检讨时多次提到，在一些关键性战斗中，因为部队不能按计划拿下制高点或战略要点造成整个作战失利的情况，就与部队装备和火力欠缺、战术运用不佳有关。再加上国民党中央军从决定"围剿"开始，就首先抓紧构筑防御工事，不惜花大量金钱和时间来修筑公路，为部队配备性能好、马力大的汽车，同时训练部队适应甚至学习红军"小部队游击，大部队'包剿'，避重就轻，声东击西，诈退返攻，包抄后路，雨中袭击，夜间突击等（刊成专册非常严密的分给各部上级长官）"，②而在战术上蒋介石则要求部队每天推进距离"以八里十里为限"，步步为营，稳扎稳打，且互为犄角，鄂豫皖地区又主要为丘陵和平原，便于国民党军的机动，所有这些都明显地更增强了国民党中央军对付红军的作战力。

四 江西苏区第四次反"围剿"

与对鄂豫皖的"围剿"相对照，蒋介石对赣粤闽边的"围剿"却是又一次以失败而告终。

对鄂豫皖的"围剿"成功后，蒋介石陆续开始向闽赣边界的中央苏区周围调集重兵，准备展开对中央苏区的新一轮"围剿"。1933年2月，蒋介石先后任命陈诚、蔡廷锴、何键为赣粤闽边区"进剿"军中、左、右路总指挥，决定分三路再度对中央苏区进行"围剿"。这里主要是山区，照搬其在鄂豫皖的战术，要各部队平行推进、步步为营有一定难度，因此蒋介石的战术与以往三次"围剿"没有太大的区别，仍旧是三路并进，大胆深入。而有了鄂豫皖"围剿"成功的消息打气，担任中路的中央

---

① 鄂豫皖红军拥有的枪支数量不少，但第四次反"围剿"前却有上万枝枪没有子弹，就是因为枪支制式太杂，补充不易。参见前引《中央局转发鄂豫皖分局关于未能冲破敌人包围的原因电》。
② 《敌军在四次"围剿"时的有关情况》，见《中国工农红军第四方面军战史资料选编（鄂豫皖时期·下）》，715—716页。

军也是趾高气扬,不把红军放在眼里。

1933年2月12日,红一方面军应中共苏区中央局的要求,猛攻南丰城。此举吸引了陈诚的中路军,决心不等左、右两路深入,驰援南丰,与红一方面军展开决战。然而次日,负责指挥作战的朱德、周恩来迅速改变部署,把强攻南丰改为佯攻,而将主力秘密转移至敌援军前进方向的广昌以西的东韶、洛口和吴村一带隐蔽集结起来。当按照在黎川、建宁地区围歼红军计划大举开来的国民党第52、59师于26日推进到黄陂之际,红军出其不意,经过2天激战,几乎全歼该两师,两师师长李明、陈时骥被俘,李明因伤重身亡。蒋介石闻此噩耗,亦疾呼:"此乃为本军未有之惨事。"①

黄陂作战的严重失利,并没有改变陈诚要找红一方面军主力决战的决心。他很快重新调整了兵力,再向黄陂、东陂地区推进。占据黄陂、东陂地区后,更进一步向广昌方向挺进,想要逼迫红军主力与之决战。然而,由于山路限制了大部队的行进,陈诚指挥的前纵队挺进到广昌西北的甘竹、洽村一线后,后纵队却仍在东陂、徐庄、草台冈地区。这里地势险恶,道路崎岖,行进困难,走在前面的第11师到达草台冈、徐庄地区时,第9师和第59师余部却还在东陂,前后相距上百里,中间还隔着大山,不仅相互间极难策应和联系,其优良的武器和强大的火力也无从发挥。与此相反,这种情况倒是对装备落后,但熟悉地形地貌,又有民众支持的红军打一场伏击战极为有利。

3月20日,根据朱德、周恩来关于"采取迅雷手段,干脆消灭草台冈、徐庄附近之十一师,再突击东陂、五里排之敌"的命令,红一方面军对草台冈之敌展开攻击,消灭11师之大部,师长肖乾及2个旅长受重伤,3名团长被打死,数千官兵被俘。随即,朱德、周恩来命令部队"不惜一切疲劳乘夜消灭东陂敌人,以便打敌增援"②。当晚,红军乘夜追击,又消灭了肖乾师一部和东陂之第9师一小部。国民党第9师主力

---

① 《蒋委员长致陈诚总指挥等为我第五十二与五十九两师在固冈、霍源遭匪暗袭壮烈牺牲勖勉各将士奋勇复仇电》(1933年3月4日),见秦孝仪主编《中华民国重要史料初编——对日抗战时期》绪编(二),390页,台北,中国国民党中央委员会党史委员会,1981。

② 参见中共中央文献研究室编《朱德年谱(1886—1976)》(上),北京,中央文献出版社,2006年,第324—325页。

在该纵队总指挥罗卓英率领下,急忙回撤。已到甘竹准备回援的国民党军前纵队4个师也迅速退回南丰,转为守势。

国民党中央军在江西中央苏区惨遭挫败,很大程度上与其不熟悉山地作战却孤军突入、强行推进的傲慢心态和错误的战术有关。但十分明显,它也与国民党另外两路地方实力派军队不能积极呼应推进,使红一方面军可以不必顾虑另外两路的威胁,集中主力打击一路有关。当然,国民党中央军3个师严重受损,也不是蒋介石被迫停止对中央苏区进行第四次"围剿"的唯一原因。导致1933年3月国民党方面在对中央苏区的军事行动上改取守势的另一个原因,是因为日本关东军于1933年1月攻陷了山海关和临榆县城后,复于3月初占领了热河,引起全国震惊,蒋介石一面敦促主持北平军分会的张学良引咎辞职,一面于3月9日急忙从江西"剿共"前线赶去保定,紧急从华中向华北调兵遣将,力图沿长城一线调整布防,阻止日军进一步入侵。恰好这时又接到陈诚报告部队再度遇袭、损失惨重的消息,蒋介石顾首难顾尾,不得不电示何应钦等:"此次剿赤挫失,短时期内必难进展,且各将士皆屡求北上抗日,故无剿赤斗志,可否请商两广与闽先负剿赤任务,陈(诚)部仍在赣中堵剿,以期早日肃清,俾得一致对外也。"①

---

① 《蒋委员长致何应钦代委员长、黄绍竑参谋长告以各将士皆屡求北上抗日故无剿赤斗志请商两广与闽先负剿赤任务电》(1933年3月23日),见《中华民国重要史料初编——对日抗战时期》绪编(二),390—391页。

第三节 第五次反"围剿"失利与中华苏维埃共和国的消亡

一 蒋介石亲拟"围剿"新策略

1933年5月31日"塘沽协定"签字,6月5日武藤信义司令官下令关东军从关内撤兵。6月17日,以黄郛为委员长的行政院驻北平政务整理委员会正式成立,开始按照"塘沽协定"接收战区各地。7月1日,河北省政府华北战区接收委员会成立,于学忠为委员长,负责处理有关接收战区内的行政、警察、交通等事宜。至8月8日,日本陆军省宣布进入长城以内的关东军已全部开回长城线。8月22日,军事委员会北平分会委员长何应钦宣布接收战区工作大部完成。至此,国民政府所面临的日本南侵的危机迅速化解,获得了第三、四次"围剿"以来最为稳定的外部环境。再加上国民政府积极调整对外政策,与英、美等国加强联系,行政院副院长、财政部长宋子文于1933年4月开始长达半年的欧、美之行,并与美国订立了5 000万美元的棉、麦借款合同。国民政府同时向西方国家大量订购武器装备,在1933年和1934年两年间,购买军火费用达到6 000多万元。这些装备的到来,无疑极大地加强了国民党军的军事实力。蒋介石迅速把军事重心转向"剿共",特别是转向对南方中央苏区的大规模"围剿",实属必然。

"塘沽协定"签字不久,蒋介石就开始总结对鄂豫皖等苏区"围剿"成功的经验和对中央苏区"围剿"失利的教训。他认识到,对付红军单纯采取军事手段是不行的。国民党人早在第一次"围剿"失利后就发现:"匪区民众,久受赤化,所得我方消息,即行转告匪军。"①参加过第三次"围剿"的蔡廷锴也谈到过农民拥护红军的情况。他说:"地方群众在共党势力范围下,或逃亡,或随红军行动,欲雇挑夫固不可能,即寻向导带路亦无一人,至于侦探更一无所得,变成盲目。"②蒋介石这时也明白承认:"讲到军纪方面,土匪因为监督的方法很严,无论官兵,纪律还是很好,所以在战场上能勇敢作战,而对于匪区一般民众,还是不十分骚扰。我们的情形老实说起来,是不如他们!"③因此,这时国民党人已经一致认识到与共产党争夺农民的必要性,承认:"现匪军之所谓战斗员,苏区农民,几占十分之七八,彼等皆被伪政府所欺骗利诱,即每人或分有田地,或惑于所谓'红军眷属优待条例',故在匪军中较为坚决可靠。"④

据此,蒋介石开始明确地提出"剿匪"必须实行"三分军事,七分政治"的方针。因为"军队与政治、社会、经济是密切相关,而不容分割的","我们一方面要发挥军事的力量,来摧毁土匪的武力;一方面更加加倍地运用种种方法,积极地来摧毁土匪所有的组织,及在民众中一切潜力,尤其是匪化的心理,更应设法变更。故须积极地组织并武装民众以树立我们在民众中实质的基础,尤其是要教化一般民众,使他们能倾向我们的主义,以巩固我们在民众中精神的壁垒"。⑤

蒋介石"三分军事,七分政治"方针的工作要点是:(1)凡军事推进之处,政治、社会、教育,甚至产业,统统要军事化,要以军队的精神去办理一切,受军事计划所支配,使军队成为当地政治和社会的核心或主体,一切受它支配、指导、掌握、负责,使军队的精神和组织普及整个社会,达到军事化的目的。(2)党政军要相辅为用,设立统一机构,共同一致,通力合作,在军队的推动下,互相促进,同时并进。(3)在军事区

---

① 《关于第一次赣南围剿之经过情形》,见《中华民国史档案资料汇编》第5辑第1编军事(3),50页,南京,江苏古籍出版社,1998。
② 蔡廷锴:《蔡廷锴自传》上,245页,哈尔滨,黑龙江人民出版社,1982。
③ 蒋介石:《剿匪技能之研究》,见《先"总统"蒋公全集》第1册,674页,台北,"中国文化大学"出版部,1984。
④ 《赣粤闽湘鄂北路剿匪军第三路军五次进剿战史》上,57页,第三路军总司令部,1935。
⑤ 蒋介石:《革命成败的机势与建设工作的方法》(1933年11月14日),见《先"总统"蒋公思想言论总集》第11卷,614—615页,台北,中国国民党中央委员会党史委员会编印,1984。

域内，所有党部均须秘密化。(4)由各师党部负责社会调查，每到一地必须立即认真进行，由军队协助当地政府，调查户口，办理保甲，整顿地方团队；由军队供给武器，训练军事，务须平时能执行宪兵警察之职务，以保卫地方的治安，战时而为国家之征兵。(5)由各师党部遵照《农村土地处置条例》《农村合作社组织条例》等，宣传二五减租，办理土地登记，组设农村合作社等，推行农村改良的各种措施。(6)由军队党部人员会同县长，负责采办民食，办理平籴，发放医药，实施救济，组织感化等，以转化民众心理。(7)广泛开展反共政治宣传，利用新闻、书刊及组织"剿共宣传周"等各种方式，以文化"围剿"强化政治"剿共"。(8)根据行营颁布的《剿匪区内招抚投诚赤匪暂行办法》《胁从与自新分子办法纲要》等，由各师党部会同县政府、区公所办理"自新自首"，除行营或省设感化院外，各部队设临时战地投诚俘虏收容所，地方设感化班、劳动团，以推行心理瓦解战术。①

除上述要点外，国民党军政当局还针对苏区大大强化了保甲组织和对苏区的封锁政策。一方面做到一人通"匪"全家同罪，一家为"匪"全甲同罪；另一方面设立粮食管理处、食盐煤油管理所和交通管理处，颁布了《封锁匪区办法》《匪区食盐、火油、药材、电器封锁办法》《粮食统制办法》等十余种法令，利用碉堡和公路组成的封锁网，由各路军总司令、总指挥、纵队司令，对封锁区内粮食、食盐、煤油、中西药品、布匹、燃料和军用品等物资，依据"全匪区""半匪区""邻匪区"之不同，厉行统制或禁运。具体办法即以官督商办为原则，由县、区、联保主任及士绅组织各级公卖委员会，下设公卖处，负责购进、运销事宜。凡无运输凭证，偷运或"济匪"者，轻则没收物资，判处徒刑，重则处以死刑。这一政策的基本目的，就是必使苏区群众不能接济红军，且"无粒米勺水之接济，无蚍蜉蚁蚁之通报"。蒋介石深信："匪区数年以来，农村受长期之扰乱，人民无喘息之余地，实已十室九空，倘再予以严密封锁，使其交通物质，两相断绝，则内无生产，外无接济，既不得活动，又不能鼠窜，困守一

---

① 蒋介石：《推进剿匪区域政治工作的要点》(1933年6月12日)，见《先"总统"蒋公思想言论总集》第11卷，234—238页。

隅,束手待毙。"①

蒋介石这一策略的确产生了明显的效果。以食盐为例,中央苏区1929—1932年人均年食盐消费量在12市斤,即192两上下,1933年底已骤减至2.4市斤,即38两,1934年8月更骤减至0.75市斤,即12两(当时1市斤为16两——作者注)②。这意味着每人每月只能吃到1两盐,1个月里大多数时间完全吃不到盐。这对红军的战斗力不能不产生重大的影响。

二 第五次"围剿"战争打响

在军事方面,蒋介石特别注重各部队之间的相互协调统一。为此,他特地从7月开始在江西庐山开办了陆军军官训练团,分期分批训练中级以上军官。这是因为,他相信,"从前剿匪剿不了,并不是我们武力不够,而是我们精神不良",故必须加强战斗精神、团结精神的教育。这一做法也确实加强了各部队军官相互间的了解和沟通。黄绍竑即认为:这一训练使"各人的精神思想,和所表现的仪容、态度、动作,比两星期以前,完全不同了",各派别、各系统的军官们朝夕相处和交流,也在相当程度上"把眼前畛域派别的观念,和频年交相火并的宿怨前隙,不期然而然的消弭泯灭"。③

江西、福建的中央苏区多山地,与鄂豫皖苏区有所不同。蒋介石基于以往进攻部队"长驱直入""分进合击"的战术容易被红军利用地形各个击破的教训,在德国高级军事顾问的帮助下,制定了"战略攻势,战术守势","步步为营,处处建堡,匪来我守,匪去我追,逐步推进",稳扎稳打,"不先找匪之主力,应以占领匪必争之要地为目的"的新战法。这一战法强调"以静制动",强调"严密封锁,发展交通,稳扎稳打,注重游击,居于主动"。具体说来,就是要求部队战略上固然以攻为主,但战术上

---

① 国民政府军事委员会委员长南昌行营:《处理剿匪省份政治工作报告》(下),1—2页,南昌行营1934年印行。
② 参见毛泽东《上杭才溪乡的苏维埃工作(续)》,载《斗争》第48期,1934年2月23日;《开始发展着的熬盐运动》,载《红色中华》第226期,1934年8月15日;《兴国熬盐运动的成绩》,载《红色中华》第238期,1934年9月26日。
③ 广西文史研究馆编:《黄绍竑回忆录》,332页,南宁,广西人民出版社,1991。

占领一地后不是迅速推进,而是要在构筑严密工事和碉堡的同时,坚持"侦察、探索、警戒、联络、掩护、观测"六大步骤,再向前推进。通过这种缓慢但有效的占领方式,压缩红军作战区域,限制红军活动空间,迫使红军陷入打资源、拼消耗、比人力的持久战中。利用国民党军在资源和人力方面的绝对优势,一步步挤压红军,削弱红军,逼使红军主力出来决战。国民党军主攻部队第3路军作战方针就明确规定:"本路军以消耗战之目的,采断绝赤区脉络、限制匪之流窜、打破其游击战术、封锁围进之策略……步步为营,处处筑碉,匪来我守,匪去我进。"蒋介石对筑堡非常重视,再三强调"清剿各部到处以修碉筑堡为惟一要务"。① 他硬性规定"每星期一连必须添筑一个以上之碉堡","封锁碉堡群之间隔,不得过二里以上"。任何因循玩忽,"查出定以军法从事,决不姑宽"。且在战略必争之地,还要建立碉堡群,既要构筑主要碉堡,在主要碉堡之间及其前后,还要构筑众多小堡,形成梅花式的相互支持的碉堡群。为了切实筑好碉堡,南昌行营还特地印刷出版了《碉塞图说》,要求前线各地各部队按图建堡。据统计,整个第五次"围剿"过程中,国民党军建筑各种碉堡达14 294座。利用这些碉堡,实施严密封锁、步步为营的战术,在这场战争中产生了相当的作用。有稳扎稳打的战术指导,再加上精良的装备和强大的火力,这些都使国民党军在第五次"围剿"中占据了极大的优势。

关于装备和火力的优势,可以从当年红军的指挥员的说法中一窥究竟。据粟裕回忆第五次反"围剿"作战中部队头一次遭遇到国民党军队装备的装甲车时的情景,就很说明问题。他说:"十九师是红七军团的主力,战斗力强,擅长打野战,但没有见到过装甲车……部队一见到两个铁家伙打着机枪冲过来,就手足无措,一个师的阵地硬是被两辆装甲车冲垮。"② 红军两个主要军团的指挥者彭德怀和林彪也都注意到:"蒋军在第五次'围剿'时,技术装备比以往几次有所加强。"③"每连有多至六挺的机关枪,至少也有一挺。我们在敌机枪下除非不接近,一接

---

① 《蒋介石致贺国光电》(1933年7月28日),见《中华民国重要史料初编——对日抗战时期》绪编(二),391页。
② 粟裕:《粟裕战争回忆录》,103—104页,北京,解放军出版社,1988。
③ 彭德怀:《彭德怀自述》,188页,北京,人民出版社,1981。

近一冲就是伤亡一大堆。"①比较而言,红军的装备就差得多了。以往红军主要是靠夺取国民党军的武器弹药装备自己。第五次反"围剿"中夺取国民党军武器弹药十分不易,结果只好靠自己的兵工厂生产弹药。而因为红军的兵工厂技术较差,生产出来的子弹多数不能用。即使是能用的子弹,因为"装的是土造的硝盐,是从厕所墙壁上刮下来的尿碱熬成的,燃烧速度慢,动力不足。弹丸是用电线拧成的一坨铁蛋蛋,不能啮合膛线,初速很低,所以打出去之后在空中折跟斗"。② 随着战争的持久进行,红军作战物资消耗严重,枪械、弹药供给越来越困难,以致国民党方面在1934年时发现,作为红军主力的"一师每连仅有士兵三四十名,子弹每枪约六七排,都是土造,连续射击不得超过五发,以上则炸裂";③福建方面一些地方红军更是枪弹缺乏,"多持标枪扁担"。

蒋介石为发动第五次"围剿",先后调集了69个师9个旅,总兵力在50万人左右。直接用于"进剿"中央苏区的有55个师7个旅,远远超过前四次"围剿"的兵力投入。其部署分为北、西、南三路大军,以北路为主攻部队。北路军总司令顾祝同,前敌总指挥蒋鼎文,指挥33个师、3个旅,下辖第1、2、3军及浙、闽、赣边区警备区。其第1路军总指挥由顾祝同兼,副总指挥刘兴,辖4个师、1个骑兵旅及1个纵队,再加税警总团等;第2路军总指挥由蒋鼎文兼,副总指挥汤恩伯,辖2个纵队、1个预备队,共6个师及1个补充团;第3路军总指挥由陈诚兼,副总指挥薛岳,辖3个纵队及1个守备队,共18个师及1个补充旅。此为"围剿"军之主力。何键的西路军和陈济棠的南路军,则基本上取守势,担任防堵红军向西、向南突围的任务。

北路军的部署则以一部构筑金溪、崇仁、新淦、吉水、乐安、宜黄一带的碉堡线,防止红军北进,并相机向古龙冈方向推进,策应作战。主力集中于南城、南丰、黎川之间地区,构筑碉堡封锁线,逐步向广昌、宁都方向渐次推进。另以一部控制于赣江两岸之安福、吉安、万安、遂川一带,协同西路军"围剿"湘赣边的红军。

---

① 林彪:《关于作战指挥和战略战术问题给军委的信》,1934年4月3日。
② 耿飚:《耿飚回忆录》(上),146页,南京,江苏人民出版社,1998。
③ 汤恩伯1934年5月11日致蒋鼎文电,见《中华民国史档案资料汇编》第5辑第1编军事(4),190页。

按照蒋介石的计划,国民党第五次"围剿"应于1933年10月中旬开始,故他明令各部队务必在10月中旬集结完毕。但实际上,还在9月25日,已经完成集结的第3路军陈诚所部已率先开始向苏区推进。28日,国民党"围剿"军3个师从南城、硝石向仅有少量红军兵力驻守的黎川发动进攻,闽赣军区司令员萧劲光率教导队迅速撤出黎川,退至60里外的溪口。中共中革军委为收复黎川,下令彭德怀率领的东方军进攻硝石、资溪桥和黎川之敌,命令中央军主力由永丰、乐安地区东移,攻击并牵制南城、南丰之敌。10月7日,东方军在向硝石推进的途中,与国民党"围剿"军在洵口激战,至10日战斗结束,取得了胜利。随即红军第3、5、7军团受命进攻硝石,试图切断黎川与南城方向国民党军队之间的联系。但连战数日,未能寸进。红军也没有能够阻止住南城方向国民党军队向东推进。彭德怀因此不得不率部很快停止了对硝石的进攻,回到了洵口、莲塘一线。随后,中共中革军委又下令红军主力进到抚河以东,想要在资溪桥地区与国民党军展开决战。结果是连攻数日,不仅没有占领资溪桥,红军相反遭到国民党军堡垒火力和空中轰炸的沉重打击,损失巨大。至10月26日,部队不得不撤离战场。

三 中央红军初战失利

红军在反第五次"围剿"战争之初即在军事上陷于被动,关于这一点,红军前线指挥员已经有所认识。硝石作战失利后,彭德怀就注意到国民党军堡垒战术的厉害。他说:"当时黎川驻敌三四个师,南城、南丰各约三个师,硝石在这三点之间,各隔三四十里,处在敌军堡垒群之中心。我转入敌堡垒群纵深之中,完全失去机动余地,几乎被敌歼灭。"[①] 然而,中革军委对此似乎并没有十分在意,它甚至并没有认识到中央苏区已经到了生死存亡的关头。11月20日,福建事变发生,蒋介石被迫改变军事部署,将北路军1/3的主力调离江西前线,进入福建进攻第1路军,对中央苏区的"围剿"尚未正式展开便告停顿,这可以说是红军打破蒋介石第五次"围剿"的几乎惟一的重要机遇了。但中革军委却对此

---

① 《彭德怀自述》,185页。

无动于衷,丝毫没有采取援助第19路军的任何想法,还一度考虑把红军主力调去西线扩大苏区,全不在乎一心想要和红军共同作战的第19路军的失败。结果,1934年1月第19路军在军事上失败后,蒋介石迅速在福建成立了以蒋鼎文为总司令的东路军,不仅完成了对中央苏区的四面合围,而且更加逼近中央苏区的核心区域。

在这样一种形势下,中共临时中央政治局对军事形势依旧缺乏足够的估计。1934年1月15日,临时中央在瑞金召开了中共六届五中全会,照旧坚持其"进攻路线"和"两个中国命运决战"的口号。会议根据共产国际的提议,增补了毛泽东为政治局委员,却按照临时中央负责人博古等人的意见,在随后召开的中华苏维埃共和国第二次代表大会上,将毛泽东从人民委员会主席(即中央人民政府主席)的职务上拉了下来,只保留了没有实权的中央执行委员会主席的职务,而将人民委员会主席的职务给了从莫斯科回来的留苏学生张闻天。中革军委主席仍由朱德担任,周恩来、王稼祥任副主席。不过,按照"党指挥枪"的原则,军事上的最高指挥权还是控制在临时中央政治局负责人的手中,实际上也就是控制在博古的手中。由于博古从苏联留学回国不久,又刚刚进入中央苏区,对军事一窍不通,因此1933年10月由共产国际选派进入中央苏区担任军事顾问的德国人李德,便成了博古在军事上的指导者。中央红军第五次反"围剿"战争,在很大程度上其实也就是在这位德国人的指挥之下展开的。然而,这个只参加过几个月德国城市巷战,在苏联普通军校学习过的德国人对中国战争和中国军队的特点、对长期利用地形地貌和群众支持,凭借着游击战术取胜的苏区红军作战的特点,同样也是一窍不通。按照从军校学到的军事条例指挥只擅长游击战或游击运动战的红军,与同样有着德国顾问战术指导的国民党正规军作战,即使不考虑装备、训练和兵力上的种种差距,这场仗也注定了难有胜算。

1934年2月以后,蒋介石重新开始组织对中央苏区的"围剿"战争。随着国民党军步步推进,坚持"御敌于国门之外"的红军主力很快便被压缩在越来越小的范围内,不得不与国民党军拼消耗了。与国民党军拼消耗的结果,首先在人力资源上就使自己陷入了一条死胡同。

作为全国广大区域的控制者，国民党进行持久战消耗的人力资源和兵力来源可保无忧，而中央苏区本身地域有限，且位于人口稀少的山区，总人口最多时也不足300万人。经过多年向红军输送兵员后，1933年初苏区中央局估计"尚有七十万壮丁"。① 接着，1933年5至7月，扩大红军约5万人，1933年8月至1934年7月中旬又扩大红军数达到11.2万多人，②总计约16万人，已占到可征召壮年男子的近1/4。其中还不包括各级政权工作人员、工厂工人、前后方夫役以及不能加入部队的地主、富农分子等。如果算上频繁战争导致的农民外逃及"反水"情况的发生，苏区内大部分可以参加红军的青壮男子实际都已被征发。从毛泽东1933年底对长冈乡、才溪乡的典型调查中，也能清楚地了解到，即使在苏区较核心的区域，以农村中男劳力占人口比例为25%左右计，其中出外当红军、做工作者也已占到70%—88%左右，健康的男劳力基本上已经被抽光了。③

战争打到这种程度，已经形成了一种恶性循环。1934年4月的广昌保卫战，红军主力第1、3、5军团4万余人，一战就损失了5 000人。8月高虎垴、高兴圩战斗，第1、3军团又损失了约2 000人。战争越打越残酷，规模越来越大，自然就越需要"扩红"；而"扩红"越多，苏区内部的矛盾和危机也就变得越发严重。这是因为无限制的"扩红"必然造成后方劳力匮乏，本来应当优待的红军家属日渐窘困，土地弃耕和缺粮者，包括逃亡者比比皆是，反过来又严重影响到前方将士的士气，使本来就十分困难的"扩红"工作更加困难。

除兵员问题以外，在战争和被封锁的情况下，中央苏区的物质资源更加困难。第五次"围剿"开始后，苏区区域日渐压缩，兵员却仍在不断增加，到1933年底，红军及政府机关粮食不够供给的问题就已成为严重问题。为应付严重的粮食问题，1933年12月，苏维埃中央决定成立粮食人民部，专门处理粮食问题，收集粮食被提到"国内战争中一个残酷的阶级斗争"的高度。于是，强行摊派甚至逼粮的情况屡有发生。

---

① 亮平：《纪念五一论红军建设中当前的几个重要问题》，载《斗争》第10期，1933年5月1日。
② 《一年来扩大红军的统计》，见《红星报》第54期，1934年7月22日。
③ 毛泽东：《才溪乡调查》，见《毛泽东农村调查文集》，342页，北京，人民出版社，1982。

四　查田运动加剧民心背离

但是,更为严重的还在于从上海来的临时中央政治局领导人这时在中央苏区逐渐掌握了控制权,推行了一系列过左的社会、政治、经济政策,极大地损害了中共政权与民众间的关系。这里最突出的一个例子就是查田运动。查田运动开始前,中央苏区清查出的地主、富农人口数已占到总人口的7%左右。① 临时中央政治局领导人到来后,认定中央苏区原来开展的土地革命犯有富农路线错误,相信中央苏区还存在大量隐藏的地主、富农分子,要求广泛开展查田运动,严厉清查"那些冒称中农贫农分得土地的地主富农分子"。② 由于苏区的土地关系并非如临时中央设想的那样复杂,查田运动一展开,就不可避免地出现了严重侵害中农乃至贫农利益、扩大打击面的偏向。"一人在革命前若干年甚至十几年请过长工的,也把他当作富农","把稍为放点债,收点租,而大部分靠出卖劳动力为一家生活来源的工人当地主打","建宁的城市、里心、安仁等区,共计中农、贫农被误打成土豪的有五十余家"。1933年底,鉴于运动出现的严重偏差,毛泽东曾主持过纠偏工作。但这一纠偏工作很快被作为右倾受到批判,在"右倾机会主义是目前的主要危险"的判断下,侵害中农和乱划成分现象继续发展。大批中农不可避免地被划为富农或小地主,造成人人自危,因此"拼命吃穿,不想扩大生产",甚至连田也宁肯荒掉。

在这种情况下,民心的向背出现了转变。过去,苏区的土地政策等吸引着大量苏区以外的贫苦农民跑到苏区来谋生,如今却开始出现苏区群众大批出走的现象。早在查田运动大规模展开的开始阶段,一些地区就出现了逃跑问题,如江西胜利县马安石、仙霞观、河田、曲洋区"一部分劳苦群众逃往赣州"。赣县长洛、大埠、白露、良口、大田等区

---

① 1933年,会昌全县总人口206866人,其中地主、富农人口13828人,占总人口近7%(参见《会昌查田运动进行情况》,载《红色中华》第106期,1933年8月31日);胜利县总人口10万人左右,地主、富农有1454家,约合7000人左右,也占7%(参见王观澜《胜利县继续开展查田运动经验》,载《斗争》第61期,1934年5月26日)。

② 《中央政府通告召集八县区以上苏维埃负责人会议及八县贫农团代表大会》,见《红色中华》第85期,1933年6月14日。

"少数群众逃到白区"。随着运动进一步展开,触犯中农、贫农的运动扩大化现象加剧,逃跑面迅速扩大。雩都(今于都)"在查田运动中发生很多侵犯中农……致被地主富农反革命用来煽惑群众向白区逃跑(小溪等地发生几百人跑往白区)",①万泰县窑下区郭埠乡不顾贫农团会议许多人反对,强行将一人划为富农,结果两三天内群众"就走了一大批"。由于该县普遍存在"工作人员乱打土豪,把贫农中农当做地主富农"的问题,群众逃跑现象十分严重,"塘上区有群众约六千人,逃跑的在二千人以上"。②西江县"赤鹅、洛口、庄埠等地都发生了反水的事件"。一时,苏区不少地区都出现"成群结队整村整乡"逃跑的情况。到1934年5、6月份,这种现象才有所缓和。

除了查田运动造成农村的普遍紧张外,肃反工作更是极大地影响到苏区的各个阶层。经过查田运动,地主、富农人口在中央苏区已经普遍上升到总人口的10%以上,加上被作为打击对象的商人、资本家及其代理人、宗教人士、阶级异己分子、反革命、刀团匪,所谓敌对力量的人员空前庞大。在战争形势下,临时中央更加担心堡垒从内部被攻破,因此对查找内部敌人更为热心,认定:"在我们党与苏维埃机关内埋伏着的'坏蛋'不在少数。"③在这种思想的指导下,1934年5月,西江县在"下半月短短的半个月中,即捕获了几百名反革命分子,只判处死刑的即有二三百名(城市区在红五月中共杀了三十二名反革命,破获了AB团、暗杀团、铲共团、社民党、保安会的组织,共捉了四个暗杀团长、两个AB团长、数十名连长、排长、宣传队长等)"。④西江是人口仅数万人的小县,半月内即出现如此之多的形形色色的"反革命"和反革命组织,这本身已极不正常,而这种做法还作为正面典型受到鼓励。闽赣省裁判部的钟光来甚至"把裁判部犯人大批的不分轻重的乱杀一顿";在由樟村退往石城途中,更是"沿途格杀群众"。⑤关于这种情况,就连人民委员会主席张闻天也不能不承认:"一些地方,赤色恐怖变成了乱捉乱

---

① 项英:《雩都检举的情形和经过》,载《红色中华》第168期,1934年3月29日。
② 陈寿昌:《万泰工作的转变在哪里?》,载《斗争》第39期,1933年12月19日。
③ 张闻天:《对于我们的阶级敌人,只有仇恨,没有宽恕》,载《红色中华》第193期,1934年5月25日。
④ 《西江县——红五月扩红突击中的第二名》,载《红色中华》第199期,1934年6月7日。
⑤ 《闽赣省枪毙反革命首领两只》,载《红色中华》第180期,1934年4月26日。

杀……在一些同志中间正在形成'杀错一两个不要紧'或者'杀得愈多愈好'的理论。"①这样一种查田运动及肃反斗争,不能不影响到中共与群众间原有的良好关系。一些过去积极拥护红军和苏维埃政府的农民,开始对国民党组织的民团武装的侵入无动于衷了,致使这些民团组织"敢长驱直入的到四边围绕有赤区的区政府捉人、缴枪"。②

五 反"围剿"战争终告失败

中央苏区的这种情况,固然有临时中央政策上的种种原因,但客观上敌我力量对比过于悬殊,战争环境的持续恶化,也是不可忽视的原因。正如当年有报纸所评论的:"共党占地,首重分粮分田,故贫民趋之,然战斗无已,生产不兴,粮尽后则如何?此事实问题也。是以共党之飘忽不定,不久守城邑者,非特军事上之避冲,实因根本不可久守。故中国现在之经济环境下,共党苟非久占一富源雄厚区域,外无战事,内有建设,则其势力不足久支,久则穷矣。"③这种看法虽嫌过于简单武断,但其说确实抓住了红军及苏区生存的两大要件,即土地政策和游击战争。前者使红军在贫苦农民中得以立稳脚跟,获得兵员及政治上、物力上的种种支持;后者则可借灵活机动的战略战术避免强敌所击,同时通过打土豪及四处筹款的办法来维持战争所需,不致过分挤压苏区的农民。固守一地,不论所在富庶与否,在敌我各方面实力相距甚远的情况下,即使没有临时中央的极左政策,也难免造成竭泽而渔、殊求无已、生产不兴,最后走向人心恐慌的局面。

不仅如此,苏区和红军的存在,在当时的条件下,无疑还必须利用毛泽东所强调的地理上远离中心城市的这一特点,并借助于国民党地方实力派长期割据一方的特殊国情。然而,临时中央对此全无清醒的认识。它不了解,闽、赣、湘、鄂几省交界地区的苏区虽位于几省偏远地带,但仍属于中国心脏地区,其稍一发展扩大,便不可避免地会威胁到国民政府统治下的主要中心城市和交通要道,从而引发国民党军的持

---

① 张闻天:《反对小资产阶级的极左主义》,载《斗争》第67期,1934年7月10日。
② 童小鹏:《军中日记》,41页,北京,解放军出版社,1986。
③ 1932年7月1日天津《大公报》。

续"围剿"。由于国民党方面志在必得,战争自然越打越大,结果是红军势必要不断扩充以应付战争的需要,苏区自然也要不断扩大才能满足红军在人力和物资等方面的基本需求。而苏区越扩大,必然就越接近交通干线和中心城市,从而越发加剧国民党的恐惧,使战争进一步扩大和残酷。在这种情况下,保存红军的基本办法,只能像毛泽东所建议的那样,不怕打烂坛坛罐罐,不拘泥于一城一地的得失,采用机动灵活的战术,大胆地由内线跳到外线去,用游击战的方式来和国民党军进行周旋。但是,临时中央却不可能这样考虑问题,因为中华苏维埃共和国的建立,已经使单纯的军事问题变成复杂的政治问题了,红军的进退胜负,已经成为关系到整个国家领土和命运的大问题。在临时中央领导人的眼睛里,中央苏区和中央红军实际上已经成为一种地理的和政治的符号,丝毫没有流动的可能。再加上其政治上生怕越雷池半步,绝不敢利用国民党内部的矛盾,外拒友邻,为丛驱雀,最后走到捉襟见肘、内囊掏尽、根据地面积不断缩减、红色政权无法立足的境地。

1934年夏天,中央苏区已经被国民党军压缩到只有不足7个县的范围了。红军更是"吃没吃的,穿没穿的,打仗缺乏弹药,加上长期转战,部队得不到休整,个个都像叫花子一样"。[①] 共产国际驻上海的军事顾问弗雷德不得不向莫斯科请示,要求中央红军实施战略转移。在得到莫斯科的首肯之后,红7军团首先受命以北上抗日先遣队的名义向东经福州北上赣东北,会合红10军,组成10军团,挺进浙皖赣边,开辟新苏区,试图以此来调动国民党"围剿"军主力回援,以减轻其对苏区核心区域的挤压。随后,为开辟西进通道,湘赣边的红6军团亦受命向西突围,在湘西地区建立新的根据地或游击区,以便为中央红军西去创造条件。在秘密完成了一系列准备之后,10月中旬的一个夜晚,中共中央和红军总部率领红军主力及后方机关共8.6万人,从瑞金及其周边地区悄悄向西潜去。随着这些曾经掌握着数百万人命运的政治家和挑在担子上、驮在马背上的银行、医院、印刷厂等渐渐远去,中央红军也由此迈出了万里长征的第一步。

---

① 王平:《王平回忆录》,52页,北京,解放军出版社,1992。

第四节　遵义会议与红军的万里长征

一　中央红军西进受挫

中央红军开始长征时共有5个军团12个师36个团,加上中央机关人员,合计8.6万人左右。① 红1军团军团长林彪,政委聂荣臻,参谋长左权,政治部主任朱瑞,下辖第1、2、15三个师;红3军团军团长彭德怀,政委杨尚昆,参谋长邓萍,政治部主任袁国平,下辖第4、5、6三个师;红5军团军团长董振堂,政委李卓然,参谋长刘伯承,政治部主任曾日三,下辖第13、34两个师;红8军团军团长周昆,政委黄甦,参谋长唐浚,政治部主任罗荣桓,下辖第21、23两个师;红9军团军团长罗炳辉,政委蔡树藩,参谋长郭天民,政治部主任黄火星,下辖第3、22两个师。中革军委主席朱德,副主席周恩来、王稼祥;红军总司令朱德,总政委周恩来,总政治部主任王稼祥。中革军委及直属单位编为两个野战纵队,军委第1纵队以叶剑英为司令员,参谋长钟伟剑;军委第2纵队以罗迈(李维汉)为司令员,邓发为副司令员。中央纵队1.47万人基本上是中共中央及其苏维埃机关的非战斗人员,博古、李德、张闻天以及毛泽东等在内。

红军长征并不是计划好的,最初也没有想到会历时一年、跋涉一两万里之遥。中央红军最初想要落脚的,其实是湘西,然后是川、黔边,再

---

① 参见黄少群《中央红军长征出发时间、地点及人数的考订》,《历史教学》1985年第11期;薛宗耀《中央红军长征出发时到底有多少人质疑》,《党史资料与研究》1986年第1期。

后是四川,以后是川、陕、甘边,完全没有想到会去后来西北的陕、甘边。这里讲的西南,主要指的就是云南、贵州、四川、西康等几个边远的省区。这一带不仅山多路险、交通不便,而且多数地区物质条件差,少数民族多,再加上地方势力盘根错节,以致近代以来历届中央政府几乎都不能对那里实行有效的统治。红军退向西南,就是注意到在靠近中国政治、经济、文化中心的南方各省无法坚持,而国民政府又无力统治西南。红军最初辗转进至西南数省,也是不得已的一种选择。

其实,还在1930年,斯大林就在与周恩来等人的谈话当中提出过,中国红军应当往中国的西南方向发展。他当时就已经注意到苏区和红军距离南京、武汉这些中心城市太近,应当找到一块远离中国心脏地区,同时物资和人力资源充足的地区来作自己的战略根据地,然后再据此逐步向外扩展。因此,斯大林很看重中国西南的四川盆地,认为"有四川那样大的一块地方就有办法"。也正是根据斯大林的这个意见,当1933年初共产国际得知鄂豫皖红军主力反"围剿"失利、离开鄂豫皖,由甘南转入川北之后,即明确电告中共临时中央称:"我们对四方面军主力转入四川的评价是肯定的。"①

四川地处西南,四面环山,其中心是一块大约6 000平方公里的巨大盆地,人口众多,物产丰富,向有"天府之国"的说法。由于四川与外界的交通,除了秦岭与大巴山让人望而生畏的险关隘路之外,就是遍布急流险滩的滚滚长江,因此,占领了四川,不仅进可攻,退可守,而且因远离南京、武汉,对南京国民政府威胁不大,也不致长年累月地使红军陷于战争之中,理论上确是红军生存发展的好地方。何况,这时鄂豫皖红军已经在川北扎下根来,建立起一块根据地,从湘鄂西苏区退出的红3军这时也在贵州东部建立起一块根据地,红6军团已经受命要与红3军会合迎接中央红军,因此,向四川或川黔边作战略转移已经成为可能。只是由于中央红军实行的是大搬家式的转移,中央纵队和后方机关加起来10 000多人,1 000多副担子,再加上各军团也有着大批非战斗人员,携带了大量笨重的机器,一天只能走一二十里路,因此,中共中央

---

① 转见《中共党史研究》1988年第2期,83页。

最初的计划并不是去四川或川黔边,而是要求红6军团等回援,争取在湘西地区站稳脚跟,建立根据地,打退追兵,再作他图。不料,蒋介石还在1934年9月20日,即中央红军主力突围前一个月,就已经发现红军西去的动向,密令北路军第6路总指挥薛岳注意从西面加以防堵,同时要求广东陈济棠、湖南何键、广西李宗仁等调集兵力进行堵截。因此,红军虽然成功突破国民党军最初的封锁线,进入了湘南,但仍旧未能赶在国民党湘军、桂军和中央军集结部署之前渡过湘江。

11月12日,蒋介石任命何键为"追剿"军总司令,中央军北路入湘第6路总指挥薛岳及周浑元、吴奇伟部统归其指挥,并急电广西李宗仁、白崇禧派重兵在桂北协同防堵。25日,抵达湘江南岸的中央红军按照军委命令,分兵两路开始渡河,终因渡河速度太慢,遭敌围击。红军各部队与国民党军激战一周时间,最终完成掩护中央纵队渡江的任务,但全军渡过湘江后已由从瑞金出发时的86 000多人,骤减为30 000余人,损失了半数以上。各种辎重、机器,乃至上千担各种资料文件等,在激战中大部散失。

二 遵义会议后挺进西南

湘江之战反映出中共中央计划中的西进路线已经为国民党方面所掌握,继续按照原定方针行事,势必会招致更大的损失。因此,渡过湘江之后,中共中央和中革军委内部不能不发生激烈的争论。经过1934年12月12日通道会议和18日黎平会议两度争论之后,博古和李德终于放弃了自己的意见,同意进行战略方向的调整。新的决议明确否定在湘西创立根据地的可能性,明确提出"新的根据地应该是川黔边地区,在最初应以遵义为中心之地区,在不利的条件下应该转移至遵义西北地区"。会议鉴于红8军团损失惨重,已难成建制,红5军团亦损失半数以上,故决定撤销红8军团,将其余部编入红5军团,以董振堂为军团长,李卓然为政委。同时将军委两个纵队合并,以刘伯承为司令员,叶剑英为副司令员,陈云为政委。

黎平会议后,中央红军分左、右两路直下施秉、黄平地区。1935年1月1日,中共中央在瓮安县猴场开政治局会议,再度确定了首先以遵义为中心建立黔北根据地,然后向川南发展,创立川黔根据地的方针。会议当晚,红1军团第2师第4团在杨成武、耿飚的率领下于江界河渡口,次日红1、红9军团由杨得志率领的第1师先遣团在回龙场渡口,4日红3军团第5师第13团在茶山关渡口,分别强渡黔北的天然屏障乌江天险成功。7日,红军顺利占领黔北重镇遵义城。

1月15—17日,中共中央政治局在遵义召开了扩大会议。政治局委员博古、周恩来、张闻天、陈云、朱德、毛泽东,政治局候补委员王稼祥、邓发、刘少奇、何克全,还有红军总部和各军团负责人刘伯承、李富春、林彪、聂荣臻、彭德怀、杨尚昆、李卓然,以及中央秘书长邓小平,伍修权及李德也列席了,共20人参加了会议。会议首先根据军事形势的变化,通过了北渡长江,到川西去建立根据地的新方针。随后会议讨论了博古就第五次反"围剿"失利问题所做的总结报告和周恩来就军事问题所做的副报告。博古的报告遭到张闻天、毛泽东和王稼祥的激烈批评。会后由张闻天吸收了多数人的发言特别是毛泽东的发言内容,起草了《中共中央关于反对敌人五次"围剿"的总结的决议》,明确认为这次军事失败的主要原因是博古、李德等采取了错误的单纯防御的军事路线,明确提出必须改善军委领导方式。这个决议在随后的云南扎西的中央会议上得以通过。遵义会议最后做出重要决定,推举毛泽东为政治局常委,并取消了过去由博古、李德和周恩来组成的代替政治局常委领导全局的所谓"三人团"。决定军事上的最高首长为朱德和周恩来,并以周恩来为"党内委托的对于指挥军事上下最后决心的负责者",以毛泽东为"恩来同志军事指挥上的帮助者"。①

遵义会议固然在事实上取消了博古、李德的最高军事指挥权,但在党内,博古依旧是党的最高领导人。鉴于博古已经无法担负最高领导责任,2月5日,中央红军在从遵义出发到云南威信的行军途中,中共中央政治局常委会决定由张闻天代替博古负党的总责(习惯上也称之为总书记)。而由于朱德、周恩来在前方指挥红军作战,中共中央这时真正懂军事的只有毛泽东。因此,周恩来虽为"党内委托的对于指挥军

---

① 陈云:《遵义政治局扩大会议(传达提纲)》(1935年),载《中共党史资料》第6辑,8页。

事上下最后决心的负责者",但周恩来在前方,仍须把军事上的意见提交中共中央讨论,故自遵义会议后,中共中央"对指挥军事上下最后决心的负责者"事实上却是毛泽东。注意到这种情况不利于军事指挥,根据张闻天的建议,1935年3月4日,中革军委决定成立前敌司令部,委托朱德为前敌司令员,任命毛泽东为前敌政治委员。几天后,中共中央更进一步决定成立一个由周恩来、毛泽东、王稼祥三人组成的党内最高军事指挥小组,代表中央全权指挥军事。毛泽东在军事上的领导核心作用由此得以确立。

中央红军逗留遵义期间,国民党军四面而来,开始形成合围之势。尤其是中央军大举跟进,不仅对红军构成严重威胁,更便利了南京国民政府解决西南问题。过去国民政府兵不及西南,一是因为中心城区尚未巩固,战事频繁,无多兵可调;二是因为西南各省军阀早已在名义上归顺南京,师出无名。如今,中心地区基本统一,红军又大举西去,正好给了国民党中央军尾随西进的机会,有利于蒋介石乘机统一中国西南地区。还在红军刚刚进至黔边之际,蒋介石就对其部下讲过他的这一谋略,称:"川、黔、滇三省各自为政,共军入黔我们就可以跟进去,更无从借口阻止我们去,此乃政治上最好的机会。今后只要我们军事、政治、人事、经济调配适宜,必可造成统一局面。"①这时,薛岳率所部2个纵队8个师的兵力就已经长驱直入,进占了贵阳,并沿息烽北上,进抵乌江一线,直接威胁着遵义地区的红军主力。再加上川军12个旅36个团在川黔边部署完毕,桂军2个师进抵黔南都匀,滇军3个旅进抵毕节,黔军2个师沿打鼓新场向遵义推进,红军主力已无法在遵义地区停留,不得不迅速实施向川北发展的计划。

1935年1月20日,中革军委决定分兵渡江北上。右路纵队由第1军团组成,从桐梓、松坎出发,经温水、东皇殿直抵土城;中央纵队由第9军团、第5军团和军委纵队组成,从遵义、团溪、湄潭、桐梓等地出发,经东皇殿抵土城;左路纵队由第3军团组成,从懒板凳等地出发,经芝麻坪等地抵土城。27日,中革军委亦到达土城,下令第1军团夺取赤

---

① 转见《文史资料选辑》第62辑,15页。

水,第3、5军团在土城地区迎击川军。因对川军战斗力估计不足,第3、5军团在土城北青杠陂和石岗嘴、凤凰口等地发生激战,第一军团也在赤水县东南与川军形成恶战。此次战斗红军损失上千人,夺取赤水县和渡江的计划均未能实现,因此不得不改渡赤水河,向川、黔、滇三省交界处实行机动作战。

赤水河蜿蜒700余里,穿行于川、黔、滇三省高山峻岭之间。1月29日,红军通过浮桥一举渡过赤水河,向西推进,摆脱了险境,然后兵分两路先后进入四川叙永县境内。因这里川军兵力较强,红军不得不放弃北渡长江方案,迅速转向云南扎西。国民党方面发现红军主力动向,蒋介石任命龙云为"剿匪"军第2路军总司令,薛岳为第2路前敌总指挥,下辖4个(后扩为6个)纵队,分别以吴奇伟、周浑元、孙渡、王家烈等为纵队司令,分别向扎西地区推进。

就在蒋介石全力部署对扎西红军的"围剿"作战时,中革军委已经发现向川北发展的计划难以实现,转而"决定停止向川北发展,而最后决定在云贵川三省地区中创立根据地",首先"以川滇黔边境为发展地区"。① 由于遵义会议后即遭受土城战役失利,再加上行动方向忽南忽北,部队指战员中颇多怨言。因此,中共中央和中革军委不能不发布《告全体红色指战员书》,说明改变前进方向的必要性,并告诫红军指战员:"我们应该拒绝那种冒险的没有胜利把握的战斗。因此红军必须经常的转移作战地区,有时向东,有时向西,有时走大路,有时走小路,有时走老路,有时走新路,而唯一的目的,是为了在有利条件下,求得作战的胜利。"②

在加强思想政治工作的同时,还必须有实际的战果来振奋军心。根据中革军委的命令,红军于2月18—21日再渡赤水,重新出现于黔北地区,出其不意地于28日再次夺取了遵义城,并顺势拿下了桐梓。红军的这一回马枪,一举击溃了王家烈8个团,重创吴奇伟2个师,仅抓获俘虏就在千人以上,极大地振奋了红军的士气。

3月14日,国民党中央军周浑元纵队主力进驻黔北仁怀县东南的

---

① 《中共中央遵义会议前后关于军事战略的七个文件》,载《文献和研究》1985年第1期。
② 《中共中央文件选集》第10卷,490—491页,北京,中共中央党校出版社,1991。

鲁班场,抢修工事,据险扼守。中革军委于当晚下令第3、5军团夺取鲁班场及茅台、仁怀、坛厂一带,以掩护主力再渡赤水。次日,林彪指挥部队对周浑元部发起猛攻,虽未夺取鲁班场,但掩护了主力顺利地三渡赤水。20日,发现红军挺进川南的蒋介石急令部队加紧部署和行动,争取聚歼红军于叙永古蔺以南、赤水以西和毕节、仁怀以北地区。没想到,红军三渡赤水后,只是佯作北渡长江之势,21、22日即从太渡、二郎滩、九溪口等渡口四渡赤水,把国民党重兵甩在了赤水河西岸地区。

29日,红1军团抢渡乌江,然后红军主力大举渡过乌江,进至息烽西北地区。3月初,中共中央提出赤化全贵州的计划,试图在贵州地区寻找立脚点,建立根据地。但4月间国民党"围剿"军依旧穷追不舍,步步紧逼,红军不得不由清水江西岸转进贵阳、龙里地区,然后穿过湘黔公路,渡过北盘江,转入云南。4月29日,中共中央再度提出渡过金沙江,进入川西,创立川西根据地的设想。10天后,红军全部渡过金沙江,在会理地区稍事休整后,部队先在安顺场强渡大渡河,因水流过急,难以架桥,遂又分兵直扑泸定城,凭借22名突击队员,在火力掩护下,冒死攀爬着冲过了只剩下悬挂的13根铁索的泸定桥,歼灭了桥头的守敌,使大部队能够于6月2日全部过河进入了川西北地区。

三 一、四方面军会合后南下北上之争

中央红军进入川西北的一个重要目的,是要与川陕苏区的红四方面军会合。红四方面军在1月22日就已经得到中共中央政治局和中革军委的电报,说明"约二月中旬即可渡江北上",要求红四方面军给予配合,"迅速集结部队","于最近时期,实行向嘉陵江以西进攻"。随后,虽然中共中央于2月16日告诉红四方面军,渡江计划不能实现,将不得不暂时改在川滇黔区争取创造新的苏区根据地,但红四方面军仍旧按照原定计划,在3月底发起了强渡嘉陵江的战役。3月28日,红四方面军总指挥徐向前率领主力先后于塔子山附近和鸳溪口及阆中以北渡江成功,随即攻克剑阁、阆中、南部、剑门关、昭化等地。4月10日,第9军渡过涪江,围攻江油的武都镇,主力并在江油以南打援,歼灭川军增援部队4个团。然后,红四方面军横扫中坝、彰明、青溪、平武、北

川,控制了嘉陵江、涪江之间的广大地区。红四方面军也因此扩展到 5 个军 11 个师,连同地方部队已有将近 10 万之众。

由于蒋介石调集大批兵力开始向江油、中坝地区的红军主力四面合围而来,红四方面军不得不转而向岷江地区转移,以策应已经渡过金沙江准备北上的中央红军。5 月 15 日,红军攻克茂县,然后分兵三路,一路向北上松潘,一路向西北上黑水,一路南下威州,成功控制了以茂县、理县为中心的广大地区。6 月 5 日,第 9 军一部攻占了西河口,并于 3 天后占领了懋功以及南夹金山下的要镇达维。而 6 月 7 日,中央红军也占领了天全,并在第二天突破了川军防守的芦山、宝兴防线,之后翻越了海拔 4 000 多米的大雪山——夹金山。12 日,中央红军(红一方面军)和红四方面军先头部队终于在夹金山下的达维镇胜利会师。16 日晚,两个方面军的指战员和中共中央领导人共同举行了胜利会师庆祝大会。

第一、四方面军会师后,中共中央相信最好的发展方向是先向岷江、嘉陵江之间发展,然后以陕甘各一部为战略机动地区,争取"占领陕甘川三省,建立三省苏维埃政府",以便准备"适当时期以一部组织远征军,占领新疆",接通苏联。但身为红四方面军党政军最高领导人的张国焘却另有想法。他提出:"北川一带地形给养均不利于大部队行动,再者水深流急,敌已有准备,不易过","由岷江打松潘,地形粮食绝无",故应集中主力迅速西进,经阿坝进入甘肃、青海,或南出雅安、名山、邛崃、大邑地区。但中共中央坚持目前应首先突破平武,以为向北转移枢纽,否则一、四方面军近 10 万人"经阿坝与草原游牧区域入甘(肃)、青(海),将感绝大困难,甚至不可能,向雅(安)、名(山)、邛(崃)、大(邑)南出,即一时得手,亦少继进前途。因此力攻平武、松潘,是此时主要一着"。总政治部 6 月 18 日明确向各军团政治部主任下达指示,强调:"赤化以四川为中心的川陕甘三省广大地区,是此后野战军与四方面军的共同行动的基本任务。"①

鉴于双方意见分歧,为了统一思想,中共中央和红四方面军领导人

---

① 《总政治部给各军团政治部主任的指示》(1935 年 6 月 18 日)。

于6月26日在懋功北部的两河口召开会议,专门讨论战略方针问题。周恩来作为中央在军事指挥上下最后决心的负责者,代表中共中央和中革军委首先作了报告,明确认为新的战略方针应当是集中主力向北进攻,创造川陕甘根据地。显然,周恩来的主张中包含了将甘肃西部乃至新疆控制在手,背靠西北,退可依托苏联,进可逐鹿中原的战略设想。张国焘在这次会上并没有坚决反对中共中央的提议,相反,他也承认目前向西通过草原,因雨季容易造成部队很大的减员,向南往成都打虽不成问题,但敌人会很容易调集兵力,故往甘南发展是有利条件。因此,会议顺利地通过了周恩来提出的北上战略方针。两天后,中共中央和中革军委先后发布了《关于一、四方面军会合后战略方针的决定》《关于向松潘前进的部署》《关于松潘战役计划》等文件,各部队由此开始了具体的北上作战行动。

由于这个时候红一方面军只剩下近3万人,而红四方面军人多枪多,几乎超过一方面军一倍,考虑到现实状况,中共中央政治局于6月29日正式决定增补张国焘为中革军委副主席,增补徐向前、陈昌浩为军委委员。但张国焘对此并不满意,有意拖延部队行动。7月10日,一方面军已经进至岷江西岸的毛儿盖地区,开始逼近松潘,四方面军主力却迟迟不进。为促使张国焘能确实执行北上计划,12日,中共中央根据张闻天的提议,在中革军委下设总司令及总政治委员之职,由朱德任总司令,张国焘任总政委,并委托张国焘为军委的总负责者,同时由四方面军司令员徐向前和政治委员陈昌浩兼前敌总指挥和政治委员。这种安排最终促使张国焘开始与中共中央协调行动了。然而,部队虽然重又开始贯彻实行松潘战役计划,却又因为种种原因,原定7月28日各部队到达预定位置的部署再度被打乱。随着国民党中央军胡宗南部日渐接近松潘地区,形势已经发生变化,松潘战役计划被迫取消。

松潘战役计划取消后,张国焘再度对北上方针发生动摇,加上四方面军和一方面军之间接连出现团结方面的问题,中共中央不得不再度开会统一认识。8月4—6日,中共中央政治局在沙窝召开会议,讨论两军的团结问题及《夏洮战役计划》。会上,张闻天明确提出争取西北地区、背靠苏联的设想。毛泽东在发言中尤其突出强调了地理上靠近苏联的意义。他指出：西北地区不仅是统治阶级统治最薄弱的一环，是帝国主义势力最弱的地方，而且是苏联影响最大的地方。一旦在西北站稳脚跟，"地理上靠近苏联，政治上物质上能得到帮助，军事上飞机大炮，对我国内战争有很大意义。（国民党）五次围剿（已）开始（实行）堡垒主义，我们对技术方面应很大的作准备。"他还指出，"我们基本上靠自己，但（应）得到国际的帮助。"为此必须"要用全力达到战略方针，首先是甘肃这区域，但要派支队到新疆，造飞机场，修兵工厂"。①

张闻天、毛泽东的提议得到了多数与会者的赞同。中共中央决定将红军分为左、右两路军，在卓克基及其以南地区的第5、9、31、33军为左路军，由红军总司令朱德、总政委张国焘率领，由卓克基地区经查理寺向阿坝开进，经阿坝北上；在毛儿盖的第1、3、4、30军为右路军，由前敌总指挥徐向前、政治委员陈昌浩率领，经班佑北上。中共中央、中革军委随右路军行动。但对于中共中央的这一决定，张国焘仍旧拖延塞责，建议西出阿坝，占领青海、宁夏和新疆。不得已，中共中央政治局于8月20日在毛儿盖再次开会，首先统一右路军的思想。根据毛泽东意见新通过的《关于目前战略方针之补充决定》，坚持部署新的北上作战行动，向甘南夏河、洮河流域进兵，"迅速占取以洮州为中心之洮河流域（主要是洮河东岸）地区，并依据这个地区，向东进攻，以便取得陕甘之广大地区，为中国苏维埃运动继续发展之有力支柱与根据地"。"政治局认为在目前将我们的主力西渡黄河，深入青、宁、新僻地，是不适当的，是极不利的"。②

四 毛泽东率中央红军单独北上

在中共中央的带领下，右路军8月18日从毛儿盖出发，向班佑前进。在纵横数百里的大草原上，沼泽密布，渺无人烟，也无道路，气候还时晴时雨，红军走了将近一周时间，才最终走出了这片草地，但途中损失的人数却相当大。

---

① 《毛泽东在政治局会议上的发言》(1935年8月6日)，见《毛泽东年谱》(上)，465—466页，北京，中央文献出版社，1993。
② 见《建党以来重要文献选编》第12册，北京，中央文献出版社，2011年，第289—292页。

9月1日,通过草地到达班佑和包座地区的中共中央电催张国焘和左路军迅速北上。但张国焘却强调噶曲河涨水,部队无法渡河,命令各部原地不动。中共中央为此对张国焘反复去电劝说,他却坚持不动,且必欲要徐向前、陈昌浩率部南下。眼见情势危急,为不再受张胁迫,毛泽东明确提议中共中央应率第1、3军团和军委纵队连夜脱离四方面军北上。9月10日凌晨,中共中央改任周恩来为右路军总指挥,率红1军团、红3军团、军委纵队一部和红军大学几千人悄然北上,于11日晚到达甘肃俄界才停下来。与此同时,中共中央在经过阿西时特地发布了《为执行北上方针告同志书》,告诉全党全军:"南下是草地、雪山、老林;南下人口稀少粮食缺乏;南下是少数民族的地区,红军只有减员没有补充,敌人在那里的堡垒线已经完成,我们无法突破;南下不能到四川去,南下只能到西藏、西康,南下只能是挨饿挨冻,白白的牺牲生命,对革命没有一点利益,对于红军南下是没有出路的。南下是绝路。"①

中共中央摆脱了张国焘的掣肘后前途仍不乐观,因为这时整个红一方面军连同军委纵队的一部分,重新编制后只有6个团的战斗部队,要它在担负保护和运送上千干部和伤病人员的重任的同时,完成在甘南洮河流域开辟新苏区的任务,完全没有可能。考虑到国民党军队前堵后追,带着大批非战斗人员的这支部队在没有根据地落脚的情况下难以持续作战这一严峻形势,9月12日,毛泽东在俄界举行的政治局会议上明确提出了一直向北,打到苏联边界去的方针。他指出:"目前应经过游击战争打到苏联边界去,这个方针是目前的基本方针。过去中央曾反对这个方针,(因为)一、四方面军会合后,应该在陕甘川创造苏区。但现在不同了,现在只有一方面军主力——一、三军,所以应该明白指出这个问题,经过游击战争,打通国际联系,得到国际的指导与帮助,整顿休养兵力,扩大队伍。"这个新方针的中心之点,就是"打通国际路线",背靠苏联和外蒙古,取得苏联和共产国际的直接指导与援助,整顿休养兵力,扩大队伍,更新装备,再"更大规模更大力量打过来"。

---

① 见《建党以来重要文献选编》第12册,北京,中央文献出版社,2011年,第305页。

针对党内长期存在的害怕给苏联惹麻烦的思想，毛泽东明确解释说："我们完全拒绝求人是不对的，我想是可以求人的，我们不是独立的共（产）党，我们是国际的一个支部，我们中国革命是世界革命的一部分，我们可以首先在苏联边界创造一个根据地，（再）来向东发展。"因为现在只要能够"保持数百干部、若干千的战士……就是很大的胜利"。①

要打到苏联边界去，即使只是打到外蒙古去，从甘南俄界出发，至少也还有几千里路程。不算追兵和国民党可以新调集的部队，中共中央这时了解到的就有70多个团的国民党军会进行拦截和阻击。其前途之艰险，可想而知。但中共中央毫不犹豫，迅速将红一方面军改编为陕甘支队，由俄界兼程北上，于6天后突破天堑腊子口，进占哈达铺，进而抢渡渭河，径直北上。就在过渭河的过程中，中共中央意外地得到了一些报纸，得知在陕北一带竟然还存在着一块根据地和一支有相当实力的红军部队。随后，中共中央在与中共陕西地方党部的联系中进一步证实了这一消息。于是，原本准备打到苏蒙边界去的中共中央，于9月下旬在甘北榜罗镇的一次会议上，明确决定改变原定的计划，向陕北进发。

1935年10月19日，红军在顺利突破了国民党军在甘北会宁、静宁的封锁线后，翻过六盘山，经三岔及老爷山，到达了陕甘交界的吴起镇，终于在陕北落下脚来。计算下来，从1934年10月到1935年10月，这支红军用了整整一年时间，纵横福建、江西、广东、湖南、广西、贵州、云南、四川、西康、甘肃、陕西等11个省份，行程二万五千里，一路风餐露宿，抛头颅洒热血，从最初的8.6万人，到达陕北苏区时只剩下不足6 000人，其间战胜了无数艰难险阻，击退了数十万国民党军的围追堵截，最终完成了这一在军事史上可谓空前绝后的战略大转移。几乎没有人能够想到，这一转移的成功，竟奠定了中国共产党人此后走向成功的最主要的物质基础。

---

① 转见丁之《中央红军北上方针的演变过程》，载《文献和研究》1985年第5期。

第八章
华北事变与救亡运动的兴起

1935年,日本军部为了进一步巩固其对中国东北的统治,同时更大范围地攫取中国的各种资源,开始紧锣密鼓地制造华北事变,试图利用华北地方实力派与南京中央政府的矛盾,策动华北五省脱离中央,实行自治,进而造成类似于"满洲国"那样在日本势力控制下的"华北国",甚至"蒙古国"。面对日本必欲并吞华北的强大压力,南京政府为阻滞日本的侵略步伐,争取更多的准备时间,不惜屈辱地将中央军和国民党省、市党部全部撤离了平津地区,并批准成立一个由地方实力派控制的半自治性质的冀察政务委员会,以部分地满足日本的胃口。此一事件恰好发生在中共发表《八一宣言》、提出抗日民族统一战线政策之后。中共北平地下党人趁机推动激愤的青年学生发起了"一二·九"爱国学生的示威游行。一二·九运动所掀起的救亡热潮迅速波及全国各大中城市,各种救亡组织如雨后春笋般地涌现出来。随着全国各界救国会的成立,要求"停止内战,一致抗日"的呼声已经逐渐成为国人的共同愿望。而与此同时,蒋介石对日态度也开始逐渐地强硬起来了。蒋介石在国民党五全大会和在五届二中全会上关于"最后关头"和"最低限度"条件的说明,清楚地反映出国民党人因受到华北事件的刺激,其抗日的要求也已经高涨起来。国民党对日本的妥协退让,也将要走到尽头。

第一节 "何梅协定""秦土协定"的产生及其背景

一 察省被日染指

自从资本主义经济危机爆发之后,在世界范围内,法西斯主义运动日益抬头。除意大利早已建立了法西斯政权外,德国法西斯亦于1933年取得了政权。日本的法西斯势力蠢蠢欲动。实际上,还在九一八事变前,日本法西斯势力已经控制了日本军部,事变进一步强化了军部的影响。具有法西斯思想的日本军人频繁利用这一形势,制造政治事件,甚至搞暗杀、政变,通过各种恐怖活动,加剧社会的动荡和政局的不稳,以便造成政党和内阁无能、必须建立军事独裁的社会舆论。在军部的压力下,1933年3月27日,日本公开退出了国联,进而又于1934年9月公开宣布废止《华盛顿条约》。这些都清楚地显示,日本军部已经在实际上左右了日本的政治。其扩张侵略的矛头已不仅仅指向中国,它还明显地做好了向其他国家挑战的准备。

为了对付更大规模的战争,尤其是为了应付第一假想敌苏联,日本军方一方面欲进一步侵占中国的华北各省,以巩固其对中国东北的控制,一方面又不想采取全面入侵的做法,而试图利用华北地区中国将领与南京中央若即若离的关系,软硬兼施,不战而达到建立傀儡政权、分离华北之目的。还在1933年,日本陆军和海军方面就先后提出了"支持中国大陆上之分治运动,驱逐国民政府势力于华北之外"的方针。1934年12月7日,日本陆军、海军、外务三省官员经过协商,最终制订了《有关对华政策的文件》,确定日本对华北的目标是要形成南京政权的政令不能贯彻于华北,华北五省或者独立,或者自主,或者以河北省为中心建立自治地带,或者设立局外中立裁兵地区。据此,1935年1月4—5日,日本关东军召开大连会议,关东军副参谋长板垣征四郎和特务机关长土肥原贤二等参加,明确决定要在华北扶植能够"忠实贯彻日本要求的诚实的政权"。① 在经过一番准备工作后,关东军于3月再次召开大连会议,并于30日确定了工作方针,即:"(一)依据《塘沽协定》暨附带协议事项伸张日本既得权,导引华北政权绝对服从。(二)为使将来以民众为对象,在经济上造成不可分离的密切关系,即须迅速促进棉、铁等产业的开发和交易。"② 于是,日本关东军司令官南次郎和中国驻屯军司令官梅津美治郎于4月间商定,必须使华北五省脱离南京政府,将该五省作为和在日本领导下的"满洲国"保持密切关系的一个自治区域,首先以制造事端作为提出要求的借口,将国民党势力逐出平津及河北省,最后达到黄河以北事实上独立的目的。

还在1935年1月,日本关东军就制造了"察东事件",从而迈出了分离华北计划的第一步。察东系指察哈尔东部多伦、沽源、康保、宝昌、张北、昌都6县所辖地区。这一地区东邻热河,西接绥远,"塘沽协定"签订后,伪军李守信部就已经攻占了多伦,日军也推进至沽源地区。1934年12月,日本关东军就曾以沽源县境东部长城以外地区应属热河省丰宁县境为由,声称其为"满洲国"之领土,要求察哈尔省主席、第29军军长宋哲元将其驻在该地区的部队退入长城。见宋哲元不为所动,1935年1月15日,日本首先策动伪满自卫团与驻守沽源县境长梁、乌泥河等村落的中国守军发生摩擦,然后借口宋哲元部侵犯了"满洲国国境",向宋哲元发出警告,要求其马上退出沽源至独石口一带地区,声称关东军断不能坐视中国军队袭击"满洲国"之自卫团的暴举。

为避免引起更大范围的冲突而威胁到察哈尔省张北及平绥路,北平军分会委员长何应钦要求宋哲元在长城以外应力避冲突,不给日军借口,小厂之骑兵连应撤至长城以内,长梁、乌泥河等处民团机关亦应

---

① 梁敬𬭚:《日本侵略华北史述》,56页,台北,传记文学杂志社,1984。
② [日]古屋奎二:《蒋"总统"秘录》第10册,33页,台北,"中央日报社"译印,1977。

撤往后方。日方对此则得寸进尺,要求中国方面在长城一线不得驻兵和设置军事设施,仅用警察维持秩序。何应钦为求迅速解决此一冲突,提议在察东方面画一停战线,以示限制。双方据此展开一连串商谈,最终由第29军代表与日本关东军代表在沽源县以东的大滩举行会议,达成口头约定解决办法,即:"日军即返原防,二十九军亦不侵入石头城子、南石柱子、东栅子(长城东侧之村落)之线及其以东之地域。所有前此二十九军所收热河民团之步枪计三十七枝,子弹一千五百粒,准定本月七日由沽源县长如数送到大滩,发还热河民团。"①

由于何应钦急于迅速解决,又唯恐双方此种局部问题的会商会给日方留下进一步扩张的把柄,所以坚持会商中不得有任何文字记录,结果使得日方在公布会商成果时,得以任意发挥。其2月4日当天发布的大滩会议结果称:"一、支那方面将来誓严禁以兵入满洲国内或与(予)满洲国以威胁刺激日本军等之行为,即如现支那方面使密侦之侦察关东军之行动,一切中止。二、支那方面将来违反右誓约之场合,日本军断乎执行自主的行动,其责任支那负之。日本军对于支那方面如增加兵力或增强阵地之企图,认定系挑战的行为。三、支那方面前押收之满洲国民团之武器,由沽源县长于二月七日送至南围子返还于(予)日本军。右列诸项,宋哲元军之代表张参谋长回答,承认谷少将所述事件之经纬,表示陈谢之意。并誓将来决不再发生此种不法行为,右第一项至第三项之要求均承认,且速实行第三项之意。如上所述,热河西境肃清工作终了,关东军监视支那方面实行之诚意,以免不幸事件之发生,更进一步,希望日支间友好关系之恢复。"②

二 河北再起波澜

日军制造察东事件,轻而易举地就迫使中国守军退出了长城以东地区,关东军随即扶植李守信在多伦设立了"察东特别自治区行政长官公署",由李守信兼任行政长官,日人中岛荣夫大佐任自治指导官,并公

---

① 《中日外交史料丛编(三)·日本进犯上海与进攻华北》,256—257页,台北,"中华民国外交问题研究会"编印,1964。
② 《华北事变资料选编》,72—73页,郑州,河南人民出版社,1983。

开把察东长城以东地区及察北额尔纳哈、乌珠穆沁等旗划入特别自治区,并编成察东警备队2个支队,兵员4 000余名。然后,日伪军更进一步在察东擅行划界,设国境警察队。自此,日本关东军不仅在事实上成功分离了察东地区,而且也从中获得了进一步分离整个华北地区的动力和灵感。仅3个月后,日本方面又借口河北事件,想要重演察东事件,以达到分离平津与河北的目的。

所谓河北事件,包含着两个事件。一是1935年5月初亲日的天津《国权报》社长胡恩溥和《振报》社长白逾桓相继被人暗杀于天津日租界中;二是河北兴隆县黄花州一带自卫团长孙永勤率领的义勇军进攻承德受阻后,退入"塘沽协定"中被定为非武装区的河北遵化县,未被县警察机关特警队驱逐和剿灭。对此,日本天津驻屯军自5月21日开始,对河北省政府、天津市政府、市党部等机关大肆骚扰,并在北平一带展开军事威胁行动,并公开扬言要逮捕河北省政府主席于学忠和天津市市长张廷谔,迫使于学忠等6月3日即离开天津撤往保定。然而,日方更深一层的目的,却在于想要借此逐步将东北军以及中央系统的势力从华北彻底驱逐出去,因此,当黄郛受命与日本驻上海武官矶谷廉介谈话时,矶谷明确表示,对于这一事件,日方的态度是:"政治以省府为大目标,市府为小目标;党务以党部为大目标,政训处为小目标;军事以东北军为大目标,中央军为小目标,此次非求一彻底办法不止。"①如罢免于学忠,宪兵第3团、河北省党部、军分会政训处、蓝衣社等撤出华北,中央军亦应他移。

为向中方施加压力,日军不顾"塘沽协定"的规定,自行开进停战区遵化县境内进行"追剿",并且陆续向天津及北宁路沿线增兵。对于这种情况,何应钦非常担心,害怕日军会由威胁而变为真面目之动作,故主张中方应尽力避免发生严重事态,在可能范围内应允日方要求,自动办理一些势在必行之事,以取得日方谅解。5月30日,何应钦致电中央,建议:(1)于学忠、张廷谔他调,天津市公安局长李俊襄免职;(2)北平军分会政训处长曾扩情、宪兵第3团团长蒋孝先、团附丁昌,

---

① 秦孝仪主编:《中华民国重要史料初编》绪编(一),671—672页,台北,中国国民党中央委员会党史委员会,1981。

即行他调;(3)河北省党部今后专做内部工作,停止其外部活动。对此,行政院院长汪精卫相信,问题的症结应为于学忠去留问题,决心妥协。蒋介石也提出:于学忠可他调,对日方其他要求,只要其留有余地,假以时日,亦可准备自动采用。① 中国驻日公使蒋作宾据此于31日向日本广田弘毅外相提出妥协办法,即于学忠于近期罢免,党部将与省府一起迁移保定。惟将平津地区并入停战地区一事,中方难以接受。

6月4日,何应钦答复日本军方询问时进一步具体说明:(1)天津日租界发生命案,中国政府毫不知情,但可令河北省政府转饬天津市政府协同缉凶;(2)孙永勤部窜扰遵化,已令警团围剿,且业已将其击溃,所谓孙曾受遵化县府指使一层,也已令河北省政府转饬严查;(3)于学忠已经中央决定他调;(4)宪兵团团长蒋孝先、政训处处长曾扩情,已于6月1日他调;天津市党部早已停止工作;蓝衣社根本无此组织,如有妨害中日国交亲善之团体,当予取缔。日方代表则坚持,除于学忠及河北省市党部撤退、政训处及宪兵团他调外,中方还应将第51军他调,并撤废类似蓝衣社组织之其他抗日团体。他们并且特别要求河北省主席及天津市长人选,应就华北现有人才中择其能为日方谅解、有能力随时应付、不必事事报请中央者担任。

行政院长汪精卫为迅速化解危机,从6月4日至8日5天之内,被迫采取了一系列措施来满足日方要求。6月4日,天津市长张廷谔被免职,王克敏被任命为市长,商震为天津警备司令。6日,于学忠被调往川陕甘边区任"剿匪"司令,张厚琬代理河北省主席。7日,国民党河北省党部奉命移驻保定,天津市党部奉命结束,北平军分会政训处奉命裁撤,宪兵第3团调离北平。8日,国民党临时中央政治会议决定将第51军于学忠部调离河北,何应钦亦严令天津军政宪警机关取缔有害中日邦交的秘密结社及秘密团体,包括励志社、军事杂志社等。但是,日方并未就此止步。9日,日方代表再至北平军分会,向何应钦提出日方更为苛刻的4项要求:(1)河北省内一切党部完全取消(包括铁路党部在内);(2)51军撤退,并将全部离开河北日期告知日方;(3)中央军必

---

① 参见《中华民国重要史料初编》绪编(一),674页。

须离开河北省境;(4)禁止全国排日排外之行为。

鉴于日本关东军步兵一大队及骑兵旅团到达山海关,独立混成旅第11旅团主力进至古北口,日本天津驻屯军亦抽调部队准备进入北平,何应钦明确主张答应日方条件,驻河北的中央军第25师关麟征部和第2师黄杰部应即日调离河北。6月10日,汪精卫召集中央紧急会议,决定全面承诺日方所提的4项要求,国民政府亦马上发布了《睦邻敦交令》,试图以此来显示对日和平之诚意。

三 何应钦力主妥协

中央军南移,意味着听凭日本分离华北,且势必使政府再遭骂名,给反对派以攻击的口实。故蒋介石坚决反对,认为中央军如南移,即与迫我放弃平津,乃至放弃华北同一意义。他为此电告何称:"中央军南移问题决难接受。应一面暗中布置固守,以防万一;一面多方设法,尽力打消其要求。"①而何应钦则电蒋反对,强硬表示:"日方甚愿与中央军立刻发生冲突,则京沪长江流域均可同时发动,我方军事经济与外交一切均无准备,万一战事发动,顷刻之间,即将平津断送,且将牵动京沪及长江一带,国内立致崩溃"。目前之计,"惟有下令将中央军自动调驻豫省,期能保全平津及国家元气,留作持久抗战之基础。"②

对此,蒋介石并不接受,他再电何称:日方日前所要求者,现已完全办到,所余者只此一点。然日方仍对中央胁迫不已,一再以撤退为言。日方还一面派人到两广,策动两广独立;一面在内蒙古、察东策动扰乱,各方并进,日方目的在推倒中央,分割中国,绝不稍留余地,已显而易明。故蒋介石相信,"驻平中央军无论是否南移,恐彼必继续与中央乘衅挑战,不达其整个目的不止,实非中央军撤退便可罢手,不过当前姑以要求撤退为口实耳。顾中央军一旦撤退,则两广更有辞可借,发动开府,内外交迫,是时我政府对国际固难措手,对民众则尤失信仰,益陷入窘境,无可为计矣。弟考虑再三,认为撤退问题实最重要之关键,应决定

---

① 转见刘维开《国难期间应变图存问题之研究》,台北,"国史馆",1995年,第291页。
② 同上注。

拒绝,不能接受。与其撤退平津后,再图不得已之抵抗,不如固守平津,以期伸我正义,即使失败亦较光荣也。惟此时应用全力打销其撤退之要求,并于沪平津及东京各方面,同时设法斡旋,否则实无以善其后。"①

实际上,何应钦这时已得汪精卫同意,接受了日方的要求。得知蒋介石并不认同后,他还是去电蒋一面说明情况,一面表示:因迭接何应钦9日来电,说明日方明白表示如接受所提各项,则河北问题即可告一段落,同时除中央军外,日方亦并未要求撤退我其他军队,亦未要求将平津划作停战区域等。"故昨夜约集中央负责同志协议结果复电敬之兄,允其相机办理,共负责任,未知吾兄接到敬之之佳(9日)电各电后能否采纳?如尊意仍主张中央军不可撤退,请即示复,并迳复敬之,弟等必取消前议,一意拒战。盖今日拒战、避战,两无万全。拒战固难持久,避战亦恐要求踵至,终至无可逃避之时,故只须吾兄作最后之决定,弟等决无他念也。"②

事已至此,蒋介石固倍感遗憾,亦不能贸然推翻前议,因而不得不接受了撤军的处置。为避免节外生枝,他特别去电何应钦强调:"中央军既决撤退,则在北平附近之中央部队应即全部星夜徒步撤离,仍须防其借口挑衅,力避冲突。"至于中央军南调,则应以调往陕北"参剿"为名,并以车运至洛阳与西安集中,以便于应付国内舆论之批评。

日军并不甘心如此解决问题,它还坚持要何应钦出具一份书面的承诺。6月11日,日本驻华使馆武官高桥坦送给何应钦一份由酒井隆参谋长于6月9日提出的"觉书",要求何应钦照抄一份盖章认可。

"觉书"内容如下:

一、中国方面对于日本军所承诺实行之事项如左:

(一)于学忠及张廷谔一派罢免。

(二)蒋孝先、丁昌、曾扩情、何一飞等之罢免。

(三)宪兵第三团之撤去。

---

① 参见《蒋委员长复汪兆铭电》(1935年6月9日),见台北"国史馆"藏蒋中正档案《革命文献·统一时期》第25卷(1),73—74页。
② 转见刘维开《国难期间应变图存问题之研究》,第291—292页。

（四）解散军分会政治训练处及北平军事杂志社。

（五）对日方所称妨害中日两国邦交之秘密组织如蓝衣社、复兴社等，加以取缔，并且不容许其存在。

（六）撤退河北省内一切党部，撤除励志社北平支部。

（七）第五十一军撤出河北省。

（八）第二师、第二十五师撤出河北省，第二十五师学生训练班解散。

（九）禁止中国国内全面性之排外及排日。

二、为以上诸项之实行，左列附带事件亦须并予承诺：

（一）与日方所约定之条款，应于所规定时间内完全履行。对于有再度渗入之嫌疑或有妨害中日关系之不虑之人物或组织，不得重新进入。

（二）日本希望中国于任命省市等职员时，应选择不致妨害中日关系之人物。

（三）对于约定事项之履行，日方得采取监视及纠察之手段。①

何应钦对此自然还是和订立"大滩口约"时一样的态度，坚决不用文字和书面形式与日本签约。故他当即派人将日方"觉书"送还，同时急忙启程离开北平，以免日方以他为目标，纠缠不休。而这也正是蒋介石的想法。蒋曾明确表示说："吾人以国力未充之故，不得不撤兵丧权失地忍辱，此在革命时代实无所谓，即天下后世亦能深谅，惟所求者，乃在始终保持独立民族之人格，只要不遗点滴墨迹于对方之手，即使国亡种灭亦可安心瞑目。"②

13日，日本驻华使馆武官高桥坦再至北平军分会，办公厅主任鲍文樾告之何应钦已离平，他无权代何签字。21日，高桥再见鲍文樾，面交一份代拟通告，要求转送何应钦签字，内称："由军分会何委员长送致梅津司令官之通告：六月九日由酒井隆参谋长所提出之约定事项，并关

---

① 《中华民国重要史料初编》绪编（一），682—683页；《华北事变资料选编》，151—152页；李云汉编：《抗战前华北政局史料》，434—435页，台北，正中书局，1982。注：《中华民国重要史料初编》与《华北事变资料选编》所录同一文件文字出入颇多，且显有错讹，相比较，李云汉《抗战前华北政局史料》中所录文件之文字应较准确。

② 《中华民国重要史料初编》绪编（一），689页。

于实施此等事项之附带事项,均承诺之。并拟自动的使其实现,特此通告。"高桥并扬言,此乃日方最后让步,一切应以此次为准。

四 张北再生变乱

然而,此时又发生张北事件,南京方面发觉再这样无条件退让于事无补,故态度上又有所强硬。蒋介石坚持:"冀于既去,察宋又撤,党部取消,军队南移,华北实已等于灭亡,此后对日再无迁就之必要,只待其华北伪国之出现,则彼亦别无他技可施,其实此乃时间迟早之问题,而迁就与否,实无关系,故对方如再有要求书面答复之妄举,更应坚决拒绝。"①

所谓张北事件,是指6月5日关东军驻阿巴嘎旗特务机关长大月桂等4人,以旅行为名,身着便服,且未带护照,自多伦乘汽车前往张家口地区,拟偷绘地图。行经张北县城北门时,被守城之第29军第132师赵登禹部士兵扣留,送交军法处询问。察哈尔省主席宋哲元得知此事后下令释放,4人被拘8小时后即得以前往张家口。然而此4人随即向关东军报告,称他们在张北受到非法监禁。于是,日方驻张家口领事桥本正康及特务机关长松井源之助即于11日向察哈尔省政府民政厅长、第29军副军长秦德纯提出抗议,要求惩办直接负责人,第29军军长亲自道歉,保证将来不再发生同类事件,并限于5日内作出答复。与此同时,热河日伪军开始频频侵扰察省,与第29军发生冲突。秦德纯见状即于12日赶赴北平报告并请示办法,何应钦当日已南下躲避高桥的纠缠,南京方面的态度自然是以速了为原则。考虑到有消息称日方目标也是要赶走宋哲元,因此未待日方提出,南京方面就自动于18日决定免除宋哲元察省主席职务,由秦德纯代理;第132师赵登禹部调离察省,改驻察晋边。但日本方面并不罢休。

6月17日,南次郎召集天津驻屯军参谋长酒井隆、察哈尔特务机关长松井源太郎等在长春会商,制定了《对宋哲元交涉要领》。强调:宋哲元军队绝对不许再有不法之行为。要求"塘沽协定"延长线之长城东

---

① 《中华民国重要史料初编》绪编(一),688页。

面与北面之地域,应作为撤退地区,宋军应移驻长城之西南,所有撤退地域,中国军队不得再行侵入。一切排日机关应全部解散。另外除宋哲元应向日方谢罪外,张北事件之直接负责人亦应从速实行处罚。

据此,土肥原等于6月23日正式向中方提出了解决条件。只是这时日方原定的交涉对象宋哲元已经被免去省主席职务,改由秦德纯代理,故土肥原的交涉对象换成了秦德纯。6月23日夜里,在北平秦德纯家中,土肥原与秦德纯进行了谈判。土肥原提出的条件为:

一、要求事项:

(一)昌平、延庆延长线之东,独石口之北,龙门之西,张家口之北,作为撤退区域,宋军部队应撤至其西南,此后不得进入。

(二)宋军应向日军表示遗憾之意,并处罚肇事之直接责任人。

(三)排日机关应予解散。

(四)本事件应自六月廿三日起两星期内办结。

(五)停止山东向察哈尔省移民。

二、要求事项之解释:

(一)承认日满对蒙工作,援助日本特务机关在内蒙之活动,停止中国对于内蒙之压迫。

(二)对于日本经济发展与交通开发之工作,应予协力(例如张家口与多伦及"满洲国"与华北间之公路、铁路交通等应予协助)。

(三)对于日人内蒙之旅行,应予便利。

(四)招聘日人为军事、政治各顾问。

(五)对于日本军事设施(如建设飞机场、设置无线电台等),应予援助。

(六)撤退区域之治安维持,准用停战区之办法。①

五 南京全面让步

6月23日,南京政府召开临时国防会议,对张北事件作出决议。

---

① 李云汉编:《抗战前华北政局史料》,487—488页。

何应钦因此电示秦德纯,在交涉中应特别注意:(1)所谓日方在察省之"合法行动",应改为"合乎条约之行动";(2)不驻兵区域原则可以设立,其详细办法由军分会决定,惟须日方在该区域内无军警进入之事;(3)省党部撤退等事,由我方自动酌量办理;(4)不驻兵区域最好不以书面规定,其余任何书面规定,应予拒绝;(5)关于山东移民问题,碍难制止。但日本方面完全不理睬南京方面的意见,坚持要书面答复。故秦德纯无奈地电告何应钦称:"日方对河北事件自始即用口头谈判,而对察省事件,自始即要求书面答复。我方对此,自当求避免,惟对方若坚持有文字记录不可时,则交涉势必完全决裂,乞示最后方案。"对此,何应钦的意见是:如日方坚持用书面答复时,必须分别处理,如关于不驻兵区域、道歉等事,为分会权限内可以办理之事,不妨以书面作详细之答复,但不用协定或觉书等类之正式文书;如撤退军队及解散党部等事,乃我国内政,可告以由我自动办理,决不宜形诸文字。彼方万一坚持,只可酌用普通信函。

何应钦既表示可以在形式上加以通融,北平军分会自然也就不必再避讳是否形诸文字这个禁忌了。27日,北平军分会经过讨论,将与土肥原等交涉的内容,形成两封便函。

其第一函称:"径启者:本省政府兹本中日亲善之旨,对土肥原阁下六月二十三日所提事件,奉复如次:(一)本省政府对于六月五日在张北发生事件,甚表遗憾,并已将事件责任者予以撤职处分。(二)本省政府对于贵方认为足使邦交发生不良影响之机关,予以撤销。(三)本省政府对于贵国在察哈尔省境内之正当的行为予以尊重。(四)本省政府将由河北省之昌平,经本省之延庆、大林堡至长城之连线以东地域,及由独石口北侧沿长城经张家口北侧至张北县南侧止之线以北之察省地域内之宋军部队,移驻于其西南地域。其撤退地域内之治安,由察省保安队维持之,军队不得进入。右致关东军代表陆军少将土肥原贤二阁下。中华民国察哈尔省政府暂代主席秦德纯。中华民国二十四年六月二十七日。"

其第二函称:"本省政府对于山东等移民事,恐惹起中日间之纠纷,当努力使其中止。特此通告。即希查照。此复关东军代表陆军少将土肥原贤二阁下。察哈尔省政府暂代主席秦德纯。中华民国二十四年六月二十七日。"①

依照日方要求拟定的这一信函式的协定，27日上午即取得了日方的同意。此即日方后来所谓"秦土协定"。根据该协定，宋哲元第29军司令部、刘汝明之暂编第2师、赵登禹之第132师，均从察哈尔移驻河北。其退出之地域，交由张允荣和卓特巴扎普两部保安队，分别在汉蒙居民区域中维持治安。不久，多伦伪军李守信部在日本人的帮助下，大举开入察东6县（即沽源、康保、张北、宝昌、德化、商都），将张允荣部赶走。

既然有了《秦土协定》，久拖不决的河北事件也就有例可援了。7月1日，高桥再次携来日方起草的通告要鲍文樾转何应钦签字认可。这次通告中删去了中方极欲避讳的"附带事项"一句，改为"六月九日酒井参谋长提出之各事项，悉数承诺，期以自动的方式实施之。特此通知。梅津司令官阁下。何应钦。"于是，7月6日，何应钦照日方通告亲笔书写一便函，寄往北平军分会，由鲍文樾派员交给高桥，以结束此一事件。何应钦起草的信函内称："径启者：六月九日酒井参谋长所提各事项，均承诺之，并自主的期其遂行，特此通知。此致梅津司令官，何应钦。二四年七月六日。"②

此亦即日方后来所称之《何梅协定》。

《何梅协定》和《秦土协定》的形成，明显是因为南京方面判断日方随时有采取直接行动、再度制造重大事变的危险，因此，虽明知此种退让将会极大地削弱中国在华北的军事力量，使平津、察哈尔及河北部分地区几乎成了非武装地带，有利于日本实施其下一步分离华北的战略目的，蒋、汪、何等仍旧坚持退让，以谋暂时之和平。用蒋介石的话来说，只要他尚能保持独立地位和复兴命脉，则目前"务当尽力斡旋，始终忍耐，以减少一切之枝节"。

① 刘维开：《从"九一八"到"七七"——国难期间应变图存问题之研究》，304—306页，台北，"国史馆"印行，1995。
② 李云汉编：《抗战前华北政局史料》，462页。

第二节 "华北自治运动"与南京的因应

一 日本策动华北自治

就在《秦土协定》达成的当天,吴佩孚旧部白坚武等即在土肥原的策动下,乘着何应钦远避南京,第32军军长商震刚被任命为河北省主席一职、部队换防尚未完成之际,纠集地方流氓和日本浪人数百名,夜袭丰台车站,夺取了铁甲车,然后开向北平,企图一袭而攻占北平,组织自治政府。此一事件很快即为平津卫戍司令王树常及其驻在北平附近的第53军万福麟部所平息。但丰台事件本来就是土肥原用来警告华北当政者的,日方的目的是要想方设法促使华北当政者充当其拟议中的华北自治政权的领导人。以商震的名望,他显然还并不是日方最中意的人选。8月,国民政府将东北军系的平津卫戍司令王树常调任军事院副院长,遗缺以宋哲元继任。因宋在北方很有名望,手下颇多名将,且有过反蒋经历,早在日方着意策动的名单之中,故日方对宋哲元复出相当看好。

9月21日,宋哲元正式就任平津卫戍司令。此前一天,刚刚接替梅津美治郎就任日本天津驻屯军司令官的多田骏公开向记者散发了他的题为《日本对华之基础观念》的小册子,明确鼓吹华北五省应当在日本指导下实行自治。24日,多田骏正式声明,要通过驱逐反满抗日分子、经济独立和实现华北五省军事合作来防止赤化,实现把华北建设成"日华共存共荣之乐土"的目标。[①] 4天之后,日本陆相川岛义之更向内

---

① 参见[日]秦郁彦《日中战争史》,56—57页,东京,河出书房新社,1961。

阁会议提出《鼓励华北自主案》。10月4日，陆相川岛的提案和日本外相广田弘毅提出的《关于对华政策的谅解》均得到内阁会议的正式认可。日本外务省、陆军省和海军省还在会议上达成谅解，共同制定了《对华政策方案》，准备要求中国政府：(1) 取缔排日的言论和行动，摆脱依靠欧美的政策，采用对日亲善政策；(2) 正式承认"满洲国"；(3) 共同防共。此即所谓"广田三原则"。

1935年10月初，蒋介石就已经得到报告，知道土肥原、高桥等曾到张家口会晤过秦德纯、萧振瀛等将领，透露日本分离华北的计划是：先倡联省自治，使华北事实上脱离中央，然后即逐渐实现华北独立组织，争取在11月以前先由日方组织起一个自治政权，以为号召。同时日方还准备在财政上每年截留约4 000万元的关税和盐税等，一方面打击南京中央政府，一方面将截留的税款用作未来新政权发行华北建设公债的基金。这些消息给蒋介石以相当大的震动。他深信，只要华北的经济财政与中央断绝，就足以置南京中央政府于死命了。因此，蒋一得到消息，就马上中断了在成都督师"剿共"的工作，迅速北上，去做阎锡山等人的工作，然后又马不停蹄地赶回南京，秘密会见苏联驻华大使，向苏联提议两国实行军事结盟。蒋介石于10月13日抵达太原，与阎锡山交换了对时局的看法，认定"晋绥决不为日方威逼利诱所能屈"①。

同时，受蒋指派的参谋本部参谋次长熊斌，也分别拜访平津及山东各省军政首脑，一面传达对日"除非万不得已，应仍以睦邻为重"的方针，一面则带去华北地区国防大纲，向各省军政首脑说明：一旦开战，华北将分为冀察区、晋绥区、山东区和以陇海线为最后抵抗线；开战初期，准备以宋哲元、商震守平津，晋绥军分守雁门关及娘子关；如果平津失守，宋、商退守保定、沧州之线，中央军进至漳河之线收容之，同时晋军应据太行以侧击敌人，以形成西依太行、东沿黄河之阵线。最东之线应以徐州为倚轴，而连于海。②

---

① 《蒋委员长致熊斌次长指示对宋哲元、商震等传达意旨电》，1935年10月15日，《中华民国重要史料初编：对日抗战时期》绪编（一），第703页。
② 参见刘维开《从"九一八"到"七七"——国难期间应变图存问题之研究》，316页。

二　蒋介石密谋联苏

蒋介石离开太原后即赶往南京,于18日夜在孔祥熙宅邸秘密会见了苏联驻华大使鲍格莫洛夫。蒋介石亲自出马约见苏联大使的目的很清楚,就是想要和苏联缔结军事互助条约。

3个月前,即在日本逼迫中国接连签订《秦土协定》和《何梅协定》之际的7月3日,孔祥熙就曾经受命秘密会见过苏联大使,提出过这一建议。只不过在上次的谈话中,孔祥熙很巧妙地把它解释成是苏联的需要。他指出日本军队已经在察哈尔安营扎寨,准备迅速渗透绥远,其目标是想要发动对外蒙古的进攻。因此,日军的行动不仅是对中国的侵略,而且也是明目张胆地威胁苏联的安全。他说:事情到了这种地步,只有中苏两国共同合作,才有可能制止日本的进一步扩张。问题是,苏联政府是否打算同中国签订互助条约?对此,苏联大使毫无思想准备。鲍格莫洛夫当场表示:这一提议使他感到惊异。"中国政府慑于日本压力而拒绝互不侵犯条约,担心有人评说而拖延贸易条约的回答,可是忽然间谈起互助条约来了"。要知道,"互助条约的签订应以良好关系为先决条件,即在贸易条约、互不侵犯条约都早已成为定局的情况下才能谈及"。①

事隔3个月后,鲍格莫洛夫的态度并没有明显改变,他首先表示苏联愿意改善两国关系,但主张通过签订贸易协定和互不侵犯条约来达到这一目的。蒋介石则表示,他毫无疑问赞成缔结贸易协定和互不侵犯条约,然而问题是,"这些条约都只是表面举动,他希望有实质性的真正促进中苏亲密关系并能保障远东和平的协定"。他在进一步答复鲍格莫洛夫关于何为"非表面性"协定的问题时强调指出,他不是作为中国政府的代表来谈论这一协定,而是以中国军队总司令的身份来提出这样的建议的。他告诉鲍格莫洛夫,日本政府确实向中国要求缔结关于反对布尔什维主义的军事同盟,从日本人的观点来看,这当然是包括

---

① 《鲍格莫洛夫致苏联外交人民委员部的电报》(1935年7月4日),见李玉贞译《中苏外交文件选译》(上),载《近代史资料》第79号,218—219页。

反对苏联的目的在内的。他表示,中国政府不会同意这样的建议。但他同时提出:"苏联政府是否愿意同中国签订一个多少能保证远东和平的协定?""如果苏联政府给予肯定回答,那么他想知道苏联政府对这个协定有何想法?"鲍格莫洛夫在随后给莫斯科的电报中明确指出,蒋所暗示的这个协定无疑是一个"秘密军事协定"。① 由蒋介石亲自出面来提出这样的要求,清楚地显示出南京政府这时面对日本分离华北的计划已经沉不住气了,为此不惜改变前此的对苏政策,想要得到苏联的援助,以应付可能发生的严重事变。

三 宋哲元准备让步

10月18日,也就是蒋介石秘密约见苏联大使的当天,日本驻天津特务机关策动了所谓"香河事件"。当天,香河县部分人借口反对田亩赋税,召开所谓"国民自救会"。随后聚众向香河县长请愿交涉,逼迫县长让出县府,由民众自动组织接管,实行自治。这些人并且公开发表所谓自治宣言,与县府公开对峙。香河事件虽在商震与多田骏的反复协商下,最终得以和平解决,但日本方面随即开始提出一系列要求,目的仍在逼迫平津和冀察地方当局接受其自治的主张。

10月29日,日本驻天津总领事川越茂致函平津卫戍司令宋哲元、河北省主席商震、北平市长袁良和天津市长程克,要求"迅速彻底取缔妨碍贵我两国邦交之团体"。同日,天津驻屯司令部参谋中井增太郎代表参谋长酒井隆,偕同高桥前往会晤商震,提出"关于华北协定实施事项之通牒",除重复川越函中所提要求外,还进一步要求罢免北平市长、撤废军分会及其附属机关,彻底实行停战协定及华北协定等。

眼见日本方面紧锣密鼓、步步紧逼,非要造成华北五省自治不可,蒋介石不得不急忙改变过去将事件局部化的做法,以免被日方在地方交涉中各个击破。他在给宋哲元的指示中明确提出:"此次华北策动,固非枝节应付所能解决,尤非局部敷衍所能了事,故中央根据整个对

---

① 《鲍格莫洛夫致苏联外交人民委员部的电报》(1935年10月19日),载《近代史资料》第79号,219—221页。

策,多方与之周旋,现正着进行中,已日有转机,但期华北坚持不自生异动,则彼方步调自可一致而就范……此时兄处境只听命中央,诿责中央为惟一之法,否则所谓其他办法,皆自陷绝境,则将来之悲惨烦闷必更有不堪设想者,现在此间已拟定有效办法,即派大员携来与兄详洽。"①

蒋介石所说的"有效办法"就是:(1)从前华北事件皆武人口头交涉,此次并有外交人员,且有公文,稍一不慎便成定案。(2)六月间我方让步已至极点,今若再让步则无可立国。(3)请用公函答复川越茂总领事,以平津地方并无反日机关存在,自当随时严密注意,不使发生。公函中不可有"国民党部"字样,自失立场,尤不可有反"满"字样,致涉承认之嫌。(4)酒井通牒并非正式,不必以文字复之,口头已足。大意与复川越同,惟须注意否认"何梅协定",因当时并无"协定"字样。

然而,在日方的压力之下,袁良还是被迫提出了辞呈,且很快得到行政院的批准。11月8日,国民政府任命秦德纯为北平市长,萧振瀛为察哈尔省主席。鉴于宋哲元所部已经基本上掌握了平津、河北和察哈尔的控制权,日方开始向宋哲元施加更大的压力。在11月9日天津驻屯军因反对中国实施法币改革,迫使宋哲元下令禁止白银南运之后,土肥原奉关东军司令南次郎之命,又向宋哲元提出了一份《华北高度自治方案》,限令宋于11月20日之前宣布自治。方案对自治机构的名称、地域、首领、政治、经济、军事等方面都做出了具体的规定。方案计划成立一个名为"华北共同防共委员会"的政权机关,统辖华北五省二市,以宋哲元为首,并由土肥原担任总顾问;截用中央在各省、市的关税、盐税和统税,经济上靠开发华北矿业和棉业,使与日本和伪满洲国结为一体;金融上脱离法币制度,发行五省通用货币,与日元发生联系。同时,提出扑灭三民主义和共产主义,实行东洋主义的主张。②

天津驻屯军司令官多田骏及十余名日军将领这时则专程去济南先后会晤韩复榘,向韩施加压力,力图推动韩复榘首先宣布自治。关东军独立混成第1旅团则受命出动一部前往山海关附近集中,日本巡洋舰

---

① 《中华民国重要史料初编》绪编(一),708页。
② 参见中国社会科学院近代史研究所《日本侵华七十年史》,398页,北京,中国社会科学出版社,1992。

和驱逐舰则驶往天津大沽口,日本飞机也频频侵入北平上空。所有这些都对宋哲元造成了极大的威胁。

还在11月8日,宋哲元就明确向南京中央要求早定对日方针,表示"哲元能维持暂时,不能永久"。3天后,他更不得不向次日召开的国民党五全大会发出通电,要求大会毅然宣布结束训政,开放政权,以缓和日方的压迫。韩复榘亦于13日通电响应。然而,15日,有消息称日本关东军4个师团的部队自锦州开往山海关,天津驻屯军司令部亦于当晚向天津市政府要求供给容纳15 000名士兵的营房设施。宋哲元急电蒋介石,要求中央派吴忠信来津,以救华北危局。但蒋判断日方仍属威胁,未必真有作战决心,故只是复宋称:"彼以军队实行威胁,则兄更应坚忍镇定,以伸正气……望兄坚忍到底不为威屈,万一决裂,照中所定处置,不仅为国家争光,而我四万万同胞亦必为兄后盾,亦不辜负我忠勇之将士也。"①宋哲元见此颇为不满,电蒋称:"哲元报国有心,救亡无计,只有竭全力,撑一天算一天而已。"

19日,在土肥原的策动下,所谓河北民众代表联席会议、中华民主同盟会、国民自救会、山东人民自治协会、绥远军政自治协会、河南全省人民自救会、察绥商民联合会、天津工商联合会等团体,联名致电北平宋哲元、保定商震、山东韩复榘、太原徐永昌、绥远傅作义、察哈尔张自忠、北平秦德纯、天津程克、青岛沈鸿烈等,要求开放政权,允许"自治"。②

眼见20日期限已至,蒋介石和南京政府除空言鼓励外却毫无对策,宋哲元不得不于当天致电何应钦,明确提出:"刻下环境至为明显,似非少数军人自由之行动,彼方要求,必须华北脱离中央,另成局面,迭经拒绝,相逼益紧,不得已拟在拥护中央系统之下,与之研商,以(一)不干涉内政,(二)不侵犯领土主权,(三)平等互惠为限度作进一步亲善表示。"③

---

① 《中华民国重要史料初编》绪编(一),711页。
② 参见1935年11月20日天津《大公报》。
③ 《中华民国重要史料初编》绪编(一),714页。

四 蒋介石全力周旋

19日晚,蒋介石得到情报称,日本内阁与元老等恐惹起国际纠纷,不准行使武力。这一消息证实了蒋的猜测。他当即电示宋哲元,说明土肥原并无代表日本政府之资格,应立即停止与土肥原之间的谈判。次日,蒋去电批评宋哲元19日电,称:"来电所称,拟在中央系统之下,以不干涉内政、侵犯领土主权及平等互惠为限度……已超越地方官吏之地位。"①既有中央之明令,宋哲元当天即让萧振瀛向北平报界宣布"华北事件停止谈判",并通知了土肥原。蒋介石当天也专门接见了日本驻华大使有吉明,称:所谓华北自治运动,多为日方策动,中国方面并无此事。"对于华北类似独立之自治运动,乃妨碍中国行政之完整,在国家立场上,无论如何不能承认。"南京政府拟对华北问题采取新的措施,即取消北平军分会,改派中央大员坐镇办理一切,今后华北问题"必须中央派大员赴华北主持军民两政,方能与日方负责人进行商谈"。

虽然日本内阁确定了不以武力分离华北的方针,但土肥原等对宋哲元听从南京调度,拒不宣布自治,不免心有不甘。11月24日,土肥原使出杀手锏,策动冀东非武装区,即滦榆区兼蓟密区行政督察公署专员殷汝耕宣布"自治",成立了一个所谓的"冀东防共自治委员会",委员会设于通州,下辖冀东22个县,并宣告脱离中央政府。殷汝耕并且发出通电,要求宋哲元等"当此危急存亡之状,宜定大计,借救国家之灭亡而负磐石之重任"。② 土肥原即据此来要挟宋哲元,再度要求宋必须于11月30日以前宣布自治。

殷汝耕此举当即遭到中国各界的强烈反对和指责,英、美两国亦表示严重关切。国民政府行政院于26日召开紧急会议,决定立即撤销滦渝、蓟密两区行政专员公署,殷汝耕免职拿办。同时,撤销北平军分会,特派何应钦为行政院驻平办事处长官,宋哲元为冀察绥靖主任。

---

① 《中华民国重要史料初编》绪编(一),714—715页。
② 《华北事变资料选编》,335页。

然而,宋哲元确信日本人不肯罢休,坚持不就绥靖主任职。他并于29日再电蒋介石,说明日方限其2天之内宣布自治,否则将要施以武力。为此,他已被迫密调4个团兵力入平,用以应付万一。

30日中午,蒋介石再开紧急会议,并力劝何应钦北上赴任,何应钦因有"何梅协定"的教训,再三推托。再加上日本方面得知此一情况,也公开声言反对,何更是以此为由不去北平。为了劝说何应钦前往,蒋介石费尽九牛二虎之力,最后并许以四项原则,才算把何应钦劝上了北上的列车。此四项原则是:(1)如许可,即就行政院驻平办事处长官职。否则参酌西南政务委员会现状,设立冀察政务委员会。(2)冀察政务委员会组织以适合北方特殊情况为标准,其委员由中央委任,并以宋哲元为委员长。(3)冀察一切内政、外交、军事、财政必须保持正常状态,不得越出中央法令范围以外。(4)绝对避免自治名义与独立状态。如日人压迫,中央与地方一致行动。① 而何这边刚一动身,蒋介石那边就通知宋哲元,说明已同意何应钦不就行政院驻平办事处长官一职,此行纯为解决目前困难,协助宋应付危局。

何应钦于12月3日到达北平,次日即与宋哲元等正式商谈解决华北危机的问题。而当天中午,日方即告诉北平军分会人员:如果何应钦继续留在北平,双方难免发生冲突,进而造成地方混乱状态。且华北地方自治当以华北人自任为宜,中央方面不应有所妨碍。对于这种情况,何应钦早有准备,故他当天即电告蒋介石,强调冀察之事仍宜由宋哲元负责处理。

5日,在得到蒋批准后,何应钦正式通知拟由宋哲元领衔成立冀察政务委员会。宋哲元显然认为这是唯一能够取得日方谅解的一种状似分离的政权组织,故表示同意。

6日,萧振瀛将草拟的委员会暂行组织大纲送交天津驻屯军司令官多田骏等进行交涉,得到日方同意。

12月8日,宋哲元向何应钦提交了委员会成员名单,经协商增减后,国民政府于12月11日明令公布。计其委员有宋哲元、万福麟、王

---

① 参见《中华民国重要史料初编》绪编(一),731页。

揖唐、李廷玉、胡毓坤、王克敏、刘哲、高凌霨、萧振瀛、秦德纯、张自忠、程克、周作民、门致中、贾德耀、冷家骥、石敬亭等。与此同时,国民政府还将商震调任河南省主席,由宋哲元兼任河北省主席,并调萧振瀛任天津市长。据此,12月18日,冀察政务委员会正式宣告成立,综理冀察平津两省两市一切事务。以宋哲元为委员长,秦德纯、刘哲、王揖唐为常务委员。宋哲元公开发表书面谈话表示:今后当力谋中日友善与东亚和平,与日本互维互助。

此举显然部分地满足了日本人的愿望,但远没有达成日本方面策动"华北自治运动"之初所设定的那个分离华北的目标。从这一点来看,南京政府也勉强算是达到了保住平津及河北的目的。因此,日本驻南京武官矶谷廉介曾明确表示:"我们所希望的是排除国民党统治华北,并不是排除华北的国民党员,恐怕今后华北还需要有第二次或第三次的自治运动。"

五　德王宣告内蒙古自治

相对于主要由日本天津驻屯军来策动的华北自治运动,日本关东军策动的内蒙古自治运动显然要更成功一些。这时,内蒙古共有6个盟(哲里木盟、昭乌达盟、卓索图盟、锡林郭勒盟、乌兰察布盟和伊克昭盟),2个特别部(呼伦贝尔部和察哈尔部),4个特别旗(土默特旗、阿拉善霍硕特旗、额济纳旧土尔扈特旗、依克明旗),1个牧场(达里冈崖牧场)。它们分属于热河、察哈尔、绥远、黑龙江、吉林、辽宁、宁夏7个省。日本早有征服满蒙的野心,九一八事变后,日本关东军先后占领了东北三省和内蒙古东部的呼伦贝尔盟、哲里木盟、卓索图盟。随后又在1933年占领热河全境时占领了昭乌达盟,从而完成了对内蒙古东部的征服。自此之后,日本关东军便将征服内蒙古西部作为工作的重点。其第一步就在察东和锡林郭勒盟找到了自己的代理人,即察东的李守信和锡盟的德穆楚克栋鲁普(即德王)。在扶植李守信的伪军占领察东重镇多伦后,日本陆军参谋部就确定了以察东和锡林郭勒盟为向内蒙古西部扩张的跳板。1933年9月,德王在日本特务机关的策动下,在百灵庙召开第二次内蒙古自治会议,向南京政府提出实行高度自治的要求。南京政府为避免刺激德王等人，满足了其自治的要求。4月23日，蒙古地方自治政务委员会（简称"蒙政会"）在百灵庙正式成立，选云栋旺楚克（即云王）为委员长，索诺木拉布坦（即索王）和沙克都尔扎布（即沙王）为副委员长，但实权却在秘书长德王手里。

1935年1月，日本关东军司令官南次郎派参谋田中隆吉和蒙事处第二课长石本寅三去见德王，明确提出愿意帮助蒙古人建立"蒙古国"。德王因此与日本关东军密切勾结，密谋先组建独立政府和军队。9月间，关东军副参谋长板垣征四郎等一行人再度与德王会谈，双方围绕着"蒙古国"的范围是否包括在"满洲国"范围内的几个旗的问题发生争论，未能达成一致。但双方就日本关东军协助德王建立政权和军队一事取得了协议。

12月，德王前往长春，拜见了关东军司令官南次郎和参谋长西尾寿造。紧接着，德王就在日本人的帮助下，迅速以蒙政会的名义成立了察哈尔盟公署。李守信部也在关东军的支持下夺占了察东张北、沽源、宝昌、康保、商都、多伦6个县。有鉴于此，南京政府于1936年1月25日下令将蒙政会一分为二，另行组织"绥境蒙政会"，将德王所辖的一部分改称"察境蒙政会"。前者管辖乌、伊两盟和土默特，后者管辖锡、察两盟。绥东四旗归绥境蒙政会管辖。

但是，这个时候的德王已不受南京政府的约束了。他已经下决心要改元易帜，即要改民国纪年为成吉思汗纪年；取消青天白日旗，制定蓝地右上角红、黄、白三条为标记的蒙古旗，彻底宣告脱离中国。2月12日，即1936年旧历正月十八日，德王于苏尼特右旗德王府大蒙古包内，仿效成吉思汗大祭仪式举行蒙古军总司令部成立典礼，并以成吉思汗30世子孙名义宣读誓词，扬言要继承成吉思汗的伟大精神，收复蒙古固有疆土，完成民族复兴大业。德王被推举为总司令，李守信为副司令，下设军务、政务两部和一个秘书处，另外还由日本人组成了顾问部，主任顾问为村谷彦治郎，负指导军事、政治、财政、文教之责。德王兼任政务部长，李守信兼军务部长。

几个月之后，为了使自己的独立更加名正言顺，德王进一步筹备成立"蒙古军政府"，并于5月12日在化德县嘉卜寺正式宣告成立。云王为伪蒙古军政府主席,索王和沙王为副主席,德王为总裁。8月,在关东军的帮助下,军政府大致编成了2个军共9个师的伪蒙军,并很快开始骚扰绥远东部地区。由此,日本关东军所策动的内蒙古分离运动,或曰自治运动,已成为事实。

第三节 一二·九运动与救亡热潮的高涨

一 救亡运动再起

在"塘沽协定"签订之后大约两年的时间里,中国知识界的救亡运动明显地处于低潮之中。这一方面是受到中日关系此时的复杂形势所影响,另一方面也同国民党南京政府为谋求日本谅解日渐采取压制抗日救亡活动和进一步加强独裁统治的情况不无关系。当一向坚持反日立场的《申报》主笔史量才被暗杀后,《申报》顿时失去了往日的战斗精神。而1934年由共产党发起的由众多名流学者署名发表的《中国人民对日作战基本纲领》,也未能在国内引起应有的反响。相反,当南京政府于1935年公开提倡"中日亲善"之后,特别是进一步发布《睦邻邦交令》之后,一切反日言论、行为及其组织都受到严厉禁止,各报刊再也不能像以往那样谈论御侮救亡问题了。然而,对侵略者如此卑躬屈膝,对要求救亡的中国人如此蛮横无理,就是在那些力主对日妥协的知识分子看来,也是难以容忍的。

由胡适等人主持的《独立评论》两年多来一直表现得比较同情政府,这时也按捺不住,开始发出了抗议的声音。他们公开发出质问:"在'九一八'以后,在'一·二八'以后,在长城抗战以后,在天羽声明以后……大讲亲善,高谈提携,此中妙用,不但阿斗莫测高深,恐怕就是诸葛亮也不敢认为是神策妙算罢?"①进而,他们甚至指责南京政府"一方

---

① 张熙若:《〈塘沽协定〉以来的外交》,载《独立评论》第144号,1935年3月31日。

面对于劫持我土地,残杀我人民,以倾覆我国为天职的恶敌,则打躬作揖,满脸堆笑地来讲亲善;一方面对于天真烂漫的,孥云捉月,从未曾给过社会以丝毫损害的少男少女,则凌以雷霆万钧的凶威",这种政治人格"何等丑恶"!①

从1935年5月以后,日本军队开始接连在华北制造事端,进而逼迫南京政府签订了《何梅协定》《秦土协定》。尽管人们这时对协定的内容难于真正了解,但从一系列现象当中,人们还是迅速意识到了事态无比严重。10月以后,日本方面进一步策划华北自治运动,并在11月24日先行成立了第一个华北伪政权——"冀东防共自治委员会",同时公然逼迫华北地区国民党军政领导人宋哲元宣布华北自治。经过了一段幻梦般的平静之后,许多中国人这一次再度吃惊地注意到华北数省又在步东北的后尘了。一时间,北平、上海等地教育界、文化界和思想舆论界的爱国知识分子和青年学生们,又纷纷发表宣言和通电,坚决要求"坚持领土和主权的完整,否认一切有损领土主权的条约和协定","反对在中国领土内以任何名义成立由外力策动的特殊行政组织","要求即日出兵讨伐冀东及东北伪组织",并主张"全国民众立刻自动组织起来,采取有效的手段,贯彻我们的救国主张"。② 知识界的抗日救亡运动重又开始显示出新的活力了。

华北事件的发生使整个舆论界的倾向迅速发生了改变。一段时间以来甚嚣尘上的妥协主张又受到严厉抨击。邹韬奋在他主持的《大众生活》上根据两年来的历史事实直言胡适过去妥协见解之错误,③毕云程、吴世昌等人也纷纷撰文或写信对胡适过去的说法进行商榷。④ 而胡适这时固然仍旧不相信中国军队能够抵挡日本军队的进攻,相信必须通过直接交涉,甚至承认"满洲国"来换取几十年的和平,但他毕竟也多少承认自己对"塘沽协定"意义的估计是不那么正确的了,并开始了解到"屈辱是无止境的,求全是绝不可能的","我退一寸,人进一丈",故

---

① 张荫麟:《论非法捕捉学生》,载《独立评论》第143号,1935年3月25日。
②《上海文化界救国运动宣言》,载《大众生活》第1卷第6期,1935年12月21日。
③ 胡适:《华北问题》,载《大众生活》第1卷第3期,1935年11月30日。
④ 参见毕云程《胡适之先生的"敬告"》,载《大众生活》第1卷第4期,1935年12月7日;《胡适来往书信选》(中),277—279页。

而在主和的同时,也公开转换了口吻,强调今日国家已到最危急的关头,主张要"用统一的力量守卫国家",并且提出"应当在中央的指导之下,商定整个华北的守卫计划"。①

自"九一八"以后,南京政府要统一,中间派知识分子希望统一,统一问题却久拖不决,让国人备感焦虑与失望。到1936年,统一问题重新又成为社会舆论的焦点。但值得注意的是,由于共产党人这个时候参加到中国的统一运动中来,并且提出了统一战线的主张和"停止内战,一致对外"的口号,中国的统一运动明显地获得了更广泛的社会舆论基础。

二 中共政策大调整

中共的统一战线主张最早提出于1935年7—8月间在莫斯科召开的共产国际第七次代表大会。在此之前,由于实行苏维埃政策,单纯奉行依靠贫苦工农大众的阶级路线,中共不仅反对国民党南京政府,而且视一切中间势力为最危险的敌人。但是,随着日本对中国的入侵不断加深,再加上共产国际开始提出新的统一战线的方针,中共也渐渐地开始改变过去关门主义的做法,转而提出"抗日民族统一战线"的政策来了。在共产国际第七次代表大会上,中共代表团公开宣布了他们起草的关于组织全中国统一的人民的国防政府的提议书,决定要向"一切政党、派别、军队、群众团体以及一切政治家和名流们"提议:"与我们一起组织全中国统一的人民的国防政府。"它明确表示欢迎"一切不愿做亡国奴的同胞们,一切已经在用武器保国卫民的军官和士兵们,一切愿望参加抗日救国神圣事业的党派和团体,国民党和蓝衣社中一切真正爱国爱民的热血青年们","与苏维埃政府的代表共同加入统一的人民的国防政府"。② 中共代表团的这一主张,随即在1935年10月1日出版的《救国报》上以《为抗日救国告全体同胞书》(又称《八一宣言》)的形式正式发表出来。它同时还以《中央为目前反日讨蒋的秘密指示信》的形

---

① 胡适:《华北问题》,载《独立评论》179号,1935年12月1日;胡适:《用统一的力量守卫国家》,见《大公报》1935年11月17日。
② 《国际新闻通讯》(英文版)第15卷第60期。

式,将此一政策和策略正式传达到当时活动于平津一带国民党统治区内的中共地下组织中。信中明确要求把斗争的矛头指向日本和蒋介石,只要反蒋的势力增加,就是中国革命势力的增加,因此,全党同志必须到一切反蒋抗日的集团力量中去,建立广泛的统一战线,不管什么阶级,不管什么党,只要他们愿意从事任何反日反蒋的活动,"中国共产党都愿意诚恳的与之建立统一战线,以共同担负起救中国的责任"。①

1935年11月20日,负责向国内的中共中央传达共产国际第七次代表大会统一战线新政策精神的张浩,成功抵达中共中央所在地陕北瓦窑堡。张浩介绍了共产国际七大开会的情况和中共代表团提议组织抗日民族统一战线的情况,传达了共产国际执委会关于中国共产党策略方针问题的四点指示,即:(1)实行抗日反蒋的统一战线的策略方针;(2)以建立国防政府和抗日联军为统一战线的最高表现形式;(3)改工农苏维埃为人民苏维埃;(4)以往剥夺富农的政策及其他相关政策亦应随之改变。据此,中共中央亦很快发表了与《八一宣言》内容一致的宣言,并很快召开了中央政治局扩大会议,明确决定改变过去各项政策,从今以后的任务是:(1)给予一切革命的小资产阶级分子以选举权与被选举权,切实保护小资本工商业;(2)给予一切同情于反日反卖国贼的知识分子以发展文化、教育、艺术、科学及技术天才的机会;(3)给予一切愿意反日反卖国贼的白军官长(不分官阶)以优待的权利;(4)向一切个人、团体、政治派别和武装队伍提议订立抗日讨卖国贼的协定和组织国防政府与抗日联军;(5)改变对富农的政策,富农的财产不没收;(6)欢迎民族工商业资本家在双方有利的条件下,来苏区投资设厂开店,保护其生命财产之安全,并尽可能减低税租条件;(7)积极保护华侨的利益,并欢迎华侨资本家来苏区发展工业。②

中共这时还没有放弃武力反蒋的方针,但后来很快提出的"停止内战,一致对外"的宣传口号在国内产生了很大的影响力。从九一八事变以来,国内各界对蒋介石"先安内而后攘外"的政策以及以武力求统

---

① 《中央为目前反日讨蒋的秘密指示信》(1935年10月);1935年10月1日《救国报》。
② 参见《中央关于目前政治形势与党的任务决议》(1935年12月25日),见《中共中央文件选集》第10卷,598—622页,北京,中共中央党校出版社,1991。

一的做法,本来就存在着颇多争议。没有人不了解安内统一关系到抗日御侮的利钝成败,问题是用以暴易暴的办法是否真的就能达成安内和统一的目的。至少到1935年为止,经过了多年血腥战争,国民党地方势力公开割据或变相割据的现象仍随处可见,共产党红军在西南和西北也仍旧继续存在,很少人相信安内统一之日已经为期不远。然而,安内统一尚无实现之日,日本的侵略程度却日益加深。随着华北事变的发生,人们自然对蒋介石坚持武力的安内统一政策更加心生怀疑。事实上,华北事变的发生,不仅极大地刺激了国内各界乃至各党各派,甚至连蒋介石也不能不想着寻找安内统一的捷径了。他除了秘密地试着向苏联请求结盟以外,在看到中共代表团在共产国际七大上提出统一战线政策的各种文字之后,马上找到回国述职的驻苏武官邓文仪,要他赶回莫斯科,去与中共代表团进行接触与谈判,争取用政治的办法来解决共产党问题。由此不难看到,中共代表团发表在《救国报》上的《八一宣言》,确实具有相当重要的影响和意义。1935年影响全国的一二·九运动,也正是在这样一种背景下发生的。

三 北平学生走上街头

一二·九运动发生前,北平城内早已是人心惶惶。日军不断地施以武力威胁,步步进逼,要把平津及冀察两省变成第二个满洲,国民政府却一退再退,委曲求全,北平成为日本占领地的危险已迫在眉睫。故宫博物馆的稀世珍宝开始装箱南运,一些高等学府也酝酿南迁,这些情况不可避免地刺激了大批爱国的青年学生。恰在这时,北平中共地下党人看到了《八一宣言》,宣言号召联合一切可以联合的对象展开反日反蒋斗争,这给了他们自主发挥斗争策略的天地,使他们得以放手组织民众运动。因此,他们很快就开始在青年学生当中宣传统一战线的思想,鼓吹团结御侮,全力推动抗日救亡运动。由于华北事变造成了国人的激愤,一时间在学生当中的中共党员迅速成为政治的骨干与核心,并成功地联合北平各大中学校的学生,组成了北平市学生联合会。中共党员郭明秋任执委主席,姚克广任秘书长。为便于领导,中共还成立了学联党团,彭涛、黄敬、姚克广、郭明秋等为党团成员。

学联成立不久,北平就发生了日本鼓动的少数卖国分子发起的游行示威,要求实行华北自治。学联很快得知南京政府已经部分地对日妥协,准备取消北平军分会,于12月9日成立半自治性质的冀察政务委员会。对南京政府的步步退让早已极端不满的学生们愤而决心要阻止冀察政务委员会的成立。他们在北平学联的领导下,于8日在燕京大学召开了各校代表大会,决定次日组织学生到新华门向何应钦请愿。

学生们准备向当局请愿示威的消息几乎马上就被秦德纯等知道了。9日晨,燕京、清华两校学生准备出发时,发现通往市内的校车已被扣押,校门外还有大批军警试图阻止他们前往市内请愿游行。学生们用尽各种办法冲破了军警的阻拦,步行赶到了西直门外,又遭遇全副武装的警察的拦截,且城门也已被关闭。这样,城外的学生最终也未能进到城里参加请愿活动。但是,在城内的东北大学、北平师范大学、民国学院、市立女一中、艺文中学、东北中山中学的上千名爱国学生依旧举行了请愿和示威。他们聚集到新华门前,派出代表向当局提出了反对所谓华北自治运动、停止内战和准许言论、集会、出版自由等6条请愿要求。在递交了请愿书后,学生随即举行了示威游行,一路高呼抗日口号。沿途辅仁大学、北京大学、中国大学、北平大学、中法大学、弘达中学、市立女二中、志成中学、成城中学、镜湖中学、汇文中学、艺文中学、河北高中、河北省立十七中学、孔德中学、竞存中学、精业中学等大中学校的学生,也陆续加入其中。由于害怕学生会冲击东交民巷的外国使领馆,特别是冲击日本使馆,故当局早早就在通往东交民巷的王府井南口部署了大批军警,并且调来了消防车,以便进行阻截。当游行队伍来到王府井南口时,军警们即开始用高压水龙向游行队伍喷射。在与军警争夺高压水龙的搏斗中,有30多名学生受伤并被送往医院。清华大学救国会当天发出的《告全国民众书》写道:"华北之大,已经安放不得一张平静的书桌了。"①

一二·九运动发生后,北平各校的学生更加激愤。几天之内,有70多所学校成立了自治会或学生会,多数学校在市学联的号召下宣

---

① 清华大学救国会:《怒吼吧》,1935年12月10日。

布罢课。北平当局惧于日本压力,急忙发布《禁止青年学生聚众游行》的布告,扬言违者将依法究办。北平市社会局局长也出面发表谈话,声称绝不姑息学生的轨外行动。受到当局的恫吓之后,东北大学、北平师范大学、北平大学、北京大学等学校当局也纷纷贴出布告,训诫学生不宜再作抗议活动,如有煽惑罢课者,一经查明,立即开除学籍。各校校长于13日联名发表《告学生书》,要求学生埋头努力于学问之研究,更不必涉及课外之活动。但所有这一切都无法阻止学生救亡的热情。

12月14日,北平报纸透露,冀察政务委员会将于16日正式成立。得到消息后,北平学联迅速作出决定,要在16日举行更大规模的示威游行。经过更周密的准备之后,16日一早,打着"中国人民自动武装起来""反对冀察政务委员会""反对脱离中央""反对华北特殊化"等横幅的游行队伍分别冲破军警的阻截,拥上了街头,近万名学生和市民聚集天桥广场召开了市民大会,当场通过了反对冀察政务委员会、反对华北傀儡组织、要求停止内战一致对外等8个决议案,随后以清华大学和燕京大学的学生为先导,浩浩荡荡向东交民巷口的外交大楼前进,去反对即将在那里成立的冀察政务委员会。这次示威游行遭遇到军警更加残酷的镇压。据燕京大学出版的《一二·九》特刊事后报道称,当天参加示威的7775名学生中,被捕者8人,重伤者85人,轻伤者297人,另有23人失踪。

由于南京政府从1933年起开始实行新闻管制,有关华北事变的种种消息通常难以见报。因此,北平学生再度示威的消息自然在北平当局的干预下被严密地封锁起来,几天之内北平的报纸几乎没有进行正面的报道,只能曲折地透露一些情况。但是,北平学生的抗议活动和遭遇还是通过各种途径被各地学生了解到了,这不可避免地激发了全国各地学生的救亡热情。26日,平津学生联合会宣告成立,同时决定组织南下宣传团,从北平和天津出发,沿途宣讲北平学潮真相和宣传抗日救亡主张,并至南京向国民政府请愿。学生们到达河北固安后,被强行解散,并将部分学生用武力押送回北平。

四　一二·九运动影响全国

然而,北平的一二·九运动几乎马上就在全国范围内燃起了救亡运动的火焰。12月12日,上海文化界名人马相伯、沈钧儒、邹韬奋、章乃器、王造时、陶行知、李公朴、钱俊瑞、周新民、钱亦石、沈兹九、顾名、金仲华等280余人联名发表《上海文化界救国运动宣言》,强烈要求结社、集会、言论、出版自由,坚决否认一切有损领土主权的条约和协定,坚决反对在中国领土内以任何名义成立由外力策动的特殊行政组织。

12月17日,北平学联的代表赶到上海,通过《大众生活》主编邹韬奋见到章乃器以及沈钧儒、王造时、沙千里等人。当天,上海中学学生联合会成立,北平学联代表被请去报告一二·九运动情况。次日,上海80余所中学的学生发表联合宣言,反对华北自治。19日,上海复旦大学、暨南大学、光华大学、大夏大学、交通大学,以及持志、法商、税专等学校的学生和其他中学学生数千人连夜举行游行,向上海市政府请愿,要求政府维持领土主权的完整,保护救国运动,保障言论、集会自由。市长吴铁城和教育局长潘公展被迫出来接见了学生。

21日,史良等发起成立了妇女救国会,并组织近千名妇女上街举行了声援学生爱国运动的示威游行。随后,上海文化救国会、学生救国会、大学教授救国会、职业界救国会、电影界救国会等相继成立,进而产生了上海各界救国联合会,并创办了《救亡情报》等救亡刊物。24日又爆发了更大规模的群众性游行示威。游行的学生一大早就来到南京路大陆商场楼前,汇合成浩荡的人流,沿着南京路开始行进。途中虽与英国巡捕发生冲突,但队伍并没有被冲垮,相反还吸引了大量市民,一直前进到北火车站声援复旦大学赴京请愿团。这数百名赴京请愿团的学生头天晚上就占据了一列火车,要求赴京,被军警团团围在火车上。上海各工会、文化团体、各界救国会及各大中学校的代表听到消息后都纷纷赶来慰问,并送来面包、水果等。到当天上午,请愿团的规模已经扩大到3000人左右。由于火车停开、游行示威学生声势浩大,吴铁城最后被迫同意用火车送学生去南京;但路上却利用破坏铁轨等办法,阻止学生前往,终于使学生们被阻在无锡无法前进,最后反被军警重新送回上海。此举更进一步激怒了学生和各界爱国人士。

就在大批学生被强行送回上海的第二天,即28日,上海各界救国会出面组织了新的示威游行。游行名义上是为了纪念"一·二八"阵亡将士,但仍旧起到了声援请愿学生的作用。

受到北平一二·九运动和上海救亡运动蓬勃兴起的影响,全国各地声援北平学潮、反对华北自治的示威游行活动也是此起彼伏,让南京政府颇感头疼。在前后一个月的时间里,发动请愿或示威游行的就有南京、武汉、杭州、开封、西安、济南、太原、南宁、扬州、苏州、保定、梧州、长沙、焦作、桂林、徐州、宁波、安庆、常州、南昌、重庆、宜昌、信阳、南通等城市。因学生要去南京请愿索车索船受阻而导致断绝交通的,就有杭州、开封、焦作、南通、常州、信阳数处。而那些没有举行示威游行和请愿活动的城市,如贵州、昆明、芜湖、安庆、张家口、石家庄、唐山、青岛等地的学生,也都发出通电和宣言,响应并声援北平学生的抗日救亡运动。香港的爱国学生和各界人士也开展了募捐和宣传活动,并发表了救国宣言。受此影响,全国各地的救亡团体纷纷宣告成立。经过一段时间的筹备之后,沈钧儒、章乃器、王造时等于1936年5月31日至6月1日,在上海圆明园路中华基督教青年会全国协会举行了全国各界救国联合会成立大会。到会者有华北、华南、华中及长江流域20多个省、市的60多个救亡团体的代表共70多人,会议通过了《全国各界救国联合会章程》《全国各界救国联合会宣言》和《抗日救国初步纲领》等文件。会议选举沈钧儒、章乃器、李公朴、王造时、史良、沙千里、陶行知、孙晓村、曹孟君、张申府、刘清扬、何伟等14人为常务委员。宣言中明确批评南京政府和国民党中央只知用武力来消灭异己、推进统一,殊不知"放弃了当前的大敌,对敌人作无限制的让步,而想用武力征服敌党敌派,用权威排除异己,用权术巩固政权,那结果反只有使人心离散,而自陷于覆亡";而今之计,只有推动对立的各党派停止军事冲突,派遣代表展开谈判,以便团结全国救国力量,统一救国方案,最终成立一个统一的抗敌政权,创立民主制度,以实现保障领土完整和谋求民族解放的目的。①

---

① 参见周天度编《救国会》,89、97—105页,北京,中国社会科学出版社,1981。

五 "团结御侮"问题引发讨论

在上海以及全国救国联合会的建立过程中,可以清楚地看到中共在其中所发生的影响。中共的抗日民族统一战线政策一经提出,一向与共产党来往密切并自觉地站在共产党一边的左翼知识分子当然热烈欢迎。鲁迅就公开宣称:"中国目前的革命政党向全国人民提出的抗日统一战线的政策,我是看见的,我是拥护的,我无条件地加入这战线。"①而一向属于中间派知识分子左翼的大批知识分子,如沈钧儒、王造时、章乃器、陶行知、李公朴、沙千里等,也迅速接受了共产党统一战线的政策主张,并与很快来到上海从事秘密工作的冯雪峰等建立了联系。全国救国联合会关于"各党各派立即停止军事冲突""立刻释放政治犯""立刻派遣正式代表"谈判"制定共同抗敌纲领,建立一个统一的抗敌政权"等主张,②就明显是与中共的《八一宣言》相呼应的。

1936年7月15日,由沈钧儒、章乃器、陶行知、邹韬奋4人联名,发表了系统阐述他们所倡导的救亡联合阵线主张的《团结御侮的几个基本条件与最低要求》一文。该文的形成与发表,在很大程度上与中共代表团成员潘汉年的影响和鼓动是分不开的。文章最突出的特点是公开提出了要求蒋介石、国民党放弃"先安内后攘外"的所谓国策,与红军停战议和,共同抗日的政治主张。文章在建议中共停止反对国民党和国民政府,红军立即停止攻袭中央军,放弃前此对地主、富农和商人的政策,停止推动可能削弱抗日力量的劳资冲突和阶级斗争政策的同时,更多地批评了国民党的安内攘外政策。文章宣称:"五年来安内的经验告诉我们,这一主张是失败了。五年来安内的结果,剿共军事并没有片刻停止,到最近中央和西南却发生了裂痕。可见安内政策并不能促成真正的内部统一,而惟一得到'安内'的利益的,却是我们共同的敌人。照这样情形下去,恐怕'内'不及'安',而中国全部早成为日本的殖民地

---

① 鲁迅:《答徐懋庸并关于抗日统一战线问题》,见《且介亭杂文末编》,55页,北京,人民文学出版社,1970。
② 中共上海市委党史资料征集委员会编:《"一二·九"以后上海救国会史料选辑》,151页,上海,上海社会科学院出版社,1987。

了。"据此,他们明确表示反对国民党南京政府的"安内攘外"政策,大声疾呼:"我们不能再用自杀的手段伤耗民族的元气!""中国人民目下的要求,是停止一切内战,大家枪口一齐向外,大家一齐联合起来抗战自卫!"①

沈钧儒等人的《团结御侮的几个基本条件与最低要求》一文在社会上产生了很大反响。中共代表团的机关报《救国报》马上全文转载了这篇文章,在陕北的中共中央则以毛泽东的名义专门致信4位作者,表示中共中央同意救国会的宣言、纲领与要求,并愿意在救国会这些纲领和要求下面与各党派各团体诚意合作,共同奋斗。②

对于共产党人以及沈钧儒等人的统一战线主张,自然也有些中间派知识分子是有疑惑的。张东荪是最早公开发表文章欢呼中共的《八一宣言》"真不啻中国民族前途的一线曙光"的,他并且宣称对于中共所提议的组织统一的国防政府的主张"无条件双手举起表示赞成与接受",但是,他对中共是否真心愿意停止苏维埃的宣传与政策,并在南京政府允许各党派代表共同讨论决定大政方针时,承认南京政府为事实上的中央政府,则颇表怀疑。③

对此,中共北方局领导人刘少奇这时专门以"陶尚行"的笔名发表文章给予了答复,他在文章中表示,中共完全赞成在中国还没有完全驱逐帝国主义以前不实行社会主义或共产主义的任务,并宣称:"南京如自动召集圆桌会议,我们虽不赞成这种方式,但我们准备派代表参加,只要南京抵抗,我们援助南京。"④

张、陶的文章立即引起了知识界的高度重视,负责刊载这两篇文章的《自由评论》一时竟接连收到了数十篇要求参加讨论的来信和文章。其中固然有对共产党的意图极端怀疑的,但相当一些来信和文章对中共的政策转变是表示由衷欢迎的;而且,绝大多数人都欢迎这种交换意

---

① 章乃器:《四年间的清算》,见丁石民编《救亡言论集》,上海,1936年8月。
② 参见《毛泽东书信选集》,63—64页,北京,人民出版社,1983。
③ 参见张东荪《评共产党宣言并论全国大联合》,载《自由评论》第10期,1936年2月7日。
④ 陶尚行:《关于共产党的一封信——致自由评论编者并转张东荪先生》,载《自由评论》第22期,1936年6月6日。

见、讨论问题,最终相互达成谅解的方式。他们认为:"全国各党派大合作"虽然"不过仅仅开始",然而各党派能够站在中国民族利益的立场上,开诚布公地交换并讨论救亡的意见,这毕竟构成了"全国各党派大合作的先决条件"。①

---

① 参见《自由评论》第 17 期,1936 年 3 月 27 日;第 18 期,1936 年 4 月 3 日;第 27 期,1936 年 6 月 6 日;第 28 期,1936 年 6 月 13 日。

第四节　国民党五全大会与"最后关头"的提出

一　蒋介石威望空前高扬

一二·九运动发生之际,正是国民党第五次全国代表大会后国民党新中央和新政府形成之时。新一届中央和政府的产生,十足反映了国民党五全大会在政策上发生的微妙变化。中央常务委员会主席特意增设了一个副主席,主席为胡汉民,副主席为蒋介石,因胡汉民长期与南京国民党中央对立,拒不来宁,因此常务委员会自然由蒋介石主持。国民党中央政治最高指导机关政治会议改为政治委员会,也添设正、副主席,主席汪精卫,副主席蒋介石,因汪在大会期间被刺无法工作,故也由副主席蒋介石主持。国民政府行政院长为蒋介石,副院长为蒋之嫡系孔祥熙。立法院长孙科,副院长叶楚伧;司法院长居正,副院长覃振;考试院长戴季陶,副院长钮永建;监察院长于右任,副院长许崇智。行政院下属内政部长蒋作宾,外交部长张群,财政部长孔祥熙,军政部长何应钦,海军部长陈绍宽,教育部长王世杰,实业部长吴鼎昌,交通部长顾孟余,铁道部长张嘉璈,蒙藏委员会委员长黄慕松,侨务委员会委员长陈树人。行政院秘书长翁文灏,政务处长蒋廷黻。阎锡山、冯玉祥增补为军事委员会副委员长,程潜任总参谋长。在整个人事安排中,十分明显地基本上排除了带有亲日色彩的人选,汪派因此也受到牵连,不仅五全大会中委选举遭遇惨败,在新中央和政府中也只剩下了一个顾孟余。社会上以及整个党内,几乎都把自"塘沽协定"以来种种对日交涉的失败,都算在了汪精卫等人的头上。

与此相比,蒋介石的地位这时却得到了空前的提高和巩固。社会上对蒋的赞誉越来越多。王芸生在参观了庐山军官训练团并与蒋介石谈话后,公开称赞蒋是贤明的领袖。胡适不满国民党专制体制,这时却也对蒋称颂备至,声称"蒋先生在今确有做一国领袖的资格",说"这几年中,全国人民心目中都觉到只有他一人在那里埋头苦干"。①影响到党内,五全大会第一次一致通过决议慰勉蒋介石,称蒋"政治与军事并施,神武与仁爱兼济","凡斯伟绩,中外具瞻"。因此,在选举中,蒋系人马不仅得票最多,而且高居榜首,在新中央和新政府中也基本上占据了党、政、军重要位置。过去最主要的反蒋派,如阎锡山、冯玉祥、程潜,以及邹鲁、林云陔、黄旭初等人,如今对蒋之地位和大会的这种结果也再没有过去那种极端抵触和不满的表示了;相反,他们很诚意地表示了愿意拥蒋的态度。冯玉祥在宣誓就职的答词中就清楚地表示了他们这些人这时的立场。他宣誓说:"玉祥既为党员,又系军人,念国家兴亡,匹夫有责之义,不敢稍有规避之心,愿本愚诚,追随各位同志之后,效命国家……竭诚辅佐蒋委员长,努力复兴民族之工作,恪尽救亡图存之责任,赴汤蹈火在所不辞。"②这种情况也恰好说明五全大会何以能够通过那样一个公开拥蒋的《确定救党救国原则案》,其中明文规定:"为冲破目前危局,统一全党意志,集中全民力量起见,应授权于本党文武兼赅、伟大崇高之领袖,使之统筹一切,全党同志,听其指挥。"③

蒋介石地位的空前巩固,除了他军事上已无对手和几年来南征北战推进了国家统一之外,也与他对日本入侵越来越强硬的态度得到了国民党内多数人的认可和拥护有关。

二 蒋介石抗日立场赢得拥护

自"九一八"以后,蒋介石实际上一直处于抗日有心、欲战乏力的状态之中。刚一得知沈阳、长春和牛庄沦陷,他就"心神不宁,如丧考妣",暗中勉励自己,要"卧薪尝胆,生聚教训","不收回东北,永无人格矣!"

---

① 参见李云汉编《抗战前华北政局史料》,492—493页。
② 中国第二历史档案馆编:《冯玉祥日记》第4册,666页,南京,江苏古籍出版社,1992。
③《中国国民党历次代表大会及中央全会资料》(下),314页,北京,光明日报出版社,1985。

其将日本入侵东北一事委诸国联仲裁,却不料日本根本不把国联放在眼里,一度也刺激得他想要和日本开战,声言:"我不能任其鸱张,决与之死战,以定最后之存亡。"为此甚至考虑将首都迁至西北,同时集中主力于陇海路,并亲自写下遗嘱一份,信誓旦旦,"期于十年之内,湔雪今日无上之耻辱"。① 但是,蒋介石尚未有机会实施其抗日设想,即被迫下野了。

1932年"一·二八"事变爆发,第19路军奋起抵抗,蒋介石于战争打响近50天后又重掌军权,被任命为军事委员长兼总参谋长。蒋一掌权,即担心战争蔓延,因而决定迁都洛阳,并将全国划分为4个防区,做了两国开战的准备。但是,蒋深以为中日两国国力和军力对比之悬殊,战则必败,因此在第19路军已经给日本人以相当教训的情况下,他期望借助于英、美的干预,与日本签订了停战协定,使日本暂时收敛进一步入侵中国的野心。不料,日本不仅公开扶植起一个"满洲国",而且很快又开始向关内推进。日本此举再度激怒了蒋介石,他一度又开始设想要与日本一战,并为此督促张学良力守热河。张学良轻易丢掉热河,蒋不能不愤怒,不能不下决心亲自部署和发动了长城抗战。长城抗战虽然打得十分激烈,也有过局部的胜利,在蒋看来,这只能是教训一下日本、使其知难而退的一种策略。因为他深信:中国要与强敌日本作战,只能是打一场持久战,"以时间为基础,与敌相持,在久而不在一时","越能持久,越是有利"。

蒋介石究竟想怎样来达到战胜日本的目的呢?蒋介石1934年7月在庐山军官训练团发表的演说中对此讲得相当明白。他指出:"现在的问题,不是简单的中日问题,而是整个东亚的问题,也就是所谓太平洋的问题。日本人所争夺的整个太平洋的霸权,这就不是日本和中国两个国家的问题,而是日本和世界的问题。为什么呢?……因为中国是世界各国共同的殖民地的缘故,所以日本要求独吞中国,就先要征服世界,日本一天不能征服世界,也就一天不能灭亡中国,独霸东亚。现在日本虽然具备了一切军事的条件,可以侵略中国,并且可以和任何一

---

① 参见杨天石《九一八事变后的蒋介石——读蒋介石未刊日记》,见《蒋氏秘档与蒋介石真相》,350—355页。

个强国开仗,但绝没有力量可以战胜列强,可以压倒世界一切,来实现他侵略的野心。"蒋介石又说:"日本为要并吞我们中国,而先须征服俄罗斯,吃下美国,击破英国,才能达到他的目的,这是他们早已决定的国策……我们中国军人,要明了这个国际大势,明白了现在东亚的情形,就可以很大胆、很安心,相信我们一定有方法和力量,可以来抵抗日本,复兴民族。"①

蒋介石一直试图通过一面抵抗、一面交涉的办法拖住日本,使其不致很快发动对中国的全面入侵,以便争取时间做抗日准备。另一方面,他深信,无论日本多么想吞并中国,它还是不能不顾虑来自列强各国的干预,而列强各国为了自身利益,最终也必定会进行干预。蒋介石所以敢接连批准屈辱的"塘沽协定",乃至于"何梅协定"和"秦土协定",也正是因为他自信这种退让不会在根本上损害中国的独立,只会一步步加深列强与日本之间的矛盾冲突。

当然,想要通过外力的帮助取胜,首先还是要自己有实力与日本相争才行。注意到与日本发生全面战争的时间越来越紧迫,在"剿共"战争取得初步成效之后,蒋介石就在秘密指挥兴建东南国防工事了。进入到1934年初,他已经相信国家及私人大工业不能集中于沿海地区,应开辟道路、航路,完成西向干线,建设不受敌国海上封锁的出入口,于经济中心区附近不受外国兵力威胁的地区确立国防军事中心地位。从中日交战的前提考虑,他对经营西南尤其重视,并以"剿匪"为掩护大力建设西南地区,以便将其作为日后抗战的根据地。1935年初,蒋介石明令西南各省修筑公路,并亲自到四川、贵州和云南去巡视,选定四川为中国抗日战争爆发后的军事和政治中心。②

华北事变的发生,使蒋介石对继续阻滞日本的入侵步伐再也不存在什么幻想了。一旦平津被日本占领,哪怕只是在平津和冀察扶植起一个与中央分离的傀儡政权,对南京政府来说都是无法接受的。除了很少数人以外,几乎所有人都能看出来,日本的目标绝不只是要吞并东

---

① 《中华民国重要史料初编》绪编(三),107—109页。
② 参见杨天石《卢沟桥事变前蒋介石的对日谋略》,见《蒋氏秘档与蒋介石真相》,378—382页,399—402页。

北四省就够了，它是非要把华北变成第二个"满洲国"不可的。① 因此，面对日益严重的危机，特别是"何、梅"和"秦、土"协定的消息传出后，国民党内几乎群情激愤，纷纷开始检讨甚至是指责主持外交的行政院长汪精卫及相关责任人。1935年6月19日，国民党召开中央政治会议，行政院长汪精卫和汪派外交次长唐有壬报告华北对日外交谈判经过。蔡元培、吴稚晖等相继发言，指责汪派对日妥协无度，"糜烂地方"。汪虽百般辩解，亦无济于事。蔡元培质问汪："对日外交究持何策？际此时局，殊有请外交当局说明的必要。"汪答："对日外交这几年来均持'忍辱求全'四字而行，现在亦复如是。"蔡追问："忍辱云云，我辈固极明白，求全如何，却望予以解释。"汪避而不答。吴稚晖讥讽道："求全两字极易解释，简而言之，是只忍辱以后求整个国家能完完全全送给敌人，勿兴抗敌之师，反而糜烂地方罢了。"汪精卫愤而退席。于右任干脆大骂汪是汉奸卖国贼，孙科也拍案怒斥汪等一二小人公然卖国，盛怒之下甚至把桌上的茶杯也给震翻到地上摔碎了。结果，6月下旬，南京政府监察院干脆把北平政务整理委员会的当事者黄郛、殷汝耕、袁良等人以媚日卖国的罪名，提出弹劾。国民党全国各省、市党部亦同时联合电呈国民党中央，抨击汪精卫主持对日外交过于软弱，提出应惩戒汪精卫和唐有壬两人。因落实《何梅协定》和《秦土协定》被迫返京的冀、平两地省、市党部人员，也联合京中党政机关反汪派，向中央党部请愿，要求惩处汪精卫及其左右。汪虽愤而称病离京，回来参加五全大会时还是遭了激进记者的刺杀，险些丧命。②

和汪精卫相比，蒋介石的态度就积极多了。蒋除了在内部一直倡言抵抗外，这时他无论在内部还是在公开场合，都越来越多地表露出要与日本一战的决心。

7月，蒋介石在当年防卫计划大纲中将全国划分为三道防卫区域，即第一线冀察晋绥区、山东区、江浙区、福建区、粤桂区；第二线察冀区、山东区、河南区、安徽区、江西区、湖南区；第三线晋绥区、宁夏区、甘肃

---

① 在这少数人中，胡适、陶希圣等人仍是最为引人注目的代表人物。参见杨天石《胡适曾提议放弃东三省，承认"满洲国"》，见《近代史研究》2004年第6期。
② 参见周天度等《中华民国史》第三编第二卷，454—455页，北京，中华书局，2002。

区、陕西区、湖北区、四川区、云南区。在此基础上，蒋依据华北事件发展的局势，进一步提出："对倭应以长江以南与平汉路以西地区为主要线，以洛阳、襄樊、荆宜、常德为最后之线，而以川黔陕三省为中心，甘滇为后方"，创建"民族复兴的根据地"的战略设想。①

11月，蒋介石在一次公开讲演中很强硬地提出："满洲问题如不能圆满解决，中日关系，是无改善可能的。""中国是一个完全自主独立的国家，我们领土与行政的根本原则，绝无放弃的可能。""中国对日本妥协让步，毕竟有一定的限度。"②蒋并明确告诉周围的人，他早有抗日的决心，且非抗日不可。他在与日本驻华大使有吉明会谈时，也毫不客气地表示："作为中国，对引起违反国家主权完整，破坏行政统一等之'自治'制度，绝对不能容许。"蒋介石的这种表现，甚至影响到历来持倒蒋态度的一些国民党人。他们这时也逐渐开始对蒋另眼相看了。如一向站在倒蒋立场上的老国民党人邹鲁即指出：说蒋不抗日是不对的，中央已决定抗日了，蒋先生即"热诚抗日"。冯玉祥这时也再三记录下蒋介石主张抗日的言论，称"中央决定抗日，蒋先生一定抗日"。③

三　南京政府启动抗日准备

正是基于这样一种情况，蒋介石在五全大会的政治报告中终于可以直截了当地提出"最后关头"的说法了。他就此具体阐释说："苟国际演变不斩绝我国生存、民族复兴之路，吾人应以整个的国家与民族之利害为主要对象，一切枝节问题当为最大之忍耐，复以不侵犯主权为限度，谋各友邦之政治协调，以互惠平等为原则，谋各友邦之经济合作；否则即当听命党国，下最后之决心。中正既不敢自外，亦决不敢自逸。质言之，和平未到完全绝望时期，决不放弃和平，牺牲未到最后关头，亦决不轻言牺牲……果能和平有和平之限度，牺牲有牺牲之决心，以抱定最后牺牲之决心，而为和平最大之努力，期达奠定国家复兴民族之目的。"

---

① 张其昀：《党史概要》第2册，747页，台北，"中央文物供应社"，1979。
② 蒋介石：《如何改善中日关系》(1935年11月)，见《先"总统"蒋公思想言论总集》第13卷，528—530页。
③ 《中华民国史》第三编第二卷，456页。

大会显然接受了蒋介石的这一方针,并"授权政府在不违背方针之下,应有进退伸缩之全权,以应付此非常时期外交之需要"。大会宣言中公开表示:"吾人处此国难严重之时期,所持以应付危局者,亦惟有秉持总理'人定胜天'与'操之自我则存,操之在人则亡'之二大遗训,以最大之忍耐与决心,保障我国家生存民族复兴之生路。在和平未至完全绝望之时,绝不放弃和平,如国家已至非牺牲不可之时,自必决然牺牲,抱定最后牺牲之决心,对和平为最大之努力。"①

从五全大会之后,国民党南京政府实际上已经开始进入了一个全面准备对日作战的阶段。国民政府军事委员会拟定的1936年国防计划大纲,不仅将全国划分为抗战区(察、绥、冀、晋、鲁、豫、江、浙、闽、粤),警备区(皖、赣、湘、桂),绥靖区(甘、陕、川、宁),预备区(陕、川、鄂、湘、赣、云、新、青、藏、康),并以军委会为最高统帅机关,设立了冀察、晋绥、山东、江浙、福建、粤桂6个国防军总指挥部和1个由陕、甘、川、鄂、湘、赣、云、贵8省组成的预备军总指挥部,甚至还具体规定了预定战场的阵地设置。

按照国防区域、战场划分和阵地设置的要求,南京政府开始投入较多的力量从事国防工事的构筑。这些工事按其坚固程度分为三种,即永久性工事用钢筋水泥构筑,半永久性工事用铁轨、枕木构筑,临时性工事由简单材料构筑。到1936年春季前后,大部分国防工事均已开始动工修筑。其中规模较大的阵地工事有京沪间的淞沪阵地、吴福阵地、锡澄阵地三道防线,还有乍平嘉阵地、乍澉甬阵地、宁镇阵地、鲁南阵地、豫北阵地、豫东阵地、沧保德石阵地、娘子关长城阵地、雁门关长城阵地等。

在这种情况下,1936年7月召开的国民党五届二中全会,关于加强国防和对日政策上的态度,自然也就更加明朗了。会议的一项重要措施就是宣告成立国防会议,以蒋介石为议长,汪精卫为副议长,阎锡山、冯玉祥、程潜、朱培德、唐生智、孔祥熙、何应钦、李宗仁、白崇禧、陈济棠、张学良、宋哲元、杨虎城、傅作义、余汉谋等30人为国防会议成

---

① 1935年11月20、24日《中央日报》。

员。蒋介石明确宣布说:国防会议的任务,就是希望各地方的军事当局能够共同一致,来中央参加讨论,对于国防上的各项决议和办法彻底明了。一旦发生事变,也可以团结一致,共同负责来抵御外侮。

蒋介石代表主席团在会上所作的报告,再度具体解释了中国在对日本入侵问题上妥协让步的最后底线,那就是让到《何梅协定》和《秦土协定》为止,再不能退让了。他说:"中央对外交所抱的最低限度,就是保持领土主权的完整。任何国家要来侵扰我们的领土主权,我们绝对不能容忍,我们绝对不订立任何损害我们领土主权的协定,并绝对不容忍任何侵害我们领土主权的事实。再明白些说,假如有人强迫我们欲(签)订承认伪国等损害领土主权的(协定的)时候,就是我们不能容忍的时候,就是我们最后牺牲的时候……从去年十一月全国代表大会以后,我们如遇有领土主权再被人侵害,如果用尽政治外交方法而仍不能排除这个侵害,就是要危害到我们国家民族之根本的生存,这就是为我们不能容忍的时候。到这时候,我们一定作最后的牺牲。所谓我们的最低限度,就是如此。"①

国民党五届二中全会一致通过了蒋介石的这个报告。全会通过的宣言也强硬地表示:"中国目前形势,非以决死之心求生存,则不能得安全之保障;非举国一致以整齐之步骤谋挽救,则将无逃于各个击破之危机……国家既处此非常之形势,吾人对内惟有以最大之容忍与苦心,蕲求全国国民之团结,对外则绝不容忍任何侵害领土主权之事实,亦决不签订任何侵害领土主权之协定。遇有领土主权被侵害之事实发生,如用尽政治方法而无效,危及国家民族之根本生存时,则必出以最后牺牲之决心,绝无丝毫犹豫之余地。"②

---

① 蒋介石:《救亡御侮之步骤与限度》(1936年7月10日),见《先"总统"蒋公思想言论总集》第14卷,381页。
②《中国国民党历次全国代表大会及中央全会资料》(下),411页。

第九章
国共两党的政策转变

  1936年间,国共两党的政策开始发生明显的转变。中共中央因为得到共产国际第七次代表大会实行统一战线新政策的指示,全面推行抗日民族统一战线的政策和策略,一改过去的关门主义僵化态度。当时,中共虽仅有一两万兵力,且局促于陕北、甘北一隅之地,却成功地周旋于西北乃至全国各个地方实力派中间,甚至与西北最大的地方实力派武装——张学良的东北军秘密结盟,策划实现打通苏联,接取援助,建立西北国防政府和抗日联军的西北大联合计划。与此同时,南京国民政府在利用"追剿"红军取得了对边远的西南、西北地区的控制权之后,进一步通过挫败两广事变,彻底取得对向来处于半独立状态的广东、广西的控制权。在其看来,安内与统一的目标已接近于实现。国民党五届二中全会由此公开把攘外御侮的工作提上了议事日程,蒋介石也因此力排众议,毅然发动了绥远抗战。国共两党的这种政策转变,不可避免地为双方之间的秘密接触和谅解提供了重要的基础。尽管这一时期的这种接触还不可能达成什么实质性的妥协,但它毕竟为以后双方的妥协创造了条件。

第一节　中共统一战线政策的形成

一　共产国际统战新政策出台

　　中央红军 1935 年 10 月到达陕北,就面临着一个战略转折的问题。这个战略不是军事上的战略,而是政治上的战略问题。因为,中央红军在中央苏区,以 10 万之众,仍不能打破国民党军 50 万兵力的"围剿",到了陕北苏区只剩下区区几个不满编的团,即使加上陕北苏区的红 25 军、26 军,也不过 1 万人之数,又如何能够稳固地立稳脚跟呢?谁能保证陕北苏区不会又成为第二个鄂豫皖苏区或中央苏区呢?要确保陕北苏区不失,仅靠军事手段,无论如何是不可能的,必须要有宏大的政治谋略才行。

　　自 1927 年以来,共产国际始终在中国推行苏维埃革命的方针。这一方针的实质,就是不仅要反对帝国主义、国民党及军阀统治,而且要反对一切资产阶级和小资产阶级的中间派别,甚至要把中间势力视为自己最危险的敌人。在这样一种方针的指导下,统一战线的政策自然得不到应有的重视。

　　共产国际作为一个世界共产党的组织,虽然需要坚持革命的原则与方针,但它作为一个直接在联共(布)中央领导下的政治机构,却不能不使自己服从于"世界无产阶级的祖国"——社会主义苏联的利益需要。1931 年的九一八事变,使苏联深切地感受到日本对苏联远东地区的严重威胁。1933 年 1 月德国法西斯上台,更进一步使苏联相信它正在面临来自东、西两方面的战争危险。考虑到自身安全的因素,苏联不仅与南京国民政府恢复了邦交,而且开始破天荒地向那些仍旧被共产国际和各国共产党视作仇敌的帝国主义国家呼吁建立集体安全体系,试图以此来遏制德、日等法西斯国家的战争野心。苏联政府的这样一种政策,自然而然地推动了共产国际的政策潜移默化地发生改变。

1932年底及1933年初,共产国际和中共驻共产国际代表团明确地开始提出了统一战线的策略思想,要求满洲的党组织在不放弃反对国民党各个派别的前提下,应当能够"在一定的场合和条件之下,与民族资产阶级的某一部分实行统一战线"。共产国际和中共代表团首先在东北提出统一战线政策,很显然是受到苏联远东地区安全需要的影响,试图在中国东北地区团结所有不在国民党领导之下的抗日力量,以造成东北抗日的局面,对日本关东军形成牵制的作用,使其无力向苏联发动进攻。为此,苏联方面也秘密地予以了各种形式的帮助来推动这一工作。但是,这一策略思想的影响,毕竟不可能仅仅局限在中国的东北地区。事实上,基于列宁要尽可能地联合一切"暂时的、动摇的、不稳定的、靠不住的、有条件的"同盟者,"极精细、极留心、极谨慎、极巧妙地""利用敌人之间的一切裂痕"的策略思想,①共产国际很快就开始强调利用矛盾、各个击破的必要性了。1934年8月3日,中共代表团在共产国际的推动下,第一次不再把国民党内的各种派别笼统地看成是反动的一帮,提出了集中力量反对蒋介石集团的策略主张。9月16日,中共代表团团长王明等在写给中共中央的信中更明确主张:"利用一切可能反蒋的力量,即是军阀国民党内一切反蒋的力量,我们都必须尽量利用。"②正是基于这样一种思想,当中共中央和中央红军被迫放弃中央苏区,开始向西突围之际,中共代表团就敏感地意识到中共中央以及共产国际驻上海的代表,在察哈尔抗日同盟军和福建事变的问题上犯了严重的错误,失去了利用国民党内部矛盾削弱国民党中央军对苏区的进攻力量的重要机会。据此,它明白地提出了反日反蒋的统一战线新策略:"第一,无论军阀派别之间存在和发生某种矛盾和冲突,我们党都要尽量使之发展并特别使之有利于红军的武装斗争;第二,必须

---

① 《列宁全集》第31卷,52页,北京,人民出版社,1964。
② 《康生、王明二同志给中央政治局的信》(1934年9月16日)。

估计到这一件事实,就是在中国目前条件之下,蒋介石是中国人民及其红军的最主要敌人,蒋介石对任何反蒋派别的每一个胜利,都会加强蒋介石反对中国人民和红军的力量;同时,蒋介石对红军的每一个胜利,也同样会增加蒋介石反对中国人民和一切反蒋派别的势力。"因此,红军和党的组织不仅不应当对反蒋派别的反蒋军事行动持旁观的态度,而且应当在一定战线上实行最积极的军事行动去支持这种战争,争取把这些反蒋军事行动转变成为中国人民反对日本强盗和本国卖国贼的民族解放斗争的一部分。①

从利用矛盾的角度出发,把抗日反蒋的统一战线策略看作是"有利于反帝革命和土地革命发展"的一种外交手段,把同反蒋派别的关系看成是同"暂时的、动摇的和不坚决的""军阀派别"及"敌人军队"的相互利用关系,这反映了共产党人这时仍旧继续强调阶级立场和政治的出发点。但既然确定了以日本帝国主义和蒋介石为头号敌人的方针,确定了建立抗日反蒋的统一战线的具体斗争目标,就势必会对前此的一系列方针、政策发生重要的影响。

1935年7—8月,共产国际在莫斯科召开了具有重大影响的第七次代表大会。中共代表团代表中国共产党在大会上正式提出了建立"反帝人民统一战线"的策略主张。这一主张强调,中共将准备联合中国"一切政党、派别、军队、群众团体以及一切政治家和社会名流",包括"一切不愿作亡国奴的同胞,一切已经用武器保国卫民的军官和士兵兄弟们,一切愿意参加神圣的民族解放斗争的党派和团体们,国民党和蓝衣社中一切真正爱国爱民的热血青年们,一切关心祖国的侨胞们,中国境内一切受帝国主义者及其走狗中国军阀们压迫的民族"。代表团明确表示,中国共产党和中华苏维埃政府,愿意和一切反日反蒋的党派团体共同组织全国统一的人民国防政府和抗日联军。②

当然,共产国际这时还并没有明确提出放弃中国苏维埃革命方针的主张。在共产国际七大上,与会者还在期望中国红军能够"在反对本

---

① 参见《中共代表团致中共中央政治局的信》(1934年11月14日);《王明选集》第3卷,114—142页,东京,汲古书店,1972。
② 参见《国际新闻通讯》第15卷第60期,1488—1491页。

国资产阶级和日本侵略者的斗争中,把苏维埃革命扩展到全中国"去。但是有一点发生了变化,那就是,过去苏维埃革命的方针是排斥除工农以外的几乎一切社会阶级的。按照《中华苏维埃共和国宪法大纲》的规定,苏维埃政权只承认"工人、农民、红军士兵及一切劳动民众和他们的家属"可以享有政治上的自由权利,对一切"军阀、官僚、地主、豪绅、资本家、富农、僧侣及一切剥削人的人和反革命分子",则只能采取阶级专政的办法,不给他们任何的自由和权利。甚至包括广大小资产阶级及其知识分子,在法律上也没有得到任何权利的保障。而统一战线策略提出之后,过去烂熟于耳的"工农苏维埃",悄然之中已经变成了"人民苏维埃"。而且不仅是苏维埃,组织全中国统一的人民国防政府的设想,意味着共产党人已经不再把苏维埃政权看成是自己在现实政治生活当中唯一的选择了。

二 中共中央政策方针大调整

正是在这样一种情况下,1935年10月1日,中共代表团在自己的机关报《救国报》上,以苏维埃中央政府和中共中央的名义,发表了《为抗日救国告全体同胞书》(即《八一宣言》),呼吁全国各党各派各界各军以"兄弟阋于墙外御其侮"的真诚觉悟,"停止内战",组织全中国统一的国防政府和抗日联军,"有钱的出钱,有枪的出枪,有粮的出粮,有力的出力,有专门技能的贡献专门技能","集中一切国力","为祖国生命而战!""为民族生存而战!""为国家独立而战!""为领土完整而战!""为人权自由而战!"

"兄弟阋于墙外御其侮",讲的是外争高于内争,民族矛盾高于阶级矛盾。公开把各种反日反蒋势力,"不管什么阶级""不管什么党",统统看作"兄弟"或"同胞",并且提出为"民族""国家""领土"乃至"人权自由"而战,这样一些口号的提出,标志着共产党人正在从早先"彻底革命"的立场上大踏步后退,甚至从共产国际七大的立场上后退。他们不断地发表文章,强调必须改变过去那种只承认共产党和工农劳苦大众的革命性,将其他党派和阶级统统视为反革命的狭隘观念,必须在苏维埃政权之下给工农劳苦大众以外的阶级,即"所有城市小资产阶级分子以及一切真正参加抗日救国的武装斗争的人"以公民权；必须要让一切"不反对苏维埃政权而反对帝国主义者及其走狗底非共产主义的党派、社会团体和群众组织，能够享有民主权利和自由"。他们的代表，包括资产阶级出身的专门人才，则应当允许他们参加苏维埃政权及其机关的工作。同时，应当停止过去那种剥夺富农和商人的政策，停止侵犯小土地所有者和私人工商业者，等等。总之，他们认为，必须"使我们的政策，具有明确的人民性质和深刻的民族性质"，必须使苏维埃本身适应目前策略变动的各种需要。①

共产国际统一战线政策的提出和中共代表团《八一宣言》等文件刊出，恰好发生在中央红军长途跋涉两万里，好不容易在陕北落下脚来的前后。面对陕北地贫人稀、苏区面积极为有限、红军的生存和发展严重困难的客观现实，继续坚持以往的工农革命的方针和排斥一切中间势力的政策，势必会重蹈南方根据地失败的覆辙。而就在中共中央正在准备研究国内国际各种新形势、检讨自己以往的种种策略的时候，受共产国际执委会和中共代表团派遣秘密回到中国的张浩(林育英)来到了陕北苏区，从而使中共中央及时地了解到共产国际政策变动的情况。

张浩带来的共产国际的指示包括如下几点：(1)实行抗日反蒋的统一战线策略方针；(2)以建立国防政府与抗日联军为统一战线的最高表现形式；(3)改工农苏维埃为人民苏维埃；(4)富农政策及相关政策应加以改变。同时，张浩带来莫斯科方面的口信：斯大林同意主力红军可向西北及北方发展，并不反对靠近苏联。不难看出，所有这些指示和信息，都对中共中央和红军有极大的帮助。

张浩的到来，还在很大程度上阻止了中共和红军的严重分裂。由于9月11日中共中央带领中央红军一部独自北上，在红四方面军中引起了极大的震动。张国焘趁机宣布中共中央的领导机构破裂，于1935年11月5日自行组织了新的中共中央、中央政府和中革军委，以及红

---

① 参见王明《中共的新政策》，载《布尔什维克》1935年第20期；《为争取反帝统一战线而斗争和中国共产党的当前任务》，载《共产国际》1935年第33期；《答反帝统一战线反对者》，见1935年12月21日《救国报》；《中国共产党的新策略》，载《国际新闻通讯》第15卷第70期，1935年12月21日；《中国共产党新策略的基础》，载《国际新闻通讯》第15卷第71期，1935年12月27日；《全面转变我们的工作》，载《国际新闻通讯》第16卷第8期，1936年2月8日。

军总司令部,同时去电要求已经到达陕北的中共中央改称西北局,接受其领导。张浩作为共产国际所派代表到达陕北后,中共中央即利用张浩的特殊身份对张国焘等展开了大量的劝说工作,使其不能不承认擅自另立中央之不当,同意取消中央的名义,将问题交由共产国际日后解决。双方随后即平等地发生关系,互以西南局、西北局相称。

根据共产国际的指示,中共中央于1935年12月25日在陕北瓦窑堡通过决议,决定将苏维埃工农共和国"改变为苏维埃人民共和国",同时改变自己的各项政策。这包括:给一切革命的小资产阶级及其知识分子以选举权和被选举权,切实保护小资本工商业,欢迎民族工商业资本家和华侨资本家来苏区投资设厂,停止没收富农的土地及财产,允许有产阶级代表参加苏区政权管理工作,不再以社会出身来限制党和红军的发展工作。① 而就这时的军事斗争而言,更为重要的则在于,中共中央开始第一次明确肯定:广大小资产阶级及其知识分子,已经转入了革命;一部分民族资产阶级,许多乡村富农和小地主,甚至一部分军阀,对于目前开始的抗日民族运动,也已经采取了同情甚至直接参与的积极态度。共产党人应当了解,在革命的现时力量还有严重弱点的时候,从敌人的队伍中多拉一些人出来,尽可能地孤立最主要的敌人,是完全必要和可能的。② 这样一种认识的形成,使共产党人在利用国民党内部矛盾、联合各种反蒋势力的问题上,再也不存在任何政治上的顾虑和阻碍了。

三 统战工作迅速取得成效

这时在陕北苏区附近对红军威胁最大的,主要是张学良的东北军和杨虎城的第17路军。其他各种地方实力派相当庞杂,不成气候,但对苏区也有相当威胁。新政策刚一确立,红军就开始着手做周边国民党军队的统战工作了。如对第84师师长高桂滋,还在11月下旬,双方就通过谈判达成互不侵犯的秘密协议,约定"两军各守原防互不相犯"。

---

① 参见《中央关于目前政治形势与党的任务决议》(1935年12月25日),见《中共中央文件选集》第12卷,609—622页,北京,中共中央党校出版社,1991。
② 参见《毛泽东选集》(竖排合订本),150—152页,北京,人民出版社,1964。

随后,中共中央积极开展了对杨虎城等人的工作。毛泽东亲自致信杨虎城的密友杜丞斌,并派汪锋前往西安直接联络杨虎城。其信称:"蒋、张势力布满陕甘,杨虎臣先生处瓮中,举手投足受其宰制,危险情形不可言论。为今之计,诚宜急与敝方取一致行动,组成联合战线。敝方愿在互不攻击的初步条件下,与虎臣先生商洽一切救亡图存之根本大计……如得先生居中策划,以共同作战对付公敌为目标,则敝方甚愿与虎臣先生谅解,逐渐进到共组抗日联军、国防政府之步骤。"①杨虎城因对陕北苏区及中共中央的情况不甚了解,故并未直接承诺和复信,而是暗中与中共北方局特科负责人王世英取得了联系,请其告诉中共中央,他一贯都是革命的,也赞同中共的抗日救国主张,故目前愿意代为联络东北军中上层将领,要求南京抗日,同时整顿内部,与红军约定维持原防,互不侵犯,交通运输上尽可能提供帮助。

在着手做杨虎城等西北地方实力派的统战工作的同时,中共中央尤其着力的还是做刚刚从河南等地调来西北的东北军的工作。

东北军这时在西北的兵力有十几万,但该部的战斗力明显不佳。1935年10月1日,由红25军和红26军组成的红15军团,于陕北劳山一带设伏,几乎全歼东北军第101师,击毙该师师长何立中和参谋长范驭州。20多天之后,红15军团又在富县榆林桥全歼东北军第107师619团外带621团一个营,生俘619团团长高福源。11月初中央红军与红15军团会师后,在直罗镇围点打援,又全歼东北军第109师一个整师,外带106师一个团。109师师长牛元峰自杀,红军仅俘虏就捉了2 000人。

三战歼灭东北军两个半师,这极大地便利了红军对东北军的统战工作。红军一度准备围歼太白镇的东北军第106师,该师师长沈克马上就设法与中共北方局的工作人员接上了关系,要求与红军签订秘密协定,互不侵犯,并赞助了北方局1 000元。中共中央得知后,亦当即决定释放被俘的106师军官数名,向沈克办交涉,之后更撤去了对该师的包围。11月26日,张闻天明确提议:"为了扩大我们抗日反蒋的影

---

① 《毛泽东致杜丞斌》(1935年12月5日)。

响与同盟者,此次所俘东北军军官中师长亦在内,应给以优待,晓以抗日反蒋大义后大部分释放,同时表示红军不但不杀白军士兵,而且也不杀军官,以进一步瓦解白军上层。"①

根据张闻天的提议,红军总政治部制作了大量的传单,直接针对东北军进行宣传。其内容包括:"你们难道甘心让你们的家乡与父母妻子受日本强盗的摧残与屠杀,使自己亡国灭种吗?""你们抛了自己的父母妻子,帮卖国贼蒋介石张学良来打抗日红军,得到了什么好处?""你们缴枪给红军们,无论是官长与士兵,红军一律不杀,要回家的发钱回去,加入红军的按级任用,并享受一切同等红军的权利,自动哗变或拖枪到红军中的重重奖赏,红军留心医治白军伤病官兵!"

四 红军与东北军达成最初妥协

对东北军的统战工作很快就取得了重大进展。1936年1月,红军围攻甘泉。彭德怀调来俘虏的东北军第67军107师619团团长高福源做守城军的劝降工作。不意高福源原本是东北讲武堂第五期步兵科学生,后升入讲武堂高等军事研究班,颇受张学良和第67军军长王以哲的赏识,毕业后即在王以哲手下任职,直至担任619团团长。得知高被派到甘泉劝降后,王以哲当即经过甘泉守军电台转电高福源,令其迅速前往洛川第67军军部一谈。高得电后,马上出城告诉彭德怀,表示愿意见王以哲代为陈述红军联合抗日主张。彭德怀随即表示同意。高福源于1月8日前往洛川见王以哲,一周后返回,带来消息称,他不仅见了王以哲,而且张学良也亲自驾机从西安飞来与他谈话。王以哲明确表示赞同中共的共同抗日主张,张学良也表示愿意亲自与中共方面的全权代表就共同抗日的问题进行商谈。这种情况大出彭德怀意料。因为,按照"抗日反蒋"的宣传口径,中共和红军历来是把张学良和蒋介石视为一丘之貉的。但毛泽东得知消息后,马上提出:应着手与之进行商谈,要求:(1)全部军队停战,全力抗日讨蒋;(2)目前各就原防互不攻击,互派代表商定停战办法;(3)提议组织国防政府抗日联军,要征求

---
① 《洛甫致毛泽东电》(1935年11月26日)。

张、王意见;(4)请张、王表示目前东北军可能采取之抗日讨蒋最低限度之步骤(不论是积极的或消极的);(5)立即交换密码。①

1936年1月16日,中共中央联络局局长李克农受命随高福源前往洛川东北军第67军军部。次日李克农到达,王以哲即通过电台告知了张学良,并于当晚与李进行了初步的商谈。得知双方接洽顺利,毛泽东当即要求彭德怀解除对甘泉的包围,并要彭电告李克农转告王以哲,以示红军之诚意。20日,张学良来到洛川,与李克农见了面,双方谈了3个小时。张学良明确讲:国民党内同情国防政府者颇不乏人,包括山西王阎锡山也是一样,如中共果能站在诚意方面,他愿意为此奔走。他准备赴甘肃、南京为此进行斡旋,约期两周,如有成绩,愿约彭德怀在延安或洛川见面,并另外再约几位中共领导人来一同谈话。但目前为保守秘密起见,他表面仍须采取消极态度。至于东北军与红军的关系,目前可以各就原防以作疆界,并在可能的范围内恢复双方区域之间的经济通商。而他认为,红军有利的发展方向,不是陕甘或山西,而是宁夏和绥远,因为向北发展,就可以接通苏联与外蒙古,顺利地得到苏联方面的援助。

21日,李克农返回红一方面军司令部,进一步详细汇报了与张学良、王以哲谈话的情况。对于李克农的谈判,毛泽东相当重视。他深知如能争取到张学良和整个东北军,将会极大地便利整个抗日反蒋的斗争,并根本上改善红军目前所处的环境。因此,在谈判期间,他曾电告李克农,应采取积极态度:(1)向彼方表示在抗日反蒋的基础上,我方愿与东北军联合之诚意,务使进行之交涉克抵于成。(2)向彼方指出,东北军如不在抗日反蒋基础上谋出路,则前途是很危险的。(3)暗示彼方如诚意抗日反蒋,则我方可助其在西北建立稳固局面,肃清蒋系势力,进一步助其回平津、东三省,军饷、械弹我方亦有办法助其解决;并可暗示彼方,如有抗日反蒋诚意,国防政府首席及抗日联军总司令可推其担任。

显然,谈判的结果远不能达到毛泽东期望的那样。这也难免会引

---

① 参见《毛泽东致彭德怀电》(1936年1月15日)。

起党内一些人对张学良有无诚意的猜疑。因此,在第二次谈判之前,毛泽东明确要求李克农:(1)处处把张学良与蒋介石分开;(2)求得互不侵犯协定的订立;(3)坚持抗日救国代表大会,反对蒋介石召集任何违反民意、欺骗民众、丧权辱国的会议,坚持抗日讨卖国贼不可分离,反对抗日不讨卖国贼,但在此次谈判中不应因这些原则问题与张学良造成尖锐对立,以致妨碍初步协定订立;(4)如张提出取消苏维埃,则克农提出取消南京政府,以政府问题付之全国人民公决,或在抗日救国代表大会中取消双方政府,成立全国人民公意之政府;(5)如张提出取消暴动,则克农即提出取消一切国民党的压迫制度、封建剥削,全国抗日,如此则自无暴动之必要,否则以暴动战争对付日本与卖国贼,是中华民族的神圣事业;(6)要求停止内战,不拦阻全国红军集中河北,不反对红军充任抗日先遣队;(7)原则不让步,交涉不破裂。①

　　基于上一次谈判的经验,毛泽东和中共中央对张学良的估计已经变得更加实际了,不再寄希望于让张很快接受抗日反蒋的主张,相信张同意抗日,但不同意反蒋;不反对国防政府与抗日联军,但不同意马上实行这个口号。他甚至更愿意接受蒋介石的策略,即取消苏维埃和红军,纳入三民主义的轨道,引共产党代表于国民大会,在共赴国难的口号下取消苏维埃制度与暴动策略,接受南京节制,以求最后瓦解红军。②

　　2月21日,李克农动身经甘泉前往洛川,于25日抵达。因张学良有事突然离开西安,李克农没有能够见到张。但王以哲仍旧与李克农在28日就两军间具体的问题达成了口头谅解。经毛泽东修改后,形成4条协议,具体规定了双方互不侵犯、开放通商、互相保护对方办货者及提供交通便利等办法。3月5日,张学良在回到西安后,马上飞来洛川,再次与李克农见了面。张学良丝毫也没有提及政治方面的问题,只是一再表示希望能够与中共中央领导人直接见面,并希望中共能派代表常驻西安。同时,他特别希望中共方面能够介绍他的代表前往苏联,与苏联政府商谈合作抗日的问题。

---

① 参见《中央及军委给李克农的训令》(1936年2月21日)。
② 参见中共中央文献研究室编《毛泽东年谱》(上),514页,北京,中央文献出版社,1996。

中共对张学良和东北军,以及对杨虎城及17路军的统战工作,极大地便利了红军在陕北及其周边地区的活动和作战。1936年2月20日开始的东征山西作战,就是最典型的例子。这次作战从2月20日红军主力渡河开始,一直到5月5日全部回师陕北,历时75天,一度占领了石楼、中阳、孝义、汾西、隰县、永和6县近4000平方公里的地区,击溃了阎军5个团,俘虏1200人,扩红8000余人,筹款几十万元,极大地解决了红军眼前的困难。在1935年12月下旬最初计划东征山西时,多数人认为红军主力过河后,陕北只剩少数地方武装和游击队,苏区受到部分损失是不可避免的,应该忍受的。没有想到,由于统战工作做得好,尽管蒋介石三令五申要求张学良和杨虎城协同对陕北发起进攻,两人却互相推诿张望,谁也没有采取主动的行动。结果,直到中央军大举进入山西,红军主力被迫退回陕北,陕北苏区基本上没有受到什么损失。

第二节　张学良与中共的西北大联合计划

一　张学良密会周恩来

张学良决心和共。据其自己回忆,最初是因为1935年11月在南京参加国民党第五次全国代表大会,受各种刺激,有不少感慨。一是朋友之规劝,如沈钧儒、王造时等之鼓励;二是东北军中少壮同志责备其不应同亲日者同流合污;三是刺汪凶手孙凤鸣的激烈抗日言辞;四是大会中显露出来的党内权利之争;五是国民党中央负责者多不热心抗日,反有内心里亲日者,真正贤哲者,或在外工作,或无权位;六是汪精卫再三鼓吹一面抵抗,一面交涉,让人认为非是对外,乃系对内。再加上开会前后东北军三次"剿共"作战严重失利,两个师长、一个参谋长战死,两个半师在内战中覆灭,在东北军历史上前所未有,"使良(张学良——引者注)心中倍增痛苦,更加深良素认为因内战而牺牲优秀将才之可惜,并对共匪之战斗力,不为轻视,遂触动用'和平'办法,解决共匪之念生焉"。而"当是时也,共产党之停止内战,共同抗日,高唱入云,实攻我心,不只对良个人,并已动摇大部分东北将士,至少深入少壮者之心。当进剿再见不能成功,良觉一己主张,自问失败,征询众人意见,遂有联络共产党,同杨虎城合作,停止剿匪,保存实力,共同抗日种种献策"。再加上他在上海时,曾数次与东北抗日将领李杜讨论收复东北的办法问题。李杜明确认为,而今要收复东北,靠南京政府不行,必须要联络中共,并通过中共与苏联合作,否则难以进行。李杜愿意前往苏联,代张学良与苏联政府进行交涉;但联络中共这一层,却必须要张学良自己来解决。因为，张学良自己很清楚，中东路事件，他早已深深地得罪了苏联人。如果没有中共在中间帮助，苏联是绝不会信任他的。而没有苏联的援助，单靠东北军，哪怕是加上南京政府的力量，也是没有可能收复东北的。①

正是基于以上这种情况，张学良在3月5日见李克农时，已经有些按捺不住了，再三强调希望能够与中共中央领导人直接会晤。接到李克农的电报之后，毛泽东和彭德怀当天就从山西前线回电，说明可派周恩来等前去与张会晤，只因周等中共在陕北的领导人都已到达山西前线，如果约期迫切，最早也只能于3月17日左右才能赶回。而张学良随后突患喉症，不能不离陕治疗。中共中央也因为要讨论新得到的共产国际政策转变的一些重要文件，这次会晤也就推延了。

3月底，张学良返回西安。4月5日，王以哲致电毛泽东和彭德怀，代表张学良邀请周恩来于8日晚8时前往延安会面。已经回到瓦窑堡的周恩来得到消息后，马上与李克农一同准备动身。后因雨雪将至，天阴打雷，双方联系的电报接收不畅，周恩来按约如期赶到延安城外的川口后，一直等到当晚10时仍不见延安来人接引。直到9日晨张学良、王以哲接到毛、彭电后，两人才急忙于当天上午由洛川飞往延安。晚8时，将周恩来、李克农等接入城内天主堂中。

张学良与周恩来在延安的这次会谈从4月9日晚9时开始，谈至10日凌晨3时许结束，前后大约进行了6个小时之久。由于中共中央事先已经通知了张学良希望讨论的内容，因此会谈大体围绕着中共中央所提建议进行。中共中央提议讨论的主要内容是：(1)停止一切内战，全国军队不分红白一致抗日救国问题；(2)全国红军集中于河北，首先抵御日帝迈进问题；(3)组织国防政府抗日联军的具体步骤及其政纲问题；(4)联合苏联及选派代表赴莫斯科问题；(5)贵我双方订立互不侵犯及经济通商初步协定问题。

据周恩来出延安城外后给中共中央的电报可知，张学良对上述问题的答复大致如下：(1)他完全同意中共"停止内战，一致抗日"的主张，

---

① 参见张学良《西安事变忏悔录》，见毕万闻主编《张学良文集》(2)，1191—1204页，北京，新华出版社，1992。

只是在公开抗日前,他不能不接受蒋介石的命令,进驻苏区。但只要红军与日本军队一接触,不打红军,共同抗日即不成问题。(2)将全国主力红军集中到河北去,他完全赞成,但红军在山西恐难立足,现在出河北又太早,最好争取绥远,以绥远为根据地,靠近外蒙古。(3)组织国防政府和抗日联军,他很赞成,认为要抗日就要如此做,他愿酝酿此事。(4)联苏问题,他最为关心,但不知苏联是否肯定会帮助中国,是否真心或干脆只为了利己。与此同时,双方还花了不少时间讨论了中共中央原本想要回避的对蒋态度问题。张学良承认:对蒋问题,他的部下中态度确有分化,但要他现在反蒋做不到,因在他看来,中国只有两条路,一条共产党的路,一条法西斯的路,他相信法西斯的方法可以救中国,而国民党里只有蒋介石尚有民族情绪,领导得力,故他相信帮蒋能抗日。当然,他也知道蒋介石的周围多是亲日分子,蒋很难下抗日决心,极矛盾。因此,他对蒋也有两手准备。如果蒋介石投降日本,他一定离开蒋,独树一帜。他派人去新疆联络边防督办盛世才,就是想要打通西北,自成局面。他对此有把握。周恩来对此的看法是:"关于目前行动,彼因对蒋尚有幻想及利害关系,反蒋尚不可能,但认识蒋真投降,彼即离蒋独干。"①

显然,张学良的态度出乎周恩来和中共中央此前的意料,因此,离开延安多天之后,在有人由苏区前往西安的情况下,周恩来仍不忘委婉地去信劝说张学良一同抗日反蒋。其函称:"坐谈竟夜,快慰平生。归语诸同志并电前方,咸服先生肝胆照人,诚抗日大幸。惟别后事变益亟,所得情报,蒋氏出兵山西原为接受广田三原则之具体步骤,而日帝更进一步要求中、日、满实行军事协定,同时复以分裂中国与倒蒋为要挟。蒋氏受此挟持,屈服难免,其两次抗议蒙苏协定尤见端倪。为抗日固足惜蒋氏,但不能以抗日殉蒋氏。为抗日计,为东北军前途计,先生当有以准备之也。"②

---

① 中国人民解放军国防大学党史党建政工教研室编:《中共党史教学参考资料》,537页,北京,国防大学出版社,1987。
② 中共中央文献研究室:《周恩来书信选集》,87页,北京,中央文献出版社,1988。

二 "西北大联合计划"出炉

中共对张学良的统战工作,在延安会谈后出乎意料地取得了重大突破。这里面一个重要的原因,就是受了3月底苏联宣布与外蒙古签订互助条约的消息的刺激。在得知苏联因日本军队不断在中蒙边界制造摩擦,不惜公开与明明属于中国主权范围之内的外蒙古签订条约的消息后,毛泽东在党内的会议上就曾明白讲过这一事件所带来的影响。他说:"三月间订立的苏蒙条约,就是告诉中国革命者,你们可以如此做,我们可以同你联盟。""这是重要的事!"张学良寄希望于联苏抗日,且早有在西北"自成局面"的想法,自然也会得出相同的认识。张学良早就不满蒋介石对苏冷淡的态度。日本正式承认伪满洲国后,南京政府被迫放弃对苏回避政策,于1932年12月12日与苏联恢复了邦交。但双方关系此后却毫无进展,至"塘沽协定"后,蒋介石更采取了对苏冷淡的态度。延安会谈前后,南京国民政府外交部先后两度向苏联政府提交抗议照会,更使张学良相信苏联很可能会摒弃蒋介石,转而援助那些敢于抗日的地方实力派。而东北军地处西北,接近外蒙古和苏联的地理位置,自然也使张对争取苏联援助产生了相当的期望。因此,张学良思虑再三,终于下决心向中共靠拢了。

1936年4月26日,张学良专门飞到洛川等着见中共中央派驻其身边的联络员刘鼎。刘鼎当天下午从瓦窑堡返回洛川,当晚张学良即约其谈话。他一上来就交给刘鼎一本名叫《活路》的油印小册子。在这本专门针对东北军进行抗日反蒋宣传的秘密小册子当中,明白地提出了晋、绥、宁、甘、新诸省与红军联合,取得苏联、外蒙古援助,共同抗日的主张。张学良声称,这个小册子把自己想说的话都说了,他计划要和蒋介石翻脸了。不过,尽管蒋介石对他开始了恶毒的布置,他目前还是必须装得老实些,通过半年时间来做准备。主要是:第一,要争取掌握全部东北军;第二,要训练可靠的干部;第三,要联合西北乃至西南、华北各省的地方实力派;第四,也是最重要的,即经过半年时间与苏联取得联络和谅解,得到苏联愿意援助的明确表示。张学良讲:"只要半年工夫,大事可济。我要干就彻底干!"①

张学良态度的突然转变,给了中共中央极大的鼓舞。1936年5月8日,毛泽东在政治局会议上明确提出了联合东北军,接通外蒙古、苏联,为成立西北国防政府而斗争的西北大联合计划。他说:时至今日,中间阶级的态度终于转变过来了,落后分子也一天一天地觉醒了。其中最明显的是张学良的态度,这是大革命到来的标志。现在张学良由反日开始进到决心反蒋的程度,这说明经过统一战线政策争取中国的民族资产阶级是完全可能的。中共总的任务是组织全国人民的统一战线,战胜蒋日,但具体到西北地区,现在的任务则应当是创立西北国防政府,争取中国革命首先在西北的胜利。而这是有条件的,不仅中央和红军在此,东北军正在转变中,地理上又接近苏联,再与宁夏、新疆、外蒙古联合起来,与苏联结成联盟,就能够立于不败之地。②

据此,周恩来受命再度与张学良在延安进行了会谈。中共中央计划的会谈内容有三项:"(A)张学良先生准备大举之实际具体步骤,即政治军事经济之问题;(B)杨(虎城)、阎(锡山)、马(占山)、邓(宝珊)、盛(世才)、王(均)、毛(炳文)七部之联合战线问题;(C)张学良先生所部与弟等所部今后行动方针问题。"③

5月12日夜,周恩来与张学良进行延安会谈。这次会谈基本确定了实行西北大联合的方针。双方初步约定,以9—10月为期,争取届时组成西北抗日联军,以兰州为大本营,成立西北国防政府。从中共中央给红四方面军及由红2、6军团改编的红二方面军领导人的电报可知,这一计划的基本内容就是:"红军与东北军密切合作,以进到西北大联合,建立西北国防政府,打通苏联,与苏联及外蒙订立抗日互助条约。"④鉴于红军弹药匮乏,张学良同意在会谈后尽快向红军运送子弹10万发,以为接济。与此同时,张学良还亲自把中共派往苏联去的代表邓发送至兰州,以便经新疆进入苏联境内。

---

① 张友坤、钱进主编:《张学良年谱》(上),999页,北京,社会科学文献出版社,1996。
② 参见《毛泽东在政治局会议上的报告》(1936年5月8日)。
③ 《毛泽东年谱》(上),540页;《周恩来军事活动纪事》,290页,北京,中央文献出版社,2000。
④ 中央统战部、中央档案馆编:《中共中央抗日民族统一战线文件选编》(中),147—149页,北京,中国档案出版社,1985。

这个时候,红军为扩大苏区,接近苏蒙边界,开始实行西征甘北的军事行动。为此,中共中央明确要求红四方面军和红二方面军乘势由甘南北上。在中共中央给他们的电报当中,对这时西北抗日反蒋形势发展的趋势有清楚的说明。其电称:"西北的形势是:红军与东北军取得密切合作,与杨虎城、邓宝珊亦有联系。胡宗南由山西向陕南,王均在汉中,毛炳文在甘南,阎锡山受红军重大打击后,现只能出八团入陕,汤恩伯率十八团(四个师)准备入陕亦颇动摇,于学忠率两师在兰州天水间,奉军主力在宁夏境,马麟在青海,一部在兰州以西。红军西渡后,向陕甘宁发展,策应四方面军与二方面军,猛力发展苏区,渐次接近外蒙。外蒙与苏联订立了军事互助条约,国际盼望红军靠近外蒙、新疆……四方面军与二方面军宜趁此十分有利时机与有利天候,速定大计,或出甘肃,或出青海。在兄等大计决定之后,一方面军适时向天水、兰州出动,进一步策应兄等,使蒋军不能拦阻。至于奉军,已与秘密约定,不加拦阻。"①

三 中共决定"打通国际路线"

1936年6月初,反蒋的两广事变爆发。粤桂两军揭旗反蒋,组织抗日革命军,以陈济棠为总司令,李宗仁为副总司令,挥帅北上进占湖南衡阳,引起国内极大震动。这一消息对于正在计划发动西北大联合的中共中央来说,自然最为有利。因此,中共中央开始明确提议,推动张学良加速发动,以西北发动来响应两广事变。恰在这时,中共中央成功地接通了与莫斯科的电报联系。在6月16日中共中央向莫斯科发出的第一封电报中,就具体汇报了西北大联合计划和准备提前发动的设想。电称:"西北国防政府的局面,目前因两广的发动,华北宋哲元与四川刘湘等的酝酿,西北发动有加快的必要……宁夏、青海方面是打通我们与苏联地理关系的重要关键,目前还没有有利的情况,然而以红军与东北军两个西北主力起而举事,西北局面已能控制,西北国防政府已

---

① 《文献和研究》1986年第5期;《毛泽东军事文集》第1卷,533—534页,北京,军事科学出版社、中央文献出版社,1993。

有它坚定的基础了……为了策应两广及华北的局面,西北的发动决定提早。发动的时机拟在两个月内。发动的部署以接近苏联与解决西北蒋介石力量为原则,大体以红军一方面军经于甘北,二、四方面军经于甘南,以东北军一部入兰州,解决朱绍良,并控制兰州到哈密要道。"①

两广事变的发动,也明显地刺激了张学良。他在6月22日对长安军官训练团发表了几乎是前所未有的激烈的抗日讲演。他大声疾呼:"中华民族的生死关头已经到了! 抗战是中华民族惟一的出路,抗日是东北军最大的使命,时间已不容我们谈准备了! 我们要马上将准备与行动联系起来!""宁肯因斗争致死,决不束手待毙!"②回到西安后,张学良很快约刘鼎谈话,了解共产党的相关情况,甚至提出了加入共产党的请求。据刘鼎给中共中央的电报称,张学良明确要求中共派人来帮助加快训练他的干部,同时要求加入共产党。对此,中共中央的态度明显是积极的。张闻天在7月2日给莫斯科的电报当中特别提及此事,说明张学良要求加派领导人才去为其策划,并要求加入我们的党。我们拟派叶剑英、朱理治去,并将来拟许其入党,因为这是有益无损的。电报明确要求共产国际给予援助,并说明:"东北军在西北的发动决不容缓,我们计划至迟到八月应该发动,八月上旬二、四方面军可到甘南,那时实是最好时机。"③

这时红军所处之地,山多沟深,林稀水缺,遍地黄土,交通状况极为恶劣。红军据有的9座县城,除定边外,住户都不超过200家。除黄河沿岸外,一般村庄也很少有超过四五十户者。总计苏区人口不超过40万人,而红军及各级脱产人员却已超过了3万人,其比例远大于中央苏区最困难的时候。而且这里物产贫乏,除小米外,最大宗的特产就是农民蓄养的山羊。不要说打仗,就是不打仗,这里也不是大军久驻之地。因此,从红军生存的角度,中共中央也希望能够及早实施西北大联合计划。再加上红四方面军和红二方面军均已开始按照中共中央的提议北上,即将进入甘南,三支红军主力会合在即,红军兵力将达10万之众,

---

① 《中央书记处致王明、康生电》(1936年6月16日)。
② 《张学良文集》(2),968—980页。
③ 《洛甫致王明、康生、陈云同志电》(1936年7月2日)。

无论从军事上还是从生存的角度,也都需要加速西北的发动。

1935年4月受命前往上海接通与共产国际联系,后辗转赴莫斯科,曾任中共代表团成员的潘汉年,这一年8月6日从香港经南京、西安,到达陕北保安,带来了共产国际有关红军发展战略方向的明确指示。共产国际再度重申了中国红军应该在中国西北地区发展,设法将陕、甘、宁、青、新打成一片,与苏联、外蒙古接通的战略意图。同时,共产国际明确肯定,在中国红军有可能接通外蒙古或新疆的情况下,苏联方面可以考虑从这两个方面为红军提供必要的军事物资。而潘汉年在经过西安时,也以共产国际代表的身份与张学良进行了交谈。张学良这时的建议是,西北的发动应以红军开始实施打通苏联计划为契机,由此来推动西北国防政府的建立。打通苏联及西北发动的时间,可考虑在9月日本指使德王进攻绥远之时,并将攻击方向指向绥远,以便号召时局。

8月10日,中共中央政治局召开专门会议讨论红军行动的整个战略方针。会议明确决定:"打通苏联的意义是伟大的,应放在第一位。"它是党和红军目前阶段的基本任务,无论是西北国防政府的成立、统一战线的巩固,还是抗日战争的实行,以及对付蒋介石南京政府,党的所有工作均应围绕它来进行,对此不应有任何的动摇。

四 张学良态度的摇摆与犹疑

与此同时,毛泽东等中共领导人联名写信给张学良,具体说明了中共对张学良行动设想的意见,并派潘汉年迅速返回西安与张学良进行具体磋商。毛泽东等在给张学良的信函中说:"八个月来的政治关系,证明了你我之间的完全一致,兄所采取的各种步骤与提出的意见,我们都是基本上同意的。"根据二、四方面军北上,两广事变发展,日本对绥远进攻等情况,我们认为兄部必须立即准备配合红军选定9、10月间有利时机,形成抗日局面,而以占领兰州、打通苏联、巩固内部、出兵绥远为基本战略方针。趁蒋注意西南、无力北顾之际,我们的整个计划须于8、9、10三个月完成其基本部分。而占领兰州是整个计划的枢纽。如此,则可在1936年秋天3个月内完成打通苏联的任务,我们必须坚信打通苏联是保证西北胜利(更不要说全国胜利)的最基本点,而要在秋天打通苏联,不使推到冬天气候条件最困难时去做,则必须以占领兰州为枢纽。以战略上巩固内部来说,巩固地占领兰州,也是绝对必要的。毛泽东等在信中并且告诉张学良:"我们正在讨论西北发动后,共同采取一致的政治纲领与组织形式,如人民政权形式,人民军队形式,最低限度的土地经济政策等,而不采取目前有差别的形式与政策,如此更能保持团结与号召全国。"①

8月12日,中共中央通过了对今后战略方针的决议,更进一步把西北发动和打通苏联具体化了。决议说:"一、二、四三个方面有配合甲军(即指东北军——引者注)打通苏联,巩固内部,出兵绥远,建立西北国防政府之任务,由此任务之执行以配合并推动全国各派统一战线,达到大规模抗日战争之目的。"而"打通苏联为实现全国抗日战争,首先为实现西北新局面,进行部分抗日战争之重要一环"。其具体计划是:二、四方面军尽可能地夺取甘肃岷州或其附近,作为临时根据地,控制岷州附近洮河两岸之一段,在部队得到相当整理后,即以有力一部出陇西攻击毛炳文,相机消灭之,目的在威胁兰州,以便东北军3个师全部集中于兰州,控制兰州为战略枢纽。另以有力一部出夏河,攻击河州马步芳老家,目的在威胁青海,吸引西路甘、凉、肃三州马步芳兵力之东援,以便东北军派出一部接防,使西路三州落于东北军之手。在完成上述任务后,即实行三个方面军在甘北之会合,扩大甘北苏区,准备进攻宁夏。从12月起,三个方面军以一个方面军保卫陕甘宁苏区并策应甲军对付蒋介石之进攻,以两个方面军乘结冰渡过黄河,消灭马鸿逵,占领宁夏,最终完成打通苏联的任务。②

张学良对中共中央的建议和具体计划,仍相当犹豫。促使张变得犹豫起来的一个重要原因,是蒋介石突然宣布一向力主联苏的蒋廷黻为驻苏大使。7月间在赴南京参加国民党五届二中全会时,蒋廷黻还找过他两次,希望他共同向蒋介石提议实行联俄"容共",而蒋介石当时还颇不以为然。如今宣布蒋廷黻为驻苏大使,表明南京政府已有联苏

---

① 《毛泽东等致李毅同志函》(1936年8月9日)。
② 参见《文献和研究》1985年第5期。

的动向,并很可能会与中共妥协。在这种时候张学良若不顾南京政策的转变继续实行抗日反蒋的西北大联合计划,势必会被国人指责。因此,他一直拖着不见潘汉年。最后虽然见了面,也还是再三说明东北军可以配合红军实行打通苏联战略,但东北军对蒋仍须保持灰色与忠顺,兰州可以由东北军设法来控制,但红军不能进城。他表示固原以北诸地任凭红军攻击取道,宁愿牺牲少数部队,也要避免落证据给蒋。

就在张学良犹豫不决之时,8月29日,他意外地听说中央军有三个师及一个补充旅由郑州西开往西安、三原一线。身为西北"剿总"代总司令的他,竟然对此一无所知,不免疑窦丛生。当夜,他又忽然得知国民党陕西省党部便衣队密捕了东北籍大学生宋黎、马绍周等,这使张学良深受刺激。张一怒之下当即调集卫队和手枪营,一举抄了省党部,并把捕人的便衣统统捉到"剿总"审问。只是在第二天,得知有关中央军秘密西进的消息是误传,并且了解到宪兵团有南京方面指令要逮捕嫌疑人的情况后,张才放下心来,一面致电蒋介石自请处分,一面亲自下令逮捕有关嫌疑人,交军法处做做样子。这件事的发生,再加上潘汉年的反复劝说,西北大联合的车轮终于又重新转动起来了。

第三节　国共两党的秘密接触

一　蒋介石试探政治解决

就在中共中央秘密联合张学良,准备发动抗日反蒋的西北大联合之际,国共两党其实也在秘密地进行接触,寻求妥协之道。而蒋介石找共产党人秘密接触和谈判,其目的同张学良如出一辙,也是为了解决联苏的问题。只不过张学良想要联苏联共,而蒋介石想要的只是联苏而已。对共产党问题,他坚持必须要有一个彻底的解决,或者是军事的,或者是政治的。总之,蒋介石要把共产党和红军纳入南京政府的政治架构之下,而绝不允许它们重新对中央政权构成任何威胁。

蒋介石是主动找共产党进行接触和谈判的。最初的尝试发生在1935年底,当时红军已经被迫放弃了南方的根据地,退入边远的西南和西北地区,随着中央军也乘势进入西南和西北地区,南京政府已经成功地统一了大半个中国。正是在南京政府统一事业顺利进行之际,日本发动了华北事变,明显地想要染指华北各省,像制造"满洲国"那样,在华北制造新的傀儡政权。随着日本开始公开在察哈尔、绥远和平津地区以武力扶植自己的傀儡,并且更多地威胁到外蒙古的边境安全时,蒋介石敏感地意识到他必须设法打出苏联这张牌,促使苏联与自己签订一项军事互助条约,以牵制日本。

1935年10月,即华北事变发生之际,蒋介石正式向苏联驻华大使提出了这一建议。由于苏联这时对日本由东北而华北,沿着外蒙古边界不断扩张的意图深为疑虑,因此,它很快就作出了积极的反应;再加上驻莫斯科的中共代表团于10月间发表了《八一宣言》，提出了统一战线的方针，号召组织国防政府和抗日联军，蒋介石很自然地认为苏联正在促使中共改变反对南京政府的政策。鉴于这种情况，蒋介石不失时机地向苏联大使表明，在对苏谈判军事结盟的同时，他希望苏联政府能够在国共之间充当调解人，一面派人秘密寻找共产党的关系，准备直接与共产党谈判，双管齐下，一劳永逸地解决问题。为此，蒋介石先是派回国述职的驻苏大使馆武官邓文仪赶回莫斯科，去找中共代表团进行接触，随后又派陈立夫（化名李融清）偕同张冲（化名江淮南）一同乘船转赴柏林，准备等邓文仪与中共代表团的谈判稍有成就时即展开与苏联政府的军事谈判。

邓文仪根据蒋介石的指令，在1936年1月13日至23日，先是与潘汉年，然后与代表团团长王明，进行了4次秘密商谈。邓文仪转达的意见很清楚，即中华苏维埃政府改制，红军改编，共同抗日。具体地说就是：(1) 取消苏维埃政府，所有苏维埃政府的领导人和工作人员参加南京政府；(2) 取消红军，红军改编为国民革命军，互相交换政工人员；(3) 党公开，或者重新恢复1924—1927年党内合作形式，或者共产党独立存在。

国共双方的商谈取得了一定的进展。双方一度约定中共代表团派代表与邓文仪的助手返回南京，找到中共中央的代表，具体讨论妥协的条件。但是，1936年1月22日，苏联驻华大使向蒋介石转达了苏联政府的意见。苏联政府明确表示，它赞同南京政府政治解决与共产党的关系问题，但是它拒绝在国共之间充当调解人。莫斯科的这种态度让蒋介石十分失望。他随即中断了邓文仪与中共代表团之间的谈判，自然也将与苏联的军事谈判拖了下来。在他看来，"俄非不可联，但须我们清共后"；否则，在苏联继续暗中支持中共的情况下，一旦中苏缔结互助条约，苏军依照约定进入中国参加抗日战争，直接受益者必定是中共无疑。①

蒋介石中断了国共之间在莫斯科进行的接触，并非放弃了政治解

---

① 参见蒋永敬《有关西安事变新资料》，载台北《传记文学》第36卷第1期。

决共产党问题的想法。他之所以不让中共代表团的代表到南京来,只是担心莫斯科的态度会影响到中共代表团的代表,反而会使国共之间的这种接触和谈判变得复杂化。他中断了与莫斯科的接触,却开始推动国共两党在国内的接触与商谈。

就在邓文仪在莫斯科与中共代表团秘密接触之际,陈立夫手下的曾养甫已通过谌小岑与中共北方局的代表周小舟、吕振羽接上了关系,并转述了国民党方面政治解决共产党问题的基本条件。由于这时北方局代表谈判的依据只是《八一宣言》,核心条件不出于要求组织国防政府与抗日联军,而国民党方面则强调红军改编,苏维埃政府改制,先统一,后抗日,并要求中共协助联苏,因而双方间的距离还相当远。

二 国共首度政治商谈

但是,南京方面这时用来接通国共两党关系的渠道远不止这一条。在1936年初,宋子文经过宋庆龄找到原属中共特科系统的董健吾,陈果夫等通过覃振找到刚从狱中出来的中共党员张子华,先后将两人派往西安,经过东北军防地转入陕北苏区,接通了与中共中央的关系。但中共中央这时对南京方面提出的条件同样不离《八一宣言》的基本精神。其基本条件是:(1)停止一切内战,全国武装不分红白一致抗日;(2)组织国防政府与抗日联军;(3)容许全国主力红军迅速集中于河北首先抵御日帝迈进;(4)释放政治犯,容许人民政治自由;(5)内政与经济上实行初步与必要之改革。①

不仅如此,基于《八一宣言》确定的抗日反蒋的策略方针,中共中央并且决定要首先召开抗日救国代表大会,即首先由全国各党派推举代表组成代表大会,在此基础上成立全国统一的国防政府与抗日联军。而这一代表大会的召开,还必须首先实行取消一党专政,容许一切党派自由活动,释放一切政治犯,取消一切禁止抗日反卖国贼运动的禁令,保障一切抗日反卖国贼的言论、集会、结社自由。这里所说的卖国贼,

---

① 参见《文献和研究》1985年第4期。

指的就是蒋介石。在坚持反蒋前提下与国民党进行谈判,自然不会有任何结果。

国共之间的接触开始取得某种进展,是在1936年5月。当时,国民党方面代表在与北方局代表的商谈中,第一次以书面形式提出了四项条件作为双方进一步谈判的基础。这四项条件是:

一、停战自属目前迫切之要求,最好陕北红军经宁夏趋察绥外蒙之边境,其他游击队则交由国民革命军改编。
二、国防政府应就现国民政府改组,加入抗日分子,肃清汉奸。
三、对日实行宣战时,全国武装抗日队伍自当统一编制。
四、希望党的领袖来京共负政治上的责任,并促进联俄。①

从国民党关于苏维埃政府改制、红军改编的中心要求来看,这四项条件可以说是它此前此后所提各种条件中在统一军队和政权的形式上让步最多的条件了。虽然并没有放弃苏维埃政府改制、红军改编的中心要求,但至少是同意可以把时间向后推延到对日宣战以后。只是中共中央并不领情。因为中共中央了解到国民党方面的这四项条件时,恰好是在两广事变发生之后的6月中旬,西北大联合计划正在紧锣密鼓地酝酿之中,它自然对此不感兴趣。毛泽东一言以蔽之:其"满纸联合抗日,实际拒绝我们的条件,希望红军出察绥外蒙边境,导火日苏战争"。②

然而,刘少奇领导下的中共北方局对与国民党的谈判却明显更为重视和灵活。7月初,北方局代表周小舟向国民党方面提出了一个相当全面的谈判方案。这一方案明确提出:在国民党承认并实行发动抗日战争、联合各抗日党派、保障人民民主权利、废除不平等条约、停止"剿共"和封锁苏区等政策时,共产党即放弃敌对国民党的行动,并赞成国民党在国防政府及抗日联军中占有指导地位;共产党今天固无意取消苏维埃组织及红军,但将来依据抗日战争的需要,共产党愿意赞助全

---

① 《近代史研究》1990年第1期。
② 《毛泽东年谱》(上),554页。

中国真正民主的统一。①

这一方案无疑为此后中共的谈判打开了一条新的思路。它提出可以通过召集全国各党各派及人民团体代表会议，讨论抗日联合战线的一切问题，包括国防政府与抗日联军的名称问题。这表明中共完全可以放弃他们一直以来所要求的国防政府与抗日联军的外在形式。它提出共产党今天无意取消苏维埃和红军，但将来依据抗日战争的需要，它愿意赞助全中国真正民主的统一，同样显示它可以在一定条件下放弃苏维埃和红军的外在形式。不仅如此，这一方案还第一次明确表示共产党可以同意由国民党在未来的抗日联合统一战线组织当中占据指导的地位，而不坚持两党必须平等地实现它们之间的合作的想法。所有这一切，都为国共两党的进一步商谈，开辟了道路。

当然，国民党方面不可能真的接受由共产党人提出来的这一解决方案。7月4日，经过陈立夫修改后，国民党方面在中共北方局方案的基础上，形成了自己的新的谈判条件。这就是：

一、K方为集中民族革命力量，要求集合愿意参加民族革命之一切武装力量，不论党派，在同一目的下，实现指挥与编制之统一。

二、C方如同意K方上述之主张，应于此时放弃过去政治主张，并以其政治军事全部力量置于统一指挥之下。

三、K方在C方承认全国武装队伍应统一指挥与编制的原则时，即行停止"围剿"，并商定其武装队伍之驻扎区域，予以其他国军同等待遇。

四、K方在C方决意放弃苏维埃政权的条件下，即以K方为主体，基于民主的原则，改善现政治机构，集中全国人才，充实政府力量，以负担民族革命之任务。②

---

① 参见《周小舟给中共中央的报告》(1936年8月29日)。
② 《周小舟给中共中央的报告》(1936年8月29日)。注：K、C分别指国、共。

三 中共中央改行联蒋政策

国民党方面这一次的书面谈判条件送达中共中央时，又是一个多月以后的事情了。而这个时候，恰好遇到共产国际来电批评中共中央。共产国际8月15日的电报明确指出："把蒋介石与日寇等量齐观是不对的，这个方针在政治上是错误的，因为中国人民的主要敌人是日本帝国主义，在现阶段，一切都应服从抗日。此外，不能同时有效地进行既反对日寇又反对蒋介石的斗争，也不能认为整个国民党和整个蒋介石的军队都是日寇的同盟者。为了切实有效地进行武装抗日，还需要有蒋介石的军队参加，或者其绝大部分军队参加。鉴于以上情况，必须采取停止红军同蒋介石军队之间的军事行动并同蒋介石军队协同抗日的方针……为此，我们认为中国共产党和红军司令部必须正式向国民党和蒋介石提出建议，立即就停止军事行动和签订共同抗日具体协议进行谈判。共产党和红军司令部应该宣布他们准备马上派出代表团，或者在苏区接待国民党和蒋介石的代表团。"也正因为如此，共产国际明确反对中共中央把统战工作的重心放在反蒋派身上。指出：中共号召支持两广事变的声明是错误的，打算吸收张学良入党更是不妥。"必须保持同张学良的接触"，"但是，不能把张学良本人看成是可靠的盟友"。①

中共抗日反蒋的方针，或者把日寇与蒋介石等量齐观的做法，其实最初正是来自共产国际。中共中央作为共产国际的下级支部之一，它坚持贯彻这一策略方针，乃情理中之事。但是，当共产国际政策改变了之后，中共中央必须立即随之而变，开始执行新的方针，也是再自然不过的事情。8月16日，刚一接到共产国际的指示电，中共中央就马上作出决定："今后一切宣传应以联红抗日为中心，对蒋介石及其南京政府应改变过去抗日必须讨蒋的口号，表示希望与欢迎蒋及南京政府参加和领导抗日战争，要求停止内战，实行抗日自由，而反对和揭露每一

---

① 《中共党史研究》1988年第2期。

妥协欺骗和投降的具体步骤,宣传南京内部分化与蒋系左派找我的事实。"①

既然对蒋介石及南京政府应该改变过去方针,争取其参加甚至领导抗日,那么,张学良希望继续保持灰色与对蒋之忠顺,自然也就是必要的了。毛泽东于8月25日即去电潘汉年,要求潘向张学良说明此种情况,并要潘立即返回陕北,根据新的方针接受新的任务。毛泽东在电报中写道:"向南京进行具体的进一步的谈判,期在短期内成立统一战线,是我们进行整个统一战线的重心。兄应在接电后7天内回到保安,接受新的方针,再以7天至10天到达南京,开始谈判。请立即向张学良说明,这种谈判的成功对于东北军和红军两军的合作大有帮助,并请张学良外出活动时注意督促南京政府与我们迅速达成谅解。"②由于担心潘汉年不能很好地转达上述意见,从而使张学良产生误解,毛泽东第二天又去电说明:"因为南京已开始了切实的转变,我们的政策重心在联蒋抗日,张学良因此应当继续保持与南京的统一。"③

得知中共策略方针的这一调整,正对西北发动感到左右为难的张学良毫不犹豫地给予了肯定。8月25日,中共中央正式起草了《中国共产党致中国国民党书》,明确表示,愿意在任何地方与任何时候派出自己的全权代表,同贵党的全权代表一道,开始具体实际的谈判,以期迅速订立抗日救国的具体协定,实现两党重新合作共同救国。④ 张学良读到此信后,当即要中共联络员刘鼎转告中共中央,他"对那个信极表赞成,并愿进京面蒋,力主和平统一,结力抗日,请为蒋使,冒险说和"。

张学良知道蒋介石的脾气,不敢直接向蒋提出和共问题,但他还是委婉地通过要求抗日表明不愿继续"剿共"的想法。九一八事变5周年之际,张学良特地转托冯庸向陈诚表达其决心抗日之意,称"东北军自南来豫鄂,西开陕甘剿匪以来,损失甚重,迄未得到中央补充……如其剿匪损失,不如抗日覆没",故已"决意统率所部,抗日图存"。22日,张

---

① 《总政治部关于召开白军工作会议规定今后工作方针的建议给彭德怀等电》(1936年8月20日)。
② 《毛泽东年谱》(上),573页。
③ 《毛泽东年谱》(上),574页。
④ 中央统战部、中央档案馆编:《中共中央抗日民族统一战线文件选编》(中),235页。

又借否认曾转托陈诚说明抗日心迹事,致电蒋介石:"就各方言,欲救亡必须抗日,欲抗日必须全国力量之集中。良此时在钧座指挥下尽剿匪之职责,尤愿早日在钧座领导下为抗日之牺牲。惟冀钧座于国防会议内确定整个计划,实行抗日,良决负弩前驱,惟命是从。"①

但无论是中共中央给国民党的信,还是张学良所表达的抗日意愿,这个时候都没有产生明显的效果。中共领导人事实上早就估计到了这一点。共产国际政治指示电到后,毛泽东等人一方面大量致信国民党及各界军政要人、社会名流,呼吁和平与抗日;另一方面,他们也明确通过决议,肯定继续联络反蒋派之重要,主张实行"逼蒋抗日",称"在逼蒋抗日的方针下并不放弃同各派反蒋军阀进行抗日的联合。我们愈能组织南京以外各派军阀走向抗日,我们愈能实现这一方针"。② 因此,策略方针的改变,并没有使中共中央对即将到来的严酷形势产生任何幻想。他们几乎马上就想到,西北的发动工作一旦停止,10万红军集中到甘北狭小区域里,必将陷入极大的危险之中。

8月25日,即在中共中央起草《中国共产党致中国国民党书》的同一天,毛泽东和中共中央主要领导人联名致电共产国际,请求帮助。电称"陕北甘北苏区人口稀少粮食十分困难,非多兵久驻之地,且北不出宁夏,东不出山西,亦无红军活动之余地,目前陕北苏区即已大为缩小,红军之财政粮食已达十分困难程度……为着避免与南京冲突,便利同国民党成立反日,靠近苏联,反对日本截断中苏关系的企图,为着保全现有根据地,红军主力必须占领甘肃西部宁夏绥远一带;依红军现时条件,如果不取得这一地带,则不可避免的要向现时位置之东南方面发展,如此:(甲)将被迫放弃现有陕甘宁苏区;(乙)红军发展方向不是与日本进攻方向迎头,而是相反方向,即不是抗日则是内战方向;(丙)日本帝国主义有利用此时机截断中苏关系的可能"。这一地带布满着为红军目前技术条件所不能克服的许多坚固的城池堡垒及围寨,"但如果苏联方面能答应并且做到及时的确实的替我们解决飞机大炮两项主要的技术问题,则无论如何困难,我们决乘结冰时节以主力西渡接近新疆

---

① 《张学良文集》(2),1021—1023页。
② 《中共中央抗日民族统一战线文件选编》(中),252页。

与外蒙……如果苏联不赞成目前直接援助之方针,而我们与南京之谈判不能及时成立协定,或协定中不能达到使宁夏甘西土著统治者自动让防之程度,或红军久攻不克,结冰渡河时机又已过去,则我们只好决定作黄河以东之计划,把三个方面军之发展方向放在甘南、陕甘、川北、豫西与鄂西,待明年冬天再执行黄河以西计划"。①

四　莫斯科决定援助中共

实际上,斯大林在1935年夏天提出不反对红军靠近外蒙古、新疆的建议,正是共产国际和苏联长期深入调查和考虑具体援助中共和红军问题的结果。还在1934年9月,共产国际派驻上海的远东局负责人就明确提议,应当尽快在苏联中亚细亚的阿拉木图组织由中共军政领导人和共产国际联络部人员联合组成的中共西北局,立即调查通过新疆、外蒙古等地派遣人员到中国西北各省和直接援助陕北红军,并通过陕北接通四川红军的可能性。11月初,共产国际副总书记兼联络局局长皮亚尼茨基也写信给苏联红军情报局局长皮尔金,请他设法协助调查中国西北边疆地区的情况,以便考虑经过中国西北边界具体援助中国红军的可能性。1935年4月,共产国际执委会东方书记处已经明确提出应当在靠近苏联和外蒙古的西北地区创立战略根据地了。苏联国防部、苏军情报局和共产国际联络局为此组成了一个三人组,专门研究中国红军未来在中国西北地区的发展计划和苏联援助的问题。仅1935年下半年至1936年上半年,共产国际就接连6次派人潜入中国西北地区,试图接通与陕北红军以及中共中央的联系。因此,得到中共中央的求援电后,共产国际执委会书记处在取得了斯大林和苏联军方的承诺后,迅速回电表示同意向红军提供军事援助,并批准了中共中央关于夺取宁夏和甘西的作战计划。电称:"同意你们占领宁夏地区和甘肃西部的计划,同时,坚决的指出,不能允许红军再向新疆方面前进,以免红军脱离中国主要区域。"②

---

① 《洛甫、恩来、博古、泽东关于红军行动方针问题给王明同志电》(1936年8月25日)。
② 《共产国际执委会书记处致中共中央书记处电》(1936年9月11日)。

共产国际如此痛快地同意提供军事援助,这让中共中央深感振奋。根据共产国际来电的要求,中共中央马上作出了具体的行动部署。9月14日,中共中央正式通知红军一、二、四方面军的领导人,称:"国际来电同意占领宁夏及甘肃西部,我军占领宁夏地域后即可给我们以帮助。为坚决执行国际指示,准备在两个月后占领宁夏。"为此,中共中央提出了"静(宁)会(宁)战役计划",要求二、四方面军全力北上,与一方面军合力夺取隆德、静宁、会宁、通渭地区,由四方面军和二方面军依次控制西兰大道;之后一方面军首先攻取宁夏北部,四方面军随即夺取宁夏南部。

这时,红二方面军减员过多,已难承担作战任务;四方面军一路打来,马不停蹄,疲惫不堪,被服、粮食和弹药都严重短缺,对担负与中央军争夺西兰大道的任务感到艰巨,因此,对实行中共中央的"静会战役计划"犹豫不决。虽经毛泽东等再三解释说明,张国焘还是坚持宁夏地区太过狭小,不应将一、四方面军都集中于宁夏。他建议四方面军以两个军由兰州以西之永靖、循化一带渡过黄河,抢占永登、红城子一带地区;一个军留渡口防守,两个军部署于漳县一带吸引牵制胡宗南,完成任务后,三个方面军全部转进凉州、永登一带,以一部向靖远、中卫活动,配合一方面军由靖远宁夏段渡过黄河。由于没有二、四方面军在南面的牵制,单靠一方面军无法完成攻取宁夏的任务,中共中央不得不改变原定计划,提出可将一方面军主力南下,配合二、四方面军共同完成打击胡宗南部的任务,再回头攻取宁夏。张国焘等对此依旧反对,坚持认为四方面军单独西渡,与一方面军配合,可造成红军在黄河东西南岸夹击宁夏段敌军之势,对作战更为有利。

但是,这时中共中央毕竟已经与共产国际发生了关系,并取得了共产国际的正式承认。打通苏联的计划,也有苏联和共产国际在给予指导,张国焘等虽坚持认为自己的计划在军事上更为安全,毕竟责任重大,不敢独断独行。因此,张国焘一面坚持己见,一面还是不能不表示愿意放弃与中共中央的分歧,照命令行事。其电称:"关于统一领导,万分重要,在一致执行国际路线和艰苦斗争的今天,不应再有分歧。因此,我们提议,请张闻天等同志即用中央名义指导一切。包括四方面军西渡计划,如兄等仍以北进为万分必要,请即明令停止,并告今后行动方针,弟等当即服从。"①

既然张国焘表示承认中央权威并愿意按照中央命令行事,中共中央自然不再取协商态度,决定决断决行。9月27日,中共中央明令四方面军应即北上,与一方面军会合,从宁夏、兰州间渡河,夺取宁夏、甘西。二方面军应暂在外翼钳制敌人,以利我主力之行动。②

至此,张国焘等与中共中央之间围绕着夺取宁夏作战方针的争论告一段落,张国焘表示遵照中共中央命令停止四方面军西渡计划,并制定了《通(渭)庄(浪)静(宁)会(宁)战役计划》,转向北进。

五 中共接取苏援作战受挫

就在中共中央明令四方面军北上与一方面军会合后一同夺取宁夏的当天,共产国际也进一步电告中共中央,苏联将从外蒙古方向为红军提供援助,红军必须夺取绥远定远营,前伸至外蒙古边境接取物资。随后,针对中共中央要求苏方将物资尽可能运送到定远营附近的提议,共产国际更进一步告诉中共中央,苏联方面将提供给红军300辆卡车,大约550—600吨重的军事物资。但这些卡车不能深入到越过外蒙古边境100公里以外的地方,否则就等于对中国的侵略。红军必须设法制服绥远德王及其他军阀可能的骚扰,保证这些汽车不会受到空军的袭击,并能够派出足够的部队来接收货物。

鉴于苏方已经做好运送物资的准备,中共中央也迫不及待地改变了原定12月待黄河冰冻后再行攻取宁夏的计划。这时恰好又发生了四方面军遗失战役计划,以及蒋介石急调固原两师南下,并催促胡宗南等部中央军迅速推进的情况。因此,中革军委于10月11日正式发布了《十月份作战纲领》,决定四方面军以一个军迅速进至靖远、中卫地段,选择利于攻击中卫与定远营之渡河点,11月1日前完成一切渡河准备,同时其主力在通渭、马营镇、静宁和会宁地区就地休整,并派支队

---

① 《朱、张、徐、陈致毛、周、彭电》(1936年9月26日),载《文献和研究》1986年第5期。
② 参见《党中央命令——给朱总司令、张总政委并告一、二、四方面军首长》(1936年9月27日),载《文献和研究》1986年第5期。

进逼定西、陇西、武山、甘谷、秦安、庄浪、静宁之敌,争取在10月份保持西兰大道于我手中。二方面军则进至通渭、马营镇以北界石铺以南地区,休息数日后转进至静宁、隆德线以北地区,准备尔后以主力或一部接替一方面军在固原以北之防御任务。一方面军之西方野战军主力保持同心城之枢纽地段豫旺堡于手中。一方面军之西方野战军全部及定盐一部和四方面军之三个军组成攻宁部队,11月10日前展开进攻。

《十月份作战纲领》刚一开始实施,就因对国民党中央军推进速度估计不足而不得不临时改变。在蒋介石的督促下,国民党军从东、南、西三个方向向四方面军所在的静宁、通渭、会宁地区猛进,四方面军不仅完全没有休整的条件,而且也没有从容渡河的可能。四方面军刚一通过西兰大道,国民党军就于23日进占了华家堡、会宁、通渭、静宁、界石铺等地,西兰大道即落入其控制中。西兰大道一失,形势立即就变得对红军十分不利。四方面军虽然抢先进抵靖远及打拉池一带,24—26日接连运送了第30军、第9军和前线总指挥部过河,但因胡宗南部推进速度太快,一方面军之西方野战军面临极大压力,彭德怀不能不要求四方面军河东部队与一方面军西方野战军主力协同,在郭城驿痛击胡宗南部,以确保南线不失。据此,四方面军河东之第4军、第31军受命脱离四方面军建制,归红军总部和前线总指挥彭德怀指挥。

然而,事实上,在郭城驿诱歼胡宗南部的战斗并未实施;相反,原来留守河东看护渡船的第5军因受到胡宗南部的压迫,被迫撤过黄河。而国民党军随即大规模压至郭城驿、大卢子地区,并控制了靖远附近的河岸。红军渡河攻取宁夏的行动被迫中止,红军被切割成河西和河东两部分,四方面军2.1万人留在了河西,而3个方面军5万余人则被截在了河东。由于国民党中央军推进速度太快,甘北所剩地域回旋余地太小,难以对中央军组织具有杀伤力的战役,因此,中共中央不仅不能让河西部队单独北上夺取定远,需要后者担负牵制任务,而且不能不转而向张学良求援,急切电告正在西安的中共代表叶剑英:"宁夏计划蒋介石正积极破坏中,我方正想对策,请毅(张学良代号——引者注)亦为我筹之……问毅当此国难关头,他有何办法停止内战?"

10月30日,中革军委向共产国际书记处报告了红军渡河作战失利的情况。而几天后,共产国际亦来电表示从外蒙古援助的办法作废,苏方将改由苏联方向经新疆提供帮助,这次可以将援助物资增加一倍,请红军改由甘西河西走廊去新疆哈密接运。对此,中共中央明确复电称:"从哈密输送货物的办法对于我们主力红军已无用处,这个改变已经迟了。已渡河的红军约两万一千人,可令其向哈密方向前进,但通过五千余里路程,战胜这一带敌人与堡垒,需要许多时间,至少也是明年夏天的事情。并且除非你们用汽车送到安西,要红军到哈密去接是不可能的。因为哈密、安西之间是一千五百里无人烟的沙漠。"①

宁夏战役失败了。红军已经无法在取得苏联援助的情况下与南京方面达成妥协。在这种情况下,中共中央固然继续努力谋求与蒋介石在政治上取得谅解,但它深知军事上的劣势只能使蒋介石进一步在政治上提高要价,结果是双方无法妥协,蒋必定会趁机加大军事上"围剿"的力度,设法消灭红军,以便一劳永逸地解决问题。因此,宁夏战役失败后,中共中央首先必须在军事上做最坏的准备。

1936年11月13日,中共中央召开政治局会议,专门讨论红军下一步行动方向问题。毛泽东明确讲:本来打宁夏就没有多大把握,只是过去没有看得这样严重。现在计划失败了,红军必须改变行动方向,以求生存。为此应先南下平凉、泾川、长武、宁县、正宁,然后根据情况或东进山西,或南下河南或湖北,跳到外线去。经过一年左右的长途征战后,再设法返回西北来。当天,中共中央政治局通过了毛泽东的建议,并电告了共产国际。

在这种情况下,也正如中共中央所预料的,蒋介石的心态明显地发生了改变,连政治解决的话都不提了。张学良趁蒋当时在西安,壮着胆子劝蒋停止"剿共",联俄"容共",共谋抗日。不料蒋介石一口回绝,称:"共党能无条件的交枪受编乎?否则不论矣。"纵使"共党当面以手枪拟之,亦不与之妥协也"。蒋说,共产国际要中共与南京中央

---

① 《中共中央书记处致共产国际执委会书记处电》(1936年11月8日)。

合作,而他则是要中共投降。如果中共不答应,他非先消灭中共否则不抗日;如果俄国压迫他必须"容共"才能援助他抗日,那他宁肯不联俄。因此,蒋介石这时在王曲长安军官训练团公开鼓吹说:"赤匪为近敌,日本为远敌,目前惟一任务为剿匪,否则为反动。"①国共关系的形势较前更加恶劣了。

---

① 蒋永敬:《有关西安事变新资料》,载台北《传记文学》第36卷第1期。

第四节　从两广事变到绥远抗战

一　两广事变的发生与平息

蒋介石一心想要消灭共产党,但他是否就不想抗日呢? 自然也不是。因为没有攘外和御侮,南京的统一和安内也没有意义,日本侵略者并不会因为国民党成就了统一、安内就停止入侵,甚至归还他们占领的领土。这对外与对内政策两者相辅相成的道理,国民党内人人都明白。蒋介石之所以坚持"攘外必先安内,统一方能御侮",也是因为他相信,在国力未充,准备未周,中日两国强弱悬殊的情况下,实现安内统一是攘外和御侮的一个重要前提。因此,先安内而后攘外,先统一而后御侮,这在蒋介石更多只是其政策实施中先后轻重的一种次序安排而已。从两广事变的平息到绥远抗战的发动,也都可以很清楚地看出这一点。

两广事变的爆发与平息,说到底还是中央与地方、统一与割据势力之间的一种较量。

自1932年1月陈济棠就任西南军分会委员长兼执行部和政委会常委、把广东党政军大权集于一身之后,广东事实上就半公开地同南京中央政府在分庭抗礼了。广西李宗仁、白崇禧同样想要保持广西的半独立局面,因而便与陈济棠沆瀣一气,支持陈济棠与蒋相抗衡。由于相当长一段时间里,南京国民政府的重心在"剿共"和应付日本蚕食进攻,因此一直没有对陈济棠和李宗仁等西南派采取行动,而是尽可能地想要通过羁縻的策略,努力消除西南派精神领袖胡汉民的敌意,许胡以高位,如提议胡为中央常务委员会主席等,拉胡入京,从而达到瓦解西南派的目的。不意胡汉民始终坚持与蒋为敌，并不惜公开在广州抛头露面，支持半独立的西南政务委员会和西南执行部，抨击南京政府的内外政策。然而，就在蒋介石为此头疼之际，胡汉民于 1936 年 5 月 12 日突然因脑溢血去世，蒋介石当即转守为攻，要求两广取消西南执行部和西南政务委员会，改组广东省政府。陈济棠为维持广东半独立局面，不得不拉上李宗仁、白崇禧，利用日本发动华北事变、南京政府一味退让、一直被国内舆论广泛批评的情势，打出抗日大旗，以要求中央领导抗日的名义，出兵北上，以进为退，想要借此逼迫蒋介石承认两广半独立地位。

两广这时有兵力约 30 余万人，包括陈济棠的第 1 集团军和李宗仁的第 4 集团军，再加上广东和广西的 9 个空军中队，以及广东的少量海军。事变的发动，是以中国国民党西南执行部 5 月 27 日《反对日本增兵华北》的通电为信号的。

6 月 1 日，西南执行部和西南政务委员会召开联席会议，发出命令，宣布派第 1、4 集团军北上抗日，同时假意吁请南京国民政府和国民党中央领导抗日，并将此呈文和通电布告天下。声称："日本侵我愈亟，一面作大规模之走私，一面增兵平津，经济侵略、武力侵略同时迈进。瞻念前途，殷忧曷极……时危势急，敝部等认为非立即对日抗战，国家必无以求生……乞　致主张，即行督促中枢，领导全国从事抗日。"①

3 天后，陈济棠和李宗仁又领衔率两广将领数十人发出通电，表示要率部北上抗日。随即，西南执行部和西南政务委员会通过决议，一面成立军事委员会，一面把两广部队改称为"中华民国国民革命抗日救国军"（亦称"抗日救国西南联军"），以陈济棠为军事委员会委员长兼总司令，李宗仁为副司令，进而大张旗鼓地向湖南进军。

这个时候，中央军已经用"剿共"之名，先后进入过去被各地方实力派严密控制的川、黔、滇、康和晋、陕、甘等西南、西北边远省份，南京国民政府的行政权力已经可以达到除东北、新疆和西藏以外的内地绝大部分省、区。这时在关内唯一还可以成为国民政府统一障碍的，也就只剩下一个两广了。因此，对两广称兵，不要说国内各界颇不谅解，就连

---

① 《李宗仁回忆录》，南宁，广西人民出版社，1988 年，第 468—469 页。

两广内部也意见分歧。

以广东方面为例，因胡汉民去世，最有声望者只有邹鲁。陈济棠称兵反蒋，想请邹鲁出面主持，邹得讯后即于5月16日早早跑去香港，并公开发表谈话，主张全国各党派团结对外。而其他广东元老，如萧佛成、唐绍仪等亦持反对立场。至于具有全国影响的军政元老如冯玉祥、阎锡山、许崇智等，对陈济棠之举也公开表示不赞成。

在这种情况下，虽然两广事件发生之际中央军正分散各地，有的用于"追剿"红军，有的用于驻防川、黔、滇、康以完成军政统一，有的以防堵红军东征为名进入山西，有的集结于洛阳、潼关一带，准备调入陕甘，协同东北军"剿共"，但这并没有让蒋介石手足无措。因为他不认为需要马上诉诸武力。他一面调兵防备衡阳以拦截西南联军北上，一面则更多地采取政治的手段来平息事件。

两广事变刚一发生，蒋介石就接连公开致电陈济棠等，强调"今日救亡图存，必以整个国力，取一致之步骤"，劝告两广，如有大计，当可派代表进京相商；国民党中央决定于最近期内召开五届二中全会，任何意见均可提交会议讨论，希望所属部队勿以轻率之自由行动，致误救亡大计。与此同时，蒋介石以40万元作为对何键服从中央的奖赏，促使10万湘军不受两广蛊惑而站在中央军一边。再加上中央军抢先进据衡阳，已经推进至零陵和祁阳的广西军队，遂不得不半途而止。西南执行部因此不能不一面激烈抨击蒋介石不对进兵华北的日本用兵，反而调集重兵压迫粤、桂；一面明确表示，西南当局并非要对中央兵谏，不过要求中央出面领导抗日，并请定北上路线、集中地点和给予军辎军火接济而已。至16日，眼见借道湖南北上不成，陈济棠和李宗仁便明令粤、桂军撤出湘境，同时通电要求蒋介石调攻击粤、桂的中央军北上抗日。①

两广既不敢对中央军用兵，蒋介石自然不必用武。他马上开始通过各种渠道，对内部本来就不巩固的广东势力实施瓦解术。广东空军最先弃陈而转向南京，所有飞行员均得晋升，且发给赏金12万元。李汉魂为首的部分广东军政人员随后也纷纷离穗赴港，公开致电陈济棠，

---

① 参见刘斐《两广"六一"事变》，载《文史资料选辑》第3辑，12—14页。

批评其假借抗日,危害国家。粤军主力第1军军长余汉谋很快也决定服从南京。余汉谋在7月7日径飞南京,向蒋介石表示愿意出面收拾粤局。蒋介石当即委任余汉谋为第4路军总司令,统辖广东军队,迅速回粤倒陈,并拨给军费200万元,外带活动经费100万元。余于9日通电粤军各将领,要求他们抗拒陈济棠的命令,服从南京,支持国家统一。面对这一危险局势,陈济棠和李宗仁等在广州召开紧急会议,宣布成立第1、4集团军联合司令部,陈济棠为抗日救国军第1、4集团联军总司令,李宗仁为副司令。粤、桂两军同时迅速缩短防线,采取守势。

7月10日,国民党五届二中全会在南京召开,蒋介石公开批评广东军事当局自由行动,破坏党国纪律,动摇革命根基。13日,国民党五届二中全会通过决议,宣布撤销西南执行部和西南政务委员会。蒋介石并以军事委员长的名义发布命令,取消第1、4集团军,但任命李宗仁、白崇禧为广西绥靖正、副主任,却免去陈济棠本兼各职,以余汉谋为广东绥靖主任兼第4路军总司令。次日,余汉谋在大余通电就职,声明拥护中央。其电称:"外患日亟,非御侮不能图存,非统一不能御侮,中央之力图和平统一,实为集中力量之救国要图。""我广东当国难日亟之际,忽然称兵,阴结外寇,进窥邻省,发动内战,破坏统一",实祸国殃民之行为。随即,余汉谋下令所部回师广东,而驻守韶关的第2军和驻守大坑口的巫剑虹部先后不战而退,余汉谋部顺利进至英德、军田一带,逼近广州城。紧接着,第3军第9师3个团也通电倒陈,陈济棠大势已去,不得不于17日派私人代表飞往南京面谒蒋介石,表示可遵命下野。18日,广东空军150名飞行员、72架飞机在司令黄光锐的率领下通电倒戈,陈济棠更失去了讨价还价的条件。当晚,陈被迫携带家眷乘英国军舰赴港,并被通电下野。

广东瓦解,广西便呈孤立之势。7月20日,李宗仁、白崇禧也不得不通过黄绍竑等向南京表示愿意接受新的任命。但蒋介石自然不会放弃这一根本解决两广半独立局面的大好机会。25日,国民政府宣布撤销国民党五届二中全会对李、白的任命,另委李宗仁为军事委员会常务委员,白崇禧为浙江省政府主席,另委黄绍竑、李品仙为广西绥靖正、副主任。与此同时,蒋令中央军一部由湖南威胁桂林,以一部由黔南压向广西宜山,并派两部进入广东,一路由北江、连山向广西富川、贺县、八步方向开进,一路由广东肇庆沿西江而上,向广西梧州开进,表面上是向广西施压,实际上正如蒋自己所言,此不过一石二鸟之计:"中央对桂军之目的,乃在借此入粤兼安粤局耳。"

李宗仁、白崇禧并不了解蒋介石葫芦里卖的什么药,相信非逞强不能逼蒋让步。他们迅速下达全民动员令,并发表告军民书,扬言"宁为玉碎,不为瓦全";同时还电邀各反蒋派团体和人士入桂,包括请在港反蒋派要人李济深出来主持大计,请蔡廷锴、区寿年等来桂重组第19路军。于是,7月底,李济深、蔡廷锴、翁照垣、胡鄂公等先后入桂。全国各界救国联合会、华南救国会、第三党等均有代表到南宁,并扬言要于8月初组织独立的抗日政府。

蒋介石原本对桂用兵就含有复杂意图,并非真想与广西全面开战。眼见事态不妙,他又转而先后派人前往南宁进行疏通。于是一触即发的战端又出现了转机。双方人员频繁往来后,解决的症结最后归结为人事安排和中央军撤兵两项上。蒋介石坚持,李、白两人必须有一人离开广西到中央任事。经过讨价还价,李、白最终同意有条件妥协。

9月2日,程潜、居正、朱培德飞抵南宁,与李宗仁、白崇禧等正式谈判。双方达成如下协议:(1)重申开放抗日救国运动及言论、集会、结社自由;(2)撤退南下各军,恢复各方交通;(3)确定抗日计划及时期,务求在最短期间实现;(4)李宗仁任广西绥靖主任,并保留第4集团军;(5)白崇禧以国民政府军事委员会常务委员名义出国考察;(6)广西党政人事一仍其旧;(7)广西军队保留3个师,军费由中央支付;(8)以上各条除第(3)条保密外,其余均请蒋委员长以谈话方式宣告国人。①

6日,南京政府发表命令,改任李宗仁为广西绥靖主任,白崇禧为军事委员会常务委员,黄旭初为广西省主席,黄绍竑回任浙江省主席。14日,李宗仁、白崇禧发表和平通电,说明因"痛念国家危亡,激于良心职责驱使,爰有前次请缨出兵抗战救亡的举动……无如抗敌之志未伸,

---

① 程思远:《政坛回忆》,82—83页,南宁,广西人民出版社,1986。

而阋墙之祸将起……所幸中央当局……一再派大员入桂观察,对桂省一切爱国之真相,已彻底明了,同时对宗仁等救亡等项意见,并全部俯予接纳。今后一切救亡工作,自当在中央整个策略领导之下,相与为一致之努力"。① 两天后李宗仁、黄旭初在南宁宣誓就职,两广事变至此和平解决。

二 国民党宣告抗日立场

两广事变根本解决,意味着南京国民政府的统一与安内的工作取得了巨大的进展。尽管这个时候西北陕甘地区还有"剿共"的工作尚在进行,但是,多数国民党人和舆论界显然都相信,统一和安内的工作接近于大功告成,攘外和御侮的工作应该可以提上议事日程了。《大公报》记者对南京政府前期的工作即颇肯定,其文称:"这五年当中,除了共产党一个问题未曾安排好以外,我们未曾打过重大的内战,尤其是今夏两广问题的解决,使我们的国家发现一个统一的规模。我们试打开地图看看,中自江浙赣鄂起,南至闽粤桂湘,西至黔滇川陕甘宁青,北方的鲁豫晋绥,莫不在同一的行政组织之下,这些省的军队也莫不在同一的军令系统之下。行政院的命令可以通行全国,中央的军令可以动员全国的军队。这种情形是民国以来所未有的。"②

事实上,广东陈济棠的势力刚被瓦解,国民党五届二中全会就成立了以蒋介石为议长、汪精卫为副议长的国防会议。用蒋介石的话来说"就是希望各地方的军事当局,能够共同一致,来中央参加讨论,对于各项决议办法,大家可以彻底明了。一旦发生事变,也可以团结一致,共同负责来抵御外侮"。③

正是在这次会上,蒋介石公开发表了《救亡御侮的步骤与限度》的报告,具体说明了国民政府对日任何进一步的侵略都必欲抵抗的原则立场。称:"中央对外交所抱的最低限度,就是保持领土主权的完整。

---

① 刘斐:《两广"六一"事变》,载《文史资料选辑》第3辑,第32页。
② 王芸生:《由统一到抗战》,转见《芸生文存》第2集,3页,上海,上海书店,1989。
③ 《先"总统"蒋公思想言论总集》第14卷,382页,台北,中国国民党中央委员会党史委员会编印,1984。

任何国家要来侵扰我们的领土主权,我们绝对不能容忍,我们绝对不订立任何损害我们领土主权的协定,并绝对不容忍任何分割我们领土主权的事实。再明白些说,假如有人强迫我们签订承认伪国等损害领土主权的协定的时候,就是我们不能容忍的时候,就是我们最后牺牲的时候。"蒋介石在这一报告中还说:"我们如遇有领土、主权再被人侵害,如果用尽政治、外交方法而仍不能排除这个侵害,就是要危害我们国家民族之根本的生存,这就是我们不能容忍的时候。到这个时候,我们一定作最后的牺牲。"①

据此,二中全会通过宣言亦强硬宣称:"中国目前形势,非以决死之心求生存,则不能得安全之保障;非举国一致以整齐之步骤谋挽救,则将无逃于各个击破之危机。"今后,"吾人对内惟有以最大之容忍与苦心,蕲求全国国民之团结,对外则决不容忍任何侵害领土主权之事实,亦决不签订任何侵害领土主权之协定。遇有领土主权被侵害之事实发生,如用尽政治方法而无效,危及国家民族之根本生存时,则必出以最后牺牲之决心,绝无丝毫犹豫之余地。"②

绥远抗战的发动,就是在这样的背景下展开的。

三 蒋介石力推晋绥抗战

进入1936年以后,此前曾在日本华北驻屯军策动下一度风声鹤唳、高度紧张的平津地区一时归于平静,而属于日本关东军目标范畴之内的察绥地区却再度陷入危机之中。深受"满蒙计划"影响,以控制经营整个满蒙为目标的日本关东军,在实际控制了察哈尔东部地区之后,又利用蒙古地方自治政务委员会(简称"蒙政会")委员长德王要求高度自治的心理,秘密策动德王在内蒙古造成独立局面,进而统一内外蒙古,建立"蒙古国"。为此,日本不仅加紧向察哈尔全境乃至绥远地区实行渗透,而且接连运用伪军李守信等部制造事变,逼迫中国方面撤出了察哈尔省长城以北地区。到1936年初,李守信伪蒙军已经侵占了察东

---

① 《先"总统"蒋公思想言论总集》第14卷,382页,台北,中国国民党中央委员会党史委员会编印,1984。
② 《中国国民党历次代表大会及中央全会资料》(下),411—412页。

的张北、宝昌、康保、尚义、沽源、商都、化德、崇礼8县,并控制了察东的正蓝、镶白、正白、镶黄、太仆寺等8旗,在张北设立了伪司令部。德王随即与李守信公开合流,在察东成立了察哈尔盟公署和蒙古军总司令部,德王自任总司令,李守信任副总司令。4月间,在日本的推动和帮助下,德王在锡盟乌珠沁右旗索王府召开了名为内蒙古王公全体大会、实为蒙古"建国会议"的分裂会议,公开提出了建立"蒙古国"的政治目标。5月12日,德王与李守信等更公开在嘉卜寺(今化德)成立了"蒙古军政府",德王亲任总裁,掌军政大权,李守信兼参谋部长,并聘日本人村谷彦治郎、山本信亲、崛井德五郎等分任主席顾问及军事、财政、外交、教育等顾问,并且编制完成了2个军共8个师的伪蒙军。以德王为总司令兼第2军军长,以李守信为副司令兼第1军军长,总兵力1万人。德王所部驻嘉卜寺,李守信所部驻察哈尔张北及庙滩,王英所部驻尚义、商都,伪蒙军第2军第7师穆克登宝都所部驻百灵庙。日本关东军并从伪满洲国抽调骑兵5000人入驻察北多伦、沽源、平定堡一带。① 在这样一种情况下,日本关东军和伪蒙军自然要把夺取内含西部内蒙古的乌兰察布盟和伊克昭盟的中国绥远省,视为完成"蒙古建国"的下一阶段战略目标。察绥一带局势渐趋紧张。

还在华北事变之际,蒋介石就已经注意到日本有西进之势。但他当时估计,日军西进的主要目的是造成对苏联合围的态势,以应对对苏作战之需。因此,最初蒋对绥远防御问题尚未给予足够的重视。② 他相信,以绥远的地理条件和军队的布防,守难攻易,如果真有日军来攻,几乎没有全面坚守之可能,因而他明确告诉对晋绥负有守土之责的太原绥靖公署主任阎锡山说:"绥远守弃方针,弟意小敌来扰,则迎头歼灭之;若其大敌正式来攻,则扼要据守,并择最重要几个据点固守之,如能

---

① 参见卢明辉《蒙古"自治运动"始末》,132—133页,北京,中华书局,1980;参见军事科学院军事历史研究部《中国抗日战争史》(上),335—336页,北京,解放军出版社,1991。
② 蒋介石自2月下旬开始重视晋绥防务,但军费亦仅增至每月30万,工事费连同山西在内允拨150万,争取添至200万。但事实上这一许诺到7月仍未实现。转见《徐永昌日记》第3册,376页,台北,"中研院"近代史研究所,1991;《赵丕廉致太原阎主任电》(1936年7月3日),台北"国史馆"藏阎锡山档案,0392.42/2234.1,1689—1690页。

固守三个月之时间,则事无不成。故绥远不可全部放弃,亦不宜处处设防。"①蒋所以相信只要扼要固守3个月"则事无不成",就是估计日军西进的目的绝不是因为这块土地具有怎样重要的价值,日军的主要目标其实还是为了夺取外蒙古,并对付苏联。所以,蒋深信苏联对此也心知肚明,绝不会眼见日本的阴谋得逞而无动于衷。在蒋看来,"倭势西进愈力,则俄取攻势亦愈速"。3月29日苏联与外蒙古签订互助条约,便印证了他的观察。他当时甚至开始考虑如何设法从日苏冲突中获取实际利益,即就势向日本要回东北主权的问题了。

但是,蒋介石对日伪西侵意图和日苏战争前景之估计,始终未能得到事实上的印证。相反,注意到日苏形势"始急终缓",德王竟公然召集"蒙古建国会议",以后又受到6月初爆发的两广事变的刺激,发现身处日本威逼之下的冀鲁守将宋哲元、韩复榘等也或明或暗地在与两广反蒋派相应和,蒋不能不担心华北诸省有脱离中央的严重危险,其对绥远的方针明显地开始强硬起来。

5月26日,蒋介石公开任命陈诚为晋陕甘绥边区"剿匪"总指挥,意在加强中央对整个西北地区的控制。蒋同时明确要求阎锡山调遣兵力对整个包绥地区增兵布防。他为此亲自致电阎锡山,说明此举对山西安危之利害。电称:"弟意于此省府改组以及四省边区名义发表时,一面应对包绥从速增兵布防,以示决心,则彼必不敢轻窥绥远,至少亦有交涉之地位。否则,彼必待我布置未完,即向绥急进。万一包绥动摇,则晋失屏蔽,虽有天险,亦无以为计。预请当机立断,迅即增防。"②

蒋此番布置,都是基于这样一种考虑:"内蒙德王独立,为时间问题,果不能设法消弭乎?冀鲁叛变,图谋脱离中央,将成事实,或可及时消弭乎?"显然,对日苏战争的期待,渐渐不再置于其对绥远守弃策略的中心了。他清楚地意识到,绥远与冀鲁其实是互为作用、同等重要。德王若盘踞绥察,宣告独立,冀鲁之地位以及整个军心民心,亦必彻底动摇。问题是,山西刚刚在中央军的协助下才将由陕北渡河东进的红军

---

① 《蒋委员长致阎锡山一月漾电》,见台北"国史馆"藏蒋中正档案《革命文献·统一时期》第25卷,235页。
② 《蒋中正致太原阎主任电》(1936年5月27日),见蒋中正档案,特交档案,一般资料,250371。

击退,不仅余悸未了,而且相当兵力不能不向西防御。受此实际情况的影响,阎锡山深感兵力不足。与众将领反复商量的结果,仍"以为如此增兵绥远,使山西空虚,非固根本计也"。① 故虽获蒋电,阎锡山方面却迟迟不能有所决定。

至7月间,因伪蒙军进犯的规模越来越大,中央许诺之防务拨款迟迟不见踪影,原增援山西的中央军关麟征等部也因两广事变南调离境,晋绥两省顿感兵力捉襟见肘,故阎锡山和绥远省主席傅作义这时频频向蒋告急,担心"伪蒙图绥","恐短期间内有卒然发动之可能"。② 但蒋这时因应付两广事变,分兵无术,难以驰援晋绥,不得不密电阎锡山,要其克服困难,火速增援傅作义。好在日伪军这时并未发动突然的进攻。

8月初,南京方面再度得到消息,称日本准备趁两广事变、桂系进军广州之际,推动察北伪军攻绥,然后宣告冀察自治。③ 察绥这时的情报也显示,伪蒙军正蠢蠢欲动,有内外响应进占绥东之计划。④ 这说明,绥远的形势不仅相当危险,而且其影响将直接威胁整个华北的安危。注意到这种情况,蒋介石已经在密谋趁敌准备未周,主动出击,打击日伪军了。他明确告诉阎锡山:"弟意欲使匪伪不敢再来扰乱绥远,则我军仅主守御,不能达我目的,必须于其击溃之时,或侦知其后方司令部与结集所在地,我军出其不意猛力袭击,予其一大打击后,适时退回原防固守,则匪伪以后必不敢轻来矣。此兄必操胜算与一劳永逸之计。"⑤

在蒋介石再三催促之下,阎锡山等反复会商后,终于决定向绥远增兵了。阎电称:"此间自前次接奉钧电后即在雁北绥远布置三十五军傅作义之六团,七十师王靖国之六团、六十八师李服膺之七团、独立第七

---

① 《徐永昌日记》第3册,433页。
② 《阎锡山上南京蒋委员长长密元电》(1936年7月13日);《绥远傅主席简密删酉电》(1936年7月15日)。两文见阎锡山档案,0392.42/2234.1,1693—1695页。
③ 参见《蒋中正致广州陈参谋长诚电》,见蒋中正档案,文物图书,事略稿本《民国廿五年之蒋介石先生》1936年8月3日条。
④ 参见《蒋委员长致傅宜生电》,见蒋中正档案,文物图书,事略稿本《民国廿五年之蒋介石先生》1936年8月4日条。
⑤ 《张炽章报告与川越大使及外务省洽谈情形》(1936年8月9日),见蒋中正档案,特交档案,中日战争,国交调整;《蒋委员长致阎锡山八月灰电》,见蒋中正档案《革命文献拓影·统一时期》,第25册,248页。

旅马延守之三团、又补充团两团、骑兵六团、炮兵两团,共三十二团,内除王靖国之四团暂在雁门关上担任工事,绥境一有事故,三两日内即可加入外,其余均到绥同一带。有此兵力,似可作当头之棒。而晋绥军兵力亦只能如此布置也。"①但实际上,晋军这时很大部分兵力仍集中于晋西与陕北在做两面防御的准备,故其对绥远用兵实难做到全力以赴。特别是注意到张国焘、徐向前所指挥的红四方面军由川康北上甘肃之后,阎锡山更加担心红军会合陕甘后会重演2月东征山西的战略,因此他坚持要求蒋介石调中央军援绥。

相对而言,这个时候傅作义对蒋介石主动出击的建议,态度要比阎锡山积极一些。根据侦察的情况,他知道察北伪蒙军并不具有很强的实力。李守信在张北有骑兵4个师、炮兵1个团,伪军包桂亭有6个团驻化德和尚义,伪军王英亦有3个师并2个旅驻商都。除此之外,于志谦、马子祯、胡贝勒、李子静、吕存义、金甲三以及卓世海的伪保安队,都只是些土匪而已。所有这些兵力,全部加起来也不过1.2万余人。而且,他"判断敌之发动,日方仍不露面,先驱使匪部分路进犯,不攻我坚阵,亦不与我大部拼战,取择隙窜扰、有空即入之手段,以分我兵力,疲我应付。成则将匪西推,日伪占地;否则所损为匪,与彼无伤"。唯一的问题是,绥远的地理条件有利于敌伪窜扰,却不利于大军围击。若尊蒋意,"取攻势直捣察北,扫其巢穴,比较易作,又恐时机未至,有直接对日之虑",因此,傅作义这时的计划是,组织有经验的无职军官老兵参加境内各县村、围、堡之守备,另组乘汽车的机动部队准备在敌伪来袭时"迎头痛剿"。

面对晋绥将领对自己建议的犹豫态度,蒋介石相当不满。他一面向阎锡山保证"俟桂事解决即可抽兵北上协防",一面在内心里批评他们"无定识与定力",进而甚至要求外交部在对日交涉中不得退让,必须坚持他7月在五届二中全会上所宣布的最大让步限度不动摇,称"如逾此限度,当不惜决战"。②他相信:"对倭方针,在现时非万不得已,不可放弃忍痛一时之策略,但应抱定牺牲抗战之决心,所谓忍痛,非屈辱之

---

① 《阎锡山致牯岭蒋委员长密阳酉电》(1936年8月7日),见阎锡山档案,0392.42/2234.1,1732页。
② 蒋中正档案,《困勉记》第38卷,1936年9月16日条。

谓也。盖余始终认定倭寇不敢与我正式战争,不久彼必觅旋转之途径矣。"因为他相信,倭寇现在纯粹是外强中干。"盖彼用其全力,持久三年,决不能亡我中华,我之危险,已较前减少过半矣。况彼内在之矛盾,与其国际环境之孤立,而树敌太多,决不允许其如五年前之荒伪放浪。"①

四　蒋介石边交涉边谋划

由于不能得到晋绥将领的赞同,再加上随着8月24日和9月3日先后发生日人被杀的成都事件和北海事件,日本政府的态度顿趋强硬,蒋在军事上趁机出着的条件已失,只好决定"暂缓"他的"察绥进攻计划",转而指示外交部长张群加紧与日本驻华大使川越谈判,以成都、北海两地日人被殴杀事件为由,说明目前国人对日本情绪之激愤,强调中日两国缓和关系之重要,试图再次尝试与日本达成全面解决中日关系问题的方案。②

中日南京谈判从9月15日开始,接连几次交涉之后,双方的分歧就已经显露无遗。19日,日方以最后通牒方式要求中方同意共同防共、协定关税、聘用日本顾问、开通福冈至上海航空线以及引渡不法朝鲜人等。23日,中方则答以5条希望事项:(1)取消上海停战协定,(2)取消塘沽停战协定,(3)取消冀东伪组织,(4)取缔走私,(5)取缔日机之自由飞行。③ 结果可想而知。

鉴于双方条件明显没有接近之可能,蒋相信事态可能趋于严重。为此,他一方面分别电告军政长官何应钦、吴铁城、韩复榘、沈鸿烈、阎锡山、刘峙、周至柔等,要求他们务必做好应变准备。蒋称:"据昨今形势,对方已具一逞之决心,务令京沪汉各地立即准备一切,严密警戒,俾随时抗战为要。"④另一方面,则决定赶回南京,亲自接见日本大使,做最后之努力。他在25日当天的日记中写道:"对倭方针,在现时非万不

---

① 蒋中正档案,《困勉记》第38卷,1936年9月25、30日条。
② 参见蒋中正档案,文物图书,事略稿本《民国廿五年之蒋介石先生》,1936年10月1日条;《困勉记》第39卷,1936年10月5日条。
③ 参见《民国档案》1988年第2期。
④ 蒋中正档案,《革命文献·统一时期》第26卷,134—139页。

得已不可放弃忍痛一时之策略。但应抱定牺牲抗战之决心,所谓忍痛,非屈辱之谓也。盖余始终认定倭寇不敢与我正式战争,不久彼必觅得旋转之途径矣。今川越与张群谈判,形势已等于决裂,且彼只有片面要求,不许我提条件,是则不可忍者。余决回京,亲与川越周旋。"①

10月8日,蒋介石亲自出面找川越会谈。川越根据日本政府的训令,明确提出了共同防共、华北特殊化和限时降低关税等要求。蒋对此除声明"华北之行政必须及早恢复完整"外,并不与其直接讨论日方的各项条件,坚持其他问题仍由张群外长与川越大使继续商讨。会谈结束之后,蒋介石已经决心重提其"察绥进攻计划",准备在绥远采取行动了。

8日,蒋介石通知阎锡山说:日方攻绥在即,王英部骑兵3 000人将在10日内窜扰绥西,察北伪蒙各军俟王部到达绥西后即会合袭击绥东。蒋要阎务必"严密注意,并切实防范"。② 几天后,鉴于张群与川越的交涉仍旧完全不得要领,蒋介石进一步加紧策划对绥远的军事行动。12日,蒋介石决定抽调汤恩伯部3个师应援绥远,并电汤恩伯立即与阎、傅联系部队行进问题。由于有消息称关东军调兵两团加入攻绥伪蒙军,因此蒋甚至还想增厚援绥兵力。只是他对关东军是否加入攻绥仍有怀疑,同时何应钦也"恐日人侦知为虑不主急办",故未付诸行动。③

日本关东军会不会卷入攻绥行动,这是蒋介石和南京政府这时最为关注并需要谨慎对待的问题。在关东军已经接连占领了东北与热河,并部分侵占察哈尔之后,这时已经很少有人能够轻率断言其不会进一步寻找借口侵占绥远了。但蒋介石依旧估计日本政府并没有做好与中国开战的准备,关东军在绥远的行动不会是大规模的战争行为,更多的还是关东军少数将领的越轨行动。要阻止其"弄假成真",中国方面就必须迅速表现出强硬态度,使日方不能不三思而行。鉴于此,蒋介石

---

① 蒋中正档案,《困勉记》第38卷,1936年9月25日条。
② 《南京蒋委员长中密虞高一电》(1936年10月8日),见阎锡山档案,0392.42/2234.2,1961—1962页。
③ 《南京蒋委员长中密文高一电》(1936年10月12日);《李子范篆密删电》(1936年10月16日)。两文见阎锡山档案,0392.42/2234.2,1975—1976、1985—1986页。

还是决定先发制人。

21日,蒋致电阎锡山,重提在绥远采取攻势,先发制人,以显示中国方面保卫绥远的决心。其电称:"本日岳军(即张群——引者注)与川越谈判仍无进展,默察情势,绥远敌在必得,预料其攻绥时期当不出下月初旬,我军不如乘敌准备未完以前,决以优势兵力由平地泉附近向东取积极攻势,并以有力部队由丰镇进至兴和,遮断匪伪南北二路之联络,迅速扑灭匪军,以绝其占领绥远之企图。若此时徘徊莫定,坐令匪势庞大,交通完成,则我处被动地位,终陷不利也。"①蒋介石断言,此役若能一举击溃其匪伪,使倭军增援不及,则其侵绥企图受此打击,一入冬季,至少半年内不能再侵西北了。

阎锡山等人看问题的方式明显与南京方面不同。南京蒋介石等越注意到日军有卷入的可能,就越是相信必须用强硬的态度使日本人知难而退;阎锡山等人却越是注意到日军有卷入的可能,就越是担心太过强硬反而会惹恼日本人,为其大规模军事介入提供口实。从这样一种考虑出发,他们当然会怀疑蒋介石的方案。前山西省主席徐永昌的观点反映了山西多数领导人的想法。他说:"盖我工事不够,准备未周,共匪又近在侧背,能再延宕敌人一年,于我最利。"目前唯一可行的战法,就是趁伪军土英部进至百灵庙之际,"一举灭之,并将百灵庙附近之能资军用等地毁烧之,只表示不容匪部之入绥境,而表面上不使日人过于难堪"。即便是对这种战法,众人也认为应当十分审慎小心。② 结果是阎锡山的增援行动与作战计划迟迟不能出台,蒋介石不得不接连去电询问阎锡山:"对匪伪军之进攻计划未知能否实行?"并决定亲自去太原见阎,"面商一切"。③

五 阎锡山等犹豫不决

自10月21日起,中央军汤恩伯部第4师、第89师以及所辖第72

---

① 《蒋中正致太原阎副长委员长马电》(1936年10月21日),见蒋中正档案,特交档案,2501000。
② 参见《徐永昌日记》第3册,483页。
③ 《南京蒋委员长中密马午侍参京电》(1936年10月21日),见阎锡山档案,0392.42/2234.2,1997页;《蒋中正致阎副委员长电》(1936年10月23、25、26日),见蒋中正档案,特交档案,251028。

师已开始由陕北清涧、延川一带向府谷、神木方向移动,高桂滋第84师各部亦奉命向吴堡、绥德、安定地区转进。蒋并调门炳岳师集结咸阳,随时准备开赴绥远。南京政府援绥部署业已展开。负责实施援绥计划的晋陕甘绥边区"剿匪"总指挥陈诚根据蒋介石令飞往太原,与阎锡山等会商,劝说晋军将领实行出击。陈诚到后,提出可由汤恩伯部中央军化装成晋军模样袭取张北,另由傅作义部攻取商都。阎锡山等对此仍表示怀疑。阎锡山等人甚至认为:目前"绥境内并无伪匪军,我军现已在绥边之兴和、陶林等县驻有重兵,并做国防工事,其沿边之红毛营、玫瑰营、大六号、高家地等处亦并分扎军队",绥远暂时看不出有太大危险。而主动向察北出击,一来已经集结甘北的中共红军会不会重演2月东征山西之局面,趁机打着增援绥远抗战的旗号堂而皇之地进入晋绥地区,令人忧虑;二来大战一起,晋绥工事、部署准备不周,万一关东军大举介入,红军又近在肘腋,实难料想最后结局。故他们的意见是:"非万不得已不可寻敌。"①

10月底,阎锡山、傅作义等均聚集西安和洛阳为蒋介石祝寿,蒋趁机又反复劝说阎、傅等加紧准备攻势。他与傅作义具体讨论了在绥远实施军事防御的方案问题,说明我不攻敌敌必攻我,届时我将更加被动的道理。对阎锡山所担心的中共红军背后威胁之事,蒋也详细介绍"剿共"军事形势,他保证有十足把握能将红军围困消灭,断不致给绥远抗战带来麻烦。但是,阎锡山的态度并没有改变。他在回到太原后,对于蒋建议"精研"进兵德王在绥之据点百灵庙一事,复电蒋:他发动对伪蒙军进攻,难免会成为德王宣布独立之借口。届时德王以独立为由,要求日军协助抵抗,他"不免有挑动对日真面目战争之虑"。考虑到此举利害关系,他的意见是,既然蒋估计伪蒙军必会来攻,不如"俟其发动再由政府下令,较为有词"。②

11月上旬,伪蒙军陆续开始由察北向绥远境内之百灵庙、商都、南

---

① 《徐永昌日记》第3册,484页。
② 《阎锡山上洛阳蒋委员长长密江申电》(1936年10月3日),见阎锡山档案,0392.42/2234.2,2051页。

壕堑大举调动,意在进攻陶林、兴和和集宁,绥远军事形势顿形紧张。5日,德王又发歌电致傅作义,强硬要求:(1)将察哈尔右翼四旗即日归还察哈尔省,并归本会管辖;(2)立刻解除对百灵庙的军事设施和经济封锁;(3)立即归还今春被诱骗叛变的原百灵庙保安队携去之武器弹药;(4)即拨付40万元以为蒙政会清偿债务;(5)今春百灵庙兵变为首人员及贵省袭击梅力更召之官兵,请一律拿解百灵庙,以便法办。电报声明:"以上五项系为蒙古生存逼不得已之要求,贵省以前种种压迫蒙古之错误即应一一承诺,如期实行,否则蒙古虽弱,亦不能不作最后之挣扎。设由此而演成事变,其责任均当由贵省负之也。"①与此同时,10月刚刚编成的西北防共自治军改名为"大汉义军",王英以司令的名义也于14日发表了所谓《告全国同胞书》,公开号召打倒国民政府和蒋介石。②

伪蒙军的大举调动和德王歌电,清楚地显示日伪进攻迫在眉睫。傅作义除当即复电一一反驳以外,特告阎锡山:"彼方于最近期内向我进扰已无疑义,拟请钧座当机立断,迅将部队集结于适当地点,准备使用。彼一发动,即迎头予以最大打击,以壮我军威,寒彼贼胆。"他的看法与蒋相同:"倘出以迅捷手段,则日方或不及参加。"③

眼见德王已掷下战书,阎锡山也不能不同意此乃伪蒙军"开衅之先声",因而同意迅速集结部队准备应付。但他依然坚持要后发制人。11月7日傅作义与赵承绶联名电阎,主张:"绥东必出一战已无疑义,推敌袭我之期约为真日,我与其被动应付,不如先机袭击,打破其种种企图,或可戢敌之正式侵犯,似属一主动制胜之策。可否,祈速示遵,以便积极准备。"④阎锡山却不为所动,坚持"俟其正式侵犯时,再依我原定计划相机应付可也"。⑤

---

① 《绥远傅主席代密微戌电》(1936年11月6日),见阎锡山档案,0392.42/2234.2,2079—2088页。
② 转见[日]森久男《德王之研究》,日本爱知大学国研丛书第3期第3册,144页,创土社,2000。
③ 《绥远傅军长皋密歌戌参电》(1936年11月6日),见阎锡山档案,0392.42/2234.2,2098页。
④ 《绥远赵司令傅主席皋密鱼未办电》(1936年11月7日),见阎锡山档案,0392.42/2234.2,2106—2107页。
⑤ 《阎锡山复绥远傅主席赵司令简密虞申参电》(1936年11月7日),见阎锡山档案,0392.42/2234.2,2105—2106页。

六 傅作义成功收复百灵庙

就在蒋、阎、傅还在就先发制人还是后发制人争论不休之际,商都伪蒙军已经在13日开始向兴和傅作义守军发炮袭击,并用飞机向傅部防地投弹。15日,伪蒙军正式开始对绥东门户红格尔图傅作义部守军发动了地面进攻。傅作义随即调董其武旅前往增援,经过数天激战,成功地守住了红格尔图。傅作义并向阎锡山报告称:"战端既开,我应换得主动或先机制胜之势,对百灵庙拟应奇袭解决,以除后患,且必要时对商都亦应相机攻下,打破敌之企图。惟此单就作战有利而言,至对整个外交有否顾虑,须加审慎。如蒙准行,职当相机而行。"①

鉴于敌伪已先发制人,"正式侵犯",阎锡山亦再难犹豫。他随即电告傅作义:"敌已进扰,我应以先机制胜甚是。已转电介公请示。"但他仍主慎重,强调:"我意此事应熟为计虑。希对百灵庙之兵力布置及工事程度详为探查,俟汤军门师全部集中,并得介公复电后,再相机办理可也。"②

在得到傅作义电当天,阎锡山紧急召集各方领导人讨论应对办法。会上仍有争论。徐永昌认为不可急于做进攻的决定,提出:(1)我方攻百灵庙,德王是否仍不令伪匪由庙方出扰,毕竟德王尚未公开向中央挑战;(2)攻百灵庙是否将攻云王府包括在内,因云王府即在百灵庙左近,而攻云王府是否即是攻达尔罕旗;(3)能否以三几团人一攻即下,百灵庙日来布置虚实如何亦未侦察清楚,况此时绥远左近兵力能用于袭击百灵庙者不及一团,故应先请傅作义切实调查清楚,并告以上顾虑,得其回电后再为决定。但面对伪蒙军大举进犯,与会多数亦不敢掉以轻心,阎锡山犹豫再三,还是主张转请蒋介石来做裁决。③

蒋介石得到报告后态度一如既往。他当即回电,毫不含糊地表示:"应即令傅主席向百灵庙积极占领,对商都亦可相机进取,对外交决无

---

① 转见《南京阎锡山致洛阳蒋电》(1936年11月16日),见蒋中正档案,特交文电,日寇侵略之五,25041034。
② 《阎锡山复绥远傅主席涤密铣午参电》(1936年11月16日),见阎锡山档案,0392.42/2234.2,2164页。
③ 参见《徐永昌日记》第3册,493页。

顾虑,不必犹豫。以弟之意,非于此时趁机占领百灵庙与商都,则绥远不能安定也。"①蒋既有令,阎锡山虽心存犹豫,但亦照转给傅作义,只是提出:"我意袭击百灵庙,须以三倍以上之兵力,出其不意,当日完全占领。否则,必多顾虑。希仍详侦熟计,俟汤、门两部集中完备后再相机进行可也。"②

17日,为坚定阎锡山等人的抗战决心,蒋介石决定亲自飞往太原。临行前他又得到正在与川越大使谈判的外交部长张群的来电,内中提到,日本有田外相及驻上海领事馆外交官员都明白表示,对察绥事日军并未介入,亦未援助,中国尽可迎击。此一消息自然更加坚定了蒋的信心。他特地要张群叮嘱日方:中国政府将对绥东事件作具体调查,并将给伪匪部队以痛击。电称:"对于绥东发生之案,我方态度宜先须查明蒙伪军攻绥之真相后,方能再定与川越续会之时期示之。并非正式声明或间接宣传,察省蒙伪匪部如一日不肃清,则绥远与西北一日不能安定。我军以保护主权与领土之职责所在,决不容蒙伪匪部存在察省之内,自当不顾一切对蒙伪匪部抱定彻底消灭之决心等意示之。"③

17日傍晚,蒋介石飞抵太原。次日上午即出席阎锡山主持的会议,详谈日方态度和举行绥远作战之必要,最终说服了与会者,并确定了彻底解决百灵庙、商都和张北三地之敌的方针。蒋随即电令南京航空委员会主任周至柔,要空军做好参战准备,派轰炸机和驱逐机各一大队,以洛阳机场为出发地,在太原或大同加油后参加百灵庙、商都、张北三地之进攻作战。称"张北与商都百灵庙各敌皆无空防,我军若能出其不意,则必可予其一最大打击"。④

18日午后,蒋介石返回洛阳,仍不断去电阎锡山和傅作义,强调"我军出击日期愈快愈好"。鉴于傅作义要求出动空军支持,蒋亦承诺"空军三日内即可在洛准备完毕,随时可以候令飞绥作战"。⑤

---

① 《中正致阎副委员长电》(1936年11月16日),见蒋中正档案,特交档案,251169。
② 《阎锡山致绥远傅主席涤密已参电》(1936年11月17日),见阎锡山档案,0392.42/2234.2,2167—2168页。
③ 《中正致南京外交部张部长电》(1936年11月17日),见蒋中正档案,特交档案,251176。
④ 《中正致南京航委周主任至柔电》(1936年11月18日),见蒋中正档案,特交档案,一般资料,251186。
⑤ 《洛阳蒋委员长中密皓已机洛电》(1936年11月19日),见阎锡山档案,0392.42/2234.2,2204页。

不料，傅作义于19日电告蒋：进攻红格尔图之匪被我击溃后，商都目前已到大部增援部队，故袭击商都时机已失，目前只能先攻百灵庙，再行酌情夺取商都。①傅作义进而加紧制订夺取百灵庙的作战计划，两天后即通知阎锡山并报蒋："职已完成袭取百灵庙之计划，预定24日袭夺。"②蒋对此甚感欣慰，他除详询部队行动情况与具体步骤外，仍然认为同时夺取百灵庙和商都为好。但由于中央军这时尚未到达绥远前线，以晋绥部队已有兵力，攻一百灵庙尚可，同时进攻商都几乎没有可能。不仅如此，即使进攻百灵庙，当傅作义要求蒋为部队提供空中掩护和攻击帮助时，蒋亦发现不仅空军准备尚未就绪，最早也要到26日才能飞抵战场上空，而且在何时及如何使用空军上，也远不如早先预想的那样简单。阎锡山、傅作义坚持空军必须给予支援，而空军毛邦初等则强调若现在就暴露我空军实力，以后对付敌人空军反为不利。结果蒋亦只能劝说阎、傅暂时不必坚持空中掩护与支援。在蒋看来，只要日本关东军不会马上介入，晋绥军对付伪蒙军实已有余。

阎锡山对蒋介石的意见却不以为然。他明确电告蒋介石："昨得密报，日以飞机坦克车毒瓦斯等助伪匪军作战，如不得逞即以其正式军队加入作战，必得绥远雁北为旨。此事似只好信其有，不可信其无，为防备万一计，应恳钧座再备五万人驻扎相当地点，以备应战。"③不仅如此，在晋绥开战，原非计划中事，各项开拔、粮草、补给和枪弹消耗的费用都需要大量款项。而以晋绥两省之力应付起来，不免会有相当困难。故阎锡山还明确要求中央提供600万元经费的补助，以满足此次作战行动之初步需要。蒋在对阎反复劝说之后，仍无法使阎锡山痛快出击，这不能不让蒋大为不快。

不过，无论如何，在蒋介石的反复督促之下，傅作义所部孙长胜的骑兵师、孙兰峰的步兵旅还是在11月23日夜按照作战计划，秘密到达

---

① 参见《集宁傅军长赵司令夙密效西三参集电》(1936年11月21日)，见阎锡山档案，0392.42/2234.2，2242页。
② 《集宁傅作义电洛阳蒋》(1936年11月19日);《归绥傅作义电洛阳蒋》，1936年11月21日。见蒋中正档案，特交档案，日寇侵略之五，25041032，25041031。
③ 《阳曲阎锡山致洛阳蒋电》(1936年11月23日)，见蒋中正档案，特交档案，日寇侵略之五，25041028。

指定地点,并于 24 日凌晨对百灵庙发起了进攻。激战至上午 9 时许,两部即成功地收复了百灵庙,拔掉了日伪安插在绥北的一颗钉子。当天,阎锡山即分报各方,称:"连日匪伪军大部集结百灵庙,谋犯绥北,昨晚开始向我守军进攻,我一面派兵迎头痛击,一面派出奇兵绕袭百灵庙。双方夹击,激战彻夜,卒将敌击溃,于今晨九时我军完全占领百灵庙。"①绥远抗战因此乃得以写入历史。

七 绥远抗战被迫中止

中国军队一举拿下百灵庙,在全国范围内引起巨大反响,各地上至政府高官,下至工人、学生,大家踊跃捐款捐物,发起援绥军民抗日运动。蒋介石也更加跃跃欲试,他一面公开发出贺电,称"百灵庙之收复,实为我民族复兴之起点,亦即为我国家安危最大之关键";一面致电阎锡山,力主傅作义应再接再厉拿下商都和张北,以给伪军致命打击,以便能够在较长时间里使其不敢再骚扰和蚕食绥远、制造内蒙古独立。但是,阎锡山等却并没有因为百灵庙大捷而特别欢欣鼓舞,他当即电告傅作义不要急于进攻察省境内的商都和张北,"对察战事静候我公办理可也"。②

阎锡山的顾虑不是毫无道理。傅作义这时有报告称,关东军发出通告称:"闻绥远军曾于十一月十八日侵入察省境内之互台,十九日侵入三道沟,原来在长城以北之察省区域依去年十二月十八日宋哲元与土肥原两氏之协定,曾有中国军队不得侵入该区域一步之决定,绥远军此次之行动显系违反此项协定。故今后如再有此种行动时,则关东军不论出任何行动,其责任亦归绥远负之。"此则通告显示对商都,特别是对张北发动进攻,将冒相当风险。虽然傅作义根据南京中央和阎锡山的建议,公开否认有此协定,并表示:"际此大军进剿,当然对该通告应置之不理,以利军事。"③但实际上阎锡山等人还是忧心忡忡。徐永

---

① 《阎锡山致洛阳蒋委员长、南京林一子、范芷青等电》(1936 年 11 月 24 日),见阎锡山档案,0392.42/2234.2,2289—2290 页。
② 《阎锡山复绥远傅军长国密电》(1936 年 11 月 25 日),见阎锡山档案,0392.42/2234.2,2294 页。
③ 《洛阳蒋致南京外交部张部长群电》(1936 年 11 月 23 日),见蒋中正档案,特交文电,第 271 册,251241。

昌就明确表示："在我准备不足之今日，最忌贪功与浮躁。"阎锡山更顾虑到南京方面已经准备动用70架飞机参战，担心再打下去，战事势必扩大，"有惹起中日正式战争可能，当设法阻止之"。他甚至后悔当初不该把傅作义要求对日作战的那封电报转发给蒋介石。因此，他明确提出："此时能用政治方法谋彼此停止攻击才好。"①他的意见是，百灵庙之役后，目前已不是再度扩大战果的问题，而是应把防备关东军的报复放在第一重要的位置，"应防其大批飞机轰炸及放毒"和防其"从平绥路进攻大同，截断晋绥"。②

对于关东军的通告，蒋介石的第一反应就是不能示弱。他当即致电外交部长张群，令其就察绥事件起草宣言，"大意以冀察为我国领土，任何人不得干涉，凡非法不正当之任何协议与未经中央正式承认者，概不发生效力。冀东察绥行政主权，中央必求其彻底完成，虽任何牺牲亦所不惜"。③同时，蒋密告南京中央的何应钦等，要其做好日军卷入的准备，即"应预备察绥事态扩大，须准备一切，京沪与沪杭两方面尤应积极工作，并作(日军)进兵吴淞之准备，一面与外交部切商绝交之手续，并与冯(玉祥)程(潜)唐(生智)各同志密议筹备"。他并致电河北秦德纯等，提出："望与明轩(即宋哲元——引者注)兄切商察绥事态扩大后办法。中意察北应趁机收复，请其积极戒备以防万一。"他进而电示阎锡山和傅作义："对日本驻晋绥各特务机关人员，应准备监视与搜索其住宅。对其室内外所用之无线电机，尤应拆除。"④显然，蒋此时并不想就此收手，并且横下一条心，有意要摆出不惜与日本一战的架势。

25日，蒋介石电示阎锡山、傅作义，坚持要他们乘胜发动对商都的进攻，并表示将派空军协助，预先实施轰炸。阎锡山自然表示难于接受。其复电称："攻商都兵力不够，且非一二日所能调齐，山意轰炸亦可稍迟举行。"蒋对此毫不妥协，当即电示："商都非速即攻取不可，务望从

---

① 《徐永昌日记》第3册，497页。
② 《阎锡山上洛阳蒋委员长长密宥午机电》(1936年11月26日)，见阎锡山档案，0392.42/2234.2，2309页。
③ 《蒋委员长致张群电》，见蒋中正档案《革命文献·统一时期》第26卷，《华北局势与对日交涉》(下)，161—162页。
④ 《中正致南京朱主任、何部长电》(1936年11月24日)；《中正致太原阎锡山归绥傅主席电》(1936年11月24日)。见蒋中正档案，特交文电，第271册，251250，251259。

速部署,最好能于三日内占领,否则绥远决不能安定。弟意南壕堑亦应同时攻取,如何请立复。"①对此,阎锡山还是坚持反对,依旧强调各种困难,并且特别指出,以商都所据位置,纵能夺取,占领和固守亦是问题。眼见阎锡山等前线指挥官与自己意见分歧,蒋介石亦无可奈何。他只能再度派陈诚前往劝说并督阵。陈诚到后,确实极力说明蒋之意图,但徐永昌等坚持攻商都有弊无利。在蒋介石的坚持下,阎锡山不得不在绥靖公署召开会议讨论攻商问题。然而与会者一片反对之声,直要陈诚去电洛阳,劝蒋介石"从长计议"。

占领百灵庙后,一连几天得不到下一步进攻行动的指令,傅作义深感困惑,接连电催蒋、阎,询问结果。但蒋介石对阎锡山亦无可奈何,只能暗自在日记中痛斥"阎锡山怕牺牲,不愿进攻商都,只想人危己安,嫁祸于宋哲元,而又借战争之名,来索大宗款项六百万元,其心究何若?"②而事实上,他已经知道继续争论下去不会有结果。

就在蒋介石已表示尊重阎锡山等人意见的几乎同时,日本关东军和伪满洲国"国防部"公开发表了谈话,威胁说"内蒙战事如危及满洲国或共党危及中国,将采取适当步骤以自卫"。对此,蒋依旧表示怀疑。他一面表示尊重阎锡山等人意见,一面还是强调日军不过空话威胁,其必不敢因此对我开战,认为夺取商都、南壕堑,对整个晋绥,特别是对绥远的安全将有极大利益。对此,阎锡山和徐永昌的态度也很坦率:"余意为不惜与日即时开战,或决其必与我开战,则可,不然仍以忍耐为上策。盖共党方张肘腋间,我力量不充,工事太差,统一亦未至表里,相信万一失利,国家殊有不堪设想者。"③为证明自己的担心不虚,阎锡山还再度向蒋通报了他所得到的日本关东军正在增援商都的消息:"据报某方军队约三千人携有坦克车二十余辆,飞机三十余架经过多伦,向商都增加,日内即可到达。"④

---

① 《阳曲阎锡山致洛阳蒋电》(1936 年 11 月 25 日),见蒋中正档案,特交档案,日寇侵略之五,25041027。
② 蒋中正档案,《困勉记》第 39 卷,1936 年 11 月 26 日条。
③ 《徐永昌日记》第 3 册,500 页。
④ 《阳曲阎锡山致洛阳蒋电》(1936 年 11 月 29 日),见蒋中正档案,特交档案,日寇侵略之五,25041316。

鉴于此，蒋介石也只好委曲求全了。其29日复电称："对于此时政略，若对察北问题我方已有可进可退之余地，攻守皆可自如，至在外交立场言，当以收回察北为有利也。惟以顾虑引起敌方整个之战争，则准备当须待时，弟意以后战略之攻守当决之于兄，而政略之成败则由弟负其责也。但无论如何，惟须速决为盼。"①当然，蒋内心里还是相信这时是千载一时之机，即使日本关东军有心干涉，亦需相当时日，若能即时进攻商都与南壕堑，渐次收复张北各县，不仅对晋绥安全有益，且于外交利益特大。但是，既然蒋已明确表示绥远军事上的战略部署交由阎锡山来决定，阎自然也就懒得多费口舌了。他对蒋的这种看法只是支吾其词，再不做正面回应。阎锡山态度如此，蒋介石亦无法可想。

12月2日，注意到东北军内部不稳，西北"剿共"有可能陷于停顿，蒋介石也就乘势改换了方针："一、亲自驻陕督剿残匪。二、对倭缓和进行交涉。"②其对绥远战役的主导权，自然完全放给了阎锡山。而他自己则把重心转到了西安方面和"剿共"战争上去了。此后，绥远的战事一度虽然仍很激烈，但受到随后发生的西安事变的影响，也意外地停了下来。③

---

① 《中正致太原阎副委员长电》(1936年11月29日)，见蒋中正档案，特交档案，一般资料，251320。
② 蒋中正档案，文物图书，事略稿本《民国廿五年之蒋介石先生》，1936年12月2日条。
③ 西安事变发生第三天，即12月15日，德王、李守信、王英等伪蒙军首脑召开会议，以谴责张学良囚禁蒋介石为由，发表了停战通电。其对绥远傅作义部的进攻遂告停止，绥远战役亦因而中止。

第十章

西安事变与中国政局的重大转折

  1936年12月12日西安事变的发生,使中国的政局出现重大的历史转折。西安事变促成了东北军、第17路军和红军三位一体军事格局的形成。但是,随着事变的和平解决,张学良送蒋回京后失去自由,南京国民政府必欲控制陕甘,东北军最终四分五裂,杨虎城被迫出洋,三位一体的局面迅速瓦解。张学良、杨虎城以其个人的巨大牺牲,促成了国共之间的妥协,蒋介石一味坚持的"剿共"战争至此停了下来,双方开始了曲折的,但却是有成效的谈判。随着卢沟桥事变的发生,抗日战争的全面展开,这一谈判最终促成了中国红军改编、中华苏维埃政府改制和国共两党合作。

第一节　西安事变的发生与解决

一　蒋介石必欲"剿灭"红军

两广事变解决后,南京政府在国内最大的敌人就剩下红军了。而红军三个方面军集中到甘北后,西渡黄河受挫,陷入国民党军的重重包围之中。在蒋介石看来,只要全体将领能再坚持"最后五分钟",这一心腹之患也就可以很容易地解决了。他敢于在 11 月坚持在靠近红军根据地的晋绥发动绥远抗战,也在于此。殊不料,绥远抗战进行不下去,担负着西北主要"剿共"任务的张学良和东北军却发生了动摇。

张学良公开对蒋表明不愿"剿共",主要是因为他自 9 月以来,一直试图想要劝蒋和共,结果屡碰钉子。而蒋必欲彻底消灭红军,这让张极其为难。红军宁夏战役失利后,其主力有打出陕甘、再度长征的计划,这更让张焦虑。据张回忆:当他从洛阳回到西安时,心情十分懊丧,曾问计于杨虎城。杨反问张是否真有抗日决心,如有,何不等蒋介石来西安时,行挟天子以令诸侯之事?① 张此时对杨虎城之计策未必以为然,却不能不急谋解决之法,因此,绥远抗战一爆发,张学良马上有了借口,要求调东北军北上绥远参加抗战。11 月 27 日,他正式上书蒋介石:"今绥东事既起,正良执殳前驱,为国效死之时矣。日夕磨砺,惟望大命

---

① 参见张学良《西安事变忏悔录》,见毕万闻主编《张学良文集》(2),1200—1211 页,北京,新华出版社,1992。

朝临,三军即可夕发……彼大军调赴前方者,或已成行,或已达到;而宠命迄未下逮于良,绕室彷徨,至深焦悚……就驭下言,若非及时调动,则良昔日之以时机未至慰抑众情者,今亦疑为曲解,万一因不谅于良,进而有不明钧意之处,则此后之统率驭使,必增困难,盖用众贵有诚信,应战在不失时机。"①

就在张学良为"援绥之军,未派有东北军"而愤怒不已之际,张又得知蒋介石下令逮捕了上海救国会领袖沈钧儒、邹韬奋、章乃器、李公朴、王造时、沙千里和史良7人,宣布查封各种反对"剿共"和主张抗日统一战线的救亡报刊。此事更进一步激起张学良的不满。他为此不惜亲自驾机紧急飞往洛阳面见蒋介石,力陈爱国无罪的道理,要求蒋介石释放此七君子,同时再次当面请求蒋批准调东北军至绥远抗日前线。看来张学良行前已经做好了要与蒋争到底的准备,因为他在回复中共中央的电报时曾特别提到:从各方面看,一两个月内定有变动,红军只要能设法迁延,则西北之联军可成。

但张学良并没有能够说服蒋介石。他并不了解蒋介石在绥远抗战中受阎锡山等掣肘、左右为难的内情,原以为这一仗打起来,就没有那么容易停下来,因此他以绥远抗战打响后东北军军心动荡、人人要求抗日、反对"剿共"来要挟蒋介石。不料,蒋却正好借坡下驴,转而把绥远抗战的指挥权丢给阎锡山,断然决定亲自"进驻西安,以资镇慑"。

1936年12月4日,蒋介石在张学良等人陪同下来到西安。紧接着被蒋介石电邀到西安来的还有军政部次长陈诚,豫鄂皖边区主任卫立煌,福州绥靖公署主任蒋鼎文,兰州绥靖公署主任朱绍良,豫皖边区绥靖公署主任陈继承,军事参议院议长陈调元,第25军军长万耀煌等重要军事将领。而陇海路上则是战车滚滚,蒋鼎文、樊崧甫、万耀煌、裴会昌等各部十几个师这时均受命西进。

蒋介石此次到陕西时已经做好了必要时撤换东北军的准备。但临阵换将为兵家大忌,故蒋始终还是希望软硬兼施,逼使张学良和东北军能坚持"最后五分钟"。其硬的一手就是到西安后,故意密嘱陕西省主

---

① 《张学良文集》(2),1050页。

席邵力子将"蒋委员长已派蒋鼎文为西北剿匪军前敌总司令,卫立煌为晋陕绥宁四省边区总指挥"的"消息"交《大公报》驻陕记者发表;①而其软的一手就是频频召见东北军和第17路军的高级将领,晓以利害,并为之打气。

蒋介石到西安,必欲督师"剿共",这使张学良进退两难。张学良要是听命于蒋,东北军各部与红军已有颇多合作,已难再开战,难免会因继续"通共"而被蒋手下的特务一一识破,进而遭其毒手。张若不听蒋令,东北军势将被调离陕甘。东北军调离后或许会因此得以保全,但张学良通过联俄联共推动抗日、尽快收复东北失地的愿望却将无从实现。而且东北军一旦被调离,一定远离抗日前线,东北军的将士自然更受刺激,部队也将更难统驭。为此,张学良不能不据理力争,甚至不惜哭谏。

据张学良回忆,蒋到西安后,他曾两次与蒋在华清池正式谈话,直至对蒋哭谏,劝其务必和共抗日,双方情绪都十分激动。特别是12月9日诤谏的结果,给张学良印象尤深,以致张学良于事变刚刚发生和事隔几十年之后,都在反复地公开强调这一次谈话给他的刺激。

这一次谈话发生在一次学生游行之后。这一天,也正好是1935年"一二·九"学生救亡运动发生一周年。西安学生借纪念北平学生一二·九运动一周年举行示威游行,向省政府和住在临潼的蒋介石请愿,要求实行抗日,竟遭警察开枪阻拦,伤学生一名。张学良得知后,急赴西安至临潼路上拦截劝阻。面对群情激昂的学生,想到远远近近的种种苦恼和愤懑,他可谓百感交集,以致当场发表演讲,明确表示他"决不做走狗或汉奸,誓死收复东北"。结果,"张与学生等声泪俱下",学生大受感动,退回西安,没有引起更大的流血事件。凭借当时的气氛,张学良当晚再赴临潼面蒋,痛切陈词,不想,蒋介石却把他骂了一顿,说对学生就应该用机关枪打,这使张感情上异常冲动。几天后,张学良竟三次公开陈述当时的情况和他强烈的感受。他说:"学生走向临潼后,我不顾一切挺身而出,幸而把学生劝回来,而蒋委员长却怪我没有武力弹

---

① 参见西安华清池五间厅展出的蒋介石给邵力子的亲笔函手迹。据蒋中正档案记载,蒋12月8日致太原阎锡山电,也有同样内容。次日似有另电任命蒋鼎文为西北"剿匪"前敌总司令,暂驻平凉,但未见公布。

压,而且竟公开明说是他叫警察开枪,假如学生再向前进,他便下令用机关枪打！我们的机关枪是打中国人的吗？我们的机关枪是打学生的吗？蒋委员长有了以上……表示,杨主任,其他西北将领和我本人,就都断定了他的主张是绝不能轻易改变了。"①

二 张、杨发动西安事变

很明显,在这次谈话以后,张学良已经彻底对劝说蒋介石绝望了。就在第二天,张学良接到中共中央的电报。中共中央告诉张："陈立夫第三次找(潘)汉年,谈红军留三万,服从南京,要我方让步,我们复称根本不同意蒋氏对外妥协对内苛求之政策,更根本拒绝其侮辱红军之态度。红军仅可在抗日救亡之前提下,承认改换抗日番号,划定抗日防地,服从抗日指挥,不能减少一兵一卒,并须扩充之。彼方如有诚意,须立即停战并退出苏区以外,静待谈判结果。"②

在此,中共中央态度之强硬,显而易见。尽管事实上陈立夫这时在与潘汉年的谈判中已经从坚持要求收编转而同意进行改编,条件上作了相当的让步,但他仍然坚持要削减红军的人数。中共中央对此明确反对,坚持红军可以实行改编,惟利用红军目前困难处境,千方百计地削减红军,断难接受。如果蒋坚持这样做,那么,"我们愿以战争求和平,绝对不做无原则让步"。可以想见,这样一封态度强硬的电报,清楚地表明国共间的战争将必不可免地要继续下去。它显然也使张学良更进一步意识到国共已没有妥协的可能了。

在这种情况下,张学良不得不破釜沉舟,决心要按照杨虎城的办法来行事了。10日晚,张学良与杨虎城达成一致意见,并召集了东北军高级将领和主要行动负责人,开始具体部署行动计划,决定 12 日拂晓发动事变。

---

① 张学良:《对总部全体职员的训词》(1936 年 12 月 13 日)。又见张学良《在西安广播电台的广播词》(1936 年 12 月 14 日),内称:"十二月九日,西安学生游行,完全出于自动,爱国的精神,并无扰乱秩序的地方,蒋委员长竟主以武力弹压,并申斥必须以机关枪扫射,才能停止这些青年爱国。"另一处见张学良《在西安市民大会上的讲演词》(1936 年 12 月 16 日),称:"因为一二·九西安学生运动,我同蒋委员长在言语上发生了很大的冲突。我认为学生请愿的动机,绝对是纯洁的,处置的办法,只有和平劝导,既使学生也可以说使一般民众满意的事实来答复。而他却说:'对于那些青年,除了用枪打,是没有办法的。'"
② 《毛、周致李毅电》(1936 年 12 月 10 日)。

11日晚上,张学良、杨虎城特地举行宴会,招待来西安的国民党高官。不意,这一天张、杨又突然得到蒋介石的赴宴邀请,这不免使两人感到有些紧张。经过商量后,最后决定杨虎城、于学忠两人以西安有宴会脱不开身,不去临潼参加具有"商议进剿计划"内容的"行辕会餐"。只有张学良一个人去赴了蒋的宴会。

11日午夜过后,张学良、杨虎城分别做了动员,并指挥东北军和17路军有关各部,开始依照预定计划分别开赴指定位置,准备对临潼和西安市内各处规定目标发动袭击。在第二天凌晨6时规定的统一行动之前,张学良还亲自给中共中央发出了一封密电,内称:"蒋之反革命面目已毕现。吾等为中华民族及抗日前途利益计,不顾一切,今已将蒋及其重要将领陈诚、朱绍良、蒋鼎文、卫立煌等扣留,迫其释放爱国分子,改组联合政府。兄等有何高见,速复。"①

12日凌晨,东北军外线部队乘车赶到灞桥以东和骊山附近,包围了华清池。6时许,内线部队卫队第1营一连迅速解除了驻在华清池外院禹王庙一排宪兵的武装,继之与白凤翔、刘桂五和卫队第2营先头部队一同冲入二道门,与守卫内院的蒋介石的卫队约30多人展开枪战。

据蒋介石自己记述,当时的情景是,当天"晨五时半,床上运动毕,披衣起,忽闻大门前枪声,命侍卫往查。少顷第二枪声又起,遂连续不止,曰'此东北军叛变也'"。②而据蒋之侍卫翁自勉、施文彪等事后报告可知:凌晨6时左右,他们突然听到大门口有汽车开动声,几秒钟后即听到枪声,竺侍卫官即派蒋尧祥去探,翁自勉移至委座卧室门口,并叫隔房的副官蒋孝镇起来。当时蒋介石在屋里问翁,外面什么事情?翁答已派人去看了。隔两分钟左右,听蒋尧祥叫痛声,翁知有变,赶到贵妃池转弯处隐身向发声处看去,见蒋尧祥卧地叫痛,敌人八九人持枪想向上冲。翁随即报告竺侍卫官敌人所在地,竺侍卫官和施文彪等当即向东北军开枪,见敌稍退,竺遂大叫"快请先生起来!"蒋这时已起床而出。施文彪当即与竺侍卫官等扶护蒋到东侧门飞虹桥东北角围墙后

---

① 《李宜致东、来兄电》(1936年12月12日),见《张学良文集》(2),1053—1054页。
② 蒋中正档案,特交文电,第51619件。

门处,连抱带举地将蒋托至墙头而出。当时蒋"下穿单裤,赤足无鞋",蒋孝镇脱下自己的鞋子给蒋穿上。然后蒋与护卫人员攀爬匍匐而上骊山,约1小时将及山顶时,四周又突然枪声大作,弹如雨下,护卫人员多被敌弹所中。蒋就地卧倒而滚,蒋孝镇与翁自勉也随之而下。这时,"天正黎明,晨光微熹"。蒋钻入一块大石头下面的土洞中躲伏。及至黎明,东北军愈来愈多,遍山搜索,约9时许始将蒋搜到,当即劫下山,上车而去。

三 张、杨与红军结为军事同盟

至此,西安事变大功告成。除蒋介石、陈诚、朱绍良、蒋鼎文等国民党中央军政高级官员被扣押以外,仅蒋孝先、邵元冲及宪兵一团长被打死,钱大钧受伤,西安警察局长马志超潜逃,蒋之卫士死亡20多人,其余城防之宪兵警察和一部分中央军被缴械,西安城内没有更大的冲突。张学良、杨虎城在当天就此一事变公开说明了他们的态度,并且明确提出了8项政治主张:

(一)改组南京政府,容纳各党各派,共同负责救国。
(二)停止一切内战。
(三)立即释放上海被捕之爱国领袖。
(四)释放全国一切政治犯。
(五)开放民众爱国运动。
(六)保障人民集会结社一切政治自由。
(七)确实遵行总理遗嘱。
(八)立即召开救国会议。①

西安事变的发生,蒋介石等被扣,最为振奋的自然是共产党人。在最终证实了这一意外的惊喜之后,军事形势极度紧张的保安都沸腾了起来。中共中央12日24时兴奋地通知共产国际执委会书记处:

---

① 《张学良文集》(2),1055页。

"A. 张学良确已将蒋介石扣留在西安。B. 叶剑英、王稼祥已去西安，周恩来亦立即前去。C. 我们的计划：(1) 周恩来、张学良、杨虎城组织三人委员会，以叶剑英为参谋长主持工作。(2) 在西安召集抗日救国代表大会，准备半个月内召开会议。(3) 组织抗日联军，以红军、东北军、十七路军、晋绥军四支军队为主，争取陈诚领导蒋系军队加入其中，抵抗日本之可能的进攻。(4) 以林森、孙科、冯玉祥、宋子文、于右任、孔祥熙、陈立夫等暂时主持南京政府，防止和抵抗亲日派勾结日本进攻上海与南京，准备成立革命的国防政府。(5) 争取蒋介石全部军队。D. 请你们支持我们的上述行动，特别是：(1) 在世界舆论方面援助我们；(2) 争取英、法、美三国赞助中国革命政府与革命的军队；(3) 苏联积极援助中国。"①

与此同时，中共中央指示北方局等各地党组织，要求它们全力展开争取南京及各地方实力派支持西安事变的宣传工作，包括："(1) 揭发蒋介石对外投降、对内镇压民众与强迫其部下坚持内战之罪状，拥护张、杨等之革命行动。(2) 号召人民起来，要求张、杨、南京及各实力派，立即召集抗日救亡代表大会，在西安开会讨论抗日救亡大计。(3) 号召人民及全国军队，积极注意日本与汉奸之行动，防止并准备抵抗他们趁机侵犯上海、南京、青岛、华北与晋绥。(4) 推动南京及各地政权中之抗日派，响应西安起义，并严重对付亲日派。(5) 稳定CC派、黄埔派，推动欧美派、元老派及各实力派，积极站在抗日救亡方面。(6) 号召人民及救亡领袖，要求南京明令罢免蒋介石，并交人民审判。(7) 推动宋子文、孙科、孔祥熙、蔡元培、李石曾等，争取英、美、法三国谅解与赞助。"②

13日上午，中共中央在保安的领导人召开了政治局扩大会议。毛泽东在报告中明确肯定西安事变是有革命意义的，是抗日反卖国贼的，它的行动和纲领都是积极的，把我们从牢狱之灾中解放了出来，是有历史功绩的，应该拥护。"在我们的观点，把蒋除掉，无论在哪方面都有好

---

① 《中共中央书记处致共产国际执委会书记处电》(1936年12月12日)。
② 《中央书记处致胡服电》(1936年12月12日)，见《中共中央抗日民族统一战线文件选编》(中)，315—316页，北京，中国档案出版社，1985。

处。"目前应该以西安为中心来领导全国,控制南京。至于要不要在西安成立全国性的政府,会上明显地存在着不同的意见。周恩来主张,在政治上不宜采取与南京对立的形式,可以考虑在西安召开抗日救亡代表大会和成立抗日援绥委员会,将来西安可以陪都的形式出现。张闻天更明确认为:我们不采取与南京对立方针,不组织与南京对立方式(实际是政权形式)的组织,还是应当尽量争取以南京政府为正统,当然南京政府必须改组。而张国焘则认为,"我们说到要以西安为中心,就包含了以西安为政权中心的意义"。张还说,西安事变的实质,"第一是抗日,第二是反蒋。在反蒋问题上对南京方面就应考虑一下,张学良提出改组南京政府,各党各派共同负责,我们的态度亦须表示。再在反对独裁上,亦要联系到南京政府存在问题"。他并且指出:"内乱问题是不是可免?还是不可免的,只是大小的问题……因此,打倒南京政府,建立抗日政府,应该讨论怎样来实现。"但博古坚持:共产国际指示全国抗日一定要争取蒋介石部队的大部甚至全部,我们现在不能变更这一策略,对西安事变,只应看成是抗日的旗帜,不好看成是反蒋的旗帜。然而,既然蒋介石是联共抗日和改组政府的关键障碍,难道除了除掉蒋以外还有其他的解决办法?而一旦除掉蒋介石,那个取消了蒋介石地位的南京正统和南京中心是否还能存在呢?因此,毛泽东总结说:目前对于这一事变的处理,最后恐怕只能是"又要反蒋又不反蒋",结果在政府问题上也是"又要政府又不要政府",话都不好说得太绝对了。会议决定的基本方针是:以坚持争取南京政府及各派赞助西安事变的前提下,要求罢免蒋介石,交付人民公审。①

面对西安事变,南京方面的反应也很迅速。12日当晚,南京国民党中央常务委员会和政治委员会举行了紧急的临时联席会议,通过了两项强硬的决议,决定"褫夺张学良本兼各职,交军事委员会严办",而"关于指挥调动军队归军事委员会常务委员兼军政部部长何应钦负责"。②

随后,何应钦公开就任"讨逆军"总司令,调动大军向西安大举推

---

① 参见张培森等《张闻天与西安事变》,载《党的文献》1988年第3期。
② 李云汉:《西安事变始末之研究》,76—77页,台北,近代中国出版社,1982。

进,并动用大批飞机轮番轰炸潼关至西安线上的渭南县城和赤水车站等,毁房无数,炸死军民数以百计。张学良、杨虎城不得不将孙蔚如、冯钦哉、董英斌、刘多荃等部迅速集中到西安一带,准备作战,并请红军主力一面监视胡宗南、毛炳文各部中央军,同时抽一部速往延安、甘泉接防。红军、东北军、17路军军事上三位一体的局面由此形成。

17日,张学良用飞机将周恩来接到西安,双方除具体讨论了军事合作的问题外,着重讨论了与南京方面接触和商谈的条件问题。这时,双方都注意到国内外舆论对张、杨不利,就连张学良抱以最大期望的苏联,也公开谴责事变。在这种情况下,张学良明确表示,只要蒋介石放弃过去的主张,毅然主持抗日工作,他便拥护蒋,服从蒋;即使为此要受惩处,他也愿坦然接受。

事实上,张学良从事变之日起,就做着两手准备。以蒋介石的性格、地位和声望,他当然知道靠武力强迫与威逼,多半不会达到使蒋介石改变"剿共"政策的目的,因此他要做联俄联共、与南京翻脸的准备,为此也不能不接受中共所提出的迫不得已时对蒋"取最后手段"的意见。但与此同时,他也始终不曾放弃用兵谏的办法逼迫蒋介石屈服的设想。因此,从事变之日起,他就再三公开说明,扣蒋纯为抗日计,为国家计,因用口头或书面的劝谏都达不到效果,只好"请介公暂留西安,以得觉悟"。只要蒋接受其抗日主张,他愿束身待罪送蒋回京。①

四 两宋斡旋下事变和平解决

十分明显,从前一手准备的角度,张学良不能不高度重视苏联方面对事变的反应。在得知苏联报纸公开批评事变之后,他曾于17日专门打电报给毛泽东,询问"国际对西安一二一二(12月12日——引者注)革命有何批评"?而毛泽东同样也了解到莫斯科的公开表态,但因尚未收到共产国际的回电,因此其复电也只是劝慰张不要太在意苏联报纸的公开言论,说:"我们对远方政府已作几个报告,尚无回报。兄令刘鼎将每日民众运动情形电告一次,若远方知此次事变及事变后之进展不

---

① 参见《张学良文集》(2),1056—1057、1080—1081页。

是单纯军事行动,而是与民众联系的,估计当寄以同情。惟远方政府目前为应付外交,或尚不能公开赞助我们。"①

张学良当然了解苏联政府与共产国际一体两面的性质,知道不能简单地将苏联报刊的言论同其内部的方针混为一谈。但是,当21日张学良最终得到了他期盼已久的共产国际的电报之后,他显然也已经清楚,苏联和共产国际所希望的具体解决方式是什么了。共产国际总书记季米特洛夫在给中共中央的电报中提出:"既然发动已成为事实,当然应当顾及实际的事实,中国共产党应在下列条件基础上坚决主张用和平方法解决这一冲突。(甲)用吸收几个反日运动的代表,即赞成中国统一和独立的分子参加政府的方法来改组政府;(乙)保障人民的民主权利;(丙)停止消灭红军的政策,并与红军联合抗日;(丁)与同情中国人民反抗日本进攻的国家建立合作关系,但不要提联合苏联的口号。"②

事实上,12月19日以后,中共中央对事变的态度也发生了很大的改变。在大致上了解到苏联方面的态度后,中共中央在这一天紧急召开了新的政治局扩大会议,进一步讨论了对于西安事变的方针问题。与会者一致承认,事变发生后没有估计到南京方面以及各地方实力派中会"盲目的拥护蒋个人而不问抗日",以致大家看不到西安事变要求抗日的性质,只是一味地拥蒋,这不可避免地会促成大规模的内战。鉴于此,张闻天明确指出:13日政治局会议所定的方针有问题,"对于要求把蒋介石交人民公审的口号是不妥的"。在第二天得到共产国际的电报之后,中共中央第一次针对西安事变作出了带有批评性的指示。指示在肯定要给西安以同情,给张、杨以援助的同时,批评事变因为"采取了多少军事阴谋的方式,扣留了南京最高负责人蒋介石及其主要将领,以致把南京置于西安的敌对地位,而造成了对于中国民族极端危险的新的大规模内战的可能","妨害了全国反日力量的团结"。③

---

① 《毛泽东致张学良电》(1936年12月17日),载《文献和研究》1986年第6期。
② 《共产国际执委会书记处致中国共产党中央委员会电》(1936年12月16日),载《中共党史研究》1988年第3期。
③ 《中共中央关于西安事变及我们的任务的指示》(1936年12月19日),载《文献和研究》1986年第6期。

就在中共中央调整其政策的时候,蒋介石的姻亲宋子文也从南京飞至西安,进行调停。宋子文的到来,使剑拔弩张的军事形势出现了一线转机。蒋介石已不再完全拒绝接受张、杨的八项主张,同意将这些主张交他提交国民党五届三中全会。这意味着,蒋的态度已经有所松动。因此,宋子文马上返回南京,于22日陪同宋美龄再度飞往西安,对蒋和张、杨双方做劝和工作。据周恩来电告中共中央称,经过宋子文、宋美龄等人的劝说,蒋已同意由宋子文出面代表他同张学良、杨虎城和周恩来进行谈判。

23日,双方开始谈判。西安方面在参考了中共中央的意见之后,提出了六项新的条件,即:(1)停战、撤兵至潼关外。(2)改组南京政府,排除亲日派,加入抗日分子。(3)释放政治犯,保障民主权利。(4)停止"剿共",联合红军抗日;共产党公开活动(红军保存独立组织领导;在召开民主国会前,苏区仍旧,名称可冠"抗日"或"救国")。(5)召开各党各派各界各军救国会议。(6)与同情抗日国家合作。① 对此,宋子文次日答复张学良称:他可以保证,西安方面的六项条件均可得到满足。

25日上午,周恩来、张学良、杨虎城再度与宋子文、宋美龄进行了商谈。据周恩来总结谈判结果称,两宋答应:(1)孔祥熙、宋子文组行政院,宋负绝对责任,保证组织满意政府,肃清亲日派。(2)撤兵及调胡宗南等中央军离西北,两宋负绝对责任。(3)蒋允许归后释放爱国领袖。(4)目前苏维埃、红军仍旧存在,两宋担保蒋停止"剿共",并可经张学良给予接济。3个月后抗战发动时,红军再改番号,统一指挥,联合行动。(5)宋表示不开国民代表大会,先开国民党会,开放政权,然后再召集各党各派救国会议。蒋表示3个月后改组国民党。(6)宋答应一切政治犯分批释放。(7)发动抗战,共产党公开活动。(8)外交上联俄并与英、美、法联络。②

在谈判取得成果之后,周恩来在张学良的引导下见了蒋介石。蒋

---

① 参见《周恩来关于与宋子文谈判情况的电报》(1936年12月23日),见《周恩来选集》上卷,72页,北京,人民出版社,1982。
② 参见《周恩来、博古致中央书记处电》(1936年12月25日),载《文献和研究》1986年第6期。

因事变当天翻墙落地伤了脊柱,病卧在床,双方谈话简单。蒋表示:今后停止"剿共",联红抗日,统一中国,受他指挥。至此,事变得以和平解决。

25日下午,张学良为实践自己的诺言,亲自送蒋介石等飞往洛阳,然后转去南京。

第二节　西北善后与"三位一体"局面瓦解

一　蒋介石拒绝践"诺"

1936年12月25日下午4时,蒋介石、宋美龄、宋子文等在张学良的陪同下,飞往洛阳。为实践自己关于"介公果能积极实行抗日,则良等束身归罪,亦所乐为"的公开承诺,张学良于26日一到南京,就正式致函蒋介石,表示此次"随节来京,是以至诚,愿领受钧座之责罚,处以应得之罪,振纪纲,警将来,凡有利于吾国者,学良万死不辞"。①

31日,张学良被交付南京政府军委会高等军法会审庭会审。他当堂解释自己的行为:"我们痛切的难过国土年年失却,汉奸日日增加,而爱国之士所受之压迫反过于汉奸,事实如殷汝耕同沈钧儒相比如何乎?"我们不断地将我们的意见报告给蒋委员长,一切都出于正当的爱国的目的,但我们无法劝说蒋委员长改变此种政策,甚至蒋委员长还命令警察向爱国学生开枪,所以不得不"用此手段以要求领袖容纳我的主张";要知道,"如果我们有别的方法达到我们的希望,也就不做此事了",问题是没有别的方法。张学良特别强调指出,他至今不认为自己这样做有什么不对。他声称:除了对自己违反纪律、损害领袖尊严表示承认并愿意领罪外,"我们的主张,我不觉得是错误的"。他甚至再度表示,他的目的就是要根本变革现在的南京政府,就是当老百姓,他这种革命的信念也不会改变。

---

① 《张学良文集》(2),1106页。

既然事变是必要的,政治主张是正确的,张学良当然依旧在期待着,他相信他已经通过事变成功地改变了蒋介石的政策,希望看到蒋介石能够实践允诺,具体施行新政策。在到南京的第二天,即 27 日晚上,他就当面要求蒋介石实现诺言,改组政府。他这时在给杨虎城的信中说,对在西安"所允吾等者,委座再三郑重告弟,必使实现,以重信义"。然而,事实上蒋介石对张仍旧会如何要求非常不快。他在当天的日记里写道:"彼犹欲强余实行改组政府,毫无悔祸之心。"①

对于蒋介石,最担心蒋会不践诺的还是西安方面。因为事变期间蒋的亲口承诺,只有周恩来提到的 8 个字,即"停止剿共,联红抗日"。其他种种,都是宋子文代蒋谈判过程中所允下来的,其间不免含有宋本人的意向,却未必得到了蒋的同意。因此,如何认定蒋承诺了哪些,就成了一个问题。张学良送蒋走之后的第二天,杨虎城就找到周恩来,提出应该将蒋之承诺公之于众。周恩来为此即将几次谈判宋子文代蒋承诺的结果归纳为五条,即:

(子)停战撤兵,西北军事归张、杨主持。

(丑)改组南京政府。

(寅)联合各党各派抗日,停止"剿共"。

(卯)释放爱国领袖,保障民主。

(辰)改变外交方针,联合同情中国民族解放的国家。②

但是,无论是杨虎城,还是这时尚在保安的中共中央,都根据自己的理解和需要对此所谓"承诺"有所增删。27 日,西安《解放日报》公布的条件已成为 6 条,即将"停战撤兵,西北军事归张、杨主持"改为"撤兵""停战""西北归张、杨主持"共 3 条,取消了"联合各党各派抗日""停止'剿共'""保障民主"等内容,在改组政府和停止内战的条款内加入了

---

① 蒋中正档案,《困勉记》第 40 卷,1936 年 12 月 27 日条;《张学良致杨虎城函》(1936 年 12 月 27 日),见《张学良文集》(2),1107 页。

② 《周恩来、博古致毛泽东电》(1936 年 12 月 26 日),载《文献和研究》1986 年第 6 期。

"集中国力、一致对外、集中各方人才、容纳抗日主张"的内容。① 而毛泽东于28日公开发表的条件中,则没有"停战撤兵"及"西北军事归张、杨主持"的内容,"改组南京政府"一项变成了"改组国民党与国民政府,驱逐亲日派,容纳抗日分子";"联合各党各派"一项变成了"召集各党各派各界各军的救国会议,决定抗日救亡方针";停止"剿共"的内容单独成为一条,即"停止'剿共'政策,联合红军抗日";"释放爱国领袖"项内,又增加了"释放一切政治犯"的内容。②

二 南京整理陕甘军事方案

匆忙公布蒋介石所谓承诺的不利后果几乎立即就表现出来了。在上海的潘汉年很快来电:宋子文曾专门告诉他,"蒋宋责备我们宣布西安协定无信义"。宋子文和宋美龄甚至为此大发脾气。他们要宋庆龄转告中共代表:第一,西安不顾信义,宣布秘密承诺,已使他们难以出面说项;第二,无论如何不得再宣布他们的谈话内容,否则他们将退出调停工作;第三,如今改组等事已相当难以进行,必须待以时日,须秘密策动英、美两国舆论酝酿时局。正因为如此,共产国际也很快来电批评中共中央,声称"不要老是叫喊蒋介石在西安做出了什么保证"。因此,中共中央也很快意识到,自己过早地公开蒋介石的承诺,在策略上是不妥的,它不仅不能督促与逼迫蒋介石就范,而且强化了蒋介石必欲拆散东北军、十七路军和红军"三位一体"的同盟关系,彻底解决西北问题的态度。③

西安和保安刚一公布蒋介石的所谓承诺,蒋即在南京召开国民党

---

① 参见《解放日报》1936年12月27日。另外12月29日杨又曾以第17路军总指挥部名义致函陕西各县长,内中也提到此6项内容,文字相同。见刘永端等编《杨虎城将军言论选集》,113页,西安,陕西人民出版社,1991。

② 参见毛泽东《关于蒋介石声明的声明》(1936年12月28日),见《毛泽东选集》第1卷,238页,北京,人民出版社,1964。毛泽东在前一天,即27日会议报告中发言曾概述为:(1) 停止内战,撤围退兵。(2) 改组南京政府,行政院长宋庆龄,副院长孔祥熙,参加三个抗日领袖当部长,沈钧儒、章乃器等,使政学系、汪精卫塌台。(3) 分批释放政治犯,保障民主权利。(4) 三个月召集救国会议。(5) 停止进攻红军,抗日时改番号,统一指挥。(6) 联合一切同情我们的民族。

③ 参见《共产国际执委会书记处致中共中央电》(1937年1月19日),转见《中共党史研究》1988年第3期。注:这里的译文与当年电报的译文略有不同,这里的译文是:"不应就蒋介石在西安的许诺大发议论。"毛泽东在1月间的一次政治局会议上也承认,事变后即把蒋在西安承诺的条件加以宣布,在政治上是很幼稚的。

中央常委谈话会,提出"不能令张学良再回西北"。这一建议虽然遭到宋子文的反对,但在29日,蒋介石在反复考虑之后,还是决定"不准张学良再回陕北,而保其生命"。与此同时,蒋决心不顾撤兵承诺,"缓撤西北及潼关部队"。他明确提出:"如果放弃西北,任其赤化,不惟国防失一根据,十年建设成绩毁于一旦,而且中华民族发祥之地陷于永劫不复矣!"①

30日,蒋介石决定了处置张、杨的具体办法,但为安抚宋子文,仍去函表示,审判张学良乃必要之惩戒,新年一过,"三两日内必为办到特赦,并仍令其立功自救",劝其"不必愤慨"。对此,宋子文也只好接受,但相信"君无戏言",相信他说到做到。宋一边给蒋去函称"此项办法虽事前未蒙预示,而弟相信吾兄必能为之办到",一边特地到张学良住处,向愤愤不平的张学良再度许愿。②殊不知,蒋其实不过是要把张学良的10年徒刑变为无限期软禁而已,丝毫没有"令其立功自救"的想法。不仅如此,蒋介石事实上已经确定了要彻底瓦解西北"三位一体"的方针。只是鉴于现实,不得不决定善后方案要"政治为主,军事为从"罢了。

对于这一形势变化,中共和西安方面也开始渐渐地感觉到了。31日,他们已经得到张学良从南京送来的亲笔信,知道南京形势十分复杂。随后,张学良被判刑、南京有意以王树常取代张学良、何应钦电示中央军秘密向陕西推进等消息陆续传来,西安的气氛很快紧张起来。毛泽东一面去电潘汉年,要他立即同陈立夫接洽,从中调和;一面告诫周恩来等,速谋张、杨、我三军之团结,力保西安胜利的前提下,亦应做好以防不测的军事准备。③

1937年1月3日,南京方面用电话通知西安杨虎城等,南京政府准备给杨以革职留任的处分,另以孙蔚如代理陕西省主席,王树常为甘肃绥靖主任,要求东北军及第17路军将领发通电表示拥护。4日,南京方面再度用电话通知杨虎城:中央已决定派顾祝同任西安行营主任

---

① 蒋中正档案,《困勉记》第40卷,1936年12月29日条。
② 蒋中正档案,特交档案,000163。
③ 参见宋毅军《中共在西安事变前后的军事战略防御》,载《军事历史研究》1992年第2期。

驻陕,并要求东北军立即恢复西安事变以前的位置,17路军主力立即开回陕北。南京此举显然意在逐步控制西安及其东西大道,进而拆散西北"三位一体",否定西北特殊地位。这自然与张学良转达的蒋24日关于"西北军事归张、杨主持"的承诺完全背道而驰,也与25日两宋保证的"调胡宗南等中央军离西北"的条件不相符合。西安方面,特别是杨虎城和诸多东北军少壮派军官,最为担心的就是蒋介石报复。南京如此善后,无疑使他们深感不安,必欲抵抗。杨虎城在内部明确讲:"为自卫计,为贯彻主张计,誓必与之周旋到底。"他同时电告宋子文:"我兄前电曾谓汉公可于五日离京返陕,现此间一切亟待主持,汉公一日不返,则军民一日不安。"①

1月4日是南京方面准备宣布对张学良予以特赦的日子。但就在这一天,西安方面却已经断定:"宁方今日如特赦,必留其在京,以促此间分化而便(于)用兵。"因此,周恩来、叶剑英、杨虎城、王以哲、何柱国、董英斌等当天不等南京的特赦消息,即开会详细讨论了作战问题,拟定了具体的作战计划。他们估计:南京中央军正在调集25个师以上的兵力,组成14个纵队,准备向西北抗日联军(东北军、第17路军和红军)发动进攻,故西北抗日联军万不得已时应以一部钳制胡宗南、关麟征、毛炳文集团,集中主力首先消灭由潼关西进之敌,制止其进攻。具体计划:东线从渭南赤水至长安构筑7道防线,配置6个师的兵力巩固正面;同时集结步兵3个师以上及骑兵2个师于渭北,准备向南实施坚决突击,歼敌于渭河以北黄河以西。为此目的,渭河以南的蓝田、商县一带,以一部兵力依托秦岭,以运动战与游击战迟阻北来之李默庵纵队。红军主力秘密集结于淳化、栒邑(今旬邑)地区,准备以3天行程,经三原赶到高陵的机动位置,依情况参加渭北决战,或经蓝田突击李默庵纵队,然后以主力向潼关迂回。西线,主要以王以哲和于学忠两部对胡宗南东西两侧形成威胁,红军一部尾随胡敌,钳制之。北线,则主要以孙蔚如部警戒洛川、三原一线,红军一部警戒瓦窑堡、清涧一线。会议并

---

① 《杨虎城致宋子文电》(1937年1月4日),见刘永端等编《杨虎城将军言论选集》,133—134页;《杨虎城致严庄电》(1937年1月4日),见中国第二历史档案馆等编《西安事变档案史料选编》,91页,北京,中国档案出版社,1986。(据《杨虎城将军言论选集》编者分析,此电日期当为6日,而非4日。)

且决定,由张学良、杨虎城和周恩来组成秘密的三人团,以为领导核心(张学良未归时由何柱国或王以哲代),张学良为总指挥,目前则根据张去南京前的手令,由杨虎城统一指挥。①

1月4日以后,张学良回陕明显地成为不可能的事情了。南京政府在这一天根据蒋介石的旨意,一方面批准特赦张学良所处10年徒刑,一方面又下令将张"交军事委员会严加管束"。② 交军委会,实际上也就是由蒋介石处置了。蒋并有电报给顾祝同及刘峙等,提出:"对陕策略,应以政治为主,军事为从……又望以军事威胁为手段,而达到政治解决之目的。"蒋之对张难予谅解,并必欲借机控制西北,至此已昭然若揭。宋子文对此看来也毫无准备,其保证张学良回陕都不能做到,前此"保证组织满人意政府、肃清亲日派"云云,自然更是成为一厢情愿的白日梦。杨虎城和东北军将领恳求也好,威胁也好,结果如何,可想而知。

1月6日,西安方面已经得到南京关于整理陕甘军事的具体办法:(1)顾祝同为西安行营主任。(2)王树常为甘肃绥靖主任。(3)杨虎城为西安绥靖主任。(4)冯钦哉为27路军总指挥。(5)杨虎城、于学忠自请处分,从宽处理,撤职留任,戴罪图功。(6)中央军万耀煌、樊崧甫、毛炳文、曾万钟各部及李默庵纵队分驻潼关、朝邑、渭南至西安,宝鸡至天水一带,中央军胡宗南、关麟征等部仍驻现地。(7)第17路军及直属各警卫旅等,移驻正宁、栒邑、淳化、耀县、永寿、灵台、宁县、长武、邠县(今彬县)等地。孙蔚如师移驻甘泉、鄜县(今富县)、中部、宜君等县。冯钦哉部另编第27路军仍驻大荔、蒲城、白水、澄城、韩城、宜川等县原防。(8)东北军一律恢复12月12日前之原位置,即全部驻防甘肃。③

南京方面的这一处置进一步表明,蒋介石绝不打算将西北交给张学良和杨虎城,他不仅决心全面控制陕西及其贯穿陕甘两省主要交通线,将东北军置于甘北与中央军杂处,将第17路军置于陕北,使其夹在

---

① 参见《周、博致毛、洛电》(1937年1月4日),见宋毅军《中共在西安事变前后的军事战略防御》。
② 《许静芝致孔祥熙电》(1937年1月4日),见《西安事变档案史料选编》,90页。
③ 参见《西安事变档案史料选编》,94—95页。

中央军与红军之间,并且再不准备让张学良回东北军。蒋介石明确告诉顾祝同,对杨虎城现在虽可暂取和平态度,但最终必须"根本解决"。电称:"如能用政治方法使我军能有一部和平进驻西安城,然后相机再用根本解决是为上策。其次使东北军能离陕入陇,'赤匪'旁观中立,俾杨逆孤立心寒,然后攻之,亦不失为中策。望照此意运用进行。"①

三　西安与南京艰难交涉

注意到蒋介石和南京方面的强硬态度,为确保东北军自身的利益,张学良对蒋介石决定将东北军调入甘肃的方案明确表示异议。他告诉负责监护他的戴笠:中央将东北军调往甘肃的办法事前未与他商量,西安方面闻此消息必发生战事,将来必有一半的力量归附共党,且中央令东北军恢复去年12月1日以前之防地,无异故意使之与红军打成一片。②据此,他写信给蒋介石,提出甲、乙两种方案供蒋参考。甲案,在继续"剿共"的情况下,调东北军全部驻开封、洛阳或平汉线上,整理训练,担任国防工程,由他负责调出及整理。乙案,在不"剿共"的情况下,调杨虎城到甘肃,以何雪竹或刘经扶为西北行营主任,以庞炳勋、商震、萧之楚、万耀煌等军驻陕西,调东北军驻豫鄂一带整理训练,担任国防,由王树常负责,由本人帮助整理,此后自己愿去读书。③

蒋介石这时对张学良所提乙案并不看好,他显然不想让东北军驻在过于靠近平汉路的湖北;即使东调,也希望将这不十分可靠的部队部署到较为偏僻的豫皖两省交界处。经他修改后的方案仍分甲、乙两案。甲案与前无太多变动,仍要东北军全部调驻甘肃,第17路军各部仍驻陕西原防,得酌留若干部队在西安,或将陕西绥靖公署移设三原。关键是自潼关至宝鸡沿铁路各县要归中央军驻扎,铁路线各县以外可由第17路军驻扎。乙案则东北军全部调驻豫皖两省,可先令由西荆公路集中南阳、襄樊、信阳一带。调杨虎城为甘肃省政府主席,仍兼第17路军

---

① 参见蒋中正档案,特交文电,第276册,第260003件。
② 参见蒋中正档案,特交文电,第276册,第26028941件。
③ 参见《张学良致蒋介石函》(1937年1月7日)及《张学良意见书》(1937年1月7日),见《张学良文集》(2),1117—1119页。

总指挥,第17路军全部调驻甘肃。①

尽管周恩来等早就估计到张学良不会被释放,但张学良被公开宣布严加管束后,东北军将领以及杨虎城等仍旧十分震惊。这时,蒋介石明告西安方面:中央不能无陕西以作国防之基础,不仅西安,整个陇海路均必须置中央管理之下。为此,南京军队大举西进,集结推进至潼关、华阴、华县一带。而宋子文也致电杨虎城,表示对前所承担的斡旋事宜难有所为,不得不即告退出。所有这些都使西北方面对和平日益感到绝望。

西安事变之后,西北三方始终在设法保持西北半独立的局面。特别是中共中央,事变后一直强调要通过"三位一体"的政治军事联盟,将西北控制在三方手中,造成西北半独立局面。在得知南京方面不仅坚持不放张学良回来,而且还要在西安设立行营,不顾前诺,坚持要派大批中央军进驻西北、从根本上控制西北交通要道之后,中共中央明确反对。它相信:"顾来则张、杨两部全被宰割,红军将被迫登山。"为此,中共中央专门致电潘汉年,要其务必告诉陈立夫等:"南京采取报复政策,不但于国民党及蒋氏的地位有损,且绝对无益于西北善后的解决……正当解决之先决办法是撤兵释张。现兵既复进,对张欲赦又拘,此适足激动西北之军心民心……如蒋氏及陈(立夫)、邓(文仪)、张(冲)等人仍维持西安商定之六个和平解决条件,便须立即撤兵,并立即释张。"与此同时,中共中央确信:"目前中心在坚决备战,拒顾(祝同)迎张(学良)。"中共方面这样一种态度,对西安其他两方自然有重要影响。

然而,东北军一向并不团结,张学良被扣,其内部的分化变得相当明显。除了已经公开倒向南京政府的部队以外,仍在东北军中的不少高级将领也都心存离意。肩负西安三方使命前往洛阳谈判的代表竟明确告诉顾祝同:东北军"对杨氏及赤匪均难信赖合作",希望"另指驻防地点以便与共匪隔别"。他们以及57军的参谋长甚至暗中给南京方面出主意:张学良离陕时曾留手令,要东北军听命于杨虎城,因此目前情况下"万不可给张回来"。他们甚至一面令张多写信劝团以上军官接受

---

① 参见《蒋介石修订的解决陕事之方案》(1937年1月),见《西安事变档案史料选编》,97页。

中央处置,一面"以兵力压迫东北军,但不可开火",说"如此做法该军即可就范"。①

这时真正希望张学良回来的,除了王以哲等少数高级将领,还有东北军的中下级军官,特别是原东北军同志会中那些最受张学良信任的激进的少壮派军官。他们,包括在前线的一批旅、团、营级的干部,多半情绪激昂,求战心切。但周恩来看得清楚,此时"十七路军士气不旺,战斗力弱","不能用于攻,尤怕飞机",故"不能用之主要方面";"东北军师团级将领情绪甚高,急愿一战",士气甚旺,但"只能胜不能败,只能进不能退",且也是"能守不能攻",野战能力不强。在这种情况下,无论是东北军还是第17路军,对红军到来都极其欢迎,并抱以极大期望,以致"两方都有依赖红军心理,对万一西安不守,他们不愿设想"。在这种情况下,几万红军的责任就变得异常重大。

就在西安方面和南京方面关系日渐紧张的关键时刻,9日,蒋介石有电报给杨虎城,明确保证他将贯彻和平之宗旨,决不致有战争行动,且军事善后办法仍可与顾祝同详加商讨,要求杨虎城务必约束西北之部队,保持冷静态度,不做轻率表示。② 7日,前东北教育会会长王化一和同为东北人的国民党监察委员吴翰涛携张学良给杨虎城及东北军各将领的信,飞抵西安,要求西安方面务必坚持和平。同时,潘汉年也与国民党谈判代表张冲同到潼关,说明苏联大使急望我们和平解决与南京方面的关系问题,而蒋也表示"同我方谈判根据与周所谈基础续谈下去,并要周到奉化密谈"。③

鉴于这种情况,中共中央开始转而建议周恩来等在西安"只在幕后团结东北军及十七路军",不要太露头角,强调杨虎城及东北军将领的通电务必说明拥蒋真意,甚至要求西安的报刊宣传不要过于尖锐。不过中共依旧坚持,西北善后"须在下列条件之下:(一)立即撤兵;(二)立即释放张学良回陕;(三)保证西安协定之实行",并拒绝派周

---

① 蒋中正档案,特交文电,第276册,第26028942、26028937件。
② 参见《蒋介石关于函复杨虎城阳电内容要点致顾祝同密电》(1937年1月9日),见《西安事变档案史料选编》,107页。
③ 中共中央文献研究室编:《周恩来年谱》,344页,北京,人民出版社,1989。

恩来去南京，担心周会成为张学良第二。①

据此，周恩来于11日专门致函蒋介石，请蒋"力排众议，坚持前令，尽撤入陕之兵，立释汉卿先生回西北主持"，声明如此"则内战可弭，和平可坚，一切人事组织、政府主张、抗战筹备均将循先生预定之方针前进，统一御侮大业必可速就"。②值得注意的是，在周给蒋的信中，虽对撤兵、释张有明确的主张，但对于较为困难的改组政府问题没有提出特别的要求。

12日，杨虎城派赴奉化见蒋陈述西安方面意见的李志刚飞回西安，带回蒋介石10日手书一封。内称：对于张学良，"稍假时日，必为之设法，使仍有效力革命之机会，以无负其爱国之苦心"，同时重申其和平解决西北问题的宗旨，强调"中央处置陕甘，亦必以政治建设为主，绝不致引起战事"。他又强调："须知陕西，无论军民，不能离整个国家而存在，中央更不能无陕西以作国防之基础；中央离陕西无以建国，陕西离中央无以遂其生存与发展。故必须立下决心，向和平统一之方向做去，迅复事变以前之常态，确立此后努力之始基。"③

四 西安决定对蒋妥协

考虑到南京政府在西安设行营和中央军驻陕的问题上不可能让步，周恩来建议：目前方针，似应力争和平，并在此基础上设法达到与南京方面共管陕甘之目的，承认主要由中央军控制西安和陇海路交通线，但努力限制其兵力，使实际控制权仍在我手。周恩来并与杨虎城等商定：（1）杨虎城、于学忠、孙蔚如等接受中央命令。（2）取消12月12日以后一切临时组织。（3）张学良回陕，或主西安行营（张正，顾副，杨副），或主陕甘绥靖公署（张正，杨副，行营主任改驻洛阳，主任仍为顾）。（4）东北军驻兰州、咸阳、平凉、固原、凉州、天水一带地区；第17路军驻西安、泾阳、韩城、华县一带地区；红军驻延长、延川、肤施、鄜县、庆

---

① 《周恩来年谱》，368—369页。在这里，毛泽东提到的西安协定为以下六条：一、停战撤兵。二、初步改组南京政府，三个月后彻底改组。三、释放政治犯，保证民主权利。四、停止"剿共"，联红抗日，划定防地，供给军费，苏区照旧，共党公开。五、联俄并与英美合作。六、西北交张学良处理。
② 《周恩来致蒋介石信》（1937年1月11日），载《文献和研究》1986年第6期。
③ 《蒋介石致杨虎城书》（1937年1月10日），见《西安事变档案史料选编》，110—111页。

阳、凉北一带地区,一部驻洛南,一部驻凉州以西;中央军驻潼关、华阴一带,并可酌派三至四个团对陇海路进行保护。①

15日,杨虎城派往南京的代表之一米春霖从奉化返回西安,进一步带来蒋介石和张学良的亲笔函,以及经过蒋介石修改认定的甲、乙两案。蒋介石在信中明确表示,张学良此时"为国为友为私为公计,皆无回陕之理",要西安方面"勿再以此为言"。② 对此,西安三方均明确表示不能接受。根据周恩来的提议,杨虎城、于学忠等同意于16日首先通电取消一切临时组织,接受南京革职留任的处分,同时坚决拒绝乙案,基本接受甲案,但提出对甲案必须做部分修改。随后奉命派往奉化的鲍文樾、李志刚等带去的解决方案,仍与前此方案没有多少区别,对张学良的意见也未做任何考虑,只是在具体内容和谈判目的上,增加了关于要中央军退出甘肃、让东北军前伸至咸阳,并允许东北军和第17路军各一部留驻西安的要求。③

16日,西安方面基于上述承诺正式做出了妥协的姿态。杨虎城等通电就职,并宣布取消一切西安事变期间成立的临时性组织,同意不再要求蒋介石兑现事变期间的承诺,将自己在西安事变中提出的各项政治主张提交国民党五届三中全会讨论,对西北善后也只集中于要求南京释放张学良与合理地安排防区分配问题。④ 但问题是,蒋介石的来信已经十分清楚地表明,放张学良几乎是不可能的。坚持这样的条件,就等于还是要打仗。当晚,周恩来和博古联名致电中共中央,要求后者就下列问题作出决定:(1)如蒋对防区让步,但坚决不放张,是否决心打?(2)如蒋对防区让步,允许张在三中全会后任事,是否接受?中共中央对此的看法颇为乐观。中共中央复电称:"杨、于就职后,南京更加无名,条件略高无妨碍,并可为尔后留出再让一步之余地。"目前内战对蒋系不利,和平解决趋势已渐明显,因此,要求张回陕西和要求陕甘防区保持现状不大变,此二者"目前不应让步,在力求和平的总方针下,争

---

① 参见《蒋介石致杨虎城书》(1937年1月10日),见《西安事变档案史料选编》,98—99页。
② 《蒋介石致杨虎城函》(1937年1月14日),见《西安事变档案史料选编》,120页。
③ 参见《周恩来、博古致洛甫、毛泽东电》(1937年1月15日),载《文献和研究》1986年第6期。
④ 参见《杨虎城、于学忠通电》(1937年1月16日),见《西安事变档案史料选编》,126页。

此二者之实现,这种可能是存在的"。①

鉴于西安方面坚持要求张回,张学良深恐因此发生冲突,故于19日直截了当地写信给杨虎城,告诫他:"目下最要者,能本上次瑞峰(即米春霖)带去之甲项办法立即行之,以免夜长梦多……关于弟个人出处问题,在陕甘未解决前是不便谈起,断不可以为解决当前问题之焦点。"②与此同时,他深信必须要动员东北军将领单独行动,以免因杨虎城等坚持己见对自己和东北军更加不利。他密嘱前来奉化转达西安方面意见的鲍文樾,要东北军将领传达他的命令,迅速照甲案在22—25日完成移动。③

20日,西安方面再度面临重要关头。当天,杨虎城接到蒋介石的来函,发现蒋的态度已极不耐烦,声称25日12时以前务必照中央命令做出答复,否则战争将不可避免。

蒋介石的强硬态度,激起东北军和第17路军中激进年轻军官的强烈不满,杨虎城担心让步后西北被分化,也有战意。周恩来对此也左右为难。他告诉中共中央说:在这种情况下,假如接受蒋介石的条件,东北军和第17路军中之左派势力将铤而走险,而右倾者必将倒向蒋介石一边,如此我们将失尽同情者,亦无法掌握其军队。如拒不接受,则只有打仗,打则只能胜不能败,然而胜的把握很少,各方响应者更少。一旦失败,东北军和第17路军仍将分化,到头来我们也只能得到少量军队而已。因此,权衡利弊,他相信目前最好在原则上接受蒋之甲案,力争第17路军驻西安及东北军能驻咸阳以西,同时拖延时日,做好战斗准备。

根据周恩来的建议,西安三方决定派李志刚飞奉化见蒋,表示原则接受甲案,并放弃张学良必须回陕的要求,但希望蒋同意:(1)中央军暂退华阴,以便部队运动;(2)潼关至宝鸡不驻多兵;(3)东北军留一小部在西安,以保护3万多东北军人家属;(4)张如难返陕,请给予名

---

① 《洛、毛致周、博电》(1937年1月18日),见中共中央文献研究室编《毛泽东年谱》(上),643页,北京,人民出版社、中央文献出版社,1993。
② 《张学良致杨虎城函》(1937年1月19日),见《张学良文集》(2),1122页。
③ 参见蒋中正档案,特交文电,第276册,第260029件。

义;(5)第17路军留1个师在西安;(6)红军问题可照蒋意见办理。①

李志刚带去的意见,表明了西安方面妥协的态度,蒋由此认定其对中共的工作取得了成效,称"此或共党愿趁机示诚之所致也,否则,陕事无如此速了之可能"。② 可是,中共中央还是颇多担心。中共中央为此致电周恩来:"问题在于是否有保证让步而确能停止战争。让步而依然是战争,且能出比西安事变前更坏之局面,则不能让步。"③当然,中共中央也已经看出东北军、第17路军分化之不可避免,西北三位一体已难坚持,故明确指示潘汉年要南京方面承诺:(1)保证和平解决后不再有战争;(2)不执行"剿共"政策,并保证红军最低限度之给养;(3)暂时容许一部红军在陕南驻扎,可不驻商洛,因为合水、庆阳、正宁、淳化、鄜县、肤施等地粮食十分缺乏,以后可移驻别处;(4)请令马步芳停止进攻河西红军;(5)为使红军干部确信蒋之停止"剿共"、指定防地与发给经费,以便很好地准备抗日,要求蒋亲笔答复周恩来一信,我们可保证绝对守秘密,因为红军干部尚有许多怀疑者。④

22日,西安方面从电话中得知,顾祝同表示,西安所提六项条件,原则上可以作为进一步商谈的基础,并要西安尽快派人去潼关讨论。这对西安方面至少在精神上不失为一种安慰。但杨虎城对此仍有所担心,"恐和平解决后队伍分化愈烈,统率愈难",而东北军同志会左派军官也仍旧态度强硬,反对妥协。周恩来等不得不尽力做说服工作,促使杨虎城同意派米春霖等迅速前往潼关与顾祝同进行谈判。

25日,米春霖等赴潼关谈判。顾祝同、陈诚、卫立煌同意:(1)中央军暂留原阵地,西北联军先一天撤退后,中央军次日进驻西安至咸阳线;(2)张学良出处问题在行营进驻西安前由蒋给予名义,否则行营进西安后,由顾祝同负责呈请解决;(3)西兰公路咸阳至邠州道上东北军可驻3个团,西安可驻第17路军1个旅;(4)陕南红军同时撤往陕北,接济问题暂由杨虎城负责;(5)善后费600万元,暂发1个月薪饷,余

---

① 参见《周恩来、博古致毛泽东、洛甫电》(1937年1月21日),载《文献和研究》1986年第6期。
② 蒋中正档案,《困勉记》第41卷,1937年1月21日条。
③ 《洛甫、毛泽东致周恩来、博古电》(1937年1月21日),载《文献和研究》1986年第6期。
④ 参见《毛泽东、周恩来致汉年同志电》(1937年1月21日),见《中共中央抗日民族统一战线文件选编》(中),370—371页。

待蒋核准。①

五　中共力劝接受甲案

整个西安善后问题之解决，这时主要集中在一个问题上了，这就是对蒋介石承诺的信任问题。西安三方面，不论是杨虎城、东北军，还是中共中央，这时担心的都是同一个问题：现在答应了蒋介石，是否就能确保自身的安全，确保不再有战争，确保张学良真的能够获释。中共中央这时之所以一再表示要求蒋介石作出书面保证，也正是因为有上述担忧。然而，蒋始终拒绝用书面的方式提出这种保证。迫不得已，中共中央只能根据观察和经验来判断这一切了。毛泽东这时再三要求潘汉年作出判断："据你观察，蒋与南京是否确有不继续战争的诚意，此种诚意建立在什么基础上？"27日，张冲致电毛泽东和周恩来，确认：关于防地，蒋介石承认可照中共中央与张、杨两部合并提案内所要求之地点，即延川、延长、肤施、鄜县、庆阳、西峰一带及凉州以西划定。给养问题，蒋介石答应与中央军同一待遇，以军队之多少决定军饷的数目。关于和平保障，解决后不再攻打红军，已由宋子文向中共代表直接声明，代表蒋负责保证。②

至此，西北善后大局已定。中共中央于1月27日晚作出决定：全力说服左派实行撤兵，"对南京让步"。

但是，要说服东北军和杨虎城让步也并不容易。26日，西安与潼关谈判的代表仍坚持：（1）首先给张学良名义；（2）中央军离开甘肃，至少天水以西不驻兵；（3）红军一部驻陕南；（4）第17路军在西安驻2个旅。顾祝同开始时同意：（1）给张名义问题撤退后即可照办；（2）中央军原驻陕甘14个师，可调30个团出甘，但必须驻天水，宝鸡至西安

---

① 根据蒋介石1月22日的指示，顾祝同对西安方面的条件的复案与上述结果略有不同。原案为：(1) 中央军于本月28日以前暂驻原防地。(2) 东北军、第17路军须于本月28日以前撤至泾阳、咸阳、鄠县以西地区；徐海东、陈光瑞在陕南各部应同时一律撤至陕北。2月5日以前，中央军进至咸阳至宝鸡一线，接防完毕。(3) 中央军定本月29日进驻西安与咸阳之线。(4) 东北军可酌留一师约三团兵力暂驻西兰公路咸阳至邠州一段。(5) 第17路军可酌留一团至两团兵力驻西安附近，但其驻地由行营指定，并于中央军到达西安时，第17路军驻西安部队暂时集结于王曲与新城二地，以免误会。(6) 张副司令之出处与名义，须等西北问题完全解决时另定之。见《西安事变档案史料选编》，141—142页。

② 参见《张冲致毛、周先生电》(1937年1月27日)。

线至少驻 10 个团;(3) 红军不能驻陕南;(4) 第 17 路军只能在西安驻 1 个旅。但蒋介石得知后很快否定了关于张学良一条,强调恢复张学良公权,须国府委员会决定,西北问题未解决之前,事实上不能为之呈请。蒋说:"彼方如相信我,即应完全相信,如不能相信,则不必再谈。"①面对这种情况,西安方面决策层内部意见严重分歧。没有哪一个人能够出面承担放弃为张学良争取自由的责任。东北军中下级军官几乎一致强烈反对,非要南京对张学良回陕作出明确担保不可;而此前倾向于妥协的东北军将领,这时也变得犹豫畏缩起来,王以哲、鲍文樾称病不出,何柱国虽有意谈判,却无法做主,且部队根本不能掌握。与此同时,杨虎城也担心继续妥协内部将更加动摇,更便利蒋介石采用分化政策。

26 日傍晚 7 时,蒋介石下令次日正午东北军再不接受条件开始撤退,就宣告和平破裂,立即开始轰炸东北军前线各战略目标。② 顾祝同据此通过电话正式通知了西安方面。周恩来明确提议:(1) 接受蒋之甲案;(2) 妥协达成后要求允许张学良随顾祝同来陕一行;(3) 推王以哲为甘肃省主席。然而,杨虎城当晚在他家召开的高层会议上,坚持认为南京方面"毫无诚意",对蒋介石施加战争威胁相当反感。参加会议的东北军将领除王以哲、鲍文樾主和外,其他人态度相当含混。开始在另外一处开会的师、旅、团级军官 20 余人当晚转来杨家共会后,激烈主张:"非张回陕不能撤兵,否则宁为玉碎不为瓦全。"结果,会议争论不休,虽经周恩来反复劝说,亦不见效果。包括杨虎城在内,多数将领同意:(1) 接受甲案,但部队撤退请宽限 10 天;(2) 部队移动应在张学良回陕训话之后;(3) 三中全会前即给张名义,并允许其出席三中全会说明政治主张。虽然最终达成了上述意见,但左派军官仍坚决反对,并且开始打电话给前线的军官进行鼓动,内部更加混乱。

27 日凌晨 5 时左右,何柱国代表西安方面打电话将头天晚上达成的三点意见通知了顾祝同,但顾祝同明确表示不能接受。何柱国不得已再与各方商量,但众人多半反对再作妥协,谈判因此陷入了僵局。好

---

① 《西安事变档案史料选编》,149—150 页。
② 参见《西安事变档案史料选编》,150 页。

在这一天一早，张学良借用南京方面的电台紧急致电东北军各军长与师长，严厉批评他们"固执误事"，称："此事如前次瑞峰（即米春霖——引者注）、志一（即鲍文樾——引者注）两兄回陕时，兄等接受甲案并即实行，则良之出处此刻已不成问题。今因迁延，引起误会，委座实属为难万分。若今日再不接受，而仍以良之问题为先决条件，则爱我即以害我，不但害我，且害我团体，害我国家矣。"张学良因而恳切要求他们："立命部队于今日正午以前开始移动。"①

这一天，蒋介石的态度也略有松动。他致电顾祝同，要其转告东北军将领："关于汉卿出处问题，一俟移防完毕后，可保证，必为其负责请求，使汉卿出而效力国家。至于复权，更不成问题。但在此时万勿提出事实上不可能之问题，以延误大局也。"

接到张学良电报，又得知蒋介石的说明后，西安方面的谈判代表米春霖立即通报何柱国，力劝西安方面接受条件。经过几个小时的反复讨论，东北军高层将领和杨虎城终于决定接受南京条件，只是要求撤退时间以7天为限。②

27日，西安方面完全妥协，与南京最后达成和解。但西安城内以应德田、苗剑秋、孙鸣九等东北军少壮派军官为首的激进分子一起到周恩来住处请愿，强烈要求红军支持他们坚持释放张学良的条件。周恩来费尽口舌，苗、孙等大哭并跪求，扬言红军若不帮助，就等于破裂。③对此，周恩来虽竭尽全力劝说，但左派激烈情绪不得缓解，整个局势自然极具爆炸性。

不得已，周恩来致电潘汉年，请其向蒋介石说明：（1）我们在西安已尽最大努力，杨虎城已决心服从蒋先生，惟东北军多数干部痛于张汉卿不能回陕见面一次，决不肯先撤兵，恩来及何柱国、王以哲等向之说服亦无效；（2）除我们继续努力向他们说服外，务请蒋先生抚念此流亡之师，以手书告东北军将领，保证撤兵后，即给张恢复公权与名义，许张出席三中全会，并许张回陕训话一次，以安东北军之心；（3）请蒋先生

---

① 《张学良致前方将领电》（1937年1月27日），见《张学良文集》（2），1500—1501页。
② 参见《西安事变档案史料选编》，152页。
③ 参见中共中央文献研究室编《周恩来传》，345页，北京，人民出版社、中央文献出版社，1989。

许张汉卿写亲笔信给杨、于、孙、何、王及东北军将领,坚其撤兵之决心;(4)请蒋先生许可西安及东北军派代表见张一面,然后撤兵。①

28日,因张闻天到西安,明确表态支持撤兵,年轻军官们十分激动。周恩来不得不与这些主战的东北军少壮派代表开了一天的会,摊开地图详细地向他们解释战争不利。但这些人完全听不进去,强调打起来就会有办法,表示除非张回陕,否则决不撤兵。他们一再逼着周恩来等表态,或者破裂,或者红军与他们一同作战。周恩来报告说:"我们坚持让步主和,讨论一天未决。会后,何(柱国)、王(以哲)及高崇民力主撤兵,与少壮派开会,仍僵持不下。"周深知,在这时"只有杨转变,及鲍(文樾)、董(文斌)努力,才能影响少壮派撤兵,否则严守中立,万一工作不好,必失东北军、十七路军与反蒋(派)大部同情"。因此,周恩来在29日又通过王以哲去做杨虎城的工作。

29日一早,王以哲与杨虎城谈话后,杨即亲自找周恩来谈。杨虎城表示:既然中共方面已经决定不愿与南京作战,他考虑再三,决定拥蒋抗日。对此,周恩来及毛泽东等均深受感动。周当场表示,中共决不会背弃朋友,如果蒋介石反过来对杨及十七路军耍阴谋,红军决不坐视不顾。毛泽东得知杨虎城的态度后,也接连致电周恩来等,要求周恩来告诉杨虎城:和平政策是三方共同的,希望他对整个政治前途具有信心,如杨虎城部队撤出西安等地后嫌驻地不足,包括鄜县、甘泉、延长等城,"彼需要时由彼驻兵,我们退城外,将来如有紧急,我们同他总在一起,决不分别彼此,对东北军亦然"。现在,"我们与他们始终愿在一起,为和平统一御侮救亡之总方针而奋斗。撤兵后蒋如食言进攻,彼时曲在蒋,我们则为最后自卫而战"。②

30日当晚,周恩来与博古、叶剑英等专程从西安赶到云阳,同在那里的张闻天、彭德怀、任弼时、王稼祥等政治局领导人一同开会。经过反复讨论,与会者最后一致同意了周恩来的提议。会后,云阳的中共领导人联名致电毛泽东等,提出:如果友军坚持在张学良回陕一次的问题上不让步,为不与友军处于对立地位,我们必须准备与友军一同作战。

---

① 参见《周恩来致潘汉年电》(1937年1月28日),载《文献和研究》1986年第6期。
②《毛泽东致周、博电》(1937年1月30日),见《毛泽东年谱》(上),649页。

"打得好和平仍然有望,如打败则使友军从实际经验中相信我们的和平主张,在更不利条件下接受和平"。毛泽东等立即复电:(1)和平是我们的基本方针,也是张、杨的基本方针。(2)但我们与张是三位一体,进则同进,退则同退。我们不能独异而失去张、杨。(3)向张、杨两部表示,我们始终同他们一道。在他们不同意撤兵以前,我们不单独行动,协助他们争取更有利条件。①

31日将近中午时分,周恩来、博古及叶剑英返回西安。但在周恩来等回到西安之前,由于得到南京任命,负有指挥东北军和调处西北问题全权的于学忠从兰州飞到西安,并与杨虎城及东北军将领先后会面,②杨虎城和多数东北军高级军官已一致决心求和了。在这一天夜里召开的三方会议上,周恩来说明了中共中央的态度:"我们原来是坚决主张和平解决的,以后你们两方有许多人坚决主战,我们为了团结,只要你们两方一致主战,我们也可以牺牲我们原来的主张。现在你们两方一致主和,我们当然是赞同的。不过,请你们要注意内部的团结和说服你们的部下,否则恐怕还会发生问题。"③

六 "二二"事件意外爆发

本来是杨虎城和东北军多数主战,中共主和,东北军少壮派军官的怒气自然都冲着中共方面发;如今应德田、孙鸣九、苗剑秋等突然发现自己的少数高级长官转而不顾张学良的处境,坚决主和,这不能不让这些自认为最受副司令信任,也最忠实于副司令的抗日同志会的干部深受刺激。据戴笠手下的情报人员报称:孙鸣九等人这时举行了紧急会议,一致通过决定,并致电前方指挥官:(1)决定以武力贯彻副座回陕之要求,三位一体绝对切实合作到底;(2)后方无虑,请准备为副司令归来而奋斗到底;(3)据闻敌拟明日下总攻击令,务必严阵以待,予以

---

① 参见《周恩来等致毛泽东等电》(1937年1月30日),《毛泽东等致周恩来等电》(1937年1月30日)。见中央档案馆编《中国共产党关于西安事变档案史料选编》,363—365页,北京,中国档案出版社,1997。
② 何应钦在1937年2月8日关于陕西问题解决经过的报告中称,于学忠31日下午飞到西安,此与事实似略有差异。因周恩来当日中午即有电报说明于学忠已经到西安,并与杨见面。后又有电称"于学忠今早到"。
③ 申伯纯:《西安事变纪实》,210—211页,北京,人民出版社,1979。

痛创;(4)战斗开始后,友军决能及时加入战斗,万请放心;(5)杨主任之决心极坚定,曾表示只剩我17路军亦不能屈服投降,必为争取副司令回陕奋斗到底;(6)大势如此,即使有一二人或有异见,也无所施其奸计;(7)今日在西安,所有文武同志一致认为,如副司令不回陕,则绝对死守现阵地,不再交涉任何条件;(8)盼割断电话线,以防奸人利用。①

2月1日,根据西安方面高层决定,西安方面派李志刚前往潼关谈判妥协,中共方面亦派李克农前往接洽。几人尚未动身即被孙鸣九等指挥的部队拦截在城门内,不让出城。东北军特务团一部甚至包围了于学忠的住地,一批少壮派军官向于学忠下跪,大哭大闹,要于放弃头天晚上的决定。后仅因何柱国大怒,痛加训斥,以执行军纪相威胁,这些人才被迫撤去。但这件事已经预示着不祥的苗头。上午,李志刚等到潼关,与顾祝同达成了10项办法:(1)同意张学良复权授职并出席三中全会。(2)张可回陕训话,以便联军向甲案地区移防。(3)东北军在咸邠间暂驻三到四个团,移防毕可增加两团。(4)17路军在西安附近驻一旅,如须增加时则加驻两团,东北军可驻一团。(5)西安城暂由绥署负责,以后共同负责。(6)中央军在西安不驻有威胁的兵力。(7)善后费200万元,续请核发。(8)东北军、17路军各发足经费一个月,移防后再发一个月。(9)第三者(指红军——引者注)经费由杨虎城先发50万元。(10)移防时组织视察团。②

鉴于南京方面在最关键的张学良问题上初步答应了西安方面的要求,杨虎城和于学忠遂于当天下午向前线指挥官正式发布命令,要他们当即撤退西北联军的警戒部队,2日将前线部队撤至渭北,3日撤至渭南。然而,因为东北军上层将领几乎无视必须让张学良回陕的要求,抗日同志会的主要成员苗剑秋、孙鸣九、应德田等人终于按捺不住,决心公开造反了。

2月2日,苗剑秋、孙鸣九、应德田等借抗日同志会的名义召开会议,一致决定发动政变,除去东北军上层的妥协派,彻底改造东北军领

---

① 参见蒋中正档案,特交文电,第276册,第26024489件。
② 参见杨奎松《西安事变新探——张学良与中共关系之研究》,420页,台北,东大图书公司,1995。

导核心,改变一切妥协决定。事变上午发生,至中午时分周恩来已经得到了消息。他于下午1时致电毛泽东等,通报了当时得知的情况。电报称:东北军本日发生内变,主和首领王以哲被枪杀,一些人并四处搜寻何柱国。①

事实上,同志会成员这时几乎把所有赞同妥协的东北军将领都视为他们夺权的障碍,孙鸣九等人指挥的特务团等一度在西安城内四处搜寻追杀东北军的所谓妥协派,不仅王以哲军长首先遇害,就连对军政决策并不起重要作用的原西北"剿总"参谋处长徐方、交通处长蒋斌和副处长宋学礼等亦相继被杀。这就是"二二"事件。仅因为有同情者暗通消息,何柱国等最主要的主和首领才得以躲入杨虎城的公寓,幸免于难。

"二二"事变只持续了一天左右的时间。3日凌晨,前线部队已经撤了下来,而西安的这些年轻军官根本无法取得指挥权,政变者除了得到17路军部分旅团长和西安城内左倾力量的同情外,在整个东北军内部明显地处于孤立地位。在得知大批前线将士因王以哲被杀而群情激愤、必欲严惩同志会干部之后,孙鸣九等很快就陷入了进退两难的困境。由于杨虎城和于学忠无法左右当时的混乱局面,周恩来不得不再度出面进行调解。他一方面打电话给杨虎城、于学忠,劝说杨、于共同出来主持大局,一方面又设法派刘鼎带苗剑秋等人乘车秘密出城远避三原红军驻地。

"二二"事变的巨大破坏性很快就显露出来了。2月3日,驻蒲城的东北军骑兵第10师首先叛变,将杨虎城在蒲城的民团全部缴械。几乎与此同时,驻周至、眉县的东北军106师也宣布效命南京,脱离西安。紧接着,过去深为张学良所信任的东北军105师刘多荃部也转向与潼关中央军接头,沈克师也引中央军到岐山、武功,57军缪澄流部向西安兴师问罪,扬言要消灭特务团,67军副军长吴克仁也扬言报复。很快,枪杀王以哲的特务连连长于文俊即被剖腹,曾经积极参与同志会并与红军联系密切的高福源被枪决,其属下4个团长被扣,1个营的士兵逃

---

① 《周恩来、博古致毛泽东等电》(1937年2月2日),见《中国共产党关于西安事变档案史料选编》,365页。

走,另外政训处跑散,张学良公馆机要人员也跑光了,机要文件大部被烧毁,特务团及抗先队被迫远避邠州,留在部队的抗日同志会成员均大起恐慌。同时米春霖、谢珂在潼关不归,鲍文樾、马占山亦分裂东去,东北军由此迅速分化瓦解,西北三位一体已无以为继了。

这种情况也让毛泽东等中共领导人震惊。因为王以哲一年来与中共合作融洽,对西北三位一体局面的建立贡献显著,毛泽东怎么也不能想象自己的另外一些合作者会对王以哲下此毒手。更何况这一事件对西北统一战线造成的破坏是如此严重,自西安事变以来,共产党苦心孤诣地竭力维持的三位一体局面竟因此而一朝瓦解。毛泽东因此非常气愤。尽管周恩来明确提议,还应继续赞助左派,同时设法缓和与右派的关系,毛泽东还是几次致电周恩来等,坚决主张:杀王首犯必须枪决,无论是左派还是党员,均应如此,否则无从弥缝东北军之分裂。即是从犯我们也不能收容。①

"二二"事变后,西安方面已再无人言战了。2月8日,中央军开入西安。次日,顾祝同率西安行营人员正式进驻西安。3月初,根据东北军将领们的愿望,东北军放弃甲案,接受乙案,正式东调。不久,第17路军总指挥部亦被撤销,杨虎城被迫出国。张学良虽经蒋于2月13日提议恢复公权,也被批准参加国民党三中全会,但事实上仍旧被严加管束,不得自由。西安事变两大主角张学良和杨虎城所提出的政治主张,以及蒋介石当初的许诺,大多数并没有成为现实。

---

① 杨奎松:《西安事变新探——张学良与中共关系之研究》,423 页。

第三节　国共两党的曲折交涉

一　中共中央做出"四项保证"

西北善后问题在中共方面的协助下得到相当解决,却并不意味着蒋介石对共产党真的就有了好感。根据蒋这一时期的日记可知,蒋对中共其实仍疑心重重,几乎西北方面的任何风吹草动,蒋都认为是共产党的阴谋。

注意到西北善后共产党作用极大,蒋介石在1月18日明确得出结论:"陕乱症结仍在共党";发现西安同意接受其善后方案,蒋又猜测"此或共党愿趁机示诚之所致也,否则,陕事无如此速了之可能";25日,在得知西安方面又提必须先给张学良以名义的要求后,蒋又马上怀疑"名为东北军下级官长要求张学良回部,其实受共匪操纵而捣乱也"。29日,蒋得顾祝同电,曰"陕逆又言愿就范听命矣"。但蒋依旧认定"共匪在西安逆军中其捣乱挑战之谋恐仍将层出不穷也";30日,再得周恩来、于学忠、杨虎城及顾祝同、刘峙各电,了解到红军已经决定按照他的要求,从陕南商县地区北撤至陕北,蒋依旧将信将疑:"此其表示投诚之意乎?"而联想到头天晚上渭南与华县间电话不通,蒋于是猜度"此必被共匪剪断,使其撤兵时免为中央军所侦悉也"。当然,得知"东北军不再要求张学良回陕,而愿无条件撤退,杨虎城惟多要款项,亦无其他要求",蒋亦深感庆幸,反复思量:"此皆共匪不想作梗之明证乎?"或许"共党虽从中操纵作梗,亦不敢明目张胆,而且中央对共党已有相当示意,勿使其失望,料彼亦终于屈服也"。据此,他暗自猜测:共产党之如此让步,或因为"彼于苏俄既无接济,而于主义又难实行"。在这种情况下,故而相信:"对于共匪之处置,应慎重考虑。"①

蒋介石这时暗中拟定的解决共产党问题的方案,大致分为两个步骤。一是组织上同意红军改编,采取"先监视后统制"的过渡办法,但要求共产党必须首先作出公开的保证;二是在思想上要逐步根绝"共党非人伦不道德的生活,无国家反民族的主义",用蒋介石这时给顾祝同的电报来说就是:"对恩来除多说旧感情话以外,可以派亲信者间接问其就抚后之最低限度之方式,与切实统一之办法如何,我方最要注意之点,不在形式之统一,而在精神之统一。一国之中,决不能有性质与精神不同之军队也。简言之,要其共同实行三民主义,不做赤化宣传工作。若此点同意,则其他当易商量。"②

为表明诚意,中共中央这时也在考虑作出公开保证的问题。2月8日中央军宋希濂部开入西安。次日顾祝同及行营也顺利入主西安城,国民党谈判代表张冲和中共代表潘汉年也于同日抵达。10日,张冲首先与周恩来进行接触。张冲当面提出了两种解决办法:(1)按指定区域调防,派驻联络人员并予以接济。(2)将苏区改为特别区,试行社会主义。红军改编为国军,维持原有领导,但加派政训工作联络员。各边区武装则编为地方团队。至于接济,张冲表示至多只能60万元。

周恩来根据与中共中央商定的意见提出:日前与顾祝同所谈只是交换意见,因顾祝同不能解决基本问题;改变制度名称是尊重蒋介石的意见,故仍须见蒋方能解决。而对改编问题,周恩来提出应编4个军12个师组成一路军,与中央军待遇相同。如目前缓改,每月接济至少百万,否则须送粮百万担并增加清涧、宜川、中宁、预旺4县驻防贷粮。第二天,双方再谈,周恩来根据中共中央10日关于致国民党三中全会电精神进一步作出明确表示,即在国民党同意释放过去被其逮捕的共产党人的情况下,共产党今后不再实行暴动政策及没收地主土地,并同意取消苏区政府,改为特区,红军改为国民革命军,其他边区过千人者

---

① 蒋中正档案,《困勉记》第41卷,1937年1月18、23、27、29、30日条。
② 秦孝仪主编:《中华民国重要史料初编》第五编(一),262页,台北,中国国民党中央委员会党史委员会,1981。

集中陕甘,千人以下者改为团队。而中共政府及军队代表则参加国民大会、国防委员会或军委会。① 同时,周恩来再次提出增加金积、灵武为防地,并主张以中宁等地与陕南交换。

上述让步,实际上也正是中共中央这时在致国民党三中全会电中所做出的四项政治保证的内容。这四项保证是:(1) 在全国范围内停止推翻国民政府之武装暴动方针;(2) 苏维埃政府改名为中华民国特区政府,红军改为国民革命军,直接受南京中央政府与军事委员会之指导;(3) 在特区政府区域内,实施普选的彻底民主制度;(4) 停止没收地主土地之政策,坚决执行抗日民族统一战线之纲领。②

毫无疑问,这一重大的原则性让步其实正是蒋介石及国民党人所希望得到的,因此它对国共双方达成最终谅解具有重要意义。

二 国共代表的首轮交涉

1月12日,周恩来再度与顾祝同进行正式磋商。在周恩来提交了中共中央致国民党三中全会电之后,双方达成了一项具体落实中共四项保证的协议草案。其主要内容是:(1) 共产党承认国民党在全国的领导地位,停止武装暴动及没收地主土地,坚决实行御侮救亡的统一纲领,国民政府允许分期释放在狱共党,并容许适当时期公开。(2) 苏维埃制度取消,现时苏区政府改为中华民国特区政府,直接受国民政府领导,实施普选制,特区内行政人员由地方选举,中央任命。(3) 红军改编为国民革命军,接受军事委员会与蒋之统一指挥和领导,其人员编制饷额补充同国军待遇,其领导人员由军委会任命,其政训工作人员自任,以中央派少数人员任联络,其他各边区赤色部队改为地方团队。(4) 共党得派代表参加国民会议讨论,军队得派代表参加国防会议。③

双方一致同意以此为解决国共关系问题的基本办法,同时进一步就驻地及给养等具体问题交换了意见。之后,顾祝同于13日致电蒋介

---

① 参见《中华民国重要史料初编》第五编(一),262—263页。
② 参见《中共中央致国民党二中全会电》(1937年2月10日),见《中共中央抗日民族统一战线文件选编》(中),385—386页。
③ 参见《蒋"总统"秘录》第10册,192页,台北,"中央日报社"译印,1977。

石,报告了此一协议草案的内容,并称如这一基本的办法一时不便施行,"拟请定一临时办法即暂划一地区俾其驻扎,每月酌予接济"。至于接济数目,顾祝同在电报中称,据说以中共现有全数官兵,每月至少非70万不能生存。①

对于国共两党代表在西安达成的这一协议,双方似乎都不十分看重。周恩来告诉中共中央领导,即使现在蒋介石同意他去南京,也"一时谈不得结果",因为蒋介石"始终不承认国共合作,而看做红军投降,似无共产党独立地位"。因此,他主张不抱幻想,反而应降低交涉规格,派刘伯承与其旧交顾祝同的参谋赵启禄具体商谈临时防地与接济办法。而蒋介石也确如周恩来所料,因为他这时成功地解决了东北军和第17路军问题,使红军再陷孤立,因此他这时的态度较2月8日他指示顾祝同"只要中共不做赤化宣传,一切都好商量"的态度,已经明显地强硬了许多。他明确认为,政治问题已不甚重要,重要的已是军事问题了,现在应当做到"编共而不容共",以控制中共军队为第一位。②

一周后,即2月16日,蒋介石在给顾祝同的复电中,具体提出:"对于第三者(指共产党——引者注)处理方针,不可与之说款项之多少,只可与之商准留编部队人数之几何为准。当西安事变前,本只允编其三千人,后拟加为五千人,但五千人之数尚未与之明言也。今则时移情迁,彼既有诚意与好意之表示,中央准编其四团制师之两师。照中央编制,八团兵力已在一万五千人以上之数,不能再多,即可以此为标准,与之切商。其余人数,准由中央为之设法编并安置。但其各师之参谋长与师内各级之副职,自副师长乃至副排长人员,亦皆应由中央派充也。此仅对军事而言。至其他对于政治者,待军事办法商妥后,再由恩来来京另议可也。"③

要让共产党接受蒋介石的这种条件,这时就连顾祝同也颇多怀疑。因此,在顾祝同接到蒋介石16日的电报之后,直到19日他才派其参谋赵启禄约刘伯承谈话,言语间闪烁其词,说是据何柱国转达口信和蒋鼎

---

① 参见《蒋"总统"秘录》第10册,192页。
② 《中国国民党历次代表大会及中央全会资料》(下),433—435页,北京,光明日报出版社,1985。
③ 《中华民国重要史料初编》第五编(一),264页。

文电话,知道蒋介石希望中共能转而信仰三民主义,及军队只编1.5万人。而到第二天夜晚,赵启禄不能不再度拜访刘伯承,又一次非正式地告诉刘,经何柱国之传话和蒋鼎文的电话可概括为三点提议:(1)取消中共,都信仰三民主义;(2)特区实行民治;(3)红军编2个师8个团1.5万人。① 不难想象,这种提议自然要引起共产党方面的反感。

2月21日,国民党三中全会通过了《关于根绝赤祸之决议案》,正式提出彻底取消红军与苏维埃政府,根本停止赤化宣传,根本停止阶级斗争,以此作为解决共党问题的所谓"最低限度之办法"。② 两党谈判的问题重新又集中到政治问题上来了,这使得中共中央不得不重新考虑对策。

24日,针对国民党三中全会的决议,周恩来向中共中央提出了进一步谈判的方针,并很快得到了中央的赞同。这就是:(1)可以服从三民主义,但放弃共产主义信仰绝无谈判余地;(2)承认国民党在全国的领导,但取消共产党绝不可能,惟国民党如改组成民族革命联盟组织,共产党可整个加入这一联盟,但仍保持其独立组织;(3)红军改编后人数可让步至六七万,编制可改4个师,每师3个旅6个团,约1.5万人,其余编为某路军的直属队;(4)红军改编后共党组织转为秘密,拒绝国民党组织,政训人员自行训练,可实施统一的政训纲领,但国民党不辱骂及反对共产党;(5)苏区改特别区后,俟共党在非苏区公开后,国民党亦得在特别区活动。③

同时,周恩来亦准备于不得已时对谈判采取拖延政策,并主张:在无法妥协时应以断然行动自动取消苏维埃及改变红军名义与编制,使国民党骑虎难下,争取主动。

共产党的行动多少产生了一些反响。26日,张冲见蒋后又受蒋命由南京飞返西安,再度参加与周恩来的谈判。在次日的谈判中,张冲首先转达了他向蒋介石汇报后所得印象。据他说,蒋介石的意见主要是共党要服从三民主义,在此前提下,政治犯可分批释放,共党现时秘密,

---

① 《周恩来致中央书记处并告彭、任电》(1937年2月20日)。
② 《中国国民党历次代表大会及中央全会资料》(下),433—434页。
③ 《周恩来关于对国民党三中全会根绝赤祸案的意见致中央书记处电》(1937年2月24日)。

宪法公布后可公开;特区因与中央法令不相合,可名行政区;国民大会共党代表人数可等周恩来来宁后商定。但周恩来要与顾祝同将军事问题大体商定。至于红军改编人数,2个师8个团可改为3个师9个团。

张冲告诉周恩来,他此行见蒋政治上可以说相当成功,且三中全会秘密讨论了几项问题:数年内收回冀东、察北,恢复华北主权案;积极外交联合英、美、苏案;准备以一年为期加强国防案以及"容共案"。这说明目前南京抗日"容共"的计划已经展开,正是双方妥协的大好时机。至于国民党三中全会关于"根绝赤祸"的决议之类,措辞确有不妥,"尚希谅解"。但至少国民党内取消共产党的意见已经失败,蒋介石也认为目前两党间政治问题已"相差不多",只要军事问题能够达成一致,两党谈判即可告成功。①

鉴于蒋介石已同意红军改编人数可由2个师8个团改为3个师9个团,这样一来改编后的红军人数可以较国民党原方案几乎增加一倍以上,周恩来相信双方的谈判又有了进一步接近的可能。次日,双方再谈,周恩来更具体提出红军改编6个师,每师3个团,总指挥部的人数在外,至少六七万人。但张冲"极诚意"地告诉周恩来:蒋介石一味压缩编制,并非轻视红军,只是无能为力,怕其壮大,故估计最多只能编4个师4万人。由于双方在部队编制及人数上相差甚远,周恩来自然只能表示无法接受,因而依据原定方针转而托其先代为解决临时接济给养及河西、陕南部队问题。

张冲与周恩来的这次谈判,使中共中央对蒋介石的谈判意图有了较深入的了解。由于这个时候双方谈判的焦点已集中到核心的军队问题上来,军队的编制与人数自然至为关键。红军前此3个方面军加上地方部队,人数确有六七万之多。但因此时红军西渡黄河的西路军2万余人大部失利,红军实际人数只有4万人左右,接近国民党可能接受之数。因此,中共中央很快决定再次调整谈判条件,不提过高要求,以利谈判成功。

3月1日,中共中央电告周恩来:"关于谈判方针:(1)红军编五万

---

① 参见《周恩来致中央书记处电》(1937年2月27日)。

人,军饷照国军待遇,临时费五十万,以此为最后让步限度,但力争超过此数。(2)二十七、二十八、二十九、三十各军及地方部队不在五万人之内,均改保安队及民团,在特区行政经费内开支。(3)要求遣散老弱,收回苏票之善后费。"①

由于中共中央转而同意限制改编红军人数不超过5万人,双方在军队人数上分歧已渐趋消除,这使得两党谈判有了迅速突破的可能,于是,双方军事谈判开始急转直下。

3月1日当天,顾祝同、张冲与周恩来正式商谈,同意先接济30万元,并允许为正在困境中的河西及陕南部队送款。对于改编数,周恩来提6个师24个团,顾祝同答应3个师12个团,张冲则私下建议4个师16个团,主张其余2个师改为2个徒手工兵师,由经委会出钱修路。张冲的建议立即得到中共中央赞同,张闻天与毛泽东致电周恩来,称我们今天的中心是在谈判成功后,我们在南京政府下取得合法地位,使全国各方面的工作得以开始,因此"红军主力编为四个师十六个团及两个工兵师,共六万人的提议,一般的可以接受,把红军数目夸张太大,使对方恐惧,对于我们亦不利"。②

3日,南京方面复电顾、张,只同意3个师9个团。4日上午顾、张商量改为4个师12个团,随即由张通知周。根据中央指示精神,周恩来当即表示赞同,并与张就军事问题达成如下协议:(1)将现有红军中之最精壮者选编为4个步兵师,计容4万余人,4个师并设某路军指挥部;(2)将现有红军中精壮者选编为2个工兵师,计容2万余人,指定工程,担任修筑;(3)原有红军军委直属队改为统帅4个师的某路总指挥部的直属队;(4)原有红军的地方部队改为地方民团、保安队及特别行政区的警卫队,经费另定;(5)原有红军学校办完这一期结束;(6)原有红军的医院、工厂保留;(7)编余老弱残废由中央负责解决,给资遣散;(8)以上各项经费由中央统筹。③

4日,顾祝同、张冲将以上结果电告南京,但南京次日复电仍坚持3

---

① 《毛泽东年谱》(上),657页。
② 《毛泽东年谱》(上),659页。
③ 参见《周恩来关于与张冲谈判给中央的报告》(1937年3月4日),见《中共中央抗日民族统一战线文件选编》(中),421页。

个师9个团。5日,顾、张联名再电,至6日午始得复电同意12个团之数,但仍只允许编3个师。当日张冲与周恩来再谈,张冲提出按国防师编3个师6个旅12个团,每师可编炮兵、交通、特务3个营。周恩来对蒋介石的态度明确表示不满,并且当面指责张、顾失信。这使得张冲颇感焦急与不安,他再三解释,每师2个旅4个团另加炮兵、交通、特务3个营,加起来亦等于3个师16个团。同时,他一面致电蒋介石要求批准,一面致电中共中央领导人请求谅解。实际上,周恩来谈话之后也已意识到"编国防师(一师两旅四团)确较编整理师一师三团为好",因整理师4个师"在装备组织上,恐不及(国防师)三个师",何况国防师每师1.2万人,加上总指挥部0.4万人,3个师已达4万之数。周恩来致电中央建议接受此项条件。① 中共中央考虑到红军分为第一、第二、第四方面军和1个西路军,编4个师较理想,因而多数人仍主张争取编成4个师,后由毛泽东给周恩来复电表示:"如蒋坚持三个师时,亦只得照办。"② 至此,周恩来与顾祝同在西安进行的谈判大体上告一段落。

三 蒋介石收编意图引起波澜

张冲所带来的谈判方案是否都与蒋介石一一商量过,似颇可怀疑。因为,就在国共两党正准备就各项问题达成具体妥协之际,蒋介石却左思右想,"夜不能寐"。考虑到"目前最大问题为对共党之处置能否得当",蒋明显地希望能够趁此时机一劳永逸地解决问题。由于对国民党来说,共产党最大的威胁在于其掌握着自己的军队,因此蒋考虑来考虑去,最终决定不惜拖延谈判,也要设法剥夺共产党的军事指挥权。用蒋自己的话来讲就是:"只可收编其部队,决不许其成立军部或总指挥部,但于其高级将领与编余人员,当尽量予以安置也。"③

蒋介石的这种担心,实际上也是国民党许多人的担心。在周恩来将双方大体商妥的结果形成文字之后,顾祝同,特别是贺衷寒又特意做了更符合国民党人愿望的改动。在"中国共产党承认服从三民主义的

---

① 《周恩来关于与张冲交涉结果致毛、彭、任电》(1937年3月6日)。
② 《毛泽东关于谈判条件问题致周恩来电》(1937年3月6日)。
③ 蒋中正档案,《困勉记》第41卷,1937年3月1、8、10日条。

国家及国民党在中国的领导地位,彻底取消暴动政策及没收地主土地政策,停止赤化运动,要求国民政府分批释放共产党,容许共产党在适当期内公开"一段中,将"要求"改为"请求";在"取消苏维埃政府及其制度,现红军驻在地区改为陕甘宁行政区,执行中央统一法令与民选制度,其行政人员经民选推荐,请中央任命,其行政经费请由行政院及省政府规定之"一段中,将"现红军驻在地区改为陕甘宁行政区"改为"改编军队,指定现在之地区",将"其行政人员经民选推荐,请中央任命"改为"其行政人员得由地方及中央任命";将"红军取消,改编为国民革命军,服从中央军事委员会及蒋委员长之统一指挥,其编制、人员、给养、补充,统照国军同等待遇,其各级人员由自己推选,呈请军委会任命,政训工作由中央派人联络"一段,改为"取消红军,改编为国军三个师(编制如附表,一四二四人),服从军委会及蒋委员长一切命令";将周特别列出的"改编现有红军中之最精壮者为三个国防师,计六旅十二团,步兵团及其他直属之工炮通信辎重等部队"、"在三个国防师之上,设某路军总指挥部,其直属队为特务营工兵营等"、"红军原有之骑兵三个团及一个骑兵连,共约一千四五百人马,拟编骑兵一个团"等等统统删去,增加了"各级军政人员第一步得由部队长保荐呈请军委会任命"、"各级副佐人员由中央改编后逐渐派遣"、"政工工作由中央召集原有政工人员加以训练,与新派人员一同回部队工作"、"现有骑兵改编问题及设指挥部一节,候请示后再定"等内容。贺衷寒还在最后特别增加了一段文字,即"各事接洽妥善,望将中国只能实行三民主义而不能实行共产主义之真谛宣告国人"。①

　　国民党方面态度的反复使周恩来极为不满,依照新的条文,不仅苏区将被一分为三,民选制度不能提,就是军队指挥、人员任用等,中共也失去自主,编制也被压至3万人,这无论如何难以让共产党人接受。对此,就连张冲也觉得"太不够格",一再劝顾祝同不要太苛刻。顾则将责任推给贺衷寒,但他其实也同样希望行政区按省划分,指挥机关只能设临时的,副佐及政训人员一定要派。再加上蒋10日有电令:"彼方如允

---

① 《周恩来给中央书记处的报告》(1937年3月8日),见《中共中央抗日民族统一战线文件选编》(中),424—426页。并见《周恩来年谱》,357页。

减为十二个团,分为三个师则可照编,但不可准其三个师以上成立一军部或指挥部之总机关。"①顾对军队指挥权问题也无可奈何。

对于这种情况,共产党人,特别是军事领导人完全没有思想准备,因而不能不感到愤慨。为此,中共中央召集了专门会议,决定要求周恩来采取强硬立场。中共中央电称:"贺、顾所提各点太不成话,其企图在于欲使我党放弃独立性,而成资产阶级政党之附属品。""彼方所提如:一、划去民选,二、分裂苏区,三、派遣副佐人员,四、取消政治工作人员,五、缩小红军至三万人,六、地方部队由行营决定,七、改要求为请求,八、服从一切命令,九、置西路军不提等,均须严拒,声明无从接受。我们的最后限度:一、三个国防师组成某路军领导不变,副佐不派,学校必须办完本期,政工人员不变,每师人数一万五千余,编制表自定,服从国防调动,西路军立即停战;二、苏区完整,坚持民选,地方部队不能少于九千人";同时,抗战准备、民主制度、改善民生、释放政治犯、民意的国民大会等,"必须与苏区问题同时解决"。中共中央的电报还主张停止西安谈判,"要求见蒋解决"。② 13日,中共中央再度经周恩来转电张冲:"顾、贺提案完全不能接受,因其带有侮辱性,已经引起我方干部极大愤慨……周提十五条,关于国民党方面,我们认为不满意,关于共产党方面,亦当须部分修正……故谈判须重新做起,两星期内周回延开会。"③

14日一早,周恩来得到中共中央来电,将其直接抄送顾祝同和张冲,并准备立即返延。中共中央此举顿时使西安的气氛紧张起来。顾祝同不得不请张冲转告周恩来,称"此事实为贺(衷寒)所弄坏",要张冲根据原案再谈,张冲也来向周恩来说明贺案作废,但周恩来根据中共中央关于应停止西安谈判的指示明确加以拒绝。周恩来称:"贺案作废固好,原案作基础我方仍有意见",如每个国防师人数至少1.2万人,骑兵要求1个团,地方武装人数亦应有规定,河西问题须有办法,等等,这些

---

① 《蒋中正致顾主任电》(1937年3月10日),见蒋中正档案,特交文电,第277册,第260115件。
② 参见《中央关于与国民党谈判方针给周恩来的指示》(1937年3月12日),见《中共中央抗日民族统一战线文件选编》(中),427—428页。
③ 《中央书记处关于顾、贺案必须坚决拒绝致恩来电》(1937年3月13日)。

均须回延讨论。①

16日,周恩来返回延安。之后,于19日携中共中央已经草拟好的谈判条件到西安。20日,周恩来将该文件示张冲。文件中明显地增加了对国民党方面的要求,并提出了较过去要强硬的条件。在继续承认"拥护革命的三民主义及国民党在中国的领导地位"、"取消暴动政策及没收地主土地政策,停止赤化运动"、"取消苏维埃政府及其制度,现有红军驻在地区改为陕甘宁边区,执行中央统一法令与民选制度,其行政人员经民选推荐中央任命"、"取消红军名义,改编为国民革命军,服从中央军委及蒋委员长之统一指挥,其编制人员给养及补充统照国军同样待遇,其各级人员由自己推荐呈请中央军委任命"的前提下,要求国民党保证:全国停止"剿共",释放政治犯,修改国民大会组织法及选举法,使各党各派、各民众团体、各武装部队均能选派代表参加,并坚持要求将"红军中之最精壮者,为3个国防师计6旅12团及其他直属之骑兵、炮兵、工兵、通信、辎重等部队,在3个师上设某路军总部"。周恩来声明:"红军改编后之总人数,不少于四万三千人",而且"原苏区地方部队改编为地方民团及行政区的保安队,编余的精壮人员改编为徒手工兵队担任修路工程,老弱残废由中央给资安置,红军学校俟办完本期后结束。红军中的医院工厂保留"。②

根据蒋电,周恩来这回没有与顾祝同等进行太多周旋,即于22日和张冲同机飞往上海,并很快转赴杭州见蒋。

四 周恩来与蒋介石首度庐山商谈

24日,周恩来先将中共对修改国民大会组织法和选举法的意见以信函的方式递交蒋介石。25日,周得以再晤宋美龄,向她提交了带去的中共15条书面意见。26日,周恩来面见了蒋介石。他一上来就对蒋声明:中共愿意"拥护蒋委员长及国民党,一、领导全民族的抗日,保

---

① 《周恩来复中央书记处电》(1937年3月15日)。
② 《中央关于与国民党谈判条件问题给周恩来的指示》(1937年3月16日)及《中央关于同蒋介石谈判经过和我党对各方面策略方针向共产国际的报告》(1937年4月5日)。两文分别见《中共中央抗日民族统一战线文件选编》(中),429—431、447—453页。

证领土主权完整,达到民族独立和解放;二、实现国内和平统一、民主自由,达到民权主义为成功;三、改善人民生活,发展国民经济,达到民生的幸福"。他同时强调:"(1)中共非投降,红军非改编,而是为民族国家利益愿意拥护蒋委员长的统一领导和指挥,这种合作立场完全是诚意的、互信的、愿意坚持到底的;(2)中共这种大的改变,必须给以解释的机会与时间,并望谅解其困难。因此有些问题必须声明和解决,如:(1)苏区改成边区(18县),红军改编3个师后人数请容许在4万人以上,请设立指挥总部,中央军政人员只任联络,学校办完这一期,增加红军防地。(3)以后一切都力求就成一片,向心的而非离心的,并愿以拥护统一及抗日之精神影响各省。"①

蒋介石这次也表现得很痛快,当即答复说:这些小节不成问题,即使未谈好,也不会再打。国民大会、国防会议,几个月后可以参加。行政区可以是整个的,惟为应付各方,须由中共推一南京方面的人充当正的,副的以下均归中共。军队可以成立4万余人3个师及考虑设总的指挥部。接济粮食等等,均可告顾祝同解决。他决不会派人破坏,只是联络而已。蒋介石特别谈到过去的两党合作,称过去合作失败,双方均应检讨,要保证永久合作,就要不只图目前,而且要计及将来。中共有民族意识和革命精神,是新生力量,几个月来的和平运动影响很好,只要坚守新政策,必能达到成功。但他要求中共不要宣传什么国共合作,主要是与他个人合作,他希望中共这次改变政策,能够说话算数,做到与他永久合作。他特别突出强调了纲领与领袖两个问题,特别是共产党组织与蒋介石个人和与共产国际的关系,以及如何服从他个人权威的问题,要求中共中央商量出具体办法,然后再派周恩来出来见他。②据蒋自己所记,他当天谈话中最核心的问题其实只是后面这个问题,即"要求共党改正组织,决定政策,并承认谁为领导者"。③

3月30日,周恩来返回西安,随即回延安汇报了杭州谈判结果。

---

① 《中央关于与国民党谈判条件问题给周恩来的指示》(1937年3月16日)及《中央关于同蒋介石谈判经过和我党对各方面策略方针向共产国际的报告》(1937年4月5日)。两文分别见《中共中央抗日民族统一战线文件选编》(中),429—431、447—453页。
② 同上引注。
③ 蒋中正档案,《困勉记》第42卷,1937年3月26日条。

对蒋介石的这次谈话,中共领导人是比较满意的。4月9日,周恩来直接致电蒋介石,称:"归肤施后述及先生合作诚意,均极兴奋,现党中正开会计议纲领及如何与先生永久合作问题。"会毕即南下晤蒋。而根据蒋介石的建议,中共中央开始草拟《御侮救亡复兴中国的民族统一纲领》《民族统一联盟组织规约》,并讨论修改国民大会组织法与选举法。

但是,中共这些积极的响应,却因紧接着传来的渡过黄河的红四方面军徐向前、陈昌浩部(即西路军)遭马家军(马步青、马步芳部)"围剿",全军覆没的消息而倍受打击。但鉴于蒋介石并不难控制马家军,而西路军的失败已成定局,国共谈判却不能因此停顿,周恩来随后还是受命再赴西安,于28日与顾祝同、张冲会谈。顾祝同这时极端重视改编问题,希望5月10日左右解决。周则表示:和平基础虽然已经确定,但仍须将共同纲领加以确定,延安方好发表宣言与名义,并开会解释,此事往返时间较长,改编至少要在6月才能开始;并且,红军的人数也必须达到4.5万之数,为此可能还须面见蒋介石才能解决。周恩来同时将草拟的《御侮救亡复兴中国的民族统一纲领》交给了顾。当天,顾祝同就打电报给蒋介石说明了这一情况,周恩来也于同时打电报给蒋介石询问见面时间。蒋则以"近日病体未痊,驻址未定"为由,强调"须待十日后方能确定会地约期相晤"。①

由于一时见不到蒋介石,周恩来只好再与顾祝同和张冲商谈有关事宜。5月3日,顾祝同和张冲依据蒋的电报指示表示,共同纲领不论由何方提出,均非一时所能解决,故应由共产党首先发表宣言,以便5月中即可实行改编。顾祝同称:关于这一点其实是蒋先生的意思,中共无论如何要接受这一提议,并让他事先了解中共宣言的内容,否则他难以答复蒋先生。周恩来表示:"如与商妥纲领,发表宣言并非难事,否则无所根据。"中共中央也于5月5日指示周恩来:"坚持两党发共同宣言为有利,此宣言在共同纲领确定之后发表,宣言大意不外共同纲领草案上所说的。向张、顾说,如他要我党单独发,则第一,彼党须同时发宣言,第二,我党宣言中不得不驳复三中全会宣言及根绝赤祸文件中我党

---

① 《蒋中正致顾主任电》(1937年4月30日),见蒋中正档案,特交档案,260217。

及人民不能忍受之许多东西。"①

这时,国共双方在政治方面实际上仍有很多分歧,特别是中共在刊物上公开发表对国民大会法规的修改意见后,蒋介石立即表示不满,他迅速打电报给顾祝同:"共党近日对实行草案等之宣传及其对国民大会选举修正意见仍以反对本党为惟一对象,毫无异于过去之行动……如其果诚意合作,应嘱即予彻底改正,从速停止此项宣传。"②

对于蒋介石的批评,周恩来却不以为然,他以书面意见特别告诉转达意见的顾祝同说:"甲、自贵党三中全会各项决策发表以来,贵党对共党之文字攻击与谩骂致散见各报,竟其持论与前无异,共党同志阅之屡受刺激。乙、对国民大会选举法的修改意见,共党所提与贵党中央所修改者确有原则上之差别,共党本其所见继续要求,此乃自由发表政治意见,早应为民主政治所许。丙、以上各事共党言论并未足越民主政治范围,贵党同志果欲以实施政策为天下倡者,则以实现共党之要求为最能合于民主自由。"③同时,根据中共中央指示,周恩来还两次致电蒋介石,红军的改编必须按如下程序:"一、确定共同纲领;二、发表边区政府及师长以上名义;三、实行军队改编,中央实行释放政治犯;四、目前先由周发表书面谈话。"④

鉴于在西安就此程序问题进行交涉难于解决问题,张冲于5月8日打电报给蒋报告协商结果,主张就此告一段落,与周恩来同返南京面见蒋介石。张冲电称:"(一)关于军队数目,结果勉强商得削至十五个团之数,编成三个国防师,统率于一个指挥部,受行营节制,详情由顾主任报告。(二)关于匪区善后问题:(1)编余老弱请中央给资遣散。(2)编余精壮改为徒手工队,请中央指定工程,担任修路。(3)原有该军地方部队改为民团保甲或行政区保安队。(4)原有学校限本期办完结束。(5)医院及工厂请予保留。(6)以上费用请中央发给。此乃系初步商酌,应先派一视察团调查后再核办法。"⑤

---

① 《毛泽东年谱》(上),673页。
② 《蒋中正致长安顾主任电》(1937年5月4日)。
③ 《周恩来致淮南兄并转墨三主任函》(1937年5月7日)。
④ 《毛泽东年谱》(上),674—675页。
⑤ 《中华民国重要史料初编》第五编(一),266页。

5月9日,蒋介石电示顾祝同,同意派团视察及见周恩来,决定过几天去洛阳时再就近约期与周恩来会面。蒋介石在电报中又要顾祝同就纲领及改编以外之中共要求等事先与周恩来进行磋商,并谈妥一切。因此,第二天,在张冲要求下,双方代表在西安再度进行商谈。周恩来进一步具体介绍了中共关于组织民族统一联盟及改组国民党问题的意见,并递交了早已拟就的《民族统一联盟组织规约》,同意与顾祝同交换意见。但顾祝同这时却急于首先解决派团视察陕北苏区的问题。根据中共中央的指示,周恩来于15日同意国民党派团视察,不过同时声明:第一,不能称为视察团,应为考察团;第二,不能让康泽及共党的叛徒进入苏区。18日,双方商定视察团改名为"中央调查团",于23日出发,由叶剑英陪同。该调查团26人分为4组,第一组旨在了解中共最近活动,及其对合作之意向;第二组旨在了解红军情况,及有无改编意图;第三组旨在了解红军大学和教育机关,看其有无违反三民主义之处;第四组旨在了解地方行政和民众状况,看其是否真要取消苏维埃政府。

五　周恩来、蒋介石二度庐山商谈

这个时候,国共两党的谈判已有了一个大致的结果,根据顾祝同的报告,双方已经谈到公布谈判结果的具体程序问题了。即:"(一)目前即由周恩来代表共党发表书面谈话,声明取消各项伪号,其内容系前次在杭面呈之件。(二)周进谒钧座商定纲领。(三)发表宣言说明共党新政策之转变并包括新纲领。(四)中央发表边区及部队官长名义。(五)编遣军队与正式点验,同时请中央分批释放共党人犯。关于纲领问题,周表示,如该纲领仅属共党,则将来宣言由彼方单独发表,否则作为各党派在领袖领导之下共同纲领,则将来宣言必须共同发表,其合作办法则为:(1)各党派取消原有政治主张,归纳在一个共同纲领之下,推其一个领袖为各党派所合组之委员长。(2)改组国民党,容纳各党派参加。兹事体大,彼谋将来面陈。"①

由于谈判进展到商谈两党具体的组织合作事宜,蒋介石自然要开

---

① 《顾祝同致蒋委员长电》(1937年5月13日),见蒋中正档案,特交档案(四),50669。

始打共产党组织的主意了,他希望能够借此一并消弭共产党政治上的影响力。用他的话来说,就是今后对共产党,"甲、应使其取消名称,改编组织;乙、应使其誓行三民主义;丙、应使其承认领袖之地位与权责;丁、应改编其军队为国军";可"宽纵其经济",甚至政治亦可从宽,惟应"严限其军额","区域则宜严",总之,"不能使之独立"。只有在这种情况下,才可以考虑共产党公开活动的问题。而且"国民大会前其宣传与组织均应停止活动",以后"共党如其要公开,则应取消其党名",不准其用"各党各派"字样,应承认领袖之权责,"否则不准其公开活动"。①

为了设法实现这一目标,蒋介石于22日电告顾祝同,要顾通知周恩来,他日内将赴牯岭,周月内来沪后可约会期。在与中共中央电报往返后,周恩来决定于27日飞沪,再转往江西庐山牯岭。周这时也拟就了希望能够与蒋介石商谈的几方面问题的腹稿。他所拟就的关于两党关系方面准备讨论的问题有:两党共同纲领问题,两党组织结盟或改组国民党、容纳共产党问题,释放被捕中共党员及爱国人士问题,发表共同宣言或共同声明以及发表边区名义及其委员会组成(以林伯渠、张国焘、秦邦宪、董必武、徐特立、高岗、郭洪涛及张冲、杜斌丞为委员)问题,改编红军、发表名义(以朱德、彭德怀、林彪、贺龙、徐向前、刘伯承为正、副司令及各师师长)问题,经费问题(支付正规军60万元、学校5万元、地方行政及武装15万元、遣散及善后60万元、收回苏票120万元等)。与此同时,周恩来还计划与蒋讨论修改国民大会选举法、修改宪法草案及中共参加国会和国防会议等问题。

5月27日,周恩来飞抵上海,之后于6月4日经南京转庐山。

6月8日,在仔细研究过周恩来提交的书面提纲和《民族统一联盟组织规约》等文件之后,蒋介石开始与周恩来进行正式谈话。实际上,还在上庐山之初,蒋就与张季鸾、张群、陈立夫具体商讨了对共产党的方针问题,并决定:"甲、经济从宽;乙、政治次之;丙、军事必严定限制;丁、主张坚绝不能迁就;戊、行动须令一致;己、区域与军官仅施监察亦可;庚、勿准联合各党各派主张;辛、勿准宣传共产主义;壬、改党名,誓

---

① 蒋中正档案,《困勉记》第42卷,1937年5月12日、17日、25日、29日条。

行三民主义;癸、承认领袖权责",坚持"最要者使共党与第三国际断绝关系,应令共党明了中国抗倭须以中国为本,并非为其他国家抗倭也"。① 在周恩来上山之后,蒋更基于各方报告,相信必须要严格限制共产党目前的活动,强调:"应警告共党:甲、不能提不必做之言、不能做到之事。乙、绝对服从与一致,不得擅自宣传。丙、不得任意活动与组织。丁、应限制与第三国际联络。"②

在这样一种心态的影响下,蒋介石对周恩来所提各点自然不会满意。他明确提出:中共应发表对外宣言,说明在国民大会开会以前将停止对外活动;政府在上项宣言发表后,即发表3个师的番号,并委任师长,3个师仍照12个团编制,人数可容至4.5万人,其编制办法与顾主任商定;3个师以上之总部不能设立,朱德、毛泽东等同志须离开军队出来做事;至于边区政府,应由中央方面派正的官长(可由中共推中央方面的人),边区自己推荐副的,事情仍由边区政府自己办。各边区由共方派人联络,经调查后实行编遣,但其领袖须离开。国民大会之240名指定名额中,可指定共党出席代表,但不能以共党名义出席。总之,为避免国内外恐惧与反响,共党应避名就实,不必力争目前所不能实现之要求。③

针对周恩来提出的成立民族统一联盟的建议,蒋介石也更进一步提出了他上次所强调过的"彻底合作"问题。如何"彻底合作"? 他的意见是:根据国民党高层内部已经商定的国民革命同盟会组织方案行事,即"甲、组最高干部会或团,各派五人至七人。乙、手续各先取消原有党籍,重填盟约誓书。丙、领袖有最后决定权。丁、干部先推定,后为圈定制"。④ 蒋介石对周恩来讲得很明白:所谓彻底合作,其关键就是国共两党组织上要统一。他认为,成立民族统一联盟的设想是可取的,但不如干脆叫"国民革命同盟会",而且不能如中共所提规约那样只是一个松散的民族统一战线组织。这个国民革命同盟会由他指定国民党的干

---

① 参见蒋中正档案,《困勉记》第42卷,1937年6月1日条。
② 蒋中正档案,《困勉记》第42卷,1937年6月5日条。
③ 参见《中共中央关于与蒋介石第二次谈判向共产国际的报告》(1937年6月17日),见《中共中央抗日民族统一战线文件选编》(中),514—516页。
④ 蒋中正档案,《困勉记》第42卷,1937年6月5日条。

部若干人、共产党推出同等数目的干部合组之,以他为主席,他有最后决定之权。在此基础上,两党一切对外行动及宣传,统由同盟会讨论决定,然后执行,关于纲领问题亦由同盟会加以讨论。同盟会在进行顺利后,将来视情况许可,可扩大为国共两党分子合组之党,进而与共产国际发生组织关系,以代替共党关系,并由此坚固联俄政策,形成民族国家间的联合。①

蒋介石的谈话,许多地方使周恩来难以接受,特别是在关于实行组织合作的原则及边区政府组成等问题上,周恩来均表示了不同意见。关于军队指挥与人事问题,周恩来与蒋介石"争论很久",他无论如何难以理解蒋介石何以上次明确表示3个师以上可以设立总的指挥部,他只派人联络,这次不仅不同意设立总的指挥部,而且还坚持要边区及各地红军的领袖统统离开部队。但争来争去,蒋介石最后只让步到可在3个师之上设一政治训练处代行指挥之权。用蒋日记中的话来说,就是"共党必欲将收编部队设一总机关,自为统率,此决不能允许,应严拒之"。② 对此,周恩来十分不满,接连与宋子文、宋美龄及张冲"往返磋商",请代为转达意见,但"仍不能解决"。蒋介石并且还托宋子文转告周:"(1)共党目标不要太大,易引起外间恐惧;(2)共党要首先取得全国信用;(3)共党不要使蒋太为难,以便将来发展。"③

六 中共代表再上庐山见蒋

对于这次庐山谈判,中共中央总的来说还是肯定的。这时中共首先看重的是国民党的合作诚意。在中共中央看来,蒋介石在庐山的谈话是表现了某种合作的愿望的。其次,中共中央更为注重的是保持自身组织上的独立性问题,争取实现边区和红军自办,这对共产党是最重要的。因此,其他问题这时在中共中央看来主要只是形式问题,是应当争取但并非不可做某些妥协的。故周恩来回到延安后,即致电张冲表

---

① 参见《中共中央关于与蒋介石第二次谈判向共产国际的报告》(1937年6月17日),见《中共中央抗日民族统一战线文件选编》(中),514—516页。
② 蒋中正档案,《困勉记》第42卷,1937年6月8日条。
③ 蒋介石在日记中的考虑是,成立国民革命同盟会,两党各派代表5人。见蒋中正档案,《困勉记》第42卷,1937年5月31日条。

示:"归来转达蒋先生领导合作诚意,党中同志极感兴奋,目前正在磋商一切具体办法并起草宣言,一俟拟就即当首途南来。"①

中共中央这时态度上之积极,可以从他们迅速表示接受蒋介石关于成立国民革命同盟会的提议,并很快拟就组织原则草案上报共产国际一事清楚地看出来。从中共中央6月26日给共产国际的电报可以知道,这一新的组织构想与他们原先提出的那个民族统一联盟已有重要不同。民族统一联盟是包容全国一切抗日政党及人民团体的民族统一战线组织,而革命同盟会正如蒋所要求的,只是国共两党合作的组织;民族统一联盟之主席应由各党派代表推选,推选出来的主席也没有任何特殊权利,而革命同盟会却明确规定以蒋为主席,并肯定了蒋依据共同纲领有最后决定之权。当然,由中共起草的这个组织原则草案,仍旧明确规定了同盟会内两党必须保有各自组织上的独立及政治批评的权利,规定同盟会不得干涉两党内部事务。中共中央认为成立这样一个同盟会,将能够依据共同纲领使国共两党之间的合作成为事实,并有助于解决两党之间的问题,以便真正改善两党关系。②

承认国民党事实上的领导地位,依照国民党政府的要求进行改编改制,包括承认蒋介石所提合组革命同盟会的条件及其最后决定权,这些对中共中央来说都不是太难的事情,因为中共这时所谋求的最主要的目标,就是要保持自身组织生存发展的独立性。而要保持自身组织生存发展的独立性,军队指挥权问题就成了重中之重、非争不可的问题了。周恩来回延安后再三致电张冲及蒋介石,称:虽然各项重要原则问题已经接近于解决,"惟总的指挥机关及主持人选,此间同志均认为非有此实无法进行改编,尤以朱同志去留影响极大",故"请予改变处置",以"渡此难关"。③

蒋介石既然刻意提出指挥权问题,自然深知此一问题为关键。他

---

① 《周恩来致张淮南电》(1937年6月22日)。
② 参见莫斯科俄罗斯当代历史文献保管与研究中心档案,全宗号514,目录号74,卷宗号279。
③ 《周恩来致张淮南电》(1937年6月22日)。周同日有《致牯岭蒋委员长侍从室钱主任转蒋夫人顺密蒋先生电》,内中此段文字为"惟三师以上之指挥机关及主持人选,党中同志佥认非有此实无法进行,尤以朱同志去留影响极大,务请鉴察此间实情,改变处置为至幸"。见蒋中正档案,特交档案,第26031011号。

这时未必打算趁机夺取中共军队,但自西安事变以来停止"剿共",有一个问题必须有所解释,这就是,来自共产党的威胁是否真正被消除了?蒋既不能收编或遣散红军,红军的继续存在本身,就意味着某种威胁还存在,蒋无论如何难以向党内反对势力加以解释。如果能够把红军的指挥权掌握在自己的手中,这个问题自然也就不难解释了。这正是蒋别出心裁地坚持不允许红军自设总指挥部的重要原因所在。张冲、顾祝同等身为国民党人,自然也乐得如此,周虽极力要求张冲代为进言,张冲却几度来电表示:既然蒋坚持己见,周也曾再三与宋美龄、宋子文磋商交涉而无结果,目前似不宜力争,不如争取改日见蒋介石时再行商谈。顾祝同这时也复电周恩来,转达蒋介石的意见说:蒋"以环境关系及现时事实上之困难",对此实难让步,还望"转告贵方诸同人体念委座处境之苦",不必斤斤计较于此"区区小枝节"。①

还在6月25日,中共中央就已经根据国共合作渐趋明朗化的形势,内定了更加积极的统战方针。中共中央决定:第一,利用蒋介石准备在庐山召开各界人士谈话会的机会,设法推动各方参加者在谈话中提出积极的民主救亡主张,同时进行宪政促进运动,争取修改宪法草案和增加国民大会中的抗日左倾分子。第二,努力促成国民革命同盟会,并且对蒋介石关于以后视情况由同盟会扩大为国共两党分子合组之党,以及由同盟会与共产国际发生关系以代替中共与共产国际关系的提议,"可不加反对",争取"运用同盟会使之成为政治上两党合作的最高党团"。第三,开始具体进行改编准备,于7月底以前基本完成每师1.4万人上下的3个师的各种改编工作,于8月1日正式宣布改编。目前则应着力准备7月中发表宣言。在宣言发表后蒋若同意设总的军事指挥部,红军即待其名义发表后改编,否则即于8月1日自行宣布改编,采用"国民革命军暂编师"名义,编3个正规师共4.5万人,总部编制3000人,地方部队编1万人;至于陕甘宁边区,在7月内自动实行民主选举,并向蒋推荐张继、宋子文、于右任3人择一为边区行

---

① 《顾祝同致叶参谋长转恩来电》(1937年6月26日)。

政长官,林伯渠为副长官,其下各行政部门由我方推荐负责人选,请行政院任命。① 十分明显,为了能够达成两党之间的妥协,中共中央这时已经作出了重大的让步。

7月7日,根据中共中央的决定,博古、林伯渠与周恩来应蒋介石之邀经西安飞至上海,准备转往庐山,同蒋介石进行下一阶段的谈判。可是,这一天刚好爆发了卢沟桥事变。随着卢沟桥事变的迅速扩大,国民党在两党谈判中的优势地位迅速发生了逆转。这种情况自然为中共中央争取有利的合作条件提供了千载一时的机会。

---

① 参见《中央关于与国民党谈判的方案问题致彭德怀、任弼时、叶剑英电》(1937年6月25日),见《中共中央抗日民族统一战线文件选编》(中),517—519页。

第四节 "七君子"获释与国共合作的实现

一 救国会"七君子"案

就在国共两党就合作问题深入谈判的几乎同时,蒋介石对国内其他抗日救亡势力的态度也在发生着相应的变化。在这里,最典型的就是对救国会领袖"七君子"案的处置问题。

"七君子"案是以上海为中心的救亡运动抗拒国民党当局统制政策所导致的一场政治风波。还在上海文化界救国会发起之初,国民党特务人员就断言其"分子复杂,活动范围广大","将来毒焰所及,势必直接及于各地青年团体及义化团体,间接更有侵入各种职业、产业团体及民众之危险",因而国民党中宣部公开发表《告国人书》,危言耸听地指斥上海文化界救国会实为共产党煽惑下赤色帝国主义者汉奸之爪牙与工具,如不加悔改,不听劝告,"政府自不得不本蝮蛇螯手,壮士断腕之决心,为维持社会之秩序与保护国家之治安起见,当予以最后的严厉之制裁"。① 南京政府亦于2月20日颁布《维持治安紧急办法》,特别作出规定:"军警遇有妨害秩序,煽惑民众之集会游行,应立予解散,并得逮捕首谋者及抵抗解散之人。"② 随后,上海等地国民党当局先后以鼓动学潮、毁谤政府的罪名,查禁了《大众生活》等24种倡言抗日的刊物,并逮捕了大学生救国会负责人十多名。

---

① 转见1936年2月12日《申报》。
② 1936年2月21日《申报》。

然而,6月1日,以沈钧儒、章乃器、李公朴、王造时、史良、沙千里、陶行知等为常务委员的全国各界救国联合会的成立,显示了上海各界坚持救亡运动的不屈不挠的态度。救国会在上海乃至全国的影响日渐扩大,其公开宣传"停止内战,一致抗日"的主张,与蒋介石既定的国策明显冲突,这最终导致了国民党中宣部要求上海市政府出面逮捕沈钧儒等人。

1936年11月23日,上海市公安局派出8个行动小组,会同租界捕房,分别到沈钧儒、章乃器、邹韬奋、李公朴、王造时、史良、沙千里、陶行知家里捕人。除陶行知先期出国未遭逮捕外,沈钧儒等7人均被租界捕房解送到江苏高等法院高二、高三分院受审。经律师辩护,7人当天均因捕房拿不出证据与事实而交保释放,但上海市公安局随即又以从前拿获的某共产党员供认沈钧儒等人有共产党嫌疑的口供为借口,迫使高二分院再度发出拘票,拘押沈钧儒等人。12月4日,上海市公安局把沈钧儒等解送到苏州横街江苏高等法院看守所羁押。

救国会"七君子"被捕,在社会各界人士中引起了极大震动。宋庆龄率先出面组织营救,冯玉祥、于右任等国民党人也出面参加营救。上海实业界领袖穆藕初等发起援救爱国七领袖运动;杜重远、黄炎培、马相伯、胡愈之等社会名流奔走呼号;平津文化教育界许寿裳、许德珩、张东荪、张申府等109位知名人士则联名致电国民政府,表示强烈抗议;北平各大学学生救国联合会组成请愿队,南下赴京请愿,要求南京政府立即释放被捕的"七君子"。此外,成都、广州等地救国团体,乃至国外华侨团体,也开展了声势浩大的救援活动。

蒋介石对救国会一事最初是力图诱导。他曾于全国各界救国联合会成立一个月后,即国民党五届二中全会后,专门邀请沈钧儒、章乃器、李公朴3人去南京面谈,一面说明政府决心抗日的立场,一面要求救国会服从国民党的领导。但这次谈话未能使救国会的活动纳入国民党所要求的轨道,沈钧儒等甚至公开发表《团结御侮的几个基本条件与最低要求》等文章,与毛泽东等共产党人互通声气,并且公开声援上海日商纱厂罢工,使国民党当局高度紧张。因此,当上海公安局拘押"七君子"后,蒋介石亦明确认为处置适当。

但是,随着西安事变和平解决、"剿共"战争停止、国共两党开始具体商谈妥协事宜,国民党内对救亡运动的态度也不可避免地发生了严重分歧。1937年2月15日,国民党召开五届三中全会,宋庆龄、何香凝、冯玉祥、张人杰、李煜瀛、孙科等14人联名向大会提出《恢复孙中山三大政策之提案》,提出:"近半年来迭次接中国共产党致我党中央委员会书函通电,屡次提议国共合作,联合抗日,足证团结御侮已成为国人一致之要求。最近西安事变,尤足证实此点。虽与本党向处敌对地位之中国共产党亦愿停止危害本党政权之企图,拥护统一抗日,我党更应乘此机会恢复总理三大政策,以救党国于危亡,以竟革命之功业。"①杨虎城、于学忠亦提出改组政府、收容各党各派人才负责救国和停止内战、释放上海被捕爱国志士等主张,孙科、冯玉祥等还提出《请特赦政治犯案》《促进救国大计案》,李宗仁、白崇禧等则提出《保障民众爱国言论解放民众爱国运动扩大救国力量案》,潘公展、张继等亦提出《请确定巩固和平统一之实施步骤案》等。所有这些主张和方案,几乎都一致地提出了开放言论、团结救亡力量的思想,足见西安事变后,停止内战、一致对外、同情抗日救亡运动,也已形成一股潮流。

二 蒋介石下令释放"七君子"

在这种情况下,国民党五届三中全会通过了由蒋介石等人组成的起草委员会起草的《根绝赤祸案》,提出了处理与共产党关系的"最低限度办法"四条:

第一,一国之军队,必须统一编制,统一号令,方能收指臂之效,断无一国家可许主义绝对不相容之军队同时并存者,故须彻底取消其所谓"红军",以及其他假借名目之武力。

第二,政权统一,为国家统一之必要条件,世界任何国家断不许一国之内,有两种政权之存在者,故须彻底取消所谓"苏维埃政府"及其他一切破坏统一之组织。

第三,赤化宣传与以救国救民为职志之三民主义绝对不能相容,即

---

① 1937年4月15日《救国报》。

与吾国人民生命与社会生活亦极端相背,故须根本停止其赤化宣传。

第四,阶级斗争以一阶级之利益为本位,其方法将整个社会分成种种对立之阶级,而使之相杀相仇,故必出于夺取民众与武装暴动之手段,而社会因以不宁,民居为之荡析,故须根本停止其阶级斗争。①

国民党五届三中全会于22日宣告闭幕,其宣言中第一次提出要准备抗战。这样,一方面主张和共,一方面主张抗战,国民党的政策明显地发生了进一步的重要转变。蒋介石在会后答记者问中甚至特别提出:除了宣传赤化、扰乱地方治安的言论和无端造谣外,对任何言论主张均应持开放的态度,并"希望全国一致尊重合法之言论自由"。②

国民党政策的变化,不能不影响到其对"七君子"案的处置。1937年4月3日,鉴于对"七君子"法定羁押侦查期满,江苏高等法院检察官炮制了一份起诉书,对沈钧儒、章乃器、邹韬奋、李公朴、王造时、史良、沙千里、陶行知以及罗青、顾留馨、任颂高、张仲勉、陈道弘、陈卓等14人提起公诉,指称他们犯有"十大罪状",即:(1) 有意阻挠中央"根绝赤祸"之国策;(2) 不承认现政府为有统治权,并欲于现政府外更行组织一政府;(3) 蔑视政府,故为有利于共产党之宣传;(4) 提倡人民阵线,有国际背景和政治野心;(5) 抨击宪法;(6) 煽动工潮;(7) 宣传与三民主义不相容之主义;(8) 与第三国际有关系;(9) 勾结军人,谋为轨外行动,引发西安事变;(10) 罗青曾参加以危害民国为目的的团体,有牵涉章乃器并及沈钧儒、邹韬奋之处。按国民政府1931年1月31日颁布之《危害民国紧急治罪法》第六条关于"以危害民国为目的而组织团体或集会,或宣传与三民主义不相容之主义者,处五年以上,十五年以下有期徒刑"之规定,各犯均应被判刑。

鉴于这一审判影响巨大,国民党中央秘书长叶楚伧亲自过问并插手其间,试图在不扩大事态和影响的情况下,将此事平息,同时也要将沈等变相定罪,由法院移送反省院,结具悔过,以保政府颜面不失。此举自然遭到了"七君子"的坚决抵制。6月初,蒋介石已决定邀集一些社会名流上

---

① 1937年2月22日《中央日报》。
② 参见1937年2月23日《中央日报》。

庐山开会,共商抗日御侮、复兴民族的大计。"七君子"本来就是著名学者,又是抗日救亡运动的领袖,蒋自然也将他们列入必须邀请的名单之列。但是,很显然,蒋希望叶楚伧等能使沈钧儒等稍做悔过表示。却不料叶等只是一厢情愿,他们的这种做法反而造成事态僵持不下。6月25日,江苏高等法院更新审理"七君子"案的当天,宋庆龄、何香凝、胡愈之、诸青来、沈兹九、胡子婴、王统照、张天翼、陈波儿等16人公开发表入狱运动宣言,声称:"沈钧儒等七位先生关押在牢里已经七个月了,现在第二次开审,听说还要判罪。沈先生等犯了什么罪?就是犯了救国罪。救国如有罪,不知谁才没有罪?我们都是中国人,我们都要抢救这危亡的中国。我们不能因畏罪就不爱国不救国。所以我们要求我们拥护信仰的政府和法院,立即把沈钧儒等七位先生释放,不然我们就应该和沈先生等同罪。沈先生等一天不释放,我们受良心驱使,愿意永远陪沈先生等坐牢。"①宋庆龄倡导的救国入狱运动,在社会上引起了强烈的反响,各界人士,包括作家、导演、电影演员、大学教授、音乐家、剧作家、学生、职员等数以百计,向江苏高等法院具状,请求与沈钧儒等同负法律责任。此事使蒋介石十分被动,以致大发脾气。正值这时,卢沟桥事变爆发,沈钧儒等率先发起抗日救亡运动更无罪可言,蒋介石见状亦乘势电令江苏高等法院将沈等开释。

三 卢沟桥事变后蒋介石再让步

蒋介石在国共关系问题上的态度与在"七君子"案问题上的态度也颇为相似。卢沟桥事变发生前,蒋介石在军事指挥权等问题上仍旧锱铢必较,毫不让步,对中共要求3个师以上设一总指挥部独立指挥绝不答应,甚至拖着不着急解决红军改编问题。卢沟桥事变发生之初,其态度也还是相当犹豫。周恩来等7月14日到达庐山参加谈话会,首先听说的就是蒋介石不仅不同意中共军队设总指挥部,而且不许以政治机关代理指挥。蒋介石坚持,红军改编后"各师须直接隶属行营,政治机关只管联络"。②

周恩来得此信息后,当即致函蒋介石,据理力争,称:"上次在庐,承

---

① 《妇女生活》第4卷第12期,1937年7月1日。
② 《周恩来年谱》,第371页。

面告三师以上不能设指挥总部时,来即陈说在改编后不能无统率机关以管理人事经理教育指挥等事的困难。先生当答以可由政治机关如政治主任来管理联络。来彼时曾反问,政治机关如何能指挥军事,先生曾说:我要你们指挥,你们亦实能指挥,这是没有问题的。面谒后,来以政治名义管理军队究极不妥,曾向子文先生及蒋夫人再三陈说三个师以上的统率机关应给以军事名义,因先生坚持未允,来乃归陕北磋商,中间并一度来电重申前请",至不得已时,才"据此再三向党中军中诸同志解释",取得了谅解;而此次反复,"与来上次在庐所面聆及归陕向党中诸同志所面告者,出入甚大,不仅事难做通,且使来一再失信于党中同志,恐碍此后各事之进行"。① 周恩来同时提出了关于谈判的12条意见,要求蒋介石同意发表中共宣言,发表陕甘宁边区政府名义,划定18县之疆界,共同派人赴南方联络与传达两党合作方针,以改编红军游击队。②

---

① 《周恩来年谱》,371页。
② 据国民党方面6月5日调查报告所得,中共在南方的游击队等各种武装人数,仅约四五千人,而中共所报的人数则超出一倍,双方自难谈拢。详见《各边区伪匪实力查考表》(民国二十六年六月五日军事委员会委员长西安行营第一厅调制):见台北"国史馆"藏蒋中正档案,特交档案51078号。

地区	"匪首"及实力				"伪方"代表所报情形		判断
		"匪伪军"番号及"匪首"	人数	枪枝	领导人	人数	
豫鄂皖边区		"伪廿八军"军长高俊亭	约五六百	五六百	高俊亭	二三千人	一、"伪方"所报高俊亭股系属确实,但人数浮报甚多。二、豫鄂边区领导人想系"伪方"隐而不报
	豫鄂边区					一千余人	
湘鄂赣边区		"伪十六师"师长方步舟	约千余人	约八百	傅秋涛	一二千人	一、查傅秋涛系"伪湘鄂赣军区"政委,方步舟系"伪十六师"师长,判断"伪方"代表所报傅部即是方部。二、谭股已有二百余人似有扩股似有五六百人,周弘三股系"伪方"代表所报,似为属实。三、湘鄂边区领导人想系"伪方"隐而不报。
	湘鄂赣边区					一千余人	
	湘鄂赣边区	"伪湘赣边区独立团"团长谭余金	约二百余人	约二百余支	旷彪 谭余保	五六百人	
	湘赣粤边区				周弘三	数百人	
豫鄂陕边区		张瞎子、周斗娃股	二百余人	约百支			张周任各股当系土匪非"伪军"
		任桂庭股	约四五百	约二百余			
闽浙赣皖边区		"伪闽北军政委员长"黄立贵	约五六百	约三百余	黄立贵	二千余人	一、"伪方"所报黄立贵股似属确实,惟人数浮报颇多。二、刘吴两股系归黄立贵统辖,三股约共千余人。
		"伪闽北区"政委刘英	约五百余	三百余			
		"伪七军"支队长吴育	约二百余	百余枝			
	闽西南边区				张鼎丞	约千人	张鼎丞我方未据报,"伪方"所报该股盘踞杭永岩各县似属实
川鄂黔边区		龙华轩股	人数未详	未详			龙田两股想系土匪
		田子青股	人数未详	未详			
	川南				余泽洪	未详	"伪方"所报欧阳股及余股似为属实
	湘南				少数游击队		
	黔西				欧阳荣唐	三四百人	
粤东江					古大存		人数"伪方"隐瞒未报
桂西						千人以上	"伪方"所报人数似虚报甚多,其领导人想系隐而不报
附记	我方搜得"伪军"实力系根据广州行营及豫鄂陕与闽浙赣皖两边区主任公署最近情报记载之。						

17日,周恩来、博古、林伯渠与蒋介石、邵力子、张冲等会谈,双方对政治问题没有太多争论,军事指挥问题仍谈不拢。蒋介石虽略有让步,从"政治机关只管联络",让步到"政治主任只能转达人事指挥",却仍坚持"三个师的经理教育直属行营",且三个师的参谋长由南京派,政治主任要周恩来或林伯渠当,最后甚至提到可要毛泽东任副主任,总之坚持不要军人。鉴于双方观点相左,一时难以沟通,共产国际这时又有红军与苏区必须全权由自己包办不应让步的指示,周恩来等在"力争无效"之后,不得不返回宁沪"暂观时局变化"。①

时至于此,中共中央已无路可退,决心"采取蒋不让步不再与谈之方针",要周恩来等干脆返回延安。在这个问题上,朱德、彭德怀等众多红军将领的态度最为坚决。他们坚持认为:"蒋介石对红军改编所提条件,超过我们统一战线最低限度原则,如果接受其条件有瓦解危险。我们改编三个国防师一军部及若干地方武装,是最低限度的原则与要求,否则(应)拒绝谈判。"他们相信,只要利用现在有利形势,立即自动地改编为三个师一个军部,向全国公布,蒋介石将没有理由宣布谈判破裂,即使他以经济和粮食来封锁红军,红军一面向共产国际请求接济,一面广泛募捐,也不难应付。显然,由于中日战端已开,中共中央相信蒋介石已失去进一步讨价还价的资本,不仅独立指挥权问题,就是成立独立的总指挥部或军部的问题,都有解决的可能。②

果然,7月27日,蒋介石沉不住气了,在反复考虑要不要给红军番号、令其改编出动之后,到底还是电催共产党人,照庐山所谈内容在10日内改编完毕,明示南京将发表3个师的番号及各师旅团长与政治主任名单,并建议以康泽为副主任,同意不再加派各级副职人员。③ 但中共中央这时已不满足于用政治机关代行指挥权的前议了,而是明确提出非有独立指挥机关不可。中共中央强硬地表示:"(1)八月十五日前编好,二十日出动抗日;(2)三个师以上必须设总指挥部,朱正彭副,并设政治部,任弼时为主任,邓小平为副主任(不要康泽),以便指挥作战;

---

① 参见《博、林、周致洛、毛电》(1937年7月21日)。
② 参见《中央书记处致朱德、彭德怀电》(1937年7月27日)。
③ 参见《蒋中正致长安蒋鼎文电》(1937年7月27日);康泽《我在国共谈判中扮演的角色》,载台北《传记文学》第61卷,第1期。

(3)三个师四万五千人,另地方一万人,设保安正副司令,高岗为正,萧劲光为副,军饷照给;(4)主力出动后集中作战不得分割;(5)担任绥远方面之一线。"①随后,中共一面申请各种补助,一面即下令迅速集中红军主力于三原进行改编,同时决定借此机会设立总指挥部,并"不管南京承认与否,实行在军委领导下之全权指挥"。②

7月31日,南京下达了3个师的番号,即八路军第115师、120师、129师,并同意照中共所提人数及编制改编。8月2日,蒋鼎文转蒋介石电,邀请周恩来"约同朱毛诸先生即来京面商大计"。③ 3日,蒋介石再电周恩来,要红军立即向绥德、榆林及延安集中,以便出发抗日。4日,蒋介石正式颁布了红军改编后的师、旅、团番号。同日,蒋鼎文电告中共中央:"顷奉委座面谕:(1)限期贵部能于八日迟至十日出动,本月二十五日集中大同完毕工作……(2)正副总指挥及宣言仍须得抗日实现时发表;(3)政训主任及师旅团长均已照单发表,惟参谋长仍由中央选派。"④显而易见,因战争关系,蒋介石虽仍然力图干预,但已不能再纠缠于指挥权不放,只得承认其设立总指挥部了。

8月9日,应蒋介石邀请,中共中央派朱德、周恩来、叶剑英等飞往南京,参加南京政府组织召开的国防会议,同时准备提交中共对于国防问题的各项意见,并与国民党谈判红军改编出动等各项具体问题。但中共领导人在11日出席了国民政府军事委员会军政部召集的谈话会之后,在隔日与康泽、邵力子、张冲的会谈中,却发生了冲突。因为,康泽将中共起草的为公布国共合作的宣言大加删改,削去中共初稿中有关政治纲领、国共谅解与合作等条文与字眼,并且连"共产党"三个字也统统删去不提,同时继续坚持派参谋长和政治部副主任等。朱德等当场与康泽发生激烈争执。据康泽自己说,当时"差不多到了拍桌子的程度"。⑤

康泽是国民党复兴社的书记长,自7月被蒋召来主持对中共政治

---

① 《毛泽东年谱》(中),6页。
② 《毛致朱、彭、任诸同志并告剑英电》(1937年7月28日)。
③ 《蒋鼎文致肤施周恩来兄电》(1937年8月2日)。
④ 《蒋鼎文致周恩来兄电》(1937年8月4日)。
⑤ 康泽:《我在国共谈判中扮演的角色》,载台北《传记文学》第61卷,第1期。

谈判以来,极力想把国民党人的看法强加给中共,因而与中共代表在很多问题上都谈不拢。朱德等13日致电中共中央,痛斥"康泽捣乱,并勾结西安改组分子为难"我们,认为康泽对中共起草的宣言的修改,我们"无论如何不能同意"。但考虑到宣言应当早日发表,以便立即改编,争取主动,因此他们仍建议在文字上可将"民主"改"民权",同意将"国共两党"等字眼删去,"与国民党获得谅解"改为"与中央获得谅解"或"号召全国同胞共赴国难"等。而毛泽东认为没有必要做如此让步。他认为形势不利于蒋而有利于共,因而坚持在国共合作等字句上不仅不应让步,反而应该进一步加上中共新提出的抗日救国十大纲领,强调"宣言可以修改,但决不能照康泽提案",在国难如此严重的情况下,国民党"没有理由提出把国共团结等语改变";主张宣言"不忙于要求发表"、部队也"不忙于迅速出动","欲速不达,缓则有济"。①

四 "八·一三"抗战打响　中共实现改制改编

1937年8月13日,由于日军开始大举进攻上海,战争形势严峻,国共双方的态度都不能不转趋软化一些。中共代表最终参考康泽的意见修改了宣言稿,删去了原稿中所有关于"国共合作""民族统一战线"之类的字眼,康泽也不再要求删去原稿中中共关于自己政治主张的那些说明。当然,关于发表宣言的时间问题,蒋介石仍坚持要等到中共军队出动达到前线之后才有可能。

由于全面抗战这时已经展开,蒋介石已直接电令红军参加作战,中共也以国民革命军第115师第1旅为先遣兵团,依照蒋令向前线运动,国共两党之间的军事合作实际已经开始,政治形式上的分歧已不能成为两党关系的重大阻碍。因此,中共中央最终同意在宣言问题上做出某些让步,除坚持党的近期奋斗目标必须写上外,凡"国共合作"与"两党亲密团结"之类的话均可依照国民党方面的意见统统取消。但中共中央仍坚持:(1)发表我党宣言,同时蒋发表谈话;(2)发表边区组织组成;(3)发表指挥部组成;(4)发给平等待遇之经费;(5)发给平等待

---

① 《洛(甫)、毛(泽东)致朱(德)、周(恩来)、叶(剑英)电》(1937年8月14日)。

遇之补充器物；(6) 红军充任战略的游击支队，同时拒绝中央派政治副主任，只接受联络参谋。① 国民党方面也很快同意中共中央派人去南方以改编各地游击队，并开始部分释放在狱的中共党员。至 18 日，蒋介石终于正式发表指挥部组成：朱德为第八路军总指挥，彭德怀为副总指挥，拖延甚久的指挥部问题遂告解决。

军队指挥权问题解决之后，宣言及边区政权问题变得突出起来。由于对日作战在即，红军有生力量的保存关系到中共和边区的生死存亡，再加上在半年多的谈判过程中中共领导人深感蒋介石怀有某种对红军不利的企图，因此，毛泽东颇感不安，明确表示担心会出现"红军受命出动后即变为蒋之属下，彼以命令行之，彼时党的问题与边区的问题由彼解决，甚至将不许发表宣言，并取消苏区"的极端被动局面。② 故中共中央此时在部队出动问题上仍十分谨慎，在第 115 师向南京军委指定地点前进后，又派出第 120 师及八路军总部向前线集中，但对第 129 师则决定"非把国共间各主要问题弄好后决不出发"。尽管，南京方面对红军出动缓慢颇有怨言，蒋也以此为由拖延发表宣言，甚至红军将领和中共政治领导人中都有人对这种做法表示疑问，但毛泽东等坚持认为：为迫使国民党让步和确保问题之解决，中共中央目前的"部署是完全正确的，不要听信国民党一部分人之无理浮言，而自乱其步骤"。③

8 月 30 日，康泽通知中共代表：边区政府已决定以丁惟汾为正、林伯渠为副，八路军政治部已决定周恩来为正、李富春为副，两党关系宣言则必须在中共部队全部出动抗日之后才能发表。据说，南京政府这时还确定了派驻红军的高级参谋人员。得此消息后，中共中央当即表示反对，并致电自己的谈判代表称，"丁维汾是过去反共首领，苏区民众决不承认他为长官，必以林伯渠为长官，张国焘为副长官"，以任弼时、邓小平为政治部正、副主任，国民党给周恩来的委任状必须退还。同时，中共中央强调：南京所派"高级参谋前方实行挡驾，不许踏进营门，

---

① 参见《朱(德)、周(恩来)、叶(剑英)致中共中央电》(1937 年 8 月 13 日)。
② 参见《毛泽东年谱》(中)，13 页。
③ 《洛(甫)、毛(泽东)致博(古)、林(伯渠)、彭(德怀)、任(弼时)电》(1937 年 8 月 18 日)。

理由是南京应该信任红军,不应该破坏红军,但外面传说高级参谋是康泽等派来破坏红军的,因此不敢欢迎,如改为联络参谋并改派红军同意之人选则不拒绝"。①

据此,周恩来于9月2日向康泽等强硬表示:"(1)中共宣言与蒋先生谈话请照庐山原案,同时签订即日发表;(2)边区政府请即以林伯渠同志任正长官、张国焘任副长官名义发表,以便早日取消苏区实行改制并办善后;(3)八路军总部及各师高级参谋其任务系在联络,务请受命者认识清楚,免生误会;(4)八路军政治主任弟方久已推荐任弼时、邓小平两同志分任,今颁命周、李,恕难接受,请即改任任、邓,以利团结。凡上所述烦即转陈蒋先生,请对弟方人员部队予以绝对信任。弟敢言合作大计既定,长期抗战已起,共党红军除在民族战线上努力外,无异意也。因之一切人事提议请以整个团体者信之,各事必将迎刃而解,否则徒增弟方不安耳。"②

由于战争形势异常危急,蒋介石对中共种种要求,"此时惟有顺受之"。③ 9月之后,国民党方面一再催促共产党的军队尽快出动。为表示抗日诚意,自中共中央8月下旬在陕北洛川召开政治局会议后,中共中央也已经派出2个主力师转赴华北前线,但仍留1个师不动,作为迫蒋让步之手段。中共中央的目的已很明确,即要蒋介石立即发表中共宣言,承认中共合法,边区政府坚持林正张副,"不要国民党任何人",甚至南京派来的高级参谋和政治部副主任,也"全部坚决拒绝,不许其进入营门一步"。中共中央确信:只要宣言发表,我们取得合法地位,其他问题暂时不能解决均"无大妨碍",我们完全可以"一切自行组织,不管国民党如何","就大势看,再过几个月,此层可以办到"。④

果然,国民党内部也已经开始有不同意见了。黄绍竑受命考察华北战局过程中,即明确提出:"山西方面所有部队仅足布防,惟恃第八路军作为机动。但闻该部行动迟慢,其原因为中共宣言未发表及边区问

---

① 《洛(甫)、毛(泽东)致西安、前总、周(恩来)、博(古)、林(伯渠)、朱(德)、彭(德怀)、任(弼时)电》(1937年9月1日)。
② 《周恩来年谱》,380页。
③ 蒋中正档案,《困勉记》第44卷,1937年8月27日条。
④ 《洛甫、泽东致博、叶并告周、朱、彭、任、林电》(1937年9月20日)。

题未决之故。职意当此紧急时期,上述问题似宜解决,以免碍及军事行动。"①阎锡山也期待中共军队能够如数开拔,参加山西抗战,故对宣言和边区主任两事同样颇多同情,希望蒋能予通融。其电称:"至宣言与边区两事,据称宣言系中国共产党宣言,正主任人选,仍应由中央派定,但彼方拟请中央由彼前在南京提出名单中选派就职等。观察该路军抗敌情绪兹为积极,当此用兵之际,其所请两事应予照准。俾彼将士各得安心早日加入前线,扩大战果。"②有鉴于此,再经博古、叶剑英与康泽等进一步交涉,国民党方面终于不得不作出新的让步,同意照中共意见重新修改宣言,以同时发表中共宣言与蒋之谈话来宣布共产党之合法化,确定高级参谋为联络性质,同时对边区政府组织以丁惟汾暂不到职,由林伯渠代理正职的方式表示妥协。这样一来,中共中央所争取的目标实际上基本已达到了。

9月22日,经过反复磋商之后,国民党方面终于同意公开发表中国共产党的宣言了。中共在宣言中宣称:

(一)孙中山先生的三民主义为中国今日之必需,本党愿为其彻底的实现而奋斗。

(二)取消一切推翻国民党政权的暴动政策及赤化运动,停止以暴力没收地主土地的政策。

(三)取消现在的苏维埃政府,实行民权政治,以期全国政权之统一。

(四)取消红军名义及番号,改编为国民革命军,受国民政府军事委员会之统辖,并待命出动,担任抗日战线之职责。③

次日,蒋介石也公开发表谈话承认共产党的存在,并表示愿意不计前嫌。谈话称:"余以为吾人革命,所争者不在个人之意气与私见,而为三民主义之实行。在存亡危急之秋,更不应计较过去之一切,而当使全

---

① 《黄绍竑致南京蒋委员长电》(1937年9月19日),见蒋中正档案,特交档案,第26034164号。
② 《阎锡山、黄绍竑致南京蒋委员长电》(1937年9月20日),见蒋中正档案,特交档案,第26035169号。
③ 《解放》(周刊)第18期,1937年10月2日。

国国民彻底更始,力谋团结,以共保国家之生命与生存……对于国内任何党派,只要诚意救国,愿在国民革命抗敌御侮之旗帜下共同奋斗者,政府自无不竭诚接纳,咸使集中于本党领导之下,而一致努力。中国共产党人既捐弃成见,确认国家独立与民族利益之重要,吾人惟望其真诚一致,实践其宣言所举之诸点,更望其在御侮救亡统一指挥之下,以贡献能力于国家,与全国同胞一致奋斗,以完成革命之使命。总之,中国立国原则为总理创制之三民主义,此为无可动摇、无可移易者。中国民族既已一致觉醒,绝对团结,自必坚守不偏不倚之国策,集整个民族力量,自卫自助,以抵暴敌,挽救危亡。"①

中共宣言得以发表及蒋介石公开发表谈话承认接纳共产党,终于结束了这场耗时 21 个月之久的曲折接触和艰苦谈判的过程。国共之间的矛盾以政治方法得以解决。尽管,这种解决与蒋介石早先所设想的情况相差甚远,而且就国共两党此后长达数年的摩擦冲突和交涉的历史而言,其实也才仅仅是一个开头,但它毕竟为中国的全面抗战赢得了一段可贵的内部和平时期,从而成就了一种前所未有的国内统一与团结的局面。

---

① 《中共中央抗日民族统一战线文件选编》(下),823—824 页。

主要参考文献

一　未刊档案

1. 莫斯科俄罗斯当代历史文献保管与研究中心藏档
2. 台北"国史馆"藏档
3. 台北中国国民党中央委员会党史会藏档
4. 中央档案馆藏档

二　已刊报刊

1. 大公报
2. 大众生活
3. 东方杂志
4. 斗争
5. 独立评论
6. 革命评论
7. 革命文献
8. 贡献
9. 广州民国日报
10. 国际新闻通讯
11. 国民政府公报
12. 国闻周报
13. 汉口民国日报
14. 红旗日报

15. 红色中华
16. 红星报
17. 华北日报
18. 华侨半月刊
19. 解放(周刊)
20. 近代史研究
21. 近代史资料
22. 救国报
23. 救国日报
24. 抗日旬刊
25. 历史研究
26. 民报
27. 民国档案
28. 民意
29. 南京晚报
30. 三民主义月刊
31. 上海民国日报
32. (上海)新闻报
33. 申报
34. 申报月刊
35. 时事新报
36. 时事月报
37. 世界文化
38. (台北)传记文学
39. 太阳月刊
40. 文化建设
41. 文献和研究
42. 文学导报
43. (西安)解放日报
44. 新思潮
45. 新月
46. 新中华
47. 益世报
48. 再生
49. 中共党史研究
50. 中共党史资料
51. 中农月刊
52. 中央日报

53. 中央周报
54. 自由评论

三　已刊书目、文章

1. [美]阿瑟·恩·杨格.1927－1937年中国财政经济情况.陈泽宪,陈霞飞译.北京:中国社会科学出版社,1981
2. 北京大学法律系国际法教研室编.中外旧约章汇编.北京:三联书店,1962
3. 毕万闻主编.张学良文集.北京:新华出版社,1992
4. 蔡尚思主编.中国现代思想史资料简编.杭州:浙江人民出版社,1983
5. 曹伯言整理.胡适日记全编.合肥:安徽教育出版社,2001
6. 陈公博.寒风集.上海:地方行政社,1944
7. 陈红民等.国民政府一、二两届立法院组成分析.载:民国档案,2000(2)
8. 陈晋文.南京国民政府首届公务人员高等考试述论.载:史学月刊,1998(5)
9. 陈谦平.试论抗战前国民党政府的国防建设.载:南京大学学报,1987(1)
10. 陈青之.中国教育史.上海:上海书店,1989
11. 陈绍禹.王明选集.东京:汲古书店,1970－1972
12. 陈漱渝等编.中国民权保障同盟.北京:中国社会科学出版社,1979
13. 程道德等编.中华民国外交史资料选编.北京:北京大学出版社,1985
14. 程思远.政坛回忆.南宁:广西人民出版社,1986
15. 袁征,叶普照.从教育独立到党化教育——蔡元培教育思想的重要变化.载:香港社会科学学报,2002年冬季号
16. 戴向青等.中央革命根据地史稿.上海:上海人民出版社,1986
17. 丁石民编.救国言论集.上海:1936
18. 福建省档案馆编.福建事变档案资料.福州:福建人民出版社,1984
19. 复旦大学历史系编译.日本帝国主义对外侵略史料选编.上海:上海人民出版社,1975
20. 高军编.中国社会性质问题论战(资料选辑).北京:人民出版社,1982
21. 耿飚.耿飚回忆录.南京:江苏人民出版社,1998
22. 耿云志主编.胡适论争集.北京:中国社会科学出版社,1998
23. 中共中央党史研究室第一研究部编.共产国际、联共(布)与中国革命运动档案资料丛书.北京:中央文献出版社,2002
24. [日]古屋奎二.蒋"总统"秘录.台北:"中央日报社"译印,1977
25. 顾维钧.顾维钧回忆录.北京:中华书局,1983
26. 广东省社会科学院历史研究所等编.孙中山全集.北京:中华书局,1986
27. 国际联盟.国联调查团报告书.上海:光明书局,1932
28. 国民党中央关于"济南惨案"之政策方针文件一组.载:民国档案,1993(4)
29. 韩信夫,姜克夫主编.中华民国大事记.北京:中国文史出版社,1997

30. 何汉文.改组派回忆录.见:文史资料选辑.第17辑
31. 何友良.中国苏维埃区域社会变动史.北京:当代中国出版社,1996
32. 何柱国.榆关失陷前后.见:文史资料选辑.第37辑
33. 胡适.人权论集.上海:新月书店,1930
34. 广西文史研究馆编.黄绍竑回忆录.南宁:广西人民出版社,1991
35. 黄自进.蒋介石与"九一八"事变:不抵抗责任的探讨.见:台北纪念辛亥革命90周年国际学术研讨会论文,2001
36. 蒋光鼐.对十九路军与"福建事变"的补充.见:文史资料选辑.第59辑
37. 蒋廷黻.蒋廷黻回忆录.台北:传记文学出版社,1979
38. 蒋纬国.抗日御侮.台北:黎明文化有限公司,1979
39. 蒋永敬.济南五三惨案.台北:正中书局,1978
40. 蒋永敬.民国胡展堂先生汉民年谱.台北:台湾商务印书馆,1981
41. 中共中央文献研究室编.周恩来传.北京:人民出版社、中央文献出版社,1989
42. 军事科学院军事历史研究部.中国抗日战争史.北京:解放军出版社,1991
43. 康泽等.中华复兴社的内幕.文史资料存稿选编(特工组织).北京:中国文史出版社,2002
44. 康泽.我在国共谈判中扮演的角色.见:台北传记文学.第61卷第1期
45. 李恩涵.北伐前后的"革命外交".台北:"中研院"近代史研究所,1993
46. 李华兴.民国教育史.上海:上海教育出版社,1997
47. 李华译.蒋介石与田中义一会谈.载:书林,1981(2)
48. 李玉贞译.中苏外交文件选译.见:近代史资料.第79号
49. 李云汉编.抗战前华北政局史料.台北:正中书局,1982
50. 李云汉.西安事变始末之研究.台北:近代中国出版社,1982
51. 梁敬錞.日本侵略华北史述.台北:传记文学杂志社,1984
52. 梁平.论蒋介石的"削藩".载:民国档案,1993(4)
53. 列宁全集.北京:人民出版社,1964
54. 列宁,斯大林.列宁斯大林论中国.张仲实,曹葆华译.北京:人民出版社,1953
55. 刘斐.两广"六一"事变.见:文史资料选辑.第3辑
56. 刘维开.从"九一八"到"七七"——国难期间应变图存问题之研究.台北:"国史馆",1995
57. 刘永端等编.杨虎城将军言论选集.西安:陕西人民出版社,1991
58. 卢明辉.蒙古"自治运动"始末.北京:中华书局,1980
59. 鲁迅.鲁迅全集.北京:人民文学出版社,1981
60. 陆军第十六军第五十三师"剿匪"纪实.见:江西党史资料.第19辑
61. 论所谓法西斯蒂.中兴学会,1929
62. 罗家伦主编.革命文献.台北:中国国民党中央委员会党史委员会,1958

63. 罗运炎.中国烟禁问题.上海:大明图书公司,1934
64. 毛泽东农村调查文集.北京:人民出版社,1982
65. 毛泽东选集(竖排合订本).北京:人民出版社,1964
66. 漠笛编.张学良生涯论集.北京:光明日报出版社,1991
67. 南昌八一起义纪念馆编.南昌起义.北京:中共党史资料出版社,1987
68. 南昌行营.处理剿匪省份政治工作报告.1934
69. 何孟雄文集.北京:人民出版社,1986
70. 南开大学马列主义教研室中共党史教研组编.华北事变资料选编.郑州:河南人民出版社,1983
71. 内政部.内政法规(民政类).1929
72. 陈铭枢.宁粤合作亲历记.见:文史资料选辑.第9辑
73. 牛淑萍.1927至1937年南京政府田赋整理述评.载:民国档案,1999(2)
74. 潘光旦.中国问题.上海:新月书店,1930
75. 裴京汉.国民政府时期的反帝问题——济南惨案后的反日运动与国民政府的对策.载:历史研究,2001(4)
76. 彭德怀.彭德怀自述.北京:人民出版社,1981
77. 彭明主编.中国现代史资料选辑(1927—1931).北京:中国人民大学出版社,1988
78. 钱昌照.钱昌照回忆录.北京:中国文史出版社,1998
79. 秦孝仪主编.先"总统"蒋公思想言论总集.台北:中国国民党中央委员会党史委员会,1984
80. 秦孝仪主编.中华民国重要史料初编.第五编.台北:中国国民党中央委员会党史委员会,1981
81. 秦孝仪主编.中华民国重要史料初编.绪编.台北:中国国民党中央委员会党史委员会,1981
82. [日]秦郁彦.日中战争史.东京:河出书房新社,1961
83. 日本外务省编.日本外交年表并主要文书.东京:原书房,1965
84. 荣孟源主编.中国国民党历次代表大会及中央全会资料.北京:光明日报出版社,1985
85. 上海社会科学院历史研究所编."九一八"—"一·二八"上海军民抗日运动史料.上海:上海社会科学院出版社,1986
86. 申晓云.国民政府建立初期"改订新约运动"之我见.载:南京大学学报,2001(1)
87. 沈云龙编著.黄膺白先生年谱长编.台北:联经出版事业公司,1976
88. 舒龙,凌步机主编.中华苏维埃共和国史.南京:江苏人民出版社,1999
89. 宋毅军.中共在西安事变前后的军事战略防御.载:军事历史研究,1992(2)
90. 董长芝.宋子文、孔祥熙与国民政府的税制改革.载:民国档案,1999(3)

91. [日]粟屋宪太郎.文献昭和史.东京:平凡社,1975
92. 粟裕.粟裕战争回忆录.北京:解放军出版社,1988
93. 童小鹏.军中日记.北京:解放军出版社,1986
94. 万耀煌.万耀煌将军日记.台北:湖北文献社,1978
95. 王德中.论我国抗战"国防中心区"的选择与形成.载:民国档案,1995(1)
96. 王化一日记辑.见:辽宁文史资料.第17辑
97. 王建朗.中国废除不平等条约的历程.南昌:江西人民出版社,2000
98. 王平.王平回忆录.北京:解放军出版社,1992
99. 王奇生.党政关系:国民党党治在地方层级的运作(1927—1937).载:中国社会科学,2001(3)
100. 王芸生.芸生文存.上海:上海书店,1989
101. 吴相湘编著.第二次中日战争史.台北:综合月刊社,1973
102. [美]小科布尔.1927—1937年上海资本家与国民政府.杨希孟译.北京:中国社会科学出版社,1988
103. [日]小林龙夫等.现代史资料.东京:美铃书房,1985
104. 徐永昌.徐永昌日记.台北:"中研院"近代史研究所,1991
105. 杨奎松.失去的机会·战时国共谈判实录.桂林:广西师范大学出版社,1992
106. 杨奎松.西安事变新探——张学良与中共关系之研究.台北:东大图书公司,1995
107. 杨天石.蒋氏秘档与蒋介石真相.北京:社会科学文献出版社,2002
108. 虞宝棠.国民政府与国民经济.上海:华东师范大学出版社,1998
109. 曾业英.论1928年的东北易帜.见:中华民国史(1912—1949)国际学术研讨会论文,2002
110. 张华主编.中国现代杂文史.西安:西北大学出版社,1989
111. 张静庐辑注.中国现代出版史料.北京:中华书局,1957
112. 张连红.南京国民政府法币政策的实施与各省地方政府的反应.载:民国档案,2000(2)
113. 张其昀主编.先"总统"蒋公全集.台北:"中国文化大学"出版部,1984
114. 张其昀.党史概要.台北:"中央文物供应社",1979
115. 张学良.杂忆随感漫录——张学良自传体遗著.张之宇校注.台北:历史智库,2002
116. 张友坤,钱进主编.张学良年谱.北京:社会科学文献出版社,1996
117. 章有义.中国近代农业史资料.北京:三联书店,1957
118. 赵谨三.察哈尔抗日实录.上海:军学社,1933
119. 赵园.论小说十家.杭州:浙江文艺出版社,1987
120. [日]中村隆英.昭和经济史.东京:岩波书店,1987
121. 中共上海市委党史资料征集委员会编."一二·九"以后上海救国会史料

选辑.上海:上海社会科学院出版社,1987
122. 中共中央党史资料征集委员会等编.广州起义.北京:中共党史资料出版社,1988
123. 中共中央马恩列斯著作编译局马恩室编.马克思恩格斯著作在中国的传播.北京:人民出版社,1983
124. 中国第二历史档案馆编.冯玉祥日记.南京:江苏古籍出版社,1992
125. 中国第二历史档案馆编.国民党政府政治制度档案史料选编.合肥:安徽教育出版社,1994
126. 中国第二历史档案馆等编.西安事变档案史料选编.北京:中国档案出版社,1986
127. 中国第二历史档案馆等编.中华民国金融法规档案资料选编.北京:中国档案出版社,1989
128. 中国第二历史档案馆编.中华民国史档案资料汇编.南京:江苏古籍出版社,1994－1998
129. 中国工农红军第四方面军战史编辑委员会编.中国工农红军第四方面军战史资料选编(鄂豫皖时期).北京:解放军出版社,1993
130. 中国工农红军第四方面军战史编辑委员会编.中国工农红军第四方面军战史资料选编(附卷).北京:解放军出版社,1993
131. 中国国民党中央秘书处.中国国民党第二届中央执行委员会第四次全体会议纪录.上海:文华印书局,1928
132. 中国国民党中央秘书处.中国国民党第二届中央执行委员会第五次全体会议纪录.1928
133. 中国国民党中央执行委员会.中国国民党历次会议宣言及重要决议案汇编.1941
134. 中国科学院历史所第三所南京史料整理处选辑.中国现代政治史资料汇编.1957
135. 中国人民大学中共党史系.中国农工民主党历史教学参考资料(民主革命时期).1982
136. 中国人民解放军国防大学党史党建政工教研室编.中共党史教学参考资料.北京:国防大学出版社,1987
137. 中国人民银行总行参事室编.中华民国货币史资料(1924－1949).上海:上海人民出版社,1991
138. 中国人民政治协商会议广西壮族自治区委员会文史资料研究委员会编.李宗仁回忆录.1980
139. 中国社会科学院近代史研究所.日本侵华七十年史.北京:中国社会科学出版社,1992
140. 中国社会科学院近代史研究所中华民国史组编.胡适来往书信选.北京:中华书局,1979－1980

141. 中国社会科学院近代史研究所中华民国史研究室编.中华民国史资料丛稿·大事记.北京:中华书局,1989
142. 中国社会科学院文学研究所《左联回忆录》编辑组编.左联回忆录.北京:中国社会科学出版社,1982
143. 中国银行行史编辑委员会.中国银行行史(1912—1949).北京:中国金融出版社,1995
144. 中日外交史料丛编(三)·日本进犯上海与进攻华北.台北:"中华民国外交问题研究会",1964
145. 中央档案馆等编.日本帝国主义侵华档案资料选编——"九一八"事变.北京:中华书局,1988
146. 中央统战部、中央档案馆编.中共中央抗日民族统一战线文件选编.北京:中国档案出版社,1985
147. 中央档案馆编.中共中央文件选集.北京:中共中央党校出版社,1991
148. 中央档案馆编.中共中央文件选集.北京:中共中央党校出版社,1989
149. 中央档案馆编.中国共产党关于西安事变档案史料选编.北京:中国档案出版社,1997
150. 中共中央文献研究室编.周恩来选集.北京:人民出版社,1982
151. 中共中央文献研究室等编.毛泽东军事文集.北京:军事科学出版社、中央文献出版社,1993
152. 中共中央文献研究室编.毛泽东年谱.北京:人民出版社、中央文献出版社,1993
153. 中共中央文献研究室编.毛泽东书信选集.北京:人民出版社,1983
154. 中共中央文献研究室编.周恩来年谱.北京:人民出版社,1989
155. 中共中央文献研究室编.周恩来书信选集.北京:中央文献出版社,1988
156. 《周恩来军事活动纪事》编写组.周恩来军事活动纪事.北京:中央文献出版社,2000
157. [日]重光葵.日本侵华内幕.齐福霖等译.北京:解放军出版社,1987
158. 周天度等.中华民国史.北京:中华书局,2002
159. 周天度编.救国会.北京:中国社会科学出版社,1981
160. 朱汇森."中华民国"史事纪要.台北:"中央文物供应社",1981

人名索引

A

阿 英 74,217
艾 青 223

B

巴 金 217,219,224
白崇禧 6—12,15,17,35—37,42,61,140,292,350,398,452,492,493,495,496,573
白川义 274,275
白凤翔 521
白坚武 423
白逾桓 414
白云梯 15,181,185,186
柏文蔚 13,15,43,185,186
板垣征四郎 243,245,248,284,285,412,432
包桂亭 502
鲍格莫洛夫 425,426
鲍文樾 418,422,539,540,543,544,549
鲍毓麟 23
本庄繁 242,243,245—248,252—254
币原喜重郎 243
毕云程 435
布哈林 144,146,152,372
布朗基 161

C

蔡楚生 219
蔡公时 19,20
蔡和森 115,118
蔡申熙 138
蔡树藩 396
蔡廷锴 42,178,237,264,267,291,295,296,298,380,384,496
蔡元培 3,6—9,13—15,49,77,194,195,197—200,202,203,213,259,261,321,322,324,326—

	328,450,523		292,294,298,388,398,
蔡运升	110,111		452,473,492—495,497
曹大骏	138	陈继承	377,378,518
曹聚仁	217	陈嘉祐	15,186
曹孟君	442	陈建功	326
曹万顺	35	陈炯明	57
曹学楷	137	陈可钰	11
曹　禺	219	陈克恢	326
常荫槐	21,29	陈魁亚	142
陈彬和	195,200	陈立夫	54,57,220,224,225,
陈波儿	575		340,479,480,482,520,
陈伯庄	70		523,532,536,565
陈博生	195	陈　烈	228
陈布雷	71,233	陈铭枢	127,178,237,259,261,
陈昌浩	169,404—406,562		264,265,270,272,273,
陈　诚	178, 234, 339, 380—		291,295—298
	382,388,389,484,485,	陈　奇	138
	500, 506, 513, 518,	陈启修	205
	521—523,541	陈乔年	118
陈岱孙	326	陈绍宽	298,446
陈道弘	574	陈绍禹(王明/陈韶玉)	161—163,
陈德征	58,97,189		375,458,
陈调元	17,18,21,518		459,461,
陈独秀	115, 151—153, 161,		474,479,
	197,208		486
陈高佣	220	陈省身	326
陈　赓	197	陈时骥	381
陈公博	6—9, 11—15, 36—38,	陈士榘	131
	86,179—181,183—187	陈树人	13, 14, 179, 185, 186,
陈公培	295		446
陈光甫	340,352	陈望道	217,224
陈果夫	6, 13, 14, 49, 54, 57,	陈文瑞	205
	224,225,260,480	陈耀潮	142
陈翰笙	213,328	陈　毅	118,132,133,141
陈豪人	140	陈寅恪	326,328
陈洪涛	140	陈友仁	15, 115, 117, 176, 179,
陈济棠	11, 12, 34, 37, 42, 61,		260—262, 265, 295—
	126,221,228,260,271,		298

陈　郁　128,161
陈　垣　326,328
陈　云　375,398,399,474
陈肇英　15,92
陈正人　362,365
陈仲涛　205
陈　卓　574
陈子展　217
谌小岑　480
成仿吾　73,206
成舍我　195,198
成　嵩　205
程　克　426,428,431
程　潜　6,9—11,15,291,446,
　　　　447,452,496
重光葵　112,262,276
出渊胜次　247
褚民谊　13,15
褚玉璞　18,23
川岛义之　423
川越茂　426,427
村谷彦治郎　432,499

D

戴　戟　264,267,296
戴季伦　137
戴季陶　8,13,15,49,68,92,94,
　　　　261,265,446
戴　笠　226—228,235,298,
　　　　535,546
戴平万　216
德穆楚克栋鲁普　431—433,475,
　（德王）　　　488,498—500,
　　　　506—508,514
邓宝珊　178,473
邓充庭　132
邓筹荃　9
邓初民　176

邓广仁(邓发)　362,363,396,
　　　　399,472
邓　萍　396
邓台荫　92
邓　文　289,290,292
邓文仪　226,438,479,480
邓小平　118,140,399,577,580,
　　　　581
邓学林　366
邓演达　115,117,121,173,
　　　　175—179,194
邓殷藩　20,21
邓泽如　15,61
邓中夏　116,118,119,139
邓子恢　134,135,363
笛　秋　205
丁　昌　414,417
丁　超　251,255
丁超五　13,15
丁鉴修　253
丁　玲　197,215,223,224
丁惟汾　3,9,13—15,580,582
丁文江　70,280,307—309,311,
　　　　312,329,341
丁西林　188
丁燮林　328,565
董健吾　480
董其武　508
董英斌　525,533
董振堂　396,398
窦培恩　185
杜斌丞　565
杜丞斌　463
杜国庠　74,214
杜畏之　205,211
杜重远　572
杜竹君　205

端木蕻良 218
段德昌 139
段祺瑞 21
段月泉 134
多田骏 423,426,427,430

E

恩格斯 75,204—206
恩克巴图 15

F

樊崧甫 518,534
樊仲云 220
范　锐 70
范石生 12
范树德 363
范驭州 463
范争波 219
方本仁 29
方鼎英 12,25,35
方声涛 9
方振武 9,18,21,25,289,290,294
方志敏 136
芳泽谦吉 22
丰子恺 217
鄺悌 226
冯涵清 253
冯和法 213
冯乃超 214—216
冯沛三 196
冯　平 142,143
冯钦哉 291,292,525,534
冯雪峰 73,205,214,215,217,224,443
冯　庸 484
冯友兰 326
冯玉祥 5,6,8—10,14,17,18,22,25,31—33,35,37—44,49,55,153,178,184,185,187,237,269,288—295,311,446,447,451,452,494,523,572,573
冯占海 291,292
冯肇铭 12
冯治安 293
弗雷德 395
符　节 142,143
傅秉常 319
傅汝霖 186
傅作义 23,44,291,428,452,501,502,506—514

G

盖尔格·佛采尔 234
干国勋 226
甘末尔 345,350
甘乃光 13—15,36,179,184
甘元景 138
冈村宁次 286
高崇民 545
高福源 463—465,548
高　岗 565,578
高桂滋 462,506
高凌霨 431
高　鲁 328
高桥坦 417,418
高树勋 289
葛　琴 218
根本博 286
龚　楚 140
古大存 141,142,576
古应芬 3,6,15,61
谷正鼎 185
谷正纲 13,184

顾颉刚 326
顾留馨 574
顾孟余 7—9,12—15,36,179—181,183—186,260,265,446
顾 名 441
顾顺章 118,119,163,170
顾维钧 44,70,249,250,258,274
顾 振 70
顾祝同 18,35,195,196,388,532,534—537,541—544,547,549—553,555—565,569
关麟征 292,293,416,501,533,534
关向应 363
关玉衡 242
广田弘毅 415,424
桂永清 226,339
郭春涛 181,185
郭凤鸣 134
郭洪涛 565
郭明秋 438
郭沫若 117,204,212,217,224
郭述申 138
郭泰祺 276,277
郭蔚然 195

H

韩复榘 35,38,40,41,185,280,284,427,428,500,503
韩光弟 109
韩麟符 198,199
何炳松 220,221
何成浚 25,41,282
何公敢 296,298
何 键 9,11,34,37,38,42,157,159,184,185,221,359,380,388,398,494
何克全 399
何 来 128
何立中 339,463
何 廉 326
何孟雄 161—163
何汝楫 326
何世昌 140
何叔衡 363
何 遂 291
何 伟 442
何香凝 13—15,117,197,573,575
何雪竹 535
何一飞 417
何应钦 6—9,13,15—17,35,41,49,267,269—273,278,283,286,291,293,294,361,382,383,412—419,421—423,428—430,439,446,452,503,504,512,524,532,546
何玉琳 138
何柱国 280,282—284,339,533,534,543,544,547,548,553,554
河本大作 22
河本末守 243
河上肇 205
贺 昌 116,140,363
贺 诚 363
贺锦斋 138
贺 龙 116,117,138,139,565
贺耀组 17,19
贺衷寒 226,557,558
洪灵菲 214—216,223,224

洪　深　195,218
侯外庐　194,223
侯志明　226
胡贝勒　502
胡伯翰　178
胡鄂公　496
胡恩溥　414
胡　风　217
胡　海　365
胡汉民　3,4,6—9,14,15,36,
　　　　47—52,54—57,59,60,
　　　　69,111,178,183,193,
　　　　196,259,260,265,292,
　　　　297,446,492—494
胡靖安　226
胡秋原　211,298
胡　适　58,69,70,173,188—
　　　　195,198—203,207,
　　　　208,219,221,277,304,
　　　　305,307,308,310,312,
　　　　313,316,326,341,
　　　　434—436,447,450
胡庭铨　136
胡也频　214,215,224
胡愈之　195,197,572,575
胡毓坤　108,431
胡子婴　575
胡宗铎　34—36,38,39,185
胡宗南　378,404,473,487—
　　　　489,525,527,533,534
花谷正　243—245
华　汉　216,224
华罗庚　326
黄　鳌　138
黄昌谷　92
黄　郛　19,98,99,286,292,
　　　　341,383,414,450
黄公略　135

黄光锐　495
黄火星　396
黄汲清　329
黄　杰　13,285,339,377,416
黄　敬　438
黄　侃　326
黄慕松　446
黄　平　127,128,398
黄琪翔　11—14,117,127,128,
　　　　179,295,296,298
黄少谷　291
黄绍竑　5,11,12,14,36,37,42,
　　　　127,128,340,382,386,
　　　　495,496,581,582
黄　实　15
黄守中　289
黄思越　205
黄　甦　396
黄文山　220
黄旭初　447,496,497
黄炎培　572
黄　雍　228
黄镇球　142
霍揆彰　339

J

矶谷廉介　414,431
基玛尔　149,150
嵇文甫　326
吉鸿昌　289—291,294
吉田射三郎　250
季　方　176
季米特洛夫　526
加拉罕　111
贾德耀　431
翦伯赞　211,213
建川美次　242,243,245
江　浩　117

姜镜堂 138
蒋鼎文 35,270,273,297,388,390,518,519,521,522,553,554,577,578
蒋伏生 378
蒋光慈 74,214—216,224
蒋光鼐 42,178,264,275,291,295—298
蒋介石 1,4—9,12—21,24—45,49,52—63,67,70—72,78,79,82,84,95,96,98—100,106—111,128,140,142,153,173,175—181,183—187,193,194,219—221,225—235,237,250,255—262,265—267,269—273,275,277—283,286,291,292,294,295,297,298,304,305,308—310,314,316,331,333,334,338—342,347,349,351,374,375,377,379—390,398,400—403,409,415—419,422,424—430,437,438,443,446—453,455,458,459,464,466,467,470,471,474—479,481,483—485,488—515,517—540,542—545,549—555,557,560—583
蒋梦麟 70,195,321,341
蒋牧良 218
蒋廷黻 70,299,308,311,312,314,315,326,446,476

蒋孝先 414,415,417,522
蒋孝镇 521,522
蒋尧祥 521
蒋作宾 7,109,415,446
今村均 242
金谷范三 248
金甲三 502
金体乾 196
金毓黻 326
金岳霖 326
金仲华 441
经亨颐 13,15,117
井杉延太郎 242
酒井隆 417—419,426
驹井德三 253
崛井德五郎 499

K

康生 375,458,474
康泽 226,227,235,564,577—582
柯灵 217
柯庆施 289,294
克劳德 250
克伦斯基 121,122
孔庚 9
孔荷宠 363
孔另境 217
孔祥熙 86,329,340,347,349,354,425,446,452,523,527,531,534
库涅佐夫 106
邝继勋 138,139,379

L

蓝普森 101,104,105
老舍 217—219
雷经天 140

冷家骥	431
冷　欣	298
黎元洪	21
李秉中	226
李炳荣	131
李　达	205,206
李大钊	223
李　德	390,396,398,399
李　杜	251,255,468
李　顿	250,254,256
李服膺	501
李福林	12,14,128,129
李富春	399,580
李公朴	441—443,518,572,574
李汉魂	126,494
李鸿章	313,314
李辉英	218
李　季	211,212
李　济	328
李济深	5,6,8—17,31,34,35,37,49,55,127,128,142,237,291,295—298,496
李济之	195
李劼人	219
李俊襄	414
李克农	363,465,466,469,547
李立三	115—117,119,151,153—155,157,158,160,161,165,208,209,372
李烈钧	9,13,15,25,291,297
李　明	381
李明瑞	35—38,140
李　铭	340
李默庵	298,377,378,533,534
李　盘	253
李品仙	11,34,36,495
李生达	339
李石曾	3,6—8,13,14,523
李世璋	177
李守信	412,413,422,431,432,498,499,502,514
李书华	340
李四光	328
李泗停	109
李　铁	205
李廷玉	431
李维汉(罗迈)	115,118,119,151,396
李文范	69,259,260
李文林	134
李　象	143
李延年	20,21,297
李　炎	10
李一氓	73,204,205,208,214
李玉堂	297
李煜瀛	340,573
李章达	295,296
李震瀛	118
李志刚	538—541,547
李忠义	289,290,292
李竹生	375
李卓然	396,398,399
李滋罗斯	348
李子芬	118
李子静	502
李宗仁	5—7,9—15,17,25,31—39,41—43,49,55,61,128,140,153,185—187,269,291,292,398,452,473,492—497,573
连声海	340
梁柏台	363
梁秉枢	142,143
梁干乔	226,227

梁寒操 260
梁实秋 58,188,190—192,215
梁漱溟 326
梁思永 328
廖承志 197
廖　磊 34
廖沫沙 217
列　宁 75,122,150,153,161,204—206,458
林　彪 363,387,388,396,399,402,565
林伯渠 565,570,577,580—582
林伯修 74
林淡秋 217
林凡野 185
林焕平 217
林久治郎 27
林　繁 253
林权助 26,27
林　森 4,49,56,60,61,260,270,271,523
林铣十郎 245
林选青 109
林义秀 248
林语堂 195,199,200,203,217
林育南 162,163,165
林云陔 447
林众可 195
林祖涵 117
凌升 252
菱刈隆 274,275
刘伯承 117,144,363,396,398,399,553,554,565
刘　鼎 471,474,484,525,548
刘端生 213
刘多荃 525,548
刘桂 225
刘桂五 521

刘和鼎 298
刘鸿生 340,341
刘经扶 535
刘镜园 210,211
刘戡 285,298
刘侃云 180
刘清扬 442
刘仁 289
刘汝明 339,422
刘端生 231
刘尚清 340
刘少奇（陶尚行） 399,444,481
刘士毅 134
刘守中 15
刘苏华 211,212
刘文辉 185,187
刘湘 339,473
刘兴 11,388
刘野平 205
刘英士 188
刘郁芬 38
刘煜生 195,196
刘云 97
刘哲 431
刘振华 378
刘振远 294
刘志丹 143
刘峙 17,35,41,271,503,534,550
刘尊棋 198,199
柳青庭 294
陇体要 97
楼建南 224
楼适夷 217,223
卢德铭 119,120
卢福坦 375
卢印泉 185
鲁涤平 10,34,42,361

鲁　迅	74,189,194,195,198,214—217,224,443
陆　沉	118
陆定一	118
陆一远	205
鹿钟麟	185
吕存义	502
吕荣寰	106,107,111
吕振羽	212,326,480
罗炳辉	396
罗伯特·格兰特	346
罗登贤	151,197
罗方中	185
罗　烽	218
罗家伦	20,32,36
罗杰士	348
罗隆基	58,190—193,302,303
罗明那兹	115,118
罗摩罗佐夫	118
罗启疆	378
罗　青	574
罗荣桓	396
罗文干	44,70,197
罗亦农	118,119
罗章龙	161,163,165
罗卓英	382
罗子实	185
洛蜀莫娃	118
骆漠耕	213
落合甚太郎	282

M

马步芳	476,541,562
马步青	562
马超俊	318
马鸿逵	185,378,476
马季廉	307
马君武	190
马柯迪	250
马克谟	100
马克思	75,76,161,173,204—206,208,209,212,213,216
马　麟	473
马绍周	477
马相伯	441,572
马延守	502
马彦祥	214
马寅初	70,86,326,344
马幼渔	195
马占山	248,249,252,253,255,304,549
马哲民	194,223
马　震	196
马志超	522
马子祯	502
麦考益	250
毛邦初	298,510
毛炳文	473,476,525,533,534
毛维寿	228,298
毛泽东	115,118—121,131—133,135,169,362,363,367,370,386,390—392,394—396,399,400,404—407,444,462—466,469,471—473,475,476,481,484,485,487,490,523—526,530—532,537—542,545,546,548,549,556,557,563,566,572,577—580
茅　盾	216—218,224
茅祖权	4,43,186
梅龚彬	298
梅津美治郎	412,423

梅里尼可夫 106
梅 林 205
门致中 431
孟 超 215,217
孟 森 326
米春霖 539—541,544,549
米 夫 161—163
米文和 289
苗剑秋 544,546—548
缪 斌 13
缪澂(澄)流 339
缪培南 35
莫德惠 111
莫洛托夫 160
穆克登宝都 499
穆木天 223
穆藕初 341,572

N

南次郎 243,244,412,419,427,432
内田康哉 247
聂 耳 219
聂绀弩 217
聂荣臻 116,117,363,396,399
牛 兰 197
牛元峰 463
纽 曼 127,129
钮永建 7,446

O

欧阳予倩 214

P

帕 奇 348
潘 复 22
潘公展 219,441,573
潘光旦 188,192,326

潘汉年 73,74,214,216,224,295,443,475,477,479,484,520,531,532,536,537,541,542,544,545,551
潘文郁 208
潘佑强 226
潘云超 13,14,179—181,185,186
潘梓年 197,214,223,224
庞炳勋 284,291—293,535
裴会昌 518
裴文中 329
彭德怀 133,135,295,363,387,389,396,399,464,465,469,484,489,545,565,570,577,580
彭公达 118,119
彭嘉生 205
彭 康 215,216
彭 湃 116,117,119,126,128,171
彭述之 152
彭 涛 438
彭苇秋 205
彭学沛 340
彭泽民 117,176
彭泽湘 296
皮尔金 486
皮亚尼茨基 486
濮孟九 225
普列汉诺夫 205
溥 仪 246,251—254,276

Q

瞿秋白 118,119,144,146,148,160,206,217,363
齐默特色木丕勒(齐王) 252,253

钱昌照 70,71,341
钱昌祚 70
钱大钧 42,118,233,522
钱端升 311
钱俊瑞 213,441
钱三强 326
钱铁如 205
钱伟长 326
钱新之 340
钱杏邨 215,216,224
钱亦石 211,441
桥本欣五郎 246
桥本正康 419
秦邦宪(博古) 375,390,396,398,399,486,524,527,530,539,541,545,546,548,565,570,577,582
秦德纯 284,293,419—422,424,427,428,431,439,512
邱国轩 119
邱金辉 136
邱开基 226,227
邱山宁 289,290
区寿年 496
屈章 205
全增嘏 195
犬养毅 254,262,282
阙继明 366
覃振 4,186,446,480

R

任白戈 217
任弼时 118,119,164,362,545,570,577,580,581
任钧 223
任叔永(鸿隽) 195
任曙 210,211
任颂高 574
荣臻 245,261
荣宗敬 340
柔石 74,214,215,224
阮玄武 289
萨本栋 325
萨孟武 220,221
赛克特 234
三宅光治 244,252
沙克都尔札布(沙王) 432,433
沙千里 441—443,518,572,574
沙特 340

S

山本信亲 499
山县有朋 242
杉山荣 205
商震 23,31,38,185,186,284,415,423,424,426,428,431,535
上官云相 271,378
尚天崎启升 263
邵力子 519,577,578
邵式平 363,366
邵洵美 194
邵元冲 60,68,69,340,522
沈慈九 441
沈从文 214
沈定一 4
沈鸿烈 44,428,503
沈家桢 107
沈钧儒 195,197,441—444,468,518,529,531,572,574,575
沈克 339,463,548
沈西苓 219

沈　怡　70
沈泽民　161,169
沈兹九　575
盛世才　470
施士元　326
施文彪　521
施肇基　70,247
石本寅三　432
石敬亭　431
石青阳　4
石西民　213
石　瑛　4,73
石友三　18,38—42,185,187
石原莞尔　241,245
史　良　441,442,518,572,574
史量才　227,340,434
史沫特莱　195,199,200
史尚宽　69
史汀生　247
斯大林　121,122,144,150,152,
　　　　158—160, 164—166,
　　　　208,372,397,461,486
松冈洋右　274
松井源之助　419
宋　黎　477
宋美龄　527,529,531,560,567,
　　　　569
宋乔生　132
宋庆龄　15,115,117,121,173,
　　　　176, 179, 184, 193—
　　　　195, 197—199, 202,
　　　　480,531,572,573,575
宋梧生　326
宋希濂　270,298,551
宋学礼　548
宋哲元　38,282,284,288,291—
　　　　293,412,413,419,420,
　　　　422—424, 426—431,
　　　　435, 452, 473, 500,
　　　　511—513
宋子文　3,8,13,15,84,85,100,
　　　　183,193,282,283,340,
　　　　345—347, 354, 383,
　　　　480, 523, 527, 529—
　　　　534,536,542,567,569
苏步青　326
苏兆征　117—119,128
粟　裕　387
孙长胜　510
孙承谔　326
孙　楚　23,339
孙传芳　6,7,18,19,21—23
孙德清　139
孙　渡　401
孙凤鸣　468
孙伏园　179
孙寒冰　220
孙　科　6—8, 10, 13—15, 49,
　　　　86,111,179,259—262,
　　　　265,267,318,319,340,
　　　　446,450,523,573
孙魁元　185
孙兰峰　510
孙良诚　18,37,38,289,290
孙鸣九　544,546—548
孙桐萱　339
孙蔚如　525,532—534,538
孙席珍　211
孙晓村　213,442
孙冶方　213
孙永勤　414,415
孙元良　298,339
孙中山　8,25,30,31,43,47,48,
　　　　54, 56, 57, 60, 64, 77,
　　　　79,86, 92, 93, 95, 99,
　　　　117,175,176,180,296,

297,318,336,342,573,582

索诺木拉布坦(索王) 432,433,499

T

谭明新 142
谭平山 116,117,176
谭延闿 3,6—10,13—16,21,22,48,49,51,56
谭震林 131,132
汤恩伯 298,377,388,473,504—506
汤尔和 44
汤用彤 326
汤玉麟 26,29,252,279—281,283
唐绍仪 43,61,187,494
唐生智 5,6,8—11,34,36,38,39,121,175,184,185,452
唐澍 143
唐豸殳 217
唐有壬 450
唐腴庐 194
唐在刚 136
唐纵 227
陶钧 34—36
陶履谦 319
陶孟和 328
陶希圣 207,211,212,220,450
陶行知 76,77,217,441—443,572,574
滕代远 133,135
滕杰 226,235
田汉 73,214,216,218,219,224
田中隆吉 263,432

田中义一 19,22,24,239
佟麟阁 289,290,293
涂长望 328
土肥原贤二 242,412,421
托洛茨基 75,76,150—152,161,208—211

W

万福麟 29,283,284,291,423,430
万国鼎 70
万耀煌 339,340,518,534,535
汪锋 463
汪精卫 3,5—15,36—38,41,43,47,52,58,59,61,115—117,128,173,175,176,179—181,183—187,197,259,260,265—267,270,271,277,279—282,286,291,292,297,307,340,415—417,446,450,452,468,497,531
汪敬熙 326
王伯群 7,9,340
王宠惠 9,13,49,58,92,189
王大珩 326
王独清 224
王尔琢 132
王法勤 9,13—15,43,179,181,185,186,291
王孚善 366
王淦昌 326
王荷波 118,119
王化一 258,537
王季同 328
王季绪 301
王家楫 328

王家烈	401		548,549
王稼祥	362,363,390,396,399,400,523,545	王逸任	141
		王寅生	213
王 珽	328	王 英	499,502,504,505,507,514
王敬久	298		
王靖国	501,502	王用宾	92
王 静	205	王芸生	447,497
王 均	378,473	王造时	58,195,302,303,307,315,441—443,468,518,572,574
王克敏	415,431		
王克全	162,163		
王乐平	13—15,179—181,185	王正廷	99,100,102—105,108,110—112,259,261,375
王平章	137,138		
王任叔	217	王卓然	198
王若飞	125	韦拔群	140
王绳祖	17	卫立煌	298,377,518,519,521,541
王盛荣	363		
王士珍	21	魏长林	109
王世杰	70,326,340,446	魏猛克	217
王世英	463	闻一多	188
王树常	44,108,423,532,534,535	翁文灏	70,308,328,329,341,446
王思诚	225	翁照垣	496
王松廷	97	翁自勉	521,522
王廷松	97	邬志豪	97
王统照	575	巫剑虹	495
王慰三	196	吴承洛	326
王文明	142,143	吴承仕	211
王锡礼	210—212	吴鼎昌	70,86,340,446
王晓籁	340	吴汉祺	195
王新命	220	吴翰涛	537
王新亚	119	吴化之	289
王学文	208,210,211	吴焕先	137
王一飞	118	吴家俊	365
王揖唐	430,431	吴经熊	319
王宜昌	211,214	吴景超	326
王以哲	244,283—285,291,464—466,469,533,534,537,543—545,	吴觉农	213
		吴俊升	18,23
		吴克仁	548

297,318,336,342,573,582

索诺木拉布坦（索王） 432,433,499

T

谭明新 142
谭平山 116,117,176
谭延闿 3,6—10,13—16,21,22,48,49,51,56
谭震林 131,132
汤恩伯 298,377,388,473,504—506
汤尔和 44
汤用彤 326
汤玉麟 26,29,252,279—281,283
唐绍仪 43,61,187,494
唐生智 5,6,8—11,34,36,38,39,121,175,184,185,452
唐澍 143
唐豸殳 217
唐有壬 450
唐腴庐 194
唐在刚 136
唐纵 227
陶钧 34—36
陶履谦 319
陶孟和 328
陶希圣 207,211,212,220,450
陶行知 76,77,217,441—443,572,574
滕代远 133,135
滕杰 226,235
田汉 73,214,216,218,219,224
田中隆吉 263,432

田中义一 19,22,24,239
佟麟阁 289,290,293
涂长望 328
土肥原贤二 242,412,421
托洛茨基 75,76,150—152,161,208—211

W

万福麟 29,283,284,291,423,430
万国鼎 70
万耀煌 339,340,518,534,535
汪锋 463
汪精卫 3,5—15,36—38,41,43,47,52,58,59,61,115—117,128,173,175,176,179—181,183—187,197,259,260,265—267,270,271,277,279—282,286,291,292,297,307,340,415—417,446,450,452,468,497,531
汪敬熙 326
王伯群 7,9,340
王宠惠 9,13,49,58,92,189
王大珩 326
王独清 224
王尔琢 132
王法勤 9,13—15,43,179,181,185,186,291
王孚善 366
王淦昌 326
王荷波 118,119
王化一 258,537
王季同 328
王季绪 301
王家楫 328

王家烈	401		548,549
王稼祥	362,363,390,396,399,400,523,545	王逸任	141
		王寅生	213
王 琎	328	王 英	499,502,504,505,507,514
王敬久	298		
王靖国	501,502	王用宾	92
王 静	205	王芸生	447,497
王 均	378,473	王造时	58,195,302,303,307,315,441—443,468,518,572,574
王克敏	415,431		
王克全	162,163		
王乐平	13—15,179—181,185	王正廷	99,100,102—105,108,110—112,259,261,375
王平章	137,138		
王任叔	217	王卓然	198
王若飞	125	韦拔群	140
王绳祖	17	卫立煌	298,377,518,519,521,541
王盛荣	363		
王士珍	21	魏长林	109
王世杰	70,326,340,446	魏猛克	217
王世英	463	闻一多	188
王树常	44,108,423,532,534,535	翁文灏	70,308,328,329,341,446
王思诚	225	翁照垣	496
王松廷	97	翁自勉	521,522
王廷松	97	邬志豪	97
王统照	575	巫剑虹	495
王慰三	196	吴承洛	326
王文明	142,143	吴承仕	211
王锡礼	210—212	吴鼎昌	70,86,340,446
王晓籁	340	吴汉祺	195
王新命	220	吴翰涛	537
王新亚	119	吴化之	289
王学文	208,210,211	吴焕先	137
王一飞	118	吴家俊	365
王揖唐	430,431	吴经熊	319
王宜昌	211,214	吴景超	326
王以哲	244,283—285,291,464—466,469,533,534,537,543—545,	吴觉农	213
		吴俊升	18,23
		吴克仁	548

吴黎平	205
吴亮平	208
吴念慈	205
吴佩孚	166,423
吴其昌	301
吴奇伟	398,401
吴尚鹰	92
吴世昌	435
吴泰来	24
吴铁城	13,263,266,267,270,272,441,503
吴先民	136
吴宪	326
吴毅	127
吴有训	325,326
吴玉章	117
吴蕴初	70
吴稚晖	6—8,13,14,31,251,341,450
吴仲莲	132
吴组缃	218
伍朝枢	3,8,10,13—15,100,261,318
伍修权	399
武藤信义	254,284,285,383
武堉干	220
武止戈	289,294
西门诺夫斯基	111
西尾寿造	432
西园寺公望	243

X

希尼	250
熙洽	246,252,253
夏斗寅	35,42
夏莱蒂	214
夏丏尊	217
夏威	34,36
夏曦	161,169
夏衍(沈端先)	214—217,219,224
夏征农	217
向省吾	205
向忠发	119,145,148,154,158,159,163,170,375
项英	362,363,393
萧佛成	6,15,61,494
萧红	218
萧劲光	363,389,578
萧军	218
萧淑宇	180
萧振瀛	424,427,429—431
萧之楚	378,535
肖乾	381
肖子南	132
谢持	4,9,13,43,186,187
谢冠生	70
谢介石	253
谢珂	549
谢子长	143,289
邢琬	185
熊斌	286,424
熊得山	211
熊国炳	379
熊庆来	326
熊少山	137
熊式辉	15,20
熊受暄	138
徐宝珊	137
徐恩曾	224,225
徐方	548
徐光英	128
徐开先	140
徐懋庸	217,443
徐名鸿	295
徐朋人	137,138

徐　谦　7,8,295,296,298
徐诗荃　217
徐世昌　21
徐淑希　70
徐特立　117,363,565
徐庭瑶　284—286,291
徐锡根　162
徐向前(徐祥谦)　137,138,363,402,404—406,502,562,565
徐新六　70,340,341
徐旭生　195
徐雪寒　213
徐永昌　428,499,501,505,506,508,511—513
徐志摩　188,194,215
许崇智　8,10,43,186,446,494
许德珩　180,194,195,205,223,572
许继慎　138
许钦文　217
许权中　143,289,294
许寿裳　572
许锡清　296
许幸之　219
宣侠父　289,290,294
萱野长知　262
薛笃弼　186,228
薛暮桥　213
薛　岳　388,398,400,401

Y

严济慈　329
严灵峰　210—212
盐泽辛一　268
阎红彦　289
阎揆要　143
阎锡山　5,8,14,16—18,22—25,31—33,37—44,49,55,57,153,184,185,187,280,282,284,349,424,446,447,452,465,473,494,499—514,518,519,582
颜昌颐　116
晏道刚　233
晏阳初　340
阳翰笙　74,214,215,218
杨池生　133
杨端六　70
杨　格　83,347,353
杨虎城　178,452,462,463,467,468,473,515,517,520—523,525,527,530—550,573
杨　杰　283
杨鲍安　118
杨　铨　200
杨如轩　133
杨　森　10
杨善南　118
杨尚昆　396,399
杨树庄　8,9,49
杨腾辉　35,37
杨贤江　205
杨杏佛　173,194,195,197,198,200—203,223,227
杨耀芳　339
杨　殷　128,171
杨宇霆　18,21,22,24
杨正治　284
杨钟健　329
姚鹤雏　196
姚克广(姚依林)　438
野村吉三郎　273
叶楚伧　9,260,267,446,574,

	575	
叶公超	188	
叶恭绰	340	
叶季壮	140	
叶剑英	117,363,396,398,474,	
	489,523,533,545,546,	
	564,570,578,582	
叶灵凤	74	
叶 琪	34	
叶企孙	325	
叶绍钧(叶圣陶)	215,217	
叶 挺	116—118,128,129	
叶 维	226	
叶秀峰	225	
叶琢堂	340	
叶 紫	218	
伊罗生	195,197	
易礼容	119	
殷 夫	215	
殷汝耕	429,450,529	
应德田	544,546,547	
应修人	223	
应云卫	219	
有吉明	429,451	
于冲汉	253	
于文俊	548	
于学忠	44,250,283—285,383,	
	414,415,417,473,521,	
	533, 534, 538, 539,	
	546—548,550,573	
于右任	9,13,15,117,196,260,	
	261,277,446,450,523,	
	569,572	
于志谦	502	
余贡民	132	
余笃三	138	
余汉谋	452,495	
余井塘	225	

余洒度	228	
余 威	37	
余文化	197	
余心清	296,298	
俞大维	331	
俞平伯	326	
俞 埔	228	
俞作柏	35,37,38,140,152,184	
俞作豫	140	
虞和德	340	
郁达夫	195,214,217	
袁池烈	140	
袁大煦	13	
袁国平	396	
袁 良	426,427,450	
袁牧之	219	
袁任远	140	
袁世凯	297	
袁文才	132	
云栋旺楚克(云王)	432,508	
恽代英	116,117,128	

Z

臧式毅	252,253	
曾扩情	226,414,415,417	
曾 山	135,365	
曾万钟	534	
曾养甫	480	
曾昭抡	326	
斋滕实	254	
翟文选	29	
张 冲	225,479,537,542,551,	
	554—560, 562—565,	
	567—569,577,578	
张存实	289	
张道藩	225	
张鼎丞	134,362,363,366,576	
张东荪	307,444,572	

张发奎 11—14,37—39,42,61,115—117,127—129,140,184,185
张钫 377
张国忱 106
张国焘 115,117,119,169,362,363,377,378,403—406,461,462,487,488,502,524,565,580,581
张海鹏 248,249
张浩(林育英) 437,461,462
张厚琬 415
张季鸾 565
张继 4,8,10,22,48,49,259,260,569,573
张嘉璈 84,340,446
张金瑞 294
张景惠 106,107,249,252,253
张敬尧 285
张静江 3,6—8,13—15,86,267,341
张君劢 307
张厉生 225
张砺生 289,290
张凌云 289
张慕陶 289,290,294
张其珂 206
张其昀 70,71,451
张群 19,60,71,266,446,503—505,509,512,565
张人杰 290,340,573
张若男 196
张申府 176,442,572
张曙时 117
张思垣 366
张粟 205
张太雷 115,118,119,127—129
张天翼 217,218,575

张廷谔 414,415,417
张闻天(洛甫/刘梦云) 211,212,216,375,390,393,394,396,399,400,404,405,463,464,474,486,487,524,526,539,541,545,556,581
张奚若 326
张锡昌 213
张锡钧 326
张心如 206
张秀英 109
张学良 1,18,21—30,33,39—41,43,44,49,55,106—111,187,198,241,242,245,250,251,255—258,261,262,265,271,278—284,340,382,448,452,455,462,464—478,483—485,489,490,514,515,517—530,532—550
张勋 297
张炎 298
张燕卿 253
张友渔 217
张云逸 140
张允荣 290,294,422
张知本 11,186,319
张志韩 195
张志让 195
张治中 270,298

张仲勉 574	中岛荣夫 413
张子华 480	中井增太郎 426
张子清 132	钟光来 393
张自忠 428,431	钟世斌 366
张宗昌 6,18,19,21,23,196	钟伟剑 396
张宗燧 326	钟文璋 119
	周纯全 138
张作霖 1,17,18,21—24,106,244	周恩来 115—117, 119, 144, 160,164,165,167,168, 363,375,381,390,396, 397,399,400,404,406, 468—470, 472, 523—525, 527, 530, 532—534, 536—546, 548—570,575—578,580,581
张作相 18,21,22,24,29	
章伯钧 176,296,298	
章乃器 441—444, 518, 531, 572,574	
章 益 220	
赵承叚 326	
赵承绶 507	
赵戴文 43,186	周佛海 207
赵登禹 419,422	周 复 226
赵范生 226	周浑元 398,401,402
赵访熊 326	周建屏 136
赵九章 326	周建人 195
赵丕廉 186,499	周 昆 396
赵启禄 553,554	周 览 70
赵欣伯 253	周力行 298
赵元任 328	周木斋 217
赵镇藩 244	周培源 325
赵忠尧 325,326	周佩箴 83
赵自选 128	周启刚 13,15
郑伯奇 216	周起应(周扬) 224
郑超麟 118	周全平 216
郑放翁 192	周 仁 328
郑介民 226,227	周甦生 326
郑太朴 176,177	周文雍 127,128
郑孝胥 252,254	周小舟 480—482
郑新民 137	周新民 441
郑行瑞 137	周以粟 362,363
郑之蕃 326	周逸群 117,138,139
植田谦吉 273	周至柔 503,509
中村震太郎 242	周作民 340,431